징비록
懲毖錄

교감·해설

징비록

懲毖錄

한국의 고전에서
동아시아의 고전으로

류성룡 저 │ 김시덕 역해

규장각 005
새로 읽는
우리 고전

아카넷

'규장각 고전 총서' 발간에 부쳐

　고전은 과거의 텍스트이지만 현재에도 의미 있게 읽힐 수 있는 것을 이른다. 고전이라 하면 사서삼경과 같은 경서, 사기나 한서와 같은 역사서, 노자나 장자, 한비자와 같은 제자서를 떠올린다. 이들은 중국의 고전인 동시에 동아시아의 고전으로 군림하여 수백 수천 년 동안 그 지위를 잃지 않았지만, 때로는 자신을 수양하는 바탕으로, 때로는 입신양명을 위한 과거 공부의 교재로, 때로는 동아시아를 관통하는 글쓰기의 전범으로, 시대와 사람에 따라 그 의미는 동일하지 않았다. 지금은 이들 고전이 주로 세상을 보는 눈을 밝게 하고 마음을 다스리는 방편으로서 읽히니 그 의미가 다시 달라졌다.

　그러면 동아시아 공동의 고전이 아닌 우리의 고전은 어떤 것이고 그 가치는 무엇인가? 여기에 대한 답은 쉽지 않다. 중국 중심의 보편적 가치를 지향하던 전통 시대, 동아시아 공동의 고전이 아닌 조선의 고전이 따로 필요하지 않았기에 고전의 권위를 누릴 수 있었던 우리의 책은 많지 않았다. 이 점에서 우리나라에서 고전은 절로 존재하였던 과거형이 아니라 새롭게 찾아 현재적 가치를 부여하면서 그 권위가 형성되는 진행형이라 하겠다.

  서울대학교 규장각한국학연구원은 법고창신의 정신으로 고전을 연구하는 기관이다. 수많은 고서 더미에서 법고창신의 정신을 살릴 수 있는 텍스트를 찾아 현재적 가치를 부여함으로써 새로운 고전을 만들어가는 일을 하여야 한다. 그간 이러한 사명을 잊은 것은 아니지만, 기초적인 연구를 우선할 수밖에 없는 현실로 인하여 우리 고전의 가치를 찾아 새롭게 읽어주는 일을 그다지 많이 하지 못하였다. 이제 이 일을 더 미룰 수 없어 규장각한국학연구원에서는 그간 한국학술사 발전에 큰 기여를 한 대우재단의 도움을 받아 '규장각 새로 읽는 우리 고전 총서'를 기획하였다. 그 핵심은 이러하다.

  현재적 의미가 있다 하더라도 고전은 여전히 과거의 글이다. 현재는 그 글이 만들어진 때와는 완전히 다른 세상이다. 더구나 대부분의 고전은 글 자체도 한문으로 되어 있다. 과거의 글을 현재에 읽힐 수 있도록 하자면 현대어로 번역하는 일은 기본이고, 더 나아가 그 글이 어떠한 의미가 있는지를 꼼꼼하고 친절하게 풀어주어야 한다. 우리 시대 지성인의 우리 고전에 대한 갈구를 이렇게 접근하고자 한다.

'규장각 새로 읽는 우리 고전 총서'는 단순한 텍스트의 번역을 넘어 깊이 있는 학술 번역으로 나아가고자 한다. 필자의 개인적 역량에다 학계의 연구 성과를 더하여, 텍스트의 번역과 동시에 해당 주제를 통관하는 하나의 학술사, 혹은 문화사를 지향할 것이다. 이를 통하여 우리의 고전이 동아시아의 고전, 혹은 세계의 고전으로 발돋움할 수 있기를 기대한다.

기획위원을 대표하여 이종묵이 쓰다.

차례

해제—『징비록』과 동아시아

1 『징비록』, 동아시아의 베스트셀러 13
2 『징비록』의 성립과 일본·중국으로의 전파 17
3 『징비록』의 임진왜란관
  —자기반성 사관과 이순신 사관, 또는 조선 중심 사관 27
4 국제전으로서 임진왜란과 『징비록』의 보편성 35

시대를 품은 경세가, 류성룡

1 류성룡을 어떻게 평가할 것인가 43
2 임진왜란 이전 류성룡의 삶과 세계관 44
3 비상한 시국에 빛을 발한 국정 운영 능력 52
4 임진왜란 이후의 류성룡과 『징비록』 66
5 시대를 품은 경세가, 류성룡 70

범례 73

류성룡 서문 77

가이바라 엣켄 서문(일본판 수록) 83

권1

1 일본국 사신 다치바나 야스히로가 그 나라 국왕 도요토미 히데요시의 국서를 가지고 오다 99
2 일본국 사신 소 요시토시가 오다 107
3 신묘년 봄에 통신사 황윤길·김성일 등이 일본에서 돌아오다 113
4 왜의 국서에 "군대를 이끌고 대명국으로 뛰어들어 가겠다"라는 말이 있었다 120
5 왜의 침략을 우려한 조정이, 변경 방비에 대하여 잘 아는 신하를 뽑아 충청·전라·경상 삼도를 순찰하고 방비하게 하다 131
6 정읍현감 이순신을 전라좌도 수군절도사로 발탁하다 135
7 임진년 봄에 신립과 이일을 나누어 보내어 변경 지역의 준비 상황을 돌아보게 하다 142
8 경상우병사 조대곤을 교체하고 특지를 내려 승지 김성일이 이를 대신하게 하다 146
9 4월 13일에 왜군이 국경을 넘어 부산포를 함락시키다 148
10 4월 17일 이른 아침에 처음으로 변경의 보고가 조정에 도착하다 162
11 경상우병사 김성일을 체포하여 하옥시키려 하였지만, 그가 체포되어 오는 도중에 그의 죄를 용서하고 도리어 초유사로 임명하다 169
12 첨지 김륵을 경상좌도 안집사로 임명하다 173
13 적이 상주를 함락시키고 순변사 이일의 부대가 패하다 175
14 우의정 이양원을 수성대장에, 이진과 변언수를 각각 경성좌위장과 경성우위장에, 상산군 박충간을 경성순검사에 임명하여 도성을 수축하게 하고, 상중이던 김명원을 도원수에 임명하여 한강을 지키게 하다 183
15 대신들이 세자를 세워서 인심을 모으자고 청하니 임금께서 이에 따르시다 186

16 동지중추부사 이덕형을 왜군에 사신으로 보내다 189

17 화성이 남두를 침범하다 196

18 적병이 충주에 들어오니 신립이 맞서 싸웠지만 패하여 전사하고 아군은 크게 무너지다 198

19 4월 30일 새벽에 어가가 서쪽으로 피난을 떠나다 204

20 삼도 순찰사의 부대가 용인에서 패하다 222

21 부원수 신각이 양주에서 적과 싸워 적을 패퇴시키고 적병 육십여 명의 목을 베었지만, 조정은 선전관을 보내 군중에서 신각을 참수하다 226

22 지사 한응인에게 평안도 강변의 정예병 3천 명을 거느리고 임진강으로 가서 적을 무찌르게 하다 230

23 한응인과 김명원의 군대가 임진에서 무너지고 적은 강을 건너다 232

24 적병이 함경도에 들어오니 두 왕자가 적중에 억류되다 236

25 이일이 평양에 도착하다 248

26 요동도사가 진무 임세록을 조선에 보내 왜적의 침략 상황을 탐색하도록 하다 252

27 조정이 좌의정 윤두수에게 도원수 김명원, 순찰사 이원익 등을 이끌고 평양을 방어하게 하다 255

28 6월 11일에 어가가 평양을 떠나 영변으로 향하다 267

29 평양이 함락되다 278

30 어가가 정주로 향하다. 어가가 평양을 떠난 뒤로 인심이 무너져서, 지나는 곳마다 난민들이 창고로 쳐들어가 곡식을 약탈하다 283

31 어가가 의주에 도착하다 290

32 7월에 요동부총병 조승훈이 원군 5천 명을 이끌고 오다 301

33 7월 19일에 총병 조승훈의 군대가 평양을 공격하였지만 이기지 못하고 후퇴하였으며 유격 사유는 전사하다 308

34 전라수군절도사 이순신이 경상우수사 원균, 전라우수사 이억기 등과 함께 거제도 앞바다에서 적병을 크게 물리치다 311

35 전 의금부도사 조호익이 강동에서 병사를 모아 적을 치다 321
36 적병이 전라도를 침범하자, 김제군수 정담과 해남현감 변응정이 힘껏 싸우다 전사하다 323
37 8월 1일에 순찰사 이원익과 순변사 이빈 등이 군대를 이끌고 평양을 공격했지만 이기지 못하고 후퇴하다 326
38 9월에 명나라의 유격장군 심유경이 오다 328
39 경기감사 심대가 적에게 습격당하여 삭녕에서 죽다 334
40 강원도 조방장 원호가 구미포에서 적을 공격하여 섬멸시키다 344
41 훈련원부봉사 권응수·정대임 등이 향병을 이끌고 영천의 적을 공격하여 무찌르고 마침내 영천을 되찾다 346
42 좌병사 박진이 경주를 수복하다 348

권2

43 이때 각 도에서 의병을 일으켜 적을 토벌한 사람들이 매우 많았다 355
44 이일을 순변사로 임명하고 이빈을 임금 계신 곳으로 불러 돌아오게 하다 366
45 적의 간첩 김순량을 잡다 369
46 12월에 명나라가 대군을 보내다 373
47 이일을 순변사에서 해임하고 이빈이 다시 대신하게 하다 383
48 제독 이여송이 파주로 진군하여 벽제관 남쪽에서 적과 싸웠으나 이기지 못하고 개성으로 돌아와 주둔하다 385
49 제독 이여송이 평양으로 돌아가다 401
50 전라도 순찰사 권율이 행주에서 적을 물리치고 파주로 이동하다 405
51 군량미의 남은 곡식으로 굶주린 백성을 구제할 것을 청하니 임금께서 허락하시다 413

52 유격 심유경이 다시 한양에 들어가 적이 철군하도록 권유하다. 4월 7일에 제독이 병사들을 이끌고 평양에서 개성부로 돌아가다 423
53 4월 20일에 한양이 수복되다 439
54 5월에 제독 이여송이 적을 추격하여 문경까지 갔다가 되돌아오다 444
55 10월에 어가가 한양으로 돌아오다 461
56 명나라 사신 양방형과 심유경이 일본에서 돌아오다 474
57 수군통제사 이순신을 체포하여 옥에 가두다 481
58 명나라가 병부상서 형개를 총독군문으로, 요동포정사 양호를 경리조선군무로, 마귀를 대장으로 삼다. 양원·유정·동일원 등이 잇따라 조선으로 오다 496
59 8월 7일에 한산도의 수군이 무너지다 502
60 왜병이 황석산성을 함락시켜, 안음현감 곽준과 전 함양군수 조종도가 전사하다 511
61 이순신을 다시 기용하여 삼도수군통제사에 임명하다 524
62 왜병이 남원부를 함락시키다 527
63 통제사 이순신이 진도 벽파정 아래에서 왜군을 무찌르고 적장 마다시를 죽이다 537
64 적병이 물러나다 543
65 12월에 경리 양호와 제독 마귀가 기병과 보병 수만 명을 이끌고 경상도로 내려가 울산의 적 진영을 공격하다 549
66 무술년 7월에 경리 양호가 파면되고 새로 경리 만세덕이 이를 대신하다 556
67 10월에 제독 유정이 다시 순천의 적진을 공격하다. 통제사 이순신은 수군을 이끌고 적의 구원군을 바다에서 크게 무찌르지만 이순신은 이 전투에서 전사하다 567
68 이순신의 자는 여해이고 본관은 덕수이다 573
69 전쟁터에 있을 때에 통제사 이순신은 밤낮으로 엄중히 경계하여, 갑주를 푼 적이 없다 578

녹후잡기

70 조짐(兆朕) 585

71 하늘의 뜻 590

72 용병(用兵) 594

73 지형(地形) 608

74 성(城) 613

75 포루(砲樓) 623

76 장수(將帥) 626

77 부교(浮橋) 633

78 군사훈련 638

79 심유경의 편지 646

80 심유경의 변설(辯舌) 664

연표(1542~1945) 667

주석 685

참고문헌 757

도판목록 765

찾아보기 769

| 해제 |

『징비록』과 동아시아

1. 『징비록』, 동아시아의 베스트셀러

이제까지 『징비록』은 '도전과 응전'으로 설명되는 한국사의 수난을 생생하게 전하는 기록으로서 읽혀 왔다. 물론 이러한 독서 방식은 정당하다. 그러나 『징비록』의 저자 류성룡(柳成龍)은 임진왜란의 인과관계와 상세한 진행은 물론, 본인을 포함한 여러 개인의 전쟁 체험에 이르기까지 냉철한 태도를 유지하며 구체적이고 체계적으로 상황을 기록했다. 이 전쟁의 한가운데에서 실무를 통괄한 경험이 있는 저자였기에 가능한 냉철함이었다. 자신의 고통을 소리 높여 외치기는 쉽지만, 그 고통을 객관화해서 모두가 나의 고통을 이해할 수 있는 방식으로 전달하기는 어렵다. 그 지난(至難)한 보편화의 과정을 거쳐 탄생한 『징비록』은 전근대 동아시아 세계에서 가장 널리 읽힌 조선의 책이 되었다.

세계사적 관점에서 『징비록』이 갖는 가장 중요한 의미는 이 책에 담긴 내용이 진실되다거나 불편부당(不偏不黨)하다는 데 있지 않다. 『징비록』이 역사서로서 지닌 미덕에도 불구하고 일부 기사의 진실성과 중립성에 대해서는 연구와 비판이 있어 왔으며, 뒤에서 언급하듯이 『징비록』을 읽은 근세 일본의 몇몇 학자도 이러한 부분에 대해 비판한 바 있다. 류성룡은 이 책에서 자신의 훈공을 강조하기도 하고, 자신을 의지하고 백성들이 모여들었다며 자기의 행적을 미화하기도 한다. 이처럼 인간적인 측면까지 포함해서 류성룡이라는 조선의 고위관료가 임진왜란이라는 국제전쟁의 전체 틀을 제시하고 이를 자신의 관점에서 솔직하게 적었다는 데에 『징비록』이 지니는 가장 중대한 의의가 있다. 여기서의 솔직함은 전쟁 중 자기 행동의 정당화까지를 포함하는 저자 류성룡의 인간적인 측면을 뜻한다. 이러한 의미에서 『징비록』은 임진왜란에 대한 개설서라기보다는 처칠에게 노벨문학상을 수여한 『제2차 세계대전(The Second World War)』(1945)과 같은 회고록에 가깝다. 『징비록』이라는 회고록은, 단순히 역사적 사실을 전하기 때문이 아니라 견고한 구조와 설득력 있는 문장, 그리고 인간의 냄새로써 동아시아 세계의 독자들을 끌어들였다.

『징비록』이 갖는 설득력은 전쟁의 무대였던 조선의 인민들뿐 아니라 일본과 중국의 사람들에게도 강렬하게 다가들었다. 임진왜란을 테마로 한 적지 않은 수의 조선 책이 일본으로 유출되었지만, 거의 전적으로 『징비록』만이 근세 일본의 문화에 지워지지 않는 흔적을 남겼으며, 단순히 임진왜란에 대한 지식을 얻을 뿐 아니라 조선이라는 국가에 대한 일본인들의 시각을 바꾸기에 이르렀다. 물론 여기에는 일본으로 유출된 조선의 여러 문헌 가운데 『징비록』이 임진왜란이라는 7년 전쟁의 전체상을 가장 거시적으로 제시하고 있다는 사실과, 이 책이 임진왜란 당시 조선과 명의 비밀한 동향까지 상세히 서술한 일종의 비밀 대외비 외교서(外交書)라는 요인도 작용했을 것이다. 이런 의미에서 17세기 조선의 역관(譯官)들이 『징비록』을 일본으로 유출한 것은 줄리언 어산지(Julian Assange)나 에드워드 스노든(Edward Snowden)이 미국 정부의 기밀 문서를 대량으로 공개해서 전 세계에 충격을 준 사실에 비유할 수 있겠다.

실제로 1719년 통신사로 일본에 다녀온 신유한(申維翰)은 『해유록(海遊錄)』에서 조선의 역관들이 국가의 기밀을 담은 『징비록』을 일본에 넘겨서 그곳에서 출판까지 되었다고 한탄한다.

[일본이] 우리나라와 관시(關市)를 연 이후로 역관들과 긴밀하게 맺어서 모든 책을 널리 구하고 또 통신사의 왕래로 인하여 문학의 길이 점점 넓어졌으니, 이는 시를 주고받고 문답하는 사이에서 얻은 것이 점차로 넓어진 때문이었다. 가장 통탄스러운 것은 김성일의 『해사록(海槎錄)』, 류성룡의 『징비록』, 강항의 『간양록(看羊錄)』 등의 책에는 두 나라[조선과 일본] 사이의 비밀을 기록한 것이 많은데, 지금 모두 오사카에서 출판되었으니, 이것은 적(賊)을 정탐한 것을 적에게 고한 것과 무엇이 다르겠는가. 국가의 기강이 엄하지 못하여 역관들의 밀무역이 이와 같았으니 한심한 일이다. (신유한, 『해유록』)[1]

신유한이 일본에서 간행되었다고 열거한 책들 가운데 『간양록』의 일본판 간행본 실물은 확인되지 않으며, 『해사록』은 쓰시마 번의 관리였던 마쓰우라 마사타다(松浦允任)가 1725년경에 편찬한 외교문헌 『조선통교대기(朝鮮通交大紀)』의 권9·10에 초록(抄錄)되어 있지만 독립된 형태로 간행된 것은 확인되지 않는다. 반면 『징비록』은 17세기 후기에 일본에서 『조선징비록(朝鮮懲毖錄)』이라는 제목으로 간행되어 일본과 중국에서 널리 읽혔다. 참고로, 에도(江戶) 시대에는 『동국통감(東國通鑑)』, 『동의보감(東醫寶鑑)』, 『은봉야사별록(隱峰野史別錄)』과 같은 책도 몇몇 일본 정치 엘리트와 지식인 사이에서 읽히고 일본판이 간행되기는 했지만, 이들 책을 읽은 사람의 범위와 이들 책이 일본 문화에 미친 파급력에서는 역시 『징비록』과 비교하기 어렵다.

『징비록』이 사회 일반에까지 깊이 남긴 방증의 하나로, '징비록'이라는 제목을 딴 전혀 다른 장르의 문헌들이 조·일 양국에서 등장한 점을 들 수 있다. 조선에서는 『징비록(徵毖錄)』[2]이라는 예언서가 나왔고, 일본에서는 에도 지역의 유곽에서 발생한 화재를 다룬 풍속소설 『북리징비록(北里懲毖錄)』(1768)과 1657년의 메이레키 대화재(明曆の大火)를 다룬 가메오카 소잔(龜岡宗山)의 『메이레키 징비록(明曆懲毖錄)』(1787)[3]이 나왔다. 이들은 류성룡이 집필한 『징비록』의 원래 내용과는 무관하게, 류성룡이 『시경(詩經)』의 "나는 지난 일을 징계하여 후환을 조심한다(予其懲, 而毖後患)"라는 구절에서 따온 '징비록'이라는 제목만을 빌려 온 것이다. 이런 문헌들은 『징비록』이라는 문헌의 존재 및 그 내용이 조·일 양국에서 넓은 계층에까지 깊은 인상을 남겼기 때문에 등장할 수 있었다. 퇴계 이황이 주석을 단 『주자행장(朱子行狀)』도 전근대 일본에서 판을 거듭하며 성리학자를 중심으로 널리 읽히기는 했지만, 『징비록』이 근세 일본에 존재하던 다양한 학파의 학자는 물론 정치인, 소설가, 그리고 청대(淸代) 중국인에 이르기까지 수백 년간 넓은 범위에서 읽힌 것을 생각하면 역시 『징비록』은 조선이 낳은 세계적 베스트셀러라 하겠다.

2. 『징비록』의 성립과 일본·중국으로의 전파

여기서 잠시 『징비록』의 성립 사정을 정리하면 다음과 같다. 류성룡은 고향에 은거한 1599년 이후의 4~5년 사이에 초본 『징비록』을 썼다. 그리고 이 역해본을 통해 확인할 수 있듯이, 현존 초본과 간행본(16권본과 2권본) 사이에는 전쟁(임진왜란) 발발 전의 한일관계사를 서술하는 부분의 수정(단, 현존 초본의 전래 과정에서 탈락되었을 가능성도 있음), 함경도 관련 기사의 대폭적인 위치 조정, 명이 조선의 국왕을 바꾸려 한 사건에 대한 기사의 삭제 등 구성상 큰 차이가 확인된다. 이 정도의 수정을 류성룡이 직접 하지 않았다면 『징비록』의 성립에 대해 근본적으로 재검토를 해야 할 것이나, 현재 그러한 증거는 확인되지 않는다. 따라서 류성룡은 1604년경에 현존 초본을 집필한 뒤, 1607년 사망하기 전에 현행 간행본의 직접적인 저본(底本)이 되는 사본을 집필했으리라 추측하는 것이 합리적이다. 그리고 이 미현존 초본 『징비록』을 바탕으로 1647년 즈음에 「징비록」(권1·2), 「근폭집(芹曝集)」

(권3~5), 「진사록(辰巳錄)」(권6~14), 「군문등록(軍門謄錄)」과 「녹후잡기(錄後雜記)」(권15·16)로 이루어진 16권본 「징비록」이 간행되었다. 이 16권 중 권1·2의 협의의 「징비록」과 권16 말미의 「녹후잡기」를 독립시켜서 간행한 것이 2권본 『징비록』이다. 현재 한·중·일 삼국에서 흔히 『징비록』이라고 부르는 것은 이것이다. 16권본과 2권본 사이에는 글자 하나하나에서 어구(語句)에 이르기까지 적지 않은 변경 및 오류 수정이 확인된다. 이러한 수정은 저자의 사후, 16권본이 간행된 뒤에 관련자들에 의해 이루어졌으리라 추측된다.

또한, 16권본과 2권본의 차이만큼 근본적이지는 않지만 2권본의 여러 이본 간에도 약간의 차이가 확인된다. 이 같은 차이는 『조선징비록』과의 비교를 통해 확실히 드러난다. 즉, 『조선징비록』은 모든 면에서 16권본이 아닌 2권본을 저본으로 삼았음이 분명함에도, 『조선징비록』의 본문 가운데 오른쪽 표에 보이는 5개 한자는 몇몇 2권본의 본문과 다르고 16권본과 일치하는 데서 문제가 된다.

표에 보이는 다섯 개 한자 가운데 ①②③번의 경우, 역해자가 확인한 2권본 모두가 16권본 및 『조선징비록』과 달랐다. 이 경우에는 역해자가 확인하지 못한 미지의 2권본이 16권본 및 『조선징비록』과 일치하는 한자를 담고 있었다고 추정할 수 있다. 또한 ④⑤번의 경우, ⓐ ⓑ는 16권본 및 『조선징비록』과 일치하지만 ⓒ ⓓ는 일치하지 않는다.

이상의 결과를 정리하면 『징비록』은 다음과 같은 흐름으로 전개되었을 것으로 추정된다.

16권본	2권본				「조선징비록」
	미확인	서울대ⓐ 고려대ⓑ	서울대ⓒ 국립중앙도서관ⓓ		
①	距 (권1, 14뒤)	距?	拒 (권1, 14앞)	拒 (권1, 14앞)	距 (권1, 14뒤)
②	回 (권1, 35앞)	回?	徊 (권1, 31뒤)	徊 (권1, 31뒤)	回 (권2, 13앞)
③	炮 (권2, 28앞)	炮?	砲 (권2, 27앞)	砲 (권2, 27앞)	炮 (권4, 6앞)
④	識 (권1, 9앞)	識?	識 (권1, 9앞)	談 (권1, 9앞)	識 (권1, 9앞)
⑤	焉 (권16, 7뒤)	焉?	焉 (권2, 37뒤)	爲 (권2, 37뒤)	焉 (권4, 18앞)

※ ⓐ 서울대 규장각 想白古951.0521 Y93j v.1/2(이 역해본의 저본)　ⓑ 고려대 대학원 B3 A15B1
　ⓒ 서울대 규장각 奎3902　ⓓ 국립중앙도서관 한古朝56-44

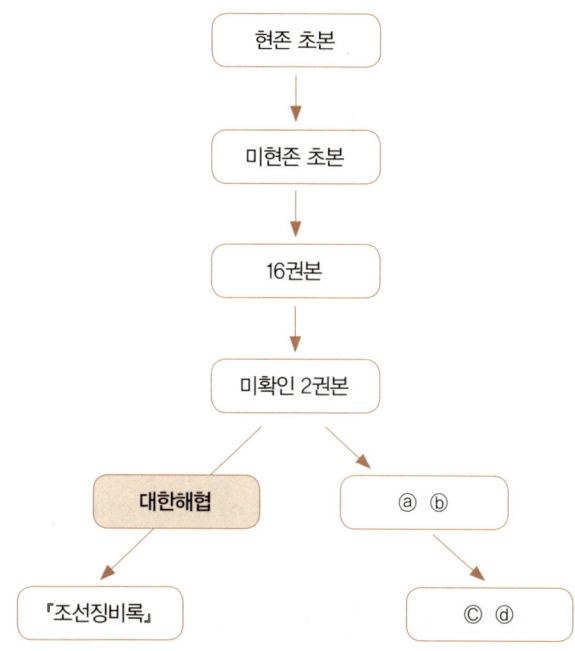

한편 고려대에는 목활자본 『징비록』 2책이 소장되어 있다(만송 B3 A15A). 2책 모두 영본(零本)이어서 간행 상황을 정확히 확인할 수는 없지만, 내용적으로는 16권본에 속한다. 두 책은 경북 지역에서 동일한 조판으로 찍은 것으로 보인다.[4]

한편 『징비록』이라는 책 이름이, 쓰시마 번주(藩主)의 문고에 소장된 서적을 1683년경에 재물조사해서 작성한 『덴나 삼년 목록(天和三年目錄)』[5]에 보인다. 따라서 늦어도 이때까지는 『징비록』이 일본으로 유출된 것으로 보인다. 『징비록』을 저술에 이용한 이른 사례로는, 17세기 후기 일본의 저명한 유학자 가이바라 엣켄(貝原益軒: 1630~1714)이 후쿠오카 번을 지배한 구로다 집안의 전적을 정리해 『구로다 가보(黑田家譜)』를 편집하는 과정에서, 구로다 요시타카(黑田孝高: 1546~1604)와 구로다 나가마사(黑田長政: 1568~1623) 부자의 임진왜란 당시 행적을 기록하면서 『징비록』을 이용한 것이 확인된다. 이 책은 1687년에 완성되었다. 그 후, 1693년에 의사 마쓰시타 겐린(松下見林)이 중국과 한국의 문헌에 보이는 일본 관련 기술을 널리 모아 간행한 『이칭일본전(異稱日本傳)』의 하권에 다른 한국 문헌 14종과 함께 『징비록』의 초록을 수록하면서, 『징비록』은 일본의 독서계에 널리 알려지게 된다. 1695년에는 2권본을 4권본으로 바꾸고, 앞서 소개한 가이바라 엣켄의 서문과 조선국의 행정구역표, 조선지도를 붙인 일본판 『조선징비록』을 교토의 출판업자 야마토야 이베에(大和屋伊兵衛)가 간행했다. 그리고 이 일본판 『조선징비록』은 19세기 말 일본에 체류한 중국 학자 양수경(楊守敬, 양서우징: 1839~1915)을 통해 청나라에 소개되어 오늘날에 이르기까지 임진왜란과 류성룡에 대한 중국인의 관점에 영향을 미치게 된다.

이처럼 『징비록』은 전근대 동아시아의 문화 교류를 상징하는 문헌이며, 그 교류의 주역은 초본 『징비록』이나 16권본이 아니라, 16권본의 권1·2에 실린 좁은 의미의 「징비록」과 권16의 일부인 「녹후잡기」를 합쳐서 성립한 2권본이다. 앞서 언급한 대로, 2권본은 단순히 16권본 『징비록』의 일부를 떼어 놓은 것이 아니라 글자 하나하나에서 비교적 긴 문장에 이르기까지 상당한 수정을 거쳐 만들어진 '교정본'이다. 예를 들어 1592년의 제1차 진주성전투에서 전사한 '김시민(金時敏)'의 이름이 16권본에서는 '김시민(金始敏)'(권2, 13뒤)으로 되어 있으나 2권본에서는 이것이 수정되어 있다(하권, 16앞). 또한, 16권본에서는 "신립은 '이일의 군대는 전방에 고립되어 있고 후원 부대는 없습니다. 체찰사께서 내려가신다 하여도 체찰사는 전쟁을 아는 장군이 아니십니다. 어찌 용맹한 장군을 먼저 밤새 내려가게 하시어 이일과 호응하여 적을 막도록 하지 않으십니까?'[6]라고 말하였다"(권1, 12앞뒤)라는 부분이 2권본에서는 "신립은 '체찰사께서 내려가신다 하여도 체찰사는 전쟁을 아는 장군이 아니십니다. 이일의 군대는 전방에 고립되어 있고 후원 부대는 없습니다. 어찌 한 명의 용맹한 장군을 밤새 내려가게 해서 이일과 호응하여 적을 막도록 하지 않으십니까?'라고 말하였다"[7](상권, 12앞)로 바뀌어 있다. 이렇듯, 2권본은 류성룡이 집필한 초본 『징비록』의 최종 교정본이다. 또한 2권본 『징비록』은 동아시아의 고전으로서 『징비록』의 '유포본(流布本)'이기도 하니, 일본에서 유통된 『징비록』 본문의 저본이 되었고 그 일본판이 청 대 말기에 중국에 유입되었다. 이 역해본의 저본을 2권본으로 삼은 것은 이 때문이다.

일본판 『징비록』인 『이칭일본전』과 『조선징비록』은 2권본을 저본으로 삼고 있다. 그런데 2권본을 복각하는 과정에서 일부 오탈자가 발생하여 해석상에 약간의 차이가 발견되는 부분이 있는 동시에, 의도적으로 2권본의 본문을 바꾼 경우도 확인된다. 그 대표적인 사례를 소개하면, 16권본·2권본에서 도요토미 히데요시(豊臣秀吉)를 '관추(關酋)'라고 일컬은 부분이 『이칭일본전』과 『조선징비록』에서는 공통적으로 '관백(關白)'으로 바뀌어 있다. '관백'이 올바른 관직명이기도 하지만, '추(酋)'라는 한자의 뉘앙스를 꺼려 한 것도 이러한 변화의 이유일 것이다. "大"를 "太"로 옮기는 등 『이칭일본전』과 『조선징비록』이 공통적으로 틀린 글자도 몇 개 확인되는데, 이는 조선과 일본의 한자 자체(字體)에 차이가 있고 양국이 선호하는 한자에 차이가 있는 등의 관습적 차원에서 발생한 것으로 추측된다. 『이칭일본전』과 『조선징비록』 간에 상호 영향 관계는 없는 것으로 역해자는 판단하고 있다.

일본판 『조선징비록』이 간행된 지 17년 뒤인 1712년에 조선 조정에서는, 조태억(趙泰億)을 정사(正使)로 한 8차 통신사가 일본판 『징비록』에 대해 보고한 것을 둘러싸고 대책이 논의된다.

교리(校理) 오명항(吳命恒)이 문의(文義)로 인하여 진달하기를, "통신사가 전하는 바를 듣건대, 고(故) 상신(相臣) 류성룡이 지은 『징비록』이 왜국에 흘러 들어갔다고 하니, 일이 지극히 놀랍습니다. 엄격하게 과조(科條)

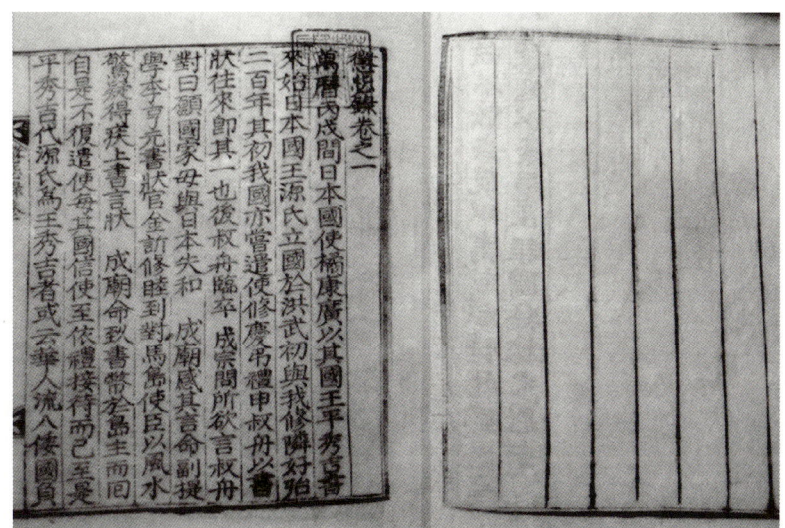

16권본 『징비록』 권1.

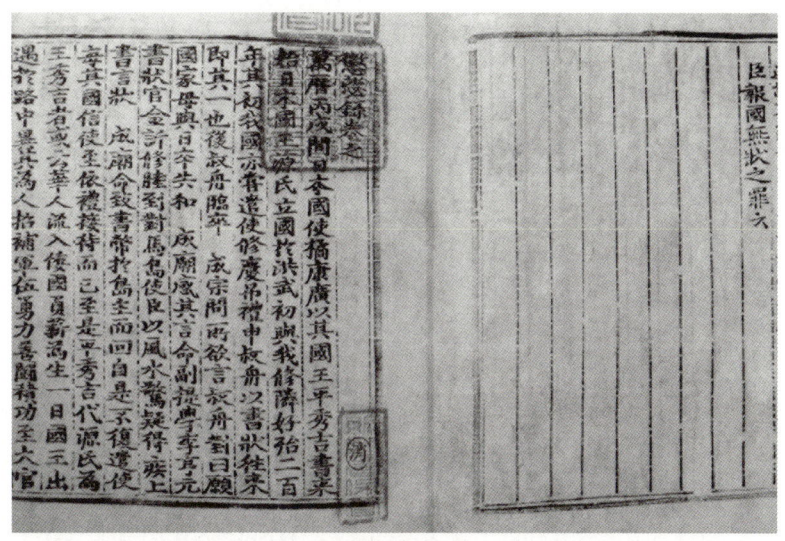

2권본 『징비록』 권1.

를 세워 달리 금단(禁斷)하소서" 하니, 임금이 묘당(廟堂)에 명하여 과조를 작정(酌定)하여 엄격하게 금단을 더하게 하셨다. 『숙종실록』』[8]

『징비록』은 이처럼 임진왜란 당시 조선의 국정을 담은 책으로서 외국에 유출되면 안 되는 것이었다. 『징비록』이 목판으로 인쇄되기는 했지만 그것은 어디까지나 국내용이었다. 조선시대 후기에 국가 정보를 국외로 유출하는 일이 엄금되었지만,[9] 역관들이 나라의 정보를 일본에 넘긴 흔적은 여러 곳에서 확인된다. 앞서 소개한 『덴나 삼년 목록』에 따르면, 류성룡의 『징비록』과 『서애집(西厓集)』을 비롯해서 안방준(安邦俊)의 『은봉야사별록』, 김성일의 『해사록』 등 임진왜란 관련 정보를 담은 조선 서적이 일본에 다수 유출되어 있음이 확인된다. 그러나 이러한 많은 책들 가운데 근세 일본의 문화에 깊은 영향을 미치고, 다시 일본판 『조선징비록』이라는 형태로 중국으로까지 건너가 읽힌 책은 『징비록』뿐이다. 가이바라 엣켄은 『조선징비록』에 붙인 서문에서, 임진왜란에 대한 조선·명·일의 많은 책이 있지만 『징비록』이야말로 간결하고 진실된 문장으로 서술된 기록이어서 거의 유일하게 '실록(實錄)'이라 칭할 만하다고 칭송한다.

이 책은 기사가 간결하고 말이 질박하니 과장이 많고 화려함을 다투는 세상의 다른 책들과는 다르다. 조선 정벌을 말하는 자는 이 책을 근거로 삼는 것이 좋다. 그 밖에 『조선정벌기(朝鮮征伐記)』와 같은 책은 비록 한자가 아닌 일본 글자[히라가나]로 쓰였지만 이 역시 방증으로 삼기에 족하다.

『조선징비록』에 수록된 가이바라 엣켄의 서문. 그는 여기서 임진왜란에 관한
여러 문헌 가운데 『징비록』이야말로 진정 실록(實錄)이라고 평가한다.

오로지 이 두 책만이 실록(實錄)이라 할 만하다. (가이바라 엣켄 서문, 『조선징
비록』)[10]

여기서도 알 수 있듯이 『징비록』은, 전근대 동아시아 한·중·일 삼
국에서 집필된 여러 문헌 가운데 임진왜란이라는 7년 전쟁의 전체상
을 당시 조선과 명 조정의 기밀 정보까지 포함해서 가장 포괄적으로
그리고 치밀한 구조와 생생한 문장으로 전했기 때문에 삼국에서 널
리 읽혔다.

가이바라 엣켄이 높이 평가하듯이, 『징비록』에서는 이 전쟁에 임한 류성룡이라는 인간의 감정이 세밀하고도 담담하게 그려진다. 저자의 초고본인 초본 『징비록』과 이를 간행한 『징비록』을 비교해 보면, 간행본은 초고본을 단순히 목판에 새긴 것이 아니라 류성룡의 의도에 의해 전체 구도에서 글자 하나하나에 이르기까지 치밀하게 재배치한 것임을 확인할 수 있다. 이러한 퇴고의 과정은 임진왜란의 원인과 실상을 전하고 조선의 관민과 류성룡 자신의 입장을 설득력 있게 변호하기 위함이었다. 『징비록』은 임진왜란 당시의 상황을 전하는 귀중한 기록으로서 『선조수정실록(宣祖修正實錄)』, 『재조번방지(再造藩邦志)』, 『이충무공전서(李忠武公全書)』를 비롯한 조선시대의 편찬사서에서 오늘날의 역사서에 이르기까지 폭넓게 이용되고 있다. 이들 문헌은 각각의 필요에 따라 『징비록』을 해체하여 단편적으로 차용하고 있는 것이 현실이며, 류성룡이 심혈을 기울여 기록한 전쟁 전의 한일관계 부분이나 류성룡 자신의 경험을 이야기하는 부분이 후대의 저자들에게 주목되는 경우는 많지 않다. 그러나 류성룡은 이들 부분을 포함해서 치밀한 계획 위에 각각의 기사를 배치했다. 『징비록』을 단순히 사료로서만 보는 대신 하나의 완성된 스토리로서 읽을 때 비로소 류성룡이 『징비록』을 집필한 의도와 각각의 기사가 존재하는 이유를 온전히 이해할 수 있다.

3. 『징비록』의 임진왜란관
―자기반성 사관과 이순신 사관, 또는 조선 중심 사관

전근대 동아시아 삼국이 임진왜란을 바라보는 관점은 서로 차이가 있었다. 각국은 당연히 자국 중심적 관점으로 임진왜란을 이해했다.

일본의 경우에는 자국군이 연승을 거두었던 1592~93년 초 사이 1년간의 전황을 강조한다. 일본은 초기의 승세가 1593년 1월 평양성 전투의 패배로 인해 꺾이지만, 그 직후 있었던 벽제관전투에서 일본군이 명군의 남하를 막는 데 성공하면서 전쟁이 소강상태에 들어가고 일·명 양국 간에 화의 교섭이 시작된다는 식으로 전쟁을 간주한다. 명군의 기세를 꺾고 명으로 하여금 일본과 화의 교섭을 추진케 한 벽제관전투에 대해, 근세 일본에서 불완전하게나마 처음으로 임진왜란 7년의 통사를 엮은 오제 호안(小瀨甫庵)은 저서 『다이코기(太閤記)』 권15에서 "이를 전쟁의 성패를 가른 전투라 할 수 있으리라"[11]라고 찬탄했다. 일본군과 명군이 직접 맞붙은 벽제관전투를 중시한 결과, 일본은 임진왜란을 일본과 조선 간의 전쟁으로 보지 않고 일본과 명의 전쟁으로 받아들인다. 동시에, 백제 부흥군을 구원하기 위해 한반도로 건너온 일본군과 당나라 군대가 충돌한 663년의 백촌강(白村江, 백강)전투 이후 일본 세력과 중국 세력이 대규모로 충돌한 두 번째 전투로 이해하려는 움직임도 있다. 참고로 일본 측의 이러한 해석에 따르면 1894~95년의 청일전쟁은 중·일 간의 세 번째 직접 충돌이 된다. 이러한 해석의 문제점은, 이 세 차례 전쟁의 무대이자 중요

마키 긴노스케(牧金之助) 편, 『메이지 위공 일청한 전쟁기(明治偉功日淸韓戰爭記)』(金壽堂, 1894년 7월). '청일전쟁'(한국) 또는 '日淸戰爭'(일본)이라는 호칭이 통용되는 오늘날과는 달리, 전쟁 당시에는 '일청한 전쟁'이라는 호칭도 일반적으로 통용되었다.

한 플레이어(player)인 조선의 존재가 잊혀 버린다는 데 있다. 실제로 청일전쟁의 경우, 초기에 일본에서는 '일청(日淸)' 또는 '일청한(日淸韓)' 전쟁이라고 불렸다. 그러나 시대가 지날수록 '일청한'은 사라지고 '일청'이라는 호칭만 남아, 오늘날의 많은 일본인들은 자신들의 조상이 한때 청일전쟁을 '일청한 전쟁'이라고도 불렀다는 사실 자체를 잊어 버렸다. 이런 측면에서는, 임진왜란의 국제전 성격을 강조하면 결과적으로 조선의 존재가 약화된다는 한국 역사학계 일각의 우려도 타당하다 하겠다. 아무튼, 임진왜란 당시부터 일본에는 이 전쟁이 일본과 명의 전쟁임을 드러내고자 하는 관점이 존재했고, 또 17세기 초기에 일본에서 임진왜란에 대한 기록이 정리되는 시점에 일본의 학자들이 참고할 수 있었던 자료가 『양조평양록(兩朝平攘錄)』과 『무비지(武備志)』 같은 명의 문헌뿐이었기 때문에, 『징비록』이 일본에 들어간 17세기 말기 이전의 일본에서 작성된 임진왜란 관련 문헌에서 조선의 존재는 일본군 승리의 제물이 되는 무능한 존재로서 존재할 뿐이었다.[12]

한편, 임진왜란 후에 명나라에서 제작한 『양조평양록』, 『무비지』 등의 문헌에서 확인되는 명의 입장 역시 조선에 호의적이지 않다. 명은 자국군이 조선에 파병되기 전까지 조선이 항전한 상황에 대해 잘 알지 못했고, 처음에는 조선이 일본과 내통해서 명을 침략하려 한다는 오해까지 하고 있었다. 『징비록』 권1 앞부분에서 류성룡도 전하고 있듯이, 전쟁에 협력하라는 도요토미 히데요시의 협박을 받은 유구(琉球, 류큐, 오늘날의 오키나와) 왕국은 형식적으로 일본의 요구에 따르는 동시에 일본의 개전(開戰) 의도를 명에 전하고 있었다. 왜구에 의한 납치와 망명 등 여러 이유로 일본에 거주하던 중국인들 역시 이러한 정보를 전하고 있었기 때문에, 일본 측의 이른바 '가도입명(假道入明)' 요구를 뒤늦게 명에 전달한 조선에 대해 명 조정은 의심과 경멸의 시선을 거두지 않았다. 그리고 명은 자국군이 참전한 이상 그 의미를 최대로 부각하고 조선 측에 '생색을 낼' 필요도 있었기 때문에, 『양조평양록』 등에서는 명의 장군이 조선의 군신에게 좀 더 열심히 싸우라고 꾸짖는 모습, 명의 지도(指導)를 받은 조선군이 비로소 조금 싸우는 법을 알게 되었다고 주장하는 대목 등이 곳곳에서 확인된다. 이렇듯, 임진왜란 당시 조선이라는 플레이어가 수행한 역할은 중·일 양국 문헌 모두에서 강조되지 않고 있다. 명·일 양국의 이 같은 조선관을 근본적으로 바꾼 것이 『징비록』이었다.

『징비록』의 임진왜란관은 자기반성 사관임과 동시에 이순신 사관 또는 조선 중심 사관이라 할 수 있다. 자기반성 사관이란 무엇인가. 조선의 많은 문헌에서 일본을 '왜(倭)' 또는 '적(賊)'이라고만 부르는 데 반해, 류성룡은 『징비록』에서 일본을 지칭할 때 '적'이라는 호칭과 '일본(日本)'이라는 정식 국호를 동시에 사용한다. 이는 임진왜란을 일으킨 일본을 단순한 도적 떼로 바라보는 데 그치지 않고, 이 전쟁을 조선이라는 국가와 일본이라는 국가 간의 정식 전쟁으로도 파악하고자 한 류성룡의 의도를 드러낸 것으로 생각된다. 그리고 류성룡은 『징비록』의 첫머리에서 『해동제국기(海東諸國紀)』라는 탁월한 외교서를 작성한 신숙주(申叔舟)가 성종(成宗)에게 일본과의 화의를 잃지 말 것을 유언으로 남겼음에도 불구하고 조선이 일본국의 정세 변화를 파악하는 데 실패한 것이 이 전쟁의 원인 가운데 하나라고 분석한다. 이는 임진왜란이라는 전쟁을 일으킨 일본을 미워하는 데 그치지 않고, 이 전쟁을 막기 위해 조선 측에도 할 수 있는 일이 있었음에도 이를 게을리 한 것에 대해서는 반성을 해야 한다고 생각했기 때문에 가능한 성찰이었다. 류성룡이 『징비록』 서문에서 책의 제목을 설명하며

> 『징비록』이란 무엇인가? 난리가 일어난 뒤의 일을 기록한 것이다. 그중에는 난리 전의 일도 가끔 기록하여 난리가 시작된 근본을 밝히려 하였다. (중략) 『시경』에 "내가 앞의 잘못을 징계하여 후의 환란을 조심한다"라고 하였으니, 이것이 『징비록』을 지은 이유이다. (류성룡, 『징비록』 서문)[13]

라고 한 것은, 임진왜란을 한때의 난리로 바라보지 않고 그 원인과 결과를 분석하고자 한 자신의 집필 의도를 드러낸 것이다. 특히 신숙주의 유언 이후 조선이 통신사를 보내어 일본의 정세를 파악하려 하다가 끝내 중단하고 말았다는 대목은 16권본 및 2권본 『징비록』의 모본(母本)이 되는 초본 『징비록』에는 보이지 않는다. 앞서 언급했듯이, 초본과 간행본 사이에는 기사 전체에서 글자 단위에 이르기까지 상당한 이동(異同)이 확인된다. 이 임진왜란 전사(前史) 부분은 초본에 없다가 간행본 단계에서 추가된 것으로 보이며, 이 전사가 있음으로써 『징비록』은 단순한 일기에 그치지 않고 임진왜란의 원인과 결과를 넓고 깊게 전망하는 체계적인 저술이 될 수 있었다. 뒤에서 언급하는 아사카와 도사이(朝川同斎)와 같은 근세 일본의 일부 국수주의(國粹主

義)적 학자들이 『징비록』의 이러한 자기반성적 논조를 가지고 조선을 비판하는 아이러니가 발생하기도 했지만, 이들 일부를 제외한 가이바라 엣켄 같은 저명한 학자들이 『징비록』의 가치를 인정한 이유 역시 이 부분에 있다고 하겠다.

다음으로 이순신 사관 또는 조선 중심 사관이란, 임진왜란을 끝낸 가장 중요한 동력은 조선군과 이순신에게 있었으며 이순신을 천거한 류성룡 자신도 이 전쟁을 끝낸 숨은 주역이라는 것이다. 『징비록』 전반부에서 '하늘의 뜻'으로 조선이 살아났다고 류성룡이 특필하는 사건은 명군의 원조와 이순신의 승리라는 두 가지인데, 이 두 사건 뒤에는 공통적으로 류성룡이 존재한다. 즉, 『징비록』에 따르면 류성룡은 임진왜란이 일어나기 전에 일본 측의 불온한 정세를 명에 보고해야 한다고 강력히 주장하고, 조선이 일본과 연합해서 명을 치는 것이 아닌지 의심하는 명 조정이 확인차 조선에 보낸 임세록(林世祿)을 설득하였으며, 명군이 먹을 식량을 마련하느라 사력을 다한 것으로 그려진다. 또한 여러 사람들에게 저의를 의심받으면서도 이순신을 책임 있는 자리에 천거한 것이 류성룡 본인이었다는 사실 역시 임진왜란이 일어나기 전의 상황을 설명하는 중에 은근히 그려진다. 명군과 이순신의 존재가 임진왜란의 종결에 결정적이었으며, 그 배후에는 공통적으로 류성룡이 존재한다는 것이 『징비록』의 복선이라 하겠다. 하늘의 뜻으로 온 명나라의 조승훈(祖承訓)·사유(史儒) 군(軍)이 1592년 7월 17일의 1차 평양성전투에서 패하여 모처럼의 희망이 꺾였다는 기사 바로 뒤에 시간을 거슬러서 이순신 군이 1592년 7월 7일의 한산도해전을 비롯한 여러 해전에서 승리했다는 기사를 배치한 것이나, 1597년에 명과 일본 사이의 화의가 깨졌다는 기사 뒤에 이순신의 체포와 백의종군, 원균(元均)이 이끄는 조선 수군의 패배, 황석산성전투의 패배, 명군이 주도한 남원전투의 패배 기사 등을 배치한 이후 이순신의 재등장과 조선 수군의 최후 승리를 기록한 데에서, 조선이 망하지 않은 두 가지 요인인 명군의 존재와 이순신의 존재 가운데 더욱 중요한 것은 이순신이었음을 강조하고자 한 류성룡의 의도를 읽을 수 있다. 명나라 군대의 참전은 임진왜란의 종결에 결정적 요인이었지만, 그 이상으로 중요한 점이 이순신으로 상징되는 조선의 역량이었다는 것이다.

물론 류성룡은 『징비록』에서 조선군 가운데 이순신의 활약만을 강조하지는 않았다. 『징비록』에는 명·일 양국의 기록에서 거의 언급되지 않는 명군의 조선 진입 이전 전황이 상세히 서술되어 있고, 권율, 김시민, 곽재우, 곽준 등이 거둔 승리와 그들이 보인 장렬한 모습 또한 특필되고 있다. 의병의 활약 또한 부각된다. 16권본『징비록』의 경우에는 권1 말미에 의병과 관군의 승리 기사가 모여 있고, 가장 마지막에는 류성룡 본인이 간첩 김순량(金順良)을 잡음으로써 일본군의 스파이가 더는 조선에서 활동하지 못하게 되어 명나라의 대군이 조선으로 들어오는 것을 일본군이 알지 못했다고 적는다. 권2에서는 명군의 본격적 참전 기사가 시작되고 2차 평양성전투에서 조·명 연합군이 승리하기 때문에, 16권본 단계에서는 전쟁 초반 조선군의 무기력한 패배와 명군 선봉대의 패배가 이순신과 조선 관군 및 의병의 승리를 통해 상쇄되고, 명군의 참전 기사가 전쟁의 전환기임을 강조한다.[14] 이에 반해 2권본 『징비록』에서는, 권1 말미에서 비격진천뢰를 이용한 경주성 탈환 기사를 비롯하여 조선 측의 승전 기사를 거론하고, 권2를 "이때 각 도에서 의병을 일으켜 적을 토벌한 사람들이 매우 많았다"라는 말로 시작한다. 이러한 구도에서, 임진왜란으로 조선이 망하지 않은 중요한 요인이 명군이 아닌 조선의 민관(民官)이었음을 부각하고자 하는 편자의 의도를 읽을 수 있다. 이처럼 『징비록』을 16권본에서 2권본으로 재편하는 과정에서 저자 또는 편찬자의 의식이 변화했음을 추측할 수 있다.

아무튼, 『징비록』에서는 명군의 원조를 중시하면서도 조선의 관군, 의병, 조정이 수행한 역할 역시 명군의 역할 이상으로 강조되고 있다. 그중에서도 류성룡이 중점을 두려 한 것은 역시 이순신이었다. 앞서 소개한 바와 같이 명군의 1차 평양성전투 패배 기사 다음에 이순신의 승전 기사가 제시되고, 그 이후 조·명 연합군과 일본군의 일진일퇴가 그려지다가, 책 말미에서 일본군이 퇴각하고 이를 막으려는 이순신이 전사했다는 기사가 나온다. 그리고 한국인들에게 친숙한 이순신의 여러 일화를 소개하면서 "여러 장수들은 이순신을 신으로 여겼다"라는 문장으로 『징비록』 본문을 끝낸다. 이러한 의미에서 『징비록』이 제시하는 임진왜란 7년은 류성룡의 이순신 천거, 이순신군의 승전, 이순신의 장렬한 전사(戰死)라는 세 부분을 축으로 구성되어 있다고도 할 수 있다. 이것이 『징비록』의 이순신 사관이다. 임진왜란 당시 조선의 영웅이 이순신이었다면, 그가 영웅임을 역사 속에 영구히 새긴 것은 류성룡이었다.

『징비록』이 제시한 이순신 사관은 일본에서도 받아들여져서, 1695년에 교토에서 『조선징비록』이 간행된 10년 뒤인 1705년 8월에 동시 출간 된 『조선태평기(朝鮮太平記)』와 『조선군기대전(朝鮮軍記大全)』에서는 이순신을 '영웅'이라고 칭하고 그의 활약이 일본인 장군들과 동등하거나 더욱 컸던 것으로 그려진다. 러일전쟁 당시 일본 해군의 영웅인 도고 헤이하치로(東鄉平八郎)가 이순신을 칭송했다는 미확인 정보가 오늘날 인구에 회자되지만, 일본인이 이순신을 영웅으로 부른 것은 그보다 200년 정도 앞선다.

4. 국제전으로서 임진왜란과 『징비록』의 보편성

『징비록』이 근세 일본에서 널리 읽히면서, 그 저자인 류성룡의 행적도 여러 형태로 평가된다. 그중에는 "당시 중책을 맡고 있으면서 나라를 그르치고 백성에게 해를 입힌 죄를 스스로 깨달았기 때문에 거짓을 적어 사람들을 속였다"[15]라며 류성룡이 편파적이고 자기 합리화적 기술을 했다고 비판한 아사카와 도사이와 같은 시각도 있었고, 일본의 애국주의적 유학 학파인 미토학(水戶學)의 인물 중 하나인 가와구치 조주(川口長孺)는 류성룡과 정파적으로 대립했던 의병장 조헌(趙憲)의 제자 안방준(安邦俊)이 남긴 『은봉야사별록』을 전면적으로 이용해서 류성룡과 『징비록』을 일부 비판 한다. 예컨대, 『조선정벌기(朝鮮征伐記)』와 『도요토미 히데요시 보(豊臣秀吉譜)』 등에 보이는 '간신 류성

'룡' 비판 부분에 대해 가와구치는 『정한위략(征韓偉略)』에서, 『은봉야사별록』과 비교하면 류성룡의 행적에는 미심쩍은 바가 없지 않으나 『징비록』과 『서애집』을 보면 그는 우국지사임에 틀림없다는 판단을 내린다.[16]

> 『은봉야사별록』에서도 류성룡을 마찬가지로 비판하고 있는 것을 보니 이는 사실이었던 것 같지만, 『징비록』에서 우국충정의 마음이 느껴지는 것 또한 사실이니 류성룡은 처음에는 나라를 그르쳤지만 전쟁이 일어난 뒤에 반성하였음을 알겠다. 하지만 이를 확증할 자료가 부족하기 때문에 결론은 내리지 않겠다. (가와구치 조주, 『정한위략』)[17]

그런데 앞서 언급한 아사카와 도사이는 『은봉야사별록』의 일본판 서문에서 임진왜란 당시 조선의 군민을 싸잡아 비판한다.

> 조선은 소경(昭敬: 선조) 이래로 국가가 평안하여, 군신(君臣)이 모두 안락함에 빠져 위험을 잊었기 때문에 점차 해이해지고 음락해졌다. (중략) 맹자는 "일국은 스스로 벌(伐)한 뒤에 타국이 이를 벌한다"라고 하였다. (아사카와 도사이 서문, 일본판 『은봉야사별록』)[18]

조선에 대한 아사카와 도사이의 비판은 『조선정벌기』나 『도요토미 히데요시 보』와 같은 17세기 전기의 일본 측 임진왜란 문헌에 보이는 기술에 따른 것인데, 이들 일본 문헌이 임진왜란 당시 조선 군민을

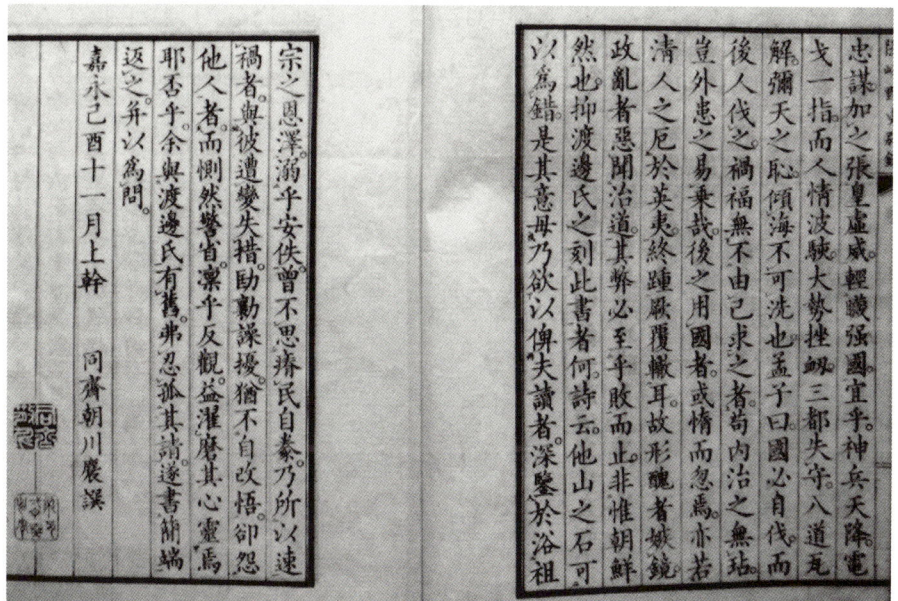

일본판 『은봉야사별록』의 아사카와 도사이 서문.

비판한 대목의 출전은 사실, 임진왜란 당시 조선을 도와주었던 명나라의 제갈원성(諸葛元聲)이 쓴 『양조평양록』이다.

    조선국왕 이연(李昖: 선조)은 재위에 오른 지 오래되어 정무(政務)가 해이해졌다. 간신 류승총(柳承寵)·이덕형(李德馨) 등이 국왕에게 아부하니 충직한 신하들은 멀어졌다. 또한 이 나라는 오랫동안 외국의 침략을 받지 않아 백성들이 전쟁에 대비하지 않았다. (제갈원성, 『양조평양록』)[19]

『양조평양록』의 위 구절은 조선이 이와 같은 상태였기 때문에 전쟁 초기에 맥없이 무너졌고, 명이 원군을 보내 주면서 비로소 나라가 살아났다고 주장하는, 말하자면 명 측에서 만들어 낸 '재조번방'의 논리에 따른 것이라 하겠다. 이러한 논리를 담은 『양조평양록』이 17세기 초기에 일본으로 흘러 들어가자, 일본의 저자들은 조선의 동맹국인 명에서까지 조선을 이렇게 바라보았으니 조선이 임진왜란 당시에 문란한 상황이었음에는 틀림이 없었을 것이라 믿고, 일본이 조선을 공격한 것은 문란한 국가를 하늘이 외국을 이용해서 징벌한 것이라는 논리를 만들어 냈다. 침략국이 자신의 침략 행위를 정당화하는 것은 동서고금에 일반적으로 보이는 현상이긴 하지만, 일본의 주장에 논리적 근거를 제공한 것이 임진왜란 당시 조선의 동맹국이었던 명 측의 문헌임을 생각한다면 오랜 동맹국이라고 해도 이처럼 믿기 어려움을 알 수 있다.

당시 명나라 사람들의 입장에서는 제후의 나라 번국(藩國)을 도와주러 온 '고마운' 명나라 군대에 대해 조선 측의 입장을 대변하고 조선에 유리한 방식으로 동맹관계를 이끌어 가려 한 류성룡이 곱게 보였을 리 없을 것이다. 그리하여 명청 시대 중국의 임진왜란관에는 '믿을 수 없는 조선', 특히 '간신 류성룡'이라는 이미지가 존재했다. 이러한 상황에 변화가 생긴 것은 19세기 말이었다. 중국 청나라의 초대 주일공사였던 하여장(何如璋, 허루장)을 따라 1880년 일본에 건너온 학자 양수경은, 일본에 전하는 중국의 희귀한 고서를 수집해 작성한 해제집『일본방서지(日本訪書志)』의 권6에서 일본판『조선징비록』에 대해 언급하면서,『정한위략』에서 가와구치 조주가 류성룡에 대해 내린 충신이라는 평가를 받아들여,『양조평양록』과『무비지』등에 보이는 조선과 류성룡에 대한 부정적인 이미지는 수정될 필요가 있다고 적는다. 류성룡은 기존의 중국 문헌에 보이는 것처럼 간신이 아니라 오히려 충신이고『징비록』의 기술은 진실되기 때문에 일본인 가와구치 조주도『정한위략』을 집필하면서 가장 중요한 근거로『징비록』을 이용했다는 것이다.[20] 양수경의 이런 평가는 현대 중국에서 간행된『임진지역사료회집(壬辰之役史料匯輯)』에 실린『징비록』의 해제로 계승된다.[21] 참고로『임진지역사료회집』에 실린『징비록』은 조선의 초본이나 16권본, 2권본이 아니라 1695년 교토에서 간행된 일본판『조선징비록』이다. 또한 이 책에는 가와구치 조주의『정한위략』도 함께 실려 있다. 그리고 1880년(고종 17)에 제2차 수신사(修信使)로 일본에 파견된 김홍집(金弘集)에게『조선책략(朝鮮策略)』을 준 황준헌(黃遵憲, 황쭌셴) 역시 양수경과 함께 하여장을 수행하고 있었다. 양수경이『일본방서지』에 조선판 중국 문헌뿐 아니라『징비록』,『대전통편(大典通編)』,『동국사략(東國史略)』등 조선에서 집필된 책까지 수록한 것은 이러한 인연에 의한 것일지.

생각해 보면 아이러니한 일이 아닐 수 없다. 일본의 침략을 받은 조선의 관료가 기록한『징비록』이 일본으로 유출되어 일본판으로 간행되고, 이 일본판이 다시 중국으로 유출되면서, 조선을 도왔지만 조선을 무시했던 명청 대 중국인들의 임진왜란관을 후대의 중국인으로 하여금 교정케 했으니 말이다.『징비록』을 단순히 임진왜란이라는 전쟁의 사실(史實)을 전하는 '사료'로 보는 데서 그치지 않고,『징비록』이라는 책 자체가 지닌 포괄적이면서도 상세한 묘사와 완결된 구조, 그리고 조선을 벗어나 일본과 중국의 독자들에게도 읽혀 그들의 문화에 영향을 주었다는 사실에 주목할 때, 우리는 『징비록』이 지닌 보편성을 확인할 수 있다.

이번에 이 책을 내면서, 역해자는 『징비록』을 단순한 사료로서 보는 차원을 넘어 자기 자신과 자기 집단의 존망의 위기를 겪은 한 인간이 남긴 회고록으로 보려 했다. 그 회고록은 역사적 사실을 단순히 시간순으로 나열하고 있지 않다. 조선 전기의 한일 관계로부터 임진왜란에 이르는 역사적 인과관계와 자기반성, 외국의 정보에 대해 깨어 있어야 한다는 의식, 동맹군인 명군의 원조 이상으로 조선의 관민 특히 이순신과 류성룡 자신의 활약이 이 전쟁을 끝낸 결정적 요인이었음을 강조하려는 의지가 『징비록』에는 담겨 있다. 이렇듯 일관된 의지로 임진왜란의 복잡한 양상을 관통해서 기술한 『징비록』은, 임진왜란이라는 국제전의 무대이자 주요한 플레이어였던 조선국의 입장을 가장 체계적으로 담았기에 조선 일국(一國)을 넘어 근세 일본과 청대 중국에서도 받아들여질 수 있었다.

『징비록』이 지니는 이러한 보편성은 임진왜란이 국제전이라는 데에서도 기인한다. 임진왜란이라는 국제전과 임진왜란을 테마로 한 『징비록』을 온전하게 이해하기 위해서는, 특히 전쟁을 일으킨 일본의 당시 상황을 알아야 한다. 이를 위해 이 책에서는 『징비록』을 문헌학적으로 치밀하게 검토해서 신뢰할 만한 텍스트를 제공하는 동시에, 조선과 함께 임진왜란의 참전국이었던 일본과 중국의 기록에 보이는 관련 기록을 풍부히 소개하고자 했다. 특히 『징비록』이 17세기 후반에 일본으로 유출되어 일본의 임진왜란 담론을 형성했고, 근세 일본에서 널리 읽힌 판본인 1695년 교토판 『조선징비록』이 청나라에까지 건너가게 된 국제적인 흐름을 중시해서, 『징비록』과 함께 일본의 임진왜란 담론을 형성한 중·일 양국의 중요한 문헌인 『양조평양록』·『다이코기』·『조선정벌기』 등에 보이는 기사를 많이 끌어와서 『징비록』의 내용을 다채로운 맥락 위에서 바라볼 수 있도록 힘썼다. 또한, 국보 제132호 초본 『징비록』과 아울러 보물 제160호로 지정되어 있는 초본 『진사록』·『근폭집』·『군문등록』 등에는 임진왜란 당시 류성룡이 남긴 생생한 증언이 풍부하게 담겨 있다. 이번 역해에서는 이들 문헌에 보이는 관련 기록을 다수 인용 함으로써, 저자 류성룡이 직접 자신의 책을 해설하고 자신의 생각을 오늘날에 전할 수 있도록 했다. 물론, 역해자의 능력이 부족하기 때문에 이러한 목표를 얼마나 달성했는지는 자신이 없다. 그러나 이 책을 통해 『징비록』이라는 고전이 품고 있는 매력적이고 풍요로운 세계에 독자들이 조금이라도 관심을 갖게 된다면 역해자로서는 더 바랄 것이 없다. 마지막으로 개인적인 감회를 짧게 덧붙이는 것을 허락해 주기 바란다. 역해자가 근세 일본의 대하 역사소설인 『에혼 다이코기(絵本太閤記)』에서 『징비록』이라는 책 이름을 확인하고 놀랐던 것은 2001년이었다. 그로부터 10여 년이 흐른 지금, 『징비록』의 역해본을 내면서 역해자의 연구 인생에서 첫 사이클이 완결되었음을 느낀다.

이 책이 세상에 나오는 데 도움을 주신 서울대학교의 이종묵 선생

님, 국방대학교의 노영구 선생님, 게이오대학 사도문고(斯道文庫)의 이치노헤 와타루(一戶涉) 선생님, 그리고 아카넷 출판사의 여러분께 감사 드린다. 아내와 갓 태어난 딸에게도 고마운 마음을 전한다.

2013년 9월

김시덕

시대를 품은 경세가, 류성룡

1. 류성룡을 어떻게 평가할 것인가

　류성룡이라는 인간에 대해서는, 퇴계 이황의 학문을 잇는 수제자라는 칭송에서 재상(宰相)으로서 능력이 부족하다는 비판에 이르기까지 살아 있을 때부터 이미 엇갈리는 평이 나오고 있었다. 특히 그의 삶과 떼어 놓고는 생각할 수 없는 사건인 임진왜란 당시 행적에 대해 조선은 물론 명과 일본에서도, 국가가 위기에 처했을 때 두보(杜甫)와 같이 충성을 다한 신하였다는 긍정적인 평과, 일본과의 강화 협상을 주장해서 나라를 망친 동탁(董卓)과 같은 간신(奸臣)이라는 부정적인 평이 동시에 확인된다. 한 인간이 역사 속에서 다양한 평가를 받는 것은 예삿일이지만, 충신의 대표인 두보와 간신의 대표인 동탁이라는 평가를 한 사람이 받는 사례는 흔하지 않을 듯하다. 류성룡을 두

보로 평한 것은 19세기 초기에 『정한위략』이라는 임진왜란 통사(通史)를 쓴 일본의 역사가 가와구치 조주이고, 류성룡을 동탁으로 평한 것은 류성룡의 정적인 북인(北人)이 편찬한 『선조실록』이다. 한편, 같은 중국에서도 명나라의 『양조평양록』에서는 류성룡을 조선을 대표하는 간신이라고 평가하는 반면, 『일본방서지』를 쓴 청나라 학자 양수경은 『양조평양록』의 류성룡 평가를 편협하다고 비판한다.

조선시대 사람 가운데 이처럼 국내외적으로 복합적인 평을 받는 사람이 달리 있을까 싶을 정도로, 임진왜란이라는 국제전을 온몸으로 겪은 류성룡이라는 인간의 스펙트럼은 단순하지 않다. 류성룡이라는 정치적 거인이 한 몸에 지닌 복잡성은, 비상한 시국에 국가를 살리기 위해서라면 무슨 일이든 해야 했던 그의 실용주의에서 비롯된 것이다. 물론 역해자의 이러한 평가 역시, 류성룡이라는 인간을 주로 정치적 맥락에서 바라볼 때에 가능하다. 학자로서 류성룡의 특성과 업적을 평하기에는 역해자의 역량이 부족하기 때문에 이 글에서는 그 부분에 대해 감히 논평하지 못함을 널리 양해해 주기 바란다.

2. 임진왜란 이전 류성룡의 삶과 세계관

류성룡은 1542년(중종 37)에 태어나 네 살 때인 1545년부터 글을 읽기 시작하여, 16세 되던 1557년 향시(鄕試)에 합격했다. 합격 이듬해인 17세 때 부인 이씨를 맞이하였으니, 당시로서는 늦지도 빠르지도 않은 혼인 연령이었다.

  19세 되던 1560년에는 관악산에 들어가 『맹자』를 읽었는데, 당시의 행적에 대해서는 아래의 일화가 「연보」에 전한다.

    선생이 산사에 가니 글 읽는 이가 많았다. 선생은 번잡한 것이 싫어서 비어 있던 암자를 수리하여 따로 거처하면서, 밥 짓고 나무하는 동자 하나만을 데리고 공부에 몰두하여 침식까지 잊을 정도였다. 밤이 깊으면 벽을 두드리는 소리가 이따금 들리기도 하였으나, 선생은 못 들은 체하였다.
    어느 날 밤엔 승려가 불쑥 나타나서, 말하기를, "깊은 산속에 홀로 있으니 도둑이 겁나지 않소?" 하니, 선생은 빙긋이 웃으면서, "사람은 본디 헤아릴 수 없으니, 그대가 도둑질을 하지 않으리라는 것을 어떻게 알겠는가?" 하였다. 승려는 아무 대꾸도 없이 슬슬 문 밖으로 나가더니 의심이 나도록 행동을 하였다. 그러나 선생이 아랑곳없이 글만 읽자, 승려는 다시 절을 하고는, "젊은 서생(書生)으로서 의지가 이다지도 굳으니, 후일에 반드시 큰 인물이 될 것이오"라고 말하였다.
    이는 승려가 선생이 공부를 독실하게 한다는 말을 듣고, 밤에 일부러 도둑같이 꾸미고는 선생의 지기(志氣)를 떠보려고 한 것이었다. (「연보」, 『서애선생연보』 권1)[1]

  이 일화를 통해 두 가지 점을 느낄 수 있다. 하나는, 류성룡은 자기 자신이 알 수 있는 또는 할 수 있는 영역과 그렇지 못한 영역을 명확히 구분하였으며, 알/할 수 있는 영역에서는 최선을 다하려 했다는 현실적인 세계관을 이미 10대 때 드러냈다는 사실이다. 또 하나는, 류성룡이 조선시대에 천시받던 집단인 승려들에 대해 결코 차갑지 않은 시선을 지녔다는 점이다. 류성룡은 『징비록』에서 1592년 당시 전국 각지에서 일어난 의병장들을 소개하면서, 충청도 지역의 의병 가운데 승려 영규(靈奎: ?~1592)의 이름을 가장 앞에 적고 있다. 또한 같은 기사에서 사명대사 유정(惟政: 1544~1610)의 의분(義憤)을 강조하기도 한다.

한편, 1595년에 유조인(柳祖認)이 양반들의 사노비(私奴婢)를 병사로 뽑으면 안 된다는 상소를 올리자, 류성룡은 사노비만 백성이 아니란 말이냐고 반박한다.[2] 그리고 천민들이 훈공을 세워서 벼슬하는 것이 말이 안 된다고 한다면, 중국 한나라 때 노비 출신으로 장군이 된 위청(衛靑)이나 포로 출신으로 장군이 된 일제(日磾)를 중국인들이 칭송하는 것은 무슨 까닭이냐고 반문한다. 물론, 승려나 노비도 인간이며 그들이 업적을 세우면 자유민과 동등하게 평가해야 한다는 류성룡의 주장을, 현대사회의 인간평등 의식과 성급하게 동일시할 수는 없다. 조선이라는 국가가 양반계급에 예속된 사노비의 증가로 인해 병역과 징세 문제에서 곤란을 겪었다는 점을 생각하면, 이와 같은 류성룡의 견해는 국정 운영에 지장을 초래하는 사노비 문제를 해결해야 한다는 실용적 이유에서 비롯되었다고 보는 것이 타당하다. 하지만 그러한 실용주의적 세계관을 관철함으로써 부분적으로나마 노비제를 비판하는 데 이르렀다는 점에서, 류성룡의 견해가 지니는 진취성을 엿볼 수 있다.

이리하여 당시 사대부 계급의 남성이 읽어야 할 기본 서적들의 독서를 10대에 끝낸 류성룡은, 21세 되던 1562년 9월에 퇴계(退溪) 이황(李滉: 1501~70)을 찾아 『근사록(近思錄)』 등을 배웠다. 이때 학봉(鶴峯) 김성일(金誠一: 1538~93)을 만난 것은 그의 인생에서 가장 중요한 만남 가운데 하나였다. 두 사람이 서로를 어떻게 평가했는지에 대해 「연보」는 이렇게 전한다.

> 김성일은 일찍이 다른 사람에게, "서애는 나의 스승이다"라고 말하였고, 선생도 전에, "학봉은 내가 따라갈 수 없다"라고 하였으니, 그분들의 교제는 서로를 높여 줌이 이와 같았다. (「연보」, 『서애선생연보』 권1)

1591년(선조 24)에 통신사로서 일본에 다녀온 김성일이 "도요토미 히데요시는 조선을 침략하지 않을 것이다"라는 결과적으로 잘못된 보고를 했다는 사실로 인해, 그는 조선이 임진왜란을 방비할 기회를 놓치게 했다는 비판을 받는다. 그러나 역해자는 조선 조정이 김성일의 그 한마디를 듣고 안심하는 바람에 일본군의 침략을 초기에 방어하지 못했다는 주장에 동의하지 않는다. 당시 조선은 북쪽의 여진인과 남쪽의 왜구에 의한 상당한 규모의 침략을 막아 낼 수 있는 효율적인 대비 체제를 갖추고 있었다. 그리고 여러 문헌이 전하는 바에 따르면, 조선 조정은 임진왜란이 일어나기 직전까지 통상적인 왜구의 침략을 상정하여 대비를 하고 있었다. 다만, 20여 만 명이라는 대규모의 침공을 예상하지 못한 것이 조선 조정과 김성일의 잘못이라면 잘못이라 할 수 있으리라.

이런 점에서 류성룡은 『징비록』의 첫머리에 "원컨대 우리나라는 일본과의 화의를 잃지 마소서"라는 신숙주의 유언을 전하며, 조선이 일본과 지속적으로 교류하면서 일본의 정치적·군사적 변화를 간파하지 못했음을 반성한다. 그리고

> 김성일이 전날에 한 말은 그 의도가 민심을 진정시키자는 데 있으니 너무 허물하실 필요가 없습니다. 또 국난에 임하여 주장을 바꾸는 것은 정당한 계책이 못 되옵니다. 바라옵건대, 우선 죄를 용서하여 스스로 충성을 다하게 하시옵소서. (「연보」, 『서애선생연보』 권1)

라며 김성일을 옹호하고, 김성일로 하여금 초유사(招諭使)로서 전방에서 활약하며 국가에 진 마음의 빚을 갚게 하였던 것이다. 결국 김성일은 전쟁을 수행하는 과정에서 병사하였으니(1593) 국가의 관료 된 자로서 수미일관한 삶을 살았다고 평가할 수 있겠다. 류성룡은 초본 『징비록』을 쓰고난 뒤 간행본 『징비록』의 직접적인 저본(底本)이 되는 미현존 원고를 작성하는 과정에서, 김성일이 사신으로서 일본의 정세를 잘못 보고한 죄는 있지만 그의 마음속에는 오로지 국가에 대한 충성심만이 있었다는 대목을 덧붙인다. 류성룡은 이처럼 김성일의 충성심을 강조하고 있으며, 이러한 대목에서도 김성일과 류성룡의 우정을 느낄 수 있다.

류성룡은 25세 되던 1566년에 문과에 급제하고, 그로부터 3년 뒤에는 명나라에 사신으로 다녀왔다. 그 뒤로도 순탄한 관직 생활을 거

쳐, 39세 되던 1580년에는 어머님 계신 곳과 가까운 상주(尙州)의 목사(牧使)로 부임했다. 다시 한양으로 돌아와 중앙 관청에서 근무하던 1583년에, 여진인 이탕개(尼湯介)가 조선 국경을 침범하는 사건이 발생했다. 훗날 임진왜란 때 탄금대전투에서 전사한 신립(申砬)은 이때 훈공을 세워서 중앙에 이름을 떨친 바 있다. 당시 조정에는 "비밀리에 군대를 오랑캐 지역에 투입하여 그들의 소굴을 소탕하자"라는 논의도 있었지만, 류성룡은 5개조의 건의문을 올려

> 만일 오늘날 변방을 지키는 대소 관원들로 하여금 약속을 지켜 전일의 포악하고 탐욕을 일삼으며 가렴주구 하는 등의 나쁜 습성을 일소하여 위엄과 신의를 널리 베풀고 청렴결백을 숭상하며 맑은 기풍을 일으켜 이제까지 쌓인 폐단을 깨끗이 한다면, 백성과 오랑캐가 다 함께 진심으로 기뻐하고 복종하리니, 싸움에서 공을 세우는 것 못지않을 것입니다. (「북변헌책의」, 『서애선생문집』 권14)[3]

라고 반박했다. 전쟁 시의 윤리가 발달하지 않은 전근대에는 전쟁 중에 모든 방식의 전략이 허용되었다. 그런 맥락에서 보자면, 전쟁을 앞두고 위의 글처럼 인간의 도리를 따지는 류성룡의 발언은 이상주의로 보일 수도 있다. 그러나 조선과 여진의 관계를 역사적으로 본다면, 류성룡의 발언이 단순히 인도적 차원에서만 나왔다고 하기는 어렵다. 역사적으로 조선과 여진은 어느 한쪽이 전적으로 가해자이고 피해자라고 판단하기 어려운 관계를 맺어 왔다. 오늘날까지 이어지

는 국경을 확정한 조선시대의 4군 6진 '개척'은, 조선으로서는 개척임과 동시에 고구려-발해의 옛 영토 일부를 '회복'한 일이었다. 그러나 중세 이래로 그 지역에 살고 있던 여진인들에게는 조선에 의한 '침략'으로 인식될 여지가 있었다. 이 문제는 오늘날 팔레스타인 지역에서 이스라엘과 팔레스타인이 대립하는 것과 비교할 수 있다.

또한 조선과 여진의 관계를 이처럼 역사적으로 거슬러 올라가 생각하지 않더라도, 호전적인 여진인이 세력을 규합해서 조선의 영역을 약탈하면 조선에서는 그 보복으로 정착 여진인들을 몰살시키고, 그 원한에서 다시 반(反)조선 여진인 세력이 생겨나는 악순환이 있었음은 쉽게 확인할 수 있다. 훗날 청나라를 세운 아이신기오로 누르하치(Aisin-gioro Nurhaci, 愛新覺羅努爾哈赤: 1559~1626)도, 인삼을 캐려고 조선으로 넘어온 여진인들을 조선 측이 살해한 데 원한을 품은 바 있다. 이에 대해 류성룡은 다음과 같이 건의했다.

가만히 듣건대 건주위(建州衛)의 달자(㺚子)가 우리나라를 구원하여 주겠다는 말이 있다 하니 한심한 노릇입니다. 당나라 때에 안녹산과 사사명의 난리를 평정하지 못해서 회흘(回紇: 위구르)과 토번(吐蕃: 티베트)에게 구원병을 청하였다가 대대로 그 화를 입었던 것인데, 달자는 또한 이것과는 비교가 안 됩니다.

그러나 북쪽 오랑캐는 평소부터, 근년에 인삼 캐는 놈들을 우리나라에서 잡아 죽인 까닭으로 우리를 대단히 원망하고 있으니, 이제 저들이 오히려 좋은 말로 와서 대한다면 우리도 또한 마땅히 좋은 말로 대접할 것이며, 엄격한 말로 물리쳐서 그들이 노여움을 더 내게 하여서는 안 될 것입니다. 다만 변장(邊將)을 시켜 말하기를,

"우리나라가 너희들과 더불어 대대로 인국(隣國)이 되었는데, 이제 왜놈이 난리를 일으킨 것을 듣고 와서 우리를 구원하고자 한다 하니, 그 뜻이 대단히 좋으므로, 조정에서 듣게 된다면 마땅히 칭찬하고 상을 줄 것이다. 다만 왜적의 환란이 이제는 이미 평정되어 가니, 너희들에게 멀리 오는 수고를 끼치기까지는 않을 것이다"라고 하여 중지하기를 청해야 할 것입니다. (『근폭집』)[4]

위의 글은 임진왜란 때 누르하치가 조선을 도와주겠다고 제안해 온 것을 어떻게 거절할지에 대해 류성룡이 건의한 내용이다. 여기서도 류성룡은 여진인들이 조선의 비인도적 처사에 대해 원한을 품고 있음을 강조한다. 여진인이 '오랑캐'이기 때문에 비인도적 전략을 통해서라도 그 뿌리를 뽑아야 한다는 접근 방식은, 오늘날 팔레스타인과 이스라엘의 관계에서 보듯이 어느 한쪽이 다른 한쪽을 절멸(絶滅)시키는 것이 불가능하며 그러한 대립을 통해 증오가 확대재생산 될 뿐이라는 모순에 봉착한다.

여진인에 대한 이처럼 고압적이고 완고한 사고방식으로 인해, 결국 조선은 명청(明淸) 교체기에 여진인의 국가를 유연하게 상대하는 데 실패했다. 류성룡이 이탕개의 침략과 임진왜란 중에 작성한 여러 문서에서는, 명청 교체기의 조선이 선택하지 못한 또 하나의 길이 어렴풋이 보인다.

3. 비상한 시국에 빛을 발한 국정 운영 능력

류성룡이 46세 되던 1587년 9월, 쓰시마 섬에서 다치바나 야스히로(橘康廣)가 조선에 도착했다. 이에 앞서 1585년 일본의 실질적인 최고 권력자가 된 도요토미 히데요시는 1587년에 서일본 규슈 전체를 정복한 뒤, 쓰시마의 지배자인 소 요시토시(宗義智) 부자에게 조선 국왕의 항복과 입조(入朝)를 실현시키라고 명령했다. 다치바나 야스히로는 이러한 히데요시의 요구를 실행하기 위해 조선으로 건너온 것이지만, 조선과의 교류 경험이 많은 야스히로는 조선이 히데요시의 요구에 따를 리가 없다는 사실을 잘 알고 있었다. 류성룡은 야스히로의 이런 난처함을 『징비록』에서 생생하게 적고 있으며, 결국 야스히로는 귀국 후에 처형당한다.

류성룡이 47세 되는 1588년, 일본에서는 도요토미 히데요시가 유구(琉球) 왕국의 항복을 받고자 사절을 파견했다. 히데요시의 복속 요구는 조선에만 그치지 않았던 것이다. 그리고 48세 되던 1589년에는, 2년 전에 야스히로를 보냈던 소 요시토시가 히데요시의 재촉에 못 이겨 직접 조선으로 건너온다. 이해에 부인 이씨가 죽었지만 류성룡은 일본의 통신사 파견 요구에 대응하느라 부인의 상여조차 제대로 전송(餞送)하지 못했다고 하니, 임진왜란은 사실상 이때부터 류성룡의 인생을 뒤흔들기 시작했다고 하겠다.

한편 일본의 조선·명나라 침략 의도가 가시화하는 와중에도 조선에서는 정여립(鄭汝立)의 역모 옥사가 일어나는 등 나라 안에서 싸우기 바빴다. 류성룡도 이 사건에 휘말려서 여러 차례 사직 상소를 올렸지만 받아들여지지 않자 상소하여 스스로를 탄핵하기도 했다. 그 사이에 조정은 통신사 파견을 결정하고, 황윤길(黃允吉)·김성일·허성(許筬)이 통신사에 임명되어 1590년에 일본으로 출발했다. 49세 되던 이해에 류성룡은 우의정에 임명되었고, 일본에서는 도요토미 히데요시가 동일본의 호조(北條) 가문 등을 복속하여 일본 통일을 완수한 뒤에 조선의 통신사 일행과 만났다. 그 자리에서 히데요시는 명나라 침략을 선언하고 일본에 대한 조선의 복속을 요구하는 내용의 국서를 통신사 일행에게 전달한다.

통신사가 히데요시의 국서를 가지고 돌아오자 조선 조정에서는 당연히 난리가 났다. 히데요시의 명나라 침략 의도에 대해 통신사들이 서로 다른 견해를 피력한 것은 잘 알려져 있는 사실이지만, 히데요시의 국서에 담긴 내용을 명나라 조정에 알려야 하는지의 여부를 두고도 조선 조정에서는 통일된 의견을 내놓지 못했다. 어떤 사람들은 조선이 일본과 교섭해 왔다는 것이 명에 알려지면 곤란해질 것이라며 반대했고, 류성룡은 조선 측이 알리지 않았는데 유구 등 다른 나라가 먼저 알리면 명나라 조정은 조선을 의심하리라고 주장했다.

결과적으로는 두 의견 모두 일리가 있었다. 조선 전기 때 삼포(三浦)에 왜관을 설치하고 일본과 교류한 것을 근거로, 조선이 일본과 내통해서 명을 침략하려 한다는 주장이 명나라 일각에서 제기된 것은 사실이었다. 한편으로는 유구 왕국이 세자 상녕(尚寧)을 명나라에 보내 이 사실을 알렸고, 적극적으로 왜구에 가담했거나 왜구의 포로가 되어 일본에 거주하고 있던 복건(福建) 사람 허의후(許儀後)·진신(陳申) 등도 본국에 이러한 소식을 알렸다. 이들이 본국에 전한 정보에는 조선의 동향이 수상쩍다는 내용도 포함되어 있었기 때문에, 조선이 히데요시의 침략 의도를 명나라 조정에 알리지 않았다면 크게 문제가 되었을 것이다. 그런 맥락에서 보자면, 조선 조정에서 전개된 서로 다른 두 견해는 각각 문제의 일면을 제대로 짚고 있었다고 하겠다.

1591년, 도요토미 히데요시가 조선을 침략할 배를 건조하고 전진기지인 나고야(名護屋) 성을 짓는 사이에, 류성룡은 1555년(명종 10)에 일어난 을묘왜변(乙卯倭變)을 계기로 유명무실해진 진관법(鎭管法)을 부활시키고 제승방략(制勝方略)을 폐기할 것을 건의한다. 류성룡이 『징비록』에서 이일·신립 등의 패전을 강조하는 것은, 이들의 패전이 제승방략의 문제에서 비롯되었음을 드러내고자 하는 측면이 있다. 또한 그는 권율·이순신 등을 천거하고 전라좌도 수군절도사로 임명받아 내려간 이순신에게 『증손전수방략(增損戰守方略)』이라는 병서를 보내기도 했다. 이순신은 이 책에 대해 "수전, 육전과 화공법 등에 관한 전술을 일일이 설명하였는데, 참으로 만고에 뛰어난 이론이다"[5]라고 찬탄하고 있다. 류성룡은 임진왜란 중에 명군의 전법을 적극적으로 받아들여 훈련도감(訓鍊都監)의 설치를 주장하고, 명나라 장군 척계광(戚繼光)의 『기효신서(紀效新書)』를 입수해서 조선의 군사제도를 개혁하는 등 정치가로서뿐 아니라 병학가(兵學家)로서도 업적을 남겼다.

류성룡이 51세 되던 1592년(선조 25) 1월 5일, 도요토미 히데요시는 조선 침략 명령을 내렸다. 4월 13일부터 일본군이 부산포·김해 등으로 속속 상륙했다. 양산성이 고니시 유키나가(小西行長)의 제1군에 함락된 4월 17일에 류성룡은 도체찰사(都體察使)에 임명되어 사령탑으로서의 임무를 수행하게 된다. 4월 25일과 28일에 각각 이일과 신립의 조선군이 상주와 충주 탄금대에서 고니시 유키나가의 군에 패함에 따라, 국왕 선조를 위시한 조정은 서북쪽으로 피난 갈 것을 결정하였다. 비록 수도를 버린 국왕이긴 했지만, 류성룡 등의 대신이 인심 안정을 위해 세자 책봉을 요청하자 선조는 4월 29일에 둘째 아들인 혼(琿, 광해군)을 세자로 책봉하는 데 동의한다. 전쟁 중에는 조선을 분할하자거나 중국 사람이 조선을 직접 통치하자는 등의 주장이 명나라 측에서 흘러나오는 등, 임진왜란 내내 선조는 국왕으로서 입지가 위험했다. 선조에게는 세자 광해군과 관료, 명나라가 모두 자신의 왕위를 위협하는 존재였다. 그래서 선조는 자신의 임금 자리가 위험할 때마다 왕위를 양위하겠다는 협박을 하기도 하고, 당시 형성되기 시작한 여러 당파를 이용하여 신하들의 권력을 분산시키기도 했다. 선조가 실력 있는 대신들을 견제한 대표적인 사례 중의 하나는, 전쟁이 끝나는 1598년에 류성룡을 삭탈관직한 일이었다. 전쟁 중에 권력이 집중된 류성룡을 그대로 두어서는 전후의 국정 운영에 지장이 있을 것이라는 판단에서 선조가 류성룡의 정적(政敵)들이 그를 공격하는 것을 부추겼다고까지는 할 수 없어도 사태를 관망했다고 할 수는 있을 것이다.

아무튼 이때부터 류성룡은 선조의 변덕과 당파 간의 충돌, 명나라와의 교섭, 전쟁 수행과 국내 안정이라는 복합적인 과제를 해결해야 하는 상황에 놓이게 된다. 선조가 개성에 도착한 1592년 5월 1일에는 영의정에 임명되었다가 하루 만에 파직당하는 소동이 있었지만, 류성룡은 한 달 만인 6월에 명나라 관리를 접대하는 임무를 맡게 되면서 복직되어 풍원부원군(豐原府院君)에 봉해졌다. 명나라는, 아무리 일본군이 강하더라도 순식간에 한양까지 함락되고 조선 국왕이 명과의 국경 지대에 접근하는 것은 뭔가 이상하다고 생각했다. 그리고 혹시 일각의 소문처럼 정말로 조선이 일본의 앞잡이가 되어 명나라를 치려

류성룡이 안정관(安定館)에서 명나라 장군들을 접대하다. 『에혼 다이코기(絵本太閤記)』 6편 권7.

는 것은 아닌지 의심했다. 그래서 진무사(鎭撫使) 임세록을 조선에 보내서 상황을 살펴보게 했는데, 이때 평양에서 임세록를 맞이한 류성룡이 일본군의 침략 상황을 잘 설명하여 명나라는 오해를 풀고 조선에 구원군을 파견하게 되었다.

당시 한양을 점령한 일본군은 여러 갈래로 나뉘어 조선 각 도를 지배하는 정책을 취했지만, 일본군의 조선 지배는 넓은 지역을 안정적으로 통치하는 면적(面的) 형태가 아니라 곳곳에 거점을 두고 거점 간에 소통하는 선적(線的) 형태를 띤 불완전한 것이었다. 그랬기 때문에 전쟁 직후부터 곽재우(郭再祐)와 같은 의병이 활동할 공간이 존재했다. 무엇보다도 결정적인 것은 1592년 5월부터 승리를 거두고 있던 이순신의 수군이었다. 이처럼 바다와 육지에서 조선의 저항이 예상보다 강하자, 빠른 시일 내에 조선으로 건너와서 파죽지세로 명나라까지 진격하려던 도요토미 히데요시의 당초 계획은 무산되었다. 동시에, 처음부터 전쟁에 반대했거나 최소한 소극적이었던 고니시 유키나가 측은 이덕형(李德馨) 등에게 강화 협상을 하자는 연락을 취해 왔다. 그러나 고니시 측이 전쟁 전과 마찬가지로 조선 측으로서는 받아들일 수 없는 조건을 내세웠기 때문에 협상은 무산되었다. 이후 고니시 측은 조선을 배제하고 심유경(沈惟敬)을 대표로 하는 명나라 측과 직접 강화를 꾀하게 된다.

선조는 여러 반대를 무릅쓰고 6월 11일에 평양을 탈출하여 여차하면 명나라에 망명하겠다는 의사를 내비친다. 류성룡은 이에 극력으로 반대하며 난국을 타개할 수 있는 각종 제안을 올린다. 그 가운데에는, 전쟁에 익숙한 평안도 강변(江邊) 지역의 병사들을 적극 활용하되 그들은 여러 번 징발되었던 만큼 필시 원망하고 괴로워하는 마음이 있을 터이니 그들을 구휼하는 데 힘써야 한다는 것과, 지금 무리 지어 국가의 창고를 약탈하는 무리들도 원래부터 난민(亂民)이 아니라 먹을 것이 없어서 그렇게 된 것이니 적극적으로 받아들여 그들로 하여금 적군을 공격하도록 설득해야 한다는 등의 내용이 눈에 띈다. 류성룡이 백성들에게 동정적인 시선을 보내고 이들에 대한 구휼책을 조정에 거듭 건의하는 모습은 『징비록』을 비롯한 여러 문헌에서 확인된다. 물론 자기 자신의 입장을 미화하는 것은 인간의 본능이기 때문에, 류성룡의 이러한 주장을 액면 그대로 받아들이기 위해서는 사료의 교차 검증이 필요하다. 그러나 류성룡의 글을 읽으면서 그의 말에 설득되는 느낌을 받게 되는 것은, 그가 임진왜란 당시 전쟁의 전체 형국을 읽으면서도 현장에 임하여서는 "솔잎을 가루로 만들어 솔잎가루 10분(分)에 쌀가루 1홉(合)을 섞어 물에 타서" 백성들을 구휼했다는 식으로 당시 상황을 생생하게 전하기 때문이다. 거시적 관점과 미시적 관점의 양쪽 모두 놓치지 않는 류성룡의 저술가로서의 면모를 여기서 본다.

한편 7월에 김명원(金命元)·조승훈 등이 이끄는 조·명 연합군이 평양성 탈환에 실패하자, 심유경이 등장해 고니시 유키나가와 협상하면서 명나라의 2차 구원군이 도착할 시간을 벌게 된다. 심유경에 대해서는 한·중·일 삼국에서 모두 비판적인 평가를 내리지만, 류성룡은 『징비록』을 비롯한 곳곳에서 심유경을 일면적으로 악인(惡人)으로만 평가하면 안 된다고 주장한다. 파죽지세로 북진하던 고니시 군을 평양에서 멈추게 함으로써 명나라 대군이 조선으로 들어올 시간을 벌게 한 일은 그의 공적이라는 것이다. 다만 심유경이 고니시 유키나가 등과 비밀리에 강화 협상을 진행한 것이나, 강화 협상이 파탄난 이후의 행적에는 비판의 여지가 있다고도 논평한다. 인간을 단순하게 평가하는 대신 다면적으로 접근하고 그 사람의 공과(功過)를 공정하게 판단하고자 하는 것은 현대 한국의 많은 사람들에게도 여전히 불가능한 인간 이해의 방식이다. 류성룡 그 자신도, 국가의 재흥을 위해 헌신했으면서도 전쟁이 끝나려는 시점에 "강화를 주장하여 나라를 망쳤다(主和誤國)"라는 명목으로 삭탈관직당한 바 있다. 류성룡은 이러한 쓰라린 경험을 통해 인간의 내면을 바라볼 수 있는 관점을 획득한 것이 아닐까. 그래서 『징비록』의 「녹후잡기」에 심유경의 편지를 수록하여 심유경이 자기 자신을 변론하게 했던 것이고, 류성룡 본인을 위해서는 『징비록』을 집필하고 전쟁 중에 자신이 작성한 각종 문서를 함께 실어서 후세 사람들로 하여금 자신의 공과를 평가하게 한 것이리라.

한편 그때까지 조선과 명나라의 견제를 받아 분열되어 있던 여진인은, 누르하치라는 탁월한 정치적 지도자를 만나 급속히 통일되는 중이었다. 임진왜란으로 조선과 명나라의 견제가 느슨해진 것이 누르하치에게는 하늘의 도움이었다. 그리고 일본 통일에 성공한 도요토미 히데요시가 일본 바깥의 국가들에 대해 자신의 힘을 시험해 보고자 한 것과 마찬가지로, 누르하치 역시 자기 집단의 힘을 시험해 보고 싶었던 것 같다. 물론 이때 누르하치는 아직 명나라와 몽골 등의 견제 때문에 여진인의 통일을 완수하지 못한 상태였고, 설사 여진인을 통일했다 하더라도 명나라나 몽골과 일대일로 맞선다는 생각은 감히 하지 못했을 시점이었다. 그렇기 때문에 조선을 도와주겠다는 식의 은근한 방식을 택한 것일 터이다. 이에 대해 류성룡은, 당나라 때 한족(漢族) 조정이 소그드(Sogd, 粟特)와 투르크(Turk, 突厥)의 혼혈인 안녹산(安祿山)이 일으킨 반란을 진압하는 과정에서 위구르와 티벳 군의 도움을 받았다가 두고두고 시달렸던 역사를 거론하며, 누르하치의 요청을 거부해야 한다고 주장했다. 류성룡은 다른 곳에서도,

누르하치의 형세는 점점 날로 강성하니 장래의 재화(災禍)를 미리 헤아릴 수 있는데, 모든 일을 더 심하기 전에 처리한다면 그 형세가 쉽게 되겠지만, 이미 심하게 된 후에 처리한다면 그 형세가 어렵게 될 것이다. (『군문등록』)[6]

라고 주장한다. 지금은 일본이 현실적인 위험이지만 장차 누르하치 세력 역시 큰 위협이 될 것이며, 바로 지금 견제하지 않으면 돌이킬 수 없는 상황에 이르리라 우려한 것이다. 실제로 누르하치는 임진왜란으로 인해 명나라와 조선의 견제가 느슨해진 틈을 타고 여진인을 통일하여 끝내 후금(後金)을 세우게 되었으니, 류성룡의 통찰은 그야말로 선견지명이라 하겠다.

류성룡은 12월에는 평안도 도체찰사에 제수되었는데, 이때 일본군의 첩자가 된 김순량이라는 사람을 사로잡아 참수하고 일당을 일망타진했다. 류성룡은 『징비록』에서, 간첩이 일망타진되었기 때문에 이

여송(李如松)이 이끄는 명나라의 대군이 조선에 파견된 것을 일본군이 알지 못하고 있다가 평양성전투에서 패한 것이라고 하여 자신의 공적을 강조한다.

류성룡이 52세 되던 1593년 1월 초에는 제2차 평양성전투에서 조·명 연합군이 승리했다. 패퇴한 고니시 유키나가 군대는 17일에 한양으로 철수했으며, 24일에는 한양에 거주하던 조선인들을 대량 학살하였다. 학살된 사람 가운데에는 처음에 일본군이 진입할 때 도망치지 못하고 살아남기 위해 머리를 일본식으로 깎았다가 "적병과 서로 통하여 머리를 깎은 사람을 우리 군사들이 보면 즉시 베어 죽인다"[7]라는 소문으로 인해 조선군에 귀순하지 못하는 사람들도 있었고, 이효인(李孝仁)과 같이 적극적으로 부역하는 사람들도 있었다.[8] 그러나 어느 쪽이든 대부분은 이때 살해되었을 것이고 일부만이 남쪽으로 일본군의 짐을 나를 인부로 차출되어 끌려갔을 터였다.

이여송은 평양 승리의 기세를 몰아 한양까지 단숨에 수복하려 하였으나, 너무 서두르다가 파주의 벽제관에서 일본군에 패배한 뒤에는 반대로 기세가 꺾여서 개성·평양으로 잇따라 후퇴했다. 1593년 1월에 호서·호남·영남 삼도 도체찰사로 임명된 류성룡은 다시 남쪽으로 진격해야 한다고 이여송에게 거듭 건의하였으나 도리어 반감만 살 뿐이었다. 임진왜란 당시 명 측과 교섭하는 역할을 맡은 류성룡과 이덕형이 『양조평양록』과 같은 명나라 문헌에서 조선을 망친 간신으로 지목된 것은, 명나라 장군들에 대해 강경하게 조선의 이익을 주장하던 이들이 명 측 장군들에게 좋지 않게 보였다는 방증이라 하겠다.

이여송은 류성룡 등의 진군 주장을 거부하였으며, 심유경은 고니시 유키나가와 강화에 합의하기에 이른다. 이러한 상황에서 정신적·신체적 한계에 놓인 류성룡은 4월 20일 귀경한 직후부터 병으로 쓰러진다. 당시 류성룡은 명나라 남부에서 왜구와 싸운 경험이 풍부한 척금(戚金)·낙상지(駱尙志) 등과 우호적인 관계에 있었는데, 그를 병문안 온 낙상지는 명나라 병사들이 조선인 병사들을 훈련시키면 명 군이 철수한 뒤에도 조선군이 일본군을 막을 수 있으리라고 조언했다. 또한, 척금은 자신의 삼촌인 명나라의 명장(名將) 척계광이 집필한 병학서 『기효신서』를 조선 측에 제공했다.[9] 조선 조정에서는 명나라 군대의 이러한 군사적 지원에 힘입어, 같은 해(1593, 선조 26)에 훈련도감을 창설하고 류성룡을 책임자로 임명한다.

한편, 심유경과 고니시 유키나가 간의 강화 교섭은 전형적인 동상이몽(同床異夢)이었다. 명에서는 도요토미 히데요시를 일본 국왕에 봉해 주면 문제가 해결되리라는 단순한 생각을 하고 있었다. 반면 히데요시는 명 황제의 딸이 일본 덴노(天皇)의 아내가 되고, 조선의 남부 4개 도를 일본에 할양한다는 등의 조건을 명이 받아들인 것으로 생각하고 있었다. 그리고 덧붙여서 히데요시는, 1592년에 함락하지 못한 진주성을 이번에는 반드시 함락하라는 명령을 내렸다. 류성룡은 명에 진주성을 구원하여 줄 것을 요청했지만 명나라 군대는 끝내 움직이지 않았고, 진주성은 항전 끝에 함락되었다.

진주성이 함락된 뒤로는 일본군이 한반도 남해안에서 움직이지 않으면서 전쟁이 소강상태에 들어간다. 이 시기 조선에서는 기근이 이어졌으며 정세는 불안했다. 류성룡은 이러한 상황을 타개하기 위해 소금을 구워 난민들을 구제하자고 건의하였으며, 명에 대해서는 국경 지대인 중강진에 시장 개설을 요청했다. 시장이 열리자 물자가 조선으로 흘러들어 와서 이익이 적지 않았으나, 훗날 조선이 물자의 지나친 유출을 염려하여 시장을 폐지하려 하자 명의 반발을 사기도 했다.[10]

1594년과 1595년에는 심유경이 일본을 오고 가며 강화 교섭을 진행했다. 1594년 4월 14일 서생포에서 가토 기요마사(加藤淸正)와 만난 송운대사(松雲大師) 유정이, 심유경과 고니시 유키나가가 말하는 강화 조건과 실제로 도요토미 히데요시가 요구하는 내용이 다르다는 사실을 확인하자 조선은 더욱더 강화 교섭에 반대하게 되었다. 이때 선조는 류성룡에게 강화를 추진하려는 의사가 있는 것이 아닌가 하는 의심을 갖기도 했다.[11] 류성룡의 정적들도 마찬가지로 이러한 의심을 품고 있어서, 류성룡은 "강화를 주장하여 국사를 그르쳤다"라는 공격을 받았다. 이순신은 1594년 7월 12일 일기에서,

> 류 상(相柳: 류성룡)이 죽었다는 부음이 순변사(巡邊使)가 있는 곳에 도착했다고 한다. 이는 류 정승을 질투하는 자들이 말을 지어내 훼방하려는 것이리라. 통분함을 이길 수 없다. (중략) 류 상이 만약 내 생각과 맞지 않는다면 나랏일을 어찌할 것인가. (이순신, 『난중일기』)[12]

라고 적고 있다. 이순신은 류성룡이 죽었다는 소문을 거짓이리라고 생각하면서도, 만약 그 소문이 사실이라면 이 난국을 헤쳐 나가기 어려울

것이라고 걱정하고 있다. 남해안에 머물던 이순신의 귀에까지 소문이 들릴 정도로 류성룡을 둘러싼 정세는 불온했음을 알 수 있다. 그리고 이러한 상황이 마침내는 1598년에 류성룡의 삭탈관직으로 이어지게 된 것이다.

그러나 사실 이 시기에는 송응창(宋應昌) 대신 새로이 경략(經略)이 된 명나라 고양겸(顧養謙)이 강화 교섭에 찬성하도록 조선 조정을 압박하고 있었고, 류성룡은 일본군을 공격해야 한다는 주장을 접지 않고 있었다. 다음 인용문에서 류성룡은 평양성 패전 뒤에 후퇴하던 일본군을 쫓아가서 섬멸하지 못한 것을 한탄한다.

> 진실로 우리나라에 한 명의 장군이 있어서 수만 명의 병사를 이끌고 때를 보아 앞뒤로 길게 늘어져 있던 적군의 가운데를 공격하여 끊는 기이한 계책을, 평양성전투에서 적군이 패하였을 때 실행에 옮겼으면 적의 대군을 쉽게 물리칠 수 있었을 터이고 한양 이남(以南)에서 썼더라면 적의 수레 한 대도 돌려보내지 않을 수 있었을 터이다. 이렇게 할 수 있었다면, 적은 놀라고 겁먹어 수십 수백 년 동안 감히 우리를 똑바로 쳐다보지 못하였을 것이니 훗날의 걱정거리가 없어졌을 터이다. (류성룡, 「난후잡록 72. 용병(用兵)」, 『징비록』)

명나라로서는 외국에서 "오랑캐"끼리 싸우는 것이니 자국군의 희생과 물자의 소모를 최소한으로 하는 일이 국익을 지키는 것이었다. 반면, 조선으로서는 일본을 몰아낼 뿐 아니라 다시 침략할 의사를 꺾어 버리는 것이 중요했다. 명과 조선 조정의 갈등은 이러한 두 나라의 국익이 충돌한 결과 생겨난 것이었고, 조선을 대표하여 교섭에 임한 류성룡은 물러서지 않았다. 『징비록』을 비롯해서 류성룡이 남긴 여러 기록의 중요한 목적의식 가운데 하나는, 자신이 명과의 교섭에서 조선의 국익을 최대한으로 지켰고 마지막까지 강화 협상에 찬성하지 않았다는 사실을 세상에 알리는 것이었다.

결국 심유경과 고니시 유키나가의 강화 교섭은 조선·명·일본 어느 나라에서도 받아들일 수 없는 것이었기에, 류성룡이 55세 되던 1596년에 강화 협상은 파탄을 맞게 된다. 그리하여 일본의 재침이 현실화되던 1597년 1월에 이순신은 관직을 삭탈당하고 원균이 삼도수군통제사가 되지만, 7월에 원균은 칠천량해전에서 패전하여 전사한다. 이해 10월에는 조선이 명의 도움만 바라고 스스로는 노력을 하지 않는다는 명나라 신종(神宗)의 책망의 글이 조선에 전해졌다. 이에 따라 11월에는 류성룡이 그 책임을 지기 위해 사직을 청했다. 이 시기부터 류성룡에 대한 각계각층의 상소와 탄핵이 늘어나게 되는데, 그 와중에 결정적으로 류성룡의 정치생명을 종결지은 것은 그가 57세 되던 1598년에 일어난 정응태(丁應泰) 무고 사건이었다.

명나라 병부주사(兵部主事) 정응태는 명나라 장군 양호(楊鎬)가 1597년 12월~1598년 1월 사이에 있었던 울산성전투에서 패하고도 거짓 보고를 한 것을 명나라 조정에 탄핵했다. 이때 조선 조정에서 양호를 변호하자 정응태는 조선에 대해서도 원한을 품게 되었다. 그리하여 그는 조선이 명의 허가 없이 일본과 교류했고, 이번에도 조선이 일본의 앞잡이가 된 것이라는 등의 내용을 명 조정에 상소했다. 명 조정은 정응태의 상소를 내용이 황당하다며 일축했지만, 조선은 이 사태를 엄중히 보고 조선의 입장을 변호할 사람을 서둘러 명에 파견하기로 했다. 이때 류성룡이 사신 후보로 거론되었으나, 그는 현재 한양에 대신이 한 사람도 없는 만큼 자신이 명나라에 갈 수는 없다며 고사(固辭)하였다가 탄핵받고 11월 19일에 파직되었다. 공교롭게도 같은 날에 이순신도 노량해전에서 전사했으니, 이순신의 전사와 류성룡의 파직이라는 두 가지 상징적인 사건으로 임진왜란은 막을 내리게 되었다.

4. 임진왜란 이후의 류성룡과 『징비록』

류성룡의 정적들은 그의 파직에 만족하지 않고 거듭 탄핵하여 마침내 1598년 12월 6일에 류성룡은 관직을 삭탈당하고 낙향하게 된다. 「연보」의 1599년조에는,

> 옥연서당(玉淵書堂)에 나가 있으면서 찾아오는 손님을 사절하였다. 선생의 화색(禍色)이 날로 더 심해지자 찾아오는 손님들을 접대하지 못하였다. (중략) 이때 정사(精舍)에 복숭아꽃이 만발하였다. 선생이 오랫동안 아껴 감상하다가 갑자기 '이 물건이 대체 나와 무슨 관계가 있는가. 심체(心體)는 맑고 비어서 한쪽으로 치우쳐 집착하여서는 안 되겠다' 생각하고, 이어서 시 한 수를 지었다. (「연보」, 『서애선생연보』 권1)

라고 적혀 있다. 정치적 처형을 받은 데에서 온 울분을 깨달음의 원동력으로 삼으려는 결의를 엿볼 수 있다. 이때 조정에서는 류성룡을 중국 삼국시대의 동탁에 비유하면서 나라를 망친 주범이라고 비난하는 탄핵이 이어졌다. 그러나 정치적으로 위험한 존재였던 류성룡을 이미 토사구팽(兎死狗烹)한 선조로서는 더는 사태가 확대되는 것을 바라지 않은 듯, 류성룡에 대한 그 이상의 처벌에는 찬성하지 않았다. 3년 뒤인 1602년에 이항복(李恒福)이, 류성룡의 덕은 청백리(淸白吏)라는 칭호 하나로는 덮을 수 없지만 정적의 상소 중에서 류성룡이 동탁에 비유된 억울함은 풀어 주고자 한다며 류성룡을 청백리로 천거했을 때, 선조는 반대하지 않았다(「연보」, 『서애선생연보』 권2).

한편, 60세 되던 1601년에는 친형인 류운룡(柳雲龍), 정치적 라이벌 윤두수(尹斗壽), 모친(母親)이 잇따라 사망하니, 류성룡은 자신의 인생을 정리할 시기에 이르렀음을 실감했으리라. 1602년에 청백리로 인정받고 이듬해에 관작이 회복되면서, 류성룡은 드디어 임진왜란이라는 전쟁과 당시 자신의 행적을 정리하기 시작하여 63세 되던 1604년 즈음에 초본『징비록』을 집필했다. 류성룡은『징비록』을 통해 ① 임진왜란 7년사를 조선 중심으로 서술하고, ② 전쟁에서 이순신이 수행한 역할을 강조하는 동시에 그를 천거한 본인의 역할을 강조하며, ③ 자신이 강화를 주장하는 바람에 조선이 일본에 대한 복수를 하지 못하게 되었다는 정적의 주장을 반론하고자 했다. 우연하게도 같은 1604년에 일본에서는 임진왜란 7년을 처음으로 통시적으로 정리한 오타 규이치(太田牛一)의『도요토미 대명신 임시어제례기록(豊國大明神

臨時御祭禮記錄)』이, 2년 뒤인 1606년에는 명나라의 관점을 정리한 제갈원성의 『양조평양록』이 성립했다. 이리하여 조선·일본·명 각국이 임진왜란을 국제전으로서의 입장에서 총괄하는 큰 흐름이 이루어졌다.

정치가로서의 삶을 마치고 저술가로서의 임무 역시 끝마친 류성룡은 66세 되던 1607년(선조 40) 5월 6일에 운명하였다. 이해에는 송운대사 유정 등의 노력으로 조·일 양국의 국교가 정상화되어, 조선이 제1차 통신사를 일본에 파견하였다. 류성룡의 위판(位版)은 1614년에 안동 병산서원(屛山書院)에 봉안되었다. 이해와 이듬해에 일본에서는 오사카에서 두 차례의 전투가 벌어져 도요토미 히데요시의 아들 히데요리(秀賴)와 부인 요도기미(淀君) 세력이 소멸하였다. 근세 일본의 많은 학자들은 이를 천도(天道)의 법칙이라고 평가했다.

한편 류성룡이 일찍이 우려하고 있던 누르하치의 세력 확대는 현실이 되어, 1619년 명·조선 연합군과 여진인의 후금 사이에 사르후전투(The Battle of Sarhū)가 일어나서 후금이 승리했다. 1627년(인조 5) 1월에는 정묘호란이 있었고, 1629년에는 류성룡에게 문충공(文忠公)이라는 시호(諡號)가 내려졌다. 바야흐로 국가가 또다시 위기 상황에 처했을 때, 류성룡이라는 존재가 다시 한 번 사람들의 기억 속에 되살아난 것이었을지도 모른다. 그러나 이번에는 조선이 외국군의 침략을 막아 내지 못했다. 1636년 12월에는 병자호란이 일어나, 1637년 1월 국왕 인조는 삼배구고두례(三拜九敲頭禮)를 올리며 후금의 홍타이지(Hong Taiji, 皇太極, 청 태종)에게 신하의 예를 올려야 했다. 조선인 수십만 명이 후금에 포로로 끌려가서 돌아오지 못했으며, 그 와중에

도 조선 관리들은 백성들을 상대로 각종 횡포를 저질렀다.[13]

한편, 정묘호란과 병자호란 사이의 1633년에는 합천에서 『서애집』 본집이 간행되었고(별집과 연보는 그 후에 간행), 1647년에는 의성현령 엄정구(嚴鼎耈)가 16권본 『징비록』을 간행했다. 2권본 『징비록』은 그 뒤 권1·2의 「징비록」과 권16의 「녹후잡기」를 합쳐서 만들어지는데, 이 2권본 『징비록』이 늦어도 1683년에는 쓰시마로 건너가고 1695년에는 교토에서 4권본으로 간행된다. 『징비록』이 일본에 건너가기 전에 일본에는 자기들의 관점에서 임진왜란을 정리한 문헌이 여러 편 존재했고 17세기 초기에는 명의 『양조평양록』과 『무비지』 등도 일본에 건너갔다. 이들 명나라 문헌은 임진왜란 당시 자국군이 수행한 역할을 강조하고 조선 민군(民軍)의 역할을 과소평가하며 류성룡·이덕형 등을 간신이라고 비난하는 내용을 담고 있었기에, 이 시기까지 일본의 임진왜란관·조선관·류성룡관은 부정적이었다. 그러다가 『징비록』이 일본에서 일본판으로 간행되어 널리 읽히게 되면서 임진왜란·조선·류성룡에 대한 일본 내의 견해는 급속히 수정되었다. 그리고 1867~94년 사이에 일본에 체류한 청나라의 학자 양수경은 『일본방서지』(1897) 권6에 일본판 『징비록』을 읽은 소감을 적었다. 거기서 양수경은 명 문헌에 보이는 임진왜란 관련 서술에는 적지 않은 오류와 편견이 있으며 류성룡은 두보와 같은 충신이라고 평한다. 이리하여, 정치적으로 모든 것을 잃었던 류성룡이 회고록이자 변론서(辯論書)로서 집필한 『징비록』은 일본과 중국에서까지 읽히며 임진왜란 당시의 조선과 류성룡의 입장을 웅변하였다. 사람들은 흔히 "승자는 역사를 쓰고 패자는 문학을 남긴다"라고 말하지만, 당대의 정치적 패자였던 류성룡은 『징비록』이라는 역사서이자 문학서를 남김으로써, 오늘날까지 전 세계에서 기본적으로 통용되는 임진왜란의 전체상을 만들어 내고 그 자신을 역사의 승자로 자리매김하였다.

5. 시대를 품은 경세가, 류성룡

류성룡의 삶을 평가하자면 현실주의적인 정치인이자 균형감각을 지닌 외교관, 그리고 시간과 공간을 뛰어넘는 베스트셀러『징비록』의 저자로서의 삶이라고 하겠다. 류성룡은 대명(對明) 관계에서 국익을 우선시하다가 명나라에서 조선의 간신으로 치부될 정도였으니, 비상한 시국에 놓인 조선이라는 국가의 이익을 위해 그가 얼마나 노력했는지를 이로써 짐작할 수 있다. 비록 류성룡은 전쟁이 끝난 시점에 토사구팽 되었으나, 『징비록』이라는 위대한 변론서를 집필하여 조선과 자기 자신에 대한 전근대 동아시아 사람들의 인식을 규정하였다.

역해자는 류성룡의 삶을 임진왜란을 중심으로 전, 중, 후의 세 단계로 나누었다. 이러한 분류에 반박하는 입장도 있겠으나, 만약 임진왜란이라는 국제전이 없었다면 류성룡의 삶은 조선시대에 드물지 않은 도학자(道學者)이자 정치인의 틀에서 크게 결코 벗어나지 못했으리라고 역해자는 감히 생각한다. 조선 · 일본 · 명 삼국이 7년이라는 장기간에 걸쳐 한반도에서 충돌한 비상한 시국을 맞이하였기에, 류성룡의 현실적이고 균형 잡힌 감각이 최대한으로 발휘되었던 것이 아닐까.

* 이 글은 『임진란 위훈록』(임진란정신문화선양회, 2013)에 수록한 졸고를 대폭 수정한 것임을 밝힌다.

| 범례 |

1. 이 책은 2권본 『징비록』을 저본으로 하고, 2권본의 앞 단계에 성립한 16권본 『징비록』 및 2권본의 전체를 복각한 1695년 교토 간행 『조선징비록』으로 교감했다. 초본 『징비록』은 16권본·2권본·『조선징비록』 등과 비교하면 문자와 문장의 이동(異同)이 크기 때문에 별도의 서지학적 고찰이 필요하다고 판단된다. 따라서 초본 『징비록』은 간행본의 교감 시에 참고가 되거나 특징적인 부분만을 지적했다. 주석에 보이는 초본 은 초본 『징비록』, 2 는 2권본 『징비록』, 16 은 16권본 『징비록』, 이칭 은 『이칭일본전』, 조선 은 『조선징비록』을 가리킨다. 각 문헌의 소장 정보는 다음과 같다.
    - 초본 『징비록』: 류성룡 종택. 27.4×26.4cm. 행자수(行字數) 부정. '국가기록유산 DB'가 제공하는 원문 텍스트를 이용하고, 여기서 발견되는 약간의 오류에 대해서는 '한국국학진흥원'이 제공하는 원문 이미지 파일을 이용하여 확인했다.
    - 2권본 『징비록』: 서울대학교 규장각 소장본. 想白古951.0521 Y93j v.1/2. 단, 역해자가 확인한 마이크로필름에서는 서문의 앞부분이 확인되지 않고 「녹후잡기」의 마지막 1엽(葉)도 탈락되어 필사된 내용이 덧붙여져 있어서, 이 부분

은 고려대학교 소장본(고려대 대학원 B3 A15B1)에 의거하였다. 2권 1책. 사주쌍변. 내광곽: 20.5×16.7cm. 유계. 11행 21자. 상하화문어미.
- 16권본 『징비록』: 국립중앙도서관 古2153-8. 16권 6책. 사주쌍변. 내광곽: 20.5×16.0cm. 유계. 10행 20자. 상하화문어미. 『서애전서 권1』(서애선생 기념사업회, 1991)에는 16권본의 영인본이 수록되어 있다.
- 『이칭일본전』: 국립중앙도서관 古古6-14-26. 15책. 사주쌍변. 내광곽: 21.0×15.9cm. 무계. 12행 23자. 상하흑어미.
- 『조선징비록』: 개인 소장. 4권 4책. 사주쌍변. 내광곽: 19.7×15.8cm. 무계. 10행 20자. 상흑어미. 국립중앙도서관 홈페이지에도 『조선징비록』의 원문 이미지가 공개되어 있다(古2154-11). 박종명 역의 『징비록』(平凡社, 1979)은 이 『조선징비록』을 조선고서간행회 편의 『조선군서대계 속속(朝鮮群書大系續々)』에 수록된 16권본 활자본과 교감해서 저본으로 삼고, 초본 『징비록』을 참고했다고 한다.

2. 원문을 의역해서 현대 한국 독자가 읽기 편하도록 하고, 전통시대의 전문용어는 되도록 현대 한국어로 풀어 썼다. 그리고 원문에 보이는 이체자는 흔히 쓰는 글자로 통일했다. 예를 들어, '㠯' '槩' '逓' 등은 각각 '因' '槪' '遞'로 표기했다. 문헌학적으로는 이체자 역시 고려의 대상이 되어야 함은 물론이지만, 연구자와 일반 독자를 동시에 고려해서 주석이 지나치게 늘어나는 것을 피하기 위함이었음을 양해해 주기 바란다. 또한 원문에는 "上", "天兵" 등에 존경의 의미를 담아 대두법(擡頭法) 및 공격(空格)이 이루어져 있으나, 마찬가지로 혼란을 피하기 위해 반영하지 않았다.

3. 원문에는 문맥에 맞게 문장부호를 붙였다. 인명과 지명에는 밑줄을 그어 독해의 편의를 꾀했다(건물명 등은 제외했다).

4. 현대에 간행된 『징비록』의 번역본 가운데에서는 주로 박종명 역의 『징비록』과 이재호 역의 『국역 서애전서 1-1 징비록』을 참고해서 문장을 다듬었다. 단, 본문의 구분은 16권본 및 2권본의 체제에 따랐다. 또한, 초본과 간행본을 비교하면 간행본에는 각 단락의 내용을 요약하는 구절이 빠짐없이 덧붙여져 있기 때문에, 이 책에서는 이들 구절을 각 단락의 소제목으로 삼았다. 본문의 일부 단락은 다소 긴 느낌을 주기 때문에 박종명·이재호 역에서는 이를 적절히 잘랐지만, 역해자는 본문의 단락 구성에도 저자 류성룡의 의도가 반영되어 있다고 판단해서 그대로 살렸다. 띄어쓰기와 맞춤법은 본문의 내용을 해치지 않는 선에서 다른 곳과 통일했다.

5. 미주에서 출처가 표기되지 않은 문헌의 인용은 한국고전종합 DB에 따른 것이다. 이 경우에도 문장을 다듬었다.

6. 『징비록』 본문(번역)에서 대괄호([ ]) 안의 설명과, 괄호 안 쌍점(:) 다음의 설명은 모두 역해자가 덧붙인 것이다. 【 】설명은 원문에서 할주(割註)로 처리된 부분이다.

류성룡 서문

 『징비록』이란 무엇인가? 임진왜란 후의 일을 기록한 것이다. 한편, 임진왜란 전의 일도 가끔 기록한 것은 임진왜란이 그로부터 비롯되었기 때문이다.

 아아, 임진년의 재앙은 참담하였다. 수십 일 사이에 한양·개성·평양의 세 도읍을 상실하였고 팔도가 와해되었으며 임금이 피난하는 지경에 이르렀음에도 지금과 같이 평화를 되찾은 것은 하늘 덕분이다. 또한 역대 임금의 어질고 두터운 덕택이 백성들에게 굳게 맺혀 [백성들이] 나라를 생각하는 마음이 그치지 않았고, 우리 임금께서 명나라를 섬기는 정성이 황제를 감동시켜 천자국이 제후국을 돕는 군대를 여러 차례 보냈으니, 이러한 일들이 없었다면 나라는 위태하였을 것이다. 『시경』에 "나는 지난 일을 징계하여 후환(後患)을 조심한다"라는 구절이 있다. 이것이 『징비록』을 지은 이유이다.

백성들이 떠돌고 정치가 어지러워진 때에 나 같은 못난 사람이 나라의 중책을 맡아 위기를 바로잡지 못하고 [나라가] 무너지는 것을 떠받치지 못하였으니 그 죄는 죽어도 용서받지 못할 것이다. 그런데 오히려 시골에 눈 뜨고 살아서 구차하게 삶을 이어가고 있으니 어찌 나라의 관대한 은혜가 아니겠는가. 근심과 두려움이 조금 진정되어 지난날의 일을 생각할 때마다 황송하고 부끄러워 얼굴을 들 수가 없다. 이에 한가한 때에 임진년[1592]에서 무술년[1598]에 이르는 사이에 보고 들은 일을 대강 적어 모으니 그 분량이 어느 정도 되었고, 장계(狀啓)[1]·소차(疏箚)[2]·문이(文移)[3]·잡록(雜錄)을 그 뒤에 붙였다. 비록 볼만한 것은 없지만 이 또한 그때의 일이니 버리지 못한다. 이로써 시골에 살면서도 간절히 충성을 바라는 마음이 있음을 드러내고, 어리석은 신하가 나라의 은혜에 보답하려 하였지만 공을 세우지 못한 죄를 드러내고자 하였음이라.

(권1·1)『懲毖錄』序

『懲毖錄』者何? 記亂後事也. 其在亂前者, 往往[4]亦記, 所以本其始也. 嗚呼, 壬辰之禍慘矣. 浹旬之間, 三都失守, 八方瓦解, 乘輿播越, 其得有今日, 天也. 亦由祖宗仁厚之澤, 固結於民, 而思漢之心未已, 聖上事大之誠, 感動皇極, 而存邢之師屢出, 不然則殆矣.『詩』曰: "予其懲, 而毖後患." 此『懲毖錄』所以作也. 若余者, 以無似, 受國重任於流離板蕩之際, 危不持, 顚不扶, 罪死無赦, 尙視息田畝間, 苟延性命, 豈非寬典! 憂悸稍定, 每念前日事, 未嘗不惶愧靡容. 乃於閑中, 粗述其耳目所逮者, 自壬辰至⁵戊戌, 總若干言, 因以狀啓·疏劄⁶·文移及雜錄, 附其後. 雖無可觀者, 亦皆當日事迹,⁷ 故不能去. 旣以寓畎畝惓惓願忠之意, 又以著愚臣報國無狀之罪云.

초본『징비록』과 간행본『징비록』을 비교하면, 초본에는 이 서문의 앞부분 절반만 실려 있지만, 16권본에는 간행 과정에서 "백성들이 떠돌고 …… 드러내고자 하였음이라"라는 서문의 후반부 절반이 추가되어 있다. 또는 현존 초본『징비록』에서는 서문 후반부가 결락되어 있다고 볼 여지도 있다. 초본·간행본에 공통적으로 보이는 서문의 앞부분이 국가적 관점에서 전쟁을 종결시킨 원인을 밝힌 것이라 한다면, 간행본에만 보이는 뒷부분에서는 류성룡 본인이 개인의 입장에서 전쟁 중과 전후에 느낀 점을 요약한 것이라 하겠다.

류성룡은 이 서문 뒷부분에서 자신이 낙향해서『징비록』을 집필했음을 밝히고 책의 구체적인 구성을 소개한다. 그리고 다른 사람에게는 본인이 어떻게 비쳐질지 몰라도 본인으로서는 전쟁 중에 미력하나마 제 역할을 다했음을 웅변하고 있다. 그리하여, 자신이 임진왜란 때 국정을 소홀히 했고 일본과 철저히 싸우려는 대신에 강화(講和)를 주장했다는 정적(政敵)인 북인(北人)들의 주장에 맞서 임진왜란 당시 본인이 어디까지나 충성을 다했음을 독자들에게 호소한다. 류성룡에 대한 북인들의 공격이 한창이던 1599년 1월 1일, 이원익(李元翼)은 북인들이 류성룡을 공격하는 정도가 반역자에 대한 공격보다도 심하다고 지적하며 류성룡을 옹호한다.

> 성룡은 10년 동안 정사를 보필하면서 한 가지 도움도 없었다는 것으로 죄를 주면 그도 무슨 말을 하겠습니까. 그런데 지금 '널리 사당(私黨)을 심고 임금의 권세를 참람하게 사용하여 뇌물이 집에 가득하고, 간사 탐욕 하여 기강을 어지럽혔다'라는 등의 말로 공격하여 낭자한 죄악이 한두 가지가 아니니, 비록 옛날 크게 간사하고 교활하여 군부(君父)를 우롱하고 나라를 전복한 자도 이보다 더할 수 없습니다. 아, 이것이 어찌 정확한 논의라 하겠습니까.
> 강화를 주장하였다는 한 가지 일로 그를 비난하는 것은 그 논의가 진실로 정당하지만 하지만 그간의 곡절 역시 상당히 서로 부합하지 않은 것이 있습니다. 신이 일찍이 보건대 성룡은 청렴 개결 한 것으로 자처하였으니, 우국(憂國)하는 한 가지 정성만은 실로 본받을 만합니다. (『선조수정실록』)[8]

그러나 이원익이 이처럼 주장을 한 지 4개월 뒤에, 북인들은 국가의 죄인을 옹호했다는 이유로 이원익까지 탄핵한다. 중앙 정계에서 돌아가는 상황이 이러했으니 류성룡은 낙향할 수밖에 없었을 터이고, 그 뒤로 그는 두 번 다시 중앙 정치에 간여하지 않는다.

류성룡이 『징비록』 서문의 말미에 "어리석은 신하가 나라의 은혜에 보답하려 하였지만 공을 세우지 못한 죄"라고 쓴 것은, 본인이 임진왜란 중 국정 책임자로서 국가를 잘 운영하지 못했다는 원칙적인 발언에

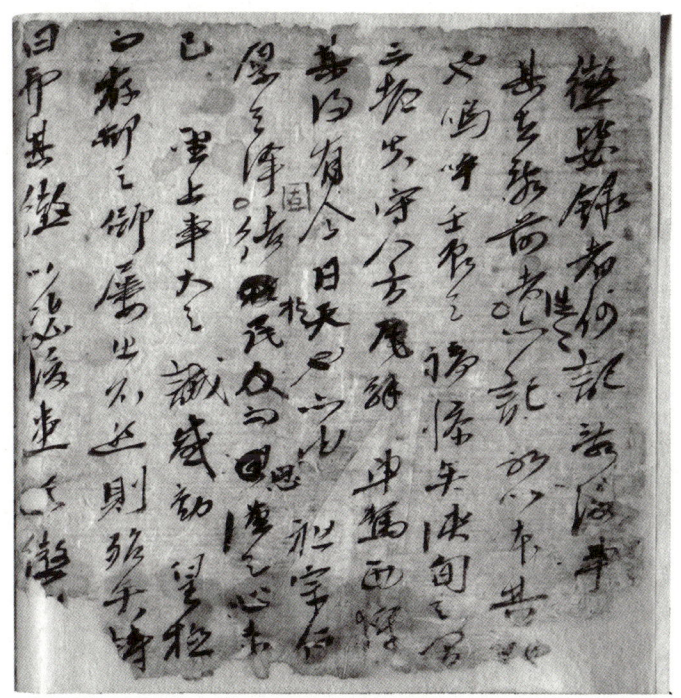
초본 『징비록』의 류성룡 서문.

가깝다. 그리고 이 발언은 자신이, 정적들이 공격하는 것처럼 일본과의 강화를 주장해서 나라를 팔아먹은 것이나 마찬가지의 죄를 지은 것은 아니라는 항변이기도 하다. 그래서 자신에게 "간절히 충성을 바라는 마음이 있음을 드러내"기 위해, 류성룡은 『징비록』을 집필하여 임진왜란 당시 자신의 행적을 상세히 적고 그 맥락을 해설하며 때로는 자부심을 나타내기도 한 것이다.

가이바라 엣켄 서문
(일본판 수록)

『전(傳)』에 다음과 같은 구절이 있다. "군대를 쓰는 데에는 다섯 가지 종류가 있는데, 의병(義兵), 응병(應兵), 탐병(貪兵), 교병(驕兵), 분병(忿兵)이다. 의병과 응병이 군자(君子)가 쓰는 군대이다."[1] 또 『전』에 이러한 구절이 있다. "비록 나라가 커도 전쟁을 좋아하면 반드시 망한다. 비록 천하가 평안하더라도 전쟁을 잊으면 반드시 위험하다. 전쟁을 좋아하고 잊는 두 가지를 어찌 경계하지 않겠는가?"[2]

예전에 도요토미 히데요시가 조선을 정벌한 것은 탐병이라 할 수 있으며, 여기에 교병과 분병을 더하였다. 의병이라 할 수 없다. 또한 부득이하게 군대를 쓴 것이 아니니 응병도 아니다. 그는 전쟁을 좋아하였다고 할 수 있으니, 이는 천도(天道)가 미워하는 바이다. 그의 집안이 망한 것은 이 때문이다.

한편 한인(韓人: 조선인)은 위태롭고 약해서 일본군에 순식간에 패하여 무너졌으니, 이는 원래 군대를 기르지 않았고 수비하는 법을 그르쳤기 때문이다. 그 때문에 응병을 쓰지 못한 것이다. 이것이 "전쟁을 잊는다"라는 것이다. 아아, 조선국의 세력이 위험해져 거의 망할 뻔한 것은 이 때문이다.

 재상 류성룡이 『징비록』을 지은 것은 지당하도다! 이는 지난 일을 살펴 뒷일을 경계한다는 뜻이다. 이 책은 기사가 간결하고 말이 질박하니 과장이 많고 화려함을 다투는 세상의 다른 책들과는 다르다. 조선 정벌을 말하는 자는 이 책을 근거로 삼는 것이 좋다. 그 밖에 『조선정벌기(朝鮮征伐記)』와 같은 책은 비록 한자가 아닌 일본 글자로 쓰였지만 이 역시 방증으로 삼기에 족하다. 오로지 이 두 책만이 실록이라 할 만하다.

 나는 최근에 교토에 머물고 있었는데 출판인이 이 책을 간행하고자 그 과정을 모두 마치고 내게 서문을 부탁하였다. 나는 이 책을 간행하여 세상에 퍼뜨리고자 하는 그 뜻을 아름답게 여겨, 류성룡이 이 책을 쓴 이유에 근거하여 이처럼 논평하였다. 다만 학자들의 비웃음을 살 것이 두려울 따름이다.

1695년 5월
후학(後學) 지쿠젠 주(筑前州)의 가이바라 아쓰노부(貝原篤信) 서문

『懲毖錄』序

『傳』曰: "用兵有五. 曰: "義兵", 曰: "應兵", 曰: "貪兵", 曰: "驕兵", 曰: "忿兵". 五之中, 義兵與應兵, 君子之所用也." 『傳』又曰: "國雖大, 好戰必亡. 天下雖安, 忘戰則必危. 好與忘二者, 可以不戒乎哉?" 曩昔豊臣氏之伐朝鮮也, 可謂貪兵, 兼驕與忿. 不可爲義兵. 又非不得已而用之者. 所謂好戰者也, 是天道之所惡, 其終亡者固其所也. 韓人之脆弱, 而速敗瓦解土崩者, 繇敎養無素守禦失道, 故不能用應兵. 是所謂忘戰者也. 嗚呼, 朝鮮之國勢危殆, 而幾亡者職此而已. 宜哉! 柳相國之作『懲毖錄』也. 是觀前車而戒後車之意也. 此書, 記事簡要, 爲辭質直, 非世之著書者誇多鬪靡之比. 談朝鮮戰伐之事者, 可以是爲的據. 其他, 如『朝鮮征伐記』, 雖書以國字, 亦足以爲佐證. 二書亶可稱實錄也. 予近者偶客乎京師, 書房之輩刊此書於梓. 旣成, 屬序於予. 予美此書之布行于世, 故本玆編之所由作, 而論著之者如是. 只恐見笑於大方之家已矣.

元祿乙亥芒種

後學筑前州貝原篤信序

[貝原篤信] [子誠之印]

『징비록』의 일본판 서문을 쓴 가이바라 엣켄(貝原益軒: 1630~1714, 본명은 아쓰노부)은 규슈 북부의 후쿠오카 번(福岡藩)에 거주한 유학자이자 17~18세기의 전환기에 일본에서 가장 저명한 학자 가운데 한 사람이다. 그가 남긴 수많은 저서 가운데 조선과 관련이 있는 것으로는 조선시대에 문자 교과서로 널리 읽힌 『유합(類合)』을 일본인에게 알맞게 수정한 『조선국 정본 천자유합(朝鮮國正本千字類合)』(1692), 후쿠오카 번주(藩主)인 구로다(黑田) 가문의 행적을 다루면서 임진왜란 기사를 포함한 『구로다 가보』와 『구로다 기략(黑田記略)』 등이 있다. 『징비록』의 일본판인 『조선징비록』(1695)에는 이처럼 서문을 붙였으며, 류성룡의 한문에 일본식 훈점(訓点)을 표시하고 몇몇 곳에 주석을 단 사람 역시 가이바라 엣켄으로 보인다(25쪽 사진 참조). 또한 『조선징비록』에는 조선 지도와 조선 군현(郡縣) 목록(92~96쪽)이 실려 있는데 이것도 가이바라 엣켄이 입수했을 가능성이 있다.

조선에서 파견되어 일본으로 가는 통신사를 접대하는 역할을 맡았던 후쿠오카 번에는 조선과 관련된 정보가 일본의 다른 지역보다 빨리 흘러들어 간 것 같다. 예를 들어, 『징비록』이 일본으로 유출된 가장 빠른 시기의 증거는 쓰시마(對馬島) 종가(宗家: 소케) 문고의 1683년도 장서목록인 『덴나 삼년 목록(天和三年目錄)』으로 여기에는 『징비록』(1책, 2책)과 『서애(선생)(문)집』(10책 2종, 24책)이 보인다. 그런데 가이바라 엣켄의 독서 비망록인 「완고목록(玩古目錄)」을 보면 『덴나 삼년 목록』이 작성되고 나서 불과 2년 뒤인 1685년조(條)에 『징비록』 2책을 보았다는 기록이 나온다. 그리고 그는 앞서 언급한 『구로다 가보』와 『구로다 기략』을 집필하면서 『징비록』을 이용한다. 한편, 가이바라 엣켄 또는 그의 제자인 다케다 사다나오(竹田定直)는 임진왜란 당시 벽제관전투의 상황을 병학적 관점에서 집필한『격조선론(擊朝鮮論)』³을 조선 측에 전달한 것으로 보인다. 이 문헌은 이익(李瀷)의『성호사설(星湖僿說)』제12권 인사문(人事門)「일본지세변 급 격조선론(日本地勢辨及擊朝鮮論)」과 한치윤(韓致奫)의『해동역사(海東繹史)』제65권「본조비어고(本朝備禦考) 5」부록 편에 인용되는 등 조선 학자들의 관심을 끌었다. 이처럼 후쿠오카 번과 가이바라 엣켄 그룹은 조·일 양국의 정보가 통하는 일종의 지적 파이프라인으로서 기능한 것 같으며,『조선징비록』은 이러한 맥락에서 탄생한 것이다.

한편, 가이바라 엣켄은 서문에서 도요토미 히데요시가 탐욕스러운 침략전쟁을 일으켰기 때문에 천도(天道) 즉 하늘의 벌을 받아 집안이 망했다고 주장하는 한편으로, 조선은 전쟁을 잊었기 때문에 외국의 침략을 받은 것이라고 지적한다. 히데요시가 천도의 벌을 받아 그의 가문이 2대로 끝나고 말았다는 논평은 당시 일본에서 상당히 널리 이루어지고 있었다. 이를테면, 일본에서 임진왜란 7년사를 종합적으로 정리한 최초의 문헌인 오제 호안(小瀨甫庵)의『다이코기(太閤記)』권17에는, 주군 오다 노부나가(織田信長)가 살해된 뒤에 도요토미 히데요시가 천하를 차지하는 것이 아니라 주군의 자손이 자랄 때까지만 맡아서 다스렸다가 권력을 그 자손들에게 넘겼으면 도요토미 가문도 천도의 복을 받아 번성했으리라는 논평이 보인다.⁴『조선징비록』서문에 보이는 가이바라 엣켄의 이와 같은 논평은 17세기 당시 일본의 지식인들 사이에서는 결코 드문 것이 아니었지만, 히데요시가 조선을 침략한 사실을 비판했다는 것은 그 후의 (특히 내셔널리즘이 강한) 학자들에게 두고두고 공격받는 소지가 된다. 예컨대, 1797~1802년 6년에 걸쳐 84책이 간행된 근세 일본 최대의 베스트셀러 『에혼 다이코기(絵本太閤記)』에는 가이바라 엣켄과 오제 호안에 대한 비판이 실려 있다.

    다이코(太閤) 도요토미 히데요시는 천한 신분에서 출세하여, 전국시대를 누비며 서쪽을 정복하고 동쪽을 복속하고 북쪽을 정벌하고 남쪽을 경략하여 겨우 9년 만의 신과 같은 속도로 해내(海內)의 주인이 되었다. 전대미문이며 앞으로도 이와 같은 영걸(英傑)은 태어나기 어려울 것이다. 소인배의 마음으로 이 사람을 보면 그 행동이 매우 기괴하게 느껴지는 부분이 많다. 만년에 군대를 외국에 보내신 것도 어떤 전략이 있으셔서였는지, 다른 사람이 헤아릴 수 없는 것이다.
    요즘의 세속적인 소인배들이 함부로 히데요시 공의 행적을 비방하고, 대명 전쟁(大明御陣)에 대하여도 혹은 탐병이라 하고 혹은 교병이라 한다. 이는 붓으로 글만 쓰는 썩은 유학자의 짓거리이니, 제비·참새 같은 마음으로 어찌 큰 새 같은 걸출한 영웅의 큰 뜻을 헤아릴 수 있으랴.
    그 밖에 오다 노부나가의 아들인 노부타카(信孝)를 죽이고 노부오(信雄)를 몰아내고 조카인 도요토미 히데쓰구(豊臣秀次) 일가를 멸망시키는 등 매우 부도덕하였다는 비방이 있지만, 이렇게 비판하는 자들 또한 호걸의 마음을 모르는 자이다. 옛말에도 인(仁)으로 사람을 평가하려고 하면 천하에 남는 사람이 없다고 하였다. 주공(周公) 공자(孔子)와 같은 성인을 기준으로 하여 도요토미 히데요시 공을 판단하면 공을 판단할 길이 없다. 성인이 아닌 사람의 눈으로 공을 보면 일본과 중국에 이제껏 공과 같은 준걸(俊傑)은 없었다. (『에혼 다이코기』)[5]

『에혼 다이코기』는 도요토미 히데요시의 정신적 고향인 오사카를 중심으로 출판된 대하 역사소설이고 그 주(主) 독자 역시 히데요시에 대한 애착을 느끼는 오사카 사람들이었기 때문에, 이렇듯 노골적인 히데요시 편들기가 상업적으로 먹히기도 했다. 한편 이러한 풍조는 오사카만의 것은 아니었다. 오늘날의 이바라키 현에 있던 미토 번(水戶藩)에서 발생한 애국주의적 학문인 미토학(水戶學)에 속한 사람 중 하나인 아오야마 노부미쓰(青山延光)가 일본 전국시대의 인물 14명을 품평한『육웅팔장론(六雄八將論)』에는 또 다른 미토학자인 도요다 덴코(豊田天功)의 논평이 적혀 있다.

세상에서 도요토미 씨를 논하는 유학자는 모두 도요토미 집안의 성패에서 논하기 시작하여, 서쪽 외국을 정벌한 일은 병사들을 괴롭히고 무위(武威)를 더럽힌 것이라고 한다. 그러나 백경(伯卿: 아오야마 노부미쓰)은 고금의 대세(大勢)를 관통하여 보기 때문에 당시 서쪽 오랑캐를 정복하지 않으면 안 된다는 데에서 논하기 시작하는 터라 이와 같은 논리를 세운 것이니 실로 대영웅의 마음을 잘 드러낸 것이라 하겠다. (아오야마 노부미쓰,『육웅팔장론』)[6]

참고로, 도요다 덴코가 말하는 '대영웅의 마음'이 어떤 것인가에 대해서는 『육웅팔장론』의 본문에 다음과 같은 구절이 보인다.

명나라는 우리나라를 속국처럼 취급하였고 아시카가(足利: 무로마치 막부) 일족은 명나라 국왕을 임금처럼 섬기며 아무도 천조(天朝: 일본)의 존엄함을 돌아보지 않았으니, 쇠약해짐이 여기에 이르렀다. (중략) 다이코(太閤) 히데요시가 한 번 화를 내자 명나라가 두려워 떨었으니 조종의 치욕을 설욕하고 덴노의 위엄을 세계만방에 빛냈다. 훗날 애신각라 씨(愛新覺羅氏: 청나라를 세운 아이신기오로 누르하치)가 명나라를 병탄하였으니 그 해독이 지극하였다. 그가 우리나라를 노렸지만 일본의 무위를 두려워하여 침략을 삼간 것은 다이코의 힘에 의한 것이었다. 그러니 그 누가 '정한역(征韓役: 조선 정벌 전쟁)은 신국(神國)에 이익이 되지 않았다'라고 말할 것인가. (아오야마 노부미쓰, 『육웅팔장론』)

명나라에 속국 취급을 받던 일본의 치욕을 갚은 자가 바로 히데요시이며 청나라 태조 아이신기오로 누르하치도 명을 공격했던 일본의 위력에 놀라 감히 일본을 건드리지 못했다는 것이다. 그리하여 임진전쟁은 곧 황국 일본의 위엄을 전 세계에 빛낸 위대한 전쟁이라는 이야기이다. 이러한 주장은 청일전쟁·러일전쟁을 거쳐 대동아공영권에 이르는 제국주의 일본의 맹아적 형태를 보여 준다.[7] 한편, 가이바라 엣켄이 전쟁을 잊은 조선 측에도 책임이 있다고 논평하는 것은 앞서 해제에서 인용한 대로 명의 문헌인 『양조평양록』 등에서 비롯된다. 당시 명으로서는 임진왜란을 어디까지나 황제국이 번국을 순수한 호의에서 도와준 전쟁으로 바라보고 싶어했다. 일본의 원래 목적이 명이었다는 사실은 은폐되거나 또는 심유경 등 일부를 제외한 명나라 사람들에게는 알려지지 않았던 것이다. 명으로서는 어디까지나 남의 나라에 출병한 것이니 가급적 자국에 피해가 덜 가는 방향으로 전쟁을 끝내려 했고, 전쟁이 일어난 책임을 조선의 내적인 문제에서 찾으려 했다. 그러나 앞으로 이 역해본의 곳곳에서 보게 되듯이 조선 조정에서는, 임진왜란은 조선이 명나라에 충성을 다하다가 피해를 입은 것이라는 입장을 갖고 있었다. 그리고 침략을 당했으니 철저히 응전하지 않으면 후환이 있으리라는 인식도 있었다.

그래서 화의를 주장하는 명나라와 항전을 주장하는 조선 사이에는 다툼이 많았고, 그중에서도 명나라 장군들과 직접 교섭하는 류성룡과 이덕형은 그들에게 미움을 크게 샀던 것 같다. 조선에 원군을 보낸 명에서 만들어진 『양조평양록』, 그 『양조평양록』의 기사를 계승한 『무비지』 등에는 이런 인식이 드러나 있다. 그리고 명나라 문헌이 일본으로 넘어가면서, 조선 군신이 무능하고 조선인은 전쟁을 잊었다는 명 측의 비판은 일종의 기정사실이 되어 버린다. 이와 같은 흐름에서 가이바라 엣켄의 논평이 나온 것이며, 역시 해제에서 인용한 바와 같이 19세기의 학자인 아사카와 도사이가 쓴 안방준의 『은봉야사별록』 일본판 서문이 나온 것이다.

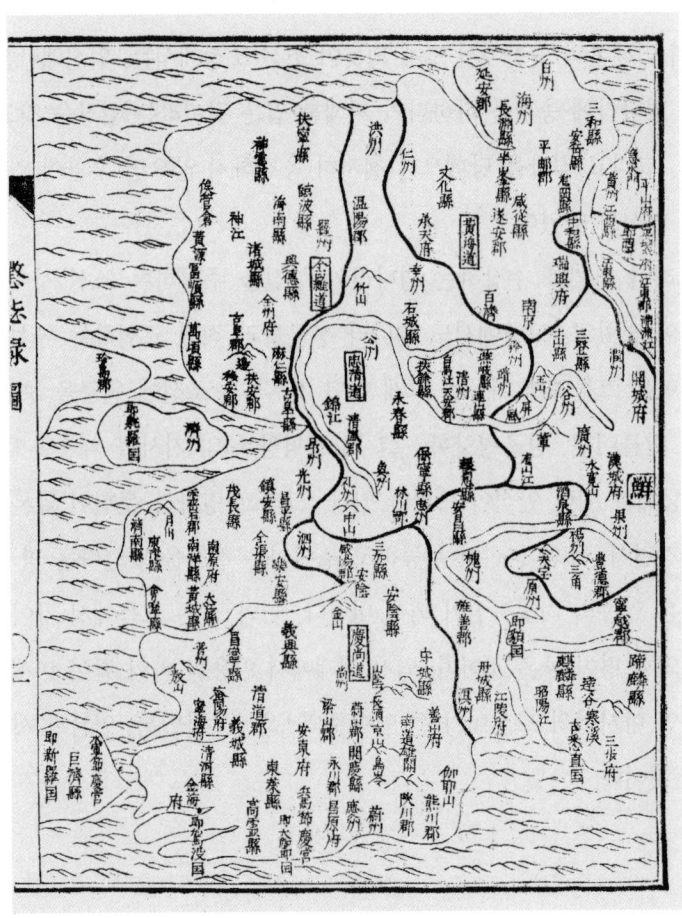

『조선징비록』에 수록된 조선 지도.
"조선 국내에는 41군 58주 33부 69현 도합 202개의 행정구역이 있다."

가이바라 엣켄 서문(일본판 수록)

慶尚郡 蔚山 咸陽 熊川 陝川 道郡 永川 梁山 清道 七府府 金海 善山 寧海 審陽 六州 安東 昌原 五縣 慶州 泗州 尚州 晋州 十一 縣 蔚州 安陽 關慶 高靈 巨濟 昌寧 三加 東萊 清河 義城 義興 咸鏡郡 端川 蜀莫 寧遠 道郡府 咸興 永興 鏡城 安邊 七府 會寧 五州 延州 德州 開州 惠州 隨州 三府州 燕州 合州 一 八縣 縣 利城	平安郡 加山 价川 郭山 雲興 道郡 熙川 宜川 江東 慈山 十一府 龍川 順川 見仁 寧邊 府九 平壤 傅川 成川 州十 定遠 靈州 江界 昌城 合蘭 六州 安州 朝州 昂州 義州 平州 宿州 青州 撫州 銀州 鐵州 陽德 買州 江東 定州 六縣 孟山 渭川 德川 縣 中和 泰州 忠清郡 清風 溫陽 天安 道郡 忠州 槐州 與州 清州 林川 四州 靖州 礼州 公州 幸州 九縣 洪州 扶餘 保寧 報恩 縣 永春 連山 燕岐 石城

『조선징비록』에 수록된 조선 지리 설명.
"조선 국내에는 41군 58주 33부 69현 도합 202개의 행정구역이 있다."

권 1

01

일본국 사신 다치바나 야스히로가 그 나라 국왕 도요토미 히데요시의 국서를 가지고 오다

　만력(萬曆) 병술 연간[1586, 선조 19][1]에 일본국 사신 다치바나 야스히로(橘康廣)[2]가 그 나라 국왕 도요토미 히데요시(豊臣秀吉)의 국서를 가지고 왔다.

　처음에 일본 국왕 미나모토씨(源氏)가 중국 명나라 홍무(洪武: 1368~98) 초년에 나라를 세워 우리와 인호(隣好)를 맺은 것이 거의 2백 년이다. 처음에는 우리나라 또한 사신을 보내어 경조사의 예의를 갖추었으니, 신숙주(申叔舟)가 서장관(書狀官)으로서 왕래한 것이 그 일례이다.

　후에 신숙주가 임종을 맞아 성종(成宗)이 하고 싶은 말이 있는지 묻자 신숙주는 "원컨대 우리나라는 일본과의 화의를 잃지 마소서"라고

99

답하였다. 성종이 그 말에 감동하여 부제학 이형원(李亨元)과 서장관 김흔(金訢)으로 하여금 일본과 화목을 닦게 하였다. 이들이 쓰시마에 이르러 풍랑에 놀라 병을 얻었다는 보고서를 바치니, 성종은 쓰시마 도주(島主)에게 국서와 폐물만을 전하고 오게 하였다. 이로부터 다시 사신을 파견하지 않았고, 매번 그 나라의 사신이 조선에 오면 예법에 따라 접대할 뿐이었다.

이때에 이르러 도요토미 히데요시가 미나모토씨를 대신하여 왕이 되었다.

어떤 이는 "히데요시는 원래 중국인인데 왜국에 흘러들어 갔다고도 한다. 땔나무를 팔아 생계를 이었는데 어느 날 국왕이 나갔다가 길에서 그를 만나 그 사람됨을 기이하게 여겨 불러서 병사로 삼았다. 용맹하고 싸움을 잘하여 훈공을 쌓아 대관(大官)에까지 이르러 권력을 얻었다. 마침내 미나모토씨의 국왕 자리를 빼앗아 자기가 대신하였다"라고 한다. 또 어떤 이는 "미나모토씨는 다른 사람에게 시해되었고, 히데요시가 다시 그 시해자를 죽이고 나라를 빼앗았다"라고 한다.

히데요시는 군대를 써서 여러 섬을 평정하여 일본 66주를 통일하고는 마침내 외국을 침략하려는 뜻을 품게 되었다. 그리하여 "매번 우리나라의 사신은 조선에 가는데 조선 사신은 오지 않으니 이는 조선이 우리나라를 무시하는 것이다"라면서 다치바나 야스히로를 사신으로 보내, 조선이 일본에 사신을 파견할 것을 요청하였다. 국서에 적힌 말은 매우 거만하여 "지금 천하는 짐의 손아귀에 들어왔다"라는 말이 있었다. 대개 미나모토씨가 망한 지 이미 십여 년이었지만, 여러 섬의 왜인들이 해마다 우리나라에 와서도 그 나라의 법령이 엄함을 두려워하여 그 사실을 발설하지 않았기 때문에 우리 조정은 그 정황을 알지 못하였다.

이때 야스히로의 나이는 오십여 세였고 용모가 기이하였으며 수염과 머리칼은 반백이었다. 관·역(館驛)을 지날 때마다 늘 제일 좋은 방에 묵었고 행동거지가 오만한 것이 그전에 사신으로 온 왜인들과는 매우 달랐으니 사람들이 이를 대단히 괴상하게 여겼다.

예로부터 왜의 사신이 지나가는 길에 있는 군·읍(郡邑)에서는 경내의 백성들에게 창을 들고 길 양쪽에 서서 이를 맞이하게 하여 조선군의 위엄을 보여 왔다. 야스히로가 인동(仁同)을 지날 때 창 들고 선 이들을 흘낏 보고는 "너희들의 창 자루가 매우 짧구나"라고 웃었다.

야스히로가 상주에 다다르니 목사 송응형(宋應洞)이 기생과 악공들을 줄 세워 그를 맞이하였다. 야스히로는 송응형의 노쇠한 백발을 보고는 통역관을 시켜 "이 늙은이는 여러 해를 전쟁터에서 지내면서 수염과 머리카락이 거의 백발이 되었지만, 목사께서는 노래와 기생들 사이에 계시면서 아무런 근심 할 것이 없으셨을 터인데에도 백발이 되신 것은 무슨 까닭이신지요?"라고 전하게 하였으니, 이는 송응형을 비꼬는 것이었다.

한양에 이르러 예조판서가 잔치를 열어 그를 대접하였는데, 야스히로가 후추를 자리 위에 흩뿌리니 기생과 악공이 앞다투어 이를 취함에 질서가 없어졌다. 야스히로는 숙소로 돌아와 탄식하며 역관에게 "너희 나라는 망하였다. 기강이 이미 무너졌으니 어찌 망하지 않기를 바라겠는가"라고 말하였다.

　야스히로가 돌아갈 때 조정에서는 단지 그 국서에만 답할 뿐, 물길에 어둡다는 이유로 [일본에] 사신 파견을 허락하지 않았다. 야스히로가 귀국하여 보고하니 히데요시는 크게 화내며 야스히로와 일족을 몰살시켰다. 대개 야스히로와 그의 형 야스토시는 미나모토씨의 시대부터 우리나라에 내조(來朝)하여 직명(職名)을 받았기에 그 말이 매우 우리나라를 위하는 것이어서 히데요시에게 살해당하였다 한다.

(권1・2) 『懲毖錄』卷之一

　萬曆丙戌間, 日本國使橘康廣, 以其國王平秀吉書來. 始日本國王源氏, 立國於洪武初, 與我修隣好殆二百年. 其初, 我國亦嘗遣使, 修慶弔禮, 申叔舟以書狀往來, 卽其一也. 後叔舟臨卒, 成宗問所欲言. 叔舟對曰: "願國家毋與日本失和." 成廟感其言, 命副提學李亨元・書狀官金訢修睦. 到對馬島, 使臣以風水, 驚疑得疾, 上書言狀, 成廟命致書幣於島主而回. 自是不復遣使, 每其國信使至, 依禮接待而已. 至是, 平秀吉代源氏爲王. 秀吉者, 或云: "華人, 流入倭國, 負薪爲生. 一日, 國王出遇於路中, 異其爲人, 招補軍伍. 勇力善鬪積功至大官, 因得權, 竟奪源氏而代之." 或曰: "源氏爲他人所弑, 秀吉又殺其人, 而奪國云." 用兵平定諸島, 域內六十六州合而爲一, 遂有外侵之志. 乃曰: "我使每往朝鮮, 而朝鮮使不至, 是鄙我也." 遂使康廣來求通信, 書辭甚倨, 有"今天下歸朕一握"之語. 蓋源氏之亡已十餘年, 諸島倭歲往來我國, 而畏其令嚴, 不泄, 故朝廷不知也. 康廣時年五十餘, 容貌傀偉, 鬚髮半白. 所經館驛, 必舍上室, 擧止倨傲,

與平時倭使絶異, 人頗怪之. 故事, 一路郡邑, 凡遇倭使, 發境內民夫, 執槍夾道以示軍威. 康廣過仁同, 睨視執槍者, 笑曰: "汝輩槍竿太短矣." 到尙州, 牧使宋應泂[3]享之, 妓樂成列. 康廣見應泂[4]衰白, 使譯官語之曰: "老夫 (권1·3) 數年在干戈中, 鬚髮盡白. 使君處聲伎[5]之間, 百無所憂, 而猶爲皓白, 何哉?" 蓋諷之也. 及至, 禮曹判書押宴, 酒酣, 康廣散胡椒扵筵上, 妓工爭取之, 無復倫次. 康廣回所館, 嘆息語譯曰: "汝國亡矣. 紀綱已毀, 不亡何待?" 及還, 朝廷但報其書辭以水路迷昧, 不許遣使. 康廣歸報, 秀吉大怒, 殺康廣, 又滅族. 蓋康廣, 與其兄康年, 自源氏時來朝我國, 受職名, 其言頗爲我國地, 故爲秀吉所害云.

❋

여기부터 임진왜란 개전 앞부분까지의 기사는 초본 『징비록』에서는 소략하고 순서도 간행본과 차이가 크다. 임진왜란의 전사(前史)에 해당하는 이 부분이 간행본 단계에서 대폭 수정됨으로써, 『징비록』은 전쟁을 시간별로 기록한 단순한 일지의 차원을 넘어 조선 전기에서 임진왜란에 이르는 한일관계사를 통찰하는 역사서가 될 수 있었다.

이 부분에서는 조선과 일본의 관계사 및 전국시대 일본사가 개략적으로 설명된다. 여기서 류성룡은, 조선이 급변하는 일본의 상황을 파악하려는 노력이 부족했던 것이 임진왜란의 발발 원인 가운데 하나라고 주장한다. 그리고 이 문제를 상징하는 인물로서 신숙주(1417~75)를 언급한다. 신숙주는 1455년에 발생한 세조(世祖)의 정변(政變)이라는 국내 정치적 문제로 평가가 갈리는 인물임에 틀림없다. 그러나 적어도 외교적 차원에서 본다면, 그는 북방의 여진과 남방의 일본을 조선이 어떻게 컨트롤할 수 있을지를 고민한 현실 정치인으로서 높이 평가할 여지가 있다. 그가 편찬한 『해동제국기』(1471)는 일본과 유구 왕국의 중세 역사를 연구하는 근본 사료로서 지금도 여전히 중요한 의미를 지닐 정도로 정확하고 풍부한 내용을 담고 있다. 류성룡은 그런 신숙주가 '일본과의 화친을 잃지 말라'라는 유언을 남겼다는 점을 중시하고, 그러한 유언에도 조선 조정이 좀 더 적극적으로 통신사를 보내 일본의 정세 변화를 파악하지 못했다는 점을 지적한다.

신숙주가 활동하던 시기부터 임진왜란까지의 일본은 전국시대(戰國時代)라 불리는 정치적 격변기에 놓여 있었다. 임진왜란에 직접적으로 관계된 사항만 간단히 정리하자면, 무로마치 막부(室町幕府: 1338~1573)의 제3대 쇼군(將軍)인 아시카가 요시미쓰(足利義滿)는 조선 및 명과의 교섭에서 '일본 국왕'이라는 호칭을 사용하여 자신이 덴노(天皇)와는 다른 독자적인 존재로서 외교에 임한다는 자세를 대외적으로 천명했다. 이 때문에 조선과 명에서는 쇼군을 일본 국왕으로 인식하고 있었다. 그러나 15세기 말부터 시작된 정치적 혼란기, 흔히 전국시대 시기가 되면 무로마치 막부의 장악력은 급속히 떨어지고 일본 각지에서 센고쿠 다이묘(戰國大名)라 불리는 군벌들이 등장한다. 모든 센고쿠 다이묘들이 일본 통일을 꿈꾼 것은 아니었으나, 오다 노부나가(織田信長)는 명확히 일본 통일을 지향한 것 같다. 그는 정치적으로 위기에 빠져 있던 무로마치 막부의 제15대 쇼군인 아시카가 요시아키(足利義昭)를 후원하면서 중앙 정계에 진출했고, 이윽고 요시아키를 지방으로 추방하면서 실질적인 일본의 지배자가 된다. 그러나 1582년에 자신의 부하인 아케치 미쓰히데(明智光秀)에게 살해당하면서 그의 일본 통일은 미완으로 끝났고, 그 사업을 완수한 인물이 도요토미 히데요시였다. 히데요시는 주군의 원수인 미쓰히데를 살해한 뒤, 노부나가의 자손에게 권력을 넘겨주는 대신 자신이 직접 일본의 실질적인 지배자가 되었다. 이러한 일련의 과정이 『징비록』을 비롯한 당시 조선·명의 여러 문헌에서 일본 내에 왕조 교체가 일어났다는 인상을 준 것이다. 그리고 오제 호안이나 가이바라 엣켄에게는, 주군의 자손에게 권력을 잇게 해 주지 않았기 때문에 도요토미 가문이 2대로 끝나게 되었다는 인과응보설을 주장할 수 있게 하는 요인이 되었다.

한편 도요토미 히데요시가 중국인이라는 주장은 당시의 명나라 문헌에 널리 보이는 주장이었다.[6] 류성룡도 그 소문을 접한 것 같지만, 진지하게 받아들인 것 같지는 않다. 또한, 도요토미 히데요시(豊臣秀吉)가 『징비록』에 다이라노 히데요시(平秀吉)라 되어 있는 것은, 고대부터 내려오는 유력한 씨(氏)인 다이라(平)를 히데요시가 자칭했기 때문이다. 히데요시가 다이라씨를 자칭함에 따라 그의 부하였던 고니시 유키나가나 쓰시마 도주(島主) 소 요시토시(宗義智) 등도 다이라노 유키나가(平行長), 다이라노 요시토시(平義智)라고 칭했기 때문에, 『징비록』에는 다이라씨가 자주 보이는 것이다. 도쿠가와 이에야스(德川家康)는 미나모토(源)씨를 자칭했는데, 이는 일본 역사상 최초의 군사정권인 가마쿠라 막부(鎌倉幕府)를 세운 미나모토노 요리토모(源賴朝)의 흐름을 잇는다는 의식의 발현임과 동시에, 고대에 가마쿠라 막부의 성립 직전에 발생한 일본의 전국적 내란에서 다이라씨와 미나모토씨가 맞붙었다는 역사를 의식한 결과이기도 할 것이다.

02

일본국 사신 소 요시토시가 오다

　일본국 사신 소 요시토시(平義智: 宗義智)가 왔다.
　히데요시는 이미 다치바나 야스히로를 죽이고 다시 소 요시토시로 하여금 조선으로 가서 사신을 요청케 하였다. 요시토시는 일본의 총대장인 고니시 유키나가(平行長: 小西行長)[1]의 사위로 히데요시의 심복이 되었다. 쓰시마 섬의 태수 소 모리나가(宗盛長)는 대대로 쓰시마 섬을 지키며 우리나라를 섬겼는데, 이때 히데요시가 소씨(宗氏)를 몰아내고 대신 요시토시에게 쓰시마 섬을 다스리게 하였다. 우리나라에서 바닷길에 익숙하지 않다는 이유로 사신 파결을 거절하였기 때문에, 요시토시를 옛 도주의 아들이라고 속여서 그가 바닷길에 익숙하니 [그와] 함께 오면 편할 것이라고 주장하였다. 우리가 사신 파견을 거절할 이유를 없애려 한 것이고, 한편으로는 우리의 허와 실을 엿보고자 함이었다. 야나가와 시게노부(平調信: 柳川調信)와 승려 겐소(玄蘇)[2] 등도 함께 왔다. 요시토시는 나이가 어렸지만 날쌔고 용감하여 다른 왜인들이 모두 그를 두려워하였다. 그의 앞에서는 엎드려 무릎으로 기면서 감히 그를 쳐다보지 못하였다. 요시토시 등은 동평관(東平館)에 머물면서 반드시 우리 사신을 맞이하여 함께 [일본국으로] 가려고 하였지만 우리 조정에서 논의되는 것은 서로 엇갈릴 뿐이었다.

몇 년 전에 왜가 전라도 손죽도(損竹島)를 노략질하여 변장(邊將) 이태원(李太源)을 죽였는데, 이때 사로잡힌, 우리나라의 변방 백성 사을배동(沙乙背同)이라는 자가 배신하여 왜인 속으로 들어가 왜인을 안내하여 노략질을 한다고 말하였다. 이 말을 들은 조정은 분노하니, 이에 어떤 이들은 "마땅히 일본으로 하여금 반란자를 돌려보내게 한 뒤에 사신 파견을 논의함으로써 저들에게 성실한 마음이 있는지를 살펴야 할 것이다"라고 말하였다.

일본 사신들이 묵고 있는 숙소의 사람에게 이 이야기를 넌지시 전하게 하니, 요시토시는 "이 일은 어렵지 않다"라며 곧 야나가와 시게노부를 보내 자기 나라로 돌아가 보고하게 하여, 몇 달 지나지 않아 우리 백성 가운데 저 나라에 사는 십여 명을 모두 잡아 바쳤다. 임금께서 인정전(仁政殿)에 나와 군대의 위세를 크게 벌이고 사을배동 등을 묶어 뜰에 들어오게 하여 심문한 뒤에 한양성 밖에서 처형하였다. 요시토시에게는 내구마(內廐馬) 한 필을 상으로 준 뒤에 왜의 사신 일행에게 연회를 베풀어 주었다. 요시토시·겐소 등은 모두 대궐로 들어와 임금께 차례로 술잔을 올렸다.

이때 나도 예조판서로서 예조에서 왜의 사신들에게 연회를 베풀었다. 그런데 사신을 보내는 문제가 오랫동안 결정되지 못한 터라, 나는 대제학(大提學)으로서 장차 국서를 지으려 하여 "빨리 논의를 결정하셔서 두 나라 사이에 근심이 생기지 말도록 하셔야 합니다"라고 아뢰었다. 다음 날 아침의 진강(進講) 때에 지사(知事) 변협(邊協) 등도 "마땅히 사신을 파견하여 보답함과 함께, 그 나라의 정세를 살피고 오는 것 또한 잘못된 계책이 아닐 것입니다"라고 아뢰니, 이에 비로소 조정의 논의가 결정되었다.

임금께서 사신으로 갈 자를 고르라고 명하시니 대신들은 첨지(僉知) 황윤길(黃允吉)과 사성(司成) 김성일(金誠一)을 상사(上使)와 부사(副使)로 삼고 전적(典籍) 허성(許筬)을 서장관으로 하니, 이들은 마침내 1590년 3월에 요시토시 등과 함께 출발하였다. 이때 요시토시가 공작새 두 마리와 조총, 창, 칼 등을 바쳤다. 임금께서는 공작을 경기도 남양군(南陽郡) 앞바다의 섬에 풀어 주고 조총은 군기시(軍器寺)에 두게 하셨으니, 우리나라에 조총이 있기는 이것이 처음이었다.[3]

日本國使平義智來. 秀吉旣殺橘康廣, 又[4]令義智來求信使. 義智者, 其國主兵大將平行長女壻也, 爲秀吉腹心. 對馬島太[5]守宗盛長, 世守馬島, 服事我國. 時秀吉, 去宗氏, 使義智代主島務, 以我國不諳海島, 爲辭, 拒通信, 詐言義智乃島主子, 熟海路, 與之偕行, 便欲使我無辭以拒, 因又窺覘我虛實. 平調信·僧玄蘇等同至. 義智年少精悍, 他倭皆畏之, 俯伏膝行不敢仰視. 久留東平館, 必邀

我使與俱. 朝議依違而已. 數年前, 倭寇全羅道損竹島, 殺邊將李太源, 捕得生口, 言: "我國邊氓沙乙背同者, 叛入倭中, 導倭爲寇." 朝廷慎之. 至是, 人或言, "宜令日本刷還叛民, 然後議通信, 以觀誠否." 使館客者[6]諷之, 義智曰: "此不難." 卽遣平調信, 歸報其國, 不數月, 悉捕我民之在其國者十餘人來獻. 上御仁政殿, 大陳兵威, 鎖沙乙背同等, 入庭詰問, 斬於城外. 賞義智內廐馬一匹, 後引見倭使一行賜宴, 義智·玄蘇等皆入殿內, (권1·4) 以次進酌[7]. 時余判禮曹, 亦宴倭使於曹中, 然通信之議久未決, 余爲大提學將撰國書, 啓請: "速定議, 勿致生釁." 明日朝講, 知事邊協等亦啓: "宜遣使報答, 且見彼中動靜而來, 非失計也." 於是, 朝議始定. 命擇可使者, 大臣以僉知黃允吉·司成金誠一爲上·副使, 典籍許筬爲書狀官. 庚寅三月, 遂與義智等同發. 時義智獻二孔雀及鳥銃槍刀等物, 命放孔雀於南陽海島, 下鳥銃於軍器寺. 我國之有鳥銃始此.

쓰시마 지역의 중세 역사, 그리고 쓰시마와 소 가문(宗氏)의 관계에 대해서는 불분명한 점이 많지만, 통설에 따르면 소 가문이 12세기 무렵부터 쓰시마 지역의 실권을 장악한 것 같다. 소 가문의 집안사 역시 불분명한 점이 있으나, 소 모리나가(宗盛長)와 소 요시토시(宗義智) 사이에는 상당한 시간적 간격이 있어서 혼동되지 않는다. 소 모리나가가 대(對)조선 외교의 실패로 정권을 다른 일족에게 빼앗긴 것은 맞지만 이들 사이의 권력 교체에 도요토미 히데요시가 개입해서 소 요시토시가 곧바로 권력을 이어받았다는 것은 맞지 않다. 한편 소 요시토시는 고니

시 유키나가의 딸 마리아(세례명)를 정실 부인으로 맞이했으므로 이 부분에 대한 류성룡의 기술은 맞다. 유키나가의 어머니는 막델레나, 유키나가 자신은 아우구스티노라는 세례명을 갖고 있었다. 임진왜란 당시 포르투갈의 예수회 선교사 세스페데스(Gregorio de Céspedes)가 유키나가를 따라 한반도로 건너와서 진해 웅천성에 머물렀다.

고니시 유키나가는 간사이의 사카이(堺) 지역에서 약종상을 하던 집안 출신의 관료로서, 도요토미 히데요시 정권 내에서 이시다 미쓰나리(石田三成), 오타니 요시쓰구(大谷吉繼), 마시타 나가모리(增田長盛) 등과 함께 실무를 담당했다. 이들과 대척점에 있던 인물이 가토 기요마사(加藤淸正), 후쿠시마 마사노리(福島正則), 구로다 나가마사(黑田長政)와 같은 정통 무사들이었다. 이들은 임진왜란 전부터 이미 서로 긴장관계를 유지하고 있었으며 임진왜란 때 갈등이 심해지고 히데요시 사후에 일련의 충돌을 겪다가, 일본이 동서로 나뉘어 충돌한 1600년의 세키가하라전투(關ヶ原戰鬪)에서 정면 대결 하게 된다. 1598년 9월의 도산성전투(島山城戰鬪, 울산성전투) 당시, 가토 기요마사는 퇴각하는 명나라 군대를 추격하자는 부하들을 저지하면서 아래와 같이 말했다.

가토 기요마사는

"아니, 한 사람도 나가면 안 된다. 다이코(太閤) 도요토미 히데요시 님이 곧 서거하실 텐데, 중국인들을 많이 죽였다고 하여 누구에게 칭찬을 듣겠는가. 그 의견은 받아들일 수 없다. 이시다 미쓰나리는 세 번이나 내 목을 노리고 계략을 꾸몄었다. 이 울분을 갚기 위하여 귀국하는 대로 미쓰나리와 한판 붙기로 마음먹었으니, 지금은 전투를 벌이면 안 된다. 그대들은 귀국하여 미쓰나리와 싸울 때 분골쇄신하여 주기 바란다."
라고 말씀하시며 진격을 허락하지 않으시고, 근처에 있던 적군 30~40명만 활과 조총으로 쏘아 죽였다. 이에 중국군은 패주하였다. (『기요마사 고려진 비망록』)[8]

적국인 명나라의 군대보다 이시다 미쓰나리를 죽이는 것이 우선이라고 가토 기요마사가 생각할 정도로, 두 그룹의 갈등은 임진왜란 당시 심각했음을 알 수 있다.

03

신묘년 봄에 통신사 황윤길·김성일 등이 일본에서 돌아오다

신묘년[1591] 봄[1]에 통신사 황윤길(黃允吉), 김성일(金誠一) 등이 일본에서 돌아왔다. 왜인 야나가와 시게노부, 겐소 등도 함께 왔다.

처음에 황윤길 등은 1590년 4월 29일에 부산에서 출항해서 쓰시마에 도착하여 한 달을 머문 뒤 다시 쓰시마에서 바닷길로 사십여 리를 가서 이키 섬(一岐島)에 이르렀다. 하카타(博多), 나가토(長門), 나고야(名護屋)를 거쳐 7월 22일에 비로소 국도(國都)에 도착하였다. 대개 왜인이 일부러 길을 우회하였고 곳곳에서 머물렀기 때문에 몇 달이 지나서야 도착한 것이다.

일행이 쓰시마에 있을 때, 소 요시토시가 산사(山寺)에서 잔치를 열어 사신들을 초대한 적이 있었다. 사신들이 이미 도착하여 자리에 앉아 있었는데, 요시토시가 가마를 타고 문으로 들어와 계단에 이르러 내렸다. 이에 김성일은 화내며 "쓰시마는 곧 우리나라의 번신(藩臣)이다. 사신이 임금의 명을 받들어 왔는데 어찌 감히 이처럼 능멸하는가. 나는 이 잔치를 받을 수 없다"라고 말하고는 즉시 자리에서 일어났다. 허성 등도 따라 일어났다. 요시토시는 가마를 짊어졌던 자에게 책임을 돌려 그를 죽이고 그 목을 가져와 사죄하였다. 이로부터 왜인들은 성일을 경외하여 더욱 예의 바르게 대하니, 멀리서 그를 바라보고는 말에서 내릴 정도였다.

 그 나라에 이르러 큰 절에 머물었는데, 히데요시는 마침 도산도(東山道)[2]로 호조씨(北條氏)를 정벌하러 간 터라 몇 달을 머물러야 하였다. 히데요시가 귀경한 뒤에도 또 궁궐을 수리한다는 명목으로 국서를 즉각 받지 않았기 때문에 전후 합쳐서 다섯 달 동안 머무른 뒤에야 비로소 국명[國命]을 전할 수 있었다. 그 나라는 그들의 덴노(天皇)를 존중해서 히데요시 이하 모두 신하의 예로써 덴노에게 임하였다. 히데요시는 나라 안에서는 왕이라 칭하지 않고 단지 관백(關白)이나 박륙후(博陸侯)[3]라 자칭하였으니, 이른바 관백이란 [중국 한나라의] 곽광(霍光)이 어린 임금인 소제[昭帝]를 대신하여 매사에 미리 관문[關文: 문서의 일종]으로 아뢰었다(白)는 데에서 이렇게 칭한 것이다.

 히데요시가 우리 사신을 접견할 때에는, 일행이 가마를 타고 궁 안으로 들어가 날라리와 피리를 불며 앞에서 인도하여 당(堂)에 올라가 예를 행하는 것을 허락하였다. 히데요시는 용모가 왜소하고 비루하였으며 얼굴빛이 검어서 특이한 점이 없었지만, 다만 눈빛이 약간 반짝여서 사람을 쏘는 것 같다고 하였다. 삼중으로 자리를 꾸미고 남쪽을 향하여 바닥에 앉았는데, 검은 관모와 검은 도포를 착용하고 있었으며 신하 여럿이 옆에 나란히 앉아 있다가 우리 사신을 이끌어 자리에 앉게 하였다. 연회를 위한 도구는 마련하지 않았으며, 앞에는 탁자 하나를 놓았는데, 그 안에는 구운 떡 한 접시가 있었고 질그릇으로 탁주(濁酒)를 떠서 돌려 마셨으니 그 예법은 극히 간략하였다. 술이 몇 차례 돈 뒤에 멈추었으며, 절하고 읍(揖)하며 술을 주고받는 절차는 없었다.

　조금 뒤에 히데요시가 갑자기 일어나서 안으로 들어가니, 자리에 있던 사람들은 모두 움직이지 않았다. 갑자기 한 사람이 평복을 입고 어린아이를 안고 나와 당 안을 돌아다녔는데, 이를 보니 히데요시였다. 그 자리에 있던 사람들은 엎드려 있을 뿐이었다. 이윽고 히데요시는 난간으로 가서는 우리나라의 악공들을 불러 여러 음악을 성대하게 연주하게 하고는 이를 들었다. 어린아이가 옷 위에 오줌을 싸자 히데요시가 웃으며 시종을 부르니 왜인 여자 하나가 이 소리를 듣고는 달려 나왔다. 히데요시는 그 아이를 건네고는 다른 옷으로 갈아입었다. 이 모든 것이 자기 멋대로이고 방약무인하였다. 사신들이 인사하고 나온 뒤에는 다시 그를 볼 수 없었다. 그는 상사 황윤길과 부사 김성일에게 은 사백 냥을 주고 서장관 이하 모두에게도 차등 있게 주었다.

　우리 사신들이 돌아오려 함에 즉시 답서를 써 주지 않고 먼저 출발하라고 하니, 김성일이 "우리가 사신이 되어 국서를 받들고 와서 만약 답서를 받지 않는다면 이는 국명을 풀섶에 버리는 것과 같다"라고 말하였다. 황윤길은 더 머무르게 될까 염려해 서둘러 출발하여 사카이[堺] 바닷가에 이르러 답서를 기다렸다. 비로소 답서가 왔는데 그 내용이 도리에 어긋나고 오만하여 우리가 원하는 바가 아니었다. 김성일은 이 답서를 받아들이지 않고 여러 차례 내용을 수정하고 나서야 길을 떠났다. 지나는 곳곳에서 여러 왜인들이 선물을 주었지만 김성일은 이를 모두 물리쳤다.

 황윤길은 부산으로 돌아오자 "반드시 전쟁이 있을 것이다"라는 내용으로 정황을 긴급하게 보고하였다. 다시 임금께 보고할 적에도 임금께서 그를 불러 물어보시니 황윤길의 답이 이전과 같았다. 김성일은 "신은 그러한 정황을 보지 못하였습니다"라고 하고 다시 "황윤길이 인심을 동요시키니 이는 옳지 못합니다"라고 말하였다. 이에 논의가 갈라져서 어떤 이는 황윤길의 주장에 따랐고 어떤 이는 김성일의 주장에 따랐다. 내가 김성일에게 "그대의 말이 정사 황윤길의 말과 같지 않으니, 만약 전쟁이 일어나면 어찌할 것입니까?"라고 물으니, 그는 "저라고 어찌 왜인들이 끝내 움직이지 않으리라는 것을 알 수 있겠습니까? 다만 황윤길의 말이 너무 중대하여 경향 각지가 놀라고 미혹될 것이기에 이를 풀고자 할 따름입니다"라고 말하였다.

　　辛卯春, 通信使黃允吉·金誠一等, 回自日本. 倭人平調信·玄蘇偕來. 初允吉等, 上年四月二十九日, 自釜山浦乘船, 抵對馬島, 留一月, 又自馬[4]島, 水行四十餘里, 到一岐島, 歷博多州·長門州·郞[5]古耶, 至七月二十二日, 始至國都.

蓋倭人故迂廻其路, 且處處留滯, 故累月乃至. 其在對馬島, 平義智請使臣, 宴山寺中,[6] 使臣已在座, 義智乘轎入門, 至階方下, 金誠一怒曰: "對馬島乃我國藩臣. 使臣奉命至, 豈敢慢侮如此? 吾不可受此宴." 卽起出, 許筬等繼出. 義智歸咎於擔轎者, 殺之, 奉其首來謝. 自是倭人, 敬憚誠一, 待之加禮, 望見下馬. 到其國, 館於大刹, 適平秀吉往擊東山道, 留數月, 秀吉回, 又託以修治宮室, 不卽受國書. 前後留館五月, 始傳命. 其國尊其天皇, 自秀吉以下皆以臣禮處之, 秀吉在國中, 不稱王, 但稱關白, 或稱博陸侯. 所謂關白者, 取霍光凡事皆先關白之語, 而稱之也. 其接我使也, 許乘轎入其宮, 以笳角前導, 陞堂行禮. 秀吉容貌矮陋, 面色黧黑, 無異表, 但微覺目光閃閃射人云. 設三重席, 南向地坐, 戴紗帽, 穿黑袍, 諸臣數人列坐, 引我使就席. 不設宴具, 前置一卓, 中有熟餠一器, 以瓦甌行酒, 酒亦濁, 其禮極簡. 數巡而罷, 無拜揖酬酢之節. 有頃, 秀吉忽起入內, 在席者皆不動. 俄而, 有人便服, 抱小兒從內出, 徘徊堂中, 視之乃秀吉也. 坐中俯伏而已. 已而, 出臨檻外, 招我國樂工, 盛奏衆樂而聽之. 小兒遺溺衣上, 秀吉笑呼侍者, 一女倭應聲走出, 授其兒, 更他衣, 皆肆意自得, 傍若無人. 使臣辭出, 其後不得再見. 與上·副使銀四百兩, 書狀·通事以下有差. 我使將回, 不時裁答書, 令先行, 誠一曰: "吾爲使臣, 奉國書來, 若無報書, 與委命於草莽同." 允吉懼見留, 遽[7]發至界濱待之. 答書始來, 而辭意悖慢, 非我所望也. 誠一不受, 改定數次, 然後行. 凡所經由, 諸倭贈遺, 誠一皆却之. 允吉還泊釜山, 馳啓情形, 以爲 "必有兵禍", 旣復命, 上引見而問之, 允吉對如前. 誠一曰: "臣不見其有是." 因言: "允吉動搖[8]人心, 非宜." 於是議者, 或主允吉, 或主誠一. 余問誠一曰: "君言與黃使不同. 萬一有兵, 將奈何?" 曰: "吾亦豈能必倭終不動? 但黃言太重, 中外驚惑, 故解之耳."

도요토미 히데요시는 오다 노부나가가 사망한 1582년부터 1587년 사이에 혼슈, 시코쿠, 규슈 지역의 대부분을 장악한다. 그리고 자신에게 항복한 북부 규슈 쓰시마의 소 요시토시와 남부 규슈 사쓰마(薩摩)의 시마즈(島津) 가문에 대해 각각 조선과 유구를 복속할 것을 명령한다. 이 명령을 받은 쓰시마에서는 먼저 다치바나 야스히로를 조선에 보냈다가 실패하자, 쓰시마의 도주(島主)인 소 요시토시가 직접 나서서 조선의 통신사 파견을 이루어 낸다. 그래서 황윤길·김성일·허성 등의 통신사 일행이 1590년 11월에 도요토미 히데요시와 만나게 되는데, 『징비록』에도 나와 있듯이 히데요시는 조선 통신사 일행이 일본에 와 있던 시기에 동일본의 최대 세력인 호조(北條) 가문을 정복하고 도호쿠 지역까지 세력권에 편입시키느라 동일본에 가 있어서 오랫동안 통신사와 만나지 못했다.

한편 이때의 조선 통신사들이 덴노와 쇼군의 관계를 보고한 것은 정확한 관찰에 따른 것이었다. 일본 역사상 유력한 장군들이 덴노와 별개의 국가를 만들려는 시도는 있었지만 모두 실패로 끝났고, 이러한 선례를 알고 있던 가마쿠라 막부의 창설자 미나모토노 요리토모는 어디까지나 덴노를 형식적인 국왕으로 인정하면서 실권을 행사하는 '일본적' 권력 구조를 만들어 냈다. 가마쿠라 막부 이후에 등장한 무로마치 막부의 제3대 쇼군인 아시카가 요시미쓰가 외국과 교류할 때 '일본 국왕'이라는 호칭을 썼다는 이유로 후대에 두고두고 역적으로 비판받은 사례도 있어서, 도쿠가와 가문의 에도 정권에서는 조선과의 국서에서도 '국왕'이라는 칭호를 쓰지 않고 '미나모토씨 모모'라고만 표기했다. 조선에서도 이 같은 이유에서 도쿠가와 쇼군(將軍)을 칭할 때에는 '일본국 대군(日本国大君)'이라고 관례적으로 불러 왔으나, 매파 정치가로 유명한 아라이 하쿠세키(新井白石: 1657~1725)는 이를 타파하고 '일본 국왕'이라는 칭호를 쓰도록 조선에 강요한 것으로 유명하다. 하쿠세키의 후배이자 국제적인 감각의 소유자였던 쓰시마번의 아메노모리 호슈(雨森芳洲)는 이에 대해, 일본은 덴노가 실제적인 지배자이고 막부는 그 대리인이라는 이유에서 하쿠세키를 비판했다. 호슈 이외에도 하쿠세키의 여러 강경책을 비판하는 사람이 많아서 결국 하쿠세키는 만년에 실권을 잃고 은퇴하게 되며, 조선이 쇼군을 칭하는 칭호도 '일본국 대군'으로 환원된다.

통신사들에게서 이러한 상황을 전달받은 조선의 일부 지식인은, 현재는 조선 국왕이 일본의 쇼군과 대등한 교섭을 하고 있고 덴노와는 교류를 하지 않는데, 언젠가 일본에 우국지사가 나타나 쇼군이 빼앗은 권력을 덴노에게 돌려주게 된다면 조선 국왕이 일본 덴노보다 한 단계 낮은 상황에 놓이게 된다며 우려하기도 했다. 그리고 이 문제는 메이지 유신(明治維新)으로 현실이 된다.[9]

04

왜의 국서에 "군대를 이끌고 대명국으로 뛰어들어 가겠다"라는 말이 있었다

이때, 왜의 국서에 "군대를 이끌고 대명국으로 뛰어들어 가겠다"라는 말이 있었다.[1] 내가 "마땅히 내용을 갖추어서 명나라에 보고하여야 합니다"라고 하니, 영의정(首相) 이산해(李山海)는 "우리가 왜국과 사사로이 관계한 것을 명나라가 죄 삼을 것이 염려스러우니 숨기는 것이 나을 듯합니다" 하고 말하였다. 이에 나는 "일이 있어서 이웃 나라와 왕래하는 것은 모름지기 나라라면 피할 수 없는 일입니다. 성화(成化: 1465~87) 연간에도 일본이 명나라에 조공하고자 우리에게 요청한 일이 있어서 즉시 사실대로 적어서 보고하였고, 명나라는 조칙(詔勅)을 내려서 회유한 바 있습니다. 예전에도 그러하였고 이번에 처음 있는 일이 아닙니다. 만약 지금 숨기고 보고하지 않는 것은 의리로 보아도 불가하고, 만약 적이 정말로 명나라를 침범할 계획을 세웠고 다른 지역에서 이를 명나라에 보고한다면 명나라는 도리어 우리나라가 적과 공모하여 이를 숨겼다고 의심할 것입니다. 이렇게 된다면 그 죄는 명나라에 알리지 않고 사사로이 관계한 정도에 그치지 않을 것입니다"라고 답하였다. 조정에서 나의 의견을 옳다고 여기는 사람이 많아서 결국 김응남(金應南) 등을 파견하여 명나라에 보고하게 하였다.

그때 중국 복건(福建) 출신의 허의후(許儀後)·진신(陳申) 등이 왜인들 가운데 포로로 잡혀 있었는데, 이미 비밀리에 왜의 상황을 보고하였다. 또한 유구국(琉球國)의 왕세자 상녕(尙寧)도 잇따라 사신을 보내 그간의 소식을 보고하였다. 홀로 우리나라의 사신만이 이르지 않았기 때문에 명나라에서는 우리나라가 변심하여 왜와 연합하였는지 의심하여 논의가 자자하였다. 그러나 일찍이 우리나라에 사신 온 적 있는 재상 허국(許國)만은 "조선은 지성으로 우리나라를 섬기니 결코 왜와 연합해서 반역하지 않을 것입니다. 잠시 기다려 봅시다"라고 주장하였다. 머지않아 김응남 등이 상주문을 보내오니 허국은 크게 기뻐하였고 명나라 조정도 비로소 의심을 풀었다.

時倭書有"率兵超入大明"之語. 余謂: "當即具由, 奏 (권1·6) 聞天朝." 首相以爲: "恐皇朝罪我私通倭國, 不如諱之." 余曰: "因事往來隣邦, 有國之所不免. 成化間, 日本亦嘗因我, 求貢中國. 卽據實奏聞, 天朝降勅回諭. 前事已然. 非獨今日. 今諱不聞奏, 於大義不可. 況賊若實有犯順之謀, 從他處奏聞, 而天朝反疑我國同心隱諱, 則其罪不止於通信而已也." 朝廷多是余議者, 遂遣金應

南等, 馳奏. 時福建人許儀後[2]·陳申等, 被擄在倭中, 已密報倭情. 及琉球國世子尚寧連遣使報聲息. 獨我使未至, 天朝疑我貳於倭, 論議藉藉. 閣老許國, 曾使我國, 獨言: "朝鮮至誠事大, 必[3]不與倭叛, 姑待之." 未久, 應南等賫奏至, 許公大喜, 而朝議始釋然云.

도요토미 히데요시가 임진왜란을 일으킨 원인에 대해 현재 학계에서는 다양한 주장이 제기되어 있다. 한편, 전쟁이 끝난 직후에 일본의 학자 하야시 라잔(林羅山: 1583~1657)이 집필한 다음 내용은, 17세기 초기의 일본인들이 임진왜란의 원인을 어떻게 생각하고 있는지를 잘 보여 준다.

외동아들이 요절하자 히데요시는 매우 우울하고 비참해 보였다. 신하들도 머리털을 베어 애도의 뜻을 표하였다. 히데요시는 우울함을 잊기 위하여 기요미즈데라(清水寺)에 들러 사흘간 머물렀으나 비탄한 심정은 갈수록 더하고 눈물이 마를 날이 없었다. 이때 조선을 치고자 하는 마음이 생겼는데 자신의 슬픔을 위로하기 위함이었다. 여러 신하들은 히데요시의 결심을 거스를 수 없었다. 히데요시는 관백(關白)직을 조카 히데쓰구(秀次)에게 물려주니 세상 사람들이 히데요시를 다이코(太閣)라 불렀다.

히데요시가 말하기를 "예부터 중화는 우리나라를 여러 차례 침략하였으나 우리나라가 외국을 정벌한 것은 진구코고(神功皇后: 신공황후)가 서쪽 삼한을 정벌한 이래 천 년 동안 없었다. 나는 비천한 신분으로 태어났지만 출세하여 고관직에 올랐으니 무엇 하나 부족한 것이 없었다. 그러나 바로 지금 손안의 구슬이 깨져 돌이킬 수 없고 구슬이 우물 속에 가라앉아 보이지 않게 되었으니 그 슬픔이 나의 목숨을 갉아먹는 듯하구나. 대장부가 어찌 백 년 인생을 이처럼 헛되이 끝낼 수 있으랴! 이에 조카 히데쓰구에게 제국의 수도를 지켜 일본국 안의 일을 관장케 하고 나는 명나라로 들어가 황제가 되려 한다. 지난해 조선에 서한을 보내어 이 뜻을 전하였으나 조선이 이제껏 답서를 보내지 않으니 벌하지 않을 수 없도다. 그러매 명나라를 치기 전에 우선 조선을 정벌할 것이다. 조선이 나의 명령에 따른다면 일본군의 선봉에 서게 하여 명나라로 나아가리라. 만약 나의 명에 따르지 않는다면 조선을 섬멸한 뒤에 명나라로 들어가는 것이 뭐 어렵겠는가?"라고 하였다. (하야시 라잔, 『도요토미 히데요시 보』 중권)

위 인용문은 끔찍이 아끼던 첫아들이 죽은 후 비탄에 빠진 도요토미 히데요시가 조선 출병을 결심하는 장면이다. 『도요토미 히데요시 보』(1658)의 이 유명한 대목은 에도 시대에 집필된 수많은 임진왜란 문헌에 계승되면서 널리 읽혔다. 하야시 라잔은 이 책에서 도요토미 히데요시가 임진왜란을 일으킨 동기를 크게 세 가지로 들고 있다. 첫째는 늘그막에 얻은 아들 스테마루(棄丸)의 요절이 가져온 슬픔을 잊기 위해서이고, 둘째는 명나라의 황제가 되기 위해서라는 것이다. 마지막으로 든 개전 동기는 명나라 침략군의 선봉에 서라는 자신의 명령을 조선이 받아들이지 않은 것을 징벌하기 위해서라고 한다."[4] 하야시 라잔이 든 세 가지 요인 가운데 아들의 죽음을 슬퍼해서 전쟁을 일으켰다는 주장은, 히데요시가 이미 임진왜란이 일어나기 몇 년 전부터 여러 경로로 대륙 침략의 뜻을 드러냈다는 점을 생각하면 수긍하기 어렵다. 그러나 각각 명과 조선에 대해 제기하는 둘째와 셋째 이유는 실제로 히데요시 당시의 문헌에 널리 보인다. 이러한 내용의 국서가 조선에 전달되었으니, 조선 조정이 당황한 것은 당연하다고 하겠다. 조선이 상정해 본 적이 없는 문제였을 터이다.

그래서 히데요시의 명나라 침략 의도를 명 조정에 알려야 하는지의 문제로 고민하는 과정에서, 조선 조정은 조선이 일본과 교류한 것이 명에 알려지면 오해를 살지도 모른다고 걱정했다. 실제로 이 우려는 1598년에 명나라의 병부주사(兵部主事) 정응태(丁應泰)가 울산성전투에서 패배한 양호(楊鎬)를 공격하는 과정에서 조선이 일본과 내통해서 함께 명을 공격했다고 모함하면서 현실화된다. 정응태 무고 사건의 자세한 내용은 뒤에서 다시 설명한다.

한편 『징비록』을 발췌 수록한 『이칭일본전』에는 히데요시가 조선에 보낸 국서의 전문(全文)이 실려 있다. 『이칭일본전』은 의사이자 장서가인 마쓰시타 겐린(松下見林)이 일본에 들어와 있던 중국과 한국의 책들 가운데 보이는 일본 관련 기사를 발췌하고 자신의 의견을 붙여 1693년에 간행한 일종의 유서(類書)이다. 상권과 중권에는 중국 서적 110종, 하권에는 한국 서적 15종이 발췌되어 있으며, 가장 마지막에 『징비록』이 일부 발췌 되어 있다. 발췌된 대목은 가토 기요마사의 동향, 1592년의 1차 평양성전투 당시 조승훈(祖承訓)이 이끈 명군의 패배와 1593년의 2차 평양성전투 당시 이여송(李如松)이 이끈 명군의 승리, 그리고 뒤이어 일어난 벽제관전투에서 일본군의 승리, 조선 측의 명군 파병 요청 및 조선 내의 간첩, 행주산성전투 승리, 비격진천뢰 기사와 류성룡이 백성들의 기아 문제를 해결하기 위해 노력했다는 대목 등이다. 가토 기요마사에 대해서는 『히데요시 만사(淸正挽詞)』, 『세이쇼기(淸正記)』 등의 문헌도 이용하는 등 적극적이고, 1차 평양성전투와 벽제관전투에서의 일본군 승리 기사도 초록하고 있는 점은 일본인으로서는 당연하다면 당연한 선택이겠지만, 행주산성전투 기사 및 비격진천뢰 기사, 류성룡 관련 기사를 일부 선택한 것은 그 후의 일본 문헌들이 임진왜란을 언급할 때 즐겨 다루는 취향과는 다소 달라서 흥미를 끈다. 또한 이순신의 일화와 약력 등을 생략하고 있는 것도 그 후의 일본 문헌들이 『징비록』의 이순신 영웅 사관을 받아들여서 이러한 대목을 적극적으로 수용하는 것과는 대조적이다.

아무튼, 『이칭일본전』은 전근대 일본 문화의 중심지인 교토에서 간행된 만큼 『징비록』을 일본인들에게 알리는 중요한 계기가 된 문헌이다. 동시에, 이 문헌은 조선시대 후기에 유입되어 한치윤(韓致奫)의 『해동역사(海東繹史)』 「교빙지(交聘志)」・「예문지(藝文志)」・「본조비어고(本朝備禦考)」 등에서도 자주 인용되었다. 조선 후기에는 중국의 백과사전 『삼재도회(三才圖會)』를 증보한 일본의 『화한삼재도회(和漢三才圖會)』와 같은 문헌이 조선의 지식인들에게 읽힌 것으로 알려져 있는데,[5] 『이칭일본전』과 같은 유서가 조선에서 읽힌 맥락 역시 『화한삼재도회』와 같을 것으로 추측된다.

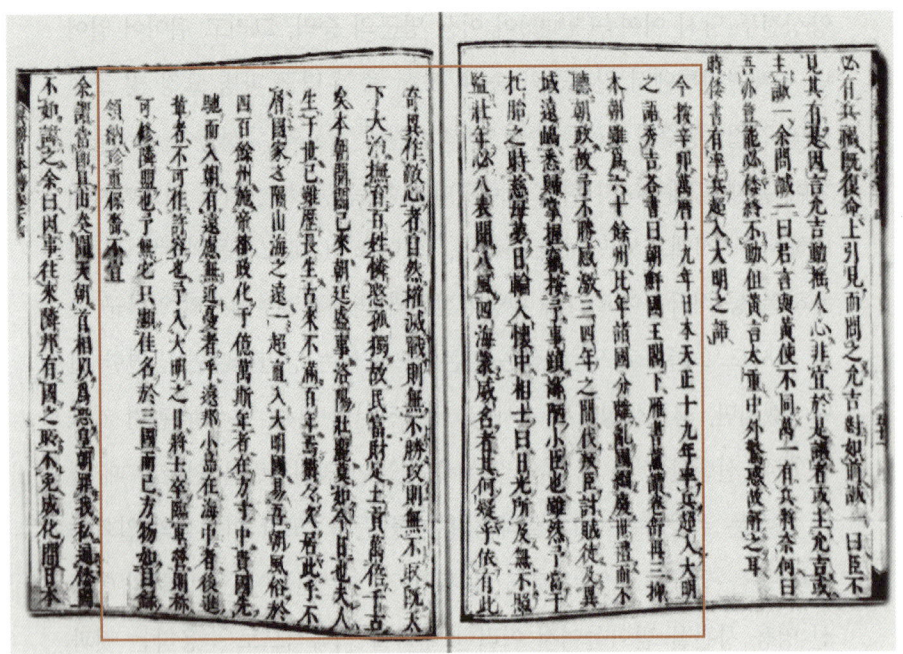

『이칭일본전』에 수록된 도요토미 히데요시의 답서.

    한편, 본문에도 보이듯이 중세 동아시아 해역에서 활동한 왜구에 잡혔거나 왜구에 가담해서 서일본에 거주하고 있던 명나라 사람들이 적지 않았다. 이들 중 일부는 허의후나 진신처럼 히데요시의 명나라 침략 의사를 본국에 알렸다. 또한 유구 역시 시마즈 가문을 통해 복속을 강요받은 사실을 조공 체제상의 상국(上國)인 명나라에 전달했다. 이러한 동향을 전해 들은 조선 측은 본문에서와 같이 서둘러 명나라에 상황을 보고했다. 그 보고서에 해당하는 주문(奏文)이 『서애선생문집』 권3에 전하는데, 그 안에는 일본에 거주하던 명나라 사람이나 유구 측의 보고를 받은 명나라 조정에서 어떠한 논란이 있었는지가 상세히 적혀 있다.

근일 공이(貢夷)가 왜흔(倭釁)을 미리 아뢰어 기의(機宜)를 방비하라고 부보(附報)한 일에 대한 복건 순무(福建巡撫)의 제본(題本)에, "유구국 세자가 사신을 보내어 조공을 바쳤는데, 그 나라 장리(長吏) 정주(鄭週)가 부보한 인신 찍힌 공문 속에 '왜왕 관백(關白)이 일본 66주를 통합하고 조선을 쳐서 이겼으며, 사신을 유구에 보내어 항복하기를 강요하였다. 또한 각주(各州)로 하여금 배를 만들고 군사를 모으게 하며, 내년 9월에 명을 치겠다고 큰소리쳤다' 하였습니다" 하였으므로, 이미 병부가 복건·절강·직예(直隷)의 제독 수비에게 회답 공문을 보내었습니다.

이제 다시 절강 순무어사(浙江巡撫御史)가, 왜이(倭夷)의 긴급한 군사 정세라고 치보하는 제본에 근거하여 독무아문(督撫衙門)을 신칙하여 엄히 정탐하고 미리 방비하여 후환을 막게 하라는 일에 대한 제본을 받아 보니, "유구에서 돌아온 복건 사람 진신의 보고에 의하면, '일본 왜놈인 관백이 주군(主君)을 죽이고 왕이라 하고, 유구와 조선을 석권하고 명을 병탄하려고 음모하였다. 17년[1589] 3월에는 스님을 유구에 보내어 땅과 금을 바치고 조공하여 봉삭(奉朔)하기를 강요하였으나 유구국 세자가 굳이 버티어 굽히지 않았다'고 하였습니다.

또 '18년 4월에는 군사를 일으켜 조선을 쳐 이겨서 3백 인의 내항자(來降者)를 얻었고, 일본에는 아직도 만도(萬島) 대국의 장자가 그 아비를 죽이고 와서 항복하고 있으며, 관백은 스스로 하늘의 도움을 입어 몸소 66주를 다스리는 주인이 되었다. 금년 3월에 대명(大明)을 치고 북경에 들어가는 데는 조선을 향도(向導)로 삼고, 복건·광동·절강·직예를 쳐들어가는 데는 중국 사람으로 향도를 삼으려고 하는데, 이제 조선을 쳐 이겨서 배를 만들게 하고 향도를 삼아서 싸움을 돕도록 하려고 한다'고 하였습니다" 하였습니다.

이에 경사(京師)에서 사람을 육로로 조선에 보내어 조선 서남의 땅이 일본 대마주의 땅과 서로 접하여 있음을 살펴 알았습니다. (『서애선생문집』 권3)

여기서는 조선이 일본과의 접촉 상황을 보고하기 전에 유구국 세자 상녕과 일본 거주 명나라 사람 등이 보내온 첩보의 내용을 전한다. 이들 첩보는 조선이 일본에 항복했으며 일본군의 선봉이 되어 명나라를 공격할 것이라고 주장한다. 그러나 명나라 조정의 일각에서는 철저한 사대(事大) 외교를 해 온 조선이 이처럼 행동할 리가 없다는 의심이 제기되었기 때문에, 조선의 상황을 확인하는 것이 급선무라는 결론이 내려졌다.

그러나 조선과 일본이 비록 함께 바다에 있는 섬이지만 하나는 남쪽, 하나는 북쪽으로 멀리 서로 떨어져 있습니다. 만일 일본이 조선과 싸워 이겼다면 배가 연이어 건너오는 것이 어찌 1천 리에 그칠 것이며, 위급함을 고하는 우격(羽檄)이 어찌 한마디도 없겠습니까. 하물며 조선은 해마다 정삭(正朔)을 받들고 대대로 은혜를 입어 본래 예의의 나라라고 일컬어져서 사람마다 충성과 순종하는 마음을 품고 있는데, 어찌 한 번 전쟁의 승부로 인하여 적에게 따르는 것을 달갑게 여겨 갑자기 향도가 되겠습니까?

어떤 사람은, 일본이 유구를 위협하여 항복받으려는 뜻이 있어서 망령되이 조선이 패하였다는 말로 유구를 공갈하는데, 유구가 중국에 구원을 얻고자 하는 마음이 있으므로 경솔하게 일본의 말을 믿고서 광동·복건에 소문을 냈는지 알 수가 없다 합니다. 다만 해외의 뜬소문이라 사실인지의 여부를 결단할 수가 없으나, 일이 군사 정보에 관한 것이어서 모름지기 멀리 가서 정탐하지 않을 수가 없습니다.

안정(案呈)이 부(部)에 도달하였기에 마땅히 시행하여야 합니다. 이러므로 자문을 함께 보내니 온 글의 내용을 잘 살펴보고서 곧 적당한 통사(通事)를 급히 조선에 보내어 일본 관백이 쳐들어온 적이 있으며, 조선을 싸워 이기고 조선 국왕이 그들의 말을 좇아 배를 만들고 향도가 되었는지의 여부를 정탐하여 하나하나 잘 살펴서 정확한 정상을 얻도록 힘쓰십시오. 혹은 곧 격문을 조선 배신(陪臣)에게 보내어 곧 왕에게 계(啓)하여 사실대로 주보(奏報)하도록 하십시오. (『서애선생문집』 권3)[6]

서일본의 중국인 및 유구인이 중국 강남에 전한 정보는 『전절병제고(全浙兵制考)』「근보왜경(近報倭警)」 및 『양조평양록』 등에 전한다.[7] 한편 당시 유구의 정세에 대해서는 역해자의 기존 연구에서 상세히 논한 바 있으므로 여기서는 생략한다.[8]

한편 본문에서 류성룡은 허국에 대해 호의적인 평가를 내리고 있는데, 이는 허국이 조선의 입장을 변호해 주었다는 것뿐 아니라 그가 조선에 왔을 때 보여 준 청렴하고 절도 있는 행동에 감탄했기 때문인 듯하다.『서애선생문집』권15「명나라 사신 허·위(許魏)의 일을 기록하다」에 그에 관한 이야기가 전한다.

    정묘년[1567: 명종 22]에 명나라 사신 한림 검토(翰林檢討) 허국(許國)과 병과(兵科) 급사중(給事中) 위시량(魏時亮)이 융경황제(隆慶皇帝)가 등극하였으므로, 반조(頒詔)의 사명을 띠고 6월 가산(嘉山)에 도착하였다. 저녁에 예조에서 전하는 관문(關文)을 보고, 국상이 있음을 알았다. (중략) 대개 허국은 자상하고 침착하며, 위시량은 엄정하여 행동거지에 법도가 있었다. 서울에 들어와 조서를 반포한 후에 상주를 조문하고 망령(亡靈)에 제사하여 예의의 뜻을 모두 갖추었다. 일을 마치고는 곧 돌아갔는데, 행탁(行橐)이 쓸쓸하게 비어 있어 그들의 맑은 지조가 더욱 매서웠다. 우리나라 사람들이 이들을 오래도록 사모하여 마지않아서 지금까지도 그들을 칭찬하였다. "허·위 두 사신은 그 전이나 후에 조서를 가지고 우리나라에 온 사신 중에 그들보다 나은 사람은 없다."(『서애선생문집』권15)[9]

05

왜의 침략을 우려한 조정이, 변경 방비에 대하여 잘 아는 신하를 뽑아 충청·전라·경상 삼도를 순찰하고 방비하게 하다

　왜의 침략을 우려한 조정이, 변경 방비에 대하여 잘 아는 신하를 뽑아 충청도·전라도·경상도 삼도를 순찰하고 방비하게 하였다. 김수(金睟)를 경상감사(慶尙監司)로, 이광(李洸)을 전라감사(全羅監司)로, 윤선각(尹先覺)을 충청감사(忠淸監司)로 삼아 병기(兵器)를 갖추고 성과 해자를 손보게 하였으니, 경상도에 성을 가장 많이 쌓았는데, 영천(永川)·청도(淸道)·삼가(三嘉)·대구(大丘)·성주(星州)·부산(釜山)·동래(東萊)·진주(晋州)·안동(安東)·상주(尙州) 등이었고 좌병영과 우병영을 신축하거나 증축하였다.
　그런데 경향 각지에 평화가 이어진 지 이미 오래인지라 백성은 노역을 꺼려 원성이 길을 가득 채웠다. 나와 동년배로서 예전에 전적(典籍)

직을 지낸 이로(李魯)는 합천(陜川) 사람이었는데, 나에게 편지를 보내어 "성을 쌓는 것은 계책이 아니다" 하고, 또 "삼가(三嘉)는 앞에 정암진(鼎巖津)이 가로막고 있으니 왜적이 이를 날아서 건널 수 있겠는가? 왜 쓸데없이 성을 쌓아 백성들을 고단하게 하는가"라고 하였다. 길이가 만 리나 되는 바다로도 왜적을 막을 수 없었는데, 한 줄기 좁은 강물로 막아서 왜적이 그 강을 건널 수 없을 것을 바랐으니, 이 또한 엉성한 계획이었지만 당시 사람들이 논의하는 것이 이와 같았으니, 홍문관(弘文館) 역시 상소문을 올려 이를 논하였다.

전라도와 경상도의 두 남쪽 지역에서는 성을 쌓을 때 지형을 살리는 대신에 [성을] 넓고 크게 만들어서 많은 사람을 수용하는 데 힘썼다. 진주성은 원래 험한 지형에 자리하여 수비가 가능하였지만, 이때에 이르러 성이 좁다면서 동쪽 아래의 평지에 옮겨 지었다. 그 뒤에 왜적이 이곳을 통하여 성에 들어왔으니 끝내 성을 지키지 못하였다. 원래 성은 견고하고 작은 것이 귀한 법인데 성이 넓지 않다고 걱정하였으니 이 또한 당시의 논의가 그러하였던 것이다. 국방 정책의 근본, 장군을 선택하는 핵심, 군대의 조직과 훈련 방법에 이르기까지 백 가지 가운데 한 가지도 올바른 것이 없었기 때문에 패하기에 이른 것이다.

朝廷憂倭, 擇知邊事宰臣, 巡察下三道, 以備之. 金睟爲慶尙監司, 李洸爲全羅監司, 尹先覺爲忠淸監司, 令備器械, 修城池. 慶尙道築城尤多, 如永川·淸道·三嘉·大丘·星州·釜山·東萊·晋州·安東·尙州左右兵營, 或新築, 或增修.

時昇平既久, 中外狃安, 民以勞役爲憚, 怨聲載路. 余同年前典籍李魯陝川人, 貽書余言: "築城非計." 且曰: "三嘉前阻鼎津, 倭能飛渡乎? 何爲浪築, 勞民?" 夫以萬里滄溟, 猶不能禦倭, 而欲限一衣帶水, 必倭之不能渡, 其亦疏矣. 而一時人議如此,[1] 弘文館亦上劄論之. 然兩[2]南所築, 皆不得形勢, 且以濶大容衆爲務, 如晉州城, 本據險可守, 至是以爲小, 移東面, 下就平地. 其後賊由此入城, (권1·7) 城遂不保. 大抵城以堅小爲貴, 而猶恐其不廣, 亦時論然也. 至於軍政之本, 擇將之要, 組練之方, 百不一擧, 以至於敗.

❖

　여기서 류성룡은 성(城)에 대한 조선의 관념이 군사적으로 옳지 않았기 때문에 임진왜란 때 많은 피해를 입었다고 지적한다. 물론 임진왜란 당시에 한양 도성이 기능하지 못한 것이나, 험한 지형에 자리한 교룡산성 대신 평지에 있는 남원성을 주요 방어 시설로 삼은 바람에 정유재란 때 남원 지역이 피해를 입은 것을 보면 류성룡의 비판은 일리가 있다. 그러나 한편으로, 에도 막부를 세운 도쿠가와 이에야스가 전국의 노동력을 동원해서 쌓은 천하의 요새 에도 성(江戶城)이 1868년의 메이지 유신 때 무혈입성 된 것을 생각하면, 전쟁에서 성의 함락 여부는 역사적 맥락에 있는 것이라는 생각을 하게 되기도 한다.

　쓰시마의 외교관 아메노모리 호슈가 한·중·일 삼국 축성 제도의 장단점을 수필 『한 경계인의 고독과 중얼거림(たはれくさ)』에 적은 것이 있기에 여기에 소개한다.

작은 것을 담장(牆)이라 하고 큰 것을 성(城)이라고 한다. 중국에서 성이라고 하면 큰 돌로 벽을 만들어 두르고 사대부를 포함하여 상인과 공인(工人), 천민에 이르기까지 그 안에 살게 한 것을 말한다. 장안성(長安城) 등을 보면 알 것이다. 성이 정해진 뒤에 백성들이 늘어나면 성 밖에 사는 경우도 있지만, 성을 쌓는 원래 뜻은 백성을 성안에 살게 하여 적이 쳐들어와도 다치지 않게 하려는 데 있다.

일본은 그 지역의 주인이 사는 곳을 성이라고 하고 그 바깥에 니노마루(二の丸), 산노마루(三の丸) 등을 차례로 쌓지만, 그 안에는 사무라이 계급만 살고 그 밖의 계급은 모두 돌벽 바깥에 살기 때문에 전쟁이 일어나면 이들 집이 모두 불타고 주민들은 많이 다치고 굶주린다. 이런 제도는 중국을 배우고 싶지만, 한편으로는 여기에도 장점과 단점은 있다. (아메노모리 호슈, 『한 경계인의 고독과 중얼거림』)[3]

06

정읍현감 이순신을
전라좌도 수군절도사로 발탁하다

정읍현감(井邑縣監) 이순신(李舜臣)을 전라좌도 수군절도사(全羅左道水軍節度使)로 발탁하였다.

이순신은 담력과 지략이 있고 말타기와 활 쏘기를 잘하였다. 일찍이 조산만호(造山萬戶)로 있을 때 북쪽 변방에 사건이 많았는데, 이순신은 반란을 일으킨 여진인 우을기내(于乙其乃)를 계략으로 유인하여 사로잡아 병영으로 보내 처형시키니 여진인에 대한 근심이 마침내 그치게 되었다.

순찰사(巡察使) 정언신(鄭彦信)이 이순신으로 하여금 녹둔도(鹿屯島)의 둔전(屯田)을 지키게 하였다. 짙은 안개가 낀 어느 날, 군인들은 모두 나가서 추수하고 요새 안에는 십여 명만 있었다. 갑자기 여진(女眞)

기마병들이 사방에서 모여들자 이순신은 요새 문을 닫고 요새 안쪽에서 친히 유엽전(柳葉箭)[1]을 잇달아 쏘아 대니 적 수십 명이 말에서 떨어졌고 이에 여진인들은 놀라서 퇴주하였다. 이순신이 요새 문을 열고 혼자 말을 타고 크게 소리치며 그들을 추격하니 여진인들은 크게 달아났고, 이순신은 아군이 빼앗겼던 것을 모두 되찾아 돌아왔다.

그러나 조정에서 그를 밀어주는 사람이 없어서 과거에 합격한 뒤 십여 년 동안 출세하지 못하다가 비로소 정읍현감이 되었다. 그때, 왜인들이 침략한다는 소문이 날로 급해지니 임금께서는 비변사(備邊司)에게 명하여 각자 장수의 역할을 감당할 만한 자를 추천하게 하셨다. 내가 이순신을 천거하여 그가 정읍현감에서 여러 단계를 뛰어넘어 수군절도사로 승차[승진]하니, 어떤 사람들은 그의 갑작스러운 승진을 의심하였다.

그때 조정에 있던 장군들 가운데에는 신립(申砬)과 이일(李鎰)의 명성이 가장 높았으며, 경상우병사(慶尙右兵使) 조대곤(曺大坤)은 늙고 용맹이 없었는지라 사람들은 그가 장군으로서 임무를 감당하지 못할 것을 걱정하였다. 나는 경연(經筵) 자리에서 조대곤 대신 이일에게 그 임무를 맡길 것을 청하였는데, 이에 대하여 병조판서 홍여순(洪汝諄)은 "명성 있는 장군은 당연히 도읍에 있어야 하기에 이일을 파견하면 안 됩니다"라고 말하였다. 나는 다시 "무릇 일을 할 때에는 미리 준비하는 것을 귀하게 여깁니다. 하물며 군대를 준비하여 적을 막는 일은 절대로 급하게 처리하면 안 되는 일입니다. 하루아침에 난리가 나면 부득이하게 이일을 보낼 수밖에 없는데, 어차피 보낼 것이라면 단하루라도 빨리 보내서 미리 준비시키고 난리에 대비하게 하여야 유리할 것입니다. 그렇게 하지 않고 타지의 장군을 갑자기 내려보내면, 그 장군은 파견된 지역의 형세에 익숙하지 않고 그 지역 병사들의 용맹함과 비겁함도 파악하지 못할 것입니다. 이는 병가(兵家)에서 꺼리는 것이니 반드시 후회가 있을 것입니다"라고 아뢰었다. 그러나 임금께서는 답이 없으셨다.

나는 또 비변사로 나가서 여러 사람들과 논의하여서는 옛 임금들께서 제정하신 진관의 법(鎭管之法)을 행하도록 청하였는데, 그 대략은 다음과 같다.

"건국 초기에는 각 도의 군대가 모두 진관에 나누어 속하여 있어서 무슨 일이 있으면 즉시 진관이 자신에게 속한 고을을 통솔하여 물고기 비늘처럼 차례로 정돈하고 주장(主將)의 명령을 기다렸습니다. 경상도의 예를 들면 김해·대구·상주·경주·안동·진주의 여섯 진관으로 되어 있어서, 만일 한 진의 군대가 적병을 막는 데 실패하더라도 다른 다섯 진이 차례로 엄중하고 굳건히 지키니 한꺼번에 무너지는 지경에 이르지 않습니다.

그러다가 [1555년(명종 10)의] 을묘왜변(乙卯倭變)[2] 뒤에 김수문(金秀文)이 전라도에서 처음으로 분군법(分軍法)을 바꾸어, 도내의 여러 읍을 나누어서는 각기 순변사·방어사(防禦使)·조방장(助防將)·도원수(都元帥) 및 전라도의 병마절도사와 수군절도사에 소속시켰으니 이를 제승방략(制勝方略)이라 합니다. 여러 도가 모두 이 방법을 본떴으니, 이에 진관이라는 이름은 남아 있어도 그 실상은 서로 연락이 되지 않앉습니다. 일단 위급한 일이 생기면 먼 곳과 가까운 곳이 반드시 함께 동요하고, 장군 없는 군대가 먼저 들판 가운데 모여 천 리 밖의 장군을 기다리다가 장군이 도착하기 전에 적군의 선봉이 이미 다가오면 병사들의 마음이 놀라고 두려워하니, 이는 반드시 패하는 길입니다. 병사들이 한번 대오를 무너뜨리면 다시 모으기 어렵습니다. 그럴 때 장군이 도착한다 하여도 누구와 더불어 적에 맞서겠습니까? 옛 임금들께서 제정하신 진관의 법을 다시 시행하면, 평시에는 훈련시키기 편하고 유사시에는 군대를 소집할 수 있으며, 또한 앞과 뒤가 서로 호응하고 안과 밖이 서로 의지하기 때문에 수습할 수 없는 지경에 이르지 않을 것이니 편리할 것입니다."

이 사항을 경상도에 내려보냈지만 경상감사 김수(金睟)가 "제승방략을 시행한 지 이미 오래되었으니 갑자기 바꿀 수 없습니다"라고 하여 논의는 마침내 중단되었다.

擢井邑縣監李舜臣, 爲全羅左道水軍節度使. 舜臣有膽略, 善騎射. 嘗爲造山萬戶, 時北邊多事, 舜臣以計誘致叛胡于乙其乃, 縛送兵營斬之, 虜患遂息. 巡察使鄭彦信, 令舜臣護鹿島屯田. 一日大霧, 軍人盡出收禾, 柵中但有十餘人. 俄而, 虜騎四集, 舜臣閉柵門, 自以柳葉箭, 從柵內連射賊數十墮馬, 虜驚駭退走. 舜臣開門, 單騎大呼逐之, 虜衆大奔, 盡奪所掠而還. 然朝無推挽者, 登第十餘年不調, 始爲井邑縣監. 是時倭聲日急, 上命備邊司, 各薦才堪將帥[3]者, 余擧舜臣, 遂自井邑, 超拜水使, 人或疑其驟. 時在朝武將中, 惟申砬·李鎰最有名, 慶尙右兵使曺大坤年老無勇, 衆憂不堪閫寄, 余於經席, 啓請: "以鎰代大坤."

138

兵曹判書洪汝諄曰:"名將當在京都, 鎰不可遣." 余再啓曰:"凡事貴預. 況治兵禦敵 尤不可猝辯. 一朝有變, 鎰終不得不遣, 等遣之, 寧早往一日, 使預備待變, 庶或有益. 不然, 倉卒之際, 以客將馳下, 旣不諳本道形勢, 又不識軍士勇怯. 此兵家所忌, 必有後悔." 不答. 余又出備邊司與諸人議, 啓請修祖宗鎭管之法. 大略:"以爲國初各道軍兵, 皆分屬鎭管. 有事則鎭管統率屬邑, 鱗次整頓, 以待主將號令. 以慶 (권1·8) 尙道言之, 則金海·大丘·尙州·慶州·安東·晉州, 是爲六鎭管. 脫有敵兵, 一鎭之軍雖或失利, 他鎭次第嚴兵堅守, 不至於靡然奔潰. 往在乙卯變後, 金秀文在全羅道, 始改分軍法, 割道內諸邑, 散屬於巡邊使·防禦使·助防將·都元帥及本道兵·水使, 名曰:"制勝方略". 諸道皆效之, 於是, 鎭管之名雖存, 而其實不相維繫, 一有警急, 則必將遠近俱動, 使無將之軍先聚於原野之中, 以待將帥於千里之外, 將不時至, 而賊鋒已逼, 則軍心驚懼, 此必潰之道也. 大衆旣潰, 難可復合, 此時將帥雖至, 誰與爲戰? 不如更修祖宗鎭管之制, 平時易於訓鍊, 有事得以調集, 且使前後相應, 內外相倚, 不至於土崩瓦解, 於事爲便." 事下本道, 慶尙監司金睟:"以爲制勝方略, 行用已久, 不可猝變." 議遂寢.

본문 가운데 보이는 저자의 진관법 시행과 제승방략 비판 주장이 초본『징비록』에서는 이일의 상주전투 패전 기사 부분에 위치한다. 이를 통해, 저자가 이일·신립 군의 패전을 강조하는 것이 이들의 패전 자체보다는 당시 조선의 군사 체제에 대해 비판하기 위함이었음을 알 수 있다.

조선국은 북방의 여진인과 남방의 일본인이라는 전혀 다른 성격의 두 '오랑캐' 집단을 상대해야 했다. 이에 따라 임진왜란 때 활동한 장군 가운데에도 이순신, 이일, 신립 등이 북방 방어에 관계되어 있었고, 임진왜란 때 조선에 와서 활동한 명나라 장군 가운데에도 양호(楊鎬), 유정(劉綎), 이여백(李如柏) 등이 1619년(만력 47)의 사르후(薩爾滸, Sarhu)전투에서 누르하치의 후금군과 싸웠다. 1592년의 임진왜란에서 시작하여 명나라의 부흥을 꾀하다가 타이완으로 후퇴한 정성공(鄭成功)이 세운 왕국이 청나라에 멸망하는 17세기 말에 이르기까지 동아시아는 중세에서 근세로의 과도기를 거쳤다. 양호 등과 같이 일본·후금을 함께 상대한 명의 장군, 임진왜란 때 조선에 투항한 뒤 1636년의 병자호란에 참전한 김충선(金忠善), 그리고 무엇보다 임진왜란과 정묘·병자 호란을 모두 겪은 수많은 조선인들은 이 격변의 시기를 상징한다. 류성룡은 『징비록』에서 신립이 여진인과 싸운 경험을 앞세우다가 탄금대에서 지형을 잘못 파악하였다고 비판하고, 이여송이 벽제관전투에서 진 것도 북아시아의 평지 지형에 알맞는 기병 전략에 의존했기 때문이라고 비판한다. 그러나 이순신은 『선조수정실록』에 보이듯이 북방에서도 큰 성과를 세우고, 임진왜란 때에는 바다라는 전혀 다른 조건에서도 성과를 올렸다. 『징비록』을 무심코 읽다 보면 북방에서 잘 싸운 장군이 남방에서는 지리멸렬하다는 이미지를 받는 경우가 있으므로, 주의할 필요가 있다. 이여송 등 명나라 북방 출신 장군들에 대한 류성룡의 반감은, 척금(戚金)·낙상지(駱尙志) 등 명나라의 동남 해안에서 왜구와 싸운 경험이 있는 장군들에 대한 류성룡의 호감에서도 비롯하는 것 같다.

07

임진년 봄에 신립과 이일을 나누어 보내어 변경 지역의 대비 상황을 돌아보게 하다

　임진년[1592] 봄에 신립(申砬)과 이일(李鎰)을 나누어 보내어 변경 지역의 대비 상황을 돌아보게 하였다. 이일은 충청도와 전라도로 갔고 신립은 경기도와 황해도로 가서 모두 한 달간 점검하고 돌아왔는데, 그 점검 사항이라는 것이 활, 화살, 창, 칼뿐이었다. 각 군과 읍에서는 문서만 갖추어 법을 회피하려고만 하였고, 방어를 위한 별다른 좋은 계책은 없었다. 신립은 원래 잔인하고 난폭하다는 평판이 자자해서 지나는 곳에서마다 사람을 죽여 위엄을 세웠다. 그래서 그들이 지나는 곳의 수령들이 이를 두려워하여서는 백성을 동원하여 길을 닦고 접대하는 것이 매우 사치스러웠으니, 비록 대신의 행차라도 이렇지는 못할 터였다.

귀경하여 임금께 보고하기를 마친 뒤 4월 1일에 신립이 나의 집으로 찾아왔기에, 나는 "조만간에 변고가 일어나면 마땅히 공(公)이 그 변고의 처리를 담당하게 될 터, 공이 판단하기에 적의 세력을 막는 어려움의 정도가 어떠하오?"라고 물었다. 이에 대하여 신립은 적을 매우 가볍게 여겨서 "걱정할 필요 없습니다" 하고 답하였다. 내가 "그렇지 않소. 예전에는 왜인들이 단지 칼·창과 같은 단병(短兵)만 믿고 싸웠지만 지금은 조총도 능숙하게 다루고 있으니 가볍게 보아서는 안 될 것이오"라고 말하니, 신립은 황급히 "비록 조총이 있다고 해도 어찌 백발백중이겠습니까?"라고 하였다. 나는 "나라가 평화로운 지 오래여서 병사들은 겁이 많고 나약합니다. 정말 급변이 일어난다면 이를 막는 일은 대단히 어려울 것이오. 내 생각으로는 전쟁이 일어나서 몇 년이 지난 뒤에 사람들이 군사(軍事)에 익숙해진다면 어쩌면 사태를 수습할 수 있을지도 모르겠지만, 지금으로서는 매우 걱정이 됩니다"라고 말하였지만, 신립은 전혀 반성하거나 깨닫지 못하고 돌아갔다.

신립이 계미년[1583: 선조 16]에 온성부사(穩城府使)로 있을 때 조선에 반역한 여진인들이 종성(鍾城)을 포위하였는데, 이때 신립이 달려가서 이를 구하려고 십여 명의 기병으로 돌격하니 여진인들은 포위를 풀고 물러났다. 조정에서는 신립을 대장의 임무를 감당할 재능이 있다고 하여 북병사(北兵使)·평안병사(平安兵使)로 승진시키고, 얼마 되지 않아 자헌대부(資憲大夫)[1]로 승진시켰으며 나아가 병조판서에 임명하려 하였다. 그의 기세가 바야흐로 날카로워져서 마치 중국 전국시대 때 조(趙)나라 장군 조괄(趙括)이 진(秦)나라를 얕보는 것과 같았다.

[신립이] 일을 맡음에 조금도 두려워하는 뜻이 없었으니 식자들은 이를 우려하였다.

　　壬辰春, 分遣申砬·李鎰, 巡視邊備. 鎰往忠淸·全羅道, 砬往京畿·黃海道, 皆閱月而還. 所點者弓矢槍刀而已, 郡邑率以文具避法, 無他備禦長策. 砬素有殘暴之名, 所至殺人立威, 守令畏之, 發民治道, 供帳極侈, 雖大臣之行不如也. 旣復命, 四月一日, 砬來見余于私第, 余問: "早晚有變, 公當任之. 公料, 今日賊勢難易如何?" 砬甚輕之, "以爲不足憂." 余曰: "不然, 往者, 倭但恃短兵, 今則兼有鳥銃長技[2], 不可輕視." 砬遽曰: "雖有鳥銃, 豈能盡中?" 余曰: "國家昇平久, 士卒怯弱. 果然有急, 極難支. 吾意, 數年後, (권1·9) 人頗習兵, 或還收拾, 未可知. 其初則吾甚憂之." 砬都不省悟而去. 蓋砬於癸未爲穩城府使, 叛胡圍鍾城, 砬馳往救之, 以十餘騎突擊, 虜解去. 朝廷以砬才堪大將, 陞爲北兵使·平安兵使, 未久階資憲, 至欲以爲兵曹判書. 意氣方銳, 正如趙括輕秦, 略無臨事而懼之意, 識[3]者憂焉.

　　조선 조정이 장군으로서 신립의 자질을 높이 평가한 이유는 본문에서 류성룡도 지적한 바와 같이 1583년에 이탕개(尼湯介) 등이 대군을 이끌고 조선을 공격했을 때 잘 막아 낸 성과 때문이었다. 당시 조선의 군사력은 이 정도 규모의 침략이라면 축출할 수 있었다. 또한 남방에서도 잇따른 왜구의 공격을 비교적 성공적으로 막아 내며 외교 교섭을 병행함으로써 강온 양면에서 모두 잘 관리되는 상황이었다. 그렇기 때문에 조선의 민군(民軍)은 남북의 이민족이 군사적으로 도전해 오는 문제에 대해, 류성룡이 한탄하면서 전하듯이 어느 정도 자신감을 가질 수 있었을 것이다.

물론 미래에서 과거를 보자면 결과적으로는 이러한 자신감이 화를 초래했지만, 16세기 말에 일본이 20여 만 대군을 이끌고 조선을 공격한다거나, 17세기 전기에 누르하치가 여진인을 통일해서 몽골·조선·명·티베트·위구르를 정복한다는 것은 동아시아의 여러 지역민들에게는 상상하기 어려운 일이었다. 이런 면에서 류성룡은 임진왜란의 최대 패인을, 조선이 일본의 정세 변화를 세밀하게 파악하지 못하고 기존의 대(對)왜구 전략을 고수하거나 북방에서의 성공을 과신한 데에서 찾은 것이다. 그리고 "일본과의 화의를 잃지 말라"라는 신숙주의 유언을 『징비록』의 첫머리에 세운 것이다. 다만, 임진왜란의 발발이나 초기의 패배에 대해 특정인에게 책임을 돌리는 것은 쉽지만, 4백여 년이 지난 지금 이 전쟁을 돌아볼 때 과연 조선이나 명이 도요토미 히데요시와 누르하치의 정복 전쟁을 저지할 수 있었는지에 대해서는 의문이 든다.

08

경상우병사 조대곤을 교체하고 특지를 내려 승지 김성일이 이를 대신하게 하다

경상우병사 조대곤(曺大坤)을 교체하고 특지(特旨)를 내려 승지 김성일이 이를 대신하게 하였다. 비변사가 "김성일은 유신(儒臣)이기 때문에 이럴 때 변방 장수의 임무를 맡기기에는 적합하지 않습니다"라고 아뢰었지만 임금께서는 윤허하지 않으셨다. 이에 김성일은 임금께 인사를 올리고 임지로 떠났다.

遞慶尙右兵使曺大坤, 特旨以承旨金誠一代之. 備[1]邊司啓: "誠一儒臣也. 不合此時邊帥之任." 不允. 誠一遂拜辭而行.

이 대목은 16권본 『징비록』에는 다음 절인 1592년 4월 13일의 일본군 침략 기사에 붙어 있지만, 2권본과 『조선징비록』에서는 독립되어 있다. 류성룡이 김성일을 옹호하는 입장이 드러나는 대목이기도 하고, 뒷부분에 붙으면 맥락이 부자연스럽기도 하다.

09

4월 13일에 왜군이 국경을 넘어 부산포를 함락시키다

[1592년] 4월 13일에 왜군이 국경을 넘어 부산포를 함락하였다. 첨사(僉使) 정발(鄭撥)이 전사하였다.

이에 앞서 왜의 야나가와 시게노부와 승려 겐소 등이 [1591년에] 귀국한 통신사와 함께 동평관(東平館)에 머물고 있었다. 비변사가 황윤길·김성일 등에게 그들을 위하여 사적으로 술자리를 베풀어 위로하면서 조용히 그 나라의 사정을 묻고 정세를 살펴서 상응하는 대책을 마련하자고 청하니 임금께서 허락하셨다.

김성일이 동평관에 도착하니 과연 겐소가 은밀히 "중국은 오랫동안 일본과 관계를 끊은지라 일본은 조공을 바치지 못하였습니다. 도요토미 히데요시는 이 일에 대하여 마음속으로 분노하고 수치스럽게 여겨서 군대를 일으키려 하기에 이른 것입니다. 그러하니 조선이 먼저 명에 청하여 일본이 명에 조공할 수 있는 길이 열리도록 해 준다면 틀림없이 아무 일도 없을 것입니다. 그리고 일본 66주의 백성들 또한 병사로 징용되어 고생하는 노고를 피할 수 있겠습니다"라고 말하였다.

이 말을 들은 김성일 등이 대의(大義)로써 꾸짖고 설득하려 하니, 겐소는 "옛날에 고려가 원나라 군대를 인도해서 일본을 쳤기 때문에 일본은 조선에 대하여 이 원수를 갚고자 하니, 이는 세상의 흐름에서 보아 당연한 일입니다"라고 말하였는데 그 말이 점점 도리에 맞지 않게 되었다. 이 일이 있은 뒤로는 다시 묻지 않았고 야나가와 시게노부와 겐소는 돌아갔다.

신묘년[1591] 여름에 소 요시토시가 다시 부산포에 와서 변경을 지키는 장수에게 "일본은 대명국과 소통하고 싶으니 만약 조선이 이러한 뜻을 명나라에 전하여 준다면 매우 다행일 것입니다. 만약 그렇지 않다면 두 나라[일본과 조선]는 장차 화의를 잃어버릴 것입니다. 그렇게 되면 큰일이기 때문에 이렇게 와서 고하는 바입니다"라고 말하였다.

그 장군이 들은 대로 조정에 보고하였지만, 당시 조정은 일본과 사신을 주고받은 것을 꾸짖고 일본 측의 언동이 거칠고 거만한 데 분노한 터여서 아무런 대응을 하지 않았다. 소 요시토시는 십여 일간 부산포에 정박하면서 답신을 기다리다가 불쾌해 하면서 돌아갔다. 이 뒤로는 왜인들이 다시 오지 않았고, 부산포의 왜관에 늘 머물러 있던 왜인 수십 명도 조금씩 귀국하여 왜관이 거의 텅 비어 버리니 사람들이 이를 이상하게 여겼다.

4월 13일에 왜의 배들이 쓰시마 섬에서 바다를 덮으며 왔는데 바라보아도 그 끝이 보이지 않았다. 부산첨사 정발은 절영도(絕影島)에 사냥 나가 있다가 이 광경을 보고는 허겁지겁 성으로 들어왔다. 왜병은 뒤따라 상륙하여 부산포성의 사면을 구름처럼 포위하니, 성은 머지않아 함락되었다. 좌수사(左水使) 박홍(朴泓)은 적의 세력이 큰 것을 보고는 감히 군대를 내지 못하고 성을 버리고 달아났다.

왜군은 군대를 나누어 서평포(西平浦)와 다대포(多大浦)를 함락시켰다. 다대포첨사 윤흥신(尹興信)은 열심히 싸웠지만 살해되었다. 좌병사(左兵使) 이각(李珏)은 이 소식을 듣고는 병영을 나와 동래로 들어갔다가 부산이 함락되자 겁먹어서 어찌할지 몰라 하다가, 성 밖에 나가 성의 안팎에서 호응하여 적과 싸우자는 핑계를 대고는 성을 나가 소산역(蘇山驛)으로 퇴각하였다. 동래부사 송상현(宋象賢)이 성에 남아서 함께 지키자고 하였지만 이각은 그 말에 따르지 않았다.

4월 15일에 왜군은 동래성으로 진격하여 왔다. 송상현은 성의 남문으로 올라 독전(督戰)하였지만 성은 반나절 만에 함락되었다. 송상현은 꿋꿋이 앉은 채로 칼에 맞아 전사하였다. 왜인들은 그가 성을 사수한 것을 기려서 그의 시체를 관에 넣어 성 밖에 묻어 주고 묘표(墓標)를 세워 그 자리를 알아볼 수 있게 하였다.

동래성이 함락되자 여러 군현(郡縣)은 적이 온다는 풍문만 듣고 도주하여 궤멸되었다. 밀양부사 박진(朴晉)은 동래성에서 서둘러 돌아가서 작원(鵲院)의 좁은 길을 막아 적을 제어하려 하였다. 적은 양산을 함락시키고 작원에 이르러서 수비병이 있는 것을 보고는, 수비군의 뒤에 있는 산에 개미 떼처럼 달라붙어 흩어져서 기어올라 다다르니 좁은 길을 지키고 있던 자들은 이 광경을 보고는 모두 흩어져 버렸다.

박진은 밀양으로 급히 돌아가 성안의 무기고와 창고에 불을 지르고는 성을 버리고 산으로 들어갔다. 이각은 서둘러 병영으로 돌아가 먼저 자신의 첩을 피난시키니 이에 성안의 인심이 흉흉하여 병사들은 하룻밤에 너댓 차례나 놀랐다. 이각 자신도 새벽을 틈타 몸을 빼서 달아나니 군대가 크게 무너졌다. 적은 길을 나누어 아군을 멀리까지 추격하면서 여러 고을을 잇따라 함락시키니 누구 하나 감히 저항하는 사람이 없었다.

김해부사 서예원(徐禮元)[1]은 김해성 문을 닫은 채 지키고 있었는데, 적군이 성 밖의 보리를 베어 해자를 메우니 순식간에 그 높이가 성벽과 같아졌고, 적군은 이를 올라타고 성안으로 들어왔다. 초계군수(草溪郡守) 이 모(李某)[2]가 먼저 달아나니 서예원도 뒤따라 빠져나갔고 성은 마침내 함락되었다.

순찰사 김수(金睟)는 처음에 진주에 있다가 변고를 듣고는 동래성을 향하던 길에 적병이 이미 접근하였다는 소문을 듣고는, 전진하지 못하고 경상우도로 황급히 돌아와서는 어찌할 바를 몰랐다. 다만 여러 고을에 격문(檄文)을 보내 백성들로 하여금 적을 피하도록 할 뿐이었으니, 이에 경상도는 모두 텅 비게 되어 더욱더 취할 방도가 없게 되었다.[3]

용궁현감(龍宮縣監) 우복룡(禹伏龍)이 고을의 군대를 거느리고 병영으로 향하다가 영천(永川) 길가에서 밥을 먹고 있는데, 방어사(防禦使)에게 속한 하양(河陽)의 군사 수백 명이 상도(上道)로 가다가 우복룡 군의 앞을 지나갔다. 그들이 자기 앞을 지나가면서 말에서 내리지 않은 데 분노한 우복룡은 이들을 붙잡아서는 반역죄라며 꾸짖었다. 하양 군사들이 병사(兵使)가 발급한 공문을 보여 주면서 반란군이 아니라고 변명하였지만, 우복룡은 자기 부하들에게 눈짓하여 그 부대를 포위하고 모두 죽이니 그 시체가 들판을 가득 채웠다. 순찰사가 이 사건을 우복룡이 공을 세운 것이라고 보고하니, 우복룡은 통정대부(通政大夫)가 되어 정희적(鄭熙績)을 대신하여 안동부사에 임명되었다. 나중에 조정의 사신(使臣)들이 올 때마다 하양 군사들의 고아와 과부들이 이들을 만나 그 말머리를 막고 원통함을 호소하였지만, 당시 우복룡은 명망이 있었기 때문에 그들의 원한을 풀어 주는 사람이 없었다고 한다.

四月十三日, 倭兵犯境, 陷釜山浦, 僉使鄭撥死. 先是, 倭平調信·玄蘇等, 與通信使偕來, 館於東平館, 備邊司請: "令黃允吉·金誠一等, 私以酒饌往慰, 因從容問其國事, 鉤察情形, 以備策應." 許之. 誠一至館, 玄蘇果密語曰: "中國久絶日本, 不通朝貢, 平秀吉以此心懷憤恥, 欲起兵端. 朝鮮先爲奏聞, 使貢路得達, 則必無事, 而日本六十六州之民, 亦免兵革之勞矣." 誠一等, 因以大義責諭之. 玄蘇又曰: "昔高麗導元兵, 擊日本, 日本以此報怨於朝鮮, 勢所宜然." 其言漸悖, 自是再不復問. 而調信·玄蘇自回. 辛卯夏, 平義智又到釜山浦, 爲邊將言: "日本欲通大明, 若朝鮮爲之奏聞, 則幸甚. 不然, 兩國將失和氣, 此乃大事, 故來告." 邊將以聞, 時朝議方咎通信, 且怒其悖慢, 不報. 義智泊船十餘日, 怏怏而去. 是後倭人不復 (권1·10) 至, 釜山浦留館倭, 常有數十餘人, 稍稍入歸, 一館幾空, 人怪之. 是日, 倭船自對馬島, 蔽海而來,

望之不見其際. 釜山僉使鄭撥, 出獵絕影島, 狼狽入城, 倭兵隨至登陸, 四面雲集, 不移時城陷. 左水使朴泓, 見賊勢大, 不敢出兵, 棄城逃. 倭分兵, 陷西平浦·多大浦, 多大僉使尹興信力戰被殺. 左兵使李玨 [5] 聞聲息, 自兵營入東萊, 及釜山陷, 玨悾撞失措, 託言欲在外掎角, 出城退陣于蘇山驛. 府使宋象賢留與同守, 玨不從. 十五日, 倭進迫東萊, 象賢登城南門, 督戰半日而城陷, 象賢堅坐, 受刃而死. 倭人嘉其死守, 棺斂之, 埋於城外, 立標以識之. 於是, 郡縣望風奔潰. 密陽府使朴晉, 自東萊奔還, 欲阻鵲院隘路, 以禦之. 賊陷梁山, 至鵲院, 見有守兵, 從山後, 乘高蟻附, 散漫而至, 守隘者望之皆散. 晉馳還密陽, 縱火焚軍器倉庫, 棄城入山. 李玨奔還兵營, 先出其妾, 城中洶洶, 軍一夜四五驚. 玨乘曉, 亦脫身遁去, 衆軍大潰. 賊分道長驅, 連陷諸邑, 無一人敢拒者. 金海府使徐禮元閉門城守, 賊刈城外麥禾塡壕, 頃刻與城齊, 因踰城. 草溪郡守李某先遁, 禮元繼出, 城遂陷. 巡察使金睟, 初在晉州, 聞變, 馳向東萊, 至中路, 聞賊兵已近, 不能前, 還走右道, 不知所爲, 但檄列邑, 諭民避賊, 由是道內皆空, 愈不可爲矣. [6] 龍宮縣監禹伏龍, 領邑軍赴兵營, 食永川路邊. 有河陽軍數百, 屬防禦使, 向上道, 過其前, 伏龍怒軍士不下 (권1·11) 馬, 拘之責以欲叛. 河陽軍出兵使公文示之, 方自辨, 伏龍目其軍, 圍而殺之皆盡, 積尸滿野. 巡察使以功聞, 伏龍爲通政, 代鄭熙績爲安東府使. 後河陽人孤兒·寡妻, 每逢使臣之來, 遮馬首號冤, 伏龍有時名, 故無伸理者云.

현존 초본 『징비록』에서는 서문을 제외하면 여기부터 본문이 시작된다. 개전(開戰)을 전후한 조선 측의 상황에 대해서는 잘 알려져 있는 만큼, 여기서는 당시 일본 측의 상황과 논리를 설명하도록 한다.

당시, 조선을 복속시키고 다른 장군들과 마찬가지로 조선 국왕도 자신에게 직접 와서 항복의 뜻을 표할 것을 요구하는 도요토미 히데요시의 압박은 대단해서 쓰시마 측으로서는 이 요구를 피하기가 어려웠다. 그들로서는 히데요시 정권 내의 온건파인 고니시 유키나가나 이시다 미쓰나리와 접촉하면서 어떻게든 통신사의 파견 정도로 이를 무마시키려 했다. 쓰시마는 조선과 일본 사이의 중계무역으로 살아갈 뿐 아니라 왜관을 통해 직접 조선에서 지원받는 식량도 많았기 때문에, 전쟁으로 인해 이 모든 것이 무너지는 상황을 우려한 것이다. 물론 이것은 어디까지나 쓰시마의 사정이었고, 조선 조정이 이를 받아들일 이유는 없었다. 그처럼 난처한 상황에서 김성일이 대의를 논해서 자신을 비판하자, 겐소도 발끈하여 고려·원 연합군의 침략에 대한 보복 이야기를 꺼낸 것이다. 고니시 유키나가를 따라 전쟁에 종군한 승려 덴케이(天荊)의 종군기 『서정일기(西征日記)』에도, 김성일과 겐소 사이에 벌어진 대의 논쟁과 비슷한 응수가 실려 있다.

1592년 6월 2~3일 반쯤 맑음. 오시(午時)에 오토모 효에몬(大伴兵衛門)이 조선인의 글을 내게 보여 주었다. 글쓴이는 공자와 맹자의 말을 빌리고 오륜과 오상(五常), 형법을 논하고 있었다. 나는 즉시 붓을 들어 다음과 같이 썼다.

"군신·부자·부부·형제·장유(長幼)의 윤리, 인의예지의 도리, 예악형정

(禮樂刑政)의 법은 천지간 해와 달이 비치는 곳에서는 모두 아는 바이다. 그런데 네가 지금 이를 논함은 일본만이 이를 모른다고 생각하기 때문인가. 금수(禽獸)의 비유 또한 불손하도다. 천지개벽 이래 수억 수조 년 동안 어찌 공맹의 말을 기다린 이후에 이를 행할 것인가. 너의 뜻은 어떠한가. 다시 이를 타이른다." (덴케이, 『서정일기』)7

덴케이는 조선 측이 일본을 예의를 모르는 금수의 나라라고 비판하는 데 반감을 품고, 이 전쟁은 그런 윤리의 차원이 아니라고 반박한다.

한편, 쓰시마 측은 전쟁이 끝나자마자 조선과 일본 간의 국교 정상화를 위해 분주히 움직였으며, 이를 위해서는 양국의 국서를 위조하는 일조차 서슴지 않았다. 그러한 정황이 나중에 드러난 것이 야나가와 사건(柳川一件)으로, 여기에는 소 요시토시의 아들 소 요시나리(宗義成)와 야나가와 시게노부(柳川調信)의 손자 야나가와 시게오키(柳川調興) 간에 쓰시마 번의 주도권을 둘러싼 다툼도 개입되어 있었다. 아무튼, 쓰시마 측은 자신들이 임진왜란의 발발을 막기 위해 노력했으며, 전쟁 중에는 어쩔 수 없이 일본군의 선봉에 선 것이라고 강조했다. 쓰시마 사람이자 왜관에서 근무한 적이 있는 야마자키 히사나가(山崎尙長)의 『양국임진실기(兩國壬辰實記)』(후에 『조선정토시말기(朝鮮征討始末記)』라는 제목으로 간행됨)에서는 마지막까지 부산포에 와서 전쟁을 막아 보려 한 소 요시토시의 심정이 다음과 같이 상상된다.

강력한 일본군이 지금 조선을 공격한다면 며칠 지나지 않아서 한성은 물

9 4월 13일에 왜군이 국경을 넘어 부산포를 함락시키다   155

론이오, 평양·압록강까지 공격하여 들어갈 것이다. 그렇게 되면 조선은 망할 것임에 틀림없다. 이는 오랫동안의 우호 관계를 생각하여 보아도 차마 할 수 없는 일이다. 또한 일본에서도 반드시 일으켜야만 하는 전쟁이 아니다. 더욱이 평양·압록강까지 공격하는 것은 쉬워도, 다이코(太閤) 도요토미 히데요시의 야망이 꺾이지 않고 명나라와도 붙을 경우에는 그 전쟁이 얼마나 이어질지 알 수 없다. 그렇게 되면 일본의 사상자가 얼마나 될지도 알 수 없다. 평화를 이루려는 것은 두 나라를 위함이니, 이를 위해서라면 내가 바다를 건너는 수고도 꺼릴 수 없다. (중략)

요시토시가 또 직접 바다를 건너 변장(邊將)에게 큰일을 알리며 "지금 화의 요청을 받아들이지 않는다면 나중에 후회하여도 도리가 없습니다. 나는 오랫 동안의 우호 관계로 인하여 일부러 이렇게 와서 알리는 것입니다"라고 말하였다. 이를 나중에 조선이 깊이 감격하여, "일본은 하늘을 함께 할 수 없는 원수다"라고까지 생각하면서도 전쟁 후에 도쿠가와 이에야스의 명령에 따라 [양국의] 국교가 정상화된 것은, 소 요시토시가 거듭 바다를 건너 이 큰일[히데요시의 침략]을 알린 절절한 마음에 감격하였기 때문이라고 한다. (야마자키 하시나가, 『조선정토시말기』)[8]

한편, 『조선징비록』에는 '김해부사 서예원'이라는 구절 위에 "이때 김해성을 공격하여 함락시킨 것은 구로다 나가마사다"라는 주석이 달려 있다. 류성룡의 『징비록』에는 김해전투에 대한 언급이 소략하기 때문에, 『조선징비록』의 두주(頭註)를 작성한 사람이 굳이 동래성전투 대목에서 구로다 나가마사의 김해성 함락을 언급한 것으로 보인다. 뒤에 일본군의 평양성 함락 기사에서도 구로다 나가마사를 고니시 유키나가보다 먼저 언급하는 등, 두주를 집필한 사람은 구로다 나가마사에 대한 편애의 감정을 드러낸다. 이 두주를 단 사람은 아마도, 일본에서『징비록』을 저술 집필에 최초로 이용한 인물이자『조선징비록』에 서문을 붙인 가이바라 엣켄인 것 같다. 그는 구로다 가문이 지배하는 후쿠오카 번의 유학자로서, 구로다 가문의 사적인『구로다 가보』와『구로다 기략』등을 편찬하기도 하는 등 주군 가문의 행적을 선양하는 데 열심이었다.

마지막으로, 정당한 명령을 받아 이동 중이던 조선의 정규군을 용궁현감 우복룡이 반란군으로 몰아 죽였다는 내용이 지금까지 문제가 되는데, 이 기사의 끝에는 "……라 하더라(云)"라는 한 글자가 적혀 있어서 뉘앙스가 미묘하다.『조선왕조실록』에는 임진왜란 이후 우복룡에 대한 평가를 보여 주는 기사가 여럿 보이는데, 여기서는 우복룡에 대해 우호적인 기사와 비우호적인 기사 하나씩을 각각 소개한다.

홍주목사(洪州牧使) 우복룡은 백성을 부리고 백성을 구휼하는 데에 각각 조리(條理)가 있어서 일이 있을 경우 백성들이 기꺼이 달려오며 공무(公務)에 지성을 다하여 어려움을 피하지 않습니다. (중략) 복룡은 공무를 봉행하는 데 힘쓰고 백성을 구휼하는 것도 잘하였으니, 이것은 하기 어려운 것입니다. 이런 수령은 각별히 포장(褒獎)하여 다른 사람들을 권면시키소서.(『선조실록』)[9]

사간원이 아뢰기를, "성천부사(成川府使) 우복룡은 전일 용궁현감으로

9 4월 13일에 왜군이 국경을 넘어 부산포를 함락시키다   157

있으면서 임진년 변란 때에 죄 없는 사람을 많이 죽여 죄악이 가득 차고 원망이 쌓였는데 형벌을 면하였을 뿐만 아니라 오히려 관작을 보존하고 있어서 남방 사람들이 통탄하지 않는 이가 없고 심지어 전기(傳記)를 지어 그 죄악을 드러내는 경우까지 있습니다. 이러한 사람을 다시 목민관으로 삼을 수 없으니 파직을 명하소서" 하니, 임금께서는 체직시키라고 답하셨다. (『광해군일기』)[10]

류성룡이 전하는 우복룡과 하양 병사들의 관계에서 보이는 임진왜란 당시 조선군 내부의 갈등은, 함경도에서 활동한 의병장 정문부(鄭文孚)와 순찰사 윤탁연(尹卓然), 이순신과 원균, 그리고 임진왜란 직전에 일본으로 파견되었다가 귀국해서 정반대의 보고를 했다고 하는 김성일과 황윤길 등의 관계에서도 마찬가지로 제기되는 구도이다. 역해자는 류성룡이 전하는 우복룡 관련 기사의 진위 여부에 대해서는 단언할 수 없지만, 인물 간의 이러한 대립 구도가 당대보다는 시간이 지나면서 점점 더 극적으로 그려진다는 사실은 지적할 수 있을 것 같다.

일본의 경우에는 도요토미 히데요시의 두 정실 부인인 기타노 만도코로(北政所)와 요도기미(淀君), 그리고 임진왜란 당시 사사건건 대립했고 결국 1600년에 생사를 걸고 싸우게 되는(세키가하라전투) 이시다 미쓰나리 및 고니시 유키나가 대(對) 가토 기요마사 사이의 관계가 이에 해당한다. 히데요시의 두 부인 간 갈등은 조선 숙종 시대에 전개된 인현왕후와 장희빈의 갈등 관계를 연상하면 이해하기 쉽다. 당대부터 오늘날에 이르기까지 일본 내의 여론은 대체로 첫 부인인 기타노 만도코로에게 호의적이고, 히데요시의 아들인 도요토미 히데요리를 낳은 요도기미에게 부정적이다. 두 부인에 대한 근세 일본인들의 전형적인 감정을 보여 주는 것으로서 『에혼 다이코기』의 문장을 인용한다.

> 만도코로에게는 독실한 총명함이 있고 요도도노(淀殿: 요도기미)에게는 허혜(虛慧)의 지혜가 있다. 만약 만도코로를 폐하여 요도도노 한 사람에게 마음껏 위세를 떨치게 한다면, [요도도노는] 당나라의 측천황후나 우리나라의 비구니 쇼군 호조 마사코(北條政子)보다도 훨씬 심하게 될 간녕한 재능을 지녔다. (『에혼 다이코기』)[11]

한국에서 인현왕후가 인고(忍苦)의 상징이고 장희빈이 표독함과 분란의 상징인 것처럼, 1598년에 도요토미 히데요시가 병에 걸려 쓰러지자 기타노 만도코로는 남편과 일본국의 안녕을 생각해서 자신을 숨기고 인내했지만, 요도기미는 남편 사후에 자신이 살아남을 길을 모색하느라 정신이 없었던 것으로 그려진다.

> 이번에 다이코 도요토미 히데요시의 병세가 점점 악화되자 요도도노께서는 더더욱 질투가 강해지시고 때때로 이상한 행동도 취하신다는 소문이 비밀히 들려오니, 기타노 만도코로 님께서는 암탉이 울면 집안이 망한다고 한 『서경』의 말도 떠오르셔서, "나와 요도기미가 위세를 다투면 천하

의 제후들이 그 틈을 타서 역심을 품고 반란을 일으켜 끝내 큰 난리로 이어지면, 다이코 님의 공업(功業)도 헛되이 되고 백성들은 또다시 도탄에 빠질 것이라고 생각하셨다. (중략)" 암탉이 운다는 악명을 벗으신 것이야말로 고마우신 재녀의 모습이라 할 것이다. (『에혼 다이코기』)[12]

그런데 기타노 만도코로와 요도기미는 각각 가토 기요마사와 고니시 유키나가를 후원하고 있었기 때문에 두 여성의 갈등은 임진왜란 당시 가토와 고니시의 갈등으로 이어졌고, 그것이 결국 조선 침략의 실패로 이어졌다는 것이다.

여기에 일설이 있다. 일본군의 선봉장 고니시 유키나가와 가토 기요마사는 늘 사이가 좋지 않았다. 그 이유를 찾자면, 앞서 기록하였듯이 기타노 만도코로는 가토 기요마사의 배후에 계셨고 요도기미는 고니시 유키나가에 가담하셨다. 이들은 두 장군이 조선으로 건너간 뒤에도 은밀히 별도의 사절을 보내셨는데, 요도기미로부터는 "이번 전쟁에서 공훈이 가토보다 못하면 나까지도 다이코 도요토미 히데요시께 면목이 없게 되니, 다른 자를 뛰어넘는 명성을 세우기 바란다"라는 연락이 고니시 유키나가에게 갔고, 가토 기요마사도 만도코로로부터 "고니시에게 공을 빼앗기면 이제까지의 무공과 용맹이 헛되이 되어 그대는 설 곳이 없게 될 것이다. 특히 그 나라의 인민도 어여삐 여기고, 인의롭게 행동하여 온전한 명성을 드러내시라"라는 연락을 받았으니, 두 장군은 각기 서로의 공을 질투하고 군 내부가 화합하지 못하였다. 그런즉, 온전한 승리를 잃은 근원은 '곤중

(閨の中)'에서 시작되어 재앙이 해외 타국에 미친 것이니 어쩔 수 없는 일이었다. (『에혼 다이코기』)[13]

역사적 인물로서 실제로 그들 간의 관계가 어떠했는지, 또는 문제가 되는 특정한 사건이 정말로 있었는지의 여부와는 별개로, 조선에서든 일본에서든 경쟁 관계에 있던 이들 사이의 갈등은 후대가 될수록 더욱더 극적으로 그려지게 되며 한쪽은 선하고 한쪽은 악하다는 식의 선악구도가 굳어진다. 인간에게는 이러한 심리 현상이 보편적으로 존재한다는 것을 염두에 두고 역사적 인물들 간의 관계를 통시적으로 살펴볼 필요가 있다.

10

4월 17일 이른 아침에 처음으로 변경의 보고가 조정에 도착하다

4월 17일 이른 아침에 처음으로 변경의 보고가 조정에 도착하였는데 좌수사 박홍(朴泓)의 장계(狀啓)였다. 대신들과 비변사는 빈청(賓廳)[1]에 모여 임금을 뵙기를 청하였지만 허락받지 못하였다. 이에 곧 글을 올려, 이일을 순변사에 임명하여 중로(中路)로 내려보내고 성응길(成應吉)을 좌방어사(左防禦使)에 임명하여 좌도(左道)로 내려보내고 조경(趙儆)을 우방어사(右防禦使)에 임명하여 서로(西路)로 내려보내고, 유극량(劉克良)을 조방장(助防將)에 임명하여 죽령(竹嶺)을 지키게 하고 변기(邊璣)를 조방장으로 삼아 조령(鳥嶺)을 지키게 하였다. 경주부윤(慶州府尹) 윤이함(尹仁涵)은 유신(儒臣)으로서 겁이 많은지라 전 강계부사(江界府使) 변응성(邊應星)을 경주부윤에 임명하여, 이들이 각기 스스로 군관을 뽑아 데리고 가게 하였다.

　갑자기 부산이 함락되었다는 소식이 또 들어왔다. 이때 부산은 적에게 포위되어 사람이 성 안팎을 통행할 수 없었으며, 박홍의 장계에는 "높은 곳에 올라 바라보니 성안에 붉은 깃발이 가득하였으므로, 이로써 성이 함락되었다는 것을 알았습니다"라고 쓰여 있었다.

　이일은 한양의 정예병 3백 명을 데리고 가려고 병조(兵曹)에서 군인 선발 명부(選兵案)를 받아 본 바, 여염집과 시중의 훈련받지 않은 병사(白徒), 서리(胥吏), 유생(儒生)이 태반이었다. 임시로 이들을 점검하니, 유생들은 모두 관복을 갖추고 과거용 시험지(試卷)을 들고 있었고, 서리들은 투구 대신 평소에 쓰던 두건(平頂巾)을 하고 있었다. 병역을 면제받고자 하는 사람들이 뜰에 가득하였다. 보낼 만한 자가 없었기에 이일은 임금의 명령을 받은 지 사흘이 되도록 출발하지 못하고 있었다. 이에 하는 수 없이 이일에게 먼저 출발하록 명령하고 별장(別將) 유옥(兪沃)에게 군대를 이끌고 그를 뒤따라 가도록 하였다.

　나는 병조판서 홍여순(洪汝諄)이 자신의 임무를 수행할 수 없고 병사들의 원망이 크므로 바꾸어야 한다고 아뢰었으며, 이에 김응남(金應南)이 홍여순을 대신하여 병조판서가 되었고 심충겸(沈忠謙)이 병조참판이 되었다. 다시 대간(臺諫)이, 대신(大臣)을 체찰사로 삼아서 여러 장군들을 점검하고 독려하여야 한다고 아뢰었다. 대신 이산해가 나에게 이 임무를 맡게 하였고, 나는 김응남을 부체찰사로 삼겠다고 청하였다. 전 의주목사 김여물(金汝岉)은 무략(武略)이 있었는데 당시 사건에 연루되어 감옥에 있었다. 이에 나는 김여물로 하여금 그 죄 대신에 스스로 나를 따라오게 할 수 있도록 해 달라 청하였고, 비장(裨將) 임무를 맡을 만한 무사를 모집하여 팔십여 명을 얻었다.

조금 뒤에 급한 보고가 잇달아 들어왔는데, 듣자 하니 적의 선봉이 이미 밀양과 대구를 지나 장차 조령 아래에 다가오고 있다는 내용이었다. 내가 김응남과 신립에게 "왜구가 깊숙이 들어와서 상황이 이미 위급하니 장차 어찌하면 좋겠습니까?"라고 하니, 신립은 "체찰사께서 내려가신다 하여도 체찰사는 전쟁을 아는 장군이 아니십니다. 이일의 군대는 전방에 고립되어 있고 후원 부대는 없습니다. 어찌 한 명의 용맹한 장군을 밤새 내려보내 이일과 호응하여 적을 막도록 하지 않으십니까?"라고 말하였다. 신립의 뜻을 살펴보니 자기가 내려가서 이일을 돕고자 하는 것이었기에, 나는 김응남과 함께 임금을 뵙고 신립이 말한 대로 아뢰었다. 이에 임금께서 신립을 불러 그 뜻을 물으시고는 마침내 신립을 도순변사(都巡邊使)에 임명하셨다.

신립은 대궐문 밖에 나와 스스로 병사를 모집하였지만 신립을 따르고자 하는 사람이 없었다. 이때 나는 중추부(中樞府)에서 길 떠날 준비를 하고 있었는데, 내가 있는 곳에 온 신립은 내 소집에 응하여 모인 병사들이 뜰 안에 가득한 것을 보고는 매우 화난 기색을 드러냈다. 그러고는 병조판서 김응남을 가리키며 나에게 "김 공(公)과 같은 분을 대감께서 데리고 가 보셔야 무슨 소용이 있겠습니까? 원컨대 소인이 대감의 부사(副使)가 되어 따르고자 합니다"라고 말하였다. 병사들이 자기를 따르지 않자 신립이 화낸다는 것을 안 나는 웃으면서 "이 모두 나랏일이오. 어찌 피아를 구분하겠습니까? 공은 갈 길이 급하니 내가 얻은 군관들을 먼저 데리고 가시오. 나는 따로 소집하여 따라가겠소"라고 하고는 군관들의 이름이 적힌 문서(軍官單子)를 건네주었다. 이에 신립은 뜰 아래 모인 병사들을 돌아보며 "와라!"라고 말하고는 그들을 데리고 출발하였다. 병사들은 모두 크게 낙심하면서 떠났다. 김여물도 함께 떠났는데 마음으로는 매우 내키지 않아 하는 기색이었다.

바야흐로 신립이 출발할 때가 되어 임금께서 그를 접견하시고는 보검(寶劍)을 내리시며 "이일 이하의 장군들 가운데 그대의 명령을 따르지 않는 자는 이 칼로 벨지어다"라고 하셨다. 신립이 어전을 물러나 빈청에 들러 대신들을 만난 뒤에 바야흐로 계단을 내려가는데, 머리에 쓰고 있던 사모(紗帽)가 갑자기 땅에 떨어지니 이를 본 사람들이 모두 놀라서 얼굴빛이 바뀌었다. [신립이] 용인에 도착하여 보낸 장계에 자신의 이름을 적지 않았으니, 사람들은 혹시 그의 마음이 어지러운 것은 아닌지 의심하였다.

十七日早朝, 邊報始至, 乃左水使朴泓狀啓也. 大臣·備邊司會賓廳, 請對, 不許, 卽啓請, 以李鎰爲巡邊使, 下中路, 成應吉爲左防禦使, 下左道, 趙儆爲右防禦使, 下西路, 劉克良爲助防將, 守竹嶺, 邊璣爲助防將, 守鳥嶺, 以慶州府尹尹仁涵儒臣懦怯, 起復前江界府使邊應星, 爲慶州府尹, 皆令自擇軍官以去. 俄而, 釜山陷報又至, 時釜山受圍, 人不能通. 泓狀啓但云: "登高以望, 赤旗滿城中, 以此知城陷." 李鎰欲率京中精兵三百名去, 取兵曹選兵案視之, 皆閭閻市井白徒·胥吏·儒生居半. 臨時點閱, 儒生具冠服, 持試卷, 吏戴平項巾, 自愬求免者充滿於庭, 無可遣者, 鎰受命三日不發. 不得已令鎰先行, 使

別將俞沃隨後領去. 余啓:"兵曹判書洪汝諄, 不能治任, 且軍士多怨, 可遞." 於是, 金應南代爲判書, 沈忠謙爲參判. 臺諫啓請:"宜使大臣爲體察使, 檢督諸將." 首相以余應命, 余請以金應南爲副. 以前義州牧使金汝岉有武略. 時汝岉坐事繫獄, 啓請:"貸罪自隨." 募武士可堪裨將者, 得八十餘人. 旣而, 急報絡 (권1·12) 繹, 聞賊鋒已過密陽·大丘, 將近嶺下. 余謂應南及申砬曰:"寇深, 事已急矣, 將若之何?" 砬曰:"體察使雖下去, 非戰將. 鎰以孤軍在前, 而無後繼,² 何不使一³ 猛將星馳⁴ 下去,⁵ 爲鎰策應耶?" 觀砬意, 欲自行援鎰. 余與應南請對, 啓如砬言, 上卽召申砬問之, 遂以砬爲都巡邊使. 砬出闕門外, 自行招募, 武士無願從者. 時余在中樞府治行事, 砬至余所, 見階庭間應募者簇立, 色甚怒, 指金判書, 謂余曰:"如此公者, 大鑑⁶ 帶去安用? 小人願爲副使而去." 余知砬怒武士不從己, 笑曰:"同是國事. 何分彼此? 令公⁷ 旣行急. 吾所得軍官, 可先帶行. 吾當別募隨行." 因以軍官單子授之. 砬遂回顧庭中武士曰:"來." 乃引之而出, 諸人皆憮然而去. 金汝岉亦同去, 意甚不樂. 砬臨行, 上引見, 賜寶劍曰:"李鎰以下, 不用命者, 用此劍." 砬辭出, 又詣賓廳, 見大臣, 將下階, 頭上紗帽忽落在地上, 見者失色. 到龍仁, 啓事狀中, 不署其名, 人或疑其心亂.

『징비록』의 미덕 가운데 하나는, 저자 류성룡이 성인군자보다는 한 명의 살아 있는 인간으로 다가온다는 점이다. 본문과 같이 신립과 자신을 비교하면서 류성룡이 은근히 자기를 부각하는 대목이 바로 그렇다.

『징비록』이 단순히 7년 전쟁의 참혹함만을 전하는 책이 아니라, 류성룡이라는 인간의 좋은 점과 부족한 점, 울음과 웃음을 모두 전하는 자서전이자 회고록임을 이런 부분에서 실감할 수 있다.

한편, 이 기사에는 16권본과 2권본 간에 비교적 큰 차이가 보이는 구절이 포함되어 있다. 아래 대목을 보면, 첫 번째 문장과 두 번째 문장이 뒤바뀌어 있고 세 번째 문장에서는 몇 글자의 출입이 발생했음이 확인된다.

『16권본』"이일의 군대는 전방에 고립되어 있고 후원 부대는 없습니다. 체찰사께서 내려가신다 하여도 체찰사는 전쟁을 아는 장군이 아니십니다. 어찌 용맹한 장군을 먼저 밤새 내려가게 하시어 이일과 호응하여 적을 막도록 하지 않으십니까?"[8]

『2권본』"체찰사께서 내려가신다 하여도 체찰사는 전쟁을 아는 장군이 아니십니다. 이일의 군대는 전방에 고립되어 있고 후원 부대는 없습니다. 어찌 한 명의 용맹한 장군을 밤새 내려보내 이일과 호응하여 적을 막도록 하지 않으십니까?"[9]

이러한 차이가 16권본과 2권본 사이의 근본적인 변화를 초래하는 것은 아니다. 그러나 한자(漢字) 한 글자에서 시작해서 이와 같은 구절의 차이, 권(卷)·장(章)의 구분 방식에 이르기까지, 이번 역해본에서 교감 대상에 포함시킨 『이칭일본전』본과 『조선징비록』까지 고려하면 각 판본

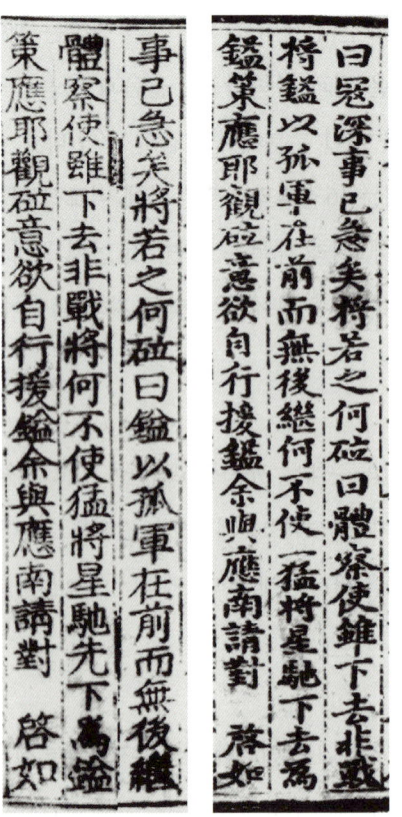

16권본 『징비록』(왼쪽)과
2권본 『징비록』(오른쪽) 간에 차이가 나는 부분.

간의 차이는 결코 무시할 수 없는 수준이라는 사실 역시 분명하다. 초본 『징비록』에서 16권본과 2권본을 거쳐 일본판 『조선징비록』에 이르는 『징비록』의 문헌적 변천 과정에서 각 시대, 각 지역의 독자가 어떤 『징비록』을 읽었고 또 어떤 것을 느꼈는지를 섬세하게 구분해 내기 위해서는 이와 같은 문헌학적 고찰이 필요하다.

11

경상우병사 김성일을 체포하여 하옥시키려 하였지만, 그가 체포되어 오는 도중에 그의 죄를 용서하고 도리어 초유사로 임명하다

    경상우병사(慶尙右兵使) 김성일(金誠一)을 체포하여 하옥(下獄)시키려 하였지만,[1] 그가 체포되어 오는 도중에 그의 죄를 용서하고 도리어 [그를] 초유사(招諭使)로 임명하였다. 함안군수(咸安郡守) 유숭인(柳崇仁)을 병사로 삼았다.
    처음에 김성일은 상주에 도착하였다가 적이 이미 국경을 침범하였다는 말을 듣고는 밤낮없이 달려 본영(本營)에 이르렀다. 그 도중에 조대곤과 만나 경상우병사의 인절(印節)[2]을 교환하였다. 그때 적군은 이미 김해를 함락시키고 부대를 나누어서 경상우도 각지의 고을을 약탈하고 있었다. 김성일이 가다가 이들과 맞닥뜨리니 그의 부하 장병들은 달아나려 하였다. 그러자 김성일은 말에서 내려 호상(胡床)[3]에 걸터

앉아 움직이지 않으면서 군관(軍官) 이종인(李宗仁)을 불러 "너는 용사이니 적을 보고 먼저 달아나면 안 된다"라고 말하였다. 그때 금가면(金假面)을 쓴 적군 하나가 칼을 휘두르며 돌진하여 오자 이종인은 말 타고 달려 나가 화살 한 발을 쏴서 그 적군을 쓰러뜨렸다. 이를 본 적들은 뒷걸음질쳐 달아났으며 감히 이종인 쪽으로 나아오지 못하였다.

김성일은 흩어진 병사들을 불러 모으고 각 군현(郡縣)에 격문을 보내, 서로 연계하여 적을 막으려는 계책을 실행하려 하였다. 그런데 임금께서, 김성일이 전에 일본에 사신 갔다 와서는 "적이 쉽사리 오지 못할 것이다"라고 말한 바람에 인심을 해이하게 하고 나랏일을 그르쳤다는 이유로 의금부도사(義禁府都事)를 파견해서 그를 체포하여 오라고 명하셨었으므로 사태가 어떻게 될지 예측할 수 없었다.

감사(監司) 김수(金睟)는 김성일이 체포된다는 말을 듣고 길 위에서 만나 작별을 고하였다. 김성일은 언사와 안색이 강개하고 자기 일에 대하여는 한마디도 없이 오로지 온 힘을 다하여 적을 토벌하라고 김수를 격려할 뿐이었다. 이 모습을 본 하자용(河自溶)이라는 늙은 아전은 "자기 자신의 죽음을 걱정하지 않고 오직 나랏일만을 걱정하니 참된 충신이구나!"라고 감탄하였다.

김성일이 직산(稷山)에 이르렀을 때 임금께서 노여움이 풀리고, 또한 김성일이 경상도 사민(士民)의 민심을 얻은 것을 알았다. 그래서 그의 죄를 사하고 [그를] 경상우도 초유사로 삼아, 경상도 내의 인민들에게 훈계하여 군사를 일으키도록 하였다. 그때 유숭인은 전공(戰功)이 있었기에 여러 단계를 뛰어넘어 승진하여 병사(兵使)가 되었다.

逮慶尙右兵使金誠一下獄. 未至, 還以爲招諭使, 以咸安郡守柳崇仁爲兵使. 初誠一到尙州, 聞賊已犯境, 晝夜馳赴本營, 遇曺大坤於路中, 交印節. 時賊已陷金海, 分掠右道諸邑, 誠一進與賊遇, 將士欲走. 誠一下馬, 踞胡床不動, 呼軍官李宗仁曰: "汝勇士也. 不可⁴見賊先退." 有一賊, 着金假面, 揮刀突進, 宗仁馳馬⁵而出, 一箭迎射殪之, 諸賊却走, 不敢前. 誠一收召離散, 移檄郡縣, 以爲 (권1·13) 牽綴之計, 上以誠一前使日本, 言"賊未易至"解人心, 誤國事, 命遣義禁府都事拿來, 事將不測. 監司金晬聞誠一被逮, 出別於路上, 誠一辭氣慷慨, 無一語及己事, 惟勉晬以盡力討賊, 老吏河自溶歎曰: "己死之不恤, 而惟國事是憂, 眞忠臣也!" 誠一行至稷山, 上怒霽, 且知誠一得本道士民心, 命赦其罪, 爲右道招諭使, 使諭道內人民, 起兵討賊. 時柳崇仁有戰功, 故超拜兵使.

※

초본『징비록』과 간행본을 비교하면 간행본에는,

길 위에서 만나 작별을 고하였다. 김성일의 말은 의기(意氣)가 북받치고, 자기 일에 대하여서는 한마디도 없이 오로지 온 힘을 다하여 적을 토벌하라고 김수를 격려할 뿐이었다. 이 모습을 본 하자용이라는 이름의 늙은 아전은 "자기 자신의 죽음을 걱정하지 않고 오직 나랏일만을 걱정하니 참된 충신이구나!"라고 감탄하였다.⁶

라는 부분이 추가되어 있다. 이 부분을 추가함으로써 류성룡은 국가에 대한 김성일의 충심을 강조한다. 임진왜란 직전의 통신사행을 다녀온 김성일이 전쟁의 우려가 없다는 보고를 해서 임진왜란이 일어났다는 식의 비판을 흔히 접한다. 그러나 이 역해본에서 강조하고 있듯이 당시의 국제 정세는, 설사 통신사 일행이 한목소리로 일본의 침략을 경고했다고 해서 조선 측이 저지할 수 있는 상황이 아니었다고 하는 편이 맞을 것이다. 그리고 결국 전쟁이 발발하자 김성일은 전방에서 활약하다가 사망했으니, 자신의 사명을 다했다고 하는 것이 좀 더 공평한 평가가 아닐지.

역사의 흐름을 한 사람이 바꿀 수 있다는 믿음은 일종의 영웅사관이고, 니콜로 마키아벨리(Niccolò Machiavelli)의 『군주론(Il Principe)』(1532)이나 토머스 칼라일(Thomas Carlyle)의 『영웅숭배론(On Heroes, Hero-Worship and the Heroic in History)』(1841)과 같은 책을 읽다 보면 정말로 영웅이 역사를 주도하고 있는 듯한 느낌이 들지 않는 것도 아니다. 하지만 역사가 정말 그런 식으로 움직이는 것인지는 잘 모르겠다. 우리의 상황을 극적으로 바꾸어 줄 영웅을 기다리는 영웅대망론은, 역사 속에서 묵묵히 움직이는 수많은 사람들에 대한 공정한 평가를 불가능하게 하는 것 같다. 그것은, 한 사람이 역사를 망쳤다고 하는 주장 역시 마찬가지이다. 한 사람을 역적으로 몰아붙임으로써, 정말 책임을 져야 할 사람들이 역사의 그늘로 숨어 버리는 경우도 많은 것 같다.

12

첨지 김륵을 경상좌도 안집사로 임명하다

첨지 김륵(金玏)을 경상좌도 안집사(安集使)로 임명하였다.
그때 감사 김수는 경상우도에 있었고 적병이 가운데 길을 가로질러 꿰뚫고 다녔기에 경상좌도와 서로 소식이 통하지 않았다. 고을 수령들이 모두 관직을 버리고 달아난지라 민심이 흩어졌다. 이를 들은 조정은 김륵이 영천(榮川) 사람이어서 경상도 백성의 사정을 자세히 알 것이기에 쉽게 사람들을 모을 수 있을 것이라며 그를 파견하였다.
김륵이 경상좌도에 도착하니 그곳의 주민들은 처음으로 조정의 명령을 듣고 조금씩 모였다. 영천·풍기(豊基) 두 고을에는 다행히도 적이 오지 않았기에 의병이 많이 일어났다고 한다.

以僉知金玏爲慶尙左道安集使. 時監司金睟在右道, 而賊兵橫貫中路, 與左道聲聞不通. 守令皆棄官逃走, 民心解散. 朝廷聞之, 以金玏榮川人, 詳知本道民情, 可以安集, 故白遣之. 玏旣至, 左道之民, 始聞朝廷之令, 稍稍還集. 榮川·豊基二邑, 賊幸不至, 而義兵頗起云.

13

적이 상주를 함락시키고
순변사 이일의 부대가 패하다

적이 상주를 함락시키고 순변사 이일(李鎰)의 부대가 패하였다. 이일은 달아나 충주로 돌아왔다.

처음에 경상도 순찰사 김수가 적의 침공 소식을 듣고는 즉각 제승방략(制勝方略)의 분군법(分軍法)에 의거하여 여러 고을에 통지하니, 각기 소속 부대를 이끌고 미리 정해진 장소로 모여 한양의 장군이 도착하기를 기다리고 있었다.

문경(聞慶) 이하 남쪽의 각 수령들은 모두 군대를 이끌고 대구로 향하여 강가에서 노숙하면서 순변사를 기다린 지 이미 며칠이 지났다. 그러나 순변사는 아직 도착하지 않았는데 적이 점점 다가오니 여러 병사들은 자연히 서로 놀랐고, 때마침 내린 큰비에 옷과 장비가 모두 젖고 식량도 이어서 도착하지 않았기 때문에 병사들은 밤중에 모두 달아났고 수령들도 제각기 말 타고 달아나 돌아갔다.

순변사가 문경에 들어갔지만 고을은 이미 텅 비어서 한 사람도 보이지 않은 터라, 그는 직접 창고의 곡식을 꺼내어 자기가 이끌고 있던 병사들을 먹인 뒤에 함창(咸昌)을 지나 상주(尙州)에 이르렀다. 목사(牧使) 김해(金澥)는 출참(出站)¹에서 순변사를 기다리겠다는 핑계를 대고는 산속으로 달아나 버렸고, 판관 권길(權吉)만이 고을을 지키고 있었다. 이일은 자신이 지휘를 하기로 되어 있는 병사들이 모여 있지 않다는 이유로 권길을 문책하고 그를 뜰로 끌어내어 목을 베려 하였다. 그러자 권길은 자기가 직접 나가서 병사들을 불러 모으겠다고 애원하고는, 밤새 마을을 수색하여 이튿날 아침까지 수백 명을 얻어 데려왔으나 그들은 모두 농민이었다. 이일이 상주에 하루 머물면서 창고를 열고 곡식을 꺼내 흩어져 있던 백성들을 유인하여 내니, 백성들이 산골짜기에서 하나둘 나온 것이 또 수백여 명이었다. 그러나 급작스레 사람을 모아 군대를 편성한 것이었기에 전투를 치를 만한 사람은 한 명도 없었다.

그때 적은 이미 선산(善山)에 이르러 있었다. 저녁 무렵에 개녕현(開寧縣) 사람이 와서 적이 가까이에 있다고 알렸는데, 이일은 그 첩보가 사람들의 마음을 어지럽힌다면서 개녕 사람의 목을 베려 하였다. 그 사람은 "원컨대 저를 잠시 옥에 넣어 두었다가 내일 아침까지 적이 오지 않으면 그때 죽여도 늦지 않을 것입니다"라고 호소하였다. 이날 밤에 적은 상주에서 2십 리 떨어진 장천(長川)에 주둔하였는데 이일의 부대에는 척후병이 없었기 때문에 적이 왔다는 사실을 알지 못하였다. 이튿날 아침 이일은 여전히 적이 오지 않았다면서 개녕 사람을 감옥에서 꺼내어 목 베고 이를 여러 사람들에게 돌려 보였다.

이내 현지에서 확보한 민군(民軍)과 자신이 한양에서 데려온 병사를 합쳐서 겨우 8, 9백 명이었다. 상주 북천(北川)에서 이들을 훈련시키며 산에 진을 치고 진 안에는 대장기(大將旗)를 세웠다. 이일은 갑옷을 입고 말을 타고 큰 깃발 아래에 있었고, 종사관(從事官) 윤섬(尹暹)·박지(朴篪), 판관 권길, 사근찰방(沙斤察訪) 김종무(金宗武) 등은 모두 말에서 내려 이일이 탄 말의 뒤쪽에 있었다. 얼마 뒤에 몇 사람이 숲 속에서 나와 배회하면서 이쪽을 바라보다가 돌아갔다. 사람들은 이들이 적의 척후병이 아닐까 의심하였지만 개녕 사람의 일 때문에 감히 이를 보고하지 못하였다.

얼마 뒤에 성을 바라보니 곳곳에서 연기가 피어나고 있었다. 이일은 비로소 군관 한 명을 탐색 보냈다. 군관은 말을 타고 두 역졸이 고삐를 잡고 천천히 가고 있었는데, 왜병이 앞서 다리 아래에 매복하여 있다가 조총으로 군관을 쏴 말에서 떨어뜨리고는 목을 베어 돌아가니, 이 광경을 본 아군은 싸울 의지를 잃었다.

잠시 후에 적의 대군이 이르러 조총 십여 정으로 쏘아 대니 사람들은 총알에 맞는 즉시 쓰러졌다. 이일은 급히 병사들을 불러 활을 쏘게 하였지만 화살은 수십 보 날아가서 떨어질 뿐이었으므로 적에게 부상을 입히지 못하였다. 적은 이미 좌우익으로 부대를 나누어서는 깃발을 들고 아군의 뒤를 포위하며 접근하였다. 이일은 사태가 긴급함을 알고는 급히 말을 돌려 북쪽을 향하여 달아나니, 아군은 크게 혼란에 빠져 병사들은 각기 살아남으려고 달아났다. 그러나 그곳을 벗어날 수 있었던 사람은 얼마 되지 않고, 종사관 이하 말을 타지 못한 사람들은 모두 적에게 살해되었다.

적군이 급히 이일을 추격하니 이일은 말을 버리고 옷을 벗어 던지고 머리칼을 풀어 헤치고 알몸으로 달아났다. 문경에 이르러 종이와 붓을 찾아 패전하였다는 보고를 급히 올린 뒤, 후퇴하여서는 조령(鳥嶺)을 지키려 하다가 신립이 충주에 있다는 이야기를 듣고는 마침내 충주로 달아났다.

賊陷尙州, 巡邊使李鎰, 兵敗奔還忠州. 初慶尙道巡察使金睟聞賊變, 卽依方略分軍, 移文列邑, 各率所屬, 屯聚信地, 以待京將之至. 聞慶以下守令, 皆引其軍, 赴大丘, 露次川邊, 待巡邊使旣數日, 巡邊使未及來, 而賊漸近, 衆軍自相驚動, 會大雨, 衣裝沾濕, 糧餉不繼, 夜中皆潰散, 守令悉以單騎奔還. 巡邊使入聞慶, 縣中已空, 不見一人, 自發倉穀, 餉所率人, 而過歷咸昌, 至尙州. 牧使金澥託, 以支待巡邊使于出站, 遁入山中, 獨判官權吉守邑. 鎰以無兵責吉, 曳之庭, 欲斬之, 吉哀告願自出招呼, 達夜搜索村落間, 詰朝得數百人以至, 皆農民也. 鎰 (권1·14) 留尙州一日, 發倉開糶, 誘出散民, 從山谷中介介而來, 又數百餘人. 倉卒編伍爲軍, 無一堪戰者. 時賊已至善山, 暮有開寧縣人來報賊近, 鎰以爲惑衆, 將斬之. 其人呼曰: "願姑囚我. 明早賊未至, 死未晚也." 是夜賊兵屯長川, 拒[2]尙州二十里, 而鎰軍無斥候, 故賊來不知. 翌朝, 鎰猶爲[3]無賊, 出開寧人於獄, 斬以徇衆. 因率所得民軍, 合京來將士僅八九百, 習陣于州北川邊, 依山爲陣, 陣中立大將旗, 鎰被甲, 立馬大旗下, 從

事官尹暹·朴篪及判官權吉·沙斤察訪金宗武等, 皆下馬, 在鎰馬後. 有頃, 有
數人, 從林木間出, 徘徊眺望而回, 衆疑爲賊候, 而懲開寧人, 不敢告. 旣又望
見城中數處烟起, 鎰始使軍官一人往探, 軍官跨馬, 二驛卒執鞚, 緩緩去, 倭
先伏橋下, 以鳥銃中軍官墜馬, 斬首而去, 我軍望見奪氣. 俄而, 賊大至, 以鳥
銃十餘衝之, 中者卽斃. 鎰急呼軍人發射, 矢數十步輒墮, 不能傷賊, 賊已分出
左右翼, 持旗幟繞軍後, 圍抱而來. 鎰知事急, 撥回馬向北走, 軍大亂, 各自逃
命, 得脫者無幾, 從事以下, 未及上馬者, 悉爲賊所害. 賊追鎰急, 鎰棄馬脫衣
服, 披髮赤體而走, 到聞慶, 索紙筆, 馳啓敗狀, 欲退守鳥嶺, 聞申砬在忠州,
遂趨忠州.

　류성룡은 본문에서 일본군이 접근한다는 개녕 사람의 정보를 헛소문
이라고 하며 이일이 죽여 버렸다고 적고, 이일이 척후병을 세우지 않았
음을 비판한다. 류성룡은 『서애선생문집』 권14 「전수기의 십조(戰守機宜
十條)」의 '척후(斥候)' 항목에서도 이일의 사례를 들면서 척후병의 중요성
을 강조하고 있다. 류성룡의 이러한 비판은 물론 병학(兵學)적으로 올바
르지만, 파죽지세로 북상하는 일본군에 대응할 병력을 갖추지 못한 이
일의 당시 심정도 이해되지 않는 바는 아니다. 이순신도 왜군이 온다고
헛소문을 퍼뜨리는 사람을 목 베어 효시함으로써 인심을 안정시킨 적
이 있는 것처럼,[4] 당시 장군들의 인식을 고려하면 이일의 조치가 특별히
가혹한 것이었다고는 하기 어려울 듯하다. 오히려 류성룡이 여기서 정

말로 비판하고 싶었던 것은, 한양에서 내려온 장군에게 현지의 군대를 이끌게끔 하는 제승방략 체제의 비효율성이었을 터이다. 간행본『징비록』에서는 개전(開戰) 이전 기사에 포함되어 있는 류성룡의 제승방략 비판이 초본에서는 여기에 자리하고 있다는 사실에서도 이를 짐작할 수 있다.

한편 본문에서,

> 저녁 무렵에 개녕현 사람이 와서 적이 가까이에 있다고 알렸는데, 이일은 그 첩보가 사람들의 마음을 어지럽힌다면서 개녕 사람의 목을 베려 하였다. 그 사람은 "원컨대 저를 잠시 옥에 넣어 두었다가 내일 아침까지 적이 오지 않으면 그때 죽여도 늦지 않을 것입니다"라고 호소하였다. 이날 밤에 적은 상주에서 2십 리 떨어진 장천에 주둔하였는데 이일의 부대에는 척후병이 없었기 때문에 적이 왔다는 사실을 알지 못하였다. 이튿날 아침 이일은 여전히 적이 오지 않았다면서 개녕 사람을 감옥에서 꺼내어 목 베고 이를 여러 사람들에게 돌려 보였다.[5]

라고 되어 있는 부분에 해당하는 초본『징비록』을 보면, 개녕 사람의 호소하는 말 바로 뒤에

> 이일이 이 말을 듣지 않고 마침내 목 베고 이를 돌려보였다.[6]

라는 구절이 나오고 여기에 줄을 그어 구절을 삭제한 흔적이 보인다.

그리고 "이날 밤에 적병은 상주에서 2십 리 떨어진 장천에 주둔하였다"
라는 구절 뒤에,

적이 없다면서 개녕 사람을 옥에서 꺼내어 목 베었다.[7]

라는 구절을 추가하라는 표기가 되어 있다. 그리하여 이와 같은 퇴고를
거친 초본『징비록』의 해당 구절은 간행본의 본문과 유사하게,

개녕현 사람이 와서 적이 가까이에 있다고 알렸는데, 이일은 그 첩보가
사람들의 마음을 어지럽힌다면서 개녕 사람의 목을 베려 하였다. 그 사람은
"원컨대 저를 잠시 옥에 넣어 두었다가 내일 아침까지 적이 오지 않으면 그
때 죽여도 늦지 않을 것입니다"라고 호소하였다. 이날 밤에 적병은 상주에
서 이십 리 떨어진 장천에 주둔하였다. 이튿날 아침에 이일은 적이 오지 않
는다면서 개녕 사람을 감옥에서 꺼내어 목 베었다.[8]

라고 되어 있다. 즉 퇴고 전과 퇴고 후의 초본『징비록』을 검토하면 류
성룡은 개녕 사람이 처형된 일자가 하루 뒤였음을 더욱 명백하게 드러
내려 했음을 알 수 있다. 류성룡이 이러한 퇴고를 행한 것은, 이일이 정
탐병을 두지 않아서 적군이 이십 리 밖에 있음을 알지 못했을 뿐 아니
라 그러한 정보를 준 사람을 도리어 처형했다는 것을 강조하기 위함이었
음을 짐작할 수 있다. 또한 초본『징비록』에는 간행본 본문이 끝난 뒤에,

도중에 만난 사람이 적군의 기세를 물어보았지만 답하지 않고 "명나라 군이 와도 상대할 수 없을 것이다"라고 말할 뿐이었으니, 이는 겁먹은 것이었다.[9]

라는 구절이 있는데 이 구절이 간행본에서는 삭제되어 있다. 이일에 대한 비판의 정도를 간행본 작성 과정에서 누그러뜨린 것이다. 류성룡은 이일의 상주전투를 제승방략 제도의 비효율성과 척후병의 중요성이 잘 드러난 전투로 간주하여 자신의 여러 저작에서 특필하고 있기 때문에, 상주전투 패배의 책임을 이일이라는 개인에게만 돌리는 것을 회피하기 위해 간행본 단계에서 이 구절을 삭제한 것으로 보인다.

14

우의정 이양원을 수성대장에, 이진과 변언수를
각각 경성좌위장과 경성우위장에,
상산군 박충간을 경성순검사에 임명하여
도성을 수축하게 하고, 상중이던 김명원을
도원수에 임명하여 한강을 지키게 하다

    우의정 이양원(李陽元)을 수성대장(守城大將)에, 이진(李戩)과 변언수(邊彦琇)를 각각 경성좌위장(京城左衛將)과 경성우위장(京城右衛將)에, 상산군(商山君) 박충간(朴忠侃)을 경성순검사(京城巡檢使)에 임명하여 도성(都城)을 수축하게 하고, 상중(喪中)이던 김명원(金命元)을 도원수(都元帥)에 임명하여 한강을 지키게 하였다. 이때 이일의 패전 보고가 이미 한양에 다다르니 인심이 흉흉해지고 궁중에는 수도를 버리고 후퇴하자는 논의가 있었지만 궁궐 밖에서는 이를 알지 못하였다.
    이마(理馬)[1] 김응수(金應壽)가 빈청(賓廳)에 와서 수상(首相: 영의정) 이산해와 귓속말을 하고 갔다가 다시 오는 것을 본 사람들은 이를 미심쩍게 여겼다. 생각건대 김응수와 이산해가 이야기를 나눈 것은 수상이 이때 사복시제조(司僕寺提調)²였기 때문이었을 것이다. 도승지 이항복이 손바닥에 "영강문(永康門) 안에 말을 세우라"라는 여섯 글자를 적어 나에게 보여 주었다.

대간(臺諫)이 수상이 국정을 그르쳤다며 탄핵과 파직을 청하였지만 임금께서는 윤허하지 않으셨다. 종친(宗親)들이 합문(閤門) 밖에 모여 한양을 버리지 말라며 통곡하고, 영중추부사(領中樞府事) 김귀영(金貴榮)은 더욱 분개하여 여러 대신들과 함께 임금을 뵙고 한양을 고수해야 한다고 청하였다. 또한, "한양을 버리자고 주장하는 자는 곧 소인배다"라고 말하였다. 임금께서 "종묘사직이 여기 있는데 내가 어디로 가겠는가?"라고 말씀하시니, 마침내 무리가 물러갔지만 결국 그들의 의견대로 될 수는 없었다.

성안의 백성들과 공노비, 사노비, 서리, 내의원(內醫院)·전의감(典醫監)·혜민서(惠民署) 관리들을 뽑아 성가퀴(城堞)³를 나누어 지키게 하였다. 그러나 지켜야 할 성첩은 3만 여 개인데 성을 지킬 인구는 겨우 7천 명이었을 뿐 아니라 모두 오합지졸이어서 성벽을 넘어 달아날 생각만 하고 있었다. 지방에서 올라와 있던 병사들도 비록 병조(兵曹)에 소속은 되어 있었지만 아전들과 결탁하여 농간하며 뇌물을 받고 사사로이 [사람들을] 달아나게 한 자들이 매우 많았다. 관원들은 그들이 갔는지 남아 있는지를 따지지 않았으므로 급한 상황을 맞아 전혀 쓸모가 없었으니, 군정(軍政)의 해이함이 이러한 상황에 이르렀다.

以右相李陽元爲守城大將, 李戩·邊彦琇爲京城左右衛將, 商山君朴忠侃

爲京城巡檢使, 使修都城, 起復金命元, 爲都元帥, 守漢江. 時李鎰敗報已至, 人心洶洶, (권1·15) 內間有去邠之意, 外庭不知. 理馬金應壽到賓廳, 與首相耳語, 去而復來, 觀者疑之. 蓋首相時爲司僕提調故也. 都承旨李恒福於掌中書"立馬永康門內", 六字, 示我. 臺諫劾: "首相誤國. 請罷", 不允. 宗親聚閤門外痛哭, 請: "勿棄城." 領府事金貴榮尤憤憤, 與諸大臣入對, 請固守京城. 且曰: "倡議棄城者, 乃小人也." 上敎曰: "宗社在此, 予將何適?" 衆遂退. 然事不可爲矣. 抄發坊里民及公私賤·胥吏·三醫司, 分守城堞. 計堞[4]三萬餘, 而守城人口僅七千, 率皆烏合, 皆有縋城逃散之心. 上番軍士, 雖屬於兵曹, 而與下吏相與爲奸, 受略私放者甚多. 官員不問去留, 臨急皆不可用. 軍政解弛一至於此.

15

대신들이 세자를 세워서 인심을 모으자고 청하니 임금께서 이에 따르시다

대신들이 세자를 세워서 인심을 모으자고 청하니 임금께서 이에 따르셨다.

　　大臣請: "建儲, 以繫人心." 從之.

초본에는 당시 상황이 상세히 적혀 있지만 간행본에서는 모두 생략되었다. 왕실에 관한 사항을 언급하는 것을 삼간 저자가 간행 시에 누락시킨 것 같다.

선조의 후궁 공빈김씨(恭嬪金氏)의 아들인 광해군(光海君)은 평시라면 국왕이 될 가능성이 없는 인물이었다. 그러나 명분보다 실용이 중시되는 비상시국을 맞아서 광해군은 임해군(臨海君)·순화군(順和君)과 같은 선조의 다른 아들들을 제치고 왕세자가 되었고, 임진왜란 초기에 선조가 의주에 고립되어 명나라에 귀순할지 여부를 두고 고민하거나 권력문제로 대신들과 신경전을 벌이던 와중에 각지를 다니며 전쟁을 수행했다. 그 후에도 광해군은 여러 갈등을 겪으며 국왕이 되었지만 정인홍

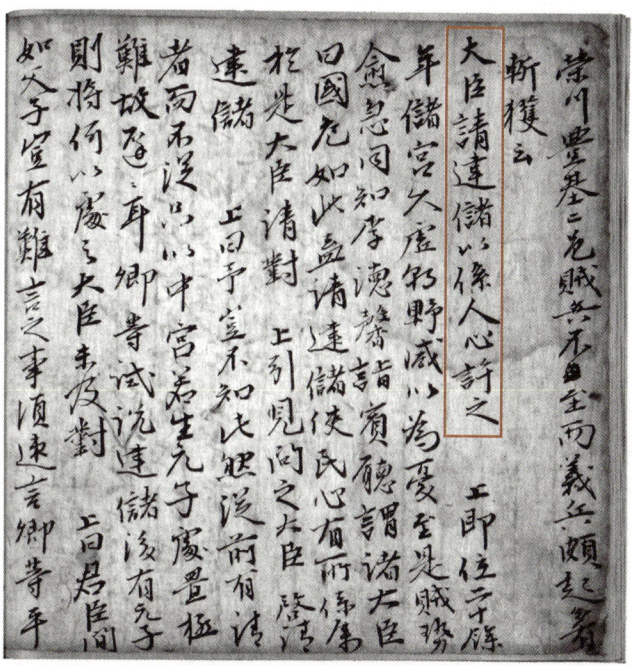

초본 『징비록』의 광해군 세자 책봉 기사.
간행본 『징비록』에서는 첫 구절을 제외한 나머지 대목이 생략되어 있다.

15 대신들이 세자를 세워서 인심을 모으자고……

등의 북인 이외에는 그를 후원하는 세력이 거의 없었고, 명청 교체라는 혼란기의 첫머리에 작은 나라의 국왕으로서 실리외교를 추진한 것이 구실이 되어 인조반정(1623, 광해군 15)으로 폐위된 사실에 대해서는 여기서 길게 적을 필요가 없을 것이다.

근대 이후 광해군에 대해 최초로 긍정적인 평가를 한 것이 제국주의 일본 시기의 이른바 만선사관(滿鮮史觀) 즉 조선과 만주는 하나의 역사 단위로 보아야 한다는 입장을 가진 연구자들이었다는 점이 광해군 연구에 지장이 되고 있기도 하다. 그러나 이제는 광해군 재위 당시의 국제 정세에 대한 더욱 국제적 관점의 연구를 통해서 광해군과 그의 정책을 평가할 수 있는 시점에 와 있는 것 같다.[1]

16

동지중추부사 이덕형을
왜군에 사신으로 보내다

동지중추부사(同知中樞府事) 이덕형(李德馨)을 왜군에 사신으로 보냈다.

상주에서 아군이 패전하였을 때 왜학통사(倭學通事) 경응순(景應舜)이라는 자가 이일의 부대에 있다가 적에게 사로잡혔다. 왜군 장수 고니시 유키나가가 도요토미 히데요시의 편지와 예조에 보내는 공문 한 통을 경응순에게 주어 보내면서 "동래에 있을 때 사로잡은 울산군수에게 편지를 맡겨 전하도록 보냈는데 지금까지 답이 없다. 【군수는 즉 이언함(李彦誠)이다. 적에게 잡혀 있다가 적의 편지를 맡아 돌아왔는데, 이를 이유로 죄를 얻을까 보아 두려워서 스스로 탈출하였다고 하고 편지에 대하여는 비밀로 하여 조정에 전하지 않았기 때문에 조정은 편지의 존재에 대하여 알지 못하였다.】 만약 조선 측에 강화할 뜻이 있다면 이덕형을 28일에 충주로 보내어 나와 만나게 하라"라고 하였다. 이덕형이 예전에 선위사(宣慰使)로서 왜의 사신을 접대한 적이 있어서 고니시 유키나가가 이덕형을 보고 싶어 한 것이다.

경응순이 한양에 도착하였을 당시, 사태는 급하고 대책은 전혀 없었기 때문에 이 회담을 통하여 왜군의 진격 속도를 늦출 수 있을지도 모른다는 생각이 있었다. 이덕형 또한 스스로 충주로 가겠다고 청하였기에 예조에 답서를 만들게 하여서는 경응순을 데리고 떠나게 하였다. 【이덕형은 도중에 충주가 이미 함락되었다는 소식을 듣고는 먼저 경응순에게 가서 상황을 파악하라고 하였는데, 경응순은 적장 가토 기요마사에게 살해되었기 때문에 결국 이덕형은 도중에 되돌아와 평양에서 임금께 보고하였다.】

遣同知事李德馨, 使倭軍. 尙州之敗, 有倭學通事景應舜者, 在李鎰軍中, 爲賊所獲. 倭將平行長, 以平秀吉書契及送禮曹公文一道, 授應舜出送, 且曰: "在東萊時, 生得蔚山郡守, 傳送書契, 而至今未報. [郡守卽李彦誠[1], 自賊中回, 而畏得罪, 自云逃來, 隱其書不傳, 故朝廷不知也.] 朝鮮若有意講和, 可令李德馨於二十八日, 會我於忠州." 蓋德馨, 往年嘗爲宣慰使, 接待倭使, 故行長欲見之. 應舜至京, 時事急, 計無所出, 意或因此緩兵. 德馨亦自請行, 令禮曹裁答書, 挾應舜而去. [德馨在途[2], 聞忠州已陷, 先使應舜往探, 應舜爲賊將清正所殺, 德馨遂從中路還, 復命於平壤.]

고니시 유키나가는 임진왜란 발발 전부터 이 전쟁을 일으키지 않고 회피할 방법을 찾고 있었고, 전쟁 중에도 본문에서와 같이 계속해서 협상을 시도했다. 이는 그가 협상과 평화의 중요성을 잘 아는 상인 출신이라는 데에서 비롯하는 것 같다. 그러나 뒤에서 소개하듯이 고니시 유키나가가 협상할 수 있는 한도는 명확했다. 명나라까지 정복하겠다고 마음먹은 도요토미 히데요시의 자존심 내지는 망상을 최소한으로라도 충족시켜 주어야 한다는 것이었다. 그리고 이러한 조건은 조선과 명이 받아들일 수 있는 것이 아니었다. 임진왜란과 관련된 조선·명·일본 삼국의 기록을 읽고 있으면 명나라의 석성(石星)과 심유경, 일본의 고니시 유키나가와 이시다 미쓰나리 같은 협상파의 행위가 절절하면서도 헛되이 느껴질 때가 있는데, 그 허무한 감정의 근원이 바로 이 실현불가능함일 것이다. 결국 명일 양국의 협상파는 모두 비참한 최후를 맞았고, 그 와중에 류성룡과 같은 조선의 고위 정치인에게도 불똥이 튀게 된다.

　한편, 울산군수 이언함이 자신이 적에게 포로로 잡힌 것을 알리지 않기 위해 고니시 측의 편지를 조선 조정에 전달하지 않았다는 데에서는, 실패를 성공을 위한 과정으로 용인하지 않으며 적에게 잡힌 것을 죄로 인식하는 조선 사회의 분위기를 알 수 있다. 실패를 솔직히 밝히고 개선책을 찾는 과정을 칭송하는 대신, 실패한 그 자체를 비난하는 사회적 분위기는 현대 한국에서도 곳곳에서 발견된다. 또한 적에게 잡힌 것을 죄로 인식하는 분위기로 인해, 일본 성리학의 발생에 큰 영향을 주었고 생생한 일본 견문록인 『간양록(看羊錄)』을 남긴 강항(姜沆: 1567~1618)은 일본에 포로로 잡혀 있으면서 조선 조정에 부지런히 일본 첩보를 보내서 자기 변호의 명분을 만들어야 했고, 귀국 후에는 결국 중앙 정치인들이 경원시하는 인물이 되어 은거해야 했다.

포로로 잡혀 간 데 대한 강항의 생각이, 강항의 제자들이 집필한 『간양록』 발문(跋文)에 보인다. 여기서 제자들은, 스승이 원래 이 책의 제목에 '죄인이 타는 수레'라는 뜻의 '건거(巾車)'라는 말을 넣으려 했다는 사실을 밝힌다. 실제로, 강항을 배향하는 영광 내산서원(內山書院)에는 『건거록(巾車錄)』이라는 제목의 필사본이 현존한다. 그리고 제자들은 스승이 일본에 억류되어 있으면서도 국가를 잊지 않고 적의 정세를 알리고 마침내 귀국한 것이, 한나라 때 흉노(匈奴)에 사신으로 갔다가 붙잡혀서 북방에서 양을 치며(看羊) 버티다가 19년 만에 귀국한 소무(蘇武)와 같다고 해서 제목을 『간양록』으로 붙였다고 한다. 다음은 『간양록』의 발문이다.

이 글을 당초에 『건거록』이라 한 것은 바로 선생이 손수 제(題)하신 것이다. 무릇 건거라는 것은 실로 죄인이 타는 수레인데, 선생이 마침내 이를 취하여 책 이름으로 삼으신 것은 무슨 까닭이겠는가? 대개 선생께서 겸손하여 죄인처럼 생각하신 것이다. 선생에게는 그 자처하심이 비록 이와 같을지라도 다른 사람에게는 옳지 못하거늘, 하물며 자제 문생으로서 이런 폄손(貶損)의 명칭을 그대로 따르고 그 변통을 생각하지 않아서야 되겠는가?

아! 우리 선생께서 당하신 바는 참으로 천고에 드물게 있는 역경이지만 선생께서 처신하신 바는 분명코 정도(正道)를 잃지 아니하셨다. 두 차례나 바다에 빠지고 9일 동안 먹지 아니하고 세 차례나 임금께 상소를 올리고 4년 동안 한결같은 절개를 지키면서 그 강개하고 종용하셨던 것을 보면, 지극한 정성과 큰 의리가 시종 열렬히 상설(霜雪)을 능가하고 일월(日月)을 꿸 만하여 천지 귀신에게 물어보아도 의심이 있을 수 없다.

칠치(漆齒)의 다른 무리들도 역시 의(義)를 사모할 줄 알아서 감탄하며, 아름다움을 소무(蘇武)에다 견주었는데 고국에 돌아와서는 미처 포가(褒嘉)의 은전을 청하기는커녕, 도리어 선생을 함정에 빠지게 하고 돌까지 던지는 것은 일찍이 만맥(蠻貊)만도 못한 일이니, 역시 너무도 어질지 못한 짓이라 하겠다.

왜경(倭京)에서 해교(海嶠)로 옮길 적에는 감개하여 절구 한 시를 짓기를,

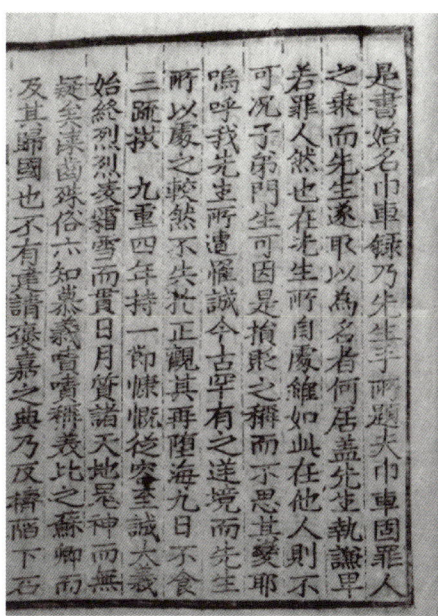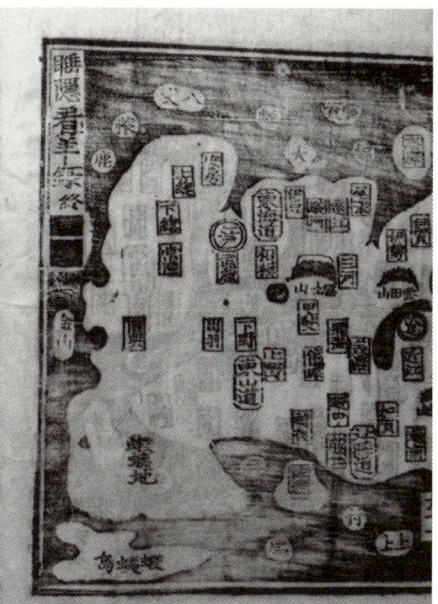

『간양록』 발문과 일본 지도.

평일에 글을 읽어 명분 의리 중하지만

후일에 역사 보면 시비가 길 거로세

부생(浮生)이 저 요동의 천년 학 아닐진대

죽은 바엔 해상(海上)의 염소를 보자꾸나

하였고, 이미 해교에 이르러서는 화답한 시가 있었는데, 그 끝 글귀에 '한 병 술 보내어 간양을 위로하네(一壺椒醑慰看羊)'라 하였으니, 선생께서 이미 그 뜻을 스스로 나타내신 것이다. 그리고 석주(石洲) 권필(權韠)의 시에 이른바,

절개는 간양을 위해 떨어지고

편지는 기러기에 힘입어 전해지네

라는 것도, 대개 소중랑(蘇中郞: 소무)이 죽지 아니한 데 대한 여론과 칭송을 취하여 견준 말이다. 그래서 이제야 여러 벗들과 더불어 소상하게 고쳐서 이름 하기를 『간양록』이라 하여 선생의 조집(操執)을 표할 따름이며, 상절(尚節)·천유(闡幽)하여 그것을 발휘하는 데에서는 다만 도덕이 있고 말 잘하는 군자를 기다린다. (발문, 『간양록』)[3]

본문 중에 보이는 '칠치(漆齒)'는 이빨에 검은 칠을 하는 풍습을 지닌 일본을 가리킨다. 일본인도 국가에 대한 충성을 지킨 스승 강항을 존경했는데 조선의 사람들이 선생을 배척한 것이 한스럽다는 것이다. 여기서 제자들이 염두에 둔 사람은 아마도 강항과의 교류 속에서 일본에

성리학을 뿌리내리게 한 후지와라 세이카(藤原惺窩) 같은 사람이었을 터이다.

17

화성이 남두를 침범하다

    화성(火星: 원문에는 熒惑)이 남두(南斗)를 침범하였다.

    경기·강원·황해·평안·함경 등 각 도의 병사를 징발하여 한양을 구원하러 오게 하였다. 이조판서 이원익(李元翼)을 평안도 도순찰사(平安道都巡察使)에 임명하고 지사(知事) 최흥원(崔興源)을 황해도 도순찰사(黃海道都巡察使)에 임명하여, 이들은 모두 당일 출발하였다. 장차 임금이 서쪽으로 피난하는 데 대한 논의가 있었는데 이원익과 최흥원은 일찍이 안주목사(安州牧使)와 황해감사(黃海監司)로 있으면서 어진 정치를 행하였기 때문에 인심을 얻었다. 따라서 이들을 먼저 보내어 군민(軍民)을 위로하고 설득하여 임금의 행차를 준비하게 한 것이다.

熒惑犯南斗, 徵京畿·江原·黃海·平安·咸鏡等道兵, 入援 (권1·16) 京師. 以吏曹判書李元翼, 爲平安道都巡察使, 知事崔興源, 爲黃海道都巡察使, 皆卽日發遣. 以將有西狩之議, 而元翼曾爲安州牧使, 興源爲黃海監司, 皆有惠政, 爲民心所喜. 故使之先往, 撫諭軍民, 以備巡幸.

 형혹(熒惑) 즉 화성은 재앙·전쟁을 상징하는 별로, 남두는 이십팔수(二十八宿)의 열 번째 별자리로 제왕의 목숨을 주관하는 별로 믿어졌다. 화성이 남두를 침범한 것은 불길한 일이 일어나는 전조로 여겨졌는데, 여기서는 국왕 선조가 한양을 버리고 서북방으로 피난하는 것을 상징한다.

18

적병이 충주에 들어오니 신립이 맞서 싸웠지만 패하여 전사하고 아군은 크게 무너지다

적병이 충주에 들어오니 신립(申砬)이 맞서 싸웠지만 패하여 전사하였고 아군은 크게 무너졌다.

신립이 충주에 진입하니 충청도 군현의 병사 8천여 명이 모여들었다. 신립은 조령(鳥嶺)을 지키려 하였지만 이일의 패전 소식을 듣고는 낙담하여 충주로 돌아왔다. 한편으로 이일과 변기(邊璣) 등을 불러 함께 충주에 오게 하였는데, 험한 곳을 버리고 지키지 않았으며 명령이 번잡하고 소란스러웠으니 이 모습을 본 사람들은 모두 신립이 패할 것을 알았다.

신립과 친한 군관(軍官)이 "적이 조령을 넘었다"라고 은밀히 보고하였으니, 이때는 4월 27일 초저녁이었다. 신립이 갑자기 성 밖으로 뛰쳐나가니 병사들이 어지러워졌다. 신립이 어디 있는지 알지 못하였는데, 그는 깊은 밤에 몰래 객사로 돌아와서는 다음 날 아침에 "군관이 헛된 말을 하였다"라며 그를 끌어내어 목 베고 "적이 아직 상주를 벗어나지 않았다"라는 장계를 올렸으나 적병이 이미 십 리 안에 있음을 알지 못함이었다.

이에 신립은 군대를 이끌고 나아가 탄금대(彈琴臺) 앞 강물 두 줄기 사이에 진을 쳤다. 그 땅은 좌우로 논이 많고 물풀이 무성하여 말을 달리기에 불편하였다. 얼마 뒤에 적이 단월역(丹月驛)에서 길을 나누어 이르렀는데 그 기세가 비바람과 같았다. 적의 한 부대는 산을 돌아 동쪽으로 나왔고 또 한 부대는 강을 따라 내려왔다. 총소리는 땅을 흔들고 먼지는 하늘에 닿을 지경이었다. 신립은 어찌할 바를 모르고 말에 채찍질하여 친히 적진을 향하여 돌진하기를 두 차례, 적진을 뚫지 못하고 되돌아와서는 물속으로 뛰어들어 죽었다. 병사들도 모두 강 속에 뛰어드니 그 시체가 강물을 덮으며 흘렀다. 김여물도 어지러이 싸우는 병사들 속에서 전사하였다. 이일은 동쪽 산골짜기를 지나 탈출하였다.

처음에 적군의 기세가 왕성하다는 소식을 들은 조정은 이일 혼자 힘으로는 적을 막기 어려우리라 걱정하였다. 신립은 당대의 명장이어서 병사들이 두려워하고 복종하였기 때문에 그에게 많은 병사를 이끌고 이일 군의 뒤를 따르게 하여 두 장군이 세력을 합친다면 적을 막을 수 있으리라 기대하였다. 이 계책은 틀리지 않았지만 불행히도 경상도의 수군과 육군 장수들이 모두 겁쟁이였다. 해상에 있던 좌수사(左水使) 박홍(朴泓)은 적이 쳐들어오는 데 한 명의 병사도 내보내지 않았다. 우수사(右水使) 원균(元均)은 적의 접근 경로와 뱃길로 조금 떨어져 있기는 하였지만 거느린 배가 많았으며 적병이 하루 만에 모두 도착하는 것도 아니었기 때문에, 전 부대를 전진시켜 아군의 위세를 보이며 대치하다가 다행히 승전을 거두었다면 적군은 마땅히 후방의 위험을 우려해서 단숨에 우리나라 깊숙이 들어오지 못하였을 것이다. 그러나 이들은 멀리서 적을 보고서는 달아나서 전투 한 번 제대로 하지 못하였다.

이리하여 적군이 상륙하자 좌병사 이각과 우병사 조대곤은 달아나거나 교체되었기 때문에, 적은 북 치며 수백 리를 무인지경처럼 거침없이 다녔다. 밤낮으로 북상(北上)하면서 감히 한 곳에서라도 그들을 막아 그 기세를 누그러뜨린 자가 없었으니 [적은] 열흘이 채 지나지 않아 상주에 이르렀다. 이일은 객장(客將)이어서 수하에 군대가 없었는데 갑자기 싸우게 되니 당연히 적과 맞설 수 없었다. 신립이 충주에 도착하기 전에 이일이 먼저 패하니 아군은 나아가고 물러날 근거지를 잃게 되어 사태가 크게 틀려 버린 것이다.

아아, 원통하도다! 나중에 들으니 적은 상주로 나와서도 여전히 험한 지형을 지나는 것을 꺼려 하였다고 한다. 문경현(聞慶縣) 남쪽 십여 리에 고모성(姑母城)이라 하는 옛 성이 있다. 경상좌도와 경상우도가 만나는 곳으로 양쪽 골짜기가 한데 묶은 듯 좁게 붙어 있으며, 가운데로 큰 강이 흐르고 길이 그 아래로 나 있다. 적은 이곳을 지키는 병사가 있을 것을 걱정하여 사람을 시켜 여러 차례 탐색하였다. 그러고는 병사가 없음을 알고서는 노래하고 춤추며 지나갔다고 한다. 그 후에 명나라 제독 이여송이 적을 쫓아 조령을 지나다가 "험난하기가 이와 같은데 지킬 줄 몰랐으니 총병(總兵) 신립에게는 계책이 없었다 하겠다!"라고 한탄하였다. 신립은 민첩하고 날카로움으로 한때 이름을 날렸지만 계책과 전략은 그의 장점이 아니었으니, 옛사람이 "장군이 군대 쓸 줄 모르면 나라를 적에게 내주는 것이다"라고 한 것이 이 경우라 하겠다. 지금 후회하여도 돌이킬 수 없지만 뒷날의 경계로 삼고자 상세히 적었다.

賊兵入忠州. 申砬迎戰, 敗績而死, 諸軍大潰. 砬至忠州, 忠淸道郡縣兵來會者八千餘人. 砬欲保鳥嶺, 聞鎰敗, 膽落還忠州, 且召李鎰·邊璣等, 俱到忠州. 棄險不守, 號令煩撓[1], 見者知必敗. 有所親軍官, 密報, "賊已踰嶺." 乃二十七日初昏也. 砬忽跳出城, 軍中擾擾, 不知砬所在. 夜深潛還[2]客舍, 明朝謂: "軍官妄言", 引出斬之. 狀啓猶云: "賊未離尙州." 不知賊兵已在十里內也. 因率軍, 出陣于彈琴臺前兩水間, 其地左右多稻田, 水草交雜, 不便馳驅. 少頃, 賊從丹月驛分路而至, 勢如風雨. 一路循山而東, 一路沿江而下, 炮響震地, 塵埃接天. 砬不知所爲, 鞭馬欲親自突陣者再, 不得入, 還赴江, 沒于水中而死. 諸軍悉赴江中, 屍蔽江而下. 金汝岉亦死亂兵中. 李鎰從東邊山谷間脫走. 初朝廷聞賊兵盛, 憂李鎰獨力難支, 以申砬一時名將, 士卒畏服, 使引重兵, 隨其後, 欲兩將協勢, 庶幾捍賊. 計未失也, 不幸本道水陸將皆恇怯. 其在海中也, 左水使朴泓, 一兵不出, 右水使元均, 雖水路稍遠, 所領舟艦旣多. 且賊兵非一日俱至, 可悉衆前進, 耀兵相持, 幸而一捷, 則賊當有後顧慮, 未必遽深入. (권1·17) 而乃望風遠避, 不一交兵. 及賊登陸, 左右兵使李珏·曺大坤, 或遁惑遞. 賊鳴鼓橫行, 蹈數百里無人之地, 晝夜北上, 無一處敢齟齬, 少緩其勢者, 不十日已至尙州. 李鎰客將無軍, 猝與相角, 勢固不敵. 砬未至忠州, 而鎰先敗, 進退失據, 事是以大謬. 嗚呼痛哉! 後聞, 賊出[3]尙州, 猶以過險爲憚. 聞慶縣南十餘里有古城, 曰: "姑母." 據左右道交會處, 兩峽如束,

中盤大川, 路出其下. 賊恐有守兵, 使人再三覘覘, 知無兵, 乃歌舞而過云. 其後, 天將李提督如松, 追賊過鳥嶺, 歎曰:"有險如比, 而不知守, 申總兵可謂無謀矣!"蓋砬雖輕銳得時名, 籌略非其所長. 古人云:"將不知兵, 以其國與敵." 今雖悔之無及, 猶可爲後日之戒, 故備著云.

간행본의 이 부분을 초본 『징비록』과 비교하면, 신립 진영의 혼란스러운 모습을 서술하는 대목이 간행본에서 상세해지고, 이여송이 신립의 작전 실패를 한탄하는 대목도 추가되어 있다. 그만큼 류성룡이 이 패전을 중하게 여겨 전투 묘사에 신경을 썼음을 짐작할 수 있다.

류성룡은 『징비록』의 첫머리에서 이일과 신립이라는 두 장군이 전쟁 전에 보인 행동을 미리 서술함으로써 두 사람의 패전을 암시했다. 이일과 신립의 패전 기사에서는 적이 도착했다고 알린 사람을 도리어 죽였다는 대목이나 제승방략의 헛점을 강조하는 부분이 닮아 있다. 그리고 이일의 패전 보고가 도착하면서 국왕의 피난 논의가 시작되고 신립의 패전 보고가 도착하면서 피난은 결정적인 것이 되었다는 서술의 흐름을 보인다.

그러나 류성룡은 두 사람의 패전이나 조정의 작전 실패가 임진왜란 초기 단계에서 조선의 패배를 가져왔다고만 주장하지는 않는다. 이일의 패전 기사 부분에서도 언급했듯이, 류성룡은 제승방략에 근본적으로 문제가 있었으며 경상도의 장군들이 초기 방어에 실패한 것이 패전의 진정한 원인이라고 지적한다. "처음에 적군의 기세가 왕성하다는 소식을 들은 조정은 이일 혼자 힘으로는 적을 막기 어려우리라 걱정하였다. 신립은 당대의 명장이어서 병사들이 두려워하고 복종하였기 때문에 그에게 많은 병사를 이끌고 이일 군의 뒤를 따르게 하여 두 장군이 세력을 합친다면 적을 막을 수 있으리라 기대하였다. 이 계책은 틀리지 않았지만 불행히도 경상도의 수군과 육군 장수들이 모두 겁쟁이였"던 것이 패인이었다고 지적하는 대목이, 임진왜란 서전(緖戰)에 대한 류성룡의 결론이라 하겠다. 이는 특히 자신이 천거한 이순신과 경쟁 관계에 있던 원균을 지목한 발언이었을 것이다.

한편, 본문에서는 김여물의 행적이 영웅적으로 그려진다. 1695년에 일본에서 『조선징비록』이 간행되면서 임진왜란 당시 조선 측의 영웅들이 일본에 널리 알려지게 된다. 이순신을 비롯해서 동래성의 송상현, 임진강전투의 신각과 유극량, 화왕산성의 곽재우, 황석산성의 곽준, 곽준의 딸, 조종도, 그리고 김여물 등이 그 주인공이다.

본문 마지막에서 류성룡이 병서를 인용해서 "장군이 군대 쓸 줄 모르면 나라를 적에게 내주는 것이다"라고 한 대목은 『자치통감(資治通鑑)』의,

> 병법에 이르기를, 무기를 잘 쓰지 못하면 병사를 적에게 내주는 것이다. 병사가 잘 싸우지 못하면 장군을 적에게 내주는 것이다. 장군이 군대 쓸 줄 모르면 주군을 적에게 내주는 것이다. 군주가 장군을 잘못 고르면 나라를 적에게 내주는 것이다. 이 네 가지는 병법의 핵심이다. (『자치통감』)[4]

라는 대목에서 비롯한 것으로 보인다.

19

4월 30일 새벽에 어가가
서쪽으로 피난을 떠나다

4월 30일 새벽에 어가가 서쪽으로 피난을 떠났다.

신립이 이미 떠난 뒤에 도성 사람들은 날마다 승전보를 기다리고 있었는데, 전날[29일] 저녁에 군사 모자(氈笠)를 쓴 세 사람이 말을 달려 숭인문(崇仁門)¹으로 들어오니 성안 사람들이 앞다투어 전투 소식을 물었다. 그들이 "우리는 순변사 군관의 종입니다. 어제 순변사는 충주에서 패하여 전사하고 군대는 크게 무너져서 우리는 간신히 몸만 빠져나왔습니다. 가족에게 알려서 적병을 피하게 하려 합니다"라고 답하니, 듣던 사람들이 크게 놀라서 지나가는 길에 서로 전하니 얼마 되지 않아 도성 안의 모든 사람들이 놀랐다.

초저녁에 임금께서 재상들을 불러 피난에 대하여 논의하셨다. 임금께서는 동쪽 바깥채에 촛불을 켜고 앉으셨고 종실(宗室) 하원군(河源君)·하릉군(河陵君) 등이 임금을 모시고 앉았다. 대신이 "사태가 이에 이르렀으니 어가가 잠시 평양으로 가시어 명나라에 원병을 청하여 회복을 도모하소서"라고 아뢰었다.

장령(掌令) 권협(權悏)이 임금 뵙기를 청하고는, 임금의 무릎 가까이까지 나아가서 큰 소리로 "도성을 굳게 지켜야 합니다" 하고 외쳤다. 그 말이 매우 시끄러웠기에 내가 "비록 위급한 때라고 하여도 임금과 신하의 예의는 이런 것이 아니니 조금 물러나서 아뢰시오"라고 말하니, 권협은 잇달아 "좌의정께서도 그런 말씀을 하십니까! 그렇다면 경성을 버려도 된다는 것입니까?" 하고 외쳤다. 나는 "권협의 말은 매우 충성스럽지만, 상황이 이와 같으니 그렇게 해야만 합니다"라고 아뢰었다.

이에 따라 왕자들을 여러 도에 나누어 파견하여 근왕병을 모집케 하고 세자는 어가를 따르도록 청하여 그렇게 의견이 정하여졌다. 대신들은 합문(閤門)² 밖에서 어명을 받았다. 임해군(臨海君)은 함경도로 가게 되어 영부사(領府事) 김귀영(金貴榮), 칠계군(漆溪君) 윤탁연(尹卓然)이 따랐다. 순화군(順和君)은 강원도로 가게 되어 장계군(長溪君) 황정욱(黃廷彧), 호군(護軍) 황혁(黃赫), 동지(同知) 이기(李墍)가 따랐다. 황혁의 딸은 순화군의 부인이었고 이기는 원주 사람이어서 함께 파견한 것이다. 이때 우의정 이양원은 유도대장(留都大將)이 되었고, 영의정과 재신(宰臣)³ 수십 명이 호종(扈從)하도록 지명되었다. 나는 명 받은 바가 없었는데 승정원(承政院)에서 "호종하는 무리에 류 모[류성룡]가 없으면 안 됩니다"라고 아뢰었기에 이에 호종을 명 받았다. 내의(內醫) 조영선(趙英璇),

승정원 이속(吏屬) 신덕린(申德麟) 등 십여 명이 "한양을 버릴 수 없습니다!" 하고 외쳤다.

얼마 뒤에 이일의 장계가 도착하였는데, 궁궐을 지키는 병사들은 모두 흩어져 버렸고 물시계조차 울리지 않았다. 선전관청(宣傳官廳)에서 횃불을 확보하여 그 장계를 꺼내 읽었는데, 그 안에는 "적이 오늘내일 사이에 도성에 들어갈 것입니다"라고 쓰여 있었다. 장계가 도착한 뒤 한참 후에 어가가 나갔는데, [겸사복(兼司僕)·우림위(羽林衛)·내금위(內禁衛)의] 3청(三廳)에 속한 금군(禁軍)들은 달아나고 숨는다고 어둠 속에서 서로 부딪쳤다. 마침 우림위의 지귀수(池貴壽)가 내 앞을 지나는 것을 내가 알아채고 호종하라고 꾸짖으니, 지귀수는 "감히 온 힘을 다하지 않을 수 있겠습니까"라고 말하고는 동료 둘을 불러왔다.

[어가가] 경복궁 앞을 지날 때 시가지 양쪽에서 통곡 소리가 들렸다. 승문원(承文院) 서원(書員) 이수겸(李守謙)이 내가 탄 말의 고삐를 잡고 "승문원 건물에 있는 문서는 어떻게 할까요?" 하고 물었다. 내가 긴급한 문서만 챙겨서 뒤따라 오라고 명령하니 이수겸은 통곡하며 떠났다.

돈의문(敦義門: 서대문)을 나와 사현(沙峴: 무악재)에 이르니 동쪽이 밝아 왔다. 성안을 돌아보니 남대문 안의 큰 창고에 불이 나서 연기와 불길이 하늘로 치솟고 있었다.

사현을 넘어 석교(石橋)에 이르니 비가 내리기 시작하였다. 경기감사 권징(權徵)이 따라와서 호종하였다.

벽제역(碧蹄驛)에 이르니 비가 심하여져서 일행이 모두 비에 젖었다. 임금께서 역에 들어가셨다가 조금 뒤에 곧 떠나셨다. 관리들 가운데 이때부터 도성으로 되돌아간 자가 많았고, 시종(侍從), 대간(臺諫)들 가운데에도 가끔 뒤떨어져 오지 않는 자가 있었다.

혜음령(惠陰嶺)을 지날 즈음에는 비가 퍼부었으니, 궁궐 사람들은 약한 말을 타고 물건으로 얼굴을 가려 통곡하며 나아갔다.

마산역(馬山驛)을 지날 때 밭 가운데 있던 사람이 일행을 보고는 "나라가 우리를 버리니 누굴 믿고 살라는 말입니까!"라고 통곡하였다.

임진강(臨津江)에 이르러도 비가 그치지 않았다. 임금께서는 수상 이산해와 나를 배 안으로 불러 문의에 답하도록 하셨다. 강을 건너니 이미 어두워져서 주변의 상황을 식별할 수 없었다. 임진강 남쪽 기슭에 옛 승청(承廳)4이 있었는데, 적이 이 건물의 나무로 뗏목을 만들어 강을 건널까 두려워하여 [승청을] 불태우게 하니 그 불이 강 북쪽까지 비추었기에 길을 찾아 나아갔다.

초경(初更: 저녁 7~9시)에 동파역(東坡驛)에 이르렀다. 파주목사(坡州牧使) 허진(許晉)과 장단부사(長湍府使) 구효연(具孝淵)이 [임금을 맞이하여 접대하는] 지대차사원(支待差使員)으로 그곳에 있으면서 약식으로나마 수라간을 마련하여 두었다. 그러나 호위하는 사람들은 하루 종일 굶주리며 이곳까지 왔기에, 수라간에 난입하여 음식을 빼앗아 먹었다. 이에 임금께 드릴 음식이 없어지자 허진과 구효연은 두려워해서 달아났다.

5월 1일 아침에 임금께서 대신을 불러 "남쪽의 순찰사 가운데 근왕(勤王)할 만한 사람이 있는가?"라고 물으셨다.

해가 진 뒤에 어가가 개성으로 출발하려 하였지만 경기도의 이졸(吏卒)이 모두 달아난지라 호위할 사람이 없었다. 마침 황해감사(黃海監司)

조인득(趙仁得)이 황해도 병사를 데리고 도우러 오려 하였고, 서흥부사(瑞興府使) 남의(南嶷)가 그보다 앞서 도착하여 병사 수백 명과 말 오륙십 필이 생겼기에 비로소 출발하였다.

[어가가] 출발하려 할 때 사약(司鑰) 최언준(崔彦俊)이 앞으로 나와서 "궁중의 사람들은 어제 아무것도 먹지 못하였고 지금도 아직 먹지 못하였습니다. 좁쌀을 얻어 요기를 한 뒤에 가야 합니다"라고 말하였다. 남의가 데리고 온 병사들이 가진 식량에서 쌀과 좁쌀을 섞어서 두세 말을 찾아냈다.

정오께 초현참(招賢站)에 이르렀다. 조인득이 임금을 뵈러 와서 길 가운데 장막을 치고 영접하였다. 이에 백관(百官)이 비로소 식사할 수 있었다.

저녁에 개성부(開城府)에 당도하신 임금께서 남문(南門) 밖 공서(公署)에 납시어 계시니 대간이 교대로 글을 올려, 영의정 이산해가 사람들과 결탁하여 나랏일을 그르쳤다는 등의 죄를 탄핵하였지만 임금께서는 받아들이지 않으셨다.

5월 2일에 대간이 다시 아뢰어 영의정이 파면되었다. 내가 수상으로 승진하고 최흥원(崔興源)이 좌의정, 윤두수(尹斗壽)가 우의정이 되었으며, 함경북도병사(咸鏡北道兵使) 신할(申硈)을 교체하여 오게 하였다.

이날 정오께에 임금께서 남성 문루(南城門樓)에 가셔서 인민을 위로하고 타이르시며 각자 생각하는 바를 말하도록 명하셨다. 그러자 한 사람이 앞으로 나와서 엎드렸다. 임금께서 무슨 말을 하고 싶은지 물으시자 그는 "정승 정철(鄭澈)을 다시 불러오소서"라고 답하였다. 이때 정철은 강계(江界)에 귀양 가 있었기에 그 사람이 이렇게 말한 것이다. 임금께서는 알았다고 하시며 즉시 정철을 임금 계신 곳(行在)으로 부르도록 명하시고 저녁에 궁으로 돌아오셨다.

나는 죄로 인하여 파직당하였고 유홍(兪泓)이 우의정으로 임명되었으며 최흥원·윤두수가 차례로 승진하였다. 적이 아직 한양에 이르지 않았다는 소식을 듣고는 사람들은 모두 임금의 피난이 실수였다고 비난하였으므로, 승지(承旨) 신잡(申磼)을 한양에 돌려보내 형세를 살피게 하였다.

5월 3일에 적이 한양에 들어왔는데, 유도장(留都將) 이양원과 원수(元帥) 김명원은 모두 달아났다.

처음에 적은 동래에서 세 갈래로 나누어 진격하였다. 한 갈래[고니시 유키나가의 제1군]는 양산·밀양·청도·대구·인동(仁同)·선산(善山)을 거쳐 상주에 이르러서 이일의 군대를 이겼다. 또 한 갈래[가토 기요마사의 제2군]는 경상좌도의 장기(長鬐)와 기장(機張)을 거쳐 좌병영(左兵營)인 울산·경주·영천·신녕(新寧)·의흥(義興)·군위(軍威)·비안(比安)을 함락시킨 뒤 용궁(龍宮)의 하풍진(河豊津)을 건너 문경으로 나와, 중간 갈래로 진격한 부대와 합류하여 조령을 넘어 충주로 들어왔다.

다시 충주에서 두 갈래로 나누어, 한 갈래[제1군]는 여주(驪州)를 거쳐 강을 건너고 양근(楊根)에서 용진(龍津)을 건너 한양의 동쪽으로 들어왔고, 또 한 갈래[제2군]는 죽산(竹山)과 용인(龍仁)을 지나 한강의 남쪽에 이르렀다. 또 한 갈래[구로다 나가마사의 제3군]는 김해에서 성주(星州) 무계현(茂溪縣)으로 와서 강을 건너 지례(知禮)와 금산(金山)을 거쳐 충청도

영동(永同)으로 나와 청주를 함락시키고 경기를 향하여 진격하였다. 적의 깃발과 칼과 창이 천 리를 이어지고 조총 소리가 서로 들렸다. 그들은 진격하면서 십 리 또는 오륙십 리마다 험한 곳에 요새를 세우고 병사를 남겨 지키게 하였으며 밤에는 불을 피워 서로 호응하였다.

　도원수 김명원은 제천정(濟川亭)에 있었는데 적이 다가오는 것을 보고는 감히 싸울 생각을 하지 못하고 병기·총포·기계를 강에 가라앉히고 옷을 바꿔 입어 달아났다. 종사관(從事官) 심우정(沈友正)이 크게 말렸지만 따르지 않았다. 이양원은 성안에 있다가 한강의 부대가 이미 흩어졌다는 소식을 듣고 한양을 지킬 수 없음을 알고는 그 역시 성을 나가 양주로 달아났다.

　강원도 조방장(助防將) 원호(元豪)는 처음에 병사 수백 명을 이끌고 여주의 북쪽 기슭을 지키며 적과 대치하였기에 적은 며칠 동안 강을 건너지 못하였다. 얼마 뒤에 강원도 순찰사 유영길(柳永吉)이 원호에게 강원도로 돌아오라는 격문을 보냈다. 적은 마을의 민가와 관사를 헐어서 목재를 확보하고는 이를 이어서 긴 뗏목을 만들어 강을 건넜다. 강 한가운데에서 표류하다가 죽은 사람이 매우 많았지만 원호는 이미 강원도로 떠나 버려서 강을 지키는 조선군이 한 사람도 없었으므로 적은 며칠에 걸쳐서 강을 모두 건넜다. 이리하여 세 갈래로 진격한 적은 모두 한양에 들어왔다. 성안의 백성은 모두 이미 흩어져 달아났기 때문에 성안에는 한 사람도 없었다.

　한강 방어에 실패한 김명원은 임금 계신 곳으로 가려 하였다. 임진강에 이르러 장계를 올려 상황을 전하니, 임금께서는 경기도·황해도의 병사와 신할에게 임진강을 지키게 하여 적군이 서쪽으로 진격할 길을 막게 하셨다. 이날 어가가 개성을 떠나 금교역(金郊驛)에 머물렀다. 나는 비록 파직된 처지였지만 감히 뒤에 남을 수 없어서 행차를 따라갔다.

4일에 어가가 흥의(興義)·금암(金岩)·평산부(平山府)를 지나 보산역(寶山驛)에 머물렀다. 처음에 너무 급하게 개성을 나오다가 종묘의 신주(神主)를 목청전(穆淸殿)에 두고 왔다. 종실 한 사람이 "적의 땅에 신주를 둘 수는 없습니다" 하고 울며 밤새 개성으로 달려가 신주를 되찾아 돌아왔다.

5일에 어가가 안성(安城)·용천(龍泉)·검수역(劍水驛)을 지나 봉산군(鳳山郡)에 머물렀다.

6일에는 황주(黃州)에 머물고 7일에는 중화(中和)를 지나 평양에 들어갔다.

四月三十日曉, 車駕西巡. 申砬旣去, 都人日望捷報. 前日夕, 有氈笠三人, 走馬入崇仁門, 城內人, 爭問軍前消息. 答曰:"我乃巡邊使軍官奴僕. 昨日, 巡邊使敗死於忠州, 諸軍大潰. 俺⁵等脫身獨來, 欲歸報家人, 避兵耳." 聞者大驚, 所過傳相告語, 不移時, 滿城俱震. 初昏, 召宰執, 議出避. 上御東廂地坐, 張燈燭, 宗室河源君·河陵君等, 侍坐. 大臣啓:"事勢至此, 車駕暫出幸平壤, 請兵天朝, 以圖收復." 掌令權悏請對, 造膝大聲呼, 請:"固守京城." 語囂甚. 余謂曰:"雖危亂之際, 君臣之禮, 不可如是. 可少退以啓." 悏連呼曰:"左相亦爲此言耶! 然則京(권1·18) 城可棄乎?"余啓曰:"權悏言甚忠, 但事勢不得不然."因請分遣王子諸道, 使呼召勤王, 世子隨駕, 議定⁶ 大臣, 出在閣

門外, 得旨. 臨海君可往咸鏡道, 領府事金貴榮·漆溪君尹卓然從. 順和君可往江原道, 長溪君黃廷彧·護軍黃赫·同知李墍從. 蓋赫女爲順和夫人, 而李墍爲原州人, 故幷遣之. 時右相爲留將, 領相幷宰臣數十人, 以扈從點出. 余無所命, 政院啓: "扈從, 不可無柳某", 於是令扈行. 內醫趙英璇·政院吏申德麟十餘人, 大呼言: "京都不可棄!" 俄而, 李鎰狀啓至, 而宮中衛士盡散, 更漏不鳴, 得火炬於宣傳官廳, 發狀啓讀之, 內云: "賊今明日當入都城." 狀入良久, 駕出. 三廳禁軍奔鼠, 昏黑中, 互相抵觸. 適羽林衛池貴壽過前, 余認之, 責令扈從, 貴壽曰: "敢不盡力", 幷呼其類二人而至. 過景福宮前, 市街兩邊哭聲相聞. 承文院書員李守謙, 執余馬鞚問曰: "院中文書當如何?" 余令收拾其緊關者追來. 守謙哭而去. 出敦義門, 到沙峴, 東方向明. 回視城中, 南大門內大倉火起, 烟焰已騰空矣. 踰沙峴, 至石橋, 雨作. 京畿監司權徵追至扈從. 至碧蹄驛, 雨甚, 一行皆沾濕. 上入驛, 少頃卽出. 衆官自此, 多還入都城者, 侍從·臺諫往往多落後不至. 過惠陰嶺, 雨如注, 宮人騎弱馬, 以物蒙面, 號哭而行. 過馬山驛, 有人在田間, 望之慟哭曰: "國家棄我去, 我輩何恃而生也!" 至臨津, 雨 (권1·19) 不止. 上御舟中, 召首相及臣入對. 旣渡已向昏, 不能辨色. 臨津南麓, 舊有承廳, 恐賊取材, 作桴筏以濟, 命焚之, 火光照江北, 得尋路而行. 初更, 到東坡驛. 坡州牧使許晉·長湍府使具孝淵, 以支待差使員在其處, 略設御厨. 扈衛人終日飢來, 亂入厨中, 搶奪以食, 將闕上供, 晉·孝淵懼而逃. 五月初一日朝, 引見大臣, 問: "南方巡察使, 有能勤王者否?" 日晚, 乘輿欲發向開城, 而京畿吏卒逃散, 無扈衛人. 適黃海監司趙仁得, 率本道兵, 將入援, 瑞興府使南嶷先到, 有軍數百人, 馬五六十匹, 以此始發. 臨行, 司鑰崔彥俊出曰: "宮中人昨日不食, 今又未食, 得小米療[7]飢可行." 索南嶷軍

人所持糧, 雜大小米二三斗以入. 午至招賢站,[8] 趙仁得來朝, 設帳幕於路中, 以迎之, 百官始得食. 夕次于開城府. 御南門外公署, 臺諫交章, 劾: "首相交結, 誤國等罪." 不允. 二日, 臺諫仍啓, 首相罷, 余陞爲之, 崔興源爲左相, 尹斗壽爲右相, 咸鏡北道兵使申硈遞來. 是日午, 上御南城門樓, 慰諭人民, 有旨, 令各陳所懷. 有一人出行俯伏, 問: "何言?" 對曰: "願召鄭政丞." 蓋鄭澈時竄在江界, 故云然. 上曰: "知道." 卽命召澈, 赴行在, 夕還宮. 余以罪罷, 兪泓爲右相, 崔興源·尹斗壽以次而陞. 聞賊尙未至京城, 衆議皆咎去邠之失, 使承旨申硈, 還入京城, 察形勢. 初三日, 賊入京城, 留都將李陽元·元帥[9]金命元皆走. 初 (권1·20) 賊自東萊, 分三路以進. 一路, 由梁山·密陽·淸道·大丘·仁同·善山, 至尙州, 敗李鎰軍. 一路, 由左道長鬐·機張, 陷左兵營蔚山·慶州·永川·新寧·義興·軍威·比安, 渡龍宮河豐津, 出聞慶, 與中路兵合, 踰鳥嶺, 入忠州. 又自忠州分兩路, 一趨[10]驪州渡江, 由楊根, 渡龍津, 出於京城東. 一趨竹山·龍仁, 至漢江之南. 又一路, 由金海, 從星州·茂溪縣渡江, 歷知禮·金山, 出忠淸道永同, 進陷淸州, 向京畿. 旌旗劍戟, 千里相連, 砲[11]聲相聞. 所過, 或十里, 或五六十里, 皆據險設營柵, 留兵以守, 夜則擧火相應. 都元帥[12]金命元在濟川亭, 望見賊至, 不敢戰, 悉沉軍器·火炮·器械于江中, 變服以逃. 從事官沈友正固止,[13] 不從. 李陽元在城中, 聞漢江軍已散, 知城不可守, 亦出走楊州. 江原道助防將元豪, 初率兵數百, 守驪州北岸, 與賊相持, 賊不能渡者數日. 旣而, 江原道巡察使柳永吉, 檄召元豪歸本道. 賊毀閭里民家及官舍, 取屋材, 聯爲長筏以渡, 中流爲水所漂, 死者甚多, 而豪旣去, 江上無一守者, 故累日畢渡. 於是賊三路兵皆入京城, 城中之民先已散去, 無一人矣. 金命元旣失漢江, 欲向行在, 至臨津, 狀啓言狀. 命更徵京畿·黃海兵, 守

臨津, 且命申硈, 同守, 以遏賊西下之路. 是日車駕發開城, 次于金郊驛. 余雖罷散, 不敢後, 從行. 四日, 車駕過興[14]義·金巖·平山府, 次于寶山驛. 初出開城時, 倉卒留宗廟神主于穆淸殿, (권1·21) 有宗室一人, 號泣啓: "不當委神主於賊所." 於是, 達夜馳至開城, 奉還云. 五日, 車駕過安城·龍泉·劍水驛, 次于鳳山郡. 六日, 進次黃州, 七日, 過中和, 入平壤.

여기서는 "경복궁을 불태운 것은 누구인가"라는 문제에 대해 간단히 언급하려 한다. 역해자의 의견을 밝히자면, "잘 알 수 없다"이다.

『서애선생문집』 권16 「난 후의 일을 적다(記亂後事)」 기사에는 다음과 같은 대목이 보인다.

임금의 행차가 성을 나가자, 난민(亂民)이 먼저 장례원(掌隷院)과 형조(刑曹)를 불질렀다. 이 2국(二局)은 공사 노비(公私奴婢)의 문서가 있는 곳이다. 또 내탕고(內帑庫)에 들어가 금백(金帛)을 약탈하였고 경복궁·창덕궁·창경궁을 불질러 하나도 남은 것이 없었다. 역대의 보완(寶琓)과 문무루(文武樓), 홍문관 소장의 서적이며 춘추관의 각조(各朝) 『실록』과 다른 곳간에 보관된 고려의 사초, 『승정원일기』 등이 모두 잿더미가 되었으며, 왕자 임해군의 저택과 병조판서 홍여순(洪汝諄)의 집 등은 모두 적군이 이르기 전에 우리 백성들이 지른 불에 타 버렸다. (「난 후의 일을 적다」, 『서애선생문집』 권16)[15]

류성룡은 이 기사에서 경복궁 등의 여러 궁궐을 방화한 것이 노비를 비롯한 조선 백성이었음을 명시한다. 이 기사는 『선조수정실록』 1592년 4월 14일조에 요약되어 수록된다.

도성의 궁성(宮省)에 불이 났다. 거가(車駕)가 떠나려 할 즈음 도성 안의 간악한 백성이 먼저 내탕고에 들어가 보물을 다투어 가졌는데, 이윽고 거가가 떠나자 난민이 크게 일어나 먼저 장례원과 형조를 불태웠으니 이는 두 곳의 관서에 공사 노비의 문적(文籍)이 있기 때문이었다. 그러고는 마침내 궁성의 창고를 크게 노략하고 인하여 불을 질러 흔적을 없앴다. 경복궁·창덕궁·창경궁의 세 궁궐이 일시에 모두 타 버렸다. (『선조수정실록』)[16]

이렇듯 경복궁 등의 궁궐을 조선 백성이 방화했다는 것이 조선 조정의 공식적인 입장이었음을 알 수 있다.

한편, 임진왜란 당시 일본 문헌 가운데 한양 입성 직후 일본인이 경복궁에 간 기록이 보인다. 제1군의 종군승 덴케이가 쓴 『서정일기』에 따르면, 경복궁이 이미 1592년 5월 7일 시점에는 초토화되어 있는 것으로 되어 있다.

7일 맑음. 궁전에 들어갔다. 궁전은 모두 초토(焦土)가 되어 있었으니 중국 진(秦)나라가 멸망한 뒤의 함양궁(咸陽宮)과 같았다. 그 곁에 누원(漏院)이 있었으니 실로 불탄 자리에 남은 한 포기의 풀뿌리와 같았다. (덴케이, 『서정일기』)[17]

그런데 한국 학계 일각에서는 제타쿠(是琢)의 일기나 오제키 사다스케(大関定祐)의 『(증보) 조선정벌기(朝鮮征伐記)』를 근거로 들어, 경복궁이 일본군의 한양 입성 전까지는 훼손되지 않고 남아 있었다고 주장한다. 이 두 문헌에 대한 상세한 사항은 역해자의 해제를 참조하기 바란다.[18] 결론적으로 말하자면, 우선 『(증보) 조선정벌기』는 상당히 허구적인 작품이기 때문에 사료로서 쓰기에는 무리가 있다.

한편, 제타쿠 일기의 원제목은 『조선진중 제타쿠 화상의 기록 등(朝鮮陣中是琢和尙筆記他)』이며, 『메이린 조선역 종군일기(明琳朝鮮役從軍日記)』라는 제목으로 활자화되어 있어서 접하기 쉽다.[19] 이 가운데 경복궁이라고 주장되는 궁궐의 화려한 모습에 대한 묘사는 활자본 354~355쪽에 실려 있다. 그런데 이 문헌을 잘 읽어 보면, 제타쿠가 궁궐을 묘사하는 것은 1593년 3월경이다. 제타쿠가 모신 제2군의 나베시마 나오시게(鍋島直茂) 및 가토 기요마사 군은 1592년 5월에는 한양에 거의 체류하지 않고 곧장 함경도로 향했기 때문에, 이 일기에도 1592년 당시 한양의 궁궐에 대해서는 언급이 없다. 1593년은 명군의 조선 진입에 따라 일본군의 제2군이 함경도 점령을 포기하고 한양으로 돌아온 시점이었다. 그 후 일본군이 4월에 한양에서 철군하면서 한양 곳곳을 방화했다는 증언은 조선과 일본 양국 문헌에 널리 보인다. 일본에서는 이 방화에 대해 고바야카와 다카카게(小早川隆景)의 지략이라고 칭송한다. 그 뒤에 한양에 들어간 류성룡은 관가가 모두 불탔다고 증언한다. 이렇듯, 1592년과 1593년에 일본군의 두 참전승이 남긴 증언이 충돌하는 지점이 경복궁 방화 주체가 누구인지를 밝히는 데 걸림돌이 된다.

경복궁 방화 논쟁의 핵심에는 선조가 한양을 떠난 뒤 조선 인민이 지배층에 분노해서 방화했는지의 여부가 존재한다는 점을 인정한다고 해도, 역해자로서는 1593년 4월에 일본군이 한양을 떠나면서 성안의 거의 모든 건물을 불태웠다는 사실이, 경복궁을 누가 불 질렀는가 하는 문제보다 더 중요한 것으로 느껴진다. 가토 기요마사의 경우에는 1592년에 한양으로 진격하는 도중에 경주를 방화했다는 사실이 각종 일본 측 문헌에서 찬미된다. 이처럼 일본군이 임진왜란 당시 한양·경주 등을 광범위하게 방화했다는 것은 부정하기 어려운 사실이다.

한편 본문에서는 임진강 가에서 선조가 이산해·류성룡 등과 대화를 했다고 하는데, 『선조수정실록』 1592년 5월 1일조에 그 대화의 내용이 보인다.[20] 이에 따르면 이날의 대화는 선조가 어디까지 피난해야 할 것인가에 대한 논의였으며, 선조와 이항복은 명나라에 망명하고 싶었지만 류성룡 등이 이에 반대했다는 것이다. 류성룡은 초본 『징비록』에 실려 있었던 선조의 양위 논란 등을 간행본에서는 삭제하거나, 이와 같이 자세한 내용을 싣지 않는 식으로 삼가는 태도를 취한다.

한편 본문에는 일본군의 진로에 대한 언급이 보인다. 처음에 서로 갈라져서 진격하던 일본군은 충주에서 일단 한 번 집결해서 향후 대책을 논의했고, 가토 기요마사와 고니시 유키나가는 누가 먼저 한양에 입경할 것인가의 문제를 두고 언쟁을 벌이다가 화해한다. 그리고 조선의 지리를 잘 아는 고니시 유키나가는 남대문으로 가는 길은 가깝지만 강이 있고, 동대문으로 가는 길은 멀지만 강이 없다고 가토 기요마사에게 설명해 준 다음 가토 기요마사에게 선택권을 준다. 가토 기요마사는 충주까지 군사를 몰고 오면서 경주를 불태운 것 외에는 특별한 훈공을 쌓지 못한 처지였다. 결국 가토 기요마사는 강이 있지만 죽산·용인 방면의 길을 택해서 가장 먼저 조선의 도성을 점령하고자 한다.

그런데 『다이코기』에 따르면 고니시 유키나가는 강에 대해 잘 아는 자 20여 명을 가토가 진격하는 길에 있는 큰 강에 보내어 강가의 배를 모두 흘려보내 버렸다. 가토는 이런 줄은 꿈에도 모르고 배가 있겠거니 했지만 아무리 강을 살펴보아도 배가 한 척도 없었다는 것이다. 고니시 유키나가가 한강의 배를 숨겨서 가토의 진로를 방해했다는 이와 같은 주장은 가토 기요마사의 전기 『신판 세이쇼기(新版淸正記)』(1663)에도 보인다. 그러나 가토 기요마사의 일대기적 문헌들 가운데 최초로 쓰인 『기요마사 고려진 비망록(淸正高麗陣覺書)』에서는 원래 배가 없었기 때문에 가토 기요마사의 부하 소네 마고로쿠(曾根孫六)가 헤엄쳐서 강 건너편의 배를 가져왔다고 적고 있다.

또한 인기 군담 작가였던 바바 노부노리(馬場信意)는 『조선태평기(朝鮮太平記)』 권6에서, 강 건너편에 있는 수많은 조선 병사 위로 물새가 날아다니는 것을 본 가토 기요마사가 사람으로 보이는 것은 조선군이 세운 허수아비라는 것을 간파했다고 적는다.

기요마사가 다음 날 강가에 나와 강 건너편을 바라보니 강가에 배가 많이 정박하여 있고 육지에는 적의 대군이 진용을 갖추고 있었으며 나무 그늘 여기저기에 흰 깃발이 나부끼고 있었다. 이를 본 부하들이 배를 타고 건너려 하였지만 한 척의 배도 구할 수 없었다. 말을 타고 건너려 하여도 흰 파도가 물가를 적시고 폭포가 엄청난 기세로 소리를 내며 떨어지는 상황이라 건널 수 없었다. 병사들은 이를 보고 낙담하였지만 기요마사는 조금도 굴하지 않고 건너편을 바라보고 있었다.

그때 강 위에 있던 물새 너댓 마리가 무리를 지어서는 소리도 없이 강 건너편을 통과하여 날아갔다. 이를 본 기요마사는 "만약 적군이 강 건너편에 진을 치고 있다면 어떻게 물새가 날아갈 수 있겠는가. 내가 보기에 병사처럼 보이는 것은 인형 같다. 헤엄 잘 치는 자에게 건너편으로 가서 저기 보이는 배를 타고 돌아오도록 하여라"라고 명하였다. 그 말이 끝나기도 전에 소네 마고로쿠가 강으로 뛰어들었다. 이를 본 용맹한 젊은 병사들도 뒤질세라 강으로 뛰어들어 강 건너편에 묶인 배들을 끌고 이편으로 건너왔다. 병사들은 이 배에 타고 편안히 강을 건너갔다. 그들이 기요마사에게 아뢰길 모두 짚으로 만든 인형에다가 활·화살·창을 쥐어 놓았을 뿐이고 깃발처럼 보인 것도 흰 종이를 엮은 뒤 온갖 그림을 그려 놓은 가짜였다고 하였다. 기요마사의 관찰이 조금도 틀리지 않았으니 병사들이 거듭 감탄하였다. (바바 노부노리, 『조선태평기』)

이처럼 우여곡절 끝에 일본군은 한양에 입성하게 된다. 고니시 유키나가와 가토 기요마사 가운데 누가 먼저 한양에 입성했는지를 놓고 문헌들은 상반되는 견해를 보인다. 대부분의 문헌에서는 고니시 유키나가가 가토 기요마사보다 하루 먼저 입성했다고 주장하는 반면, 가토 기요마사 관련 문헌에서는 가토가 고니시보다 하루 먼저 들어갔다고 주장한다.

가토 기요마사 관련 문헌의 이러한 주장에 대해 『조선군기대전』의 저자는 '호사가들이 기요마사를 옹호하는 속설을 이용하여 기요마사 군의 지연을 숨기려고 날조한 것'이라고 비판한다. 『다이코기』에는 동대문이 굳게 닫혀 있었으므로 고니시 유키나가의 부하인 기도 사쿠에몬노조(木戸作右衛門尉)가 동대문의 수문 철창살에 조총을 박아 넣어 구부린 틈으로 들어갔다고 적혀 있다. 성안으로 들어간 기도 사쿠에몬노조가 동대문을 안에서 열었고 고니시가 군령을 엄히 하달했기 때문에 일본군은 질서 있게 입성했다는 것이다. 이에 대해 『다이코기』의 저자는 "대문이 열리면 보통 얼씨구나 하며 앞다투어 입성하였을 터인데 올바른 명령을 내려서 군법에 맞게 입성한 것은 가장 그럴듯하다. 이즈미(和泉) 지역의 평민 고니시 조세이(小西如淸)의 아들이 이렇게 행동한 것은 진정 바람직한 용사다운 모습"(권13)이라고 극찬한다."[21]

『징비록』에서는 "을밀대(乙密臺) 근처의 소나무 숲 속에 옷을 여러 벌 걸쳐 두었으니 이를 거짓 병사(疑兵)라고 한다"라고 해서 실제로 조선군이 거짓 병사 전략을 썼다고 증언한다. 앞에 언급한 『조선태평기』는 비록 소설이기는 하지만 그 근원에는 임진왜란 당시 일본군이 경험한 사실이 들어 있는 것이다. 또한, "그들은 진격하면서 십 리 또는 오륙십 리마다 험한 곳에 요새를 세우고 병사를 남겨 지키게 하였다"는 것은 임진왜란 당시 일본군이 전개한 점적(點的) 점령 전략에 따른 것이다. 임진왜란 당시 수군 장수였던 와키사카 야스하루(脇坂安治)에 대한 기록인 『와키사카기(脇坂記)』에 그와 관련된 내용이 보인다.

일본군이 항구[부산포]와 도성 사이를 왕래하는 길에 적군이 많이 나타나 여기저기서 아군을 2백~3백 명씩 죽였기 때문에, 수군 대장들은 상의 끝에 도성과 항구 사이의 통로에 5~7리[약 20~28킬로미터] 간격으로 거점 성(傳의 附城)을 마련하였다. 와키사카 야스하루도 가신(家臣) 와키사카 사효에(脇坂左兵衛)와 와타나베 시치에몬(渡邊七右衛門)에게 보병 3백 명을 보내 5월 중순에 도성에서 7리 떨어진 산기슭에 거점 요새를 마련하였다. (『와키사카기』)[22]

마지막으로, 신립의 부하들이 한양으로 돌아와서 말한,

"우리는 순변사 군관의 종입니다. 어제 순변사는 충주에서 패하여 전사하고 군대는 크게 무너져서 우리는 간신히 몸만 빠져나왔습니다. 가족에게 알려서 적병을 피하게 하려 합니다"

라는 대목의 원문은 "昨日, 巡邊使敗死於忠州, 諸軍大潰, 俺等脫身獨來"이다. 이 문장에는 중세 중국어 구어인 어록체(語錄體)의 1인칭 대명사 '俺(나 암)'이 들어 있는데, 일본판 『조선징비록』에서는 두주(頭註)로,

'俺'은 '女'와 '敢'의 반절(反切)이다. '나'라는 뜻이다(俺女敢切. 我也).

라고 설명한다. 17세기 후반 당시의 일본인들에게는 '俺'이라는 백화(白話: 구어 중국어) 대명사가 낯설었던 것 같다. 오늘날에는 남자가 자기를 가리키는 구어 일본어 '俺(おれ, 오레)'로 정착되어 있다.

20

삼도 순찰사의 부대가 용인에서 패하다

삼도 순찰사의 부대가 용인에서 패하였다.

처음에 전라도 순찰사 이광(李洸)이 전라도 군대를 이끌고 도우러 왔으나, 어가가 서쪽으로 피난 가고 한양이 이미 함락되었다는 소식을 듣고는 병사를 거두어 전주로 돌아왔다. 전라도 사람들은 이광이 싸우지 않고 돌아왔다고 다들 분개하고 못마땅하게 여겼다. 이에 이광은 마음이 편안하지 못하여 다시 부대를 조직하여서는 충청도 순찰사 윤국형(尹國馨)의 부대와 합쳐 나아갔다. 경상도 순찰사 김수 또한 경상도에서 군관 수십 명을 데리고 와서 합치니, 전체 병사의 수가 5만여 명이었다.

이들이 용인에 이르러 북두문(北斗門)의 산 위를 바라보니 적의 소규모 보루가 있었다. 이광은 이 보루를 공격하는 것이 쉽다고 여기고는 먼저 용사(勇士) 백광언(白光彦)·이시례(李時禮) 등에게 적을 시험하여 보게 하였다. 백광언 등은 선봉대를 이끌고 산을 올라 적의 보루에서 열 걸음쯤 떨어진 곳까지 가서는 말에서 내려 활을 쏘았지만 적은 나오지 않았다. 해가 지자 적군은 백광언 등이 조금 해이해진 것을 보고는 칼날을 번쩍이고 크게 소리 지르며 뛰어나왔다. 백광언 등은 놀라서 말을 찾아 달아나려 하였지만 채 그러기 전에 적에게 모두 살해되었다.

이 소식을 들은 조선 병사들은 모두 놀라고 두려워하였다. 이때 삼도의 순찰사는 모두 문관이어서 군사의 일에 익숙하지 않았다. 비록 군사의 수는 많지만 명령이 하나로 통일되지 못하였고 험준한 곳에 의지하여 요새를 세우지 않았다. 옛사람이 "군사 행동을 봄놀이하듯 하고도 어찌 패하지 않을 수 있을까?"라고 말한 것은 진실이다.

이튿날, 아군이 겁먹은 것을 안 적병 몇이 칼을 휘둘러 용맹을 자랑하며 전진하자 삼도의 부대는 이를 바라보고 크게 무너졌으니, 그 소리가 마치 산이 무너지는 것 같았다. 달아나면서 버린 군수품과 기계(器械)가 길을 메워서 사람이 지나갈 수 없을 지경이었다. 적은 이를 모두 모아 불태웠다. 이광은 전라도로 돌아갔고 윤국형은 공주로 달아났으며 김수는 경상우도로 돌아갔다.

三道巡察使之軍潰於龍仁. 初全羅道巡察使李洸, 率本道兵入援, 聞車駕西狩, 京城已陷, 收兵還全州. 道內人咎洸不戰而回, 多憤惋不平者. 洸不自安, 更調兵, 與忠淸道巡察使尹國馨, 合軍而進. 慶尙道[1]巡察使金睟, 亦自其道, 率軍官數十餘人, 來會, 兵總五萬餘. 至龍仁, 望見北斗門山上, 有賊小壘. 洸易之, 先使勇士白光彥·李時禮等, 嘗賊. 光彥等, 率先鋒登山, 拒²賊壘 十餘步, 下馬發射, 賊不出. 日晚, 賊見光彥等稍懈³, 發白刃, 大呼突出. 光彥 等倉皇索馬, 欲走不及, 皆爲賊所害, 諸軍聞之震懼. 時三巡察皆文人, 不閑 兵務. 軍數雖多, 而號令不一, 且不據險設備. 眞古人所謂: "軍行如春遊, 安 得不敗者也?" 明日, 賊知我軍心怯, 數人揮刃, 賈勇而前, 三道軍望之大潰, 聲如崩山. 委棄軍資·器械無數, 塞路人不能行, 賊悉聚而焚之. 洸還全羅, 國 馨走⁴公州, 睟還慶尙右道.

 이 전투에 대해서는 앞에서 인용한 와키사카 야스하루에 대한 기록인 『와키사카기』에 관련 내용이 보인다.

 6월 5일 새벽에 적군 수만 명이 이 요새를 포위하고 거세게 공격하니, 성안의 부대는 소인원이어서 버티기 어려운 기색을 보였다. 이 성의 주둔군이 이러한 내용을 도성에 급히 보고하니, 와키사카 야스하루는 장비도 제대로 갖추지 못하고 도성에 있던 부하들만 데리고 술시(戌時: 저녁 7~9시)에 출발하였다. 도성에서 이 요새까지의 거리는 겨우 7리였지만, 그 사이에 있는 큰 강[한강]을 배로 건너느라 이래저래 고생하다 보니 동트는 묘시(卯時: 아침 5~7시) 무렵에야 이르렀다.
 적병 수만 명은 조금 높은 산에 진을 친 상태였다. 야스하루가 적의 진영에서 17~18간(間: 약 30~32미터) 정도 떨어진 산기슭에서 깃발을 치켜들고는 부하 야마오카 우콘(山岡右近)을 앞장세워 단기필마의 기세로 몰아붙이니, 이를 본 적군은 예상과 다른 전개에 조금 당황스러워 하는 기색이었다. 성안의 군대도 야스하루의 깃발을 보고는 성 밖으로 달려나가니 안팎의 아군이 하나가 되어 해 뜰 무렵 일제히 적진 가운데를 뚫고 들어가자, 이에 적군은 버티지 못하고 뒷산으로 후퇴하는 것 같았다. 그때 야스하루가 적군이 주둔한 산에 올라 깃발(幣)을 흔들자 부대가 모두 뒤질세라 산 위로 올라 사방팔방으로 적을 죽이고 다니니 이에 적군은 패배하였다.

야스하루 군은 부산으로 향하는 길에 적군을 몰아붙여 베어 죽이기도 하고 생포하기도 하였다. 한 시간 사이에 적은 인원으로 적군 수만을 패배시킨 것은 훌륭한 전과라는 평판이 조선에 주둔한 일본군 사이에 퍼졌다. 이리하여 포로 2백여 명과 자른 목 1천여 개를 그 산의 나무에 걸어 두었다. 때마침 히데요시가 파견한 가타기리 사다타카(片桐貞隆: 1560~1627)와 후지카케 나가카쓰(藤掛永勝: 1557~1617)가 조선에 건너와 있었는데, 이 전투 다음 날에 야스하루의 요새에 와서 전쟁터에 걸려 있는 수많은 적군의 머리와 포로를 보고는 크게 감격하였다. (『와키사카기』)[5]

한편, 본문에서 옛사람의 말로 인용된 것과 비슷한 구절이 『송사(宋史)』 열전에 보인다. 중국 남송의 문천상(文天祥)이 원나라 군대와 싸워 위기에 빠졌을 때 그를 대신해서 죽은 것으로 유명한 조시상(趙時賞)이 자기 나라 군대의 해이함을 한탄하여 "군사 행동을 봄놀이하듯 하니 어쩔 것인가?"[6]라고 말했다는 구절이다.

21

부원수 신각이 양주에서 적과 싸워 적을 패퇴시키고
적병 육십여 명의 목을 베었지만, 조정은 선전관을
보내 군중에서 신각을 참수하다

부원수 신각(申恪)이 양주에서 적과 싸워 적을 패퇴시키고 적병 육십여 명의 목을 베었지만, 조정은 선전관(宣傳官)을 보내 군중(軍中)에서 신각을 참수하였다.

처음에 신각은 부원수로서 김명원을 따랐지만, 한강에서 아군이 궤멸되었을 때 신각은 김명원을 따르지 않고 이양원을 따라 양주로 갔다. 그때 마침 함경남도 병사(咸鏡南道兵使) 이혼(李渾)의 부대가 이르렀기에 신각은 부대를 합쳤다. 한양에서 나와 민가를 노략질하는 적군을 만나 싸워 이를 무찔렀으니, 왜군이 우리나라에 들어온 이래 아군이 거둔 첫 승리였으므로 사람들은 모두 뛸듯이 기뻐하였다.

김명원은 임진강에 있으면서 신각이 멋대로 다른 곳으로 떠났으며 자신의 명령을 따르지 않았다는 보고서를 올리니, 우의정 유홍은 신각을 급히 베어 죽일 것을 청하였다. 그리하여 형을 집행할 선전관이 떠난 뒤에 신각의 승전보가 이르니, 조정은 사람을 보내 형의 집행을 멈추게 하려 하였지만 때는 이미 늦었다.

신각은 비록 무인이었지만 청렴하고 신중하였다. 일찍이 연안부사(延安府使)로 있을 때에는 성을 수리하고 해자를 깊이 파고 병기를 많이 비축하였으니, 훗날 이정암(李廷馣)이 연안성을 온전히 지킨 것은 신각의 공이라고 사람들은 말하였다. 죄 없이 죽었고 더욱이 아흔 살의 늙은 어머니까지 계셨으니 이 이야기를 듣는 사람마다 모두 애통해 하였다.

副元帥[1]申恪, 與賊戰于楊州, 敗之, 斬首六十餘級. 遣宣傳官, 卽軍中斬恪[2]. 恪初從金命元爲副, 漢江之潰, 恪不從命元, 隨李陽元于楊州. 時咸鏡南道兵使李渾兵適至, 恪合兵. 遇賊自京城出, 散掠閭閻, 邀擊破之. 自倭入我國, 始有此捷, 人皆踴躍. 金命元在臨津, 啓[3]恪擅自他適, 不從號令, 右相兪泓遽請誅之. 宣傳官旣行, 而捷報至, 朝廷使人追止, 不及. 恪雖武人, 而素淸愼. 嘗爲延安府使, 修城浚壕, 多備軍器, 後李廷馣守延安全城, 人以爲恪之功, 死非其罪, 且有九十歲老母, 聞者莫不痛之.

16권본은 이 본문 뒤에 한응인 파견 기사가 이어져 있다.

『징비록』에서는 신각의 활약으로 임진왜란 당시 조선군이 일본군에 처음으로 승리한 것으로 그려지며, 일본판 『조선징비록』의 영향으로 근세 일본에서도 신각의 활동과 그의 억울한 죽음은 대서특필된다. 한편, 아래에 인용한 『선조실록』과 『선조수정실록』의 1592년 5월조에 따르면, 김명원이나 조정에서는 처음에 신각이 핑계를 대고 달아났다고 판단한 듯하다. 그래서 전시에 엄격한 군법을 적용한다는 차원에서 신각의 적전(敵戰) 후퇴에 대해 처형으로 대응한 것으로 보인다. 위급한 상황에는 한 명의 병사도 아까운 법인데 문서로 사람의 목숨을 좌우지하는 데에만 몰두한 김명원이나 조정의 판단을 옹호할 수는 없지만, 전쟁 발발 직후에 정보 유통이 혼란스러운 상황에서 이렇듯 있을 수 없는 사태가 발생했다고 볼 여지도 있다. 아래 인용한 『선조실록』과 『선조수정실록』에서도 김명원과 신각에 대한 평가는 서로 엇갈린다.

　도원수 김명원은 요즘 처사가 매우 사람들의 마음에 흡족하게 하지 않고 있습니다. 경성이 함락된 지 이미 오래인데 진격할 마음은 없고 오로지 물러앉아 나루터를 지키는 일을 상책으로 삼고 있으므로 사기(事機)를 잃은 것이 몇 번인지 모를 정도입니다. 또 부원수 신각이 제 마음대로 도피하였는데도 이를 제어하지 못하였으니 그 나머지 일을 가히 알 수 있습니다. (『선조실록』)[4]

　사신을 보내어 부원수 신각을 참(斬)하였다.
　신각은 처음에 부원수로서 김명원을 따라 한강에서 방어하였는데, 명원의 군사가 패하자 이양원을 따라 양주에 와서, 흩어진 군사들을 수습하였다.
(중략)

이양원은 당시 산골짜기에 있었으므로 상황의 보고가 끊겼고, 김명원은 신각이 양원을 따른다고 핑계 대고 도망쳤다는 것으로 장계를 올려 처벌할 것을 청하였다. (『선조수정실록』)[5]

22

지사 한응인에게 평안도 강변의 정예병 3천 명을 거느리고 임진강으로 가서 적을 무찌르게 하다

지사(知事) 한응인(韓應寅)에게 평안도 강변(江邊)의 정예병 3천 명을 거느리고 임진강으로 가서 적을 무찌르게 하고 [한응인에게] 김명원의 지휘를 받지 말도록 하였다.

이때 한응인은 북경에 갔다가 막 돌아왔는데, 좌의정 윤두수가 사람들에게 "이 사람의 얼굴에 복을 받을 기운이 있으니 필시 일을 잘 처리할 것입니다"라고 말하였다. 마침내 한응인은 임진강으로 떠났다.

遣知事韓應寅, 帥平安道江邊精兵三千人, 赴臨津, 擊賊, 令勿受金命元節制. 時應寅赴京新回, 尹左相言於衆曰: "斯人狀貌有福氣, 必能辦事", 遂行.

초본에는 앞서 신각의 승전 및 처형 기사와 이 본문 사이에,

> 양사(兩司)와 홍문관(弘文館)이 상소하여 이 모(李某)를 탄핵하였다. 죄는 무겁고 처벌은 가벼웠다. 평해군(平海郡)으로 유배 갔다.[1]

라는 구절이 있다. 여기 보이는 "이 모"란 이산해(李山海)를 가리키며, 류성룡은 이 구절을 간행본에는 수록하지 않았다. 정유재란 당시 일본군이 직산에 이르자 조령에서 대책을 논하는 가운데, 이산해가 적을 두려워할 필요가 없다고 주장했다는 기사도 초본에 보이는데, 이 기사가 간행본에 수록될 때에는 이산해라는 이름이 "어떤 대신(一大臣)"으로 바뀌어 있다. 정적(政敵)인 이산해에 대한 대목을 간행본에 수록할 때, 류성룡 본인 또는 16권본의 편찬자들이 신중하게 판단했음을 알 수 있다.

23

한응인과 김명원의 군대가
임진에서 무너지고 적은 강을 건너다

한응인과 김명원의 군대가 임진에서 무너졌고 적은 강을 건넜다.

처음에 김명원이 임진의 북쪽에 있으면서 여러 부대에 강의 여울을 나누어 지키게 하였다. 강 위에 떠 있는 배는 모두 북쪽 기슭에 있었기 때문에, 적군은 임진강에 진을 쳤지만 남쪽 기슭에는 강 건널 배가 없었다. 그래서 단지 유격병(遊兵)만 내어 강을 사이에 두고 교전하며 서로 대치한 것이 십여 일이었다.

하루는 적이 강가에 임시로 지은 막사를 불태우고 장막을 걷고 병기를 실었다. 후퇴하는 척하여 아군을 유인하려는 것이었는데, 신할(申硈)은 원래 민첩하고 날카롭기는 하였지만 무모하였기 때문에 적이 정말로 후퇴한다고 생각하고는 강을 건너 [적을] 추격하려 하였다. 경기감사 권징(權徵)도 신할의 주장에 합세하니 김명원은 이를 막을 수 없었다.

이날 한응인도 임진에 도착하였는데 병사 전원을 이끌고 적을 추격하려 하였다. 한응인이 이끄는 병사들은 모두 평안도 강변의 건아(健兒)들로, 그들의 주둔지가 여진인의 거주지와 가까워서 전쟁의 형세를 잘 알았으므로 한응인에게 "병사들이 멀리서 와서 지쳤고 아직 식사를 하지 못하였으며 병기도 정비하지 못하였습니다. 후방 부대도 아직 모두 도착하지 않았고 적의 정황이 거짓일지도 모르니, 원컨대 조금 쉰 뒤에 내일 형세를 보아 진격하고 싶습니다"라고 청하였다. 그러나 한응인은 이들이 [적을] 무서워해서 주저한다고 생각하여 몇 사람의 목을 베었다. 김명원은 한응인이 조정에서 새로 왔고 자신의 지휘를 받지 말라는 명을 받았기 때문에, 이 공격을 하면 안 된다는 것은 알고 있었지만 감히 말하지 못하였다.

별장(別將) 유극량(劉克良)은 나이가 많고 전쟁 경험이 많아서 가볍게 진격하면 안 된다고 힘써 주장하였다. 이에 신할이 그를 목 베려 하자 극량은 "저는 상투 튼 뒤로 지금껏 군대에 복무하고 있으니 어찌 죽음을 피하려 하는 것이겠습니까? 이처럼 말한 것은 나랏일을 그르칠까 두려웠을 따름입니다" 하고 화내며 나가 자신에게 속한 병사를 이끌고 먼저 강을 건넜다.

아군이 험한 곳에 들어가니 과연 적의 정예병이 산 뒤에 매복하여 있다가 한꺼번에 일어나니 아군은 모두 무너져 달아났다. 유극량은 말에서 내려 땅위에 앉아 "여기가 내가 죽을 곳이다"라고 말하고는 활로 적 몇을 쏘고 나서 적에게 살해되었다. 신할도 전사하였다. 병사들은 달아나 강기슭에 이르렀지만 강을 건널 수 없었기에 바위 위에서 강으로 스스로 몸을 던졌으니 그 모습이 어지러이 바람에 불리는 이파리 같았다. 강에 몸을 던지지 못한 자들은 등 뒤에서 적병이 긴 칼을 휘둘러 베었으니, 모두 엎드려서 칼에 베일 뿐 감히 저항하는 자는 없었다.

김명원과 한응인은 강 북쪽에서 이 광경을 보고 전의를 잃었다. 상산군(商山君) 박충간(朴忠侃)이 마침 군중에 있다가 말을 타고 먼저 달아나니, 사람들은 박충간을 보고는 김명원이라고 여겨 다들 "원수(元帥)가 달아난다"라고 외쳤다. 강기슭을 지키던 부대들은 이 소리를 듣고 모두 흩어졌다. 김명원과 한응인은 임금 계신 곳(行在)으로 돌아왔고 조정은 이 패배의 책임을 묻지 않았다. 경기감사 권징은 가평군(加平郡)으로 피난 갔다. 마침내 적은 승승장구하여 서쪽으로 나아갔으니 다시 이를 막을 수 없었다.

韓應寅·金命元之師, 潰于臨津, 賊渡江. 初命元在臨津北, 分付諸軍, 列守江灘. 斂江中船隻, 悉在北岸, 賊結陣于臨津南, 無船可渡. 但出遊兵, 隔江交戰, 相持十餘日, 賊終不能渡. 一日, 賊焚江上廬幕, 撤帷帳, 載軍器, 爲退遁狀, 以誘我軍. 申硈素輕銳無謀, 以爲賊實遁, 欲渡江追躡. 京畿監司權徵, 與硈合. 命元不能禁. 是日, 應寅亦至, 將悉衆追賊. 應寅所將, 皆江邊健兒, 與北虜近, 備諳戰陣形勢. 告應寅曰: "軍士遠來罷弊, 尙未食, 器械未整, 後軍亦未[1]齊到, 且賊之情僞未可知. 願少休, 明日觀勢進戰." 應寅以爲逗遛, 斬數人. 命元, 以應寅新自朝廷來, 且令勿受己節制, 故雖知不可, 而不敢言. 別將劉克良, 年老習兵, 力言不宜輕進. 申硈欲斬之, 克良曰: "吾結髮從軍,

豈以避死爲心? 所以云云者, 恐誤國事耳." 憒憒 (권1·23) 而出, 率其屬先
渡. 我軍旣入險地, 賊果伏精兵於山後, 一時俱起, 諸軍奔潰. 克良下馬坐地
曰: "此吾死所也." 彎弓射賊數人, 爲賊所害. 申硈亦死. 軍士奔至江岸, 不得
渡, 從巖石上, 自投入江, 如風中亂葉. 其未及投江者, 賊從後奮長刀斫之, 皆
匍匐受刃, 無敢拒者. 命元·應寅, 在江北望之喪氣. 商山君朴忠侃適在軍中,
騎馬先走. 衆望之, 以爲命元, 皆呼曰: "元帥去矣." 諸守灘軍, 應聲皆散. 命
元·應寅還行在, 朝廷不問. 京畿監司權徵, 入加平郡避亂, 賊遂乘勝西下, 不
復可² 止矣.

✦

류성룡은 신각과 마찬가지로 유극량도 불합리한 상황에서 맡은 바
임무를 다하다가 죽음을 맞이한 영웅으로 그리고 있다. 이들에 대한 류
성룡의 필치는 공감적이면서도 생생한 만큼 설득력을 가져서, 일본판
『조선징비록』의 영향을 받은 근세 일본의 여러 문헌에서도 유극량은 조
선의 용맹한 장군으로서 긍정적으로 그려진다.

24

적병이 함경도에 들어오니
두 왕자가 적중에 억류되다

적병이 함경도에 들어오니 두 왕자가 적중에 억류되었다. 종신(從臣) 김귀영·황정욱·황혁과 함경도 감사 유영립(柳永立), 북병사(北兵使) 한극함(韓克諴) 등이 모두 붙잡혔으며, 남병사(南兵使) 이혼은 갑산(甲山)으로 달아났다가 우리 백성에게 살해되었다. 이에 함경남북도의 군현이 모두 적의 수중에 떨어졌다.

왜학통사(倭學通使) 함정호(咸廷虎)라는 사람은 한양에 있다가 적장 가토 기요마사에게 잡혀서 그를 따라 북도(北道: 함경도)로 갔다. 적이 후퇴한 뒤에 달아나 한양으로 돌아와서, 나를 만나 북도에서 일어난 일을 매우 상세하게 말하여 주었다.

기요마사는 적장들 가운데 가장 용맹하고 전투를 잘하였다. 고니시 유키나가와 함께 임진강을 건너 황해도 안성역(安城驛)에 이르러, 군대를 나누어 평안도와 함경도를 빼앗으려 해서 논의하였지만 결론이 나지 않았다. 이에 두 장군은 제비를 뽑아 고니시 유키나가는 평안도로 가고 가토 기요마사는 함경도로 가게 되었다.[1] 이에 가토 기요마사는 안성 주민 둘을 잡아 길을 안내하라고 하였는데, 두 사람이 자신들은 이곳에서 태어나 자랐는지라 북쪽 지역에 대하여는 잘 알지 못한다고 답하자 가토 기요마사는 즉시 한 사람을 베어 죽였다. 이를 본 다른 한 사람은 두려워하며 길을 안내하겠다고 하였다.

가토 기요마사가 이끄는 적군은 곡산(谷山) 땅에서 노리현(老里峴)을 넘어 철령(鐵嶺) 북쪽으로 나왔다. 하루에 수백 리를 진군하니 그 기세가 비바람과 같았다.

북도병사 한극함은 6진(六鎭)[2] 병사를 이끌고 해정창(海汀倉)에서 적군과 서로 만났다. 북도의 병사들은 말타기와 활쏘기를 잘하였는데, 마침 이곳은 지형도 평평하고 넓었다. 북도 병사들이 좌우에서 교대로 나와서 말을 달리며 활을 쏘니 적군은 버티지 못하고 창고 안으로 달아나 들어갔다. 이때 이미 저녁이 되었기 때문에 병사들은 조금 쉬면서 적이 나오기를 기다려 내일 다시 싸우고 싶어 하였다. 그러나 한극함은 이 청원을 받아들이지 않고 부대를 지휘하여 이 창고를 포위하였다. 적은 창고 안에서 곡식 가마니를 꺼내 성처럼 늘어놓아 화살과 돌을 피하고, 그 안쪽에서 조총을 무수히 쏘았다. 아군은 빗살처럼 늘어서 있었고 다발처럼 여러 겹으로 서 있었는지라, 적군의 총알은 백발백중 아군 병사에 맞았고, 한 발에 서너 명이 쓰러지기도 하였다. 이에 아군은 무너졌고, 한극함은 병사를 거두어 고개 위로 후퇴하여 진을 치고, 날이 밝기를 기다려 다시 싸우려 하였다.

적은 밤에 몰래 나와 아군을 포위하고 풀섶에 흩어져 매복하고 있었다. 다음 날 아침에 안개가 자욱하게 끼어 시야가 좋지 않아서 아군은 적군이 여전히 산 아래 있다고 생각하고 있었는데, 갑자기 총소리가 들리더니 사방에서 큰 소리로 외치며 일어나 달려오는 것이 모두 적병이었다. 이에 아군은 놀라서 무너졌다. 장수와 병사들은 적군이 없는 곳으로 달아나려 하다가 모두 진창에 빠졌고, 적병이 뒤따라와서 이들을 칼로 베니 무수히 전사하였다. 한극함은 달아나 경성(鏡城)에 들어갔다가 생포되었다.

두 왕자 임해군과 순화군은 모두 회령부로 갔었다. 처음에 순화군은 강원도에 있다가 적군이 강원도에 들어오자 방향을 바꾸어 북도로 향하였다. 이때 적병이 속도를 늦추지 않고 왕자들을 끈질기게 추격하였는데, 회령 아전 국경인(鞠景仁)이 그 무리를 이끌고 반역을 일으켜 왕자와 종신들을 묶은 뒤에 적을 맞이하였다. 적장 가토 기요마사는 그 묶인 것을 풀어 군중(軍中)에 두고 함흥으로 되돌아와 주둔하였다. 오직 칠계군 윤탁연만은 도중에 병을 칭하고는, 다른 길을 거쳐 별해보(別害堡)로 깊이 들어갔다. 동지 이기는 왕자 순화군을 따르지 않고 강원도에 남았다. 이에 이들은 적군에 사로잡히지 않았다. 유영립은 적중에 며칠간 잡혀 있었는데, 그가 문관인 것을 안 적들의 감시가 조금 느슨해지자 이에 유영립은 그 틈을 타고 탈출하여 임금 계신 곳으로 돌아왔다.[3]

賊兵入咸鏡道, 兩王子陷賊中, 從臣金貴榮·黃廷彧·黃赫及本道監司柳永立·北兵使韓克諴等, 皆被執. 南兵使李渾走至甲山, 爲我民所害. 南北道郡縣皆沒于賊. 有倭學通使咸廷虎者, 在京城, 爲賊將清正所得, 因[4]隨清正入北道. 賊退後, 逃還京城, 見余言北道事頗詳. 清正在賊將中尤勇悍善鬪. 與平行長, 同渡臨津, 至黃海道安城驛, 謀分搶兩界, 各議所向未決, 二賊拈䦥. 行長得平安道, 清正得咸鏡道. 於是, 清正擒安城居民[5], 使向導, 二人辭, 以生長此地, 不諳北路, 清正卽斬之, 一人懼請先導. 從谷山地, 踰老里峴, 出於鐵嶺北. 日行數百里, 勢如風雨. 北道兵使韓克諴[6], 率六鎭兵, 相遇於海汀倉. 北兵善騎射, 地又平衍, 乃左右迭出, 且馳且射, 賊不能支, 退入倉中. 時日已暮, 軍士欲少休, 俟賊出, 明日復 (권1·24) 戰. 克諴[7]不聽, 揮其軍, 圍之. 賊出倉中穀石, 列置爲城, 以避矢石, 從其內多發鳥銃. 我軍櫛比而立, 重疊如束, 中必貫穿, 或一丸斃三四人, 軍遂潰. 克諴[8]收兵, 退屯嶺上, 欲天明更戰. 夜賊潛行, 環我軍, 散伏于草間. 朝大霧, 我軍猶意賊在山下, 忽一聲砲[9]響, 從四面大呼突起, 皆賊兵也. 軍遂驚潰, 將士向無賊處奔走, 悉陷泥澤中, 賊追至芟刈, 死者無數. 克諴[10]遁入鏡城, 遂被擒. 兩王子臨海君·順和君, 俱至會寧府. 蓋順和君初在江原道, 賊兵入江原道, 故轉向北道. 是時, 賊窮追王子, 會寧吏鞠景仁, 率其類叛, 先縛王子及從臣, 以迎賊. 賊將清正解其縛, 留置軍中, 還屯咸興. 獨漆溪君尹卓然, 路中稱病, 從他路深入別害堡. 同知李墍, 不從王子, 留江原道. 皆免執. 柳永立拘賊中數日[11], 賊以爲文官, 防禁少懈, 永立乘間脫走, 還行在.[12]

초본 『징비록』과 간행본을 비교하면 간행본에는,

> 왜학통사 함정호라는 사람은 한양에 있다가 적장 가토 기요마사에게 잡혀서 그를 따라 북도로 갔다. 적이 후퇴한 뒤에 달아나 한양으로 돌아와서, 나를 만나 북도에서 일어난 일을 매우 상세하게 말하여 주었다.[13]

라는 부분이 추가되었다. 류성룡이 『징비록』에 함경도 이야기를 넣게 된 출처를 밝힌 것이다. 초본과 간행본을 전체적으로 비교하면, 둘 사이에 차이가 가장 크게 나는 것이 함경도 관련 기사이다. 류성룡이 직접 가 보지 않은 지역에서 일어난 사건을 적은 것은 함경도뿐이 아니지만, 아마도 왕자들(임해군과 순화군)이 생포된 중대 사건이 이 지역에서 일어났기 때문에 함경도에서 발생한 일을 서술하는 데서 관련 기사를 재배치하고 문장을 다듬는 등 퇴고를 많이 한 듯하다. 우선, 이 기사는 초본에서는 조승훈이 평양에서 패하고 심유경이 강화 협상에 임하였다는 기사 뒤에 자리한다. 가토가 황해도 안성의 두 사람을 길잡이로 썼다는 이야기 등도 초본에는 없다. 간행본의 '회령 아전 국경인(會寧吏鞠景仁)' 대목이 초본에서는 '회령민(會寧民)'이라고만 나온다. 국경인이라는 이름도 초본 작성 후에 알게 된 것이 아닐지. 또 흥미로운 것은 가토가 국경인이 왕자들을 묶은 것을 풀어 주었다는 "적장 가토 기요마사는 그 묶인 것을 풀어(賊將淸正解其縛)" 주었다는 대목도 간행본에서 추가된 것인데, 이 부분은 나중에 근세 일본 문헌들에서 가토의 '인자함'을 보여 주는 증거로 애용된다. 『징비록』의 함경도 기사가 초본과 간행본 사이에 큰 차이를 보이는 것과 마찬가지로, 가토 기요마사의 함경도 점령과 관련된 일본 문헌의 기술도 각 문헌에 따라 차이가 크다. 가토 기요마사의 함경도 점령과 국경인이라는 반민(叛民)의 존재, 두 왕자의 생포, 가토 기요마사와 야인 여진의 충돌 등 중대한 사건들이 이 지역에서 발생한 여파일 것이다.[14]

이 시기에 함경도에서 가토 기요마사가 활동하는 모습은 그의 부하가 집필한 『기요마사 고려진 비망록』에 잘 나타나 있다. 그에 따르면, 가토 기요마사 군은 함경도의 주민들이 조선 조정에 불만이 많은 사람들이라는 사실을 잘 알고 있었던 것으로 나타난다. 여기서 오랑캐란 구(舊)만주 지역에 거주하던 우량하이(兀良哈)인을 가리킨다.[15] 그리고 제왕은 조선의 두 왕자를 뜻한다. 이 문헌의 저자는 왕자들을 국왕으로 착각하고 있다.

[가토 기요마사는] 도성을 떠난 지 68일째, 나베시마와 헤어진 지 52일째에 오랑캐와의 경계인 회령이라는 성에 도착하셨다. 제왕은 이곳에 계셨다. 기요마사는 회령에서 4리 떨어진 경성, 조선인들은 덕원이라 부르는 곳에 도착하셨다. 이 회령이라는 곳은 일본으로 말하자면 하치조지마(八丈が嶋) 섬, 이오가시마(いわうが嶋) 섬과 같은 유배지로, 조선국 안에 있다. 3리 사방의 들판 가운데 산이 있는데, 석벽으로 성을 쌓아 도성에서 보낸 유배인들을 둔다. 주변 들판을 개간하여 조·피를 길러 산다.

그런데 그 성에 대대로 살아온 유력한 유배인들이 한패가 되어, "제왕은 우리에게는 누대의 적이므로 이때를 틈타 생포하여 일본인에게 넘겨서 평소의 원한을 풀고 영화를 누리자"라고 하여 모두 생포하였다. 제왕의 형님을 임해군(いもはい君), 동생분을 순화군(しゆのう君), 좌대신을 호군(ほう君), 우대신을 한신조(はんしん藏)라고 한다. 그 밖에 신하들과, 부인 열두 명, 시녀 2백여 명까지를 모두 생포하여 칼을 채우고는 이 소식을 일본인들에게 알렸다.
(『기요마사 고려진 비망록』)

그리하여 함경도에 사는 유배인들이 두 왕자 일행을 붙잡았다는 연락을 전하려 가토 기요마사는 회령으로 급히 달려간다. 막상 회령에 도착하자 반민들은 가토 기요마사를 경계해서 성으로 들여보내려 하지 않았지만 가토 기요마사는 꾀를 써서 자기 부하들을 성안으로 들여보내는 데 성공한다. 일본인들이 가토 기요마사에 대해 품고 있는 '우직하고 용맹하면서도 꾀가 많다'라는 이미지는 이런 기록들에서 비롯한다.

기요마사의 부대가 1만여 기라고는 하지만, 길목 길목의 성에 남겨 둔 병사를 제외하고 회령까지 온 인원은 8천여 기였다. 회령에 도착한 기요마사는 회령 농성군이 성을 넘겨주리라 생각했지만, 그들은 성을 인계하지 않고 문을 닫고 있었다. 회령 사람들은 "왕을 잡아 두었으니 성 밖에서 넘겨드리겠습니다. 성안으로는 일본인들을 들이지 않을 것입니다"라고 하였다. 기요마사께서는 "어떤 자를 왕이라고 속여서 넘겨줄지도 모르는 일이다. 어떻게든 성안으로 들어가서 진짜 왕인지 가짜인지 살펴보고 싶지만, 튼튼한 성에

3천 명의 강한 군대가 농성하고 있으니 무작정 공격할 수도 없다"라고 생각
하여, 우선 [왕자를] 성안에서 인계받겠다고 전하고는 상황을 보면서 조치를
취하시려고 "웬만하면 성안에서 인계받고 싶다"라고 전하니, "그렇다면 대
장 기요마사와 적은 수의 인원만 성안으로 들어오십시오. 왕자를 넘겨드리
겠습니다"라는 답신이 있었다. 중신(家老)들은 적은 수의 부대로 성안에 들
어가시면 위험하다고 거듭 말렸지만, 기요마사는 여기까지 와서 성안에 들
어가지 못한다는 것은 말도 안 된다고 하면서, 무사 15, 6명만 데리고 성안
으로 들어가셨다.

 성안은 길이 7백~8백 미터, 넓이 60칸 정도 되었는데, 큰 마장(馬場) 옆의
기와집에 제왕 형제들이 계셨다. 기요마사는 그곳으로 가서 제왕 형제들과
대면하였다. 그때 기요마사가 "일본 도시락을 대접하고자 합니다"라고 말씀
하시고는, 도시락을 들고 오는 사람들이라고 하면서 무장한 병사들에게 밥
그릇, 쟁반, 젓가락을 하나씩 들고 오게 하였기 때문에, 갑옷 입은 무사 7,
80명이 성안으로 들어오게 되었다. 그러고는 문지기에게 문을 열라고 말씀
하시자 금세 문이 열렸다. 당시 모든 사람이 기요마사 님의 깊은 지략을 칭
송하였다. 기요마사는 왕자 형제와 그 밖의 사람들을 모두 인계받아 즉시
1천여 명의 병사들로 하여금 경호하게 하여 경성으로 보내셨다. 경성에 남
겨 둔 다데라 히사타유(田寺久太夫), 마에노 스케베(前野助兵衛) 두 사람에게
천하무적의 병사 수천을 주어 왕자 일행을 지키게 하였다. (『기요마사 고려진
비망록』)[16]

한편 함정호에 따르면 고니시 유키나가와 가토 기요마사는 누가 어

느 쪽으로 갈지를 정하기 위해 제비뽑기를 했다고 한다. 일본 측 문헌에서는 두 사람이 하루씩 번갈아 앞서가기 위해 일본 장군들이 제비를 뽑았다는 언급이 보이는 한편, 고시니 유키나가가 조선 수도에 먼저 들어간 공훈을 샘낸 가토 기요마사가 서둘러 함경도로 갔다고 주장한다. 참고로, 고니시 유키나가와 가토 기요마사가 제비를 뽑아 갈 길을 정했다는 내용에 대해『이칭일본전』의 편찬자는 "지금 생각건대 고니시 유키나가와 가토 기요마사가 제비를 뽑았다는 대목은『세이쇼기(淸正記)』의 기술과 합치한다. '회령의 아전인 국경인이 두 왕자를 묶은 뒤에 적을 맞이하였다(會寧吏鞠景仁縛王子迎淸正)'라는 것은『기요마사 만사(淸正挽詞)』의 기술과 다르다.『기요마사 만사』의 설은 이 책의 앞에 보인다"라고 적는다.『기요마사 만사』는,『이칭일본전』중권1에 수록된『황명이조십사종 증보표제평단실기(皇明二祖十四宗增補標題評斷實紀)』권20 신종황제(神宗皇帝)조에 대한 편찬자의 서술에 따르면 분에이 세이칸(文英淸韓)이라는 승려의 저술이라고 한다. 이 승려는 임진왜란 당시 가토 기요마사를 따라 종군하여 1597년에 사명대사 및 명군의 장계인(蔣啓仁)과 문답한 기록이『한장로 조선사승 송운 문답서(韓長老朝鮮使僧松雲問答書)』와『분에이 세이칸 장로 기록(文英淸韓長老記錄)』에 전한다. 그가 기초했을 것으로 추정되는 서간의 내용이『선조실록』1597년 3월 21일조와 5월 12일조에 전한다. 그 밖에『도후쿠지 한장로집(東福寺韓長老集)』·『분에이 한장로집(文英韓長老集)』등의 문집도 도쿄대학 사료편찬소에 사본으로 전하나,『이칭일본전』에서 말하는『기요마사 만사』가 무엇을 가리키는지는 분명치 않다. 역해자는 아직 분에이 세이칸의 문집을 실견하지 못했는데, 이 가운데 들어 있을 가능성이 있다.

한편, 본문에서는 윤탁연이 병을 핑계 대어 왕자들을 호종하지 않고 별해보로 깊이 들어갔다고 하고 있는데, 이에 대해서는 윤탁연이 호종의 임무를 방기하지 않았고 그의 장남 윤경원(尹慶元)은 왕자들을 구출하려 시도하다가 전사했으며, 윤탁연이 별해보로 간 것 역시 의주에 있는 선조를 원거리에서 수호하고 함경도민들을 초모(招募)하기 위한 전략적 선택이었다는 해석이 있다.[17] 윤탁연과 정문부의 대립 구도는 임진왜란 당시 관군과 의병군 간의 감정적 대립을 반영하는 것이며, 앞서 밝힌 대로 이러한 대립 구도는 임진왜란 후에 시간이 지날수록 드라마틱해지는 경향을 보인다. 역해자는 이 두 사람과 아무런 관련을 갖지 않는 후대인으로서, 둘 가운데 어느 한편을 들기보다는 양쪽 인물에 관한 전쟁 중과 전후의 기록을 함께 참고함으로써 임진왜란 시기 함경도 지역의 상황을 입체적으로 파악하는 것이 더욱 중요하다고 생각한다.

마지막으로, 초본에는 본문 뒤에

> 경성판관 이홍업(李弘業)에게 화의를 요구하는 서신을 들려 임금 계신 곳으로 보냈다. 조정이 이홍업을 체포하고 답서를 보내지 않았기 때문에 가토는 화내며 이홍업의 처자를 모두 죽였다. 이는 왜인이 거짓으로 항복하고 강화를 청한 것이니, 이것이 곧 그들의 병술이다.[18]

라는 대목이 있었지만 간행본에서는 생략되었다. 이홍업을 심문한 사실과 그가 보고한 내용은 『선조실록』 1592년 10월 23일조 등에 보인다.

그가 보고한 두 왕자 일행의 억류 상황은, 『진사록』에 보이는 1593년 3월 14일조 김천일(金千鎰)의 보고서와 아울러 임진왜란 당시 왕자 일행의 상황과 가토 기요마사의 전황, 일본군이 점령한 지역의 분위기 등을 파악하는 데 도움이 된다.

의금부가 아뢰었다.

"전교하신 내용으로 다시 이홍업에게 물었더니 '신은 7월 24일 경성에서 사로잡혔는데 왕자도 7월 24일 회령부에서 사로잡혔다고 하였다. 날짜는 기

초본 『징비록』의 이홍업 관련 기사.

억이 없는데 9월 초승에 적장 가토 기요마사가 환군(還軍)할 때 왕자도 함께 그곳에서 나왔다. 옥교(屋轎)를 만들었는데 위아래며 사방을 돗자리로 싸 묶었다. 두 왕자와 두 부인은 모두 사람을 시켜 [옥교를] 메게 하였는데 두 왕자는 때로 말을 타기도 하였다. 쉬는 곳은 공아(公衙)와 군사(郡司)나 아니면 민간인 집에서 쉬었고, 유숙할 적에는 방문을 막고 새끼로 얽어 묶었으며 많은 왜인을 사방에 수직(守直)으로 정하여 세우고 밤새 불을 밝혔다. 안변(安邊)에 도착하여서는 두 왕자가 공아에 유숙하였는데 왜적들이 생선과 소 한 마리를 보내어 공궤하였다. 이런 따위의 일들만이 있었을 뿐 별달리 [왜인들이] 곤욕을 주는 일은 없었다. 김귀영과 황정욱은 공아의 각방에 구류되었고 황혁은 부처(夫妻)를 각방에 나누어 수감되었을 뿐 아니라 국가와 혼인을 맺었다는 이유로 곤욕이 잦았는데 [왜인들이] 칼을 빼어 목을 치려 하기도 하였다. 한극함은 성 밖 용당(龍堂)의 왜적이 만든 토실(土室)에 감금하고 따로 수직을 세웠으며, 문몽헌(文夢軒)과 이신충(李信忠)은 신과 한방에 같이 갇혀 있었다. 지모가 있는 사람이 안팎에서 서로 응한다면 왕자를 탈출시킬 꾀를 부려봄 직한 형세이다. 배신(陪臣)들은 각기 멀리 수감되어 있어 꾀를 낼 수가 없다'라고 하였습니다." (『선조실록』)[19]

25

이일이 평양에 도착하다

　이일(李鎰)이 평양에 도착하였다.
　이일은 충주에서 패한 뒤에 한강을 건너 강원도 경계로 넘어 들어가 이리저리 전전하다가 임금 계신 곳(行在)에 이르렀다. 이때 여러 장수가 한양에서 남쪽으로 갔다가 혹은 전사하고 혹은 달아났기에 어가를 호종하는 사람은 하나도 없었다. 적이 그곳에 이르리라는 소식을 듣고 사람들이 더욱더 두려워하던 차였는데, 이일은 무장들 가운데 원래 명성이 있었기 때문에 비록 전투에 져서 도망쳐 오기는 하였지만 사람들은 그가 왔다는 소식을 듣고 모두들 기뻐하였다.
　이일은 이미 여러 차례 패하여 가시덤불 속에 몸을 숨기면서, 패랭이를 쓰고 흰 베적삼을 입고 짚신을 신고 임금 계신 곳에 이르렀던지라 그 몰골을 본 사람들은 탄식하였다. 나는 그에게 "이곳의 사람들은 앞으로 그대를 깊게 믿고 의지할 터인데 이처럼 여위었으니 무엇으로 사람들을 위로하려 하오?"라고 하고는 행낭에서 남색 비단 철릭(帖裡)[1]을 찾아내어 그에게 주었다. 이에 여러 재상들도 그에게 말총갓이니 은정자(銀頂子)[2]에 채색 갓끈이니 주어서 당장 갈아입게 하였으니, [이일의] 의복은 대부분 새것으로 바뀌었다. 다만 신발을 벗어 주는 사람이 없어서 여전히 짚신을 신고 있었다. 내가 웃으며 "비단옷에 짚신은 어울리지 않는구려"라고 말하니 좌우에 있던 사람들도 모두 웃었다.

이윽고 벽동(碧潼)의 토병(土兵) 임욱경(任旭景)이 적이 이미 봉산(鳳山)에 이르렀음을 탐지하여 보고해 왔기에 나는 좌의정 윤두수에게 "그렇다면 적의 척후는 틀림없이 강 건너편에 이르렀을 터입니다. 이 사이에 있는 영귀루(詠歸樓) 아래에서 강이 갈라져 두 줄기가 되는데 물이 얕기 때문에 걸어서 건널 수 있습니다. 만일 적이 우리 백성을 길잡이 삼아 몰래 그곳을 건너 갑자기 다다르면 평양성은 위험해집니다. 서둘러 이일을 보내어 여울을 지키게 하여 예기치 못한 사태에 대비해야겠습니다"라고 말하였다. 윤두수는 알았다고 하고는 즉시 이일을 보냈다. 이 때 이일이 거느린 강원도 병사는 불과 수십여 명인지라 다른 병사들을 보탰다. 이일은 함구문(含毬門)에 앉아 병사들을 점호할 뿐 즉시 가지 않았기에, 나는 사태가 급한 것을 염려하여 사람을 보내 살펴보게 하였더니 [이일은] 여전히 문 위에 있었다. 내가 윤두수에게 그를 재촉하도록 거듭 말하였더니 그제서야 이일은 떠났다.

이일은 성 밖으로 나왔지만 길을 가르쳐 주는 사람이 없었기 때문에 잘못하여 강의 서쪽으로 향하였다가 평양좌수(平壤座首) 김윤(金胤)³이 밖에서 오는 것을 만나 그에게 길을 묻고 앞장서게 하여 달려 만경대(萬頃臺) 아래에 이르렀다. 그곳은 성에서 불과 십여 리 떨어져 있었다. 강의 남쪽 기슭을 바라보니 그곳에 이르러 모인 적병이 이미 수백이었고, 강 한가운데 있는 작은 섬에 사는 사람들이 적을 보고는 놀라서 소리치며 흩어지고 있었다. 이일은 급히 무사 십여 명에게 섬 안으로 가서 활을 쏘게 하였지만 병사들은 두려워서 즉각 나아가지 않다가, 이일이 칼을 빼서 베려고 하니 그제서야 나아갔다. 이미 물속으로 들어와 강기슭에 가까이 온 적병이 많았다. 아군이 급히 센활(强弓)로 쏘아 잇달아 예닐곱 명을 쏘아 죽이니 마침내 적은 후퇴하였다. 이일은 그대로 머물며 나루를 지켰다.

<u>李鎰至平壤</u>. 鎰旣敗于忠州, 渡江入江原道界, 輾轉至行在. 時諸將自京城南下, 或死或走,⁴ 無一人扈駕者, 聞賊將至, 人心益懼. 鎰於武將中, 素有重名, 雖奔敗之餘, 而人聞其來, 無不喜悅. 鎰旣屢敗, 竄荊棘中, 戴平凉子, 穿白布衫·草屨而至, 形容憔悴, 觀者嘆息. 余語之曰: "此處人將倚君爲重, 而槁枯如此, 何以慰衆?" 索行橐, 得藍色紗帖裏, 與之. 於是諸宰, 或與騣笠, 或與銀頂子彩纓, 當面改換, 服飾一新, 獨無有脫靴與之者, 猶着草 (권1·25) 屨. 余笑曰: "錦衣草屨, 不相稱矣." 左右皆笑. 俄而, <u>碧潼土兵任旭景</u>, 探報賊已至<u>鳳山</u>, 余謂<u>尹相</u>曰: "賊之斥候應已至江外. 此間詠歸樓下, 江水岐而爲二, 水淺可涉. 萬一賊得我民嚮道,⁵ 而暗渡猝至, 則城危矣. 何不急遣<u>鎰</u>, 往把淺灘, 以防不測乎?" <u>尹</u>公曰: "然." 卽遣<u>鎰</u>. 時<u>鎰</u>所率<u>江原</u>⁶軍, 僅數十餘

人, 益以他軍. 鎰坐含毬門, 點兵不卽行. 余念事急, 遣人視之, 猶在門上. 余連語尹公, 使催之, 鎰始去. 旣出城, 無指路者, 誤向江西, 路遇平壤座首金[7]胤自外來, 問之使前, 引馳至萬頃臺下, 距城纔十餘里. 望見江南岸, 賊兵來聚者已數百. 江中小島居民, 驚呼奔散. 鎰急令武士十餘人, 入島中射之, 軍士畏不卽進, 鎰拔劍欲斬之, 然後乃進. 賊已在水中, 多近岸, 我軍急以强弓射之, 連斃六七, 而賊遂退. 鎰仍留守渡口.

※

　초본 『징비록』과 간행본을 비교하면, 이일이 함구문에 앉아서 출진을 주저하는 모습이 간행본에서는 좀 더 상세하게 묘사되어 있다. 또한 초본에서는 이 본문에 이어 윤두수 등의 평양 방어 상황을 전하는 기사가 나온 뒤에 임세록이 조선에 시찰 왔다는 기사가 이어진다.

　한편, 평양 함락을 앞둔 위급한 상황을 기록하면서도 이일의 옷을 마련하는 장면에서 보듯이 작은 유머를 잊지 않는 데에서, 류성룡이 『징비록』에 담고자 한 인간적인 측면을 엿볼 수 있다. 이런 맥락에서 본다면, 류성룡이 간행본에서 이일의 주저하는 모습을 더욱 상세히 묘사한 것을 이일에 대한 인신공격이라고만 볼 것은 아니다. 오히려, 이일 정도 되는 장군도 강대한 적군 앞에서 주저한다는, 전쟁이라는 상황에서 무력해지는 인간의 모습을 그리고자 한 의도가 있었던 것은 아닐지.

26

요동도사가 진무 임세록을 조선에 보내 왜적의 침략 상황을 탐색하도록 하다

　요동도사(遼東都司)가 진무(鎭撫) 임세록(林世祿)을 조선에 보내 왜적의 침략 상황을 탐색하도록 하였다. 임금께서는 대동관(大同館)에서 그를 접견하셨다. 나는 [1592년] 5월에 파직되었다가 6월 1일에 복직하였는데, 이날은 임금의 명을 받아 명나라 장군을 접대하게 되었다.

　당시 요동 사람들은 왜가 우리나라를 침범하였다고 들은 지 얼마 안 되어서 조선이 도성(都城)을 지키지 못하고 어가가 서쪽으로 갔다고 하는 소식이 들리고, 또 왜병이 이미 평양에 이르렀다는 소식까지 들리자 조선의 상황에 대하여 매우 의심하였다. 왜변(倭變)이 아무리 급하다고 해도 이처럼 빠를 수는 없다고 하는 것으로, 어떤 사람들은 우리나라가 왜군을 안내하고 있다고도 말하였다.

임세록이 오자 나는 그와 함께 연광정(練光亭)에 올라 적의 형세를 살폈다. 왜병 한 명이 대동강 동쪽 숲 속에서 보였다 가렸다 하였다. 그리고 왜병 두셋이 잇달아 나와서는 앉기도 하고 서기도 하면서, 길을 가다가 쉬는 것같이 편안한 모습이었다. 나는 임세록에게 그 모습을 가리키며 "저들은 왜의 척후병입니다"라고 말하였다. 임세록은 기둥에 기대어 그 모습을 바라보고는 도저히 믿기지 않는다는 기색을 보이면서 "왜병의 수가 왜 저렇게 적습니까?"라고 물었다. 나는 "왜는 교묘하게 속이기를 잘하니, 설사 대군이 후방에 있더라도 앞서 와서 정탐하는 자들은 몇에 불과합니다. 만약 왜병의 수가 적다고 얕보면 반드시 적의 술수에 빠지게 됩니다"라고 하였다. 임세록은 "과연 그렇군요"라며 납득하고는 서둘러서 조선 측에 명나라에 회답하는 문서를 요청하여 급히 돌아갔다.

　　遼東都司, 使鎭撫林世祿, 來探倭情, 上接見于大同館. 余自五月罷, 六月初一日收敍, 是日承命, 接待唐將. 時遼東聞, "倭犯我國", 未久又聞, "都城不守, 車駕西遷", 旣又聞, "倭兵已至平壤", 甚疑之, 以爲倭變雖急, 不應猝遽如此, 或云: "我國爲倭先導." 世祿之來, 余與之同上練光亭, 望察形勢. 有一倭, 從江東林木間, 乍見乍隱, 已而, 二三倭繼出, 或坐或立, 意態安閑, 若行路休息之狀. 余指示世祿曰: "此倭候也." 世祿倚柱而望, 殊有不信之色, 曰: "倭兵何其少也?" 余曰: "倭巧詐. 雖大兵在後, 而先來 (권1·26) 偵探者, 不過數輩. 若見其少而忽之, 則必陷於賊術矣." 世祿, "唯唯", 亟求回咨馳去.

초본에는 임세록이 류성룡의 설명에 납득했다는 대목이 없고, 이덕형과 야나가와·겐소가 만났다는 기사가 이어진다. 이덕형과 야나가와의 회담 기사는 간행본에서는 중전이 함경도로 향하였고 일본군이 대동강에 이른 지 이미 사흘이 되었다는 기사 뒤에 자리한다.

『징비록』의 첫머리에도 보인 것처럼, 명나라는 일본이 자국을 침략하려 한다는 사실을 일본에 살고 있던 명나라 사람이나 유구 왕국의 보고를 통해 이미 알고 있었다. 그리고 조선이 일본을 안내해서 명나라를 침공하려 한다는 소문 또한 파다했다. 『징비록』의 부록 성격을 지닌 「녹후잡기」에는 명나라가 조선을 미심쩍게 여기고 있었다는 사실이 조선에 알려져 조선 조정이 대책에 부심했음이 적혀 있다.

27

조정이 좌의정 윤두수에게 도원수 김명원, 순찰사 이원익 등을 이끌고 평양을 방어하게 하다

조정이 좌의정 윤두수(尹斗壽)에게 도원수 김명원(金命元), 순찰사 이원익(李元翼) 등을 이끌고 평양을 방어하게 하였다.

며칠 전에 성안 사람들은 어가가 평양을 떠나 피난 가려 한다는 소문을 듣고는 모두 달아나 흩어진지라 마을이 거의 텅 비어 버렸다. 이에 임금께서는 세자(世子)께 명하여 대동관(大同館) 문에 나가 성안의 노인들을 불러 모아 성을 굳게 지키겠다는 뜻으로 타이르게 하셨다. 이 말을 들은 노인들은 앞으로 나와서 "동궁(東宮)의 명만으로는 사람들이 믿지 않습니다. 임금께서 직접 말씀을 해주셔야 합니다"라고 하였다.

할 수 없이 임금께서는 이튿날 대동관 문에 나아가, 승지(承旨)에게 명하여 어제 세자의 말씀과 같은 내용을 말하게 하셨다. 그 말을 들은 노인 수십 명은 엎드려 절하고 통곡하며 명을 받고 물러났다. 그들은 각자 나뉘어서 성 밖으로 나가, 산속에 숨어 있던 남녀노소·자제(子弟)들을 성안으로 돌아오게 하니 성안이 금세 사람으로 가득 찼다.

그러나 적군이 대동강 변에 모습을 보이자 재신(宰臣) 노직(盧稷) 등은 종묘사직의 위패를 모시고 궁인(宮人)을 호위하면서 성 밖으로 나갔다. 그러자 평양성의 관리와 백성들은 난리를 일으켜 칼을 들고 길을 가로막아 제멋대로 공격하여 종묘사직의 위패가 땅에 떨어지고, 따라가는 재신들에게 "너희는 평소에 나라에서 주는 녹봉을 도적질해 먹다가 이제는 나랏일을 그르치고 백성을 속이는 것이 이와 같은가!"라고 심하게 꾸짖었다.

내가 연광정에서 행궁(行宮)으로 가는 길에 보니, 부녀자와 아이들이 모두 격노하여 서로 "이미 성을 버리기로 하였으면서 왜 우리를 성안에 들여 넣어서 적의 손에 희생당하게 하는가!" 하고 소리치고 있었다. 행궁 문에 도착하니 봉기한 백성들이 길을 가로막고 있었는데, 팔을 걷어붙이고 병장기(兵仗器)를 들고는 보는 사람마다 때리면서 소란 피우고 서로 엉켜 있는 것이 제지할 도리가 없었다. 문 안의 조당(朝堂)¹에 있던 관료들은 모두 낯빛이 변하여 뜰에 서 있었다.

나는 문 밖의 백성들이 궁궐 문 안으로 들어올 것을 우려하여 문 밖의 계단 위에 나가 서서, 무리 가운데 연로하고 수염이 많은 자를 손짓으로 불렀다. 그러자 그 사람은 곧 내 쪽으로 왔는데, 보니 토관(土官)이었다. 나는 그를 "너희가 전력으로 성을 지키려 하고 어가가 성을 떠나지 않기를 바라고 있으니, 나라를 위한 충성이 지극하구나. 다만 그러한 마음에서 난리를 일으켜 궁궐 문 근처까지 소란스럽게 하니 이 사태는 매우 놀랄 만하다. 또한, 조정은 방금 전에 성을 굳게 지킬 것을 청하여 임금께서 이미 이를 허락하셨다. 그런데도 너희들은 왜 이런 짓을 하는가? 너희의 모습을 보아하매 식견이 있는 사람 같으니 마땅히 이러한 취지를 여러 사람들에게 깨우쳐 물러나게 하여라. 그렇게 하지 않는다면 너희들은 무거운 죄를 짓게 되는 것이니 용서할 도리가 없게 된다"라고 달래었다. 그 사람은 내 말을 듣고는 병장기를 버리고 두 손을 모아 "소인들은 임금께서 성을 버리신다고 듣고는 화를 이기지 못하여 이처럼 난리를 피웠습니다. 지금 하신 말씀을 들으니 소인이 비록 어리석긴 하여도 속이 탁 트입니다" 하고는 무리를 이끌고 물러갔다.

 이 일이 있기 전에 조정의 신하들은 적군이 접근할 것이라는 소식을 듣고는 모두 성을 빠져나가 피난할 것을 청하였다. 사헌부·사간원·홍문관도 매일같이 궁궐 문 앞에 엎드려 이를 청하였다. 그 가운데에도 인성부원군(寅城府院君) 정철(鄭澈)은 피난 주장을 강하게 펼쳤다. 이러한 움직임에 대하여 나는 "지금의 상황은 앞서 한양에 있을 때와는 다릅니다. 한양에서는 군대와 백성들이 무너져 버려서 도성을 지키려 하여도 도리가 없었습니다. 그러나 이 성은 강물이 앞을 가로막고 있고 민심은 매우 굳건합니다. 또한 중국과 가까우니, 만약 며칠만 굳게 지키면 명나라 군대가 반드시 와서 구원하여 줄 것이니 그 힘을 빌려서 적군을 물리칠 수 있습니다. 그렇게 하지 않는다면 여기서 의주에 이르기까지 의지할 땅이 없으니 결국 나라는 망하고 말 것입니다"라고 하였다. 좌의정 윤두수가 내 의견에 동의하였다. 또 나는 정철에게 "평소에 저는 공이 비분강개하는 성격이어서 나라를 위해서라면 쉽고 어려운 일을 가리지 않는 분이라고 생각하였는데, 오늘 이와 같은 주장을 하실 줄은 몰랐습니다"라고 말하였다. 윤두수가 문산(文山)의 시귀 "나는 칼로 간신의 목을 베려 한다"를 읊으니 정철은 크게 화내며 소매를 뿌리치고 일어났다.

평양 사람들도 내가 성을 지키자는 주장을 펼쳤다는 이야기를 들었기 때문에, 이날 내 말을 듣고는 물러난 것이다. 나는 저녁에 감사(監司) 송언신(宋言愼)을 불러 백성들이 난리를 일으키는 것을 진정시키지 못하였다고 꾸짖었다. 송언신이 주모자 셋을 적발하여 대동문 안에서 목을 베니 나머지는 모두 흩어져 버렸다.

이때 이미 성을 나가기로 결정되었지만 어디로 가야 할지 알지 못하였다. 많은 신하들은 함경도가 궁벽하고 길이 험하니 적을 피할 만하다고 주장하였다. 이때 적병이 이미 함경도를 침범하였지만 길이 통하지 않고 변고를 보고하는 사람이 없었기에 조정에서는 이 사실을 알지 못하였다. 이에, 동지(同知) 이희득(李希得)이 일찍이 영흥부사(永興府使)로 있으면서 인정을 펼쳐 민심을 얻었다고 하여 그를 함경도 순찰사로 임명하고, 병조좌랑(兵曹佐郎) 김의원(金義元)을 종사관으로 임명하여 함경도로 가게 하였다. 그리고 왕비(內殿)와 궁빈(宮嬪) 이하에게 먼저 그곳으로 가게 하였다.

나는 이에 반대하여 "주상께서 서쪽으로 오신 것은 원래 명나라 군대에 의지하여 부흥을 도모하기 위함이었습니다. 지금 이미 명나라에 원군을 부탁하고는 도리어 함경도로 깊이 들어가신다면, 중간에 적이 가로막아 명나라의 소식이 전해질 길도 막힐 터이니 어찌 회복됨을 바라겠습니까? 또한 적이 여러 도에 흩어져 들어갔는데 어찌 함경도에만 적이 없겠습니까? 만약 불행히 그곳에 들어갔다가 적병이 뒤따라오면, 그 북쪽에는 여진인이 있을 따름이니 어디에 의지할 수 있겠습니까? 그 위험하고 다급함이 또한 심하지 않겠습니까? 지금 조정 신하들의 가족 가운데 많은 수가 함경도로 피난 가 있기 때문에, 저들은 각자 자신의 일을 생각하여 모두 북쪽으로 가는 것이 이롭다고 말하고 있습니다. 신에게도 늙은 어머니가 계신데, 듣자 하니 동쪽으로 피난 가셨다 합니다. 어디 계신지는 알지 못하지만, 틀림없이 강원도와 함경도 사이에 들어가셨을 터입니다. 신 또한 저의 일을 생각하여 말하자면 어찌 북쪽으로 향하고 싶은 마음이 없겠습니까? 그러나 나라의 큰 계획과 신하의 사적인 일을 동등하게 취급할 수 없기에 감히 이처럼 간절히 아뢰는 것입니다"라고 하였다. 이 말을 하면서 감정이 북받쳐 오열하고 눈물을 흘리니 임금께서는 나를 측은히 여기셔서 "경의 어머님은 어디 계신가? 나 때문이구나" 하고 말씀하셨다. 내가 물러난 뒤에 지사(知事) 한준(韓準)이 다시 단독으로 임금을 뵐 것을 청하여 북쪽으로 향하는 것이 이롭다고 역설하였다. 이에 마침내 중전(中殿)은 함경도로 향하였다.

 이때 적군이 대동강에 이른 지 이미 사흘이 지났다. 우리들이 연광정에서 강 건너편을 바라보니 왜인 하나가 나뭇가지 끝에 종이조각을 걸어 모래 위에 꽂았다. 그래서 화포장(火砲匠) 김생려(金生麗)에게 작은 배를 타고 가서 그 종이를 가져오게 하였다. 왜인은 무기를 지니지 않고 있었으며, 김생려와 악수하고 등을 어루만지며 매우 친근하게 대하고는 그에게 편지를 가져가게 하였다.

도착한 편지를 윤두수가 열어 보고 싶어 하지 않기에 내가 "열어본다고 하여 무슨 지장이 있겠습니까?"라 말하고 열어 보니 "조선국 예조판서 이공 합하에게 드린다(上朝鮮國禮曹判書李公閤下)"라고 쓰여 있었다. 이는 이덕형에게 보내는 편지로, 야나가와 시게노부와 겐소가 작성한 것이었다. 요컨대 이덕형을 만나서 화의에 대하여 논의하고 싶다는 내용이었다.

이에 이덕형이 작은 배를 타고 강 가운데에서 야나가와 시게노부와 겐소를 만나 평소처럼 서로 안부를 물었다. 겐소가 "일본은 중국에 조공할 길을 빌리고 싶었는데 조선이 이를 허락하지 않았기에 사태가 이 지경에 이른 것입니다. 지금이라도 길을 빌려 주어 일본이 명나라에 갈 수 있게 한다면 이 사태는 끝날 것입니다"라고 말하니, 이덕형은 일본이 약속을 어긴 것을 꾸짖고 일본군을 철군시킨 뒤에 화의를 논하자고 하였다. 야나가와 시게노부 등의 말이 매우 불손하였으므로 마침내 이 만남은 무위로 끝나고 각자 돌아갔다.

저녁에 적군 수천 명이 대동강 동쪽 기슭에 진을 쳤다.

命左相尹斗壽, 率都元帥金命元·巡察使李元翼等, 守平壤. 數日前, 城中人, 聞車駕欲出避, 各自逃散, 閭里幾空. 上命世子, 出大同館門, 集城中父老, 諭以堅守之意. 父老進前曰: "但聞東宮之令, 民心不信. 必得聖上親諭, 乃可." 明日, 上不得已御館門, 令承旨曉諭如昨. 父老數十人, 拜伏痛哭, 承命而退. 遂各分出招呼, 悉追老弱男婦子弟之鼠伏山谷者, 入城, 城中皆滿.

及賊見形於大同江邊, 宰臣盧稷等, 奉廟社位版, 幷護宮人先出. 於是, 城中吏民作亂, 挺刃橫路縱擊之, 墮廟社主路中, 指從行宰臣, 大罵曰:"汝等平日, 偸食國祿, 今乃誤國欺民, 乃爾耶!"余自練光亭, 赴行宮, 路上見, 婦女幼稚, 皆怒髮上指, 相與號呼曰:"旣欲棄城, 何故紿我輩入城, 獨使魚肉於賊手耶?"至宮門, 亂民塞街, 皆袒臂持兵杖, 遇人輒擊, 紛囂雜沓, 不可禁. 諸宰在門內朝堂者, 皆失色, 起立於庭中. 余恐亂民入宮門, 出立門外階上, 見其中有年長多髥者, 以手招之. 其人卽至, 乃土官也. 余諭之曰:"汝輩欲竭力守城, 不願車駕出城, 爲國之忠則至矣. 但因此作亂, 至於驚擾宮門, 事甚可駭. 且朝廷方啓請堅守, 上已許之. 汝輩何事乃爾? 觀汝貌樣, 乃有識人. 須以此意, 曉諭衆 (권1·27) 人而退. 不爾則汝輩將陷重罪, 不可赦也." 其人卽棄杖斂手曰:"小民聞欲棄城, 不勝憤氣, 妄動如此. 今聞此言, 小人雖迷劣, 胸中卽豁然矣." 遂揮其衆而散. 蓋前此, 朝臣聞賊兵將近, 皆請出避, 兩司·弘文館, 連日伏閤[2]力請. 寅城府院君鄭澈, 尤主避出之議. 余曰:"今日事勢, 與前在京城時有異. 京城則軍民崩潰, 雖欲守之, 末[3]由也. 此城, 前阻江水, 而民心頗固, 且近中[4]原地方, 若堅守數日, 天兵必來救, 猶可藉以却賊. 不然, 從此至義州, 更無可據之地, 勢必至於亡國." 左相尹斗壽同余議. 余又謂鄭澈曰:"平時每意公慷慨, 不避難易, 不圖今日之議如此也." 尹相詠文山詩, 曰:"我欲借劍斬佞臣." 寅城大怒, 奮袂而起. 平壤人亦聞余爲守議. 故是日聞余言, 頗順從而退.[5] 夕召監司宋言愼, 責以不能鎭定亂民, 言愼摘發其倡首者三人, 斬於大同門內, 餘皆散去. 時已定出城, 而不知所適. 朝臣多言, 北道地僻路險, 可以避兵. 蓋是時, 賊兵已犯咸鏡[6], 而道路不通, 且無報變者, 故朝廷不知也. 於是, 以同知李希得, 曾爲永興府使, 有惠政, 得民心, 以爲咸鏡道巡檢使, 兵

曹佐郎金義元爲從事官, 往北道, 而內殿及宮嬪以下, 先出向北. 臣固爭曰: "車駕西狩, 本欲倚仗天兵, 以圖興復耳. 今既請兵于天朝, 而顧深入北道, 中間賊兵限隔, 天朝聲問, 亦無可通之路. 況望恢復乎? 且賊散出諸道, 安知 (권1·28) 北道必無賊兵? 若不幸既入其處, 而賊兵隨至, 則他無去路, 只有北虜而已, 何處可依? 其爲危迫, 不亦甚乎? 今朝臣家屬, 多避亂于北道, 故各顧私計, 皆言向北便. 臣有老母, 亦聞東出避亂. 雖不知在處, 而必流入於江原·咸鏡之間. 臣亦以私計言之, 則豈無向北之情哉? 只以國家大計, 不與人臣同, 故敢此懇陳耳." 因嗚咽流涕. 上惻然曰: "卿母安在? 予之故矣." 既退, 知事韓準又獨請對, 力言向北之便. 於是, 中殿遂向咸鏡道. 時賊至大同江, 已三日矣. 余輩在練光亭, 望見越邊, 有一倭, 以木末懸小紙, 挿江沙上. 令火砲[7]匠金生麗, 棹小舟往取之. 倭[8]不帶兵器, 與生麗握手拊背, 極款狎, 附書以送. 書至, 尹相欲不開[9], 余曰: "開見何妨?" 開視則書面云: "上朝鮮國禮曹判書李公閤[10]下." 蓋與李德馨書, 而平調信·玄蘇所裁也. 大槪欲見德馨, 議講解. 德馨以扁舟, 會平調信·玄蘇于江中, 相勞問如平日. 玄蘇言: "日本欲借道, 朝貢中原, 而朝鮮不許, 故事至此, 今亦借一條路, 使日本達中原, 則無事矣." 德馨責以負約, 且令退兵, 後議講解. 調信等語頗不遜. 遂各罷去. 夕賊數千, 結陣[11]於江東岸上.[12]

『징비록』에서 조선 국왕 선조가 가장 위험에 처한 대목. 유럽이라면 민중 봉기가 일어나서 임금의 목이 달아났을 법한 일촉즉발의 상황이다.

류성룡은 평양 주민들의 분노에 공감하는 한편, 임금에 대한 반역 행위는 엄정히 처단한다. 피지배층에 대한 지배층의 감성과 이성이 동시에 발현된 사례라 하겠다. 물론 류성룡은 평양 방어를 주장했지만 이는 받아들여지지 않았고, 류성룡은 다른 대신들이 본인들 사적인 이익을 위해 함경도로 피난하자고 주장하는 것이라 비판한다. 본문에 인용된 문산의 시귀란, 원과 남송의 마지막 결전인 1279년 3월 19일의 애산(崖山) 전투 당시 남송의 장군 문천상(文天祥: 1236~82)이 지은 「2월 6일에 바다에서 큰 전투가 있었는데 국사를 잘 처리하지 못한 외로운 신하 문천상은 북쪽에서 배 위에 앉아 남쪽을 향해 통곡하였다. 이에 지은 시(二月六日, 海上大戰, 國事不濟, 孤臣天祥, 坐北舟中, 向南慟哭, 爲之詩)」에 실려 있다.

한편, 『징비록』에는 고니시 유키나가가 이덕형에게 강화를 요구하는 편지를 보냈다고 하면서 내용은 소개하고 있지 않다. 그런데 일본 측 문헌인 『서정일기』에는 제1군 종군승 덴케이가 5월 15일을 전후하여 임진강 부근에서 조선 측에 전달한 서한 세 통의 본문이 실려 있다. 『징비록』의 본문에서 가리키는 일본 측의 편지는 이것이 아니지만, 그 내용이 『징비록』에 설명되어 있는 것과 상통하므로 여기에 소개한다. 내용을 보면 과연 '불손'하다고 조선 측이 판단했을 만하다.

　　일본국 차래(差來) 선봉(先鋒) 비서(秘書) 쇼켄(少監) 다이라노 시게노부(平調信) 근계(謹啓). 조선국 모 대인(大人) 족하(足下).
　　신이 일전에 사신의 명을 받아 귀국의 조정에 재차 재삼 아뢴 것은 바로 오늘의 이 일이었습니다. 그러나 귀국이 신의 말을 받아들이지 않은지라 오늘에 이른 것이니 과연 상서롭지 않은 일입니다. 지금 우리 전하[도요토미 히데요시]가 군사를 일으킴은 감히 귀국을 원망함이 아니라 오직 대명국에 원한을 풀고자 함입니다. 엎드려 바라옵건대 국왕의 어가를 낙양으로 돌리고 대명과 일본 간의 강화(講和)를 강구하소서. 이것이 곧 신이 원하는 바이옵나이다. 만약 화의가 이루어지지 않는다면 이는 오직 귀국의 죄이니 천명(天命)이라 하겠습니다. 널리 살피소서. 황공불선(惶恐不宣).

일본국 차래 선봉 비서 쇼켄 다이라노 시게노부 근계. 조선국 모 대인 족하.

신이 여기 와서 우리 군대를 물러나게 한 것은 다름이 아니오라 강화를 위함입니다. 군사가 나루에 있으면 귀국 사람들이 의심할 터인지라 먼저 이를 물러나게 한 것입니다. 이에 앞서 여러 차례 귀국에 사신으로 와서 전쟁의 승패에 대하여 아뢰었지만 귀국이 신의 말을 듣지 않았기 때문에 오늘 패망하기에 이른 것입니다.

우리 전하는 귀국의 길을 빌려 대명국에 원한을 갚고자 합니다. 지난해 귀국의 통신사에게 이를 상세히 말하였고 신 또한 이러한 내용으로 [조선]조정에 편지를 보내었지만, 귀국의 번신(藩臣)들은 국경을 굳게 지킬 뿐 우리가 길을 지나도록 하지 않았을 뿐 아니라 무기까지 들었습니다. 이에 우리 군은 이를 격파하고 상주에 이르러 조정에 서한을 보내었으나 답신을 받지 못하였습니다. 더욱이 듣자오니 국왕은 이미 낙양을 떠났다고 하는바, 이에 여러 장군들은 군대를 이끌고 낙양에 들어갔습니다. 이로써 보건대 조선을 멸한 것은 조선이요, 일본이 아닙니다. 부디 살피소서.

신이 가만히 생각건대, 국왕께서 낙양으로 어가를 돌리시고 대명과 일본

간의 화의를 강구하는 것보다 더 나은 방책은 없을 것입니다. 그리하면 반드시 우리 군대를 해산하여 기내(畿內) 바깥에서 명을 기다리겠습니다. 만약 의심하신다면 인질을 보내 말의 증거로 삼겠습니다. 그러니 일본과 대명이 화친하면 귀국의 역사를 되살리겠지만, 그렇지 않으면 귀국이 얼마나 버틸지 모르겠습니다. 엎드려 바라옵건대 족하는 이를 잘 생각하소서. 오늘 강가에서 회답을 기다리겠습니다. 급히 보냅니다. 자애(自愛). 불선(不宣).

재계(再啓).

어제 우서(愚書)를 보내 강화에 대하여 아뢰었습니다. 귀국이 이를 믿지 않는 것 역시 당연합니다. 우리 군대는 만 리의 풍파(風波)와 험한 강산(江山)을 헤치고 곧장 낙양에 들어갔는데, 이제는 또 이유 없이 강화를 원하니 귀국이 이를 믿지 않는 것은 지당합니다. 신은 귀국을 위하여 이 오해를 풀고자 합니다.

우리 전하는 길을 빌려 대명국을 치려 합니다. 여러 장군들이 명을 받들어 여기에 오기는 하였지만, 여기에서 수천 리를 지나 대명국에 들어가고 싶어 하지는 않습니다. 이 때문에 먼저 귀국과 화친한 뒤에 귀국의 한마디를 빌려 대명국과 강화하고자 하는 것입니다. 귀국 또한 한마디 말로 대명국과 일본을 강화시키면 곧 삼국이 평안할 것이니 이보다 좋은 계책은 없을 것입니다. 여러 장군들은 노곤함을 면하고 만민은 소생할 터이니, 이것이 우리 장군들이 논의한 바입니다. 전하 역시 귀국과의 교류를 끊고 싶어 하지 않았지만, 귀국이 인호(隣好)의 도리를 잃고 우리 군대를 거부하였기 때문에 우리 군대가 움직였을 뿐입니다.

신은 헛되이 귀국의 높은 직위(大職)를 받았으니 어찌 그 넓고 큰 은혜를 잊겠습니까. 나라의 명을 받들어 여러 장군보다 앞서 왔지만 군사를 멈출 수 없었기에 이제는 전심전력으로 누누이 아뢰는 것이니 족하는 이를 살피소서. 이래도 여전히 이를 믿지 않는다면 그 또한 가(可)합니다. 소 요시토시와 고니시 유키나가 두 사람의 서한을 전합니다. 자애. 불선. (이상 덴케이, 『서정일기』)[13]

28

6월 11일에 어가가 평양을 떠나 영변으로 향하다

 6월 11일에 어가가 평양을 떠나 영변(寧邊)으로 향하였다. 대신(大臣) 최흥원·유홍·정철 등이 호종하였다. 좌의정 윤두수, 원수 김명원, 순찰사 이원익은 남아서 평양을 지켰고, 나도 명나라 장군을 접대하기 위하여 남았다.

 이날 적이 성을 공격하였다. 좌의정·원수·순찰사와 나는 연광정에 있었다. 평안도 감사 송언신은 대동성(大同城) 문루(門樓)를, 병사(兵使) 이윤덕(李潤德)은 부벽루(浮碧樓)에서 상류 쪽의 여울을, 자산군수(慈山郡守) 윤유후(尹裕後) 등은 장경문(長慶門)을 지켰다. 합쳐서 3, 4천 명 되는 성안의 병사와 백성을 성가퀴(城堞)에 분산 배치 하였는데, 그 배치가 드문드문한 곳은 활받이가 몇 개나 있지만 한 사람도 지키고 있지 않았고, **빽빽한** 곳은 사람 위에 사람이 올라가서 어깨와 등이 서로 부딪힐 정도였다. 을밀대(乙密臺) 근처의 소나무 숲 속에 옷을 여러 벌 걸쳐 두었으니 이를 거짓 병사(疑兵)라 한다.

강을 사이에 두고 적을 바라보니 그 수가 아주 많지는 않았다. 대동문 맞은편 기슭인 동대원(東大院) 위에 일자(一字) 모양으로 진을 치고 흰 깃발을 줄지어 세워 둔 모습이 우리나라에서 장례 때 세우는 만장(挽章) 같았다. 적군은 기병 십여 기를 보내 양각도(羊角島)를 향하여 강으로 들어갔는데 물이 말의 배까지 닿았고, 모두 말고삐를 나란히 하고 서서 장차 강을 건널 것처럼 보였다. 나머지 적병들은 한두 명 서너 명씩 강가를 왔다 갔다 하였는데, 그들이 멘 큰 칼이 햇빛을 받아 번개처럼 번쩍였다. 누가 "저것은 진짜 칼이 아니라 나무로 칼 모양을 만들고 주석(朱錫)을 입혀서 사람의 눈을 속이려는 것이다"라고 하였다. 거리가 멀어서 판단할 수는 없었다.

또 적병 예닐곱이 조총을 들고 강가에 와서 성을 향하여 쏘니 그 소리가 매우 컸다. 총알은 강을 넘어 성으로 들어왔는데, 멀리 날아간 총알은 수천 보 거리에 있는 대동관 지붕의 기와 위에 떨어졌고, 어떤 총알은 성루(城樓) 기둥에 여러 치 깊이로 푹 박혔다. 붉은 옷을 입은 적병이 연광정 위에 여러 관리들이 모여 앉아 있는 것을 보고는, 이들이 장수들이라고 생각하여 조총을 조준하고 조금씩 나오다가 모래사장에서 쏘아 연광정 위의 두 사람을 맞추었다. 그러나 거리가 멀었기 때문에 두 사람 모두 중상은 입지 않았다.

나는 군관 강사익(姜士益)에게 방패 뒤에서 화살을 쏘라고 하였다. 그가 쏜 화살이 모래사장 위까지 날아가니 적은 멈칫하고는 퇴각하였다. 원수는 활 잘 쏘는 사람을 골라 쾌속선에 태워 강 중류에서 적을 향하여 [활]을 쏘게 하였다. 배가 대동강 동쪽 기슭으로 조금씩 다가가자 적도 달아났다. 아군이 배 위에서 현자총(玄字銃)을 쏘니 서까래 같은 화살이 강을 지나가매 적병들은 그 모습을 바라보고 있다가 소리치면서 흩어졌지만, 화살이 땅에 떨어지자 그 주위로 모여들어 앞다투어 구경하였다. 이날 병선(兵船)을 즉시 정비하지 않았다는 이유로 공방(工房)의 이속 한 사람을 참수하였다.

  그때 오랫동안 비가 내리지 않아 강물의 수량이 나날이 줄어들었다. 그전에 재신(宰臣)들을 단군·기자·동명왕묘에 보내 기원하게 하였지만 비는 여전히 내리지 않았다. 내가 좌의정 윤두수에게 "이곳은 수심이 깊고 배가 없어서 적은 결국 건널 수 없겠지만, 상류 쪽에는 수심이 얕은 여울이 많으니 언젠가는 적군이 반드시 그 여울을 건널 것이고 그렇게 되면 성은 지킬 수 없게 될 것입니다. 왜 여울을 엄중히 지키지 않습니까?" 하니, 원수 김명원은 성격이 느긋하여 "이미 이윤덕에게 그곳을 지키도록 명하여 두었습니다"라고 말할 뿐이었다. 나는 "어찌 이윤덕 같은 자를 믿고 있겠습니까?" 하고는 순찰사 이원익을 가리키면서 "여러분이 한곳에 모여 앉아 있는 모습이 꼭 잔치 모임 같아서 아무런 이득이 없습니다. 가서 여울을 지킬 수는 없겠습니까?"라고 말하자, 이원익은 "만약 가 보라 하시면 어찌 힘을 다하지 않을 수 있겠습니까?" 하였다. 이에 윤두수가 이원익에게 "공이 가야겠습니다"라고 하자 이원익은 일어나서 나갔다.

그때 나는 명을 받아 명나라 장군들을 접대할 뿐으로 군무(軍務)에는 간여하지 않고 있었지만, 혼자 가만히 생각하여 보매 아군만으로는 반드시 패할 것이니 서둘러 명나라 장군들을 도중에서 맞이하여 그들로 하여금 빨리 와서 우리를 구원하여 주도록 하는 것이 가장 좋을 듯하였다. 해가 지자 나는 종사관 홍종록(洪宗祿)·신경진(辛慶晉)과 함께 성을 나와 밤늦게 순안(順安)에 닿았다. 길 가는 도중에 회양(淮陽)에서 오는 이양원과 종사관 김정목(金廷睦)을 만나 들으니, 적병이 철령(鐵嶺)에 이르렀다고 하였다.

다음 날 숙천(肅川)을 지나 안주(安州)에 도착하였다. 요동 진무 임세록이 다시 왔기에 그 회답서(咨文)를 접수하여 임금 계신 곳(行在)으로 보냈다. 다음 날, 어가가 영변을 떠나 박천(博川)에 머물고 있다고 듣고는 서둘러 그곳으로 갔다. 임금께서 동헌(東軒)에 나와 나를 부르시고는 "평양은 지킬 수 있겠는가?"라고 물어 보셨다. 나는 "사람들의 마음이 매우 굳건하므로 지킬 수 있을 것 같습니다. 다만 원병을 빨리 보내야만 하겠습니다. 신(臣)은 이 일 때문에 여기 와서, 명나라 군대가 도착하는 것을 맞이하여 서둘러 원병으로 가 달라고 요청하려 하였는데, 아직 명나라 군대가 도착하지 않고 있으니 걱정됩니다" 하고 아뢰었다.

그러자 임금께서는 친히 윤두수의 장계를 들어 나에게 보여 주시며 "어제 이미 노약자를 성 밖으로 보냈다고 하니, 필시 사람들의 마음이 동요되어 있을 터인데 어떻게 평양성을 지킬 수 있겠는가?" 하셨다. 이에 나는 "전하께서 생각하시는 그대로입니다. 신이 그곳에 있을 때에는 아직 이 일을 접하지 못하였습니다. 대체로 평양의 형세를 보건대, 적은 반드시 얕은 여울을 통하여 건너올 것입니다. 하오니 마름쇠(菱鐵)를 물속에 많이 깔아서 적의 진격에 대비하여야 하겠습니다"라고 답하였다. 임금께서 "이 고을에도 마름쇠가 있는지" 물어보게 하셨는데 "수천 개가 있습니다"라는 답변이 있었다. 이에 임금께서는 "급히 사람을 모아 그 마름쇠를 평양으로 보내라" 하셨다.

또 나는 "평양 서쪽에 자리한 강서(江西)·용강(龍岡)·증산(甑山)·함종(咸從) 등의 고을에는 창고에 곡식이 많고 인민도 많은데, 적이 접근하고 있다는 소식을 들으면 놀라서 흩어져 버릴 것입니다. 하오니 급히 시종(侍從) 한 사람을 이곳에서 보내서 그들을 진정시키고 병사를 모아 평양에 구원군으로 보내야 하겠습니다"라고 아뢰었다. 임금께서 "누가 가야 하겠는가?" 하시기에 "병조정랑(兵曹正郞) 이유징(李幼澄)이 계략과 사려가 있으니 보낼 만합니다"라고 답하고 또 "신은 일이 급하기에 지체할 수 없습니다. 밤새 달려가 명나라 장군들을 만나 약속을 잡겠습니다" 하고 아뢰었다.

임금께 하직 인사를 올리고 나와서 이유징을 만나 아까 임금께 아뢴 말을 전하니 이유징은 놀라서 "그곳에는 적이 가득한데 어떻게 갑니까?"라고 하였다. 내가 "나라의 녹을 받는 신하는 나라를 위하여 어려움을 피하지 않는 것이 의리이다. 지금 나라가 이처럼 위태로우니 물불 가리지 않고 무엇이든 해야 할 터인데, 도리어 이 정도 행동하는 것을 어려워하는가" 하고 꾸짖으니 그는 아무말 하지 않았지만 원망하는 기색이었다.

임금께 하직 인사를 올리고 대정강(大定江) 가에 이르니 이미 해가 졌다. 광통원(廣通院) 들판을 돌아보니 병사들이 흩어진 채 끝없이 오고 있었다. 평양성 방어에 실패한 것이 아닌가 싶어 군관 몇에게 달려가서 그들을 수습하여 오게 하니, 열아홉 명을 데리고 왔다. 그들은 의주(義州)·용천(龍川) 등지의 병사였는데 평양으로 가서 대동강의 여울을 지키고 있었다. 그들이 "어제 적이 왕성탄(王城灘) 여울을 통하여 강을 건너니 강가의 아군은 무너지고 병사(兵使) 이윤덕은 달아났습니다"라고 말하기에 나는 크게 놀라, 길가에서 서한을 써서는 군관 최윤원(崔允元)에게 맡겨 임금 계신 곳에 달려가 보고하게 하였다.

밤에 가산군(嘉山郡)에 들어갔다. 들으니 이날 저녁에 왕비(內殿)께서 박천(博川)에 도착하셨다고 하였다. 함경도로 향하던 도중에 적병이 이미 함경도에 들어갔다는 소식을 듣고는 더는 나아가지 못하고 되돌아온 것이다. 통천군수(通川郡守) 정구(鄭逑)가 사자를 보내 음식을 바쳤다.

六月十一日, 車駕出平壤, 向寧邊. 大臣崔興源·兪泓·鄭澈等, 扈從. 左相與金元帥·李巡察元翼, 留守平壤. 余亦以接待唐將留. 是日賊攻城. 左相·元帥·巡察及余, 在練光亭, 本道監司宋言愼, 守大同城門樓, 兵使李潤德, (권1·29) 守浮碧樓以上江灘, 慈山郡守尹裕後等, 守長慶門. 城中士卒民夫, 合三四千, 分配城堞, 而部伍不明, 城上人, 或疏或密, 或人上有人, 肩背相磨, 或連數垜, 無一人. 散掛衣服於乙密臺近處松樹間, 名曰: "疑兵". 隔江望賊兵, 亦不甚多. 東大院岸上, 排作一字陣, 列竪紅白旗, 如我國挽章樣. 出十餘騎, 向羊角島, 入江中, 水沒馬腹, 皆按轡[1]列立, 示將渡江之狀. 其餘往來江上者, 或一二, 或三四, 荷大劍, 日光下射, 閃閃如電. 或云: "非眞劍. 以木

爲之, 沃以白鑞, 以眩人眼者." 然遠不可辨. 又六七賊, 持鳥銃, 到江邊, 向城
放, 聲響甚壯. 丸過江入城, 遠者入大同館, 散落瓦上, 幾千餘步, 或中城樓
柱, 深入數寸. 有紅衣賊, 見練光亭上諸公會坐, 知爲將帥, 挾鳥銃邪睨, 漸
進, 至沙渚上, 放丸中亭上二人. 然遠故不重傷. 余令軍官姜士益, 從防牌內,
以片箭射之. 矢及沙上, 賊逡巡而却. 元帥發善射者, 乘快船, 中流射賊, 船
稍近東岸, 賊亦退避, 我軍從船上, 發玄字銃, 大[2]箭如椽過江, 倭衆仰視, 皆
叫譟而散. 箭落地, 爭聚觀之. 是日, 以不卽整兵船, 斬工房吏一人. 時久不
雨, 江水日縮, 曾分遣宰臣, 禱雨檀君·箕子·東明王廟, 猶不雨. 余謂尹相
曰: "此處水深無船, 賊終不能渡. 惟水上多淺灘, 早晚賊必由此渡. 渡則城不
可守, 何不嚴備?" 金元帥性緩, 但曰: "已令李潤德守之矣." 余曰: "潤德輩何
可[3]倚仗?" 指李巡察曰: "公等會坐一處如宴 (권1·30) 集, 無益於事. 不可往
護江灘耶." 李曰: "若令往見, 敢不盡力?" 於是, 尹相謂李曰: "公可往." 李起
出. 余時承命, 只應接唐將, 不參軍務, 默念必敗, 不如早迎唐將於中路, 速進
一步來救, 庶可有濟. 日暮, 遂與從事官洪宗祿·辛慶晉, 出城, 夜深到順安.
路中逢李陽元·從事[4]金廷睦, 自淮陽來, 聞賊兵至鐵嶺矣. 明日, 過肅川, 至
安州. 遼東鎭撫林世祿又來, 接受咨文, 送行在. 翌日, 聞車駕已離[5]寧邊, 次
博川, 余馳詣博川. 上御東軒, 引見臣問: "平壤可守乎?" 臣對曰: "人心頗固,
似可守. 但援兵不可不速進. 故臣爲此以來, 欲迎着天兵, 請速馳援, 而至今
未見兵至, 玆以爲憫." 上手取尹斗壽狀啓, 示臣曰: "昨日已令老弱出城云, 人
心必搖, 何以能守?" 臣對曰: "誠如聖慮. 臣在彼時, 未見此事. 大槪觀其[6]形
勢, 賊必由淺灘以渡, 宜多布菱鐵於水中, 以備之." 上使問: "此縣亦有菱鐵
否?" 對: "有數千個." 上曰: "急募人, 送之平壤." 臣又啓曰: "平壤以西, 江

西·龍岡·甑山·咸從等邑, 倉穀多, 人民衆, 聞賊兵已近, 則必驚駭散失. 宜急遣侍從一人, 自此馳去, 鎭撫之, 且收兵, 爲平壤繼援便[7]." 上曰: "誰人可去?" 對曰: "兵曹正郎李幼澄[8]有計慮, 可遣." 又啓: "臣事急, 不可遲滯, 當達夜馳去, 以迎見唐將爲期." 遂辭退, 出見李幼澄, 言上前所達. 幼澄愕然曰: "此乃賊藪, 何可進?" 余責之曰: "食祿不避難, 臣子之義. 今國事危急如此, 雖湯 (권1·31) 火不可避, 顧以此一行爲難乎?" 幼澄默然, 有恨色. 余旣拜辭, 出至大定江邊, 日已平西矣. 回望廣通院, 野有散卒, 絡繹而來. 疑平壤失守, 使軍官數輩, 馳往收之, 得十九人而至. 乃義州·龍川等處之軍, 而往平壤守江灘者也. 言: "昨日, 賊已從王城灘渡江, 江上軍潰, 兵使李潤德遁走." 余大驚, 卽於路中爲書狀, 遣軍官崔允元, 馳報行在. 夜入嘉山郡, 聞[9], 是日夕, 內殿至博川. 蓋在路, 聞賊兵已入北道, 故不前而回. 通川郡守鄭逑, 遣使進物膳.

류성룡이 평양에서 온 병사들과 광통원에서 만났다는 기사가 초본에서는 이 본문에 이어지는 평양 함락 기사 뒤에 자리한다. 또한 초본『징비록』과 간행본을 비교하면,

누가 "저것은 진짜 칼이 아니라 나무로 칼 모양을 만들고 주석을 입혀서 사람의 눈을 속이려는 것이다"라고 하였다. 거리가 멀어서 판단할 수는 없었다.[10]

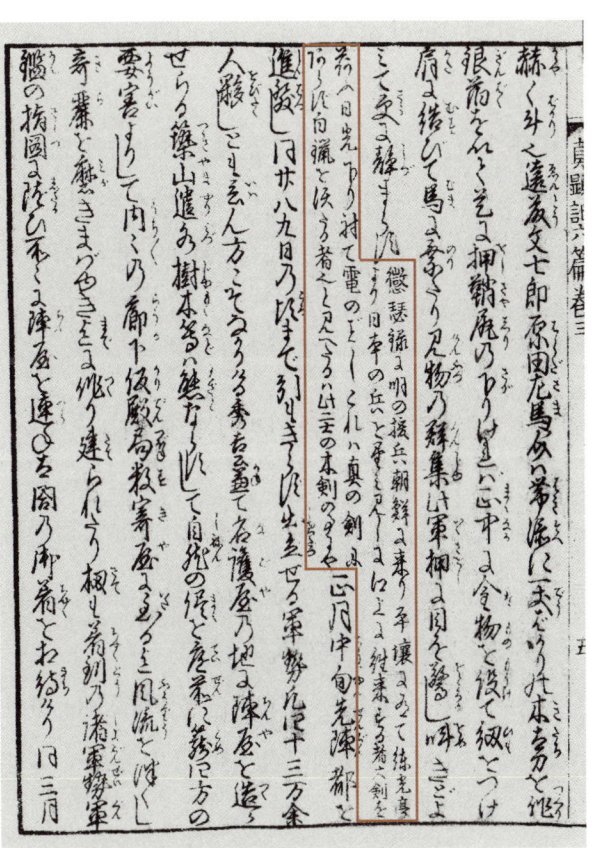

『징비록』의 본문을 언급한 『에혼 다이코기』 6편 권3.

28 6월 11일에 어가가 평양을 떠나……

라는 부분이 추가되었다. 근세 일본의 대하 역사소설인 『에혼 다이코기』에는 『징비록』이라는 책 이름과 함께 이 대목이 인용되고, 여기서 가짜 칼을 들고 있는 사람의 이름을 지목하고 있다.

> 『징비록』에 보이는 "명의 원병이 조선에 와서 평양의 연광정에서 일본 병사를 바라보았는데, 강가를 왕래하는 사람들이 큰 칼을 짊어지고 있었다. 햇빛에 번쩍여서 번개 같았다. 이는 진짜 칼이 아니라 주석을 입힌 것이다"(『에혼 다이코기』)[11]

라는 구절은 이 두 무사의 목검을 가리키는 것인지.

이처럼 『징비록』은 단순히 일본의 지식인들 사이에서만 읽힌 것이 아니라 서민층을 대상으로 출판된 대하 역사소설에 직접 그 이름이 등장할 정도까지 대중화되어 있던 것이다.

한편 류성룡은 마름쇠 전략을 중시해서, 마름쇠를 이용하여 적을 물리치자는 보고를 1592년 9월에 하고 있음이 『진사록』에서 확인된다.

> 옛날 사람이 말하기를 "오랑캐는 꾀로써 깨뜨리기는 쉽지만 군대를 사용하여 처부수기는 어렵다"라고 하였는데, 지금의 왜적은 날쌔고 표독하여 과감하게 진격하니 또한 마땅히 꾀로써 멸망시켜야만 할 것인데도, 다만 갑자기 끌어모은, 훈련이 안 된 군사들로써 함부로 싸우다가 패전을 당하게 되니, 이것은 괴이하게 여길 것도 못 됩니다.

신이 가만히 헤아려 보건대 이 적병을 제어하려고 한다면 마땅히 마름쇠를 이용하여야만 할 것이니, 먼저 정탐을 해서 적병의 동정을 알아보고서는, 밤중에 적병이 둔숙(屯宿)하고 있는 곳에다가, 왼쪽과 오른쪽에 마름쇠를 비밀히 깔아 놓고 놀라게 하여, 적병이 몹시 황급하게 달려 나오다가 넘어질 때에 아군 사수들이 좌우에서 나와 쏘게 되면, 즉각으로 모두 잡을 수가 있을 것입니다. 그 뒤로부터는 적병이 밤에 우리 군사를 만나게 되면 그곳에 마름쇠가 있을까 의심하여서 감히 앞으로 거침없이 나오지는 못할 터이니, 이것은 매우 시행할 만한 계책입니다. (『진사록』)[12]

29

평양이 함락되다

　평양(平壤)이 함락되었다. 어가가 가산으로 향하였고 동궁은 종묘사직의 신주를 들고 박천에서 산골의 고을로 향하였다.

　처음에 적병이 대동강 변 모래사장 위에 나뉘어 주둔하며 십여 개 진영을 만들어 풀을 엮어서 막사를 세웠다. 며칠 동안 강을 건너지 못하자 적의 경비가 아주 느슨해졌다. 김명원 등은 성 위에서 이러한 상황을 바라보고는 밤을 틈타 기습하고자 생각하여 정예병을 골라서는 고언백(高彦伯)에게 이들을 거느리고 부벽루 아래에서 몰래 배를 타고 능라도(綾羅島) 나루를 건너게 하였다. 처음에는 삼경(三更: 밤 11시~새벽 1시)에 적을 치기로 약속하였는데 시간을 놓쳐 버려서 강을 건넜을 때엔 이미 먼동이 틀 무렵이 되었다. 여러 막사를 보니 적은 여전히 아직 일어나지 않았기에, 전진하여 적의 제1진을 공격하니 적병들은 놀라서 소란스러워졌다. 아군은 적병을 많이 쏘아 죽였다. 토병 임욱경은 선두에 서서 힘껏 싸우다가 적에게 살해되었다. 적의 말 3백여 필을 빼앗았다.[1]

얼마 뒤에 여러 진영의 적이 모두 일어나 아군 쪽으로 한꺼번에 접근하니, 아군은 퇴각하여 배가 있는 쪽으로 달아났다. 그러나 배 위에 있던 사람들은 적이 다가오는 걸 보고는 강 한가운데 있으면서 강가로 배를 대지 않아 물에 빠져 죽은 아군이 매우 많았다. 나머지 병사들도 대오를 흐트러뜨리고 왕성탄을 건너니, 적은 비로소 그 지점의 수위가 낮아 걸어서 건널 수 있음을 알게 되어 그날 저녁에 대규모로 여울을 건너왔다. 여울을 지키던 아군은 화살 한 발 쏠 엄두도 내지 못하고 모두 달아났다.

적은 이미 강을 건넜지만 여전히 성 안쪽에서 대비를 하고 있으리라 생각하여, [아군은] 배회하며 전진하지 않았다. 이날 밤에 윤두수와 김명원은 성문을 열어서 성안에 있던 사람들을 모두 나가게 하고 풍월루(風月樓) 연못 속에 병기와 화포를 가라앉혔다. 윤두수 등은 보통문(普通門)으로 빠져나와 순안(順安)에 이르렀지만 추격하는 적군은 없었다. 종사관 김신원(金信元)은 홀로 대동문(大同門)을 나와 배를 타고 강물의 흐름을 따라 강서(江西)로 향하였다.

이튿날 성 밖에 도착한 적은 모란봉(牧丹峯)에 올라 오랫동안 관찰하다가 성이 텅 비어 있음을 알고는 곧 성으로 들어갔다. 처음에 어가가 평양에 이르렀을 때, 조정은 식량 부족을 걱정하여 여러 고을의 전세(田稅)를 평양에 가져오게 하였다. 그리고 이제 성이 함락되니 본창(本倉)의 곡식 십여 만 석까지 모두 적의 차지가 되었다.

이때 나의 보고가 박천에 다다르고 순찰사 이원익과 종사관 이호민(李好閔)이 평양으로부터 와서 적이 강을 건넌 상황을 보고하니, 어가와 왕비는 박천을 떠나 가산으로 향하였다. 임금께서는 세자에게 명하여, 종묘사직을 모시고 다른 길로 가서 사방의 군대를 소집하여 부흥을 꾀하도록 하셨다. 또한 신하를 나누어 세자를 따르게 하셔서 영의정 최흥원은 어명을 받아 세자를 따르게 되었다. 우의정 유홍도 세자를 따르겠다고 자청(自請)하였지만 임금께서는 답을 하지 않으셨다. 어가가 이미 출발하니 유홍은 길가에 엎드려 하직 인사를 올렸다. 우의정 유홍이 하직 인사를 올린다고 내관(內官)이 여러 차례 아뢰었지만 임금께서는 끝내 답을 하지 않으셨다. 마침내 유홍은 동궁을 따라갔다.

이때 윤두수는 평양에 있으면서 아직 돌아오지 않았기에 임금 계신 곳에는 대신(大臣)이라고는 없었고, 오직 정철만이 예전의 정승으로서 어가를 좇아 가산에 도착하였으니 그때는 오경(五更: 새벽 3~5시)이었다.

平壤陷, 車駕次于嘉山, 東宮奉廟社主, 自博川入山郡. 初賊兵, 分駐江沙上, 作十餘屯, 結草爲幕. 旣累日不得渡江, 警備頗怠. 金命元等, 自城上望見, 以爲可乘夜掩襲, 抄擇精兵, 使高彦伯等領之, 從浮碧樓下綾羅渡, 潛以船渡軍. 初約三更擧事, 失時刻, 旣渡已昧爽矣. 見諸幕中賊猶未起, 遂前突第一陣, 賊驚擾, 我軍多射殺賊. 土兵任旭景先登力戰, 爲賊所害. 奪賊馬三百餘匹. 俄而, 列屯賊悉起大至, 我軍退走, 還趣船, 船上人見賊已迫, 後中流, 不敢艤船, 淹死者甚衆. 餘軍又從王城灘, 亂流而渡, 賊始知水淺可涉.

是日暮, 擧衆由灘以濟, 我軍守灘者, 不敢發一矢, 皆散走. 賊旣渡, 猶疑城中有備, 遲徊[2]不前. 是夜, 尹斗壽·金命元, 開城門, 盡出城中人, 沈軍器·火砲[3]于風月樓池水中. 斗壽等, 由普通門而 (권1·32) 出, 至順安, 賊無追躡者. 從事官金信元獨出大同門, 乘船順流, 向江西. 明日, 賊至城外, 登牧丹峯, 良久觀望, 知城空無人, 乃入城. 始車駕至平壤, 廷議皆以糧餉爲憂, 盡取列邑田稅, 輸到平壤. 及城陷, 幷本倉穀十餘萬石, 皆爲賊所有. 時余狀報至博川, 又巡察使李元翼·從事官李好閔, 亦自平壤來, 言賊渡江狀, 夜車駕及內殿, 發向嘉山. 命世子奉廟社, 別由他路, 使之收召四方, 以圖興復. 分臣僚從行, 領議政崔興源, 以命從世子. 右議政兪泓亦自請隨世子, 上不答. 駕旣出, 泓伏路邊辭去, 內官屢啓: "右相兪泓請辭." 上終不答. 泓遂從東宮. 時尹斗壽在平壤未還, 行在無大臣, 惟鄭澈以舊相, 從駕至嘉山, 已五鼓矣.

류성룡은 아군이 식량을 모았다가는 후퇴해 버리는 바람에 앉은자리에서 적에게 군량미를 빼앗긴다는 한탄을 자주 했다. 물론 전쟁 초기에는 조선 측이 거의 일본군에 식량을 갖다 바치는 상황에 이르렀지만, 그것도 몇 년이 지나면 바닥이 나서 일본군은 식량 부족에 허덕인다. 특히 울산성 농성(籠城) 때에는 성안에 갇혀 있던 일본군의 굶주림이 가장 혹심했다.

한편, 이 기습 전투 기사에 대해『조선징비록』에는 "이때 적에 맞서 싸운 것은 구로다 나가마사와 고니시 유키나가 (군)이다"라는 두주가 달려 있다. 1592년의 침략 당시 일본군의 선봉에 선 것은 고니시 유키나가와 가토 기요마사였기 때문에, 근세의 많은 임진왜란 문헌에서는 이 두 사람의 활동을 강조하는 경향이 있다. 한편으로, 일본 각지의 번(藩)에서는 자기 번의 선조들을 이 두 사람보다 부각시키는 경향이 있었다. 『조선징비록』의 두주를 작성한 것으로 추정되는 가이바라 엣켄은 구로다 가문이 지배한 후쿠오카 번의 유학자여서, 고니시 유키나가보다 구로다 나가마사를 앞에 두어 서술한 것으로 보인다.

30

어가가 정주로 향하다. 어가가 평양을 떠난 뒤로
인심이 무너져서, 지나는 곳마다 난민들이
창고로 쳐들어가 곡식을 약탈하다

어가가 정주(定州)로 향하였다. 어가가 평양을 떠난 뒤로 인심이 무너져서, 지나는 곳마다 난민(亂民)들이 창고로 쳐들어가 곡식을 약탈하였다. 순안(順安)·숙천(肅川)·안주(安州)·영변(寧邊)·박천(博川) 등의 창고가 잇따라 약탈당하였다.

이날 어가가 가산(嘉山)을 출발하였는데, 가산군사 심신겸(沈信謙)이 나에게 "가산군에는 곡식이 매우 많고 관청에도 흰쌀이 일천 석 있습니다. 이 곡식을 명나라 병사의 군량미로 제공하려 하였으나 불행히 사태가 이 지경에 이르렀습니다. 만약 공(公)께서 잠시 이곳에 머물러 사람들을 진정시켜 주신다면 고을 사람들이 감히 함부로 움직이지 못할 것입니다. 만약 그렇게 하여 주시지 않으면 백성들이 난리를 일으킬 터이니, 그렇게 되면 소인도 이곳에 머물지 못하고 바닷가로 피신할 것입니다"라고 하였다. 당시 심신겸은 이미 부하들에게 명령이 통하지 않는 상황이었다. 다만 내가 데리고 있던 군관 여섯 명과 도중에 수습한 패잔병 열아홉 명은 나와 약속하여 자청해서 나를 따르게 하였기에 이들은 제각기 활과 화살을 들고 내 곁에 있었다. 심신겸은 이들이 자기를 보호하여 주었으면 하여 이렇게 말하였던 것이다.

이런 말을 들은 나는 차마 떠나지 못하고 대문에 잠시 앉아 있었으니 시간은 벌써 정오를 지났다. 그러나 다시 생각하여 보매 임금의 명이 없는데 이렇게 내 마음대로 머물면서 출발하지 않는 것은 군신의 의리에 맞지 않는 일인지라, 결국 심신겸과 이별하고 길을 떠났다. 효성령(曉星嶺)에 올라가 가산 쪽을 되돌아보니 고을에서는 이미 난리가 일어나서 심신겸은 창고의 곡식을 지키지 못하고 달아났다.

다음 날에 어가가 정주를 떠나 선천(宣川)으로 행하였는데, 임금께서는 내게 정주에 머물라고 명하셨다. 정주의 백성은 난리를 피하여 이미 사방으로 흩어진 상태였고, 늙은 아전 백학송(白鶴松) 등 몇몇만이 성안에 머물러 있었다. 나는 길가에 엎드려 어가가 성을 나가는 것을 전송한 뒤에 연훈루(延薰樓) 아래에 앉아 울고 있었는데, 관군 몇이 좌우 계단 아래에 있었고, 수습하였던 패잔병 열아홉 명도 아직 떠나지 않고 길가 버드나무에 말을 묶고는 둘러앉아 있었다.

저녁 무렵에 남문(南門)을 보니 몽둥이를 든 사람들이 밖에서부터 잇달아 들어와서 왼쪽을 향하여 가고 있었다. 군관을 시켜 살펴보게 하니 창고 아래 모인 사람이 이미 수백이었다. 나는, 내가 거느린 병사들의 수가 적고 약한데 만약 난민들이 더 늘어나서 서로 충돌하면 난민들을 제어하기 어려워질 것을 염려하였다. 그래서 난민 가운데 약한 자들을 선제공격하여 저들을 놀라게 하여 흩어지게 하는 것이 가장 좋겠다고 판단하였다. 그래서 성문을 보니 또 십여 명이 잇달아 오기에, 서둘러 군관을 불러서 병사 열아홉명을 데리고 달려가서 그들을 잡게 하였다. 우리쪽 병사들의 모습을 보고 달아나는 것을 뒤쫓아서 아홉 명을 잡아왔다. 즉시 그들의 머리를 풀어 헤치게 하고 두 손을 뒤로 묶고 옷을 벗긴 다음, 창고 주변으로 돌게 하면서 병사 십여 명이 그 뒤에서 "창고를 약탈하는 도적들은 목을 매다는 형벌을 내리겠다"라고 외치게 하였다. 성안 사람들이 이 모습을 보았고, 창고 아래 모여 있던 자들도 이 모습을 보고는 놀라서 서문(西門) 밖으로 흩어져 달아났다. 그래서 정주 고을 창고에 있던 곡식을 간신히 보존할 수 있었고 용천(龍川)·선천·철산(鐵山) 등의 고을에서 창고를 약탈하는 자들도 없어졌다.

정주판관 김영일(金榮一)은 무인(武人)이었는데 평양에서 도망쳐 돌아와 아내와 자식을 바닷가에 두고 창고의 곡식을 몰래 훔쳐서 그들에게 보내려 하였다. 나는 이 소식을 듣고 "너는 장수이면서 전투에 지고도 죽지 않았다. 그 죄만 가지고도 목을 베어야 마땅한데, 거기다가 관청의 곡식을 훔쳐 가려고까지 하였단 말인가? 이 곡식은 앞으로 명나라 군대를 먹여야 할 것으로, 네가 사사로이 가져갈 것이 아니다"라며 그의 죄상을 나열하고 곤장 육십 대를 때렸다.

조금 뒤에 좌의정 윤두수, 원수 김명원, 장군 이빈(李薲) 등이 평양에서 정주에 도착하였다. 임금께서 정주를 떠나실 적에, 만약 좌의정이 오면 그도 나와 함께 정주에 머물게 하라고 명하셨었다. 이때 윤두수가 왔기에 임금의 명을 전하였지만 윤두수는 답하지 않고 곧장 임금 계신 곳으로 갔다. 나는 김명원과 이빈에게도 정주에 남아서 지키도록 하고 어가를 따라 용천으로 갔다. 그때 고을 사람들은 평양이 함락되었다는 소식을 듣고, 적군이 뒤따라오리라 생각하고는 모두들 산골짜기에 숨어 버려서 길을 다니는 사람이 하나도 없을 정도였다. 듣자 하니 강계(江界)처럼 압록강 변에 있는 여러 마을들의 사정도 마찬가지라 하였다.

곽산(郭山) 산성 아래에 도착하여 보니 길이 갈라져 있었기에 병사에게 "이 길은 어디로 향하는가?" 물었더니, 그는 "이 길은 귀성(龜城)으로 향합니다"라고 답하였다. 나는 말을 멈추고 종사관 홍종록(洪宗祿)에게 "길가의 창고가 모두 비었으니 명나라 군대가 온다고 해도 뭘 가지고 그들을 먹이겠는가? 이 근처에서는 귀성 고을만이 비축된 곡식이 넉넉하지만 또 듣건대 관민이 모두 흩어져 버렸다고 하니 식량을 운반할 계책이 없다. 그대는 오랫동안 귀성에 있었으니, 그곳 사람들이 자네가 도착하였다는 소식을 듣는다면 산속에 숨어 있다가도 나와서 그대를 만나 적의 상황을 듣고 싶어 할 것이다. 그대는 여기에서 급히 귀성으로 가서, '적이 평양에 들어갔지만 아직 나오지 않았고 명나라 군대가 곧 대규모로 올 터이니 수복함이 멀지 않았다. 다만 군량미가 부족할 것이 걱정될 뿐이다. 너희들이 품관(品官)과 아전을 불문하고 이 지역 사람들이 힘을 다하여 식량을 운반해 군량미가 부족하지 않게 한다면 나중에 반드시 큰 상을 받을 것이다'라고 그들에게 말하여라. 이렇게 말하면 그들은 한뜻으로 협력하여 식량을 정주·가산까지 운반할 터이니 그로써 문제가 해결될 것이다" 하였다. 이 말을 들은 홍종록은 의분(義奮)에 차서 응락하고는 나와 갈라져서 귀성으로 떠났고, 나는 용천으로 향하였다.

홍종록은 1589년의 정여립(鄭汝立) 반란 사건(己丑獄)에 연루되어서 귀성에 유배 가 있다가 어가가 평양에 도착한 뒤에 그곳으로 부름 받아 사옹정(司饔正)에 임명되었다. 사람됨이 충성되고 신실하며, 나라를 위하여서는 자기 몸을 잊고 어떤 험난한 곳도 회피하지 않는 뜻이 있었다.

車駕次于定州. 自駕出平壤, 人心崩潰, 所過亂民, 輒入倉庫, 搶掠穀物, 順安·肅川·安州·寧邊·博川, 以次皆敗. 是日, 駕發嘉山, 郡守沈信謙謂余曰: "此郡糧穀頗優, 官廳亦有白米一千石, 欲以此餉天兵, 不幸事至於此. 公若少留鎭定, 則邑人不敢動. 不然亂作, 小人亦不敢留此, 將向海邊躱避矣." 時信謙, 已不能令其下矣. 獨余所帶軍官六人, 及路中所收潰卒十九人, 余約束使之自隨, 故各帶弓箭在傍. 信謙欲藉此自護, 故云然. 余不忍遽發, 少坐大門, 日已過午, 更念無上命, 而擅留不行, 於義未安, 遂與信謙別. 行上曉星嶺, 回望嘉山, (권1·33) 則郡中已亂矣, 信謙盡失倉穀而逃. 翌日, 車駕出定州, 向宣川. 命臣留定州, 州人已四散避亂, 獨老吏白鶴松等數人, 在城中而已. 余伏路邊, 送駕出城, 掩泣坐延薰樓下, 軍官數人, 在左右階下, 所收潰卒十九人, 猶不去, 繫馬路邊柳木, 相環而坐. 向晚, 見南門, 有執杖者, 自外連絡而來, 向左邊去. 使軍官視之, 聚於倉下者, 已數百. 余念已所率寡弱, 若亂民益多, 而與之爭鬪則難制, 不如先攻弱者, 使之驚散爲可. 於是, 視城門, 又有繼至者十餘人. 余急呼軍官, 從十九卒, 馳捕之. 其人望見奔走, 追及

捕九人而至, 卽令披髮反接, 而赤脫之, 徇于倉邊道路, 十餘卒隨其後, 大呼曰: "擒怯倉賊, 將行刑梟首." 城中人見之, 於是, 已聚倉下者, 望而惶駭, 悉從西門散去. 由是定州倉穀僅全, 而龍川·宣川·鐵山等邑怯倉者, 亦絶. 定州判官金榮一武人也. 自平壤奔還, 置其妻子於海邊, 儳出倉穀, 欲逐之. 余聞而數之曰: "汝爲武將, 敗軍不死, 其罪可誅, 又敢儳出官穀耶? 此穀將餉天兵, 非汝所得私者." 杖之六十. 旣而, 尹左相·金元帥·武將李薲等, 自平壤皆至定州. 上出定州, 時有命左相若來, 亦留住定州. 及尹至, 余傳上命, 尹不答, 直向行在. 余亦留金命元·李薲等, 守定州, 追及乘輿於龍川. 時郡邑人民, 聞平壤陷, 意賊隨後至, 盡竄山谷, 路上不見一人. 聞江邊列邑, 如江界等地, 皆然. 余行至郭 (권1·34) 山山城下, 見有岐路, 問下卒曰: "此向何處路." 曰: "此走龜城路也." 余駐馬, 呼從事官洪宗祿曰: "沿途倉儲一空, 天兵雖來何以接濟? 此間惟龜城一邑, 儲峙頗優, 而亦聞吏民盡散, 輸運無策. 君久在龜城, 其處人如聞君至, 雖隱山谷中, 必有來見, 欲聞賊勢者. 君從此急去龜城, 諭之曰: '賊入平壤, 尙不出, 天兵方大至, 收復不遠. 所患一路糧餉不足耳. 爾輩無論品官人吏, 悉一境之力, 輸運軍糧, 不乏軍興, 則後日必有重賞. 若此則庶幾同心協力, 輸到定州·嘉山, 可以濟事.'" 宗祿慨然應諾, 分路而去, 余自向龍川. 蓋宗祿坐己丑獄, 謫在龜城, 車駕至平壤後, 始收敍, 爲司饔正. 爲人忠實, 有忘身徇國, 不避夷險之志.

✦

여기서는, 백성들을 속여서 평양에 모아 놓고는 막상 임금과 대신들이 평양을 탈출해 버리고, 이에 민심이 완전히 등을 돌려서 지배층과 피지배층이 적대하는 단계에 이르렀음을 심신겸과 류성룡 본인의 일화를 통해 생생하게 그린다. 당시의 각종 기록에는 기존 지배층에 반감을 가진 백성 및 군인들이 반민(叛民)화한 모습이 일일이 인용할 수도 없을 만큼 많이 보인다. 그렇기 때문에 선조는 자기 백성인 조선 인민보다 명나라를 더 의존했던 것이며, 조선 인민과 명나라 사이에서 줄타기를 했다고도 평할 수 있다. 이러한 역사가 임진왜란 한 번으로 끝나지 않았다는 것은 더 큰 비극이었다.

31

어가가 의주에 도착하다

　어가가 의주(義州)에 도착하였다. 명나라 장군인 참장(參將) 대모(戴某)¹와 유격장군(遊擊將軍) 사유(史儒)가 각각 한 부대씩 이끌고 평양으로 가다가 임반역(林畔驛)에 이르러서 평양이 이미 함락되었다는 소식을 듣고는 되돌아와서 의주에 머물렀다. 명나라 조정에서 군대를 먹이고자 내린 은 이만 냥을 명나라 관리가 가지고 의주에 도착하였다.
　이에 앞서 요동(遼東)은 적이 우리나라를 침략하였다는 소식을 듣고는 즉시 명나라 조정에 알렸다. 그런데 명나라 조정에서는 반론이 많이 제기되어, 심하게는 우리나라가 왜군을 길 안내 하고 있다는 의심을 하는 사람까지 있었다. 그런 가운데 병부상서(兵部尙書) 석성(石星)만이 우리나라를 구원하자고 강력하게 주장하였다.

그때 우리나라 사신 신점(申點)이 북경의 숙소인 옥하관(玉河館)에 머물고 있었는데, 석 상서(尙書)가 그를 조정으로 불러들여서는 요동에서 변고를 보고하는 문서를 꺼내 그에게 보여 주었다. 신점은 그 문서를 보자마자 통곡하였고, 일행과 함께 아침저녁으로 마치 임금의 상(喪)을 당한 듯이 슬피 울면서 우선 구원군을 청하였다. 석 상서는 두 부대(二枝兵)를 파견하여 우리 임금을 보호하게 하고 은(銀)도 하사할 것을 명나라 임금께 청하였다. 신점이 돌아오는 길에 통주(通州)에 이르렀을 때 우리나라에서 명나라에 보내는 고급사(告急使) 정곤수(鄭崑壽)가 뒤이어 도착하니, 석 상서는 그를 자기 집 안방에 들여서 친히 상황을 들었는데 때때로 눈물을 흘리기도 하였다고 한다.

이때 이르러 우리나라에서는 사신을 요동에 잇달아 보내서 위급함을 알리고 원병을 청하거나 또는 중국의 속국이 될 것을 청하였다. 적군은 이미 평양을 함락시켰으니[2] 그 세력은 병 속의 물을 붓는 것처럼 거칠 것이 없었다. 아침저녁 사이에 압록강까지 도달할 것처럼 보였으니, 사태의 위급함이 이 정도였다. 다행히 평양에 들어간 적군은 성안에서 몇 달이나 숨죽이고 있으면서, 순안(順安)·영유(永柔)처럼 평양에서 지척에 있는 고을도 침범하지 않았다. 이에 인심이 비로소 조금 안정되어 혼란을 수습하고 명나라 군사를 맞이함으로써 마침내 국토를 회복할 수 있었으니, 이는 진실로 사람의 힘에 의한 것이 아니라 하늘의 뜻이었다.

車駕至義州, 天將參將戴某·遊擊將軍史儒, 各領一枝兵, 向平壤, 至林畔驛, 聞平壤已陷, 亦還駐義州. 天朝賜犒軍銀二萬兩, 唐官領到義州. 先是, 遼

東聞我國有賊變, 卽奏聞, 而朝議多異同. 甚或疑我爲賊向導. 獨兵部尙書石星, 銳意救援. 時我使申點在玉河館, 尙書呼至庭, 出遼東報變文書示之, 點卽號慟, 與一行朝夕大臨, 先請援兵. 尙書奏發二枝兵, 往衛國王, 及請賜銀. 點回至通州, 而告急使鄭崑壽繼至, 尙書引入火房, 親問事狀, 或至流涕云. 至是, 連遣使至遼東, 告急請援, 且乞內附. 蓋賊已陷平壤, 則勢如建瓴, 意謂 (권1·35) 朝夕當至鴨綠江. 事之危急如此, 故至欲內附. 幸賊旣入平壤, 斂跡城中, 延至數月, 雖順安·永柔, 去平壤咫尺, 而猶不來犯, 以此人心稍定. 收拾餘燼, 導迎天兵, 終致恢復之功, 此實天也, 非人力之所至[3]也.

초본 『징비록』과 간행본을 비교하면,

   적군은 이미 평양을 함락시켰으니 그 세력은 병 속의 물을 붓는 것처럼 거칠 것이 없었다. 아침저녁 사이에 압록강까지 도달할 것처럼 보였으니, 사태의 위급함이 이 정도였다.

   다행히 평양에 들어간 적군은 성안에서 몇 달이나 숨죽이고 있으면서, 순안·영유처럼 평양에서 지척에 있는 고을도 침범하지 않았다. 이에 인심이 비로소 조금 안정되어 혼란을 수습하고 명나라 군사를 맞이함으로써 마침내 국토를 회복할 수 있었으니, 이는 진실로 사람의 힘에 의한 것이 아니라 하늘의 뜻이었다.[4]

라는 대목이 간행본에서 추가되어 있다. 이 대목은 명나라의 도움에 감사하는 내용이지만, 바로 뒤에서 조승훈 군이 기세등등하게 조선에 왔다가 평양성전투에서 패하면서 명나라의 감사함은 빛을 바랜다. 그리고 그 뒤에 이순신의 승리가 기록되면서, 조선이 임진왜란을 극복한 진정한 요인은 이순신이었음이 강조된다.

한·중·일 삼국의 임진왜란 문헌 가운데 『징비록』이 지닌 특색의 하나로, 심유경과 석성에 대한 호의적인 평가를 들 수 있다. 이들은 명나라에서는 승리를 방해하고 조정을 혼동시킨 간신으로 기억되었고, 일본에서는 주화파인 고니시 유키나가, 이시다 미쓰나리와 결탁해서 일본의 승리를 막은 간신으로 기억된다. 『에혼 다이코기』에 보이는 다음 촌평은 근세 일본인들의 생각을 잘 보여 준다.

이 심유경은 원래 간사한 무뢰배이며 고니시 유키나가 또한 정직한 무사가 아니다. 이시다 미쓰나리는 두려울 정도로 심하게 간사한 사람이다.
(『에혼 다이코기』)[5]

조선시대의 문헌에서도 이들은 대체로 좋게 그려지지 않는 가운데, 실제로 이들을 만났거나 이들과 교섭한 고위 관료 류성룡이 이들에 대해 어떤 지점에서 긍정적으로 평가한다는 사실은 유의할 만하다. 류성룡은 『서애선생문집』 권16에 전 파주목사 허징(許澂)이 자신에게 전해 준 임진왜란 발발 직전의 명나라 상황을 싣고 있는데, 그중 석성이 조선에 구원군을 보내자는 데 가장 열성적이었음을 보여 주는 내용이 있다.

그때에 명나라 조정에서는 논의가 같지 않아 대개 세 가지로 나뉘었다. 그 하나는 압록강을 굳게 지키면서 그들의 변란을 관망하자는 논의이고, 그 하나는 이적(夷狄)이 서로 공격하니 중국이 반드시 구원할 필요가 없고 마땅히 압록강을 지키면서 굳센 군사를 뽑아 강을 건너 무위(武威)나 드날리자는 것이었다. 그러나 오직 병부상서 석성(石星)만이,

"조선은 구원하지 않을 수 없다"라고 역설하고 또한

"먼저 군기(軍器)·화약(火藥) 등 적군 막을 기구를 주어야 한다" 청하였다. 과도관(科道官)이 올린 주본(奏本)에는,

"군기·화약을 외국에 주는 것을 금한 것은 곧 고황제(高皇帝)가 만든 법이므로 어길 수 없다" 하였다. 그럼에도 상서는 극력으로 논쟁하였다.

"이른바 외국이란 기미(羈縻)하기가 멀어서 그들의 성패는 중국과는 아무런 관계가 없습니다. 그런데 조선의 일은 내복(內服)의 일과 한가지인데 만약 왜놈들로 하여금 조선을 점령하고 요동을 침범하여 산해관에 미치게 하면 경사(京師)가 진동할 것입니다. 이는 곧 복심(腹心)의 근심인데 어찌 보통의 예로 의논하겠습니까. 설령 고황제가 오늘날에 계시더라도 반드시 의심 없이 줄 것입니다."

그제서야 의논이 마침내 결정되어 먼저 두 부대를 징발하여 국왕을 호위하게 하고 또한 호군은(犒軍銀) 삼만 냥을 주었으니, 이것은 모두 석 공(石公)의 힘이었다. 허징이 또 말하였다.

"상서 석성은 신장이 팔구 척이요, 용모가 뛰어났으며, 바라보면 덕의 기운이 있고 눈빛이 반짝였다. 사신을 대하여 본국의 사정을 말하면 이따금 눈물을 흘리곤 하였다. 그의 정성의 간절함이 이와 같았다. 이때에 군사를

주장하는 처지에 이 사람이 없어서 다른 의논이 승세하였다면 우리나라의 일은 심히 위험하였을 것이다. 그러나 그는 공을 이루었지만 몸을 보존하지 못하였으니, 애석한 일이다."

이로 인하여 서로 탄식하였다. (『서애선생문집』 권16)[6]

또한 류성룡은 『징비록』의 「녹후잡기」에서 심유경의 공과 과를 객관적으로 평가하고 있다. 이처럼 류성룡이 석성과 심유경을 호의적으로 평가한 배경에는, 어쩌면 류성룡 자신이 정적들에게 주화파로 몰려 낙향한 체험이 있는지도 모르겠다. 『징비록』이나 그 외 여러 문헌에서 보이듯이 조선은 전쟁을 확대시키고 싶어 하지 않은 명나라의 강화 추진에 응할 수밖에 없었다. 류성룡이 이미,

> 대체로 옛적부터 남을 구원하는 것은 남에게 구원을 바라는 것과는 그 사정이 같지 않으니, 중국이 왜적을 토벌하고자 하는 것은 중국을 위하여 전쟁을 중지하기를 힘쓰는 데 불과할 따름이니, 어찌 우리의 이와 같은 절박한 사정을 양찰(諒察)하겠습니까? (『진사록』)[7]

라고 간파하고 있듯이, 어디까지나 조선을 도와준다는 주장을 하는 명나라로서는 이 전쟁에 소극적일 수밖에 없었다. 하지만, 조선에서는 이에 대한 반대 논리가 있었다. 즉, 조선이 이렇게 일본에 당한 것은 명에 충성하기 위해서였다는 논리이다.

우리나라에서는 도리를 어겨서 난리를 당할 만한 이유가 별로 없었고, 처음부터 끝까지 중국을 위하여 의리를 지켜 버티고 있다가 이 지경에 이른 데 불과하니, 이것은 실로 천지신명이 내려다보고 있는 바입니다. (『근폭집』)[8]

우리나라는 왜놈이 명나라 조정에 대하여 공손하지 않는 말이 있는 것을 분하게 여겼으며, 천하의 대의를 위해서도 차라리 죽을지언정 욕을 볼 수는 없으므로 이 지경에 이르렀습니다. (『진사록』)[9]

실제로 도요토미 히데요시의 국서 등에는 정벌의 목표가 명확하게 명나라로 되어 있고, 조선은 일종의 통과 지역이었다. 그런 만큼 류성룡의 이와 같은 주장은 어쩌면 당연한 항변일 수도 있는 것이다. 실은 명나라에서도 이러한 문제는 지적되고 있었다. 『양조평양록』 권4하에는 명나라 조정에서 일본군의 한반도 주둔이 명의 안전을 어떤 방식으로 위협하는지 논의되었음이 전해진다. 정유재란을 앞두고 명에서 재파병을 논의할 때 나온 주장이지만, 조선이 몰락할 경우 명의 동해안 주요 지역이 일본군의 직접 사정권에 들어간다는 내용이 주목된다.

북쪽은, 직예(直隷)·천진(天津)의 위(衛)가 수도 방위와 직결되는데, 산해관(山海關)까지 육로는 팔백 리이지만 바닷길로는 여순(旅順)과 마주 보고 겨우 삼백 리이다. 순풍을 받으면 순식간에 도착할 것이다. 등래(登萊)는 바다 어귀와 가까우니 중국의 요해지이다. 남쪽은, 회안(淮安)에 이르러 강으로 삼천 리를 이동할 수 있으며 이곳은 또한 산동(山東)·강북(江北)의 울타리이다.

조선이 무너지면 중국이 정말 걱정하여야 하는 것은 요동이 아니라 오히려 이 두 곳이다. (『양조평양록』)[10]

위의 내용을 『조선정벌기』에서는 다음과 같이 요약한다.

일본이 앞으로 몇 년간 조선에 있게 되면 일본 수군이 직접 등래나 여순으로 오게 되리라. (『조선정벌기』)[11]

이처럼 만약 조선이 뚫리면 일본은 조선에서 바다를 통해 명나라의 동쪽 핵심 지역을 공격할 것이기 때문에 가급적이면 조선에서 이들을 저지해야 한다는 논리가 명나라에서 전개되고 있었음이 확인된다. 또한 이러한 명나라의 혼란상을 류성룡 역시 짐작하고 있었다.

신의 생각으로 헤아려 본다면 중국의 의론이 여러 가지가 나와서, 어떤 이는 "국경에 다다라 막아 지키도록 하자"라고 하고, 어떤 이는 "군사를 동원하여 도와주도록 하자"라고 하고, 어떤 이는 "왜적과 강화하여 전쟁을 그치도록 하자"라고 하면서, 한곳으로 귀착이 되고 있지 않지만, 우리나라의 요청도 또한 바로 거절하기가 어려운 까닭으로, 매양 위로하고 어루만져 달래는 말만 하여, 와서 구원하여 줄 듯도 하지만 군대의 나오는 기일은 실제로 정하지 못하고 있으므로, 우리나라는 가만히 앉아서 그들에게 속은 바 되어, 올해도 벌써 저물게 되었으니 매우 마음이 아픕니다. (『진사록』)[12]

그러나 명나라 조정은 임진왜란의 이러한 측면을 조선 측에는 전혀 비치지 않았다. 어떤 의미에서는 딴청을 피우는 것처럼도 보인다. 실제로 1597년 10월에는 조선 측의 불성실함을 책망하는 명나라 신종(神宗)의 칙유문이 조선에 전해져서 11월에 그 책임을 지기 위해 류성룡이 사직을 청하기도 했다. 이렇듯 강화를 해서 전쟁을 끝내겠다는 명의 의지가 명확했기 때문에 류성룡은 본인의 의사와 관계없이 전쟁 당시 조정의 최고 책임자로서 행동을 해야 했던 것이지만, 정적들은 이를 류성룡 개인의 죄로 몰아붙였다. 이미 1593년 시점에 선조는 류성룡이 강화를 원하는 것은 아닌가 해서 류성룡을 비난하고, 류성룡은 그것은 어디까지나 명나라 측의 입장이며 본인은 권한이 없다고 설명한 바 있다.[13] 그러나 류성룡의 이러한 변명에도 불구하고, 류성룡이 강화를 주도했다는 혐의 내지 음모론은 살아 있었던 것 같고, 그는 결국 이 부분을 물고 늘어진 북인들에 의해 전쟁이 끝나는 해에 삭탈관직된다. 류성룡의 사망에 대해 『선조실록』을 편찬한 북인의 사관이 기록한 1607년 5월 13일조 기사가 류성룡에 대한 정적들의 시각을 잘 보여 준다.

임진년과 정유년 사이에는 군신이 들판에서 자고 백성들이 고생을 하였으며 두 능(陵)이 욕을 당하고 종사(宗社)가 불에 탔으니 하늘까지 닿는 원수는 영원토록 반드시 갚아야 하는데도 계획이 굳세지 못하고 국시(國是)가 정하여지지 않아서 화의를 극력 주장하며 통신하여 적에게 잘 보이기를 구해서 원수를 잊고 부끄러움을 참게 한 죄가 천고에 한을 끼치게 하였다. 이로 말미암아 의사(義士)들이 분개하고 언자(言者)들이 말을 하였다. 부제학 김우옹(金宇顒)이 신구(伸救)하는 상소 가운데 '성룡은 역시 얻기 어려운 인물입니다마는 재보(宰輔)의 기국(器局)이 부족하고 대신의 풍력(風力)이 없다'라고 하였으니, 이것이 정확한 논의이다. (『선조실록』)[14]

이에 대해, 광해군 대의 북인 정권을 몰아내고 대두한 인조 대의 서인 정권은 『선조수정실록』에서 『선조실록』의 류성룡 비판을 일부 누그러뜨렸지만, 서인들 역시 남인인 류성룡에 대해서는 우호적이지 않은 태도를 유지했다. 류성룡의 사망에 대해 『선조수정실록』 1607년 5월 1일조에는 다음과 같이 적혀 있다.

일찍이 임진년의 일을 추기(追記)하여 이름 하기를 『징비록』이라 하였는데 세상에 유행되었다. 그러나 식자들은 자기만을 내세우고 남의 공은 덮어 버렸다고 하여 이를 기롱하였다. 이산해(李山海)가 그 아들 경전(慶全)과 함께 오래도록 폐척(廢斥)되어 있으면서 성룡을 원망하여 제거하려고 꾀하였다. 그 결과 [류성룡은] 무술년[1598]에 주화(主和)하여 나라를 그르치고 변무(辨誣)의 사행(使行)을 피하였다는 이유로 탄핵을 받고 떠나게 되었는데, 향리에 있은 지 10년 만에 죽으니 나이가 66세였다.
성룡은 임진난이 일어난 뒤 건의하여 처음으로 훈련도감을 설치하였는데, 척계광의 『기효신서』를 모방하여 포(砲)·사(射)·살(殺)의 삼수(三手)를 뽑아 군용을 갖추었고 외방의 산성을 수선(修繕)하였으며 진관법(鎭管法)을 손질하여 비어책(備禦策)으로 삼았다. 그러나 성룡이 자리에서 떠나자 모두 폐지되어 실행되지 않았는데, 유독 훈련도감만은 존속되어 오늘에 이르도록 그 덕을 보고 있다. (『선조수정실록』)[15]

『선조수정실록』의 류성룡 평가도 결코 우호적이지는 않지만 『선조실록』보다는 중립적이라고 할 수 있다. 무엇보다도, 류성룡에게 일본과의 강화를 주장한 죄가 있다는 북인들의 비판은 기각되어 있다. 이렇듯 류성룡의 임진왜란 중 행적은 그의 정치적 입장에 의해 당시 지배층에서 여러 방식으로 해석되었고, 이렇게 논란의 중심에 서는 경험을 한 류성룡은 심유경의 행적에 대해서도 무조건 몰아붙일 것만은 아니고 여러 각도에서 재검토할 여지가 있다고 판단한 것이 아닐까. 그래서 『징비록』의 마지막에 심유경이 보낸 편지를 싣고 후세 사람들이 판단하도록 한 것이리라.

32

7월에 요동부총병 조승훈이
원군 5천 명을 이끌고 오다

   7월에 요동부총병(遼東副摠兵) 조승훈(祖承訓)이 원군(援軍) 5천 명을 이끌고 왔다.

   그 소식이 원군보다 앞서 도착하였을 때, 나는 치질로 고통이 심하여서 누운 채 일어나지 못하고 있었다. 임금께서는 좌의정 윤두수에게 나가서 명나라의 원군을 맞이하고 그들이 먹을 군량을 준비하라고 명하셨다. 내가 종사관 신경진을 보내 "임금께서 계신 곳에 대신이 윤두수 한 사람뿐이니 그를 보내면 안 됩니다. 신(臣)은 이미 명나라 장군들을 접대하라는 어명을 받았으니, 비록 병든 몸이긴 하지만 제가 가겠습니다" 하고 아뢰니 임금께서 이를 허락하셨다.

   7월 7일에 병든 몸을 이끌고 임금 계신 곳(行在)으로 가서 인사를 올리니 임금께서 불러 보시기에 엉금엉금 기어 들어가 "평양으로 향하는 길에서는, 소곶(所串)에서 남쪽으로 정주(定州)·가산(嘉山)까지 5천 병사가 지나가면서 하루 이틀 먹을 식량을 마련할 수 있습니다. 안주(安州)·숙천(肅川)·순안(順安) 세 고을에는 비축한 식량이 전혀 없으니, 명나라 군대가 이곳을 지날 때에는 안주에서 남쪽으로 향하면서 먹을 사흘치 식량을 준비하여야 할 것입니다. 군대가 평양에 도착하여 그날 성을 탈환한다면 성안에 곡식이 많이 있으니 변통할 수 있습니다. 만약 성을 포위하여 며칠이 흐르더라도, 평양 서쪽의 세 고을인 강서(江西)·용강(龍岡)·함종(咸從)의 식량을 전력으로 전방에 수송한다면 부족하지 않을 것입니다. 이러한 사정을 이곳에 있는 여러 신하들로 하여금 명나라 장군들과 상의하여 융통성 있게 편의에 따라 시행토록 명하소서"라고 아뢰었다. 임금께서는 그렇게 하라고 하셨다. 그리하여 출발하려는데 임금께서 웅담(熊膽)과 납약(臘藥)[1]을 내려주셨다. 내의원복(內醫院僕) 용운(龍雲)이라는 사람이 성문 밖 5리까지 나를 배웅하며 통곡하였다. 의주에서 20리나 떨어진 전문령(箭門嶺) 고개에 오를 때까지도 그의 울음소리가 들렸다.

저녁에 소곶역에 도착하니 아전과 병사들은 모두 달아나서 그 모습을 찾아볼 수 없었기에, 군관을 시켜서는 마을에 가서 수색케 하니 그들이 몇 사람을 데려왔다. 나는 "나라가 평소에 너희들을 기른 것은 이런 날을 위해서인데 어찌 차마 달아날 수 있는가? 바야흐로 명나라 군대가 도착하야 나랏일이 참으로 급하니, 지금이 바로 너희들이 노력하여 공을 세울 때이다" 하고 힘껏 타이르고는, 빈 책자(冊子) 한 권을 꺼내 먼저 온 자들의 성명을 적고는 그것을 보여 주면서 "나중에 이것으로 공로(功勞)를 평가하여 상을 내릴 것을 논하자고 임금께 아뢸 것이다. 이 기록에 실리지 않은 자는 난리가 끝난 뒤에 일일이 조사하여 처벌할 것이다"라고 하였다.

조금 뒤에 사람들이 잇달아 와서는 "소인은 일이 있어서 잠시 나가 있었을 뿐입니다. 어찌 감히 임무를 피하겠습니까? 원컨대 소인의 이름을 그 책자에 적어 주십시오" 하였다. 나는 이 방식을 쓰면 사람들의 마음을 합칠 수 있음을 깨닫고 곳곳에 공문을 보내, 고공책(考功冊)을 비치하여 사람들의 크고 작은 공로를 적어서 나중에 보고할 때 근거로 삼는 방식을 시행하게 하였다. 나의 이 명령을 들은 자들은 앞다투어 나와 땔감을 나르고 집을 짓고 솥과 가마를 설치하니, 며칠 사이에 모든 일이 조금씩 갖추어졌다. 나는 난리를 만난 백성들은 채근하면 안 된다고 생각하여, 오로지 지성으로 깨닫도록 타이를 뿐 한 사람도 매질하지 않았다.

더 나아가 정주에 도착하니 홍종록이 귀성(龜城) 사람들을 모두 동원하여 말 먹일 콩과 좁쌀 2천여 석을 정주·가산에 옮겨 놓은 상태였다. 나는 여전히 안주에 비축된 식량이 부족함을 걱정하고 있었는데, 마침 충청도 아산창(牙山倉)의 세미(稅米) 1천 2백 석이 배에 실려 와서 장차 임금 계신 곳으로 가기 위하여 정주 입암(立巖)에 정박되어 있었다. 나는 매우 기뻐하며 즉시 "먼 곳의 곡식이 약속이나 한 것처럼 도착하니 이는 우리나라가 중흥할 운세를 하늘이 도와주는 것 같습니다. 청컨대 이 곡식을 군량미에 보태도록 하여 주십시오"라고 아뢰었다. 그러고는 수문장(守門將) 강사웅(姜士雄)에게 입암으로 달려가서 2백 석을 정주에, 2백 석을 가산에, 8백 석을 안주에 나누어 운반하게 하였다. 안주는 적의 근거지와 가까운지라 잠시 물 위에 배를 정박시킨 채로 기다리게 하였다.

선사포첨사(宣沙浦僉使) 장우성(張佑成)이 대정강(大定江) 부교(浮橋)를 만들고 노강첨사(老江僉使) 민계중(閔繼仲)이 청천강(晴川江) 부교를 만들어서 명나라 군사가 건널 수 있도록 했고, 나는 한발 먼저 안주로 가서 준비를 하였다. 그때 적군은 평양에 들어가서 오랫동안 나오지 않았다. 순찰사 이원익과 병사 이빈은 순안에 주둔하고 있었고, 도원수 김명원은 숙천에 있었으며, 나는 안주에 있었다.

七月, 遼東副摠兵祖承訓, 率兵五千來援. 報先至.[2] 時余病痔苦甚, 臥不能起. 上令左相, 出治沿途[3]軍食. 余使從事官[4]辛慶晉, 啓曰: "行在時任大臣, 只有斗壽一人, 不可出. 臣已受接待唐將之命, 雖病猶可自力一行." 上許之. 初七日, 力疾詣行宮拜辭, 蒙引對, 匍匐以入, 啓曰: "一路, 自所串以南, 至定州·嘉山, 則五千兵經過時, 一二日食可辨. 安州·肅川·順安三邑, 蕩無所備,[5] 天兵過此, 宜先持三日糧, 以備安州以南之食. 若兵至平壤, 卽日收復, 則城中粟多, 可以接濟. 雖圍城累日, 平壤西三縣穀, 亦可竭力, 輸到軍前, 不至闕乏. 此等曲折, 請令在此諸臣, 與唐將相議, 濶狹相濟, 便宜施行." 上曰: "然." 旣出, 內賜熊膽·臘藥. 內醫院僕龍雲者, 送余于城門外五里痛哭, 余登箭門嶺, 哭聲猶聞. 夕至所串驛, 吏卒逃散, 不見形影. 使軍官, 往搜村落間, 得數人而至. 余勉諭曰: "國家平日, 撫養汝輩, 用在今日. 何忍逃避? 且

天兵方至, 國事正急, 此乃汝輩, 效勞立功之秋也."因出空冊子一卷, 先書來見者姓名, 示之曰: "後日當以此, 等第功勞, 啓聞論賞. 其不在此錄者, 事定, 一一 (권1·36) 查覈行罰, 不可免也." 旣而, 來者相續, 皆曰: "小人因事暫出, 豈敢避役? 願書名于冊." 余知人心可合, 卽移文各處, 使例置考功冊, 書功勞多少, 以憑轉報施行. 於是, 聞令者爭出, 搬運柴草, 架造房屋, 排設釜鼎, 數日之間, 凡事稍集. 余以爲亂離之民, 不可用急, 但至誠曉諭, 未嘗鞭撻一人. 進至定州, 洪宗祿盡起龜城人, 輸運馬豆及小米, 到定州·嘉山者, 已二千餘石矣. 余猶以安州以後爲憂, 適忠淸道牙山倉稅米, 全一千二百石, 載船將向行在, 到泊於定州立巖. 余喜甚, 卽馳啓曰: "遠穀適至如期, 似是天贊中興之運. 請幷取, 以補軍餉." 令守門將姜士雄, 馳去立巖, 分運二百石定州, 二百石嘉山, 八百石於安州. 安州則以近賊, 姑令停船水中, 以待之. 宣沙浦僉使張佑成, 造大定江浮橋, 老江僉使閔繼仲, 造晴川江浮橋, 擬渡天兵. 余前往安州調度. 時賊入平壤, 久不出. 巡察使李元翼, 與兵使李薲駐順安, 都元帥金命元在肅川, 余在安州.

초본에는 이 부분의 기사가 적혀 있는 면의 뒤쪽에 전쟁 당시 원균의 행적에 대한 평가가 수록되어 있다.

고공책에 적힌 백성들이 전부 보상을 받았는지는 알 수 없으나, 류성룡이 남긴 『진사록』과 『군문등록』 등을 통해 그가 노비에서 서얼, 양반에 이르기까지 여러 사람들의 공적을 신분 차별 없이 세세히 조정에 보고했음을 알 수 있다. 이렇게 본다면, 간행본에서 추가된 부분은 곧 류성룡 자신이 인정(仁政)을 베풀었다는 주장이다.『징비록』에 의하면 이순신을 천거한 것도, 군량 입수에 진력함으로써 명나라 군대를 잘 먹인 것도 류성룡의 공이다.『징비록』에서 "하늘의 뜻이며 인력에 의한 것이 아니다"라고 강조되는 것이 명나라 군대의 도움과 이순신의 활약임을 볼 때, 이 두 가지 요인의 배후에 류성룡 자신이 있었다고 강조하고자 했음을 알 수 있다.

한편, 본문에서 류성룡은 "나는 난리를 만난 백성들은 채근하면 안

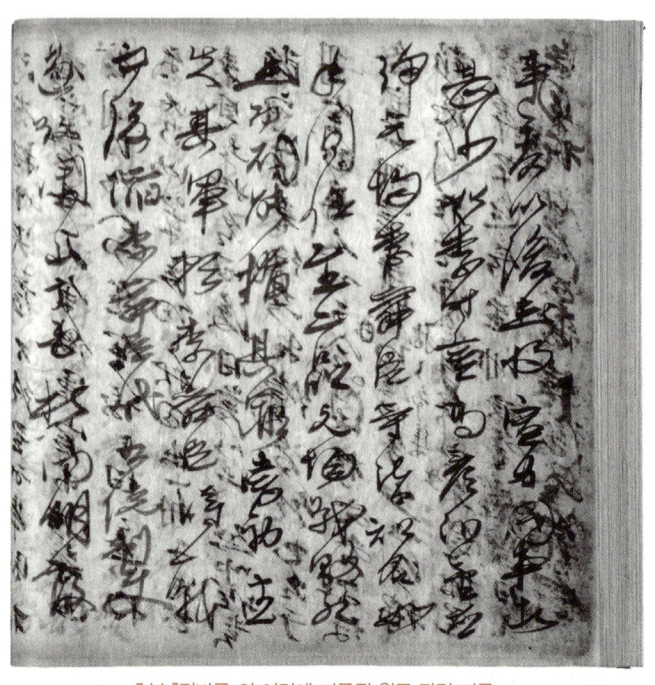

초본『징비록』의 이면에 기록된 원균 관련 기록.

된다고 생각하여, 오로지 지성으로 깨닫도록 타이를 뿐 한 사람도 매질 하지 않았다"라고 강조한다. 이와 관련해서 류성룡은 조선에 도착한 초기의 명나라 장군들에 대해 우호적인 평가를 하는 가운데, 조지현 (趙知懸)이라는 장군이 다음과 같은 말을 했다고 적는다.

> 이 나라에서는 형장(刑杖)[7]이 너무 무거우니, 길에서 사람을 고문하여 때리는 것을 볼 것 같으면, 반드시 무릎 종아리를 때립니다. 이것은 사람의 몸에 요긴한 곳이므로 조금만 매질하여도 반드시 죽게 되는 것이니, 중국의 법과는 다른 것입니다. (『진사록』)[8]

사람의 무릎을 때리는 형벌에 대해서는 이순신의 『난중일기』 1597년 10월 12일 기사에도 언급이 보인다.[9]

33

7월 19일에 총병 조승훈의 군대가 평양을 공격하였지만 이기지 못하고 후퇴하였으며 유격 사유는 전사하다

    7월 19일에 총병 조승훈의 군대가 평양을 공격하였지만 이기지 못하고 후퇴하였으며 유격 사유는 전사하였다.
    이보다 앞서 조승훈이 의주에 도착하자 사유는 군대를 선봉으로 삼았다. 조승훈은 요동 지역의 용맹한 장군으로, 여진인과 여러 차례 싸워 전공을 세운 터라 이번 전쟁에서도 반드시 왜군을 물리칠 수 있을 것이라 생각하였다. 그는 가산에 도착하였을 때 우리나라 사람에게 "평양의 적군은 이미 달아나지 않았는가?" 하고 물었다. 그 사람이 "퇴각하지 않았습니다"라고 답하자 조승훈은 술잔을 들어 하늘로 향하고 "적군이 아직 있다니, 분명 하늘이 나로 하여금 큰 공을 세우라 하시는 것이리라" 하며 기원하였다.

이날 순안에서 자정 무렵에 출발하여 평양을 공격하였다. 마침 큰비가 내렸고 성안에는 적의 수비병이 보이지 않았다. 명나라 군대는 칠성문(七星門)을 통하여 성안으로 들어갔는데, 길이 좁고 골목길이 많아서 말이 다리를 뻗고 달릴 수 없었다. 적이 험하고 좁은 곳에 숨어서 조총을 마구 쏘아 대니 유격 사유가 총탄에 맞아 즉사하였고 군마(軍馬)도 많이 죽었다. 마침내 조승훈은 퇴각하였는데, 적은 서둘러 추격하지 않았다. 후방에 있던 병사들 가운데 진창에 빠져서 몸을 빼 내지 못한 자들은 모두 적에게 살해되었다.

조승훈은 남은 군대를 이끌고 되돌아와 순안·숙천을 지나 한밤중에 안주성 밖에 도착하여서는, 그곳에 말을 세우고 역관(譯官) 박의검(朴義儉)을 불러서 "우리 군대는 오늘 적을 많이 죽였지만 불행히 유격 사유가 부상을 입어 전사하였다. 하늘의 때도 좋지 않아, 큰비가 내려 땅이 진창이 되어 버리는 바람에 적을 섬멸할 수 없었다. 군대를 보충해서 반드시 다시 진군할 것이니, 너희 나라 재상(宰相)에게 동요하지 말라고 하고, 부교(浮橋)도 철거하지 말라고 전하여라" 하고는 서둘러 청천강·대정강 두 강을 건너가 공강정(控江亭)에 주둔하였다. 조승훈은 패전한 뒤에 낙담하고 겁먹어서 적군이 추격하여 올 것을 두려워하여, 두 강으로 적을 막으려고 이처럼 서둘렀던 것이다. 나는 종사관 신경진을 그에게 보내어 위로하고 군량미와 음식도 보내 주었다.

조승훈이 공강정에서 머무는 이틀간 매일 밤 큰비가 내려, 노숙하던 병사들의 갑옷이 모두 젖어 버려서 그들은 모두 조승훈을 원망하였다. 얼마 뒤에 명나라 군대는 요동으로 퇴각하였다. 나는 우리나라 사람들의 민심이 동요할까 염려하여, 임금께서 안주에 머무시면서 뒤이어 올 명나라 군대를 기다리실 것을 청하였다.

　　十九日, 祖總兵軍攻平壤, 不利而退. 史遊擊戰死. 先是, 祖承訓至義州, 史儒以其軍, 爲先鋒. 祖乃遼左勇將, 累與北虜戰有功, 是行, 謂倭必可取. 至嘉山, 問我人曰: "平壤賊, 無乃已走耶?" 曰: "不退." 承訓擧酒仰天祝之曰: "賊猶在, 必天使我成大功也." 是日[1], 自順安, 三更發軍, 進攻平壤. 適大雨, 城上無賊守兵, 天兵從七星門入, 城內路狹, 多 (권1·37) 委巷, 馬足不可展. 賊依險阨, 亂發鳥銃, 史遊擊中丸, 卽斃. 軍馬多死, 祖遂退軍, 賊不急追, 後軍陷泥潦中, 不能自援[2]者, 悉爲賊所害. 承訓引餘兵還, 過順安·肅川, 夜中至安州城外, 立馬, 呼譯官朴義儉曰: "吾軍今日多殺賊, 不幸史遊擊傷死, 天時又不利, 大雨泥濘, 不能殲賊. 當添兵更進耳. 語汝宰相, 毋動, 浮橋亦不可撤." 言畢, 馳渡兩江, 駐軍於控江亭. 蓋承訓戰敗膽怯, 恐賊追躡, 欲前阻二江, 故疾急如此. 余使辛從事往慰, 且載送糧饌. 承訓留控江亭二日, 連日夜大雨, 諸軍露處野中, 衣甲盡濕, 皆怨承訓. 已而, 退還遼東. 余恐人心動搖, 啓請: "仍留安州, 以待後軍之至."

류성룡은 부교 제도에 대해 「녹후잡기」에서도 상세히 논하고 있다.

34

전라수군절도사 이순신이 경상우수사 원균, 전라우수사 이억기 등과 함께 거제도 앞바다에서 적병을 크게 물리치다

전라수군절도사(全羅水軍節度使) 이순신(李舜臣)이 경상우수사(慶尙右水使) 원균(元均), 전라우수사(全羅右水使) 이억기(李億祺) 등과 함께 거제도 앞바다에서 적병을 크게 물리쳤다.

처음에 적이 이미 상륙하자 원균은 적군의 세력이 큰 것을 보고는 감히 나가서 공격할 엄두를 내지 못하고 백여 척의 전선(戰船)과 화포·병기를 모두 바닷속에 가라앉혔다. 다만 수하의 비장(裨將)인 이영남(李英男)·이운룡(李雲龍) 등과 함께 네 척의 배에 타고 달아나, 곤양(昆陽) 어귀에 상륙하여 적을 피하려 하였다. 이에 수군 만여 명이 모두 무너졌다.

이영남이 "공(公)께서는 명을 받아 수군절도사에 임명되셨는데 지금 군대를 버리고 상륙하여 달아나면 훗날 조정이 죄를 물을 때 어떤 명분으로 해명하실 수 있겠습니까? 전라도에 군대를 청하여 적과 한 번 싸우고, 이기지 못하면 그때 달아나도 늦지 않을 것입니다"라고 간언하자, 그 말이 맞다고 생각한 원균은 이영남을 이순신에게 보내어 구원을 요청하였다. 그러나 이순신은, 각자 맡은 구역이 있으니 조정의 명령이 아니면 어찌 그 구역을 넘어갈 수 있겠냐며 거절하였다. 원균은 다시 이영남을 보내어 구원을 청하니 그 왕복 횟수가 대여섯 차례에 이르렀다. 이영남이 빈손으로 돌아올 때마다 원균은 뱃머리에 앉아 그 모습을 바라보고 통곡하였다.

얼마 뒤에 이순신은 판옥선(板屋船) 40척을 이끌고 이억기와도 약속하여 함께 거제도에 나아가, 원균과 군대를 합쳐 나아가 견내량(見乃梁)에서 적의 배와 조우하였다. 이순신이 "이곳은 바다가 좁고 물이 얕아서 배를 돌리기가 어려우니, 거짓으로 후퇴하여 적을 유인해 넓은 바다에서 싸우는 것이 좋겠습니다" 하니, 분노한 원균은 즉시 진격하여 싸우자고 하였다. 이에 이순신은 "공은 병법을 모르는군요. 그렇게 하면 반드시 패할 것입니다"라고 하였다. 마침내 깃발을 써서 아군의 배를 퇴각시키니 적은 매우 기뻐하며 앞다투어 배에 타고 좁은 해협을 빠져 나왔다. 이때 이순신이 북을 한 번 치니 아군은 일제히 배를 돌리고 바다 한가운데에 도열하여 적의 배와 정면 대치 하니 그 사이의 거리는 겨우 수십 보(步)였다.

이에 앞서 이순신은 거북선(龜船)을 처음으로 만들었다. 나무판자로 배 위를 덮으니 위가 둥글게 올라온 것이 거북이와 같았다. 병사와 노 젓는 사람이 모두 그 안에 있으면서 전후좌우에 화포를 많이 싣고 베틀의 북(梭)마냥 종횡무진하였다. 적의 배를 만나면 잇달아 대포를 쏘아서 부수었다. 여러 배가 일제히 뭉쳐서 공격하니 연기와 불꽃이 하늘을 채우고, 불탄 적의 배가 무수히 많았다. 적장(賊將)이 높이가 몇 길 되는 누선(樓船)에 타고 그 위에 망루를 세워 붉은색을 비롯한 형형색색의 휘막으로 그 주위를 둘렀는데, 이것도 대포에 맞아 파괴되고 적은 모두 물에 빠져 죽었다. 그 뒤에 적은 싸울 때마다 패한지라 마침내 부산·거제도에 숨어들어 다시 나오지 않았다.

하루는 이순신이 전투를 독려하다가 적의 유탄에 왼쪽 어깨를 맞아 피가 발꿈치까지 흘렀다. 그러나 그는 아무 말 하지 않다가 전투가 끝난 뒤에야 비로소 칼로 살을 찢고 탄환을 뽑았다. 탄환이 몇 치나 파고 들어 가 있어서 그 모습을 보는 사람들은 모두 낯빛이 변하였지만 이순신은 담소를 나누며 태연자약하였다.

승전 소식을 들은 조정에서는 매우 기뻐하여, 임금께서는 이순신을 1품(一品) 벼슬로 올리려 하셨다. 하지만 너무 파격적인 승진이라고 비판하는 사람이 있었기 때문에 이순신을 정2품의 정헌대부(正憲大夫)로 승진시키고 이억기와 원균을 가선대부(嘉善大夫)로 승진시켰다.

이에 앞서 적장 고니시 유키나가가 평양에 도착하여 "일본 수군 십여만 명이 지금 또 서해(西海)를 통하여 올 터인데, 어가가 여기서 또 어디로 갈지 모르겠습니다"라는 글을 보낸 적이 있었다. 적은 원래 수군과 육군이 합세하여 서쪽으로 내려오려고 하였던 것인데, 이 한 번의 전투로 인하여 적의 한쪽 팔을 자른 격이 되었으니 고니시 유키나가가 아무리 평양을 얻었어도 그 세력은 고립되었기 때문에 감히 더 진군하지 못하였던 것이다. 우리나라가 전라도와 충청도, 황해도, 평안도 연해(沿海) 지역을 지켜 냄으로써 군량미를 조달하고 조정의 명령이 통하여 중흥할 수 있었다. 또한 요동의 금주(金州)·복주(復州)·해주(海州)·개주(蓋州)·천진(天津) 등지가 전쟁에 휘말리지 않아서, 명나라 군대가 육로를 통하여 구원하러 와 적을 물리치기에 이른 것이 이 한 번의 전투 덕분이었다. 아아, 이것이 어찌 하늘의 도움이 아니겠는가! 그리하여 이순신은 3도의 수군을 이끌고 한산도(閑山島)에 주둔하며 적이 서쪽으로 침범하는 길을 끊었다.

全羅水軍節度使李舜臣, 與慶尙右水使元均, 全羅右水使李億祺等, 大破賊兵于巨濟洋中. 初賊旣登陸, 均見賊勢大, 不敢出擊, 悉沈其戰船百餘艘及火砲[1]·軍器於海中, 獨與手下裨將李英男·李雲龍等, 乘四船, 奔至昆陽海口, 欲下陸避賊. 於是, 水軍萬餘人皆潰. 英男諫曰: "公受命, 爲水軍節度. 今棄軍下陸, 後日朝廷按罪, 何以自解? 不如請兵於全羅道, 與賊一戰, 不勝然後, 逃未晚也." 均然之, 使英男, 往舜臣請援, 舜臣辭以各有分界, 非朝廷之令, 豈宜擅自越境. 均又使英男往請, 凡往返至五六不已, 每英男回, 均坐船頭, 望見痛哭. 旣而, 舜臣率板屋船四十艘, 竝約億祺, 到巨濟, 與均合兵, (권1·38) 進與賊船, 遇於見乃梁. 舜臣曰: "此地海狹水淺, 難以回旋. 不如佯退誘賊, 至海濶處相戰也." 均乘憤, 欲直前搏戰. 舜臣曰: "公不知兵. 如此必敗", 遂以旗揮其船退, 賊大喜, 爭乘之. 旣出隘口, 舜臣鳴鼓一聲, 諸船一齊回棹, 擺列於海中, 正與賊船撞着, 相距數十步. 先是, 舜臣創造龜船. 以板鋪其上, 其形穹窿如龜, 戰士·擢夫皆在其內, 左右前後多載火砲[2]. 縱橫出

入如梭, 遇賊船, 連以大砲³碎之, 諸船一時合攻, 烟焰漲天, 焚賊船無數. 有賊將在樓船, 高數丈, 上施樓櫓, 以紅段彩氈, 圍其外. 亦爲大砲⁴所破, 賊悉赴水死. 其後, 賊連戰皆敗, 遂遁入<u>釜山</u>·<u>巨濟</u>, 不復出. 一日, 方督戰, 流丸中<u>舜臣</u>左肩, 血流至踵. <u>舜臣</u>不言, 戰罷, 始以刀割肉出丸, 深入數寸. 觀者色墨, 而<u>舜臣</u>談笑自若. 捷聞, 朝廷大喜, 上欲加<u>舜臣</u>以一品. 言者以爲大濫, <u>陞正憲</u>, <u>億祺</u>·<u>均陞嘉善</u>. 先是, 賊將<u>平行長</u>到<u>平壤</u>, 投書曰: "<u>日本</u>舟師十餘萬, 又從<u>西海</u>來, 未知大王龍御, 自此何之?" 蓋賊本欲水陸合勢西下, 賴此一戰, 遂斷賊一臂, <u>行長</u>雖得<u>平壤</u>, 而勢孤不敢更進. 國家得保<u>全羅</u>·<u>忠淸</u>以及<u>黃海</u>·<u>平安</u>沿海一帶, 調度軍食, 傳通號令, 以濟中興. 而<u>遼東金</u>·<u>復</u>·<u>海</u>·<u>蓋</u>與<u>天津</u>等地, 不被震驚, 使天兵從陸路來援, 以致⁵却賊者, 皆此一戰之功. 嗚呼, 豈非天哉! <u>舜臣</u>因率三道舟師, 留屯于<u>閑山島</u>, 以遏賊西犯之路.⁶

꽃무늬 장식

류성룡이 처음에 "하늘의 도움"이라고 찬탄했던 조승훈의 명나라 군대까지도 일본군에 패했다는 기사를 통해, 『징비록』에서 임진왜란은 가장 어두운 국면을 맞이했다. 실제로는 옥포해전(1592년 5월 7일)에서 한산도 해전(7월 9일)에 이르는 일련의 승전 이후에 1차 평양성전투(7월 17일)가 있었지만, 류성룡은 사건의 실제 발생 순서와는 달리 명나라 군대의 패전 기사 뒤에 조선 수군의 승전을 배치함으로써, 조선 수군의 활약이야말로 국가 중흥의 기반이 되었을 뿐 아니라 명이 전쟁에 휘말리는 것을 막아주기까지 했다고 분석하며 그 중요성을 강조한다.

근세의 일본 측 문헌을 보면 고니시 유키나가가 왜 평양에 몇 달씩 주둔하면서 더 나아가지 못했는가의 문제에 대해 다양한 의견이 보인다. 처음부터 전쟁에 반대했던 고니시 유키나가가 일부러 진격하지 않았다는 주장과, 더 나아가려 했으나 도요토미 정부 내의 일부 세력이 이를 저지했다는 두 가지 주장이 그것이다. 이 두 주장은 모두 고니시가 평양에서 진격을 멈춘 이유를 일본의 내적 요인으로 설명하려는 것인데, 이에 대해 『징비록』의 주장은 고니시의 전진을 막은 것이 이순신의 승리로 인해서라는 조선 측의 입장을 보여 준다.

류성룡은 본문에 보이듯이 전쟁 초기에 원균 등이 해전을 포기한 것에 비판적이었다. 『진사록』에는 다음과 같은 류성룡의 말이 보인다.

> 왜놈은 우리보다 수전(水戰)에는 뒤떨어지는데, 애초에 생각이 얕은 사람들이 우리 군사는 수전이 유리하지 않다고 망령되이 말하여, 적병으로 하여금 마음대로 육지로 올라오게 하였는데, 사람의 꾀가 훌륭하지 못하는 것도 또한 하늘이 하는 일인 것이니, 그러고도 또한 무슨 말을 하여야 하겠습니까? (『진사록』)[7]

『양조평양록』의 저자도 임진왜란 뒤에 류성룡과 마찬가지의 결론을 내린다.

> [일본군은] 육지 싸움을 잘하고, 바다 싸움을 겁낸다. (제갈원성, 『양조평양록』)[8]

그러나 일본 수군이 조선 수군보다 약하다는 사실은 이순신의 연전 연승이 있은 뒤에 밝혀진 것으로, 왜구가 동중국해를 누비던 시절과는 상황이 다른 만큼 류성룡의 비판은 조금 지나치다는 느낌이 드는 것 역시 사실이다. 아무튼, 임진왜란 때에는 조선 수군이 더 강했던 것이 사실이고, 그 때문에 조선 수군의 승리에 대해서는 일본 측의 기록이 적다. 조선 측에서 의병 전쟁을 수행했던 당사자나 주변인이 기록을 남긴 것이 전과를 선전·강조함으로써 조정과 동일 계급 및 지역사회에 어필하기 위함이었던 것과 마찬가지로, 일본 측에서 임진왜란의 기록을 남긴 사람들도 자신들이 이긴 전투는 전과를 강조하고 진 전투는 그 피치 못함을 부각하는 경향을 보인다. 임진왜란 해전의 경우, 일본 측이 강조하는 것은 1597년 7월의 칠천량해전에서 자신들이 승리한 것이다. 하지만 1592년의 해전에 대해서는 기록이 적다. 그 얼마 안 되는 패배의 기록 가운데에서도 거북선에 대한 증언을 남기고 있는 중요한 문헌이 『고려해전기(高麗船戰記)』이다. 조선군이 너무 강해서 신의 가호가 등장할 정도로 힘든 싸움이었고 일본군이 전멸하지 않은 것만도 잘한 것이라는 주장에서, 1592년 5~7월의 일련의 해전에서 조선 수군이 일본 수군을 압도한 양상을 잘 알 수 있다. 이 문헌은 거북선에 대한 언급이 보이는 일본 측의 매우 드문 기록 중의 하나이기 때문에 중요하다. 조선의 큰 배 가운데 장님배라고 하는 것이 거북선을 가리키는 것으로 생각된다.

　와키사카 님의 전투 소식을 들으신 구키 요시타카(九鬼嘉隆) 님과 가토 요

시아키(加藤嘉明) 님은 같은 달 6일에 부산포에서 그 해협 어귀로 출발하여 7일에 가덕도로 향하고 8일에는 고려에 있는 오도(烏島)의 항구에 들어가셨다. 9일 오전 8시경(辰ノ刻)부터 적의 큰 배 58척, 작은 배 50척가량이 공격하여 왔다.

큰 배 가운데 세 척은 장남배로, 쇠로 방어를 하고 대포, 불화살, 끝이 둘로 갈라진 화살(大狩俣) 등을 쏘았다. 오전 8시경부터 오후 9시경(酉ノ刻)까지 번갈아 공격하여 아군 배의 고루(高楼)며 통로며 발을 보호하여 주는 방어 시설까지 모두 부수었다. 그 대포는 15척[약 150cm] 길이의 단단한 나무 끝을 철로 두르고 철로 된 날개도 삼면에 붙이고, 적으로 향하는 끝쪽에는 폭이 1척 2~3촌[약 36cm] 되는 끝이 둘로 갈라진 화살을 붙인 무기이다. 불화살은 끝에 철을 둥글고 튼튼하게 붙인 것이다. 이런 화살을 3~5간(間: 약 6~10m) 거리까지 다가와 쏘았다.

구키 님은 니혼마루(日本丸) 배의 고루에서 조총(鉄砲)을 쏘셨는데, 적이 쏜 대포를 한 발도 맞지 않았으니 불가사의한 일이라 하겠다. 구키 요시타카의 기슈쿠(鬼宿) 배가 가토 요시아키의 큰 배와 마주하고 작은 배들이 그 사이에 위치하여 조총을 쏘았다. 기슈쿠 배와 가토 요시아키의 큰 배에서 대포(大筒)를 쏘아 대니 적군은 부상자·전사자가 다수 발생하여 섬들로 후퇴하였다. 기슈쿠 배에서도 부상자·전사자가 다수 발생하였기 때문에 그날 밤에 부산포로 후퇴하셨다.

적의 배를 공격하기 전날 밤에 아군 배의 키에서 피가 흘렀다. 다들 이것은 신의 뜻이 드러난 좋은 징조라고 말하였다. 또, 전투가 한창이던 9일 낮에 에보시(烏帽子)를 쓰고 흰옷을 입은 자들이 내려와 뱃머리를 천천히 걸으시는 것이 여러 배에서 목격되었다. 가토 요시아키 님이 참모에게 물어보시니, 참모는 일본의 신들이 옮겨 타신 것이라고 점을 쳤다. 또한 적의 배에서 쏜 대포·불화살이 날아오는 도중에 많이 꺾이는 것을 사람들이 보았다. 배에 꽂힌 대포·불화살은 겨우 140~150개에 지나지 않았다. 이런저런 상황을 생각하여 보면 신의 가호가 실로 크다며 사람들은 한없이 기뻐하였다. 정말이지 신의 가호가 없었다면 이번 전투에서 이와 같은 행운은 있기 어려웠을 것이라고 모두들 말하였다 운운.

고려 8개 지역 가운데 경상도라고 하는 지역을 관할한 하시바 히데카쓰(岐阜ノ宰相) 님은 당시 부산포에 계셨다. 이 해전에 대해 들으신 하시바 님은 해전에서 돌아온 배 한 척에 오르셔서 적의 대포에 맞아 배의 고루 등이 손상된 것을 보시고는 "이렇게 치열하게 싸운 모습은 예전에도 [볼 수 없었고] 앞으로도 볼 수 없을 것이다"라며 칭찬하시고, 지쿠젠(筑前) 나고야(名護屋)의 본진에 계신 다이코 님께 이 상황을 상세히 보고하셨다. 이에 다이코 히데요시 님은 매우 기뻐하시며 구키 요시타카에게 주인장을 보내어, 도도 다카토라(藤堂佐渡守) 님, 간 미치나가(菅平右衛門) 님 등과 협력하여 육해군은 배의 척(隻) 수에 따라 지시대로 당책산(唐冊山)에 성을 쌓아 그곳에서 싸울 것이며, 경솔히 싸움을 걸어서는 안 된다고 명하셨다. 『고려해전기』)[9]

한편, 본문에서는 어깨에 총탄을 맞은 이순신이 태연한 영웅의 모습을 보였다고 적혀 있지만, 이 시기에 이순신이 작성한 편지를 보면 상처로 인한 고통이 결코 가볍지 않았음을 알 수 있다. 이순신은 군중(軍中)을 안심시키기 위해 자신의 고통을 겉으로 드러내지 않은 것 뿐이다. 이러한 그의 모습은 노량해전에서 전사하면서도 부하들을 동요케 하지 않기 위해 자신의 죽음을 알리지 말라는 유언을 남긴 것과도 통한다고 하겠다.

저번에 두 번이나 보내신 서신을 받고 곧바로 나아가 배알하려 하였으나 교전할 때 격분하여 몸을 돌보지 않고 시석(矢石)을 무릅쓰고 뛰어들다가 적의 탄환을 맞은 것이 매우 깊었습니다. 비록 죽을 만큼 다치지는 않았으나 그 뒤로 연일 갑옷을 입고 적과 싸웠으니, 탄환 맞은 헌 상처가 뭉그러져 고름이 흘러나와 아직도 옷을 입지 못하였습니다. 뽕나무 잿물과 바닷물로 밤낮을 이어 가며 씻어도 아직도 차도가 없고, 여러 날 출동 준비를 하였으나 아직 신속하게 진군을 하지 못하게 되었으니 근심스러울 따름입니다.
(이순신, 『난중일기』)[10]

35

전 의금부도사 조호익이 강동에서
병사를 모아 적을 치다

전(前) 의금부도사(義禁府都事) 조호익(曺好益)이 강동(江東)에서 병사를 모아 적을 쳤다.

조호익은 창원 사람으로 지조와 덕행이 있었으나, 남의 모함을 받아 일가족이 강동으로 이사하였다. 가난하여 학생들을 가르쳐 생계를 이은 것이 이십여 년이었지만 그 지조는 더욱 굳건해졌다.

어가가 평양에 도착한 뒤 그의 죄를 사하고 불러서 의금부도사로 임명하였다. 평양이 적에게 포위되자 조호익은 강동으로 가서 병사를 모아 평양을 구원하려 하였다. 얼마 뒤에 평양이 함락되어 군민(軍民)이 모두 무너지자 조호익은 임금 계신 곳(行在)으로 돌아가려 하였다. 내가 양책역(良策驛)에서 그를 만나 "명나라 군대가 장차 올 것이니 그대는 의주로 가지 말고 강동으로 돌아가라. 그곳에서 병사를 모아 명나라 군대와 평양에서 합류하여 그 세력을 더하는 것이 좋겠다"라고 하니 조호익은 그 말에 따랐다. 나는 이와 같은 상황을 조정에 보고하였다. 또 병사를 모집하기 위한 공문을 써서 조호익에게 주고 병기도 원조하여 주었다. 조호익은 강동으로 가서 병사 수백 명을 모아 상원(祥原)으로 출진(出陣)하여 적을 맞아 싸워서 많이 베어 죽였다.

조호익은 서생(書生)이어서 무예에 능통하지 않았지만, 오직 충의(忠義)로써 병사들의 마음을 격려하였다. 동짓날에는 부하들을 데리고 임금 계신 곳을 향하여 네 번 절하고 밤새 통곡하였으니, 모든 병사가 이러한 사실을 알고 눈물 흘렸다.

(권1·39) 前義禁府都事曹好益, 募兵江東, 討賊. 好益昌原人, 有志行, 爲人所誣, 全家徙江東. 貧困, 敎授生徒以得食, 幾二十餘年, 勵操愈堅. 車駕至平壤, 赦其罪, 召拜義禁府都事. 及平壤被圍, 好益往江東, 募兵, 欲救平壤. 旣而, 平壤陷, 軍民皆潰. 好益還赴行在, 余遇於良策驛, 語之曰: "天兵將至, 子毋往義州, 可還江東, 仍行召募, 與天兵會平壤, 以助軍勢." 好益從之, 余遂狀啓其由, 爲起兵文移授好益, 且助以軍器. 好益去, 聚兵, 得數百人, 出陣祥原, 邀賊多斬獲. 好益書生, 不閑弓馬, 徒以忠義激勵士心. 冬至日, 率其士卒, 望行在四拜, 終夜痛哭, 一軍爲之流涕.

36

적병이 전라도를 침범하자, 김제군수 정담과 해남현감 변응정이 힘껏 싸우다 전사하다

  적병이 전라도를 침범하자, 김제군수(金堤郡守) 정담(鄭湛)과 해남현감(海南縣監) 변응정(邊應井)이 힘껏 싸우다 전사하였다.
  이때 적은 경상우도(慶尙右道)에서 전주의 경계로 침입하였고, 정담·변응정 등은 이를 웅령(熊嶺)에서 막았다. 그들은 목책(木柵)으로 산길을 가로막고 장수와 병사들을 독려하여 하루종일 싸워 적병을 무수히 쏘아 죽였다. 적이 후퇴하려고 할 때 마침 날이 저물고 아군의 화살이 떨어지니, 적은 다시 공격하여 와서 정담·변응정 두 사람은 함께 죽고 마침내 아군은 무너졌다.
  적이 다음 날에 전주에 도착하니 관리들은 달아나려 하였는데, 전주 사람인 전(前) 전적(典籍) 이정란(李廷鸞)만은 성으로 들어가 아전과 백성들을 이끌고 성을 굳게 지켰다. 이때 적은 정예병 다수가 웅령에서 전사하였기 때문에 그 기운이 꺾여 있었다. 또한 전라감사 이광(李洸)이 성 밖에 가짜 병사(疑兵)를 세워서 낮에는 깃발을 많이 휘날리게 하고 밤에는 산 한가득 횃불을 피웠다. 적은 성 아래에 도착해서 살펴보며 주위를 몇 바퀴 돌았으나 감히 공격하지 못하고 물러나서는, 웅령에서 전사한 사람들의 시체를 모두 모아 길가에 묻고 큰 무덤을 몇 개 만든 뒤에 그 위에 "충성스러운 마음과 의롭고 용맹한 마음으로 싸운 조선군의 명복을 빈다"라고 적은 묘표(墓標)를 세웠으니, 조선군이 힘껏 싸운 것을 칭송한 것이다. 이로 인하여 전라도만은 홀로 온전할 수 있었다.

賊兵犯全羅道, 金堤郡守鄭湛·海南縣監邊應井, 力戰死之. 時賊從慶尙右道, 入全州界, 湛·應井等禦之於熊嶺, 爲木柵橫斷山路, 督將士, 終日大戰, 射殺賊兵無算. 賊欲退, 會日暮矢盡, 賊更進攻之, 二人俱死, 軍遂潰. 明日賊至全州, 官吏欲走, 州人前典籍李廷鸞入城, 倡吏民固守. 時賊精銳多死於熊嶺, 氣已索. 監司李洸, 又設疑兵於城外, 晝則多張旗幟, 夜則列炬滿山, 賊到城下, 環視數周, 不敢攻而去, 悉聚熊嶺戰死者屍, 埋路邊, 作數大塚, 立木其上, 署曰: "弔朝鮮國忠肝義膽." 蓋嘉其力戰也. 由是全羅一道獨全.

초본에서는 이 본문이 이순신의 승전 기사와 조호익 관련 기사가 각각 적힌 면 사이의 뒷면, 그리고 이원익과 이빈 등의 평양 공격 실패 기사가 적힌 면의 뒷면에 실려 있다.

37

8월 1일에 순찰사 이원익과 순변사 이빈 등이 군대를 이끌고 평양을 공격하였지만 이기지 못하고 후퇴하다

 8월 1일에 순찰사 이원익(李元翼)과 순변사 이빈(李薲) 등이 군대를 이끌고 평양을 공격하였지만 이기지 못하고 후퇴하였다.

 그때 이원익·이빈 등은 수천 명의 병사를 데리고 순안(順安)에 주둔하고 있었고, 별장(別將) 김응서(金應瑞) 등은 용강(龍岡)·삼화(三和)·증산(甑山)·강서(江西) 등 네 개 고을의 군대를 이십여 개 진영으로 나누어 평양 서쪽에 주둔하고 있었다. 김억추(金億秋)는 수군을 이끌고 대동강 하류에 있었으니 적을 앞뒤에서 협공하는 형세가 되었다. 이날 이원익 등이 평양성의 북쪽으로부터 공격하다가 적의 선봉과 조우하여 적병 이십여 명을 활로 쏘아 맞추었다. 그러나 얼마 뒤에 적의 대군이 공격하여 와서 아군은 놀라서 무너졌다. 강변(江邊)의 용맹한 병사들도 많이 죽고 상하였다. 이에 아군은 순안으로 돌아와 주둔하였다.

　八月初一日, 巡察使李元翼·巡邊使李薲等, 率兵進攻 (권1·40) 平壤, 不利而退. 時元翼與薲, 將數千人, 住¹順安, 別將金應瑞等, 率龍岡·三和·甑山·江西四邑之軍, 作二十餘屯, 在平壤之西, 金億秋率水軍, 在大同江下流, 以爲掎角之勢. 是日, 元翼等從平壤城北進兵, 遇賊先鋒, 射中二十餘賊. 旣而, 賊大至, 軍士驚潰, 江邊勇力之士, 多折傷. 遂還屯順安.

38

9월에 명나라의 유격장군 심유경이 오다

9월에 명나라의 유격 장군(遊擊將軍) 심유경(沈惟敬)이 왔다.

처음에 조승훈이 패하자 적은 더욱 더 교만해졌다. 아군에 보낸 편지에 "[지난번 전투는] 양 떼가 호랑이 한 마리를 공격하는 것과 같다"라는 말이 있었으니, 양은 명나라 군대를, 호랑이는 자기 군대를 비유함이었다. 또한 아침저녁으로 "장차 서쪽으로 진군할 것이다"라고 떠들어 대니 의주 사람들은 모두 짐을 싸고 [피난하려고] 서 있었다.

심유경은 원래 절강(浙江) 사람이다. 왜의 정세를 잘 안다고 하여 상서 석성이 임시로 유격장군이라는 호칭을 주어 보낸 것이다. 순안(順安)에 도착하자 [심유경은] 왜장에게 편지를 보내어 황제의 교지(敎旨)로써 "조선이 일본에 무슨 잘못을 저질렀기에 일본이 멋대로 군대를 일으켰는가?"라고 문책하였다. 당시 왜변(倭變)이 갑자기 일어났고 그들의 잔 인함이 심하였기 때문에 사람들은 그들을 두려워하여 왜군의 진영을 감히 엿보려도 하지 않았다. 그러나 심유경은 황색 보자기로 편지를 싸서 가정(家丁) 한 사람에게 짊어지게 하고는 말 타고 곧장 달려가서 평양성의 보통문(普通門)으로 들어가게 하였다. 왜장 고니시 유키나가가 그 편지를 보고 즉시 "만나서 논의하고 싶다"라는 답신을 보냈다.

심유경이 가려고 하자 그를 걱정하여 가지 말라고 권하는 사람이 많았다. 그러자 심유경은 웃으면서 "저들이 어떻게 나를 해칠 수 있겠는가?" 하고는 사병 서넛을 데리고 향하였다. 고니시 유키나가, 소 요시토시, 겐소 등이 성대하게 군대의 위세를 벌려 놓고는 평양성 북쪽 십리 밖의 강복산(降福山) 아래로 나와서 심유경을 만났다. 우리 군대가 대흥산(大興山) 꼭대기에 올라가서 바라보니, 왜군은 그 수가 매우 많았고 그들이 든 칼과 창은 눈처럼 하얗게 번쩍였다. 심유경이 말에서 내려 왜군의 진영으로 들어가니 여러 왜인들이 심유경의 사방을 감쌌기에, 아군은 심유경이 왜군에 잡힌 것으로 의심하였다.

저녁에 심유경이 돌아오는데 그를 배웅하는 왜군들의 행동이 매우 공손하였다. 다음 날에 고니시 유키나가가 편지를 보내 안부를 묻고, 또 "대인(大人)께서는 칼날 속에서도 낯빛이 바뀌지 않으니, 일본인이라고 하여도 그보다 더할 수는 없을 것입니다"라고 하자, 심유경은 "너희는 당나라 때 곽령공(郭令公)이라는 사람이 있었다는 이야기를 듣지 않았는가? 그는 단기필마(單騎匹馬)로 위구르(回紇)의 대군 속으로 들어갔지만 전혀 두려워하지 않았는데 내가 왜 너희를 두려워하겠는가?" 하고 답하였다.

그리고 왜인들과 "내가 귀국하여 황제께 보고를 올리면 당연히 응당의 처분이 있을 것이다. 내가 다녀올 오십 일 동안 왜군은 평양 서북쪽 십 리 밖으로 나가서 약탈하면 안 되고, 조선인은 그 십 리 안으로 들어가서 왜군과 싸우면 안 된다"라는 약속을 하고는, 그 십 리 경계 지역에 나무를 세워 금표(禁標)를 만들고는 떠났다. 우리나라 사람은 그 이유를 헤아릴 수 없었다.

九月, 天朝遊擊將軍沈惟敬來. 初祖承訓旣敗, 賊愈驕, 投書我軍, 有"群羊放一虎"之語. 羊喩天兵, 虎以自詑. 聲言:"朝夕將西下." 義州人, 皆荷擔而立. 惟敬本浙民. 石尙書[1]以爲素諳倭情, 假遊擊將軍號, 出送. 旣至順安, 馳書倭將, 以聖旨責問:"朝鮮有何虧負於日本, 日本如何擅興師旅?" 時倭變猝發, 且殘毒甚, 人人慴恐, 莫敢有窺其營者. 惟敬以黃袱裹書, 使家丁一人背負, 騎馬直馳, 由普通門而入. 倭將行長見其書, 卽回報:"求面見議事." 惟敬將往, 人皆危之, 多勸止者. 惟敬笑曰:"彼焉能害我也?" 從三四家丁赴之. 行長·平義智·玄蘇等, 盛陳兵威, 出會于城北十里外降福山下. 我軍登大興山頭, 望見, 倭軍甚多, 劍戟如雪. 惟敬下馬, 入倭陣中, 群倭四面圍繞, 疑被拘執. 日暮, 惟敬還, 倭衆送之甚恭. 翌日, 行長遣書致[2]問, 且曰:"大人在白刃中, 顔色不變. 雖日本人, 無以加也." 惟敬答之曰:"爾不聞, 唐朝有郭令公者乎? 單騎入回紇萬軍中, 曾不畏憚. 吾何畏爾也?" 因與倭約曰:"吾(권1·41) 歸報聖皇, 當有處分. 以五十日爲期, 倭衆毋[3]得出平壤西北十里外搶掠. 朝鮮人毋入十里內, 與倭鬪." 乃於地界, 立木爲禁標而去. 我國人皆莫測.

초본에는 이 기사가 적힌 면의 뒷면에서부터 여러 면에 걸쳐, 류성룡의 『운암잡록(雲巖雜錄)』에 수록되어 있는 「정릉의 일을 기록하다(記靖陵事)」가 이어진다.

심유경의 정체에 대해서는 잘 알려져 있지 않지만, 명나라의 심덕부(沈德符: 1578~1642)가 만력(萬曆: 1573~1619) 연간에 집필한 필기소설(筆記小說) 『만력야획편(萬曆野獲編)』[4]에는 그가 임진왜란에서 중책을 맡게 된 계기가 흥미롭게 그려진다. 이 책에는 「석 사마(石司馬)」, 「일본(日本)」, 「일본화친(日本和親)」, 「정붕기(程鵬起)」, 「섬라(暹羅)」, 「심유경(沈惟敬)」, 「참교기(斬蛟記)」 등 임진왜란과 관련하여 명나라에서 이야기되던 여러 사항들이 수집되어 있어서 관심을 끈다.

심유경은 절강성 지방 평호[5] 사람이다. 원래는 명가(名家)의 방계였다. 소싯적에 갑인년 왜구 토벌에 참전하였다. 훗날 가난해져서 수도에 왔는데 연단술을 즐겨하여 방사(方士) 및 무뢰한들과 사귀었다. 사마 석성의 첩의 아버지 원씨도 연단술을 즐겨서 심유경과 사이가 좋았다.

온주 사람 심가왕이라는 사람이 있었는데, 심가왕은 왜에서 도망쳐 돌아와 심유경에게 의지하고 있었다. 또는 장주 사람이라고도 한다. 실은, 일본에 항복하여 왜구에 참가하였다가 붙잡혔는데 탈옥한 것이었다. 심유경은 이자를 얻어 이름을 바꾸었다고 하지만 확실치는 않다.

심가왕은 왜에 대하여 잘 알고 있었는데, "관백에게는 다른 뜻이 없다. 처음에는 중국에 조공하기를 원하였지만 조선이 이를 방해하였기 때문에 거병한 것이다. 칙서만 보내면 끝날 문제이다"라고 하였다. 원은 그의 말을 믿고 사마에게 전하였다. 당시 심유경의 나이는 61세로 수염이 길고 풍채가 당당하며 눈은 빛났다. 사마는 크게 기뻐하여 그에게 신기삼영 유격장군(神機三營游擊將軍)직을 주었다 (『만력야획편』)[6]

이 기사는 일본에 전해진 뒤에 17세기 전기의 임진왜란 문헌인 『조선정벌기』, 『도요토미 히데요시 보』 등에도 거의 그대로 수용되어 일본 측의 심유경 인식을 결정짓는다. 『징비록』의 「녹후잡기」에 실려 있는 심유경의 편지와 함께 심유경 연구를 위한 흥미로운 자료라 하겠다.

곽령공(郭令公)은 곽자의(郭子儀)를 가리킨다. 그는 763년에 안사(安史)의 난을 진압하는 데 공을 세웠으나 충분한 보상을 받지 못했다고 하여 당나라 조정에 불만을 가진 투르크계 유목민족인 철륵(鐵勒, Tiele) 출신의 복고회은(僕固懷恩)이 765년에 티베트인(Tibet, 土蕃)과 위구르인(Uyghur, 回紇)을 이끌고 당나라를 공격했을 때, 소수의 부하만을 데리고 위구르 진영으로 들어가 위구르가 티베트와의 연합을 끊고 티베트를 공격하도록 설득하는 데 성공했다.

참고로 임진왜란 때 참전한 명나라 장수 마귀의 3세손 마순상(麻舜裳)은 명청 교체기에 조선으로 망명하여 상곡마씨(上谷麻氏)의 시조가 되었는데, 그가 1629년에 남겼다고 전하는 『회회마씨세보(回回麻氏世譜)』의 서문에서는, 안사의 난에 참전한 위구르인을 다스린 것이 마씨였다고 주장된다. 또한 이 서문에 따르면, 1512년에 위구르에서 신하가 반란을 일으키자 마순상의 4대조인 마록(麻祿)만이 살아남아 베트남(安南國)으로 망명했다가, 1522년에 다시 명나라로 들어가 살게 되었다고 한다.[7] 역해자는 『회회마씨세보』의 현존본을 실견하지 못했기 때문에 이 문헌의 서지학적·역사학적 검토를 수행하지는 못했다. 다만, 이러한 문제를 차치하더라도 이처럼 장대한 스케일의 전승은 흥미로운 요소를 다수 포함하고 있기에 여기에 소개하는 바이다.

39

경기감사 심대가 적에게 습격당하여
삭녕에서 죽다

경기감사 심대(沈岱)가 적에게 습격당하여 삭녕(朔寧)에서 죽었다.

심대는 비분강개하는 성격으로, 난리가 난 뒤에 항상 분개하고 있었다. 나랏일로 드나들 때에도 안전한 곳과 위험한 곳을 가리지 않았다. 이해 가을에 그는 권징(權徵) 대신 경기감사로 임명되어 임금 계신 곳에서 부임지로 가다가 안주(安州)로 와서, 백상루(百祥樓)에서 나와 만나 국난(國難)을 말하면서 분노하고 한탄하였다. 그의 뜻을 보건대 적의 공격을 무릅쓰고 직접 적과 싸우고 싶어 하기에, 나는 "옛사람도 '농사일에 대하여는 노비에게 물어야 한다'라고 하지 않았습니까? 그대는 서생(書生)이니 전투에 나서는 것은 결국 잘할 수 없을 것이오. 그곳에 양주목사(楊州牧使) 고언백(高彦伯)이라는 용맹하고 전투를 잘하는 사람이 있으니, 그대는 병사를 모아 고언백에게 군대를 지휘하게 하는 것만으로도 공을 세울 수 있는 것이오. 삼가 그대가 직접 군대를 지휘하지 마시오"라고 훈계하였다. 심대는 "예, 예" 하고 답은 하면서도 본심은 내 말에 납득하지 않는 듯하였다. 또 나는 그가 혼자 적군 속으로 들어가는 것을 보고 활 잘 쏘는 군관(軍官)인 의주 사람 장 모(張某)와 함께 가게 하였다.

그리하여 심대가 떠난 뒤 몇 달 동안, 임금 계신 곳에 보고하러 가는 경기도 사람 가운데 안주를 지나는 이가 있으면 그는 언제나 편지를 나에게 보내 안부를 물었다. 내가 그들에게 "경기도에 있는 적의 세력은 어떠하고 감사는 어떻게 지내는가?" 하고 물을 때마다, "경기도의 피해는 다른 도보다 훨씬 심하여, 적이 날마다 나와서는 방화하고 약탈하는 바람에 온전한 곳이 없습니다. 예전 경기감사나 수령 이하 관원들은 모두 깊고 궁벽한 곳에 숨었고, 수행하는 사람도 없이 평복 차림으로 몰래 다니거나 거처를 정하지 않고 자주 옮겨 다니면서 적의 공격을 피하였습니다. 하지만 지금의 감사는 전혀 적을 두려워하지 않아서, 순찰할 때마다 평시처럼 먼저 공문을 보내서 알리고, 깃발을 세우고 나팔을 불게 하면서 다닙니다"라는 답이 돌아왔다. 나는 그 말을 듣고 이를 매우 우려하여 편지를 보내 지난번에도 말한 것처럼 조심하라고 타일렀지만 심대의 태도는 변하지 않았다.

심대는 군대를 모아 직접 지휘하여 한양을 수복하겠다는 소문을 퍼뜨리면서, 한양성 안에 사람을 보내 성안에서 내응(內應)할 사람을 모았다. 전쟁이 끝난 뒤에 적에게 부역(附逆)하였다고 죄를 얻을까 두려워하여, 연명(連名)한 편지를 가지고 경기감사에게 가서 내응하겠다고 하는 성안의 사람들이 매일 백 명 천 명을 헤아렸다. 내응 약속을 하거나 무기를 운반하거나 적의 정세를 보고한다며 사람들이 거리낌 없이 심대의 진영을 드나들었는데, 그 가운데 적의 앞잡이가 되어 심대 진영의 동정을 정찰하러 오는 사람들도 섞여서 출몰하였지만 심대는 이들을 믿고 의심치 않았다.

이때 심대는 삭녕군(朔寧郡)에 있었는데, 적이 이를 염탐하여 알아내고는 밤에 몰래 대탄(大灘: 한탄강)을 건너 기습하였다. 심대는 놀라서 일어나 옷을 입고 달아났지만 적은 그를 뒤따라 가 죽였으며 군관 장(張) 모도 함께 죽었다.

적이 떠난 뒤에 경기도 사람들이 심대를 삭녕군에 임시로 장례 지냈는데, 며칠 뒤에 적이 다시 나와서는 그의 목을 가져가 종로거리(鐘樓街)에 매달아 두었는데 5, 60일이 지나도록 낯빛이 여전히 산 사람 같았다. 한양 사람들은 심대의 충의(忠義)를 애석하게 여겨 서로 재물을 모아서 그의 머리를 지키는 왜인에게 뇌물로 주고 [심대의 머리를] 빼내어, 함에 넣어 강화도로 보냈다가 적이 물러난 뒤에 시신과 함께 그의 고향에 돌려보내 장사 지냈다.

심대는 청송(青松) 사람으로 자(字)는 공망(公望)이다. 아들은 대복(大復)인데 조정에서 심대의 공적을 기려서 그에게 관직을 주어 현감까지 되었다.

京畿監司沈岱, 爲賊所襲, 死於朔寧. 岱爲人慷慨, 自變後常憤憤, 奉使出

入, 不避夷險. 是年秋, 代權徵爲京畿監司,[1] 從行朝, 赴任所路出安州, 見余 于百祥樓上, 語國難慨然. 觀其意, 直欲親犯矢石, 以角賊. 余戒之曰: "古人 不云乎? '耕當問奴.' 君書生, 臨陣終非所能. 其處有楊州牧使高彥伯者, 勇力 善鬪, 君但收拾軍兵, 使彥伯將之, 可有功. 愼勿自將也." 岱"唯唯", 而不甚 然. 余又見其孤行入賊中, 分軍官善射者, 義州人張某與俱. 岱旣去, 數月 間, 每有京畿人, 啓事行朝, 經過安州者, 未嘗不致書問余也. 余輒親問其人: "京畿賊勢及監司何爲?" 對曰: "畿甸創殘甚他道, 賊日出焚掠, 無乾淨地. 前 監司及守令以下, 悉從深僻處躱避, 減去儀從, 微服潛行, 或屢遷徙, 不定厥 居, 以防賊患. 今監司殊不畏賊, 每巡行, 先文知委如平日, 建旗鳴角而行." 余聞, 而甚憂之, 申書戒勅如前, 岱不變. 旣乃聚集軍兵, 悉以自隨, 聲言: "欲 復京城." 日遣人入城中, 召募, 約爲內應. 城中人, 恐事定後, 以附賊獲罪, 連 名結狀, 出赴監司, 自言能內應者, 日以千百數名. 曰: "聽約束", 曰: "輸軍 器", 曰: "報賊情", 人人往來無阻, 其間亦有爲賊耳目, 來察動靜者多, 出沒 相雜, 而岱 (권1·42) 信之不疑. 至是, 岱在朔寧郡, 賊詗知之, 潛渡大灘, 夜 襲之. 岱驚起, 披衣走出, 賊追害之, 軍官張姓者亦同死. 賊去, 京畿人權殯于 朔寧郡中, 數日賊復出, 取其首, 懸於鐘樓街上, 積五六十日, 面色如生. 京城 人哀其忠義, 相與率財物, 賂守倭贖出之, 函送于江華. 賊退後, 與尸身還葬 故山. 岱靑松人, 字公望, 子大復, 朝廷以岱故官之, 至縣監.

초본에는 이 기사가 없으며, 심유경 기사 뒤에 가토 기요마사의 함경도 침입 및 왕자 생포 기사가 이어진다. 가토 기요마사 기사는 간행본에서는 한응인 및 김명원의 임진 전투 기사 뒤에 자리한다.

이 기사는 일본군 점령하의 한양에 거주하던 조선인을 조선 조정에서 회유하려 노력했음을 짐작케 한다. 류성룡은 『진사록』에서 조선 조정이 방문(榜文)을 작성해서는 사람을 한양에 잠입시켜서 곳곳에 붙이게 했다고 전한다.

> "방문 열 통을 써서 내려 보내니, 경은 정확하고 세밀한 인역(人役)을 모집해 얻고 나서, 방문을 가지고 서울에 들어가서, 남몰래 두루 타일러 잘 주선하도록 해야 할 것이다"
> 라고 2월 11일에 동부승지가 성첩한 전지의 서장을 신이 동파에서 삼가 받았습니다. (『진사록』)[2]

그리고, 방문이 효과가 있었음도 아울러 전한다. 아래 인용한 『진사록』의 내용을 보면 당시 방문은 일종의 '삐라'와 같은 역할을 했음을 알 수 있다.

> 지금 도착한 고언백의 서면으로 보고한 내용은,
> "(중략) 이번 이 교서의 방문은 아병(牙兵)인 서리 최응신과, 김현남의 사노(私奴)인 이업 등이 자진해서 사람을 모집하여 서울 안 각처의 거리로 주어 보내서, 곳곳에다 방문을 걸어 놓고 나왔습니다"
> 라고 하였는데, 참말인지 거짓말인지는 알 수가 없습니다.

이달 4일에 아병인 양인(良人) 송우상과 박계운 등이 진고(進告)한 내용은, "왜적에게 사로잡혀 간 사람인 구월, 손용업, 황대로 등이 왜적 속으로부터 도망쳐 나와서 범죄 사실을 진술한 초사(招辭)의 내용에, '지난 정월 24일에 적병에게 사로잡혀서, 왜적의 진으로 들어갔는데, 들리는 바로는 적병과 서로 통하여 머리를 깎은 사람을 우리 군사들이 보면 즉시 베어 죽인다고 하므로, 죽음을 두려워하여 감히 나올 수가 없었는데, 지금 명나라 장수의 표문(標文)과 전지(傳旨)의 방문을 보니, 어떤 사람이 이것을 주워서 적진에다 버렸는지는 알 수 없었지만, 통사(通詞) 최계호가 이것을 보고 알아듣도록 타일러서 우리들로 하여금 나와서 가도록 하여, 왜적에게 사로잡힌 사람들이 많이 도망쳐 나왔는데, 우리도 또한 이 일로 말미암아 나오게 되었습니다'라고 말하였습니다"

라고 하였습니다. 이 초사에 의거한다면 지난날 김현남 등의 말이 과연 거짓은 아닌 것입니다. (『진사록』)³

위에 보이는 것처럼 일본군은 포로의 머리를 깎고 포로에게 일본식 옷을 입히는 일본화 전략을 취했다. 이러한 사실은 조·일 양국의 문헌에서 다수 확인되며,⁴ 『에혼 무용 다이코기(絵本武勇大功記)』와 같은 근세 일본의 문헌에는 일본군이 조선인 포로를 잡아 일본식으로 머리를 깎자 포로들이 기뻐하는 그림과 설명을 담은 것이 적지 않다.⁵ 물론 포로들이 기뻐했다는 것은 일본의 관점이다. 일본식으로 머리를 깎고 일본식 이름을 붙이는 것은 그 사람을 일본인으로 바꾸는 것이며, 이 전쟁이 단순한 약탈이 아니라 장기간의 점령을 염두에 두었음을 뜻한다. 만

주인이 청나라를 세운 뒤 한족에게 변발을 강제한 것도 마찬가지 이유에서이다.

한편, 본문에도 보이듯이 적의 점령하에서도 사람들은 살아갔다. 류성룡이 조선 정부의 입장에서 이들 한양에 거주한 '부역자(附逆者)'를 기록했다면, 일본군 제1군의 종군승 덴케이가 남긴 『서정일기』에는 한양을 점령한 일본 정부의 입장에서 이들을 바라본 생생한 증언이 실려 있다. 이러한 기록을 통해 근세 일본은 임진왜란 당시 일본군이 조선을 평화롭게 지배했다는 이데올로기를 만들어 갔다. 『서정일기』에 등장하는 대표적인 '부역자' 이효인(李孝仁)과 관련된 기사를 아래에 일부 인용한다. 술집을 운영하던 이효인은 일본군에 부역해서 상권을 보호받는 대신 음식 등을 바치는 것은 물론, 의병 활동을 하는 조선인의 명단을 제공하는 등 적극적으로 일본군을 따랐다. 그리고 마침내는 이마무라 신스케(今村新助)라는 일본 이름으로 개명하게 된다.

6월 2~3일 이날 오시에 조선인[효인(孝仁)이다]이 국수를 바쳤다. 나는 답례로 목면 10필을 주었다.

3~4일 맑음. 조선 인민 가운데 처자와 재산을 잃은 자가 이러한 사정을 글로 써서, 백 명 열 명 다섯 명씩 무리 지어 태수 대신 군영을 지키는 자에게 호소하였다. 그가 이에 대한 대응을 내게 양보하니, 나는 일일이 글을 써서 답하였다. 오일(午日)에 조선인[술집을 경영하는 사람인데 날마다 문안 왔다. 계효인(季孝仁)이라 한다]이 소주와 탁주를 들고 와 내게 바쳤다. 잠시 후에 또 몸 절반을 덮는 융복(戎服)을 들고 와 내게 주기에 나는 재삼 거절하

였으나 그의 간절한 청을 거절하지 못하여 마침내 이를 받았다. (중략)

5~6일 맑음. 조선인 이효인이 반란자 아홉 명의 이름을 적어 내게 보여주었다. 나는 이를 태수 대신 군영을 지키는 자에게 고하니, 그가 즉시 이들 아홉 명을 잡아 우키타 히데이에(宇喜多秀家) 공에게 보내었고, 공은 즉시 법을 집행하였다. (중략)

21~22일 맑음. 푹푹 찌는 날씨였다. 진시에 엔시치(鹽七) 공이 책과 좋은 과자를 선물로 주었다. 신시에 효인이 술을 가져왔다. 저녁에 효인이 글을 가져왔다. 모친이 20일에 팔십여 세로 병들어 죽었으니 장례 치르기 위해 성 밖으로 나가고 싶다는 내용이었다. 나는 효인이 성 밖으로 나갈 수 있도록 관리에게 고하였다【23일에 장례를 치렀다. 나는 승려 한 명을 이에 딸려 보냈다】(중략)

25일 맑음. 효인이 술을 들고 와 내게 권하였다. 나 역시 이에 대한 답례로 파(貀: 미상) 가죽으로 만든 모자 두 개와 옷 한 벌, 양가죽 옷 한 벌을 주었다.

26일 맑음. 효인이, 국부인(國夫人)의 노비들이 식량과 옷을 구하러 성 밖으로 나갔다고 고하였다. 나는 사람을 보내어 남녀 노비 한 명씩을 잡았다.

27일 반쯤 흐림. 우키타 히데이에 공이 어제 잡은 노비를 불러 국왕과 국부인, 왕자 일행이 어디로 갔는지 심문하였다. 노비들은 "국왕이 도망한 곳은 모르지만, 국부인과 모형(母兄: 동복형)이 간 곳은 알고 있으니 죽이지 않는다면 말씀 드리겠습니다"라고 하였다. (중략)

3일 맑음. 아무 일 없었다. 효인이 마시타 공을 알현하고 여름 옷 한 벌을 받았다【효인은 이마무라 신스케라는 일본 이름으로 개명하였다. 마시타 공

이 지어 주었다】(중략)

　　이경복(李景福) 이부영(李富榮) 이대복(李大福)

　　이득종(李得宗) 정원종(鄭元宗) 정례종(鄭禮宗)

　　정효종(鄭孝宗) 달물이(達勿伊) 신가응이(臣加應伊)

　　(시중 반민 9명의 성명). (덴케이, 『서정일기』)[6]

이효인과 같은 부역자가 한양 내부에서 활동하던 의병들을 일본군 측에 알렸다는 사실은 류성룡의 『서애선생문집』 권16 「전쟁 후의 일을 적음(記亂後事)」에서도 확인된다.

　　왜적이 도성에 들어온 뒤에 서울의 백성들이 모두 흩어져 피하였다가 오래지 않아 차츰차츰 돌아오기 시작하여 마을과 저자가 모두 차서 왜적과 서로 섞여 장사하였으며, 적이 성문을 지키고서는 우리 백성이 적첩(賊帖)을 차면 출입을 금하지 않았다. 이에 백성들이 모두 적첩을 받아 적에게 복역(服役)하면서 감히 거스르거나 대항하지 않았다.

　　또한 적에게 아첨하여 서로 친근하며 앞잡이가 되어 악을 저지르는 자도 있어 혹 적을 죽이려고 모의하는 자가 있으면 문득 그놈의 고발로 [그들을] 종루 앞이나 숭례문 밖에 불태워 죽여 참혹함을 극도에 이르도록 해서 위엄을 보이니, 두개골과 백골이 그 아래에 쌓여 있었다. (『서애선생문집』 권16)[7]

한편 본문에 보이는 옛사람이란 중국의 남북조(南北朝) 시대에 남조 송(宋)나라에서 활동한 무인 심경지(沈慶之)를 가리키며, 이 이야기는

『송서(宋書)』 권77 「심경지전」에 전한다. 북위(北魏)를 치려고 하는 효무제(孝武帝: 재위 453~464)의 뜻을 심경지가 반대하자 효무제는 그 자리에 있던 문관들에게 심경지의 주장을 반박하게 했다. 그러자 심경지는,

나라를 다스리는 것을 집안을 운영하는 것에 비유하자면, 농사일에 대해서는 노비에게 물어야 하고 베 짜는 일에 대해서는 하녀에게 물어야 합니다. 지금 폐하께서 다른 나라를 정벌하려 하시면서 백면서생(白面書生)들과 논의하시면 일이 잘될 리가 있겠습니까? (『송서』)[8]

라고 했다. 여기서 '백면서생'이라는 말이 나왔다.

40

강원도 조방장 원호가
구미포에서 적을 공격하여 섬멸시키다

    강원도 조방장(助防將) 원호(元豪)가 구미포(龜尾浦)에서 적을 공격하여 서 섬멸시켰다. 또 춘천에서 싸웠지만 패하여 죽었다.
    당시 적은 충주와 원주에 크게 진 치고 있었고 한양까지 진영(陣營)이 연이어 배치되어 있었다. 충주에 있던 자들은 죽산(竹山)·양지(陽智)·용인(龍仁)의 길로, 원주에 있던 자들은 지평(砥平)·양근(楊根)·양주(楊州)·광주(廣州)의 길로 한양과 왕래하였다. 원호는 여주(驪州) 구미포에서 적을 공격하였고, 이천부사(利川府使) 변응성(邊應星)도 배에 사수(射手)를 태우고 안개를 틈타 여주의 마탄(馬灘)에서 공격하여 적을 매우 많이 죽였다. 이리하여 적군은 원주와 한양 사이를 왕래하던 길이 끊겨서 모두 충주 길을 이용할 수밖에 없게 되었으니, 이천·여주·양근·지평 등의 고을 백성들이 적의 칼날에 죽지 않고 살아남은 것은 원호의 공이라고 사람들은 말하였다.

이때 다시 순찰사 유영길(柳永吉)이 원호에게 춘천의 적을 공격하라고 재촉하였다. 원호는 이미 승리를 한 바 있어서 적을 매우 가볍게 보는 마음이 있었다. 적은 원호가 장차 오리라고 예상하여 매복병을 배치하고 기다렸다. 원호는 이를 알지 못하고 진격하다 갑자기 튀어나온 적의 매복병에게 살해되었다. 이에 강원도 전체에서 적을 막을 수 있는 자가 없어졌다.

江原道助防將元豪, 擊賊于龜尾浦, 殲之, 又戰于春川, 兵敗而死. 時賊大陣在忠州及原州, 連營達于京都, 其在忠州者, 取路竹山·陽智·龍仁往來, 其在原州者, 欲從砥平·楊根·楊州·廣州抵京. 元豪擊殲于驪州[1]龜尾浦, 利川府使邊應星, 又船載射手, 乘霧邀賊於驪州之馬灘, 殺賊頗多. 由是原州賊路遂斷, 悉由忠州之路, 而利川·驪州·楊根·砥平等邑之民, 見遺於賊鋒者, 人以爲豪之功也. 巡察使柳永吉又催豪擊春川賊, 豪旣勝, 頗有輕敵之意. 賊知豪將至, 設伏以待, 豪不知而進, 伏發, 遂爲所殺, 於是江原一道, 無禦賊者.

41

훈련원부봉사 권응수·정대임 등이 향병을 이끌고 영천의 적을 공격하여 무찌르고 마침내 영천을 되찾다

훈련원부봉사(訓鍊院副奉事) 권응수(權應銖)·정대임(鄭大任) 등이 향병(鄕兵)을 이끌고 영천(永川)의 적을 공격하여 무찌르고 마침내 영천을 되찾았다.

권응수는 영천 사람으로 담력과 용맹함이 있었는데, 정대임과 함께 향병 천여 명을 이끌고 영천성의 적을 포위하였다. 병사들이 적을 두려워하여 앞으로 나아가지 않자 권응수가 몇 사람을 처형시켰다. 그러자 사졸(士卒)들은 앞다투어 성을 뛰어넘어 들어가 시가지에서 적과 싸웠다. 적이 아군을 이기지 못하고 창고 속으로 들어가거나 명원루(明遠樓) 위로 올라가니 아군은 불로 공격하여 이들을 모두 태워 죽이니 그 냄새가 몇 리 밖까지 퍼졌다. 남은 적병 수십 명은 달아나서 경주로 돌아갔다. 이로부터 신녕(新寧)·의흥(義興)·의성(義城)·안동(安東) 등의 적은 모두 한쪽 길에 모이게 되었다. 이리하여 경상좌도의 여러 고을이 안전해진 것은 영천 한 전투의 전공(戰功) 덕분이었다.

訓鍊副奉事權應銖·鄭大任等, 以鄕兵擊永川賊, 破之, 遂復永川. 應銖永川人, 有膽勇, 與大任率鄕兵千餘人, 圍賊于永川. 軍士畏賊不進, 應銖斬數人, 士卒爭奮, 踰城而入, 與賊巷擊. 賊不勝, 奔入倉中, 或上明遠樓, 我軍以火攻之, 悉燒死, 臭聞數里. 餘賊數十遁, 歸慶州. 自是, (권1·43) 新寧·義興·義城·安東等處賊, 皆聚一路, 而左道郡邑得保, 永川一戰之功也.

42

좌병사 박진이 경주를 수복하다

좌병사(左兵使) 박진(朴晉)이 경주를 수복하였다.

처음에 박진은 밀양에서 산속으로 달아나 숨었는데, 조정에서 전(前) 병사(兵使) 이각(李珏)을 성을 버리고 달아났다고 하여 그가 있는 곳에서 베어 죽이고 박진을 대신하여 병사(兵使)로 임명하였다.

이때 적병이 남방에 가득하여 임금 계신 곳(行在)의 소식이 남쪽 지방에 전해지지 않게 된 지 오래되었으니, 사람들의 마음이 동요하여 어찌할 바를 모르고 있었다. 그러다가 박진이 병사가 되었다는 소식이 들리니, 비로소 흩어졌던 백성들이 조금 모이고 수령들도 때때로 산골짜기에서 나와 다시 임무에 종사하니 사람들은 비로소 조정이 존재한다는 것을 알게 되었다.

권응수가 영천을 수복하게 되자 박진은 경상좌도 병사 만여 명을 이끌고 진격하여 경주성 아래까지 육박하였다. 그러나 적이 몰래 북문(北門)에서 나와 아군을 후방에서 습격하니, 박진은 달아나서 안강(安康)으로 되돌아갔다가 밤에 다시 사람을 보내 몰래 성 아래에 잠입하여 비격진천뢰(飛擊震天雷)를 쏘게 하였다. 비격진천뢰가 성안으로 들어가 객사(客舍) 뜰에 떨어지니 그 원리를 알지 못하는 적은 앞다투어 모여서 비격진천뢰를 구경하고 서로 굴리고 살펴보았다. 얼마 뒤에 화약이 그 안에서 폭발하여 그 소리가 천지를 흔들고 철 조각이 별처럼 흩어지니, 그 조각에 맞아 쓰러져 즉사한 자가 삼십여 명이었고 맞지 않은 자들도 쓰러졌다가 한참 뒤에야 일어났다. 적은 모두들 놀라고 두려워하며 그 원리를 알지 못하여 신기하게 여겼다.

　마침내 다음 날에 적군은 경주성을 버리고 서생포(西生浦)로 달아나 돌아가니 박진은 경주로 들어가 남은 식량 만여 석을 얻었다. 이 소식이 전해지자 조정은 박진을 가선대부로, 권응수를 통정대부로, 정대임을 예천군수(醴泉郡守)로 승진시켰다.

　예전에는 비격진천뢰라는 것이 없었으나, 군기시(軍器寺) 화포장(火砲匠) 이장손(李長孫)이라는 사람이 발명하였다. 진천뢰(震天雷)를 대완포구(大碗砲口)로 발사하면 오륙백 보(步)를 날아가며, 땅에 떨어지고 나서 한참 뒤에 화약이 그 안에서 폭발하니 적은 이 무기를 가장 두려워하였다.

　　左兵使朴晉收復慶州. 晉初自密陽奔入山中, 朝廷以前兵使李珏, 棄城逃走, 卽其所在誅之, 以晉代爲兵使. 時賊兵充滿, 行朝聲聞不通南方已久, 人心搖動, 不知所出, 及聞晉爲兵使, 於是, 散民稍集, 而守令往往從山谷中, 復出莅事, 始知有朝廷矣. 及權應銖復永川, 晉率左道兵萬餘, 進薄慶州城下. 賊潛出北門, 掩軍後, 晉奔還安康. 夜又使人潛伏城下, 發飛擊震天雷, 入城中, 墮於客舍庭中. 賊不曉其制, 爭聚觀之, 相與推轉, 而諦視之. 俄而, 炮自中而發, 聲震天地, 鐵片星碎, 中仆卽斃者三十餘人, 未中者亦顚仆, 良久而起. 莫不驚懼, 不測其制, 皆以爲神. 明日, 遂擧衆棄城, 遁歸西生浦. 晉遂入慶州, 得餘穀萬餘石. 事聞, 陞晉嘉善, 應銖通政, 大任醴泉郡守. 震天雷飛擊, 古無其制, 有軍器寺火砲匠李長孫者創出. 取震天雷, 以大碗口發之, 能飛至五六百步, 墜地良久, 火自內發, 敵最畏此物.

초본 『징비록』과 간행본을 비교하면, 초본의 유보적 표현이 간행본에서는 단정적인 표현으로 바뀌어 있다.

『초본』 적은 이 무기를 가장 두려워하였다고 한다.[2]

『간행본』 적은 이 무기를 가장 두려워하였다.[3]

『징비록』 초반의 우복룡 기사나, 『징비록』 본편 마지막에서 사람들이 이순신을 신으로 섬긴다고 한다는 말을 전하는 대목 등과 아울러 살펴보면, 간행본은 이 "……라고 하였다(云)"라는 단어를 이용해서 기사의 뉘앙스를 섬세하게 조절하고 있다는 인상을 받는다. 우복룡 기사는 미묘한 내용이기 때문에 단정을 피하려고 쓴 것 같고, 이순신 기사는 전언(傳言)의 형식을 취함으로써 이순신의 위대함을 류성룡 자신만이 아니라 백성들에 이르기까지 모두 인정하고 있다는 사실이 조선에 널리 퍼져 있다는 뉘앙스를 자아내려고 이용한 듯하다. 본문에서는 임진왜란 중에 일본군이 비격진천뢰를 비롯한 조선과 명나라의 화기(火器)을 두려워했다는 사실을 확인한 류성룡이, 간행본을 제작하는 과정에서 이처럼 단정적인 어투로 바꾼 것일지.

한편, 경주를 수복한 박진은 뒤에 가선대부에 임명받았지만, 군기시 화포장 이장손이라는 사람에 대해서는 오로지 비격진천뢰의 제작자라는 것만 알려져 있을 뿐, 그가 비격진천뢰를 제작해서 나라로부터 어떤 포상을 받았고, 그 밖에 어떤 무기를 만들고 개량했는지 등에 대해서는 전해지는 기록이 없는 듯하다. 이 대목을 볼 때마다, 역해자는『삼국유사(三國遺事)』에 전하는 유명한 이야기를 떠올린다.

의상(義湘) 대사가 낙산사(洛山寺)를 창건할 때 신령들로부터 받은 두 개의 구슬을, 몽골 침략 당시에 주지승 아행(阿行)이 가지고 달아나려 하자 걸승(乞升)이라는 낙산사의 중이 구슬을 빼앗아서 땅에 묻고, "내가 만약 병란에 죽음을 면하지 못한다면 두 보주(寶珠)는 끝내 세상에 나타나지 못하여 아는 사람이 없게 될 것이며, 내가 만약 죽지 않는다면 마땅히 두 보물을 받들어 나라에 바칠 것이다"[4]라고 서원했다고 한다.

그 뒤에 보물을 가져가려 했던 아행은 죽었지만 걸승은 살아남아서 구슬을 명주도(溟洲道) 감창사(監倉使)에게 바쳤고, 이 구슬은 대대로 그곳에 있다가 1258년에 수도로 옮겨 갔다고 한다. 이때 어명으로 구슬을 받아온 야별초(夜別抄) 관원 10명에게 포상이 주어졌다는 내용으로 이 기사는 끝나는데, 막상 구슬을 지켜 낸 걸승에게 어떤 보상이 주어졌다거나 그가 어떤 사람이라거나 하는 대목은 전하지 않는다. 그래도 다른 기록가들과는 달리, 일연과 류성룡이 걸승과 이장손 두 사람의 이름과 행적은 놓치지 않고 기록했기 때문에, 그들에 대한 최소한의 사실이나마 오늘날에 전해질 수 있었다.

권 2

43

이때 각 도에서 의병을 일으켜
적을 토벌한 사람들이 매우 많았다

이때 각 도에서 의병을 일으켜 적을 토벌한 사람들이 매우 많았다.

전라도에서는 전(前) 판결사(判決事) 김천일(金千鎰), 첨지(僉知) 고경명(高敬命), 전 영해부사(寧海府事) 최경회(崔慶會)가 있었다. 김천일은 자(字)가 사중(士重)이며, 병사들을 이끌고 우선 경기도에 이르니 조정이 이를 가상히 여겨 그 군대에 '창의(倡義)'라는 이름을 하사하였으나 얼마 뒤에 군대의 형태를 유지할 수 없게 되자 강화도에 들어갔다. 고경명의 자는 이순(而順)으로 맹영(孟英)의 아들이다. 글재주가 있었는데, 그 또한 향병(鄕兵)을 이끌고 여러 고을에 격문을 보내 적을 토벌하였다. 적과 싸우다 패하여 전사하였다. 그의 아들 종후(從厚)가 대신 군대를 지휘하며 그 이름을 '복수군(復讐軍)'이라 붙였다. 최경회는 나중에 경상우병사가 되었고 진주에서 전사하였다.

　경상도에서는 현풍(玄風) 사람 곽재우(郭再佑), 고령(高靈) 사람 전 좌랑(佐郎) 김면(金沔), 합천(陝川) 사람 전 장령(掌令) 정인홍(鄭仁弘), 예안(禮安) 사람 전 한림(翰林) 김해(金垓), 교서정자(校書館正字) 유종개(柳宗介), 초계(草溪) 사람 이대기(李大期), 군위교생(軍威校生) 장사진(張士珍)이 있었다. 곽재우는 월(越)의 아들로 재략(才略)이 뛰어나서 여러 차례 적과 싸우니 적이 그와 싸우는 것을 꺼려 하였다. 정암진(鼎巖津)을 굳게 지켜 적이 의령(宜寧) 경계를 들어오지 못하게 한 것은 곽재우의 공이라고 사람들은 말하였다. 김면은 고인이 된 무장(武將) 세문(世文)의 아들로, 거창(居昌) 우척현(牛脊峴)에서 여러 번 적을 물리쳤으며 그 소식을 들은 조정은 그를 우병사로 발탁하였으나 진중에서 병으로 죽었다. 유종개는 군사를 일으킨 지 얼마 되지 않아 적과 싸워 전사하였으니, 조정에서는 그 뜻을 가상히 여겨 [유종개를] 예조참의(禮曹參議)를 추증(追贈)하였다. 장사진은 전후(前後)로 쏘아 죽인 적병이 매우 많아서 적은 그를 장 장군(張將軍)이라 칭하며 감히 군위(軍威) 경계로 들어가지 못하였다. 어느 날 적이 복병을 매복시키고 그를 유인하니 장사진은 자신을 유인하러 나온 적병을 깊숙이 추격하다가 복병 사이로 들어갔다. 여전히 그는 크게 소리치며 힘껏 싸웠지만 화살이 떨어졌다. 적이 장사진을 공격하여 그의 한쪽 팔을 자르자, 그는 한쪽 팔만으로 분투하였지만 잠시 후에 마침내 전사하였다. 이 소식을 들은 조정은 그를 수군절도사로 추증하였다.

　충청도에서는 승려 영규(靈奎), 전 제독관(提督官) 조헌(趙憲), 전 청주

목사(淸州牧使) 김홍민(金弘敏), 서얼(庶孼) 이산겸(李山謙), 사인(士人) 박춘무(朴春茂), 충주 사람 조덕공(趙德恭), 내금위(內禁衛) 조웅(趙雄), 청주 사람 이봉(李逢)이 있었다. 영규는 용맹하고 전투를 잘하였으며 조헌과 함께 청주를 수복하였는데 나중에 적에게 패하여 모두 전사하였다. 조웅은 매우 용감하였으며 말 위에 서서 달리는 재주가 있어 적을 매우 많이 죽였으나 전사하였다.

경기도에는 전 사간(司諫) 우성전(禹性傳), 전 정랑(正郎) 정숙하(鄭叔夏), 수원 사람 최흘(崔屹), 고양(高陽) 사람 진사 이로(李魯)와 이산휘(李山輝), 전 목사(牧使) 남언경(南彦經), 유학(幼學) 김탁(金琢), 전 정랑(正郎) 유대진(兪大進), 충의위(忠義衛) 이일(李軼), 서얼(庶孼) 홍계남(洪季男), 사인(士人) 왕옥(王玉)이 있었는데, 홍계남이 가장 날쌔고 용감하였다.

그 밖에 각기 자기 마을에서 백여 명, 수십 명씩 모아 의병이라 이름한 자가 헤아릴 수 없이 많았지만 기록할 만한 공적이 없고 다들 날마다 옮겨 다닐 뿐이었다.

또 승려 유정(惟政)은 금강산(金剛山) 표훈사(表訓寺)에 있었는데 적이 금강산으로 들어오자 표훈사 절의 승려들은 모두 달아났지만 유정은 움직이지 않았다. 적은 감히 그에게 다가가지 못하고 합장을 하는 등 경의를 표하고 떠났다. 내가 안주(安州)에 있을 때 각자 군대를 일으켜 국난에 임하라는 공문을 사방으로 돌렸는데, 그 문서가 금강산으로 들어가자 유정은 이를 불탁(佛卓)[1] 위에 놓고 여러 승려들을 불러 읽으며 눈물을 흘렸다. 마침내 승군(僧軍)을 일으켜 서쪽으로 가서 근왕(勤王)하니 평양에 도착하였을 즈음에는 그 수가 천여 명에 이르렀다. 평양성 동쪽에 주둔하면서 순안(順安)의 군대와 함께 형세를 이루도록 하였다.

또 종실(宗室) 호성감(湖城監)이 백여 명을 이끌고 임금 계신 곳에 이르니, 조정은 그를 호성도정(湖城都正)으로 승진시키고 순안에 주둔시켜 대군(大軍)과 합세하도록 하였다.

함경도에서는 평사(評事) 정문부(鄭文孚), 훈융첨사(訓戎僉使) 고경민(高敬民)의 공이 가장 컸다고 한다.

(권2·1)『懲毖錄』卷之二

時各道, 起義兵討賊者甚衆. 在全羅道者, 前判決事金千鎰, 僉知高敬命, 前寧海府事崔慶會. 千鎰字士重, 率兵先至京畿, 朝廷嘉之, 賜其軍號曰: "倡義", 已而, 不能軍, 入江華. 敬命字而順, 孟英[2]之子, 有文才, 亦率鄕兵, 移檄郡縣討賊, 與賊戰敗死. 其子從厚, 代領其衆, 名曰: "復讐軍." 慶會後爲慶尙右兵使, 死於晋州. 其在慶尙道者, 玄風人郭再佑[3], 高靈人前佐郞金沔, 陜川人前掌令鄭仁弘, 禮安人前翰林金垓, 校書正字柳宗介, 草溪人李大期, 軍威校生張士珍. 再佑[4]越之子, 頗有才略, 累與賊戰, 賊憚之. 固守鼎津, 使賊不得入宜寧界, 人以爲再佑[5]之功. 沔故武將世文之子, 禦賊于居昌牛脊峴, 累却賊, 事聞擢爲右兵使, 病卒於軍中. 宗介起兵未久, 遇賊而死, 朝廷嘉其志, 贈禮曹參議. 士珍前後射殺賊兵甚多, 賊稱爲張將軍, 不敢入軍威界. 一日, 賊設伏誘之, 士珍窮追陷伏中, 猶大呼力戰, 矢盡, 賊擊斷士珍一臂, 士珍獨以一臂奮擊, 未已遂死. 事聞, 贈水軍節度使. 其在忠淸道者, 僧人靈奎, 前提督官趙憲, 前淸州牧使金弘敏, 庶孼李山謙, 士人朴春茂, 忠州人趙德恭, 內禁衛趙雄, 淸州人

李逢. 靈奎勇力善鬪, 與憲復淸州, 後爲賊所敗, 皆死. 雄尤勇敢, 能馬上立馳, 殺賊頗多, 戰死. 其在京畿者, 前司諫禹性傳, 前正鄭叔夏, 水原[6]人崔屹, 高 (권2·2) 陽人進士李魯·李山輝, 前牧使南彦經, 幼學金琢, 前正郎兪大進, 忠義衛李軼, 庶孼洪季男, 士人王玉. 季男最驍勇. 其餘各聚鄕里, 或百餘人, 或數十餘人, 以義爲名者, 不可勝數, 而無可紀之績, 皆遷徙日開而已. 又有僧人惟政, 在金剛山表訓寺, 賊入山中, 寺僧皆走, 惟政不動, 賊不敢逼, 或合掌致敬而去. 余在安州, 移文四方, 使各起兵赴難, 文至山中, 惟政展佛卓上, 呼諸僧, 讀之流涕. 遂起僧軍, 西赴勤王, 比至平壤, 衆千餘人, 屯平壤城東, 與順安軍, 作爲形勢. 又有宗室湖城監, 率百餘人, 赴行在, 朝廷陞秩, 爲湖城都正使, 屯順安, 與大軍合勢. 其在北道者, 評事鄭文孚, 訓戎僉使高敬民功最多云.

　16권본 『징비록』에서는 이 기사가 여러 조선 관군의 승리를 전하는 기사들과 함께 권1의 말미에 놓여 있고, 권2는 명군의 대규모 참전 기사로 시작된다. 16권본의 구성은 전쟁 초반에 조선군이 보이는 무기력한 패배와 명나라 선봉대의 패배가 이순신과 조선 관군 및 의병의 승리를 통해 상쇄되고, 이여송이 이끄는 대규모 명나라 구원군의 참전이 전쟁 후반의 중요한 전기임을 강조한다고 할 수 있다. 이에 반해 2권본 『징비록』에서는 권1 말미에서 비격진천뢰를 이용한 경주성 탈환 기사를 비롯한 조선 측의 승리가 소개되고, 권2는 의병 기사로 시작된다. 이러한 구도를 통해, 임진왜란에서 조선이 망하지 않은 근본적 요인은 명나라 군대가 아닌 조선의 민관(民官)이었음을 강조하고자 하는 2권본 편찬자의 의도를 읽을 수 있다.

한편 본문은 류성룡이 의병을 평가한 기준을 알 수 있는 대목이기도 하다. 기본적으로 그는 의병을, 도움이 되기는 하지만 결국은 관군에 흡수되어야 할 존재로 본 것 같다. 이러한 인식은 류성룡이 전쟁 당시 작성한 문서에서도 확인된다.

여러 곳의 의병들은, 애초에 수령과 변장들이 서로 잇따라 도망쳐서 숨었기 때문에, 의병들이 제각기 스스로 병사를 모으게 되었는데, 그 사이에 혹은 스스로 향리를 보호하고자 하는 사람이 있기도 하고, 또는 충분(忠憤)에서 일어난 사람이 있기도 하니, 일률적으로 논평할 수는 없습니다. 그 후에 그들을 지휘하고 통할하는 사람이 없었기 때문에 통솔되는 데가 없게 되니, 이따금 적병의 토벌은 일삼지 아니하고, 실속없이 그저 군병(軍兵)만 거느리고 있으므로 또한 민간에 폐해를 끼치는 자도 있게 되었습니다. 이것은 다만 의병이 지은 죄일 뿐만은 아니며, 또한 조정에서 능히 분별 처리 하여, 그들을 통솔하지 못한 데서 그렇게 된 것입니다. (중략)

신의 의견으로는 우선 단단히 타일러 경계시키고 격려하여, 그들의 공로가 있고 없는 데 따라 그 상벌을 시행하고, 그중에 성효(成效)가 있는 사람은 그대로 군사를 거느려서 공을 세우도록 하고, 그중에 성효가 없는 사람은 다른 사람에게 소속하도록 하거나 또는 그 즉시 잘못을 꾸짖고 나무라는 벌을 시행하도록 해야 할 것입니다. 이와 같이 한다면 서너 달 후에는 의병들이 모두 관군으로 편입되어 호령이 두루 시행되어서 폐단이 없어질 것입니다. 『진사록』[7]

한편 본문의 목록을 살펴보면 우선, 류성룡이 임진왜란 당시 주화파(主和派)였다는 이유로 1598년에 자신을 탄핵하여 관직을 삭탈당하게 한 북인(北人) 정인홍(鄭仁弘)을, 비록 구체적인 행적은 적지 않았지만 경상도 의병장 중의 하나로 거명하고 있는 점이 눈에 띈다. 또한, 승려 영규와 유정의 역할을 강조하고 있는 것도 주목된다. 류성룡은 『서애선생별집』 권4 「송운(松雲)」에서도 사명대사 유정의 임진왜란 전후 행적을 소개하며 그의 업적을 칭송한다.

을사년[1605: 선조 38] 5월에 승장(僧將) 송운(松雲: 사명대사)이 잡혀간 우리 포로 천여 명을 거두어 4, 50척의 배에 나누어 싣고 왜인 귤지정(橘智正)과 함께 일본에서 돌아왔다.

송운은 일명 유정(惟政)이라 하는데 성은 임(任)씨로 밀양 사람이다. 선대는 사족(士族)이었는데 송운에 이르러 출가하여 승려가 되었다. 시에 매우 능하였고 진초(眞草)를 잘 써서 총림(叢林)에 이름이 났다. 임진년, 금강산에 머물러 있었다. 하루는 왜병이 절에 난입하자, 중들이 흩어져 숨었으나 송운만은 꼼짝 않고 앉아 있으니 왜병이 기이하게 생각하고 둘러서서 합장하여 경의를 표한 후에 물러갔다. 그해 가을에 내가 안주에 있으면서 각 도에 통문을 보내어 승려와 속인을 막론하고 의병을 일으켜 임금을 위해 충성하라고 하였다. 통문이 이르자 송운이 그 통문을 불탑 위에 펼쳐 놓은 후 중들을 이끌어 모아 놓고 흐느껴 울었다. 드디어 승병 천여 명을 모아 평양으로 가서 임원평(林原坪)에 진을 치고 왜병과 연일 싸웠으며 이로부터 오래도록 군중에 있었다. 또한 일찍이 청정(淸正)의 군영에 두 차례 들어가 논설한 일이 있었는데, 의기가 격렬하여 조금도 두려워하는 빛이 없었다. 지난해 조정에서 일본으로 가 유람하는 체하며 적중의 소식을 탐지하여 오라는 명이 내렸을 때 사람들이 모두 위험스럽다고 여겼으나, 송운은 서슴지 않고 어려워하는 빛도 없이 나섰다가 이에 이르러 일을 수행하고 돌아온 것이다. (『서애선생별집』 권4)[8]

한편, 앞서 설명한 바와 같이 류성룡은 임진왜란 당시의 함경도 지역 정보를 확보하는 데 어려움을 느꼈고, 전후에도 이 지역에 대해 서술할 때 고심한 듯하다. 앞서 등장한 왜학통사(倭學通事) 함정호(咸廷虎)나 『진사록』에 이름이 보이는 승려 영준(靈俊)[9]이 정문부 등의 의병 활동에 대해 전해 주었을 터이다. 그러나 류성룡 자신이 직접 보고 듣거나 믿을 만한 경로를 통해 입수한 의병장 정보에 비교하면 함경도 지역의 의병 활동에 대한 정보는 정확하지 않았던 듯, 초본에서는

함경도에서는 정문부와 고경민의 공이 가장 컸다.[10]

라고 되어 있던 것이 간행본에서는,

함경도에서는 평사 정문부, 훈융첨사 고경민의 공이 가장 컸다고 한다.[11]

라고 하여 전문(傳聞)의 형식으로 적고 있다. 이러한 부분에서도 류성룡의 활동 범위와 『징비록』의 집필 사정을 엿볼 수 있다.

여기서 잠시 정문부의 의병 활동과 일본 측의 반응을 살펴보면, 두 왕자(임해군과 순화군)를 생포하고 나서 두만강을 넘어 야인 여진과 한 달간 싸우다가 소득 없이 회군한 가토 기요마사는 "길주 이북의 지배는 국경인(鞠景仁) 등의 조선인 반민에게 위임하고 길주부터 안변까지는 직접 통치하기로 정하여 주요 거점에 부하들을 배치하였다." 즉, 가토 기요마사는 길주 남쪽까지를 자신의 직접 통치영역으로 간주하고, 오랑캐의 영역은 영역 바깥의 이국(異國)으로, 그리고 길주 북쪽과 오랑캐 영역 남쪽의 지역은 오랑캐 영역과의 완충지역으로 설정한 것이다. 이 완충지역은 브루스 배튼(Bruce Batten)이 말하는 '프런티어'에 해당한다. "'지정학자의 지적에 따르면 국경—더 넓은 의미로는 정치적 경계—에는 '바운더리(boundary)'와 '프런티어(frontier)'라는 두 가지 형태가 존재한다. (중략) 바운더리가 일차원의 선(line)인 데 비하여 프런티어는 2차원의 지대(地帶, zone)이다. 국가 영토의 한계가 명확하고 정확하게 구획되어 있는 경우에는 바운더리가 존재한다고 말할 수 있다. 반면, 프런티어가 존재하는 경우에는 영토의 한계가 분명한 형태로 규정되지 않고, 국가의 지배력이 중심으로부터의 거리에 비례하여 조금씩 쇠퇴한다.'[12] 같은 책에서 배튼은, 전근대의 정치적 경계는 바운더리보다는 프런티어로 이해된다고 지적한다. 이를 임진왜란 당시의 함경도 지역에 적용하면, 정문부가 이끄는 의병군은 가토 기요마사의 직접 통치 영역과 오랑캐라는 이국 사이에 존재하는 프런티어에서 조직된 것이다. 이 회색지대에는 가토 기요마사의 지배력이 완전한 형태로 미치지 못했기 때문에 정문부 등이 의병군을 조직할 수 있는 여지가 있었다고 할 수 있다."[13]

정문부의 시문집인 『농포집(農圃集)』 권1에 수록된 「길주·장평에서 왜적을 무찌른 장계(吉州長坪破倭賊狀啓)」(1592년 11월 1일)에 실려 있는 길주 전투의 승전 보고에 따르면 정문부 군은,

> 정승(政丞)이라 불리는 직정(直正)이라는 자와, 감사(監司)라 불리는 도관여문(都關汝文)이라는 자와, 절도사라 불리는 이름을 알 수 없는 자 등의 5명. (『농포집』)[14]

을 죽였다고 한다. 직정은 나베시마 나오시게(鍋島直茂)와 가토 기요마사(加藤淸正)의 이름에서 한 글자씩 따서 붙인 것 같고, '여문'은 정문부 의병군이 1592년 10월 말에 길주성 동쪽 장덕산(長德山)에서 죽인 일본 장군 야마구치 요산에몬(山口與三右衛門)을 가리키는 것 같다. "그런데 『기요마사 고려진 비망록』에서는 일본군이 후퇴하게 된 결정적 계기는 조선인들이 아닌 오랑캐인들의 공격이었다고 서술된다.

> 그런 뒤에 반란자들은 길주성을 맹렬히 포위 공격 하였지만, 기요마사가 내밀히 엄격한 명령을 내리셨기에 포위된 부대는 이 반란 때문에 보고를 하지는 않았습니다. 그러나 오랑캐인들이 맹렬히 길주성을 포위 공격 하였기 때문에 보고하게 된 것입니다. (『기요마사 고려진 비망록』)

기요마사의 제2군은 조선인보다 오랑캐인들이 더욱 용맹하다는 인식을 지니고 있었다. '조선국 사람들은 오랑캐 사람들을 무서워한 터

라, 제가 오랑캐를 공격한다는 것에 매우 만족하여, 오랑캐와의 경계 지역이 더욱 안정되었습니다'(1592년 7월 20일)라는 가토 기요마사의 보고서나, 『세이쇼기(淸正記)』권2의 '오랑캐 나라 사람들은 활을 잘 쏘며 마음도 씩씩합니다'라는 문장이 그 예이다. 일본군을 철수시킬 만한 타격을 준 부대가 조선군일 리 없다는 선입견에서, 두 저자는 인용문과 같이 주장했을 것으로 생각된다. 그만큼 의병군의 공격이 일본군 제2군에게 충격적이었음을 알 수 있는 동시에, 이처럼 사실과 다른 서술에 의해 일본군이 전쟁 당시 느꼈던 심리 상태를 짐작할 수 있다. (중략) 가토 기요마사는 자신이 지배하는 함경도에서 반란이 일어나지 않는 것을 자랑하고, 평양에서 더 이상 북진하지 못하는 고니시 유키나가 등의 다른 장군들을 비판해 왔으나, 길주전투의 경과가 알려지면서 한양 주둔 일본군의 야유를 받고 철군을 재촉받게 되었다. 또한, 함경도까지 진격하는 과정에서 조선군의 큰 저항을 받지 않았던 일본군은 조선 측의 군사력을 무시하고 있었기 때문에, 『기요마사 고려진 비망록』의 저자는 길주를 포위 공격 하여 가토 기요마사를 직접 움직이게 한 계기를 제공한 적군이 조선인이 아닌 오랑캐인이라고 생각하였다. 정문부가 이끄는 의병군의 공격은 일본군 제2군에게 그 정도로 위력적이었던 것이다."[15]

44

이일을 순변사로 임명하고 이빈을 임금 계신 곳으로 불러 돌아오게 하다

 이일(李鎰)을 순변사로 임명하고 이빈(李薲)을 임금 계신 곳(行在)으로 불러 돌아오게 하였다.

 이일은 처음에 대동강 여울을 지키다가 평양이 함락되자 강을 건너 남쪽 황해도로 들어가 안악을 거쳐 해주에 도착하였다. 다시 해주에서 강원도 이천에 이르러 세자를 따라 병사 수백 명을 모집하였는데, 적이 평양에 들어가 오랫동안 나오지 않고 명나라 군대가 장차 도착할 것이라는 소식을 듣고는 마침내 평양으로 돌아왔다. 평양 동북쪽 십여 리에 있는 임원평(林原坪)에 진을 치고 의병장 고충경(高忠卿) 등과 합세하여 적을 매우 많이 죽였다.

 한편 이빈은 순안에 있으면서 진군할 때마다 패배하였으므로, 무군사(撫軍司)¹의 관리들은 이빈을 이일로 교체하고자 하였으나, 원수 김명원만이 이빈을 두둔하여 무군사와 논의가 맞지 않아 서로 충돌할 기미가 농후하였다. 이에 조정은 나를 순안 군중(軍中)으로 보내어 사태를 진정시키고 화해시키게 하였다.

얼마 뒤에 조정에서는 모두들 이일이 이빈보다 낫다고 하고, 또 명나라 군대가 장차 나온다는 소식도 들렸던지 이빈이 자신의 임무를 감당하지 못할 것을 두려워하였다. 그리하여 이일에게 이빈의 임무를 대신하게 하고 박명현(朴名賢)이 이일의 군대를 대신 지휘하게 하였으며 이빈은 임금 계신 곳으로 돌아왔다.

> 以李鎰爲巡邊使, 召李薲還行在. 鎰初守江灘, 平壤旣陷, 渡江而南入黃海道, 從安岳至海州, 又自海州, 至江原道伊川, 從世子, 募得兵數百. 聞賊入平壤久不出, 而天兵將至, 遂還平壤, 結陣于林原坪, 在平壤東北十餘里, 與義兵將高忠卿等連勢, 頗有斬獲. 而李薲在順安, 每進兵輒北, 撫軍司從官, 皆欲以鎰代薲, 元帥金命元獨主李薲, 與撫軍司論議不協, 頗有相激之端. 朝廷使余, 往順安軍中, 使之鎭定調輯. 旣而, 朝議皆言鎰勝薲, 又聞天兵將出, 恐薲不勝任, 遂以鎰代之, 朴名賢代領鎰軍, 而薲還行在.

현존 초본에는 "(임원평에) 진을 치고"² 이하가 결락되어 있다.

초본 『징비록』의 손상 부분.

45

적의 간첩 김순량을 잡다

적의 간첩 김순량(金順良)을 잡았다.

내가 안주(安州)에서 군관 성남(成男)에게 명령서(傳令)를 들려서 수군장(水軍將) 김억추(金億秋)에게 보내, 나아가서 일을 처리하기로 비밀히 약속을 하려 한 것이 12월 2일이었다. "엿새 안에 답신하도록"이라고 다짐하여 두었지만 기한이 지나도록 답신이 없었기에 성남을 추궁하였다. 그러자 그가 "이미 강서(江西) 군인 김순량을 시켜서 답신을 보내 드렸습니다"라고 답하였기에 김순량을 잡아 와서 "명령서는 어디 있는가?" 물었지만 그는 일부러 잘 모르는 척하면서 이리저리 둘러댔다. 성남이 "이 사람이 명령서를 들고 나가서 며칠 만에 군중(軍中)으로 돌아오면서 소 한 마리를 끌고 와서는 동료들과 잡아먹었습니다. 사람들이 '소가 어디서 났는가?'라고 물으니 '내 소인데 친척 집에 맡겨서 기르게 한 것을 돌려받았을 뿐입니다' 하고 답하였었는데, 지금 이 사람의 변명을 듣고 있자니 당시의 행적이 미심쩍습니다"라고 말하였다.

이에 비로소 김순량을 엄하게 심문하니 그는 "소인은 적을 위하여 간첩 노릇을 하였습니다. 그날은 명령서와 비밀 공문(秘密公文)을 받아서 즉시 평양성에 들어가 적에게 보여 주었습니다. 적장은 명령서를 책상 위에 두고 공문은 본 뒤에 즉시 찢었습니다. 상으로 소 한 마리를 주고, 역시 적의 간첩이 된 서한룡(徐漢龍)이라는 자에게는 명주 다섯 필을 상으로 주었습니다. 그리고 다시 그 밖의 일을 탐색하여 15일 이내에 보고하기로 약속하고 평양성을 나왔습니다"라고 실토하였다. "적의 간첩이 된 자는 너 혼자인가? 또 몇 명이 있는가?" 하고 내가 물으니 그가 "사십여 명이 늘 순안·강서의 여러 진영에서 흩어져서 나와 숙천·안주·의주에 이르기까지 잠입하여 다니지 않는 곳이 없고 일이 있으면 즉시 보고하여 왔습니다" 하고 답하였다.

나는 매우 놀라서 즉시 조정에 보고하고 또 간첩들의 이름을 조사하여 여러 진영에 급히 알려 잡게 하였는데, 어떤 자는 잡혔고 어떤 자는 달아났다. 김순량을 안주성 밖에서 처형하였다. 오래지 않아 명나라 군대가 도착하였지만 적이 이를 알지 못하였으니, 이는 김순량과 같은 간첩들이 놀라서 흩어지는 바람에 적에게 이를 알리지 않았기 때문이다. 이 또한 우연히 생긴 일이지만 하늘의 도움이 아닐 수 없다.

(권2·3) 獲賊諜金順良. 余自安州, 遣軍官成男, 持傳令, 密約進取事于水

軍將金億秋, 時十二月初二日也. 戒曰: "六日內回繳." 過期不繳, 追成男詰之. 成男云: "已使江西軍人金順良還納." 又捕順良來, 問: "傳令安在?" 其人故作迷罔狀, 言辭流遁. 成男曰: "此人持傳令出, 數日還軍中, 牽一牛來, 與同伴屠食. 人問: '牛何來?' 順良答曰: '吾牛, 而寄養族人家, 故還取耳.' 今聞其言, 蹤跡可疑." 余始令拷掠, 而嚴鞫之, 乃吐實曰: "小人爲賊間, 其日受傳令及秘密公文, 直入平壤示賊. 賊將置傳令案上, 公文則見卽扯裂, 賞一牛, 同爲間者徐漢龍, 償紬五匹². 約更探外事, 期十五日來報, 故聽出矣." 余問: "爲間者, 獨汝乎? 更有幾人?" 對曰: "凡四十餘輩. 每散出順安·江西諸陣, 以至肅川·安州·義州, 無不貫穿行走, 隨事輒報." 余大駭, 卽狀啓, 又按名, 急通諸陣, 捕之, 或得或逸, 斬順良於城外. 不久, 天兵至, 而賊不知, 蓋其類駭散故耳. 玆亦事機之偶然者, 莫非天也.

현존 초본에는 본문에 해당하는 내용이 담겨 있었을 부분이 결락되어 있다.

16권본은 여기에서 끝난다. 16권본의 구성에 따르면, 류성룡 자신이 간첩 김순량을 잡음으로써 일본군의 스파이가 조선에서 활동하지 못하게 되었고, 그로 인해 명나라의 대군이 조선으로 들어오는 것을 일본군이 알지 못했기 때문에 2차 평양성전투에서 조·명 연합군이 승리했다는 논리가 성립한다. 전쟁 당시 김순량의 체포를 보고하는 문서의 말미에 적은 글이 류성룡의 이러한 생각을 보여 준다.

며칠 후에 안주성 밖에서 김순량을 베어 죽이고, 그 목을 베어, 높은 곳에 매달아 여러 사람들에게 보였더니, 이로부터 그 무리들이 놀라서 흩어져 버렸던 것이다. 오래되지 않아 명나라 군대가 압록강을 건너왔으나, 왜적은 군대가 도착한 것을 알지 못하고서 평호관(平好官)으로 하여금 심유격을 나가서 영접하도록 하였다가, 사대수에게 사로잡히게 되었었고, 그 이튿날 명나라 군대가 나아가 평양을 포위하여 평양성 공략에 성공할 수가 있었던 것이다. 만약 왜적의 간첩이 아직 남아 있어서 왜적이 미리 방비를 하였더라면, 일이 어찌 되었을지 알 수가 없었을 것이니, 간첩이 군사상의 기밀에 관계되는 바가 이와 같은 것이다. (『진사록』)[3]

46

12월에 명나라가 대군을 보내다

　12월에 명나라가 대군을 보냈다. 병부우시랑(兵部右侍郞) 송응창(宋應昌)을 경략(經略)에, 병부원외랑(兵部員外郞) 유황상(劉黃裳)과 주사(主事) 원황(袁黃)을 찬획군무(贊畫軍務)에 임명하여 요동에 주둔하게 하였다. 제독 이여송(李如松)을 대장에 임명하여, 3영장(三營將)인 이여백(李如栢)·장세작(張世爵)·양원(楊元)과 중국 남부의 장수인 낙상지(駱尙志)·오유충(吳惟忠)·왕필적(王必迪) 등을 이끌고 압록강을 건너게 하니 병사의 수가 4만여 명이었다.

　이에 앞서, 심유경이 명나라로 돌아가니 왜군은 과연 군사를 거두고 움직이지 않았다. 그러나 이미 약속한 50일이 지나서도 심유경이 돌아오지 않자 왜는 이를 의심하여 "정월에는 압록강에서 말에 물을 먹일 것이다"라는 말을 퍼뜨렸다. 적진에서 달아나 돌아온 사람들도 한결같이 "적이 공성구(攻城具)를 대대적으로 수리하고 있습니다" 하고 말하니 사람들은 더욱 두려워하였다. 12월 초에 다시 심유경이 와서 평양성으로 들어가 며칠 동안 머물면서 다시 서로 약속하고 떠나갔으나 이들이 무슨 말을 했는지는 듣지 못하였다.

이에 명나라 군대가 안주에 도착하여 안주성 남쪽에 진을 쳤는데 깃발과 병기가 정돈되어 있고 엄숙한 것이 신령스럽게 느껴졌다. 내가 제독을 만나 일련의 상황에 대하여 말하겠다고 청하니 제독은 동헌(東軒)에 있다가 나에게 들어오도록 하였는데, 만나 보니 그는 당당한 대장부였다. 의자를 놓고 서로 마주 앉은 뒤, 나는 소맷자락에서 평양 지도를 꺼내어 평양의 지형과 군대가 진입할 수 있는 길을 설명하였다. 제독은 나의 말을 경청하면서 내가 가리키는 곳마다 붉은색으로 표시하였다. 또 그는 "왜는 조총만을 믿을 뿐이지만 우리는 대포를 쓸 것인데, 대포는 5, 6리를 날아가니 적이 어찌 이 공격을 감당할 수 있겠습니까?"라고 하였다.

내가 돌아온 뒤에 제독은 부채에 시를 적어 내게 보냈는데 그 내용은 이러하다. "군대를 거느리고 한밤에 강을 건너는 것은 삼한(三韓)이 평안하지 못하기 때문이라. 밝은 군주(明主: 명나라 임금)께서 날마다 승전보를 기다리시기에 미천한 신하는 밤에 술 마시는 즐거움을 그만두었네. 봄이 오니 살기(殺氣)로 인하여 마음은 더욱 굳건해지니, 전란의 기운이 뼈에 스며들어 차갑구나. 농이라도 어찌 감히 승산(勝算)이 없다 하겠는가? 꿈속에서도 언제나 출진 준비를 하고 있다네."

이때 안주성 안에 명나라 병사가 가득하였다. 나는 백상루(百祥樓)에 있었는데 밤중에 갑자기 중국인(唐人)이 군중(軍中)의 밀약(密約) 3개조를 가져와 내게 보여 주었다. 내가 그 이름을 물었지만 답하지 않고 사라졌다.

제독이 부총병(副總兵) 사대수(查大受)에게 먼저 순안으로 가서 왜놈(倭奴)을 속이어 "명나라가 이미 화의(和議)를 허락하였다. 유격 심유경도 올 것이다"라고 말하게 하자 왜인들은 기뻐하였다. 겐소(玄蘇)가 다음과 같은 시를 바쳤다. "일본이 전쟁을 멈추고 중화에 복종하니 사해구주(四海九州)가 모두 한 가족이로다. 즐거운 기운이 온 세상의 눈을 녹이니, 하늘과 땅에 이른 봄이 찾아와 태평 시절의 꽃이 피었도다." 이때는 계사년[1593] 봄 정월 초하루였다.

일본은 소장(小將) 평호관(平好官)으로 하여금 왜병 이십여 명을 이끌고 순안으로 유격 심유경을 맞이하러 가게 하였다. 총병 사대수는 이들을 유인하여 술을 마시다가, 대기하고 있던 복병들에게 이들을 공격하게 하여 평호관을 포로로 잡고 그를 따라온 왜병들을 거의 다 죽였다. 살아남은 셋이 달아나 돌아가니 비로소 명나라 군대가 도착한 것을 깨달은 적의 진영은 크게 소란스러워졌다. 이때 명나라의 대군은 이미 숙천에 도착하여 저녁 무렵에 진을 치고 밥을 짓고 있었는데, 이 소식이 도착하자 제독 이여송이 활을 당겨 활줄을 울려서 신호를 보냈다. 몇 기의 기병이 순안을 향하여 달려가자 여러 진영의 병사들도 잇따라 진격하였다.

다음 날 아침에 명나라 군대는 진격하여 평양을 포위하고 보통문

(普通門)·칠성문(七星門)을 공격하였다. 적은 성 위에 올라 붉고 흰 깃발을 줄지어 세우고 항전하였다. 명나라 군대가 대포와 불화살로 적을 공격하니 대포 소리가 땅을 울려서 몇십 리 안의 산이 모두 흔들렸다. 불화살이 마치 베로 천을 짜듯이 공중을 채우니 그 연기가 하늘을 덮었다. 불화살이 성안에 들어가니 곳곳에서 불이 일어나 성안의 나무가 모두 불탔다. 낙상지·오유충 등은 친히 군대를 이끌고 개미처럼 성을 붙어 오르는데 앞사람이 떨어지면 뒷사람이 올라가니 후퇴하는 병사가 없었다. 적의 칼과 창이 성벽 위에서 아래를 향하여 나와 있는 모습이 마치 고슴도치의 바늘 같았다. 명나라 군대가 더욱더 분투하니 적은 버티지 못하고 내성(內城)으로 달아났다. 칼로 베고 불로 태워 죽인 병사가 매우 많았다.

명나라 군대가 성으로 들어가 내성을 공격하였다. 적은 성 위에 흙벽을 쌓고 구멍을 많이 뚫어 놓았으니 멀리서 보면 마치 벌집 같았다. 그 구멍 사이로 조총을 난사하였기 때문에 명나라 병사들이 많이 부상을 입었다. 제독 이여송은 궁지에 몰린 적이 죽음을 각오하고 싸울 것을 염려하여 군대를 수습해 성 밖으로 나간 뒤에 적의 탈주로를 열었다. 그날 밤에 적은 얼음이 언 대동강을 건너 달아났다.

이에 앞서 나는 안주에 있으면서 명나라의 대군이 장차 올 것이라는 소식을 듣고, 비밀히 황해도 방어사 이시언(李時言)과 김경로(金敬老)에게 퇴로에서 적을 기다렸다가 공격하게 하고, "두 군대가 길가에 복병을 두어 적이 지나는 것을 기다렸다가 그 뒤를 추격하면, 적은 굶주리고 지쳐서 달아날 터이니 전투를 치르고 싶어 하지 않을 것이므로 모두 잡을 수 있을 것이다"라고 일러두었다. 이시언은 즉시 중화로 갔지만 김경로는 다른 일이 있다며 출진을 기피하였다. 그래서 군관 강덕관(姜德寬)을 보내 다시 독촉하자 김경로는 그때서야 마지못하여 역시 중화로 갔지만, 적이 달아나기 하루 전에 황해도 순찰사 유영경(柳永慶)의 관문(關文)을 따라서 재녕(載寧)으로 도망쳐 돌아갔다. 이때 유영경은 해주(海州)에 있으면서 자기 자신을 지키고 싶어 하였고, 김경로는 적과 싸우는 것을 꺼려 하여 달아난 것이었다.

적장 고니시 유키나가, 소 요시토시, 겐소, 야나가와 시게노부 등은 남은 병사를 이끌고 밤마다 달아나 한양으로 돌아갔다. 기력은 쇠하고 발은 부르터서 절뚝거리며 갔다. 어떤 자들은 밭 사이를 기어 다니며 손가락으로 입을 가리켜 먹을 것을 구걸하였지만 우리나라 사람은 누구 하나 나서서 그들을 공격하려 들지 않았고 명나라 군대도 그들을 추격하지 않았다. 오직 이시언만이 그 뒤를 쫓았지만 감히 접근하지는 못하고, 다만 굶주리고 병들어 낙오된 자 육십여 명만을 죽였을 뿐이었다.

이때 서울에 있던 왜군의 장군은 우키타 히데이에(平秀嘉: 宇喜多秀家)뿐이었다. 그는 관백 도요토미 히데요시의 조카라고도 하고 사위라고도 하였다. 나이가 어려서 일을 주관하지 못하였기 때문에 일본군의 군무(軍務)를 통제하는 것은 고니시 유키나가뿐이었고 가토 기요마사는 함경도에서 아직 돌아오지 않은 상태였다. 만약 고니시 유키나가, 소 요시토시, 겐소 등을 잡았다면 한양의 적은 스스로 무너졌을 터이고, 한양의 적이 무너지면 기요마사는 돌아오는 길을 차단당하였을 터이니 적병들은 두려워하며 바닷길을 따라 달아났겠지만 빠져나가지 못하였을 터이고 한강 이남의 적진들이 차례로 와해되었을 것이다. 그러하였다면 명나라 군대는 북을 치며 천천히 나아가 곧장 부산에 도착하여 실컷 술만 마셨어도 되었을 것이고 순식간에 우리나라는 깨끗해졌을 것이니, 어찌 몇 년 동안의 어지러움이 있었겠는가. 한 사람이 뜻을 어긴 것이 천하의 일과 관계되었으니 진실로 통탄할 노릇이다.

나는 이 사실을 보고하여 김경로를 처형하자고 청하였는데, 나는 당시 평안도체찰사(平安道體察使)여서 김경로가 나의 관할이 아니었기 때문에 먼저 이를 청한 것이었다. 조정에서는 선전관(宣傳官) 이순일(李純一)에게 표신(標信)을 들려서 개성부(開城府)로 보내 김경로를 죽이려고 먼저 제독 이여송에게 알렸다. 제독은 "김경로의 죄는 죽어 마땅하지만 아직 적이 없어지지 않았으니 한 명의 무사도 아까운 상황입니다. 잠시 백의종군(白衣從軍)시켜서 공을 세우게 하여 속죄토록 하는 것이 좋겠습니다"라며 자문(咨文)을 작성하여 이순일에게 주어 보냈다.

十二月, 天朝大發兵. 以兵部右侍[1]郎宋應昌, 爲經略, 兵部員外郎劉黃裳, 主事袁黃, 爲贊畫軍務, 駐遼東. 提督李如松, 爲大將, 率三營將李如栢·張世爵·楊元及南將駱尙志·吳惟忠·王必迪等, 渡江, 兵數四萬餘. 先是, 沈惟敬旣去, 倭果斂兵不動. 旣而, 過五十日, 惟敬不至, 倭疑之, 聲言: "歲時將飮馬鴨綠江." 自賊中逃回者皆言: "賊 (권2·4) 大修攻城之具." 人以益懼. 十二月初, 惟敬又至, 再入城中, 留數日, 更相約誓而去, 所言不聞. 至是, 兵至安州, 下營於城南, 旌旗[2]·器械, 整肅如神.[3] 余請見提督白事, 提督在東軒許入, 乃頎[4]然丈夫也. 設椅相對, 余袖出平壤地圖, 指示形勢, 兵所從入之

路, 提督傾聽, 輒以朱筆點其處. 且曰: "倭但恃⁵鳥銃耳, 我用大砲⁶, 皆過五六里, 賊何可當也?" 余旣退, 提督於扇面題詩, 寄余云: "提兵星夜渡江干, 爲說三韓國未安, 明主日懸旌節報, 微臣夜釋酒杯歡, 春來殺氣心猶壯, 此去妖氛骨已寒, 談笑敢言非勝算, 夢中常憶跨征鞍." 時城中, 漢兵皆滿. 余在百祥樓, 夜半忽有唐人, 持軍中密約三條來示, 問其姓名, 不告而去. 提督使副總兵查大受, 先往順安, 紿倭奴曰: "天朝已許和, 沈遊擊且至." 倭喜, 玄蘇獻詩曰: "扶桑息戰服中華, 四海九州同一家, 喜氣忽消寰外雪, 乾坤春早大⁷平花." 時癸巳春正月初吉也. 使其小將平好官, 領二十餘倭, 出迎沈遊擊于順安. 查總兵誘與飲酒, 伏起縱擊之, 擒平好官, 斬戮從倭幾盡. 三人逸馳去, 賊中始知兵至, 大擾. 時大軍已到肅川, 日暮方下營做飯, 報至, 提督彎弓鳴弦, 卽以數騎馳⁸赴順安, 諸營陸續進發. 翌日朝, 進圍平壤, 攻普通門・七星門. 賊登城上, 列竪紅白旗拒戰. 天兵以大砲⁹・火箭攻之, 砲¹⁰聲震地, 數十里¹¹山岳皆動, 火箭布空如織, 煙氣蔽天. 箭入城中, 處處火起, 林木 (권2・5) 皆焚. 駱尙志・吳惟忠等, 率親兵, 蟻附登城, 前者墮, 後者升, 莫有退者. 賊刀槊下垂城堞如蝟毛. 天兵戰益力, 賊不能支, 退入內城, 斬戮焚燒, 死者甚衆. 天兵入城, 攻內城, 賊於城上, 爲土壁, 多穿孔穴, 望之如蜂窠, 從穴中銃丸亂發, 天兵多傷. 提督慮窮寇致死, 收軍城外, 以開走路. 其夜, 賊乘氷過江遁去. 先是, 余在安州, 聞大兵將出, 密報黃海道防禦使李時言・金敬老, 使邀其歸路, 戒之曰: "兩軍沿途¹²設伏, 俟賊過, 躡其後. 賊飢困遁走, 無心戀戰, 可盡就縛." 時言卽至¹³, 敬老辭以他事, 余又遣軍官姜德寬, 督之, 敬老不得已亦來中和. 賊退前一日, 因黃海道巡察使柳永慶關, 還走載寧, 時永慶在海州, 欲自衛, 而敬老憚與賊戰, 避去. 賊將平行長・平義智・玄蘇・平調信等, 率餘

衆, 連夜遁還, 氣乏足繭, 跋躃而行, 或匍匐田間, 指口乞食, 我國無一人出擊, 天兵又不追之. 獨李時言尾其後, 不敢逼, 但斬飢病落後者六十餘級. 是時, 倭將之在都城者, 平秀嘉, 乃關白姪, 或言壻也. 年幼不能主事, 軍務制在行長, 而淸正在咸鏡道, 未還. 若行長·義智·玄蘇等就擒, 則京城之賊自潰, 京城潰, 則淸正歸路斷絶, 軍心洶懼, 必沿海遁走, 不能自拔, 漢江以南賊屯, 次第瓦解, 天兵鳴鼓徐行, 直至釜山, 痛飮而已, 俄頃之間, 海岱肅淸, 安有數年之紛紛哉? 一夫不如意, 事關天下, 良可痛惜. 余狀啓請斬金敬老, 蓋余爲 (권2·6) 平安道體察使, 敬老非管下, 故先請之. 朝廷遣宣傳官李純一, 持標信, 至開城府, 欲誅之, 先告于提督. 提督曰: "其罪應死. 然賊未滅, 一武士可惜. 姑令白衣從軍, 使之立功贖罪, 可也." 爲咨文, 授純一而送.

제2차 평양성전투에 참전한 요시노 진고자에몬(吉野甚五左衛門)이라는 병사는 1593년에 남긴 『요시노 진고자에몬 비망록』에서, 명군과 벌인 전투에서 일본군이 승리한 것으로 주장한다. 당시 명군이 일본군을 몰아붙이지 않은 것을 일본군의 일각에서는 자기 측에 유리한 방식으로 이해하고 있었음을 짐작하게 한다. 또한 『요시노 진고자에몬 비망록』에 기록된 퇴각 시 일본군의 참상은 『징비록』 본문의 묘사와 일치하며, 당시 일본군의 상황이 얼마나 절박했는지를 잘 보여 준다.

이렇게 전투에는 승리하였지만 적군이 곡식창고와 진지를 모두 불태웠기 때문에 "식량이 없으면 버틸 수 없다"며 7일 밤에 성을 벗어나 후퇴하셨다. 부상당한 자들은 버림받았고, 하급 무사들 가운데에는 겨우 이 정도로 지쳐서는 길 위에서 허우적거리는 자도 있었다. [평양에서 도성까지] 하루 길마다 성이 있으므로 마음 든든히 여기고 가 보았는데 아군은 진작 도망쳐 버린 상태였으니, 어찌할 수도 없고 몸도 지쳐 버렸다. 아버지를 살해당한 자도 있고 형을 살해당한 자도 있었다. 시절은 봄의 첫머리였지만 조선은 추운 나라여서 날씨가 싸늘하고 얼음도 두꺼우며 눈(雪)도 두껍게 쌓여 있었다. 손발은 눈 때문에 부르트고 입을 것은 갑옷 하의뿐이며, 매우 아름다운 사람들도 산 위 논의 허수아비처럼 쇠약해져서 알아볼 수 없었다.[14]

김경로의 실책이 그 후의 전황을 어렵게 만들었다는 류성룡의 분석은, 임진왜란에서 조선군의 능동적인 역할을 강조한 것으로 해석할 수 있다. 명나라나 일본의 문헌에서는 2차 평양성전투와 그 이후의 전황에서의 조선인 역할을 거의 평가하지 않고 있다. 간행본 『징비록』을 보면 1593년 1월의 전투를 다룬 이 기사를 전후해서 권2가 시작된다. 즉, 조선의 관점에서 임진왜란을 본다면 명나라 군대가 평양성전투에서 승리하기 전인 1592년의 8~9개월이 전쟁의 절반을 차지하는 것이다. 이에 대해 명나라의 『양조평양록』에서는 이 시기의 전황에 대해 거의 언급하지 않고 있고, 일본 고유의 기록과 『양조평양록』을 동시에 참조한 17세기 초중기 일본의 문헌 『조선정벌기』와 『도요토미 히데요시 보』 등에서는 이 시기에 일본군이 승리한 전투만을 과장해서 적고 있다. 그러다가 17세기 후반에 2권본 『징비록』 및 안방준의 『은봉야사별록』, 사명대사 유정의『분충서난록(奮忠紓難錄)』등이 일본에 건너가면서 비로소 임진왜란에서 조선 민관(民官)이 무엇을 했는지가 일본에 전해지고, 일본판『조선징비록』이 청나라 말기에 중국으로 건너가면서 비로소 중국에도 그 사실이 전해진다.

명나라 군대 측의 유인 전략으로 포로가 된 일본의 평호관(平好官)은 고니시 유키나가의 부장(副將)인 다케노우치 기치베(竹內吉兵衛)로 추정된다. 그는 이때 포로로 잡혀서 장기간 조·명 연합군 진영에 억류되어 있었으나 결국 살아서 귀국했고, 고니시 유키나가가 1600년의 세키가하라전투에 패해서 죽은 뒤에도 주군을 여러 차례 바꾸며 17세기 전기까지 생존한 것 같다. 1634년에 성립한 그의『다케노우치 기치베 비망록(竹內吉兵衛覺書)』은 에도시대에 비교적 널리 읽혀서 가와구치 조주의『정한위략』에서도 사료로서 이용되고 있다. 근대 일본의 소설가 모리 오가이(森鷗外)가 1912년에 쓴 역사소설『아베 일족(阿部一族)』에는 그가 고니시 유키나가 휘하의 군인으로서 조선 측에 잡혀 있었던 것으로 설정되어 있다.

또한, 우키타 히데이에(宇喜多秀家)는 실제로는 도요토미 히데요시의 사위였다. 2차 평양성전투 당시 스무 살이었다. 그는 이 직후에 벌어진 벽제관전투에서 중요한 역할을 담당할 정도의 역량을 갖고 있었다. 그리고 당시 한양에는 우키타 히데이에 이외에 히데요시가 조선에 출전시킨 일본군을 감독하기 위해 파견한 이시다 미쓰나리(石田三成), 오타니 요시쓰구(大谷吉繼), 마시타 나가모리(增田長盛) 등도 주둔하고 있었다.

47

이일을 순변사에서 해임하고
이빈이 다시 대신하게 하다

이일(李鎰)을 순변사에서 해임하고 이빈(李薲)이 다시 대신하게 하였다. 평양성전투에서 명나라 군대는 보통문(普通門)에서 들어갔고 이일 및 김응서 등이 이끄는 조선군은 함구문(含毬門)에서 들어갔다. 군대를 수습하여 모두 성 밖으로 후퇴해 진을 쳤는데, 밤에 적은 달아났으니 아군은 다음 날 아침에 비로소 이 사실을 알게 되었다. 제독 이여송은 아군이 제대로 지키지 못하여 적을 놓치고도 알지 못하였다고 책망하였다. 이에 명나라 장군 중에 일찍이 순안에 와서 이빈과 친해진 사람이, "이일은 장군의 재능이 없으며 오직 이빈만이 이 일을 맡을 수 있습니다"라고 주장하였다. 제독이 공문을 보내 이 사실을 알려 왔기에 조정에서는 좌의정 윤두수를 평양으로 보내 이일의 죄를 물어 군법을 행하려

하다가 얼마 뒤에 그를 풀어 주었다. 그리고 이빈으로 하여금 이일을 대신하게 하고 기병 3천 기를 뽑아 제독을 따라 남쪽으로 가게 하였다.[1]

遞[2]李鎰巡邊使, 更以李薲代之. 平壤之戰, 天兵從普通門而入, 李鎰及金應瑞等, 從含毬門而入, 及收兵, 皆退屯城外, 夜賊遁去, 明朝始覺之. 李提督咎我軍不警守, 使賊遁去而不知. 於是, 天將之曾往來順安, 與李薲相熟者, 爭言: "鎰非將才, 獨李薲可." 提督移咨言狀. 朝廷使左[3]相尹斗壽, 至平壤, 問鎰罪, 欲行軍法, 良久[4]釋之. 更以薲代鎰, 選兵三千騎, 從提督而南.

48

제독 이여송이 파주로 진군하여 벽제관 남쪽에서
적과 싸웠으나 이기지 못하고 개성으로 돌아와 주둔하다

  제독 이여송이 파주로 진군하여 벽제관 남쪽에서 적과 싸웠으나 이기지 못하고 개성으로 돌아와 주둔하였다.

  처음에 조·명 연합군이 평양을 수복하자 대동강 이남의 연도(沿道)에 있던 적군은 모두 달아났다. 제독은 적을 추격하고자 나에게 "지금 대군이 전진하려 하는데, 듣자 하니 진군하는 길에 군량미와 말 먹일 풀이 없다고 합니다. 의정(議政: 류성룡)은 대신(大臣)으로서 마땅히 나랏일을 생각하여야 할 것이니, 수고를 아끼지 말고 급히 가서 군량미를 준비할 것이며 소홀함이나 착오가 있어서는 안 될 것입니다"라고 말하였다. 나는 인사하고 나왔다. 이때 명나라 군대의 선봉은 이미 대동강을 건너 남쪽으로 향하고 있었는데, 수레들이 서로 맞부딪히며 길을 꽉 막고 있어서 그 사이로는 나아갈 수가 없었다. 그래서 나는 샛길로 서둘러 가서 명나라 군대의 앞으로 나아가 밤에 중화(中和)에 들어갔다가 황주(黃州)에 도착하니 시간은 이미 삼경(三更: 밤 11시~새벽 1시)이었다.

이때는 적이 물러난 지 얼마 되지 않은 터여서 길 주변은 황폐하고 텅 비어 있었으며 인민들은 아직 모여들지 않았기 때문에 군량과 말먹이를 운반할 사람을 구할 수 없었다. 그래서 급히 황해감사 유영경(柳永慶)에게 공문을 보내어 운반을 재촉하였고, 평안감사 이원익(李元翼)에게도 공문을 보내어 김응서 등이 이끄는 군인들 가운데 전투를 치를 수 없는 자들을 뽑아서, 평양으로부터 군량미를 짊어지고 명나라 군대를 따라 황주로 보내도록 하였다. 또 평안도 세 고을의 곡식을 청룡포(靑龍浦)를 지나 황해도까지 배로 운반하게 하였다. 이런 일들을 미리 준비하여 둔 것이 아니라 비상시를 맞아서 급하게 처리하는 것이었으며, 대군이 뒤이어 도착하면 군량미가 부족해질 것을 걱정하여 노심초사하였다. 유영경은 곡식을 매우 많이 비축하고 있었지만 적이 가져갈 것을 걱정하여 산골짜기에 분산시켜 두었었는데, 백성들을 독려하여 이를 나르게 하였기 때문에 연도에 군량이 부족하지 않게 되었다. 이윽고 대군이 개성부로 들어왔다.

[1593년] 1월 24일에 적은 우리 백성이 한양 밖의 아군과 비밀히 호응할까 의심하고 또 평양의 패배에 분노하여 한양 안의 백성을 모두 죽이고 관공서와 민가를 거의 모두 불태웠다. 그리고 성의 서쪽 길에 줄지어 주둔하고 있던 적은 모두 한양에 모여서 명나라 군대를 막을 방법을 논의하였다. 나는 제독 이여송에게 신속하게 진군하도록 계속해서 요

청하였지만 제독은 결단치 못하고 머뭇거리면서 며칠 만에 파주로 나아갔다. 다음 날에 부총병 사대수(査大受)와 우리 군의 고언백(高彦伯) 장군이 병사 수백 명을 이끌고 앞서서 정탐하러 갔다가 벽제역(碧蹄驛) 남쪽의 여석령(礪石嶺)에서 적과 마주쳐 수백 명을 베어 죽였다. 이 소식을 들은 제독 이여송은 대군을 남겨 두고 가정(家丁)인 기마병 천여 명만을 데리고 그곳으로 달려가다가 혜음령(惠陰嶺)을 지날 때 말이 넘어져서 땅으로 떨어졌다가, 부하들이 함께 잡아 줘서 일어났다.

그때 적은 여석령 뒤에 많은 병사를 감춰 두고 고개 위에는 몇백 명만 있었다. 제독은 그 모습을 바라보고는 자기가 이끄는 병사들을 좌우 두 무리로 나누어서 전진하였다. 적도 고개에서 내려와서 양쪽 군대가 가까워졌을 때, 여석령 뒤에 있던 적이 갑자기 고개 위로 올라오니 그 수가 거의 1만 명이나 되었다. 명나라 군대는 이들을 보고 마음속으로 두려워하였지만 이미 양쪽 군대가 칼을 맞부딪치며 싸우기 시작하였기 때문에 어찌할 수가 없었다.

이때 제독이 거느린 병사들은 모두 중국 북방의 기병으로, 화기(火器)는 없고, 짧으며 끝이 무딘 칼만 갖고 있었다. 이에 대하여 적병은 보병으로 칼의 길이는 모두 3~4자(尺: 90~120cm)에 이르렀으며 그 날카로움은 명나라 병사들의 칼과 비교할 수 없었다. 명나라 병사들이 이들과 충돌하여 싸우는데, 적병은 이 칼을 좌우로 휘두르며 쳐 대니 사람과 말이 모두 쓰러져서 감히 그 칼을 감당하는 자가 없었다. 제독은 형세가 위급한 것을 보고 후방의 부대를 불렀지만 그들이 도착하기 전에 전방 부대가 이미 패하여 죽고 부상 입은 자가 매우 많았다. 적도 병사들을 수습하면서, 명나라 군대를 급히 추격하지 않았다.

　저녁에 제독은 파주로 돌아왔다. 패전을 숨겼지만 기운이 크게 꺾여 있었고, 밤에는 가까이 여겨서 신임하던 사병들이 전사한 것을 통곡하였다. 다음 날에 동파(東坡)로 퇴각하려 하기에 나는 우의정 유홍(兪泓), 도원수 김명원과 함께 이빈 등을 데리고 제독의 막사로 갔다. 제독이 막사 밖으로 나오고 여러 장군들이 그 좌우에 섰다. 내가 온 힘을 다하여 퇴각에 반대하며 "승패(勝敗)는 병가지상사(兵家之常事)입니다. 마땅히 형세를 살펴서 다시 진격하여야 할 터인데 어찌 가볍게 움직이려 하십니까?" 하니, 제독은 "우리 군대는 어제 적을 많이 죽였으니 불리할 것은 없습니다. 다만 이 땅이 비가 내린 뒤에 진창이 되어서 군대를 주둔시키기에 불편하므로, 동파로 돌아가서 병사를 쉬게 한 뒤에 진격하려 합니다"라고 답하였다. 나와 여러 사람들이 이 결정을 힘껏 반대하니 제독은 이미 명나라 조정에 보고한 문서의 초고를 꺼내서 보여 주었다. 그 속에는 "도성에 있는 적병의 수가 이십여 만 명이니 중과부적(衆寡不敵)입니다"라는 말이 있었고, 또 "신(臣)의 병이 심하니 다른 사람이 이 임무를 맡도록 하여 주실 것을 청합니다"라고도 써 있었다. 내가 놀라서 손으로 그 부분을 가리키면서 "적병의 수는 매우 적습니다. 어찌 20만 명이나 있겠습니까?" 하니 제독은 "내가 어찌 알겠습니까? 당신 나라 사람이 한 말입니다"라고 하였는데, 대체로 핑계 대는 말이었다. 여러 장군들 가운데에서도 장세작(張世爵)이 제독에게 퇴각하자고 가장 열심히 권하였다. 우리들이 완고하게 반대하며 물러서지 않자 순변사 이빈을 발로 걷어차고 물러가라고 소리치는데 그 목소리와 낯빛이 모두 거칠었다.

이때 매일 큰비가 내리고 적이 길가의 산을 모두 불태우는 바람에 모두 민둥산이 되어 버려서 쑥 한 포기 나지 않았고, 게다가 말들이 병에 걸려 며칠 사이에 쓰러져 죽은 수가 거의 1만 필에 이르렀다.

이날 명나라 3영(營)의 병사들이 임진강을 건너 돌아와 동파역 앞에 진을 쳤다. 다음 날 동파에서 다시 개성부로 돌아가려 하였기에, 나는 다시 온 힘을 다하여 반대하며 "대군이 한 번 후퇴하면 적의 기세는 더욱더 교만해질 것이니 가깝고 먼 지방의 사람들이 모두 놀라고 두려워해서 임진 북쪽 지역도 지킬 수 없을 것입니다. 부디 잠시 동파에 주둔하면서 기회를 보아 움직이소서"라고 말하였다. 제독은 거짓으로 그렇게 하겠다고 하였지만 내가 물러난 뒤에 말 타고 개성부로 돌아가고 말았으며 여러 영의 병사들도 모두 개성으로 퇴각하였다. 오직 부총병 사대수와 유격 관승선(毌承宣)의 군대 수백 명만이 임진을 지켰다. 나는 여전히 동파에 머물면서 날마다 제독에게 사람을 보내 다시 진군하여 달라고 청하였다. 제독은 속임수로 "날이 맑고 길이 마르면 당연히 진군할 것입니다" 하고 답하였지만 실은 진군할 뜻이 없었다.

대군이 개성부에 온 뒤에 시간이 많이 지나자 군량미가 바닥났다. 오로지 수로(水路)를 통해서만 강화도의 좁쌀과 말 먹일 풀을 구하고, 또 충청도와 전라도에서 세금으로 받은 쌀이 배로 운반되었는데, 조금씩 올 때마다 즉시 바닥나니 상황이 더욱 급해졌다. 하루는 명나라의 여러 장군들이 식량이 떨어졌다는 이유로 제독에게 돌아가자고 청하자, 제독은 화를 내며 나와 호조판서 이성중(李誠中), 경기좌감사(京畿左監司) 이정형(李廷馨)을 불러서 뜰 아래 무릎 꿇게 하고 큰 소리로 질책하면서 군법을 시행하려 하였다. 쉼 없이 사과하면서 나랏일이 이 지경에 이른 것을 생각하니 나도 모르게 눈물이 흘렀다. 그러자 제독은 [나를] 불쌍히 여겼는지 다시 명나라 장수들에게 화를 내며 "너희들이 예전에 나를 따라 서하(西夏)를 정벌할 때, 병사들이 며칠 동안 먹지 못하여도 감히 돌아가자는 말을 하지 못하였었고, 그래서 마침내 큰 공을 세웠다. 지금 조선이 우연히 며칠 동안 식량을 지급하지 못하였다고 하여, 어찌 감히 갑자기 회군하자는 말을 하는가? 너희들은 가려면 가라. 나는 적을 섬멸하기 전에는 돌아가지 않겠다. 말가죽으로 내 시체를 싸서 갈 뿐이다!"라고 하니, 장수들은 모두 머리 숙여 사과하였다. 나는 문 밖으로 나와, 명나라 군대에 제때 군량미를 공급하지 못하였다고 하여 개성경력(開城經歷) 심예겸(沈禮謙)에게 곤장을 치게 하였는데, 그 직후에 군량미를 실은 배 수십 척이 강화에서 서강 뒤편에 닿아서 간신히 아무 일 없게 되었다. 이날 저녁에 제독은 총병 장세작을 보내 나를 불러 위로하고 또 군사(軍事)를 논의하였다.

李提督進[1]兵坡州, 與賊戰於碧蹄南, 不利, 還屯開城. 初平壤旣復, 大同以南, 沿途賊屯, 皆遁去. 提督欲追賊, 謂余曰: "大軍方前進, 而聞前路無糧草. 議政旣爲大臣, 當念國事, 不可憚勞, 宜急行, 準[2]備軍糧, 勿致疎誤." 余辭出. 時天兵先鋒已過大同江而南, 篋槍塞路, 不可行, 余委曲疾行, 出軍前, 夜入中和, 至黃州, 已三鼓矣. 時賊兵新退, 一路荒虛, 人民未集, 計無所出, 急移文于黃海監司柳永慶, 使之催運, 又移文于[3]平安監司李元翼, 調發金應瑞等所率軍人之不堪戰陣者, 自平壤負戴追隨, 送至黃州, 又令船運平安道三縣

之穀, 從靑龍浦, 輸運於黃海道. 事非預辦, 臨時猝急, 而大軍隨至, 恐乏軍興, (권2·7) 爲之勞心焦思. 永慶頗有儲峙, 畏賊散置山谷間, 督民輸至, 沿途不至闕乏. 旣而, 大軍入開城府. 正月二十四日, 賊疑我民爲之內應, 且忿平壤之敗, 盡殺京城中民庶, 焚燒公私閭舍殆盡, 而西路列[4]屯之賊, 皆會京城, 謀拒王師. 余連請提督速進, 提督遲徊[5]者累日, 進至坡州. 翌日, 副總兵査大受, 與我將高彥伯, 領兵數百, 先行偵探, 與賊相遇於碧蹄驛南礪石嶺, 斬獲百餘級. 提督聞之, 留大軍, 獨與家丁騎馬者千餘, 馳赴之, 過惠陰嶺, 馬蹶墮地, 其下共扶起之. 時賊匿大衆於礪石嶺後, 只數百人在嶺上, 提督望見, 揮其兵爲兩翼而前, 賊亦自嶺而下, 漸相逼, 後賊從山後遽上山陣, 幾萬餘, 天兵望之心懼, 而已接刃不可解. 時提督所領, 皆北騎, 無火器, 只持短釖鈍劣, 賊用步兵, 刃皆三四尺, 精利無比, 與之突鬪, 左右揮擊, 人馬皆靡, 無敢當其鋒者. 提督見勢危急, 徵後軍未至, 而先軍已敗, 死傷甚多, 賊亦[6]收兵, 不急追. 日暮, 提督還坡州, 雖隱其敗, 而神氣沮甚, 夜以家丁親信者戰死痛哭. 明日, 欲退軍東坡, 余與右議政兪泓·都元帥金命元, 帥李薲等, 至帳下, 提督出立帳外, 諸將左右立. 余力爭曰: "勝負兵家常事. 當觀勢更進, 奈何輕動?" 提督曰: "吾軍昨日多殺賊, 無不利事. 但此地經雨泥濘, 不便駐軍, 所以欲還東坡, 休兵進取耳." 余及諸人爭之固, 提督出示已奏本草, 其中有曰: "賊兵在都城者, (권2·8) 二十餘萬, 衆寡不敵." 末又言: "臣病甚, 請以他人代其任." 余駭, 而以手指點曰: "賊兵甚少. 何得有二十萬?" 提督曰: "我豈能知之? 乃汝國人所言也." 蓋託辭也. 諸將中張世爵, 尤勸提[7]督退兵, 以余等固爭不退, 以足蹴巡邊使李薲, 叱退, 聲色俱厲. 是時, 大雨連日, 且賊燒道邊諸山, 皆兀兀無蒭草, 重以馬疫, 數日間倒隕者, 殆將萬匹.[8] 是日, 三營還渡臨津, 陣于

東坡驛前. 明日, 自東坡, 又欲還開城府. 余又力爭曰:"大軍一退, 則賊氣愈驕, 遠近驚懼, 臨津以北, 亦不可保. 願少駐, 觀釁以動." 提督佯許之, 余旣退, 而提督跨馬, 遂還開城府, 諸營悉退開城. 獨副總兵查大受, 遊擊田承宣軍數百, 守臨津. 余猶留東坡, 日遣人, 請更[10]進兵, 提督謾應之曰:"天晴路乾則當進." 然實無進意. 大軍到開城府, 日久, 軍糧已盡, 惟從水路, 括粟及芻草於江華, 又船運忠清·全羅道稅糧, 稍稍而至, 隨到隨盡, 其勢愈急. 一日, 諸將以糧盡爲辭, 請提督旋師. 提督怒呼余及戶曹判書李誠中, 京畿左監司李廷馨, 跪庭下, 大聲詰責, 欲加以軍法. 余催謝不已, 因念國事至此, 不覺流涕. 提督慇然, 更怒諸將曰:"汝等, 昔從我征西夏時, 軍不食累日, 猶不敢言: "歸", 卒成大功. 今朝鮮偶數日不支糧, 何敢遽言 '旋師'耶? 汝輩欲去則去, 我非滅賊不還, 惟當以馬革裹尸耳!" 諸將皆頓首謝. 余出門, 以放糧不時, 杖開城經歷沈禮謙. 繼而糧船數十隻, 自江華 (권2·9) 泊後西江, 僅得無事. 是夕, 提督使摠兵張世爵, 召余慰之, 且論軍事.

임진왜란 당시 일어난 수많은 전투 가운데 어떤 것이 중요한 전투였는지에 대해 조선, 명나라, 일본은 서로 다른 입장을 보인다. 일본에서 중요하게 생각한 전투는 벽제관전투, 울산성전투, 사천전투 등 자신들이 명군에 승리한 전투였다. 그중에서도 벽제관전투에 대해 일본인들은 임진왜란의 국면을 결정한 중요한 전투임과 동시에, 고대 일본의 백제 구원군이 당군과 백촌강(白村江)에서 맞붙은 이래 거의 천 년 만에 다

시 중국군과 일본군이 정면으로 충돌한 전투라고 이해했다. 오제 호안은 『다이코기』 권15에서 벽제관전투를 생동감 있게 그린 뒤에 다음과 같이 논평한다.

평하여 말하기를, 이를 천하를 두고 다툰 전투라 할 수 있으리라. (중략) 조선진(朝鮮陣)에서 벌어진 전투들 가운데 이와 비교할 수 있는 것은 없다. (오제 호안, 『다이코기』)[11]

『징비록』을 비롯한 조선과 명나라의 문헌에서도 벽제관전투로 인해 이여송이 이끄는 명나라 군대의 진격이 중단된 점을 중시하기는 하지만, 위의 문장처럼 벽제관 전투를 임진왜란에서 가장 중대한 전투라고까지 이해하는 것은 아니다. 벽제관전투에 대한 일본 측의 대서특필은, 임진왜란과 같이 여러 나라가 맞붙은 국제전쟁을 기록한 문헌을 검토할 때에는 그 문헌이 어느 나라의 어떤 입장을 지닌 사람에 의해 작성되었는지를 반드시 고려해야 한다는 점을 잘 보여 주는 사례라 하겠다.

이처럼 일본 측이 벽제관전투를 중시하다 보니, 일본 내의 여러 가문은 모두 자기들의 조상이 이 전투에서 가장 활약했다고 주장했다. 임진왜란 당시 제6군에 속한 다치바나 무네시게(立花宗茂)를 따라 참전했던 아마노 겐에몬 사다나리(天野源右衛門貞成)는 『다치바나 조선기(立花朝鮮記)』에서, 주군과 자기 자신이 벽제관전투에서 가장 활약했다고 주장한다. 그는 이 전투를,

일본과 고려의 전투에서 승패를 판가름하는 전투.

일본과 고려가 자웅을 겨룬 전투.

라는 식으로 평가하고, 임진왜란 전반에 대해서는,

조선에서 가장 활약한 사람은 가토 기요마사, 가장 전공을 세운 사람은 다치바나 무네시게, 가장 간사한 사람은 고니시 유키나가이다.

라고 요약한다. 그리고 자신이 이 문헌을 집필한 이유를 아래와 같이 설명한다.

요즈음 임진왜란에 대하여 여러 사람들의 의견이 분분하지만, 그 이야기들에는 허(虛)가 많고 실(實)이 적다. 이는 모두 뇌물을 받았기 때문이다. 당시 나는 무네시게를 따라 바다를 건너가 여러 장군의 행적을 대략 보았는데, 요즈음 이야기되는 바와는 크게 다르다. 이번에 데라사와 히로타카(寺澤廣高) 님의 부탁에 따라, 다른 집안의 일에 대하여는 모르겠고, 다치바나 무네시게의 활약에 대하여 적은 것이다. 후세 사람들이 어떻게 이야기하든, 하치만(八幡)과 부처님을 걸고 나의 이야기에는 더하거나 뺌이 없다. (아마노 겐에몬 사다나리, 『다치바나 조선기』)[12]

여기 보이는, 나 또는 내 관련자의 공훈이 정당하게 평가받지 못한다는 억울함의 감정은 조선과 일본에서 수많은 임진왜란 문헌이 집필된 중요한 계기이다. 이 문헌은 필사본의 형태로 널리 유통되었으나, 다치바나 무네시게의 후손이 다스린 규슈(九州) 야나가와 번(柳河藩)에서는 그래도 부족하다고 생각했는지 1831년에 『조선전쟁 이야기(朝鮮軍物語)』라는 제목으로 『다치바나 조선기』를 출판한다. 야나가와 번의 번교(藩校)인 전습관(傳習館)의 선생이었던 마키조노 보잔(牧園茅山)은 그 억울함을 이렇게 토로한다.

> 정한역(征韓之役)에서 번조(藩祖)의 훈공이 위대하고 발군이었으나 여러 서적들은 이를 싣지 않았으니 매우 적막하고 혼란스러웠다. 매번 이야기가 이에 이르면 일찍이 한탄하지 않음이 없었다. (마키조노 보잔 서문, 간행본 『다치바나 조선기』)[13]

또한, 일본에서는 임진왜란에 참전한 일본 장군들 가운데 제일 지장(智將)으로 평가받는 고바야카와 다카카게(小早川隆景)의 후손 고사이 시게스케(香西成資)가 집필한 『격조선론(擊朝鮮論)』에서는 이 전투에서 다카카게가 가장 활약했다고 주장하며, "이여송은 대명의 훌륭한 장군이고 고바야카와 다카카게는 일본의 지혜로운 장군인데, 중국과 일본의 두 영웅이 서로 만나 승패를 겨룬 것은 고금에 없었던 일이다"라고 찬탄한다. 이 문헌은 일본에 파견되었던 통신사들이 조선으로 가져와서 조선의 학자들에게도 잘 알려지게 된다. 이익(李瀷)의 『성호사설(星湖僿說)』 제12권 인사문(人事門) 「일본지세변 급 격조선론(日本地勢辨及擊朝鮮論)」 및 한치윤(韓

致齋)의 『해동역사(海東繹史)』 제65권 「본조비어고(本朝備禦考) 5 부록편」 등에 전하는 『격조선론』의 내용 가운데 벽제관전투에 대한 부분을 옮긴다.

이여송은 이미 평양성을 함락하고는, 패주하는 적을 추격하여 개성에 이르렀다. 그리고는 조선 군사 수만 명을 유격대 삼아 왕성 주위 사방에 매일 밤 방화하게 하니 왜병들은 더욱더 두려워하였으며, 군량이 모두 떨어져서 사람들에게 굶주린 기색이 있었다. 어떤 자가 이여송에게 "왜적들 가운데 강한 군졸은 평양에서 모두 죽었습니다. [그러하니 지금] 전군을 동원하여 진격하면 반드시 승리할 것입니다"라고 하니, 이여송이 이 말을 믿고는 고승, 손수렴, 조승훈으로 하여금 2만 명의 군사로 선봉이 되게 하고, 자신은 중군(中軍)이 되고 조선의 군사들이 후군이 되게 하여 벽제관에 이르렀다.

이 소식을 들은 고바야카와 다카카게는 다치바나 무네시게, 구루메 히데카네 등을 통솔하면서 선봉이 되어 군사를 정돈하고서 이여송의 군사를 기다렸다. [1593년] 1월 26일에 다치바나 무네시게의 군사가 대명의 군사와 어둠 속에서 서로 만났는데, 화살이 비 오듯이 쏟아졌다. 다치바나 무네시게가 부하들을 격려하며 물러나지 않고 있을 때 구로다 나가마사가 질풍처럼 달려와서 구원하였으므로 다치바나 무네시게가 마침내 돌아올 수 있었다.

다음 날 이여송이 또다시 공격하여 왔다. 왜의 여러 장수들이 선봉이 되어 싸우기를 다투자, 고바야카와 다카카게가 "제군은 그러지 말라. 오늘의 일은 오직 늙은 내게 맡기라" 하니 우키타 히데이에가 이에 따랐다. 고바야카와 다카카게는 군사 2만여 명을 내어 세 부대로 나누었다. 즉, 다치바나 무네시게, 구루메 히데카네, 쓰쿠시 히로카도, 다카하시 나오쓰구가 6천 명을 거느리고 선봉이 되고, 고바야카와 다카카게가 1만 2천 명을 거느리고 중군이 되고, 모리 모토야스가 6천 명을 거느리고 후군이 되어 적과 만났다. 다치바나 무네시게의 군사가 작은 하천을 사이에 두고 조총을 쏘아 적들을 퇴각시키고는 하천을 건너가 적들과 교전하였다. 말에서 떨어져 사로잡히게 된 구루메 히데카네는 단도로 저항하여 죽음을 면하였다. 쓰쿠시 히로카도와 다카하시 나오쓰구는 서로 힘을 합하여 싸움을 도왔으며, 감군 안코쿠지 에케이가 지휘하여 힘껏 싸워 명군을 격파하였다.

고바야카와 다카카게가 멀리서 이여송의 깃발을 보고는 좌우 군사를 모아 명의 중군으로 곧장 쳐들어갔다. 좌군 구리야 시로베가 잠시 물러나고 우군 이노우에 고로 및 모리 모토야스가 와 구원하면서 오전 열 시경부터 정오 무렵까지 열전을 벌였다. 우키타 히데이에가 후군에 있으면서 무너져 도망치는 명군을 목 베자 여러 장수들이 앞다투어 나아갔다. 이여송의 장수인 이여백, 이여매, 이영, 이유승, 양원 역시 사투를 벌였다. 이유승은 직접 몇 명을 목 베고 탄환에 맞아 죽었다. 이여송은 말에서 떨어져 이노우에 고로에게 사로잡힐 뻔한 것을, 명나라 군사 수백 명이 구원한 탓에 말을 타고서 도망쳤다. 전사한 명군은 1만여 명이었고, 고바야카와 다카카게가 개선가를 올리면서 돌아왔다. 무릇 이여송은 대명의 훌륭한 장군이고 고바야카와 다카카게는 일본의 지혜로운 장군인데, 중국과 일본의 두 영웅이 서로 만나 승패를 겨룬 것은 고금에 없던 일이다. (『격조선론』)[14]

한편, 일본군이 한양에서 철군하기에 앞서 학살과 방화를 했다는 것은 조·일 양국의 여러 문헌에서 확인된다. 조선 측에서 이 문제를 기록한 사례로 『선조수정실록』 1593년 1월 1일조 기사를 인용한다. 일본군이 한양성 내부만이 아니라 주변까지 완전히 불태워 버리는 청야(淸野) 전술을 펼쳤음을 짐작할 수 있다.

> 왜적이 경성 백성을 대량 학살 하였다.
> 행장(行長: 고니시 유키나가) 등이 평양의 패전을 분하게 여긴 데다가 우리나라 사람이 밖에 있는 명나라 군사와 몰래 통하는가 의심하여 도성 안의 백성들을 모조리 죽였다. 오직 여인들만이 죽음을 면하였으므로 남자들 중에는 혹 여자 옷으로 변장하고 죽음을 면한 자도 있었다. 공공기관의 건물이나 개인의 가옥도 거의 불태워 버렸다.
> 이때 경성 서쪽에 주둔하던 적이 모두 경성으로 모이면서 경성에서 가까운 산과 들을 모조리 불태웠으므로 명나라 군사가 말을 먹일 수가 없었고 말이 피로한 나머지 연일 지쳐 쓰러져 죽는 수가 거의 1만 필이나 되었다. 제독이 이 때문에 결행하기를 꺼려 하여 '한성에 있는 적병이 20만 명이나 되어 중과부적이다'라고 비밀히 주달하고는 또 병을 핑계로 사직하자, 장세작(張世爵) 등이 모두 평양으로 물러가기를 권하였는데, 우리나라 사람은 말을 꺼내 볼 수도 없었다. (『선조수정실록』)[15]

한편 『조선정벌기』 등의 일본 문헌에서는 여러 장군들이 퇴각에 앞서 한양 주민을 학살하자고 주장한 데 대해, 죽일 시간도 없고 짐을 부산까지 나를 사람도 필요하니 학살하는 대신에 방화해서 그 연기에 틈타 성 밖으로 나가자고 고바야카와 다카카게가 주장했다고 전한다.

이여송이 말에서 그냥 떨어졌을 뿐이라는 것은 명나라 군대의 주장을 류성룡이 그대로 옮긴 것일 터인데, 일본 측에서는 이여송이 일본군의 공격을 받아 말에서 떨어졌다고 주장한다. 그리고 벽제관전투 당시 일본군의 수가 거의 1만 명이라든지 한양의 일본군 수가 20만 명이라는 주장은 패배를 감추기 위한 전형적인 수법이다. 일본 측에서도 행주산성 및 1차 진주성 전투 등의 패배를 감추기 위해 조선군의 수를 과장하고, 이순신과 싸운 수군에서는 조선 수군의 압도적인 군세를 강조함으로써 패배의 충격을 축소시키려 한다.

이여송이 서하에서 치렀던 전쟁에 대해 언급하는 부분은, 임진왜란이 일어나기 직전인 1590~92년 사이에 영하(寧夏)에서 일어난 보바이(哱拜)의 반란을 가리킨다. 영하는 내몽고자치구의 남쪽, 감숙성의 북쪽에 자리한 지역으로 1038~1227년 사이에 탕구트인(Tangut)이 세운 서하(西夏) 왕국이 있었다. 보바이의 반란이란 이 지역에 거주하던 몽골인 출신의 보바이가 중앙 정부에서 파견된 관리의 학정에 맞서 몽골인과 연합해서 일으킨 반란으로, 이여송이 언급하는 것처럼 명나라 정부군은 3년에 걸친 힘겨운 공격 끝에 간신히 이를 진압할 수 있었다. 보바이의 반란은 임진왜란, 사천(四川)과 귀주(貴州) 사이의 반주(播州)에서 양응룡(楊應龍)이 일으킨 반란(1591~1600)과 아울러 명나라 신종(神宗)의 만력 연간에 이루어진 세 개의 큰 전쟁 즉 만력삼대정(萬曆三大征)가운데 하나이다. 『양조평양록』, 『만력삼대정고(萬曆三大征攷)』 등의 문헌은 이들 전쟁이 끝난 뒤 비교적 가까운 시기에 성립하였기 때문에 사료 가치가 풍부하며, 특히 『양조평양록』은 임진왜란 당시 중국 측의 입장을 보여 주는 문헌으로서 조선과 일본에서도 널리 읽혔다.

이여송이 인용한 "말가죽으로 내 시체를 싸서 갈 뿐이다(馬革裹尸)"라는 말은 중국 후한 광무제(光武帝) 때의 장군 마원(馬援)이 맹익(孟翼)에게 전쟁터에서 무사(군인)의 마음가짐을 훈계한 말에서 나왔으며, 『후한서(後漢書)』 권54 「마원전(馬援傳) 열전 제12」에 전한다.

남아(男兒)라면 마땅히 변경 들판에서 죽어서 말가죽에 그 시체가 담겨 돌아와 장례 치를 뿐이다. 어찌 침상 위에 누워 아녀자의 손 안에 있겠는가? (『후한서』)[16]

49

제독 이여송이 평양으로 돌아가다

　제독 이여송이 평양으로 돌아갔다.

　이때 적장 가토 기요마사는 아직 함경도에 있었는데, "기요마사가 함경도에서 양덕(陽德)·맹산(孟山)을 지나 평양을 습격하려 한다"라는 소문을 전하는 사람이 있었다. 이때 제독은 북쪽으로 돌아가고 싶어도 기회를 얻지 못하고 있다가 이 소문을 이용하여 "평양은 근본이니 만약 이를 지키지 못하면 대군이 돌아갈 길을 잃으므로 구하여야 한다"라는 말을 퍼뜨린 뒤 마침내 군대를 돌려서 평양으로 돌아갔다. 왕필적(王必迪)을 개성에 남겨서 지키게 하고는 접반사(接伴使) 이덕형(李德馨)에게 "조선군은 고립되어 있고 원군도 오지 않으니 모두 임진강 북쪽으로 돌아와야 한다"라고 말하였다. 이때 전라순찰사 권율은 고양(高陽) 행주

(幸州)에, 순변사 이빈은 파주(坡州)에, 고언백(高彦伯)·이시언(李時言) 등은 해유령(蟹踰嶺)에, 원수 김명원은 임진강 남쪽에, 나는 동파(東坡)에 있었다. 제독은 적이 우리를 공격할 것을 두려워하여 이렇게 말한 것이었다.

나는 종사관(從事官) 신경진(辛慶晉)을 급히 보내어 제독을 만나게 해서 군대를 철수하면 안 되는 이유 다섯 가지를 전하였다. 즉, "하나, 선왕(先王)의 무덤이 모두 경기도에 있는데 이 무덤들이 모두 적의 점령하에 놓여 있습니다. 신과 사람에게 모두 이를 회복하고자 하는 마음이 간절하므로 차마 버리고 갈 수 없습니다. 둘, 경기도 이남(以南)에 남아 있는 백성들은 명나라 군대가 오기를 날마다 바라고 있는데, 갑자기 군대가 후퇴하였다는 소식을 들으면 굳건한 마음을 지키지 못하고 모두 적에게 투항할 것입니다. 셋, 우리나라 땅은 한 자 한 치라도 쉽게 버릴 수 없습니다. 넷, 우리나라의 장수와 병졸들이 비록 약하긴 하여도 명나라 군대의 힘을 빌려 함께 전진할 계획을 짜고 있는데, 우리가 퇴각하였다는 소식을 듣게 되면 모두 원망하고 분노하여 흩어질 것입니다. 다섯, 한 번 퇴각한 뒤에 적이 그 뒤를 쫓아오면 임진 이북도 지킬 수 없게 됩니다" 하였다.

제독은 가만히 듣다가 자리를 떴다.

提督還平壤. 時賊將淸正, 尙在咸鏡道, 有人傳言: "淸正將自咸興, 踰陽德·孟山, 襲平壤." 時提督有北還意, 未得其機, 因此聲言: "平壤乃根本, 若不守, 大軍無歸路, 不可不救[1]." 遂回軍, 還平壤. 留王必迪守開城, 謂接伴使李德馨曰:"朝鮮之軍, 勢孤無援, 宜悉還江北." 是時, 全羅巡察使權慄, 在高陽幸州, 巡邊使李薲, 在坡州, 高彥伯·李時言等, 在蟹踰嶺, 元帥金命元, 在臨津南, 余在東坡. 提督恐爲賊所乘, 故云然. 余使從事官辛慶晋, 馳見提督, 陳不可退軍者五:"先王墳墓皆在畿甸, 淪於賊藪, 神人望切, 不忍棄去, 一也. 京畿以南遺民, 日望王師, 忽聞退去, 無復固志, 相率而歸賊, 二也. 我國境土, 尺寸不可容易棄之, 三也. 將士雖力弱, 方欲倚仗天兵, 共圖進取, 一聞撤退之令, 必皆怨憤離散, 四也. 一退而賊乘其後, 則雖臨津以北, 亦不可保, 五也." 提督默然而去.

✻

이여송에 대한 조선 측의 기록은 대체로 부정적이다. 『임진록』 이본 가운데 일부는 이여송이 조선의 혈맥을 끊으려 하다가 조선의 산신령에게 살해당하는 등의 이야기를 담고 있다. 권영철본 『임진록』의 해당 대목을 아래에 인용한다.

여송이 팔도의 명산 혈을 다 베고 충청도 보은 속리산에 들어가니 산마다 명산이라. 웅장하기도 제일이요, 산수도 절승한지라. 여송이 산중 용맥(龍脈)을 찾아 베더니, 문득 그 산 신령이 둔갑하여 웅장한 장군이 되어 소리를 천둥같이 하니, 천지가 요동하는지라. 여송이 황급하여 바위 밑에 숨으니, 산신령이 나는 듯이 나와 여송의 머리를 베어 가더라. 곽장군이 대경하여 군사를 거느리고 경성으로 올라가서 전하께 그 사연을 아뢰니, 상이 대경

하사 그 사연을 천자께 주문하시니, 천자 대경하시고 동방을 두려워하더라.[2]

심지어는 오늘날에도 조선에서 명나라로 귀화해서는 조선 측을 괴롭힌[3] 요동총병관(遼東總兵官) 이성량(李成樑)의 아들이 이여송이기 때문에 이여송이 임진왜란 당시 조선에 적대적이었다는 이야기가 떠돌 정도이니, 이여송이라는 인물에 대한 조선인-한국인의 증오는 크고도 깊다고 하겠다. 그러나 『징비록』을 비롯해서 류성룡이 남긴 여러 문헌을 보는 한, 적어도 벽제관전투에서 패하기 전까지의 이여송의 모습은 이러한 통념과는 조금 다른 것 같다. 류성룡은 이여송을 만난 당초의 인상을 『진사록』에서 다음과 같이 전한다.

> 제독은 곧바로 통사에게 일러 말하기를,
> "중국에서도 오랑캐에게 노략을 당한 곳은 백성들이 오래도록 돌아와 모이지 않는데, 지금 그대 나라에서는 왜적이 물러난 뒤에, 백성들이 모두 와서 관가(官家)의 역사(役事)에 이바지하고, 어린아이와 여자들까지도 모두 머리에 지고 등에 이고서 일하고 있으며, 또한 관원은 한 사람도 왜적을 따라간 자가 없다고 하니, 그대 나라 인심은 충직하고 순후하여 칭찬할 만합니다."
> 하고는 또 백성들이 불쌍하다는 뜻을 오래도록 자세히 말하였다고 합니다.
> 신이 살펴보건대 (중략) 그[이여송]가 백성을 사랑하고 나라를 보전하는 방법을 말한 것은, 옛날 명장(名將)의 풍도(風度)가 넉넉히 있는 것이며, 단지 강적을 깨뜨리고 적진을 함락시키는 것만을 능사로 삼는 그러한 장수의 무리는 아닌 것 같습니다. (『진사록』)[4]

50

전라도 순찰사 권율이 행주에서
적을 물리치고 파주로 이동하다

전라도 순찰사 권율(權慄)이 행주에서 적을 물리치고 파주로 이동하였다.

이에 앞서 권율은 광주목사였는데, 이광(李洸) 대신 전라도 순찰사로 임명되어 병사를 거느리고 충성하였다. 권율은 이광 등이 들판에서 싸웠다가 패한 것을 징계하고서 수원에 도착하여서는 독성산성(禿城山城)에 주둔하였기 때문에 적은 감히 이를 공격하지 못하였다. 명나라 군대가 장차 한양에 들어올 것이라는 소식을 듣고는 한강을 건너 행주산성에 주둔하였다. 이에 이르러 적이 한양에서 대거 나와 행주산성을 공격하니 병사들은 어수선하고 두려워하여 달아나려 하였다. 그러나 한강이 뒤에 있어서 달아날 길이 없었기에 어쩔 수 없이 성으로 되돌아와서 힘껏 싸웠다. 화살이 비오듯 날아오고 적은 세 진영으로 나누어 차례로 공격하여 왔지만 모두 아군에게 패하였다. 해가 지자 적은 한양으로 되돌아갔으며 권율은 병사들에게 적의 시체를 거두어서 사지를 찢어 숲속 여기저기 나무에 걸어서 원한을 풀게 하였다.

얼마 뒤에 적이 다시 공격하여 반드시 복수하고 싶어 한다는 소식을 듣고는 [권율은] 매우 두려워하여 병영의 목책을 부수고, 군대를 이끌고 임진강에 이르러 도원수 김명원을 따랐다.

나는 이 소식을 듣고 혼자 말을 달려 파주산성(坡州山城)에 올라 형세를 살펴보았는데 큰길의 요충지에 해당하고 지형이 매우 험준하여 [파주산성이] 주둔할 만하였기에, 권율과 순변사 이빈에게 각자의 군대를 합쳐 여기에 주둔하면서 적병이 서쪽으로 내려오는 것을 차단하게 하고, 방어사 고언백과 이시언, 조방장(助防將) 정희현(鄭希玄)과 박명현(朴名賢) 등에게 유격대를 이끌고 해유령을 막게 하였다. 또한 의병장 박유인(朴惟仁)·윤선정(尹先正)·이산휘(李山輝) 등에게 오른쪽 길로 가서 경릉(敬陵)과 창릉(昌陵) 사이에 매복하여 각기 병사를 데리고 출몰하며 적을 공격하되, 적이 많이 나오면 피하면서 싸우지 말고 적이 조금 나오면 여기저기서 맞아 치게 하였다. 이때부터 적은 성 밖으로 나와서 땔나무와 말 먹일 꼴을 모으지 못하게 되었기에 죽은 말이 매우 많았다.

또 창의사(倡義使) 김천일, 경기수사(京畿水使) 이빈, 충청수사(忠淸水使) 정걸(丁傑) 등에게 배를 타고 용산·서강(西江)을 통하여 적의 세력을 분산시키게 하고, 양성(陽城)에 있던 충청도 순찰사 허욱(許頊)에게 돌아가서 남쪽으로 공격하여 올 적의 세력에 대비하여 충청도를 지키게 하였다. 경기·충청·경상의 관군과 의병에게 공문을 보내어 각자 자신이 위치한 곳에서 좌우로 적의 진격로를 막아 끊게 하고, 양근군수(陽根郡守) 이여양(李汝讓)에게 용진(龍津)을 지키게 하였다. 여러 장수들이 자른 적의 머리를 모두 개성부 남문 밖에 걸어 두었는데 제독의 참군(參軍) 여응종(呂應鍾)이 이 광경을 보고 "조선인도 이제는 공 쪼개듯이 적의 머리를 베는구나"라며 기뻐하였다.

하루는 적이 한양 동대문을 나와 산을 수색하면서 양주(楊州)·적성(積城)에서 대탄(大灘: 한탄강)에 이르도록 소득이 없었다. 사대수(查大受)는 적의 습격을 두려워하여 나에게 "첩자가 와서, 적이 사 총병(總兵: 총병 사대수)과 류 체찰(體察: 체찰사 류성룡)을 찾는다고 하니 잠시 개성으로 피하는 것이 어떻겠습니까?"라고 전하여 왔다. 이에 내가 "첩자가 하는 말은 아마 근거가 없을 듯합니다. 적은 지금 대군이 근처에 주둔하고 있는 것을 의심하고 있을 터인데 어찌 감히 경솔하게 강을 건너겠습니까? 우리들이 한 번 움직이면 민심은 틀림없이 동요할 터이니, 조용히 기다리는 것이 가장 좋겠습니다"라고 답하니, 사대수는 웃으며 "그 말이 맞습니다. 설령 적이 쳐들어온다고 해도 나와 체찰은 생사를 함께하는데 어찌 감히 나 혼자 떠나겠습니까?" 하고는 자신이 거느리는 용사 수십 명을 나누어 주어 나를 지키게 하였다. 그들은 비가 심하게 내려도 밤새 나를 경호하는 데 조금도 태만함이 없었다. 적이 성에 들어갔다는 소식이 들린 뒤에 이를 그만두게 하였다.

그 후에 적은 권율이 파주에 있다는 것을 알아내고는 복수하고자 서쪽으로 나아가 광탄(廣灘)에 이르렀다. 파주산성에서 불과 몇 리밖에 떨어져 있지 않았지만 병사를 멈추고 진격하지 않았으며, 오시(午時: 오전 11~오후 1시)에서 미시(未時: 오후 1~3시)까지 공격하지 않다가 퇴각한 뒤로는 다시 나오지 않았다. 적은 지형을 볼 줄 아는데, 권율이 험준한 요새에 주둔하고 있는 것을 확인하였기 때문이다.

나는 왕필적에게 편지를 보내서 "지금 적은 험준한 곳에 주둔하고 있는지라 공격하기가 쉽지 않습니다. 적의 대군은 마땅히 진격하여 동파·파주에 주둔할 터이니 그 뒤를 밟아서 이를 견제하고, 명나라 남방 병사 1만 명을 뽑아 강화에서 한강 남쪽으로 가 적이 방심한 틈을 타서 적의 여러 진영을 격파하게 하면, 한양의 적은 돌아갈 길이 끊겨서 용진을 향하여 달아날 터이니 그때 후발 부대에 여러 나루터를 덮치게 하면 그들을 일거에 소탕할 수 있습니다"라고 하였다. 왕필적은 무릎을 치며 기발한 전략이라고 탄복하고는 정탐군 36명을 뽑아 충청도 의병장 이산겸의 진영에 가서 적의 형세를 살펴보게 하였다. 이때 적의 정예 병사는 모두 한양에 있고 후방의 병사들은 모두 지치고 약한 자들뿐이었다. 정탐군이 기뻐 뛰면서 돌아와 "1만 명도 필요없습니다. 2, 3천 명만 있으면 적을 부술 수 있습니다"라고 보고하였다. 그러나 제독 이여송은 명나라 북방의 장군으로 이번 전쟁에서 남방 군사의 활동을 매우 제어하였으며, 이번에도 그들이 공을 세우는 것을 꺼려서 작전 실행을 허가하지 않았다.

全羅道巡察使權慄, 敗賊于幸州, 移軍坡州. 先是, 慄以光州牧使, 代李洸爲巡察使, 率兵勤王. 懲李洸等野戰而敗, 至水原, 據禿城山城, 賊¹不敢攻.

及²聞天兵將入京城, 渡江陣于幸州山城. 至是, 賊從京城大出攻之, 軍中洶懼欲散, 而江水在後, 無走路, 不得已還入城力戰. 矢雨下, 賊分爲三陣, 迭進, 皆敗, 會日暮, 賊還入京城.³ (권2·10) 慄令軍士取賊屍, 磔裂肢體, 散掛林木, 以泄其憤. 旣而, 聞賊欲更出期必報, 甚懼, 毁營柵, 率軍至臨津, 從都元帥金命元. 余聞之, 單騎馳去, 登坡州山城, 觀形勢, 以爲當大路之衝, 而地形斗絶可據, 卽令權慄, 與巡邊使李薲, 合軍據守, 以遏賊兵西下. 防禦使高彦伯·李時言, 助防將鄭希玄·朴名賢等, 爲遊兵, 遮蟹踰嶺, 義兵將朴惟仁·尹先正·李山輝等, 從右路伏於敬昌⁵陵之間, 各以其兵出沒抄擊, 賊多出則避而不戰, 少出則隨處邀擊. 自是, 賊不得出城樵採, 馬死者甚多. 又令倡義使金千鎰, 京畿水使李薲, 忠淸水使丁傑等, 乘舟, 從龍山·西江, 以分賊勢, 忠淸道巡察使許項在陽城, 令還護本道, 以備賊南衝之勢. 移文京畿·忠淸·慶尙官·義兵, 使各在其處, 從左右邀截賊路, 陽根郡守李汝讓守龍津. 凡諸將所斬賊首, 皆懸掛於開城府南門之外, 提督參軍呂應鍾見之喜曰: "朝鮮人, 今則取賊首如割毯矣." 一日, 賊從東門大出搜山, 自楊州·積城, 至大灘, 無所得. 査大受恐賊來襲, 報余曰: "有體探人來言, 賊欲得査總兵·柳體察云. 姑避開城如何?" 余答之曰: "體探人所言, 恐無此理. 賊方疑大軍住近, 豈敢輕易渡江? 我等一動, 則民心必搖, 不如靜以待之." 査笑曰: "此言甚是. 假令有賊, 吾與體察死生同之, 豈敢獨去?" 遂分所率勇士數十餘人, 來護余, 雖雨甚, 達夜警守, 不暫怠, 至聞賊入城乃罷. 其後, 賊探知權慄 (권2·11) 在坡州, 欲報怨, 率大軍, 從西路而出, 至廣灘. 去山城數里, 住兵不進, 自午至未, 不攻還退, 後不復出. 蓋賊知地形, 見慄所據險絶故耳. 余移書王必迪言: "賊方據險固, 未易攻. 大兵當進住東坡·坡州, 躡其尾, 以牽綴之, 選南兵一萬,

從江華出於漢南, 乘賊不意, 擊破諸屯, 則京城之賊, 歸路斷絶, 必向龍津而走, 因以後兵覆諸江津, 可一擧掃滅." 必迪擊節稱奇策, 發偵探軍三十六名, 馳往忠淸道義兵將李山謙陣, 察賊形勢. 時賊精兵皆在京城, 而後屯皆羸疲寡弱, 偵卒踊躍還報云: "不須一萬, 只得二三千, 可破." 李提督北將也, 是役也, 痛抑南軍, 恐其成功, 不許.

류성룡은 행주산성전투 직후에 이와 관련해 몇 점의 문서를 작성하고 있는데, 그 문서들에 따르면 권율 군이 일단 승리한 뒤에, 일본군의 재침을 피해 성을 비웠다고 한다.

> 이달 12일 오시에 이빈이 시급히 보고한 내용에,
> "서울 안에 있던 적병이 많이 양천으로 나와서, 전라순찰사 권율이 군사를 주둔시킨 곳을 침범하여 방금 접전하고 있습니다"
> 라고 하므로, 신은 임진강 가까이 도착하여, 각 진영과 그리고 의병들에게 시급히 달려가서 구원하도록 하였습니다. 13일 이른 새벽에 이빈이 시급히 보고하였는데, 그가 보낸 군사가 전라감사의 진중으로부터 와서 말한 내용에
> "왜적의 삼위(三衛)가 나왔는데, 한 위는 백기를 가졌고, 한 위는 홍기를 가졌으며, 한 위는 흑기를 가지고서 포위하여 접전을 한참 하다가, 삼위가 모두 우리 군사에게 패전하여 죽은 자가 매우 많아서 달아나 버렸습니다."
> (『진사록』)[6]

요즈음 서울 안의 왜적의 형세는, 잇달아서 적정(敵情)을 자세히 정탐하고 와서 보고하는 사람의 말이 끝내 확실하지는 않사오나, 대개 성안의 왜적의 무리가 2월 12일의 행주 싸움에서 죽은 자가 매우 많았다 하니, 이것은 적진에서 도망쳐 돌아온 사람들의 말하는 바도 한결같이 같았습니다. (중략)

전라순찰사 권율은 적병이 재차 침범하려고 한다는 말을 듣고는, 갑자기 진지를 옮겨 파주로 와서 도원수의 군사와 더불어 진영을 연하여 진을 치고 있는데, (중략)

신은 다시 권율을 독촉하여 그에게 행주로 돌아가 지키도록 하였으나 목책이 벌써 불에 타 버려 군사가 웅거할 데가 없으므로 하는 수 없이 우선 파주 뒷산성에 주둔토록 하여 (하략). 『진사록』7

이처럼 조선 측에서는 행주산성전투를 승리 후 퇴각한 것으로 인식했다. 한편 임진왜란에 관한 17세기 초기 일본의 체계적인 문헌인 『다이코기』를 보면, 일본 측은 행주산성전투를 일본군이 일단 불리해서 퇴각했지만 명군이 밤새 퇴각했기 때문에 무승부라고 인식한 듯하다. 일본군은 약체라고 간주하던 조선군이 이런 식으로 자신들을 몰아붙이는 것이 이해하기 어려웠던 듯, 행주산성 농성군을 명군으로 생각한 것 같다. 또 하나의 초기 문헌인 『조선정벌기』에서도 행주산성전투를 안남성(安南城)이라는 곳에서 일어난 명군과의 전투로 그린다. 일본 측이 행주산성전투를 상당히 힘겨운 싸움으로 인식했음을 알 수 있다. 마치 가토 기요마사가 정문부 의병군을 조선인이 아니라 강력한 무력을 소유한 오랑캐인이라고 생각했던 것처럼. 아래는 『다이코기』 권14에 보이는 기록이다.

1593년 2월 11일, 한남군(漢南之勢) 50만이 도성 서쪽 큰 강에 의지하여 요새를 건설하고 밤사이에 성벽을 쳤다. 대군임에도 방심하지 않고 매우 조용하였다. 이에 도성에 주둔하던 일본군은 회의를 열어, 적군의 진영이 갖추어지기 전에 서둘러 공격할 것을 결정하였다. 12일 새벽에 사방에서 공격하여 두 번째 방어벽까지 쳐들어가 불꽃을 튀기며 싸웠다. 밀고 밀리고 여기서는 맞붙고 저기서는 밀고 들어가, 목을 따는 자도 있고 잡히는 자도 있었다.

적의 대군이 합심하여 방어하므로 성이 함락될 기색도 없이 해가 서산에 기울었다. 일본군은 우선 호랑이굴에서 벗어나자는 생각으로 후퇴하여 도성 주변에 진을 쳤다. [일본군은] 날이 밝자 다시 진격하여 산에 거점을 두고 마을과 마을 사이를 막고 요소마다 진을 치니, 명나라 군대는 이를 보고 '일본군은 병사 수는 적지만 군법에 맞게 행동하니 맞붙기 어려울 듯하다'며 13일 밤 50만의 세력이 소리 없이 사라졌다. 다음 날 새벽에 닌자(忍者)를 보내어 살펴보니 적은 한 명도 없었는데 명나라 군대는 요새를 청소하여 놓고 후퇴하였다고 한다. (『다이코기』)[8]

류성룡의 여러 기록을 보면 사대수가 조선 및 류성룡에게 특히 우호적이었던 것 같다. 사대수는 본문에서 보듯이 류성룡에게 매우 친근한 모습을 보이고 있고, 다른 기사에서는 조선의 굶주린 고아를 거두어 기르기도 했다는 기록도 보인다. 한편, 왜구에 맞서 명나라 해안 지역 방어에 진력한 척계광 장군의 조카 척금도 척계광의 『기효신서』를 포함한 각종 군사 정보를 조선 측에 적극적으로 전해 주었고, 낙상지도 조선 측에 각종 군사 사항을 전해 주었다는 사실이 「녹후잡기」에 보인다.

51

군량미의 남은 곡식으로 굶주린 백성을
구제할 것을 청하니 임금께서 허락하시다

  군량미의 남은 곡식으로 굶주린 백성을 구제할 것을 청하니 임금께서 허락하셨다.

  이때 적이 한양을 점거한 지 벌써 2년이 되었으므로 전쟁의 참화 때문에 천리(千里)가 황폐해지고 백성들은 농사지을 종자도 얻지 못하여 태반이 굶어 죽었다. 성안의 살아남은 백성들은 내가 동파(東坡)에 있다는 소식을 듣고는 서로 도와 이고 지고 하며 수없이 [동파에] 이르렀다.

  총병 사대수는 [경기도 파주]의 마산(馬山)으로 가는 길에 아기가 엉금엉금 기면서 죽은 어머니의 젖을 빠는 모습을 보고는 슬퍼하며 아기를 거두어 군대에서 기르게 하였다. 그리고 내게 "왜적이 아직 물러가지 않아 인민들이 이 지경에 이르렀으니 장차 어찌하겠습니까!"라고 말하고 또 "하늘이 근심하고 땅이 슬퍼합니다" 하며 한탄하였다. 나는 이 말을 듣고 나도 모르게 눈물 흘렸다.

이때 명나라의 대군이 또 오게 되어 이들에게 제공할 군량미를 실은 배 여러 척이 남쪽에서 와서 강기슭에 줄지어 정박하여 있었지만 감히 군량미 이외의 용도로는 쓸 수 없었다. 마침 전라도 소모관(召募官) 안민학(安敏學)이 겉껍질 벗기지 않은 곡식 1천 석을 배로 보내왔기에, 나는 기뻐하며 이 곡식으로 굶주린 백성들을 구제하자고 즉시 건의하였다.

그리하여 전(前) 군수 남궁제(南宮悌)를 감진관(監賑官)에 임명하여, 솔잎을 가루로 만들어 솔잎가루 10분(分)에 쌀가루 1홉(合)을 섞어 물에 타서 마시게 하였다. 하지만 사람은 많고 곡식은 적었는지라 살아난 사람은 얼마 되지 않았다. 명나라 장군들도 이 상황을 슬퍼하여 자신들의 군량미 30석을 주었지만 필요한 양의 백 분의 일에도 미치지 못하였다. 이날 저녁에 큰비가 내렸는데, 굶주린 백성들이 내 숙소 좌우에서 슬퍼하며 신음하니 차마 그 소리를 들을 수가 없었다. 아침에 일어나서 보니 흩어져서 죽은 자가 매우 많았다.

경상우도 감사 김성일도 전 전적(典籍) 이로(李魯)를 보내 내게 긴급히 "전라좌도의 곡식을 꾸어서 굶주린 백성들을 구제하고 봄에 뿌릴 씨앗으로도 삼으려 하는데, 전라도사(全羅都事) 최철견(崔鐵堅)이 이를 허락하지 않습니다" 하고 알려 왔다. 이때 지사(知事) 김찬(金瓚)이 체찰부사로 충청도에 있었기에 나는 즉시 김찬에게 공문을 보내, 급히 전라도로 내려가서 남원 등지의 창고에서 1만 석을 꺼내 영남으로 보내어 구제하게 하였다. 무릇 한양에서 남쪽 변방에 이르기까지 적병들이 활보하고 있었고, 때는 바야흐로 4월인데 인민들이 모두 산골짜기에 올라가 숨었기 때문에 보리 씨앗 뿌린 곳조차 하나 없었다. 적군을 몇 달 내로 물러나게 하지 않으면 살아 있는 것들은 모두 죽었을 상황이었다.

請: "發軍糧餘粟, 賑救飢民", 許之. 時賊據京城, 已二年, 鋒焰所被, 千里蕭然, 百姓不得耕種, 餓死殆盡. 城中餘民, 聞余在東坡, 扶携擔負而至者, 不計其數. 查總兵, 於馬山路中, 見小兒匍匐, 飮死母乳, 哀而收之, 育於軍中. 謂余曰: "倭賊未退, 而人民如此, 將奈何!" 乃嘆息曰: "天愁地慘矣." 余聞之, 不覺流涕. 時大兵將再至, 糧船之自南方來者, 皆列泊江岸, 不敢他用. 適全羅道召募官安敏學, 募得皮穀千石, 船運而至, 余喜甚, 卽狀啓, 請以此賑救飢民. 以前郡守南宮悌爲監賑官, 取松葉爲屑, 每松屑十分, 合米屑一合, 投水以飮之, 人多穀少, 所活無幾. 唐將亦哀之, 自分所食軍糧三十石賑給, 百不能及一 (권2·12) 日夜大雨, 飢民在余左右, 哀吟呻楚[2], 不可忍聞. 朝起視之, 狼藉而死者甚多. 慶尙右道監司金誠一, 亦遣前典籍李魯, 告急于余曰: "欲糶全羅左道之穀, 賑濟飢民, 且爲春耕種子, 而全羅都事崔鐵堅, 不肯賑貸." 時知事金瓚爲體察副使, 在湖西, 余卽移文于瓚, 令馳下全羅, 自發南原等倉, 移一萬石于嶺南, 以救之. 大抵自京都至南邊, 賊兵橫貫, 時方四月, 人民皆登山入谷, 無一種麥之處, 使賊更數月不退, 則生類盡矣.

전쟁으로 피해를 입은 조선 민중의 참상이 생생하게 그려진다. 솔잎

을 이용한 구황작물의 제조법까지 꼼꼼하게 적은 데에서 이 전쟁에 대한 대책의 총괄을 맡은 류성룡이 세부 사항에 이르기까지 놓치지 않고 있음을 알 수 있다. 초본에는 구황식품의 제조법을 기록한 부분에 첨삭이 많이 가해져 있어서, 류성룡이 이 부분의 기술에 특히 신경을 썼음을 엿볼 수 있다.[3] 『진사록』, 『군문등록』 등의 기록을 보면 류성룡은 각지에서 모이는 군량미를 한 석 단위에 이르기까지 기록해서 보고하고 있다. 물론, 이들 기록은 하급 관리들의 보고서에 근거해서 상부에 전하는 것인 만큼 수치의 상세함도 그런 맥락에서 이해할 여지가 있다. 그러나 임진왜란의 전체상을 제시하는 『징비록』에서도 이러한 세부 수치를 살린 것을 보면, 류성룡이 이 전쟁의 세부 사항을 놓치지 않으려는 자세를 지닌 것과, 이처럼 세부적인 사항까지 포함시킴으로써 『징비록』이라는 책에 전쟁의 생생한 측면을 담는 효과를 노렸다는 사실을 짐작할 수 있다. 류성룡이 식량 관리의 철저를 주장하는 문서가 『진사록』에 전한다.

    예로부터 전쟁이 일어난 시기에는 반드시 양식으로써 먼저 해야 할 일로 삼았던 것으로서, 그 경계를 갈라 정하고, 경영하여 처리하는 것이 반드시 미세한 데까지 골고루 미치며, 자세하고 간곡하게 하여, 하찮은 부분까지도 빠뜨리지 않아야만 군량이 모자라는 일이 없게 되는 것이니, 이것이 군량을 공급하는 데에 있어 양도(糧道)를 끊어지지 않게 하는 가장 어려운 일입니다. (중략)
    신이 지난날에 합천에 있을 때 고을 안에 온 곳을 알지도 못하는 말 먹이콩 40여 석이 빈 집에 쌓여 있었으므로, 고을 안의 사람들에게 추구(推究)

하고 조사하였으나, 그것을 주고받은 사람을 끝내 찾아내지 못하였습니다. (중략) 군량을 조달하는 것은 중요한 일인데도 어린아이 장난처럼 하고 있는데 (하략). 『진사록』[4]

한편 류성룡의 다른 문서에는 명나라 군대에 지나치게 군량을 준 것이 문제라는 대목이 보인다. 한쪽에서는 식량이 모자라서 백성들이 굶어 죽고, 다른 한쪽에서는 군량미를 너무 많이 주어서 남아도는 불균형이 발생하고 있었던 것이다.

명나라 군사에 대한 군량은 한 사람마다 마땅히 2말만 주어야 하는 것인데, 애초에 너무 우대하여 날마다 3말을 주었으니, 전해 들리는 바로는 명나라 군사가 능히 다 먹지 못하고, 많이 남긴 쌀로써 다른 물건과 서로 바꾸었다고 하니. 『진사록』[5]

물론 모든 명나라 군대가 조선이 제공한 쌀을 다른 용도로 전용한 것은 아닌 듯하며, 본문에 보이듯 조선 백성을 걱정해서 자신들의 군량미 가운데 30석을 구휼 용도로 제공한 사례도 보고되었다.

지난달 28일에 명나라 장수 장 총병이 개성부에서 쌀 30석을 싣고 동파에 도착하여 굶주린 백성들을 구휼하였기에, 신은 장단부사 한덕원과 군관 및 하인들로 하여금 뜰 아래에 일제히 꿇어앉아 감사의 뜻을 표시하도록 하였더니, 장 총병은 대답하기를

"이것은 곧 제독[이여송]의 명령이므로, 나와는 관계없는 일입니다"
라고 하였습니다. 다만 쌀은 적은데 굶주린 백성들은 매우 많으므로 능히 두루 미치게 할 수가 없었기에 바로 그중에서도 얼굴빛이 검고 매우 파리하여 곧 죽으려는 사람들만 가려서 한 되 한 홉씩을 나누어 주게 되니, 형세가 유익함이 없으며, 굶어 죽는 백성은 서로를 베고 죽어 가는 것이 날마다 늘고 있는데도, 이곳에서는 사방을 돌아보아도 곡식을 얻을 방도가 없습니다.
(『진사록』)[6]

『징비록』이 널리 읽히면서, 근세 일본에서는 『징비록』의 저자인 류성룡에 대한 관심도 높아졌다. 〈야마시로국 짐승무덤(山城の国畜生塚)〉(1763년 초연)처럼 류성룡이 등장하는 연극(가부키)이 있는가 하면, 1801년에 간행된 대하 역사소설 『에혼 다이코기』 제7편에는 본문에 보이는 류성룡의 행적이 인용되어 있다. 임진왜란의 참상과 류성룡의 구휼 노력을 그린 본문은, 국적을 막론하고 독자들에게 깊은 인상을 남겼음을 짐작케 한다.

조선 팔도의 7, 8할은 쓸쓸한 황무지로 바뀌어 농사짓는 사람은 한 명도 없고, 숲 속을 숨어 헤메이며 굶어 죽는 사람은 헤아릴 수 없었다. 또는 들판, 산, 숲 속으로 숨지 못하고 적에게 살해당한 시체, 또는 굶어 죽은 시체가 널부려져 있는 모습은 차마 눈뜨고 볼 수 없었다. 그중에서도 특히 안타까운 것은, 두세 살 되는 아기가 엉금엉금 기면서 죽은 어머니의 젖을 빠는 모습이었으니, 그 누가 이를 연민하지 않으랴, 그 누가 이를 한탄하지 않으

류성룡이 굶주리는 백성들을 보고 슬퍼하여 구휼하는 모습.
『에혼 다이코기』 7편 권11.

랴. 조선의 승상(丞相) 류성룡은 도저히 보고만 있을 수 없어서, 솔잎과 나무 껍질을 가루로 만들고 쌀가루를 섞어서 굶주린 백성들에게 주었다. 그러나 식량에는 한도가 있고 굶주린 사람은 한이 없어서 마침내 이들을 구할 수 없었다. (『에혼 다이코기』)[7]

또한, 18세기 중기에 성립한 일본의 군담소설 『게이초 중외전(慶長中外傳)』에서도 『징비록』의 이 대목을 이용해서 '다이코(太閤)' 도요토미 히데요시의 침략 전쟁을 비판한다.

조선전쟁은 다이코의 원수이다. 정말이지 분로쿠의 이국 전쟁(文祿の異國陣: 임진왜란)은 다이코가 전혀 뜻하지 않은 방향으로 흘러갔다. 조선으로 건너간 여러 장군들은 무자비하여 죄 없는 백성들이 길거리에서 죽어 가고 아기가 죽은 엄마 곁을 기어 다니며 젖을 찾는 울음소리가 팔도에 가득하였으니, 이 명분 없는 전쟁은 다이코의 음덕을 크게 훼손시켰으리라. 한편 외국과의 전쟁에 남편과 자식을 빼앗긴 일본 측 처자들의 원한과 슬픔의 소리도 마을마다 가득하였다. (『게이초 중외전』)[8]

『게이초 중외전』의 저자는 도요토미 히데요시가 명분 없이 외국을 침략했기 때문에 본인은 성과 없는 가운데 죽고 도요토미 가문은 히데요시와 아들 히데요리의 2대로 단절되었다고 비판한다. 그리고 히데요시는 어느덧 임진왜란에서 일본 측에 승리의 가능성이 없다는 사실을 깨달았지만 어찌할 바를 몰랐고 이로 인해 건강을 상했다고 주장한다. 그래서 임진왜란 당시 조선에 주둔하던 일본군을 총괄했으며 도요토미 정권의 실세였던 이시다 미쓰나리가 주군을 위해서라면 어떤 비판도 감내하겠다는 각오로, 석성과 심유경과 같이 자기 잇속만 챙기는 사람들을 유도해서 강화 교섭에 임했다는 것이다.

마침내 고니시가 화의 교섭을 주도하게 된 것은 원래 요도도노의 은밀한 뜻이다. 그러나 이시다 미쓰나리가 이에 가담한 것은 다이코로 하여금 일을 그르치게 하려 함이 아니라 다이코에 대한 진정한 충성심에서였다.

당시 이시다 미쓰나리가 다이코로 하여금 화의 교섭에 응하게 한 것은 실로 적확한 판단이었다. 조선 침략은 끝내 승리하기 어려웠다. 만약 화의가 성립하여 다이코의 위세가 해외에 떨쳐지고 다이코가 뜻을 이루게 된다면, 이는 다이코의 수명을 10년 늘려 드리는 것이 되었을 것이다. 그렇게 되면 이시다 미쓰나리도 계획대로 다이묘가 되어 그 권위를 전국에 떨쳤을 것이다. (중략)

조선전쟁은 첫 공격 이래로 성과가 없었다. 그렇다고 하여 퇴각하면 명성을 잃으시게 될 계륵과 같은 흉한 상황이라는 것을 일찍이 분명히 알고 계셨기에 도요토미 히데요시는 남들보다 더 마음 아파 하셨다. 이시다 미쓰나리의 재능은 다이코와 닮았기 때문에, 그 역시 조선전쟁의 실상을 약간 알고 있었다. 따라서 화의를 맺는 것이 잘못된 일이라 하더라도 교섭을 성사시키면 다이코가 죽지 않고 전쟁이 끝날 것이며, 그 외에는 계책이 없다고 판단한 것이다. 그리하여 이시다 미쓰나리는 자기 스스로 악인이자 간신처럼 행동하여, 이익을 밝히는 저 남경의 석성·심유경 등의 사절을 끼워서 문서를 애매하게 만들어 화의를 맺으려 하였다. (『게이초 중외전』)[9]

『게이초 중외전』의 저자는 주군을 위해 자진해서 악인이 되려 한 이시다 미쓰나리야말로 도요토미 히데요시의 진정한 충신이라고 찬탄하고, 세상 사람들은 모두 미쓰나리의 계산대로 주군 대신 그를 욕하게 되었다고 주장한다. 중남미의 소설가 보르헤스(Jorge Luis Borges)는 단편소설집 『픽션들(Ficciones)』(1944) 가운데 한 편인 「유다에 대한 세 가지 해석(Tres versiones de Judas)」에서, 누군가 한 명은 예수를 밀고하는 죄를 지어야만 예수가 십자가에 못 박혀 죽음으로써 사명을 이룰 수 있다는 점을 오로지 유다만이 알고 있었다고 상상한다. 그리하여 유다는 스승 예수가 사명을 완수할 수 있도록 자기 자신은 악인이 되어 예수를 밀고 하고 그 죄로 인해 지옥에 떨어지는 것도 개의치 않았다는 것이다. 이러한 유다의 모습은 『게이초 중외전』의 이시다 미쓰나리와 닮아 있다. 그리고 이 같은 논리에 의하면, 아래 예문에서처럼 이시다 미쓰나리가 권력욕에 사로잡혀 히데요시를 이용해 먹으려 했다고 주장하는 『에혼 다이코기』의 저자와 같은 사람은 그야말로 미쓰나리의 계산대로 생각하게 되는 것이다.[10]

이번 조선 정벌로 인하여 다이코 도요토미 히데요시가 너무 신경을 써서 세상을 빨리 뜨시게 되면 자신이 제후 위에 서기가 어려워져서 평소의 대망이 그림의 떡이 되는 것을 두려워하여 명과 화의를 맺을 계책을 세운 것은 모두 이시다 미쓰나리의 생각에 따른 것이다. (『에혼 다이코기』)[11]

52

유격 심유경이 다시 한양에 들어가 적이 철군하도록 권유하다. 4월 7일에 제독이 병사들을 이끌고 평양에서 개성부로 돌아가다

유격 심유경이 다시 한양에 들어가 적이 철군하도록 권유하였다. [1593년] 4월 7일에 제독이 병사들을 이끌고 평양에서 개성부로 돌아갔다.

이에 앞서 김천일의 진중에 이신충(李藎忠)이라는 사람이 있었는데, 그는 자청하여 한양에 들어가 적의 정황을 탐색하였다. 그는 두 왕자와 장계군(長溪君) 황정욱 등을 만날 수 있었는데, 돌아와서는 적에게 강화(講和)할 뜻이 있다고 하였다. 얼마 뒤에 적이 용산에 주둔한 우리 수군에 강화를 요청하는 편지를 보냈다. 김천일은 그 편지를 나에게 보내왔는데, 나는 적과 싸울 뜻이 없는 제독이 어쩌면 이 편지에 자극 받아 적을 물리치려 하고 싶어 할지도 모르니, 그렇게 되면 그는 반드시 개성으로 돌아와야 할 터이니 일은 거의 끝난 것이나 다름없다고 생각하였다. 그래서 그 편지를 사대수에게 보이니 사대수는 즉시 하인 이경(李慶)을 시켜서 평양에 달려가 보고하게 하였다. 이에 제독도 심유경을 오게 하였다.

김명원이 심유경을 만나 "적은 평양에서 속은 것에 화를 내고 있을 터이니 당신에 대하여 좋은 마음은 없을 것입니다. 어찌 다시 들어갈 수 있겠습니까?"라고 하자, 심유경은 "적이 스스로 빨리 퇴각하지 않았기 때문에 패한 것이니, 그 일이 나와 무슨 관계가 있겠습니까?" 하고는 마침내 적의 무리 속으로 들어갔다. 그들이 무슨 이야기를 하였는지는 듣지 못하였지만, 대체로 왕자와 신하들을 돌려보내고 부산으로 철군한 뒤에야 화의를 허락할 것이라는 내용이었을 것이고, 적은 약속을 지키겠다고 요청하였기 때문에 마침내 제독은 개성부로 돌아왔다. 내가 제독에게 "화의는 계책이 아닙니다. 그들을 공격하는 것이 제일입니다"라고 강하게 주장하는 문서를 보냈더니, 제독은 그 문서에다 "이는 처음에 내가 생각한 것과 같습니다"라는 글을 적어서 보내왔지만 결국 내 말을 들을 뜻은 없었다.

또, 유격장군 주홍모(周弘謨)로 하여금 적의 진영에 가게 하였는데 나와 원수 김명원은 마침 권율의 진영에 있다가 파주에서 그와 마주쳤다. 주홍모가 우리들에게 기패(旗牌)[1]에 절하게 하니 나는 "이 깃발은 왜의 진영에 들어가는 것인데 내가 어찌 절할 수 있겠습니까? 또 '적을 죽이지 말라'라는 시랑(侍郞) 송응창(宋應昌)의 패문(牌文)이 있으니 더더욱 그 명령을 받아들일 수 없습니다"라며 거절하였다. 주홍모가 서너 번 강요하였지만 내가 아무 말 하지 않은 채 말 타고 동파로 돌아가니, 주홍모는 사람을 제독에게 보내어 상황을 보고하였다. 그러자 제독은 크게 화내며 "기패는 곧 황제의 명령이니 북쪽 오랑캐(㺚子)[2]도 이를 보면 곧 절을 하는데 왜 그는 절을 하지 않은 건가? 나는 군법으로 이를 다스린 뒤에 철군하겠다"라고 말하였다. 접반사(接伴使) 이덕형이 "내일 반드시 사과하러 오셔야 합니다"라며 나에게 급히 이 소식을 전하였다.

　다음 날, 나와 원수 김명원은 개성으로 가서 명나라 군대의 진영 문 앞에서 이름을 밝히고 들어가고자 청하였지만 화가 난 제독은 우리를 만나려 하지 않았다. 이에 김명원이 돌아가려 하자 나는 "당연히 제독이 나를 시험하는 것일 터이니 잠시 기다립시다" 하였다. 마침 비가 조금 내리는데 우리 둘이 함께 문 밖에 서 있으니 조금 있다가 제독을 모시는 사람이 재차 문 밖으로 나와서 우리를 엿보고는 들어갔다. 잠시 후에 우리는 들어오라는 허락을 받았다. 나는 앞으로 나아가 당(堂) 위에 서 있는 제독에게 인사하고 이내 "아무리 소인이 매우 어리석고 못났더라도 어찌 기패를 공경하여야 한다는 것을 모르겠습니까? 다만 기패 옆의 패문(牌文)에 '우리나라 사람이 적을 죽이는 것을 금지한다'라는 내용이 있었기에 저는 마음속으로 가만히 이를 애통히 여겨서 감히 절하지 않았던 것이니 그 죄는 피할 길이 없습니다"라며 사과하였다. 이에 제독은 부끄러워하는 기색을 보이면서 "그대의 말이 매우 옳습니다. 패문은 시랑 송응창의 명령이니 저와는 무관한 일입니다" 하고 또 "요즘에 유언비어가 많으니, 만약 황제의 신하가 기패에 절하지 않았는데 내가 이를 용인하고 문제 삼지 않았다는 말을 시랑이 들으면 반드시 나를 책망할 것입니다. 그러니 반드시 이러한 사정의 대강을 설명하는 글을 내게 보내 주십시오. 만약 시랑에게서 문의가 있으면 그 문서를 가지고 해명할 것이고 문의가 없다면 그대로 두겠습니다" 하였다. 우리 두 사람은 인사하고 물러나서 부탁받은 대로 문서를 보냈다.

 이로부터 제독은 왜의 진영에 사람을 보내 잇달아 왕래하게 하였다. 하루는 나와 원수 김명원이 제독에게 인사하러 갔다가 동파로 돌아오는 길에 천수정(天壽亭) 앞에 이르렀을 때, 동파에서 개성으로 들어가는 사대수 장군의 가정(家丁) 이경과 만났다. 우리가 그와 서로 말 위에서 인사하고 지나쳐 초현리(招賢里)에 이르렀을 때, 말 탄 명나라 사람 셋이 뒤에서 달려오더니 "체찰사(體察使)는 어디 계십니까?" 하고 큰 소리로 묻기에 내가 "내가 체찰사이다" 답하였더니 그들은 말을 되돌리라고 소리쳤다. 한 사람은 손에 쇠사슬을 들고 "달려라 달려라!" 하며 긴 채찍으로 내가 탄 말을 마구 때렸다. 나는 무슨 영문인지 모르고 무작정 말을 돌려 개성을 행하여 달렸다. 그 사람은 내 말 뒤를 쫓아오면서 그치지 않고 채찍질하였다. 군관 김제(金霽)와 종사관 신경진(辛慶晉)만이 온 힘을 다하여 나를 따라왔다. 청교역(青郊驛)을 지나 토성(土城) 모퉁이에 도착할 즈음에 또 한 사람이 성안에서 말을 타고 이리로 달려와 말 탄 사람들 셋에게 뭐라뭐라 말하였다. 그리고 나자 세 명은 나에게 인사하며 "가셔도 좋습니다" 하였다. 나는 멍하여 무슨 상황인지 헤아리지 못하고 되돌아왔다.

 다음 날에 이덕형이 알려 주어 비로소 알게 되었는데, 제독이 신임하는 사병이 밖에서 돌아와서 제독에게 "체찰사 류성룡은 강화를 원하지 않아서, 임진(臨津)의 배를 모두 거두어 사신들이 왜의 진영으로 다닐 수 없게 하였습니다"라고 말하였다고 한다. 그러자 제독은 갑자기 화를 내면서 나를 체포하여 곤장 40대를 때리려고 하였다. 내가 아직 도착하지 않은 사이에 제독은 두 눈을 부릅뜨고 팔을 휘두르며 앉았다 일어섰다 하니 좌우에 있던 사람들은 모두 두려워하였다. 잠시 후, 그전에 우리와 지나쳤던 사대수의 사병 이경이 도착하자 제독이 "임진강에 배가 있는가 없는가?"라고 물었는데 이경이 "배가 있어서 왕래하는 데 지장이 없습니다" 하고 답하였다. 그러자 제독은 즉시 사람을 보내서 나를 잡으러 보낸 사람들을 멈추게 하고 거짓말을 하였다는 이유로 자신의 사병에게 곤장 수백 때를 때렸고, 기절한 사병은 끌려 나갔다. 그러고는 내게 화낸 것을 후회하면서 사람들에게 "만약 체찰사가 도착하면 나는 어떻게 처신하면 되겠는가?"라고 말하였다 한다. 제독은 늘 내가 화의를 찬성하지 않는다고 말하면서 평소에 불만을 품었던 터여서, 다른 사람이 나를 모함하자 살펴보지도 않고 이처럼 화를 낸 것이다. 사람들은 모두 이러한 상황을 위태롭게 여겼다.

며칠 뒤, 다시 제독이 유격 척금(戚金)과 전세정(錢世禎) 두 사람에게 기패를 주어 동파로 보냈다. 그들은 나와 원수 김명원, 관찰사 이정형(李廷馨)을 불러 함께 앉아 조용히 "적이 왕자와 신하들을 보내고 한양에서 퇴각하기를 청하고 있으니, 지금은 마땅히 그들의 요청에 따라 속임수로 그들을 성 밖으로 나오게 한 뒤에 계획을 실행에 옮겨서 그들을 추격해야겠습니다" 하였다. 제독이 이들을 보내와서 내가 이에 찬성하는지 반대하는지 살펴보려 하는 것이었다. 나는 이전의 주장을 유지하였기 때문에 중간에서 조정한다고 전세정이 여러 차례 왕복해야 하였다. 그러자 전세정은 성격이 급한지라 화내면서 큰 소리로 "그러면 그대 나라의 임금은 왜 도성을 버리고 달아났습니까?"라고 욕하였고, 이에 대하여 나는 천천히 "도성을 옮겨서 온전함을 꾀하는 것도 한 가지 방법이 될 수 있겠습니다" 하고 답하였다. 이때 척금은 때때로 나와 전세정을 보며 미소 짓기만 할 뿐 아무 말도 없었는데 전세정 등은 끝내 되돌아갔다.

4월 19일에 제독은 대군을 이끌고 동파에 이르러 총병 사대수의 진영에서 묵었다. 적이 이미 퇴각한 터라 장군은 한양에 들어가고자 남하한 것이었다. 내가 제독 있는 곳에 가서 안부를 물으려 하였지만 제독은 나와 만나려 하지 않고 통역관에게 "체찰사는 나를 불쾌하게 여길 터인데 왜 또 인사하러 왔을까?"라고 말하였다.

沈遊擊惟敬再入京城, 誘賊退兵. 四月初七日, 提督率兵, 自平壤還開城府. 先是, 金千鎰陣中, 有李藎忠者, 自請入京, 探候賊情, 得見二王子及長溪君黃廷彧等, 還言: "賊有講和意." 旣而, 賊投書於龍山舟師, 乞和, 千鎰送其書於余. 余念提督已無戰意, 或欲假此而却賊, 則未必不更還開城, 庶幾了事, 以其書示查大受. 查卽使家丁李慶, 馳報平壤. 於是, 提督又使惟敬來, 金命元見惟敬曰: "賊忿平壤見欺, 必有不善意, 何可更入?" 惟敬曰: "賊自不速退故敗, 何預我也?" 遂入, 在賊中所言, 雖不聞, 大槪責還王子·陪臣, 還軍釜山, 然後許和, 賊請奉約束. 提督遂還開城, 余呈文提督, 極言: "和好非計, 不如擊之." 提督批示曰: "此先得我心之所同然者." 然無聽用意. 又使遊擊

將軍周弘謨, 往賊營, 余與金元帥, 適在權慄陣中, 遇於坡州, 弘謨使余等, 入參旗牌, 余曰:"此是入倭 (권2·13) 營旗牌, 我何爲參拜, 且有宋侍郎禁殺賊牌文, 尤不可承受." 弘謨強之三四, 余不答, 騎馬還東坡, 弘謨使人于提督言狀, 提督大怒曰:"旗牌乃皇命. 雖孼子見輒拜之, 何爲不拜? 我行軍法, 然後回軍." 接伴使李德馨急報於余曰:"朝日不可不來謝." 明日, 余與金元帥, 往開城, 詣門通名. 提督怒不見, 金元帥欲退, 余曰:"提督應試余, 姑待之." 時小雨, 余二人拱立門外, 有頃, 提督之人, 出門覘視而入者再. 俄而, 許入, 提督立于堂上, 余就前行禮, 仍謝曰:"小的雖甚愚劣, 豈不知旗牌爲可敬? 但旗牌傍有牌文, 不許我國人殺賊, 私心竊痛之, 不敢參拜, 罪無所逃." 提督有慙色, 乃曰:"此言甚是. 牌文乃宋侍郎令, 不關吾事." 因曰:"此間流言甚多, 侍郎若聞陪臣不參旗牌, 我容而不問, 則必幷責我. 須爲呈文, 略辨事情來, 脫侍郎有問, 吾[5]以此解之, 不問則置之." 余二人拜辭而退, 依所言呈文. 自是[6], 提督遣人, 往來倭陣相續. 一日, 余與元帥, 往候提督, 還東坡, 到天壽亭前, 遇查將家丁李慶, 自東坡入開城, 馬上相揖而過, 至招賢里. 有漢人三騎, 自後馳來, 喝問:"體察使安在?"[7] 余應之曰:"我是也." 叱回馬, 一人手持鐵鎖, 以長鞭亂捶余馬曰:"走走!" 余不知何事, 只得[8]回馬, 向開城而走, 其人從馬後, 鞭之不已. 從者皆落後, 獨[9]軍官金霙, 從事辛慶晋, 盡力追隨. 過靑郊驛, 將至土城隅, 又有一騎, 自城內走馬而至, 謂三騎曰:"云云." 於是, (권2·14) 三騎揖余曰:"可去矣." 余恍然不測而回. 翌日, 因李德馨通示, 始知之. 提督信任家丁, 自外入謂提督曰:"柳體察不欲講和, 悉去臨津船隻, 勿令通使於倭營." 提督遽發怒, 欲拿余, 捆打四十. 當余之未至也, 提督瞋目奮臂, 或坐或起, 左右皆慄. 有頃, 李慶至, 提督問:"臨津有船否?" 慶曰:"有船, 往來無

阻." 提督卽使人, 止追余者, 謂: "家丁妄言", 痛打數百, 氣絶曳出. 悔其怒余, 謂人曰: "若體察使來到, 吾當何以處之?" 蓋提督常謂, 余不肯和議, 素有不平心, 故纔聞人言, 不復省察, 暴怒如此, 人皆爲余危之. 後數日, 提督又使遊擊戚金·錢世禎二人, 以旗牌至東坡, 招余及金元帥·李觀察廷馨, 同坐, 因從容言: "賊請出王子·陪臣, 退還京城而去, 今當從其所請, 紿賊出城, 然後行計追勦." 乃提督使之來探余意肯否也. 余猶執前議, 往復不已, 世禎性躁, 發怒大罵曰: "然則爾國王, 何以棄城逃避耶?" 余徐曰: "遷國圖存, 亦或一道." 是時, 戚金但數數視余與世禎, 微笑而無言. 世禎等遂回. 四月十九日, 提督領大軍, 至東坡, 宿于査總兵幕. 蓋賊已約退兵, 故將入京城也. 余詣提督下處問候,[11] 提督不見, 謂譯者曰: "體察使不快扵予, 亦來問耶?"

❁

본문이 전하는 상황에 대하여 당시 고니시 유키나가의 제1군에 속해 있던 요시노 진고자에몬은 1593년에 집필한 『요시노 진고자에몬 비망록』에서 다음과 같이 적고 있다. 뻔뻔하다고 할 수도 있는 심유경의 강화 협상 제의를 일본군이 어떠한 심정으로 받아들였는지를 생생하게 전하는 대목이다. 이를 보면 당시 행주산성전투 이후 일본군이 의기소침한 상황에 놓여 있었음을 알 수 있다.

당과 고려의 대군이 개성포의 강어귀[행주산성]에 대규모로 진을 쳤다는 소식이 들리자, 조선 각지에 가 있던 다이묘들은 모두 도성으로 오셨다. 하지만 도성에는 우키타 히데이에 님과 3부교(三奉行)를 비롯하여 쟁쟁한 장군들이 계시므로, 적이 오늘 쳐들어올지 내일 쳐들어올지 기다리며 매일같이 군사회의를 열었다. 정월 하순 무렵부터 어느새 삼월이 될 때까지 모두들 "오늘 죽을지도 모른다"라고 생각하고 있었다. 이미 군량미도 떨어졌으므로 버틸 수가 없었다.

이미 대세는 정하여졌다고 포기하기 시작하였을 무렵, 유격장군이 개성(河船: 開城)에서 왔다. 대리장에 주둔하고 있던 고니시 유키나가는 이 소식을 듣고 직접 유격장군을 만나 사정을 상세히 들으시니, 유격장군은 또 강화를 논하였다. 고니시 님은 이 제안이 진실 되다고 믿지는 않았지만, 어차피 피할 수 없는 일이라면 받아들일 수밖에 없다고 생각하여 이 제안을 받아들이셨다. 그러자 유격장군은 "4월 8일에 인질을 데리고 오겠다"라고 서약하고 돌아갔다.[12]

한편 본문에는 이신충이 적의 진영을 탐색하고 왔다는 대목이 있는데, 『진사록』에는 이신충의 잠입 결과를 김천일 등이 류성룡에게 보고한 문서가 실려 있다. 이 문서에는 한양 점령 당시 일본군의 상황, 가토 기요마사가 억류하고 있던 두 왕자(임해군과 순화군)의 처지 등이 생생하게 그려져 있어서 아래에 그 문서를 인용한다.

신의 지휘 아래에 있는 수문장 이신충이 스스로 원함에 따라 적중에 들여보내었더니, 이신충이 14일에 돌아와서 진고(進告)한 내용은,

"이 몸을 왜적들이 그들의 말을 타고 가도록 허용하여, 대고개(大古介: 큰

고개)로부터 약전(藥田) 앞길을 지나서 청파(靑坡) 돌다리목(石橋項)에 이르러, 다리 아래 시냇가의 길을 따라 건너편의 10여 채 집을 지나고서, 은행나무가 있는 한 채의 큰 집에 이르니, 이것은 왜적의 대장 청정이 있는 곳이었습니다.

저를 밖의 행랑으로 인도해 들어간 지 두 식경이나 되어서 그제야 익랑(翼廊) 안으로 불러들였는데, 그 안은 금으로 장식한 병풍과 붉은 양타자, 비단 휘장, 비단 장막 등으로 매우 화려하게 장식되어 있었습니다. 왜장 청정이란 자를 보니 나이 30세가량 되었는데 두 왕자와 당(堂) 안에 같이 앉아 있었고, 이신충이 왕자 앞에 나아가서 절을 하니 왕자는 주상의 안부를 물었으며, 말을 마치자 청정은 통역하는 사람을 시켜서 문답을 하였는데, 통역하는 자는 곧 우리나라를 배반한 역적 사화동의 아우였습니다.

적장은 왕자를 가리키면서 '공(公)이 보기에 왕자의 살결과 얼굴빛이 어떠한가? 조금도 파리하고 수척함이 없으니, 내가 후하게 대접한 것을 알 수가 있을 것이다' 하고 또 말하기를 '강화한다는 일은 어떻게 할 것인가? 조속히 그 옳고 그름을 보여 준다면 실행하든지 또는 중지하든지 결정하고자 하는데, 어째서 시일만 오래 끌면서 옳다 그르다는 말이 없는가? 일본의 관백이 여러 섬의 군사를 동원하여 조만간에 바다를 건너서 조선에 들어와, 몰아쳐서 바로 중원을 공격하게 된다면 그때는 뉘우쳐도 미치지 못할 것이니 어째서 서둘러 처리하지 않는가' 하므로 이신충이 대답하기를 '지금 명나라 장수는 백만의 군사를 거느리고 우리나라의, 원수를 갚고자 하는 군사와 더불어 군대를 정돈하여 올 것이니, 일본이 능히 싸울 만하면 싸우면 될 것이다. 강화의 일에 대해서는 명나라 장수에게 달려 있으니, 우리나라가 감히 함부로 결정할 일이 아닌 것이다'라고 하였습니다.

또한 말하기를 '위험을 무릅쓰고 들어왔는데 시장하지 않는가. 변변치 못한 음식을 준비하겠다' 하면서 그제야 나이 어린 종이 밥을 올리니, 먼저 적장이 받고 다음은 왕자, 그다음은 이신충이 받아서, 마주 대하여 밥을 먹고 술까지 서너 잔 돌리고 거두어 치운 뒤에, 이에 황정욱 부자와 이영을 부르니 모두 다른 곳으로부터 왔는데, 또 술을 서너 잔 돌리고 나서 말하기를 '조선 사람이 이곳에 왔으니, 공들은 이 사람에게 말을 전하여 그들의 대장에게 아뢰고, 한강의 남쪽에 있는 장수에게 옮겨 고하여 서둘러 화의를 결정하는 것이 좋겠다'라고 하였습니다.

조금 있다가 적장은 말하기를 '나는 부득이 성중(城中)으로 들어갈 일이 있으니, 공들은 이 자리에 함께 앉아서 내가 돌아오기를 기다리도록 하라' 하고 드디어 밖으로 나가니, 왜적의 여러 병졸들은 장막 밖에 둘러서서 지켰습니다. 두 왕자와 세 사람은 등불 아래에서 함께 앉아 각기 모진 고생을 겪은 형상을 말하였는데, 몹시 비참하고 끔찍하여, 차마 들을 수가 없었습니다. 왕자는 몸에 털로 짠 도포를 입고, 머리에는 털로 만든 갓을 쓰고 담비 가죽의 귀걸이를 하고서 말하기를 '나는 항상 흰옷을 입고 있었는데, 그들이 스스로 강화를 원한 이후로 적장이 의관을 조치해서 마련하고는, 오늘 이것을 입도록 권하기에 굳이 사양한즉 그가 화를 내면서 말하기를, "그대가 누추한 옷을 입고자 하는 것은, 이곳에 온 사신에게 내가 그대를 푸대접한다는 뜻을 보이려는 것인가?" 하면서 억지로 얼굴을 씻고 옷을 갈아입도록 하였다'라고 하였습니다.

또한 임해군은 갓을 들어 올리고 이마를 드러내어, 상처가 난 흔적을 가리키면서 '이곳으로 올라올 때, 길 가던 도중에서, 적장이 몽둥이를 가지고 함부로 때려서 이마가 깨어져 상처가 난 곳이다' 하였으며, 황정욱은 말하기를 '길 가던 도중에 내가 전국보(傳國寶)가 있는 곳을 알면서도 가리켜 주지 않는다고, 수없이 많이 맞아서 거의 죽을 뻔하였다가 살아나게 되었소'라고 하였습니다. 이영은 말하기를 '나는 적장을 꾸짖고서 그에게 굽히지 않으니, 적장이 두세 번이나 나를 죽이고자 하다가 그만두었으므로 모진 목숨이 죽지는 않았으나, 나라를 욕되게 한 수치는, 그것을 어찌 차마 말할 수 있겠습니까!' 하였습니다. 두 왕자는 사간(私簡)을 쓰고자 하여 방 안으로 들어갔는데 부인도 또한 같이 그곳에 있다고 하였습니다.

밤이 깊어진 뒤에 적장은 그제야 돌아왔으며, 이신충은 수종하는 왜인과 같이 별처에 유숙하였습니다. 이튿날 밥을 먹고 나서 곧바로 그들이 명나라 장수에게 올리는 서간, 두 왕자의 답서와 아울러 황정욱 등의 봉서(封書)도 내주었는데 또한 행재소에 올리는 신(臣)이란 글자가 없는, 기다란 종이로 된 서간 한 통도 있었습니다. 이내 안탁과 그리고 그를 수종하는 왜인과 더불어 그곳에서 도로 나왔습니다"
라고 하였습니다. (『진사록』)[13]

이 보고서에 따르면 가토 기요마사 군은 현재의 서울역 뒤에 있는 약전고개 근처에 주둔하고 있었던 것 같다. 그리고 가토 기요마사의 말을 통역하는 사람이 『징비록』 앞부분에서 왜구에 부역한 조선인이라고 지목된 사화동(沙火同)=사을배동(沙乙背同)=사을화동(沙乙火同)의 동생이라는 대목도 특기할 만하다. 그리고 황정욱이 보낸 편지는 여러 가지로 형식을 위반한 점이 문제가 되었다는 것이 『선조수정실록』 1593년 6월

1일조[14] 등 여러 곳에 보인다. 이 기록을 보면 황정욱을 비판하는 이유를 여러 가지로 거론하고 있지만, 요컨대 적의 포로가 된 것을 죄로 삼는 분위기가 있었던 것 같다.

한편, 이러한 활동에 대해 국왕 선조는 반대한 듯하다. 이 건에 대해 선조가 류성룡을 문책하는 내용이 『진사록』에 보인다.

> 일전에 듣건대 김천일이 이신충 등을 보내어 적중에 드나들게 한다고 하니, 일이 매우 놀랄 만하다. 설사 명나라 장수가 왜적과 강화하려고 하더라도 마땅히 힘껏 다투어 그치지 말아야 할 것인데, 어찌 먼저 스스로 사람을 보내어 강화하기를 원하는 것처럼 하는 일이 있어서야 되겠는가? 경은 이 일을 더욱 엄격하게 금지시켜야 할 것이다. (『진사록』)[15]

한편, 기패 사건과 관련하여 본문에서 "우리나라 사람이 적을 죽이는 것을 금지한다"라고 요약되어 있는 송응창의 패문 내용이 『진사록』에는 좀 더 길게 전한다.

> 조선국이 왜적과 더불어 진실로 함께 한 하늘 아래에서 살 수가 없는 원수가 되었지만, 그러나 왜적이 지금은 벌써 조공 드리기를 원하고서 항복을 청하니, 잠시만 본부(本部)의 명령을 기다릴 것이며, 보복하고자 해서 싸움을 일으키는 자는 베어 죽일 것이다. (『진사록』)[16]

그런데 여기서, 본문의 "우리나라 사람이 적을 죽이는 것을 금지한다(不許我國人殺賊)"라는 문장이 초본에서는 "우리나라 사람이 왜인을 죽이는 것을 금지한다(不許我國人殺倭)"로 되어 있다. '왜' 또는 '왜놈'이라는 어휘를 '적(賊)'이라는, 상대적으로 중립적이고 추상적인 개념으로 대체한 부분이 『징비록』의 초본과 간행본의 비교를 통해 적지 않게 확인된다. 물론 본문에서 보듯이 "이 깃발은 왜의 진영에 들어가는 것인데(此是入倭營旗牌)"라는 식으로 '왜'라는 어휘가 남아 있기도 하기 때문에 초본의 '왜(놈)'가 간행본에서 '적'으로 바뀌는 것이 규칙적이고 전면적이라고는 할 수 없지만, 일정한 경향성을 보여 주는 것은 확실하다.

또한, 본문 중에 보이는 "체찰사는 어디 계십니까?(體察使安在)"라는 대목의 원문이 초본에는 "那箇是體察使"라고 되어 있다. 두 문장의 뜻은 같지만 초본에 적힌 말이 구어 중국어이다. 또한, 초본에는 전세정이 류성룡에게 구어 중국어로 말했을 때 썼을 '你(너)'라는 글자가 적혀 있지만, 간행본에는 '你'에 해당하는 문어 중국어 '爾'로 바뀌어 있다. 초본에서는 생생한 중국어를 기억나는 대로 적었던 것을, 간행본 작성 단계에서 조선 내의 공식적인 학술언어인 문어 중국어로 바꾼 듯하다. "아무리 소인이 매우 어리석고 못났더라도(小的雖甚愚劣)"라는 부분에서도 구어 중국어 어휘가 이용되고 있다.[17] 이와 같이 구어를 문어로 바꾸는 작업은 조선시대의 공문서에 쓰이던 특수한 문체인 이문(吏文)으로 작성한 문서를 문집에 수록할 때에도 흔히 이루어진다. 류성룡의 경우에는 『진사록』과 『군문등록』의 초본에 이문이 남아 있으나 간행본에서는 이문이 모두 문어 중국어로 바뀌어 있다.[18]

한편, 일본 측 문헌인 『조선정벌기』와 『도요토미 히데요시 보』에는,

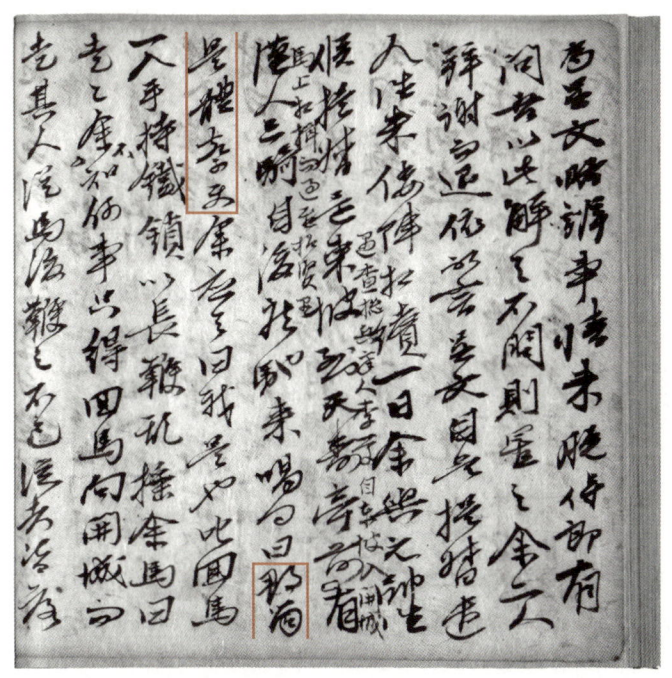

초본 『징비록』에서 류성룡이 들은 중국어가 그대로 기록된 대목.

이 시기에 심유경이 사마 석성으로부터 일본과의 강화 조건을 받아서 이여송 및 고니시 유키나가와 만났다는 내용이 전한다. 그 가운데에는 그 시점에서 일본군이 실력으로 점거하고 있는 조선 4도를 일본이 지배하는 대신 명나라 황제가 히데요시를 일본 국왕으로 봉하고 강화한다는 내용도 들어 있다. 이러한 조건은 조선이 받아들일 수 없는 것임은 물론이려니와, 애당초 명나라 황제가 되려 했던 도요토미 히데요시의 의향과도 맞지 않는다. 그러나 『조선정벌기』와 『도요토미 히데요시 보』에서는 이들 조건을 들은 마시타 나가모리, 오타니 요시쓰구, 이시다 미쓰나리, 고니시 유키나가 등의 온건파가 전쟁에 지쳐 있던 터라 이 조건을 받아들였다고 서술된다. 『조선정벌기』에서는 전쟁에 지쳐 있던 이들이 석성·심유경 측의 요구를 잘못 알아들어서 히데요시가 명나라의 국왕으로 봉해지는 것으로 착각했다고 하고, 『도요토미 히데요시 보』에서는 이들이 빨리 귀국하고 싶어서 심유경의 말에 따랐던 것이라고 서술한다. 비록 벽제관전투에서 이여송 군의 기세를 한풀 꺾기는 했지만, 이 시점에 일본군의 수뇌부에서는 염전(厭戰) 분위기가 돌고 있었음을 짐작케 한다.

네 번째 조건은 봉왕(封王). 대명(大明)이 다이코를 일본 국왕에 봉한다는 내용이다. 고니시와 3부교(三奉行)를 비롯하여, 조선에 주둔하고 있던 장군들은 모두 괴롭고 지쳐 있었기 때문에, 어떻게든지 화의를 성사시켜서 고국으로 돌아가고자 하는 마음에서 이 조건을 잘못 알아들어, 다이코를 대명왕으로 봉할 것이라고 일본에 보고하였다. (『조선정벌기』)[19]

네 번째 조건은 명 황제가 히데요시를 일본 국왕에 봉하는 것이다. (중략) 마시타 나가모리, 오타니 요시쓰구, 이시다 미쓰나리, 고니시 유키나가 등의 장군은 모두 조선에서의 주둔 기간이 길어지는 것을 괴롭게 여겨 귀국하고자 하는 마음이 간절하였다. 그래서 심유경의 말에 따랐던 것이다. (『도요토미 히데요시 보』)[20]

53

4월 20일에 한양이 수복되다

    4월 20일에 한양이 수복되었다. 명나라 군대가 성으로 들어와 제독 이여송은 소공주댁(小公主宅) — 나중에는 남별궁(南別宮)이라 불렸다 — 을 숙소로 잡았다. 하루 전에 적이 이미 성을 빠져나갔다.

    명나라 군대를 따라 한양에 들어와서 보니 성안에 살아남은 사람은 원래 인구의 백 분의 일도 되지 않았고, 살아 있는 사람들도 모두 굶주리고 지쳐서 낯빛이 귀신 같았다. 그때 날씨가 매우 더웠기에 죽은 사람과 말이 여기저기 널부러져 썩는 냄새가 성을 가득 채워서 길 가는 사람은 코를 막고 지나갔다. 관공서와 민가도 없어지고 숭례문 동쪽에서부터 남산 주변 일대에서 적이 숙소로 삼았던 지역만 조금 남아 있었다. 종묘와 경복궁·창덕궁·창경궁의 세 궁궐, 종루(鍾樓)의 각종 관청과 성균관 등 대로(大路) 북쪽에 있던 건물들은 모두 자취를 찾을 수 없었고, 불타고 난 재만 남아 있었다. 소공주댁도 왜의 장군 우키타 히데이에가 머물렀던 곳이기 때문에 남아 있었던 것이다.

나는 먼저 종묘에 참배하고 통곡한 뒤에 제독이 있는 곳으로 가서, 제독을 만나러 온 여러 신하들과 한동안 소리 내서 통곡하였다. 다음 날 아침에 다시 제독을 만나러 가서 안부를 물은 뒤에 "적병이 후퇴한 지 얼마 되지 않으니 틀림없이 여기서 멀리 가지 않았을 것입니다. 군대를 보내 급히 적을 추적합시다"라고 말하니, 제독은 "내 뜻도 원래 그렇지만 적을 급히 뒤쫓지 않는 것은 오로지 한강에 배가 없기 때문입니다" 하고 답하였다. 그래서 내가 "만약 노야(老爺: 대감)께서 적을 추격하고자 한다면, 소인이 당연히 앞서서 강에 나아가 배를 정비하여 두겠습니다" 하니 제독은 "매우 좋습니다"라고 말하였으므로 나는 한강으로 나갔다.

이에 앞서 나는 경기우감사(京畿右監司) 성영(成泳)과 경기수사(京畿水使) 이빈(李薲)에게 공문을 보내어, 적이 떠난 뒤에 급히 강 위의 크고 작은 배를 거두어서 모두 한강에 모아 두게 하였다. 이때 이미 도착한 배가 80척이나 되었다. 나는 사람을 시켜 제독에게 배가 준비되었다고 전하였다. 얼마 뒤에 영장(營將) 이여백(李如柏)이 병사 1만여 명을 이끌고 강으로 왔다. 병사가 절반쯤 강을 건너니 해가 지려 하였는데, 이여백이 갑자기 발병이 났다고 하면서 "성안으로 되돌아가서 발병을 치료한 뒤에 진군해야겠다"라며 가마를 타고 돌아갔다. 이미 한강 남쪽에 건너가 있던 병사들도 모두 도로 건너와서 성으로 들어갔다. 나는 마음이 아팠지만 어찌할 수가 없었다. 제독은 원래 적을 추격할 마음이 없었는데 거짓말로 나의 요청에 응하는 척을 할 뿐이었던 것이다.

4월 23일, 마침내 나는 병이 나서 자리에 누웠다.

四月二十日, 京城復, 天兵入城, 李提督館於小公主宅 [後稱南別宮]. 前一日, 賊已出城矣. 余隨入城, 見城中遺民, 百不一存, 其存者, 皆飢羸疲困, 面色如鬼. 時日氣烘熱, (권2·15) 人死及馬死者, 處處暴露, 臭穢滿城, 行者掩鼻方過. 公私廬舍一空, 獨自崇禮門以東, 循南山下一帶, 賊所止舍處稍存. 宗廟·三闕及鍾樓各司·館學在大街以北者, 蕩然惟餘灰燼而已. 小公主宅, 亦倭將秀嘉所止, 故見遺.[1] 余先詣宗廟痛哭, 次至提督下處, 見伺候諸臣, 號慟良久. 明朝, 更詣提督門下, 問起居, 且言: "賊兵纔退, 去此應不遠, 願發軍急追." 提督曰: "吾意固然. 所以不急追者, 以漢江無船故耳." 余曰: "如老爺欲追賊, 卑職當先出江面, 整備舟艦." 提督曰: "甚善." 余出漢江. 先是, 余行文京畿右監司成泳, 水使李蘋, 令賊去, 急收江中大小船, 毋失俱會漢江. 是時, 船已到者八十隻. 余使人報提督, 船已辨. 食頃, 營將李如柏率萬餘兵, 出江上, 軍士半渡, 日已向暮, 如柏忽稱足疾, 乃曰: "當還城中, 醫疾可進." 乘轎而回, 已在漢南軍, 皆還渡入城. 余痛心, 而無如之何. 蓋提督實無意追賊, 但以謾辭給應而已. 二十三日, 余遂病臥.

『진사록』에는 류성룡이 한양에 들어온 직후에 작성한 보고서가 여러

편 실려 있다. 여기에는 한양의 참상, 그리고 조선군이 일본군을 추격하는 것을 적극적으로 저지하는 명군, 그러한 일본 병사들을 죽이고도 명군 때문에 도리어 이 공적을 숨겨야 하는 조선군, 그리고 류성룡 등의 조선 관리와 이여송 등의 명나라 장군들 간의 갈등이 생생하게 그려진다.

왜적은 벌써 모두 떠났는데, 명나라 장수가 그들을 뒤따르며 엄호해 주면서 떠나갔기 때문에, 여러 군사들은 감히 왜적을 뒤쫓아 공격하지 못하였습니다.

고언백의 군사는 동대문으로부터 먼저 들어가서 낙오된 왜적을 쳐서 왜적의 머리 5개를 베었고, 이산휘는 서쪽길로부터 들어가서 적병의 머리 6개를 베었으며, 이빈은 적병의 머리 1개를 베었으나, 모두가 명나라 장수의 군령을 두려워하여 다른 곳에 숨겨 두었습니다.

신 등은 권율, 이정형, 성영 등과 함께 제독의 군문 밖으로 나아가서 서울을 수복한 뜻을 고맙다고 치사(致謝)하니, 제독은 대답하기를,

"의정(議定)은 전에는 나를 나무라더니, 지금은 고맙다고 치사를 합니까?"

하고는 이내 내일 서로 만나보자고 하였으니, 대개 신은 군대를 나아가게 하자는 뜻으로 여러 날 입이 쓰도록 논변하였으나, 명나라 장수는 듣지 않았기 때문에 그의 말이 이와 같게 된 것입니다. (중략)

모화관에서는 죽은 사람의 흰 뼈가 많이 쌓였으며, 성중(城中)에는 사람과 말의 넘어져 죽어 있는 것이 그 수효를 헤아릴 수 없을 만큼 많으므로, 더러운 냄새가 길에 가득하여 사람들이 가까이 다가갈 수 없으며, 인가도 또한 너다

섯에 하나만 남았으니, 통곡이 나오는 것을 견딜 수가 없습니다. (『진사록』)[2]

한편 아래 문장에는 한양에 살아남은 사람들의 참상을 들은 국왕 선조의 심정이 실려있다.

　서울의 백성들 중에 서울 근처에 사방으로 흩어져 있는 자들이 도성 안으로 도로 들어갔으나, 먹을 것이 끊어져 없어진 지가 이미 오래되었으므로, 피곤하고 파리해져서 얼굴이 검게 변하여 귀신 모습처럼 되었는데, 벼슬아치를 보게 되면 슬프게 목메어 울며 먹을 것을 구걸하면서, 큰 소리로 통곡하고는 대가(大駕: 임금의 행차)가 서울로 돌아오는 것이 늦어질지 또는 빨라질지를 묻는 사람까지 있다고 하니, 백성들의 부모가 되는 나로서는 애처로워 차마 들을 수가 없다. (『진사록』)[3]

54

5월에 제독 이여송이 적을 추격하여
문경까지 갔다가 되돌아오다

5월에 제독 이여송이 적을 추격하여 문경까지 갔다가 되돌아왔다.

시랑 송응창이 제독에게 비로소 패문을 보내서 적을 추격하게 하였다. 이때 적이 한양을 떠난 지 이미 수십 일이 지났는데, 시랑은 자신이 적으로 하여금 멋대로 하게 하고는 추격하지 않았다고 사람들이 뭐라 할 것을 두려워하여 일부러 이렇게 행동해 보였던 것이지만 실제로는 적을 두려워하여 감히 진격하지 못하고 되돌아왔다. 적은 천천히 길을 따라 후퇴하면서 머물렀다 갔다 하기를 되풀이하였지만, 길가에 있던 우리 군대는 모두 길의 좌우에서 자취를 감추어 버리고 감히 나와서 그들을 공격하지 못하였다.

후퇴한 적은 바닷가에 나누어 주둔하였으니, 울산 서생포(西生浦)에서 동래·김해·웅천·거제까지 서로 이어져 있는 주둔지가 총 16개였다. 이들은 모두 산과 바다에 의거하여 성을 쌓고 해자를 파서 오랫동안 머물 계획을 세웠으며 바다를 건너가려 하지 않았다.

명나라도 사천총병(四川總兵) 유정(劉綎)에게 복건(福建)·서촉(西蜀)·남만(南蠻) 등지에서 모집한 병사 5천 명을 잇따라 보내서 성주(星州)·팔거(八莒)에 주둔하게 하였고, 명나라 남부 출신의 장수인 오유충(吳惟忠)은 선산(善山)·봉계(鳳溪)에, 이녕(李寧)·조승훈(祖承訓)·갈봉하(葛逢夏)는 거창(居昌)에, 낙상지(駱尙志)·왕필적(王必迪)은 경주에 주둔하게 하여 적을 사방에서 둘러쌌지만 이들은 서로 버티기만 하고 진격하지 않았다. 이들에게 제공할 군량미는 험한 길을 넘어 충청도와 전라도에서 가져와서 여러 진영에 나누어 공급하였기 때문에 백성들은 더욱더 힘겨워졌다.

제독은 다시 심유경을 보내어 왜군을 설득하여 바다를 건너가게 하고, 서일관(徐一貫)·사용재(謝用梓)를 나고야(郎古耶)로 보내어 관백(關白: 도요토미 히데요시)을 만나보게 하였다. 그리하여 6월에 적은 비로소 두 왕자 임해군과 순화군, 그리고 왕자들을 모시던 신하 황정욱과 황혁 등을 돌려보내면서 심유경에게 돌아가서 보고하게 하였다.

적은 한편으로는 진군하여 진주성을 포위하고는 "지난해 패전한 원한을 갚겠다"라는 말을 퍼뜨렸다. 적은 임진년[1592]에 진주성을 포위하였지만 목사(牧使) 김시민(金時敏)이 잘 막았기 때문에 이기지 못하고 후퇴하였었기에 이렇게 말한 것이었다. 8일 만에 성이 함락되어 목사 서예원(徐禮元), 판관(判官) 성수경(成守璟), 창의사(倡義使) 김천일, 경상우병사 최경회, 충청병사 황진(黃進), 의병 복수장(復讐將) 고종후(高從厚)

등이 모두 전사하고 백성과 병사 6만여 명은 물론 소와 말, 닭과 개까지도 모두 살아남지 못하였다. 적은 성을 모두 부수고 해자와 우물을 메우고 나무를 잘라 지난해의 원한을 마음껏 푸니 이때가 6월 28일이었다.

처음에 적이 남쪽으로 간다는 소식을 들은 조정은 여러 장군들을 독려하여 적을 추격하라는 명령을 잇따라 보냈다. 이에 따라 도원수 김명원, 순찰사 권율 이하의 관군과 의병이 모두 의령(宜寧)에 모였는데, 행주산성전투의 승리에 젖은 권율은 기강(岐江)을 건너 전진하려 하였지만 곽재우(郭再祐)·고언백(高彦伯)은 "지금 적의 형세는 강대한 반면에 아군은 오합지졸이어서 싸울 수 있는 사람은 적습니다. 또한 앞길에는 군량미도 없으니 가볍게 진군하면 안 됩니다"라며 반대하였다. 이 때문에 다른 사람들은 우물쭈물할 뿐이었다. 이빈의 종사관 성호선(成好善)은 어리석어 사태를 깨닫지도 못하면서 팔을 휘두르며 여러 장군들이 머무르기만 하는 것을 질책하였다. 그는 권율과 의기투합하여 마침내 강을 건너 함안(咸安)까지 진격하였지만 성이 비어 있어서 아무것도 얻지 못하였으며, 여러 부대의 병사들은 먹을 것이 없어서 풋감을 따 먹어야 하였으니 두 번 다시 싸울 마음이 나지 않게 되었다. 다음 날에 적의 대부대가 김해에서 온다는 첩보가 전하여지자, 어떤 사람은 함안을 지켜야 한다고 주장하고 또 어떤 사람은 후퇴하여 정암진(鼎巖津)을 지켜야 한다고 주장하여 논의가 분분할 따름이었다. 그런데 이미 적의 총소리가 들려왔기 때문에 사람들은 놀라고 두려워하여 앞다투어 성을 빠져나가다가 해자에 걸쳐 놓은 다리에서 떨어져 빠져 죽은 사람이 매우 많았다. 그리하여 되돌아와 정암진을 건너와서 바라보니 적병은 들판과 강을 가득 메우며 수륙 양방향으로 오고 있었다. 여러 장군들은 각자 달아나 흩어져서 권율·김명원·이빈·최원(崔遠) 등만이 먼저 전라도로 향하였고, 오로지 김천일·최경회·황진 등은 진주에 들어갔다. 적이 뒤따라 와서 진주성을 포위하였다. 목사 서예원과 판관 성수경은 명나라 장수들을 기다려 접대하는 지대차사원(支待差使員)으로서 오랫동안 상주에 있다가 적이 진주로 향한다는 소식을 듣고는 당황해서 돌아온 지 겨우 이틀이 흘렀다.

  진주성은 원래 사면이 험준한 곳에 자리하고 있었는데 임진년에 동쪽의 평지로 옮겼었다. 이에 적은 비루(飛樓) 여덟 개를 세워 성안을 내려다보았고, 성 밖의 대나무와 나무를 베어 큰 묶음을 만들어서 이를 줄지어 세웠다. 적병들이 그 뒤에 숨어 화살과 돌 공격을 피하면서 비처럼 조총을 쏘니 성안에 있던 사람들은 감히 머리를 내밀지 못하였다. 또한 김천일이 지휘하는 병사들은 모두 한양 거리에서 모은 자들이었으며, 김천일 역시 군사를 알지 못하면서 자기 고집이 매우 심하였다. 그리고 김천일은 원래부터 서예원과 사이가 나빠서 주장(主將)과 객장(客將)이 서로 시기하고 명령이 서로 어긋났기 때문에 크게 진 것이다. 오직 황진만은 동쪽 성을 지키면서 며칠 동안 열심히 싸우다가 적이 쏜 총알에 맞아 죽었으므로 병사들의 기세가 꺾였는데 바깥에서 구원군은 오지 않았다. 때마침 비가 내려 성이 무너졌기에 적은 성벽에 개미처럼 달라붙어 올라와 성에 진입하였다. 성안 사람들이 가시나무를 묶고 돌을 던지며 온 힘을 다하여 성을 방어하자 적이 조금 물러났는데, 김천일의 부대가 북쪽 문을 지키다가 성이 이미 함락되었다고 착각하고는 먼저 무너져 버리니 적은 산 위에서 김천일 부대가 무너지는 모습을 보고는 일제히 성벽을 기어 올라왔다. 이에 여러 부대가 크게 어지러워지고 김천일은 촉석루(矗石樓)에서 최경회와 손을 맞잡고 통곡하며 강물로 뛰어들어 전사하였고 병사와 백성 가운데 빠져나온 이는 몇 사람에 지나지 않았다. 왜변(倭變)이 있은 뒤로 이 전투에서처럼 많은 사람이 죽은 적은 없었다. 조정은 김천일이 의롭게 죽었다고 하여 그의 관직을 높여 의정부 우찬성(議政府右贊成)으로 추증하고, 권율이 적을 두려워하지 않고 열심히 싸웠다고 하여 김명원을 대신하여 원수에 임명하였다.

총병 유정은 진주성이 함락되었다는 소식을 듣고 팔거에서 합천으로 달려갔고, 오유충은 봉계에서 초계로 가서 경상우도를 지켰다. 적도 이미 진주성을 박살 내고 부산으로 돌아가서 "명나라가 화의를 허락하는 것을 기다린 뒤에 바다 건너 돌아갈 것이다"라는 말을 퍼뜨렸다고 한다.

五月, 李提督追賊, 至聞慶而回. 宋侍郎始發牌文於提督, 使之追賊. 時賊去已數十日, 侍郎恐人議已縱賊不追, 故作如此擧止, 以示之, 其實畏賊, 不敢進而回. 賊在途緩緩而去, 或留或行, 我軍之在沿途者, 皆左右屛迹, 無敢出擊者. 賊退分屯於海邊, 自蔚山西生浦, 至東萊·金海·熊川·巨濟, 首尾相連凡十六屯, 皆依山憑海, 築城 (권2·16) 掘塹, 爲久留計, 不肯渡海. 天朝又使四川總兵劉綎, 率福建·西蜀·南蠻等處召募兵, 五千繼出, 屯星州·八莒, 南將吳惟忠, 屯善山·鳳溪, 李寧·祖承訓·葛逢夏, 屯居昌, 駱尙志·王必迪, 屯慶州, 環四面, 而相持不進. 糧餉取之兩湖, 踰越險阻, 散給諸陣, 民力益¹困. 提

督又使沈惟敬, 往諭倭令渡海, 又使徐一貫·謝用榟, 入郞[2]古耶[3], 見關白. 六月, 賊始還兩王子臨海君·順和君, 及宰臣黃廷彧·黃赫等, 遣沈惟敬歸報, 而一面進圍晉州, 聲言: "報前年戰[4]敗之怨." 蓋賊於壬辰, 圍晉州, 牧使金時[5]敏禦之, 不克而退, 故云然也. 八日而城陷, 牧使徐禮元, 判官成守璟, 倡義使金千鎰, 本道兵使崔慶會, 忠淸兵使黃進, 義兵復讐將高從厚等, 皆死. 軍民死者六萬餘人, 牛馬鷄犬不遺, 賊皆夷城塡壕, 堙井刊木, 以快前憤, 時六月二十八日也. 初朝廷聞賊南下, 連下旨, 督諸將追賊, 都元帥金命元, 巡察使權慄以下官義兵, 皆聚於宜寧. 慄狃於幸州之捷, 欲渡岐江前進, 郭再佑·高彦伯曰: "賊勢方盛, 我軍多烏合, 堪戰者少, 前頭又無糧餉, 不可輕進." 他人依違而已, 李薲從事成好善, 駭不曉事, 奮臂責諸將逗留, 與權慄議合, 遂過江, 進至咸安. 城空無所得, 諸軍乏食, 摘靑柿實以食, 無復鬪心矣. 明日諜報, 賊從金海大至, 衆或言: "當守咸安." 或言: "退守鼎津." 紛紜[6]不決, 而已聞賊砲[7]響, 人人洶懼, 爭出城, 墮吊橋, 死者甚多. 還渡 (권2·17) 鼎津, 望見, 賊兵從水陸來, 蔽野塞川, 諸將各自散去. 權慄·金命元·李薲·崔遠等, 先向全羅道, 惟金千鎰·崔慶會·黃進等, 入晉州, 賊隨至圍之. 牧使徐禮元, 判官成守璟, 以唐將支待差使員, 久在尙州, 聞賊向本州, 狼狽而還, 纔二日矣. 州城本四面據險, 壬辰移東面, 下就平地. 至是, 賊立飛樓八座, 俯瞰城中, 刈城外竹林, 作大束, 環列自蔽, 以防矢石, 從其內, 發鳥銃如雨, 城中人[8]不敢出頭. 又千鎰所率, 皆京城市井召募之徒, 千鎰又不知兵事, 而自用太甚, 且素惡徐禮元, 主客相猜, 號令乖違, 是以甚敗. 惟黃進守東城, 敢[9]戰數日, 爲飛丸所中死, 軍人奪氣, 而外援不至. 適天雨城壞, 賊蟻附而入, 城內人方束荊投石, 極力禦之, 賊幾却. 千鎰軍守北門, 意城已陷先潰, 賊在山上, 望見軍潰, 一

擁而登, 諸軍大亂, 千鎰在矗石樓, 與崔慶會携手痛哭, 赴江死. 軍民得脫者, 數人而已. 自有[10]倭變以來, 人死未有如此戰之甚者. 朝廷以千鎰死義, 贈以崇秩議政府右贊成, 又以權慄, 敢戰不畏賊, 代命元爲元帥. 劉總兵綎, 聞晉陷, 自八莒馳至陜川, 吳惟忠自鳳溪至草溪, 以護右道. 賊亦旣破晉州, 還釜山, 聲言: "待天朝許和, 乃渡海." 云.

초본과 16권본을 비교하면 초본의,

> 적은 일찍이 진주를 포위하였지만 이기지 못하였다.[11]

라는 대목이 16권본에서는,

> 적은 1592년에 진주를 포위하였지만 목사 김시민(金始敏)이 이를 막았기 때문에 이기지 못하고 물러났다.[12]

라고 되어 있다. 현존 초본의 집필 후에 김시민의 이름이 추가된 것인데, 김시민의 한자 표기가 틀렸기 때문에 2권본에서는 "김시민(金時敏)"으로 수정되어 있다. 또한, 초본『징비록』에는 이 단락 뒤에 명 조정에서 조선을 분할하자거나 국왕을 교체하자는 논의가 있어서 사헌(司憲)이 조선에 오자 조선 측에서 그 대응에 부심했다는 기사가 실려 있지만 간행본에는 채택되지 않았으며, 이어지는 본문에서 강화 협상 과정을 논할 때 사헌이 조선에 왔다는 사실만을 짧게 언급할 뿐이다.

채택되지 않은 기사는 『서애선생문집』 권16 「계사년 겨울 사 천사의 일을 기록함(記癸巳冬司天使事)」에 상세하게 보인다. 1593년(선조 26) 명나라의 행인사 행인(行人司行人) 사헌(司憲)이 와서 선조에게 양위를 서두르라는 요청을 했으나 조선 측의 반대로 이루지 못했고, 또 명 측이 미심쩍게 여기는 여러 사항에 대해 류성룡과 독대해서 확인했다는 내용이다. 아래에 그 내용을 인용한다. 국왕 선조가 이 시점에서 비상한 각오를 했거나 적어도 그런 분위기를 연출하고 있었음을 잘 알 수 있다.

계사년 4월, 왜적이 서울을 떠나 남쪽으로 도망갔다. 그해 10월에 왕의 행차가 해주에서 서울로 돌아오니, 공사의 건물들은 거의 부서지고 담벽만이 남았다. 11월경에 명나라 정부에서 행인사 행인 사헌을 보내왔다. 이보다 앞서 중국 조정에서는 우리나라가 진흥하지 못하여 끝내 적에게 빼앗길까 염려하여 논란이 매우 많았다. 급사중(給事中) 위학증(魏學曾)이라는 자가 주본을 올려 우리나라의 문제를 조치하면서 심지어 나라를 분할하거나 임금을 바꾸자고 주장하였다. 이 일이 병부에 전달되자, 병부 상서 석성이 강력히 불가하다고 반대하였다. 이에 사헌을 파견시켜 칙서를 가지고 가서 교시하고 또한 우리나라의 일을 시찰하게 하였던 것이다. 이때에 경략 송응창(宋應昌)이 요동에 있었는데 해평군(海平君) 윤근수(尹根壽)가 사후배신(伺候陪臣)으로 경략의 군문에 가 있었다. 하루는 송응창이 급사중 위학증의 제본(題本)을 꺼내 윤근수에게 보이면서 말하였다. "조정의 여론이 이와 같은데 너희 나라에서는 앞으로 어떻게 스스로를 도모할 것인가. 이 일은 내가 힘을 다하여 보류하였다. 그러니 그대는 돌아가서 그대 나라 왕에게 보고하여 좋은 계책을 세우도록 하라." 윤근수가 요동에서 돌아와서 먼저 그 일을 장계로 올리고, 또 경략 송응창이 우리나라 대신들에게 보내는 차부(箚付)를 갖고 왔다. (중략)

내가 그 주본을 보니 우리나라를 저속하게 비방한 말이 많은데 대개는 조선이 왜군을 방어하지 못하고 중국까지 걱정을 끼치니, 당연히 그 나라를 두세 개로 나누어 왜적을 막아 낼 수 있는 사람에게 맡기어 그로 하여금 조치하도록 하고, 중국의 번폐국(藩蔽國)으로 삼자는 것이었다. (중략)

밤이 되자 상께서는 궁(宮)으로 돌아오시어 곧바로 나를 부르시매 들어가 뵈었더니, 유시하시기를, "내가 경을 만나 보는 것도 오늘뿐이니, 비록 밤이 깊다 하나 경을 만나 작별하고 싶어서 불렀을 뿐이오" 하시고, (중략) 내시를 보고 술을 가져오라 하셨다. 내관이 향온(香醞) 술 한 사발을 가져오니,

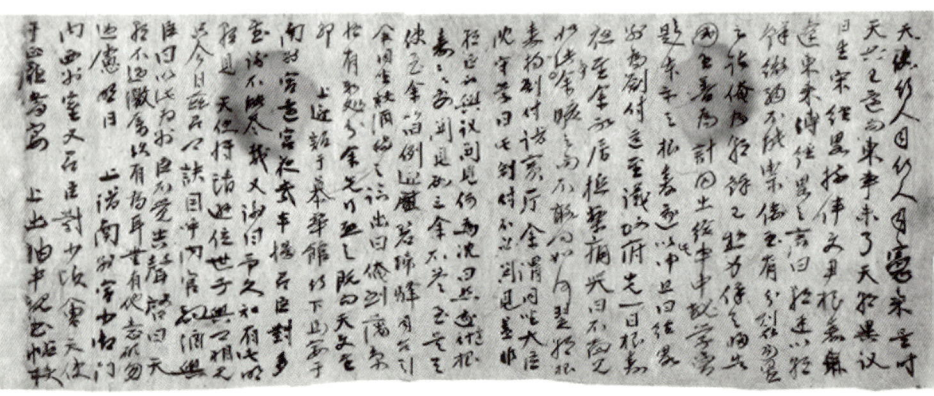

초본 『징비록』에 보이는 행인사 행인 사헌 파견과 국왕 교체 관련 논의 대목.

나에게 주시며 마시라 하시고 말씀하기를, "이 술로 서로 이별하자. 내일 나는 천사 앞에서 왕위를 내놓겠소" 하셨다. (중략)

사헌이 역시 탁자를 놓고 나만 불러서 탁자 동쪽에 앉으라더니 좌우에 있는 여러 사람을 물리치고 (중략) "중국의 장군과 관리가 지방에 피해를 많이 끼친다고 하는데, 사실입니까? 누가 심한지 숨김없이 바른대로 말하여 주시오" 하기에, 내가 말하였다. "우리나라는 천조(天朝)가 구제하여 주는 힘을 입어서 오늘이 있게 되었습니다. 여러 장수들은 각각 약속을 준수하고 군사들이 혹시나 잘못이 있을까 염려하고 단속하여 주었으니, 무슨 피해가 있다고 하십니까?" 사헌이 또다시, "내가 들으니 조선 사람들이 왜적은 얼레빗(梳子) 같고 명나라 군사는 참빗(篦子) 같다고 말한다니 사실입니까?" 하기에, 내가 대답하였다. "옛날부터 군사가 주둔하는 곳에는 가시덤불이 난다고 하였는데, 소소한 피해 정도야 어찌 없을 수가 있습니까. 역시 형편상 없을 수 없는 일입니다. 참빗이라는 말은 천만 그럴 리가 없으니, 틀림없이 중간에서 말하기 좋아하는 사람들이 만든 것입니다. 원하건대 노야께서는 이런 말을 믿지 마십시오." 또 몇 마디를 더 이야기하고 파하였다. (『서애선생문집』 권16)[13]

또한, 심유경과 고니시 유키나가가 도요토미 히데요시 등의 요구에 따라 조선 분할을 논의한다는 풍문을 류성룡이 입수한 과정이 『진사록』에 보인다.

심유경이 왜장을 데리고 함께 간 뒤로부터 길거리에서 전하는 말들이 매

우 떠들썩한데, 또한 말하기를,

"한강을 경계로 해서 남북으로 분할할 것이다"

하니 그 말이 너무나 놀라워서 갖가지 말로도 형용할 수가 없습니다. 신이 합천에 있을 때에 의병장 정인홍이 쇠고기와 술로써 명나라 군사들을 먹이고 위로하니, 유 총병[유정]이 정인홍에게 말하기를,

"왜놈이 심유경과 더불어 함께 가고서는, 한강 이북은 중국 땅으로 만들고, 한강 이남은 왜국 땅으로 삼으려고 하는데, 명나라 조정에서는 어찌 이것을 허락하겠는가마는, 만일 이를 허락한다면 그대 나라에서는 마땅히 어찌할 터인가?"

라고 하니, 정인홍이 그 말을 직접 듣고서 신에게 전하므로 신은 그제야 길거리에서 전하는 말이 또한 유래한 데가 있음을 알고서 깜짝 놀랐으며, 마음 아픔을 견딜 수가 없었습니다. 『진사록』[14]

조선 분할론은 도요토미 히데요시가 강화 조건으로 제시한 조건에 들어 있는데, 워낙 중대한 사안이다 보니 금방 소문이 퍼진 것 같다. 역사상 한반도는 두 번의 분할 역사가 있다. 한 번은 통일신라와 발해 시절이고, 또 한 번은 바로 지금이다. 그리고 상황이 나쁘게 흘러갔다면 임진왜란 때 또 한 번의 분할이 있었을 것이다.

도요토미 히데요시는 명나라와의 강화 협상을 허락하면서 강화 조건과 진주성 공격 명령을 조선 주둔 일본군에 보냈다. 여기서는 구 일본 참모본부에서 편찬한 『일본전사 조선역 문서·보전(日本戰史朝鮮役文書·補傳)』에 수록되어 있는 구로다(黑田) 가문 소장의 1593년 5월 1일조 도

요토미 히데요시 발급문서 「대명과 일본의 강화 조건(大明與日本和平相定條々)」을 인용한다.

1. 천지가 뒤집어지지 않는 한 이 강화 조건을 어기지 않을 것이라고 약속한다면, 대명 황제의 공주를 일본 제왕의 부인으로 보낼 것.
1. 감합(勘合) 무역에 대해 논의할 것.
1. 대명과 일본의 장군들이 서약서를 교환할 것.
1. 조선국에는 앞서 군대를 보내서 모두 복속시켰다. 앞으로도 백성들을 평온하게 지배할 수 있도록 더욱 군대를 파견하여 지배할 것. 이번에 도요토미 히데요시 님께서 대명국에 말씀하신 대로 합의가 이루어진다면, 조선 국왕이 반대하더라도 대명국을 통해 명령하게 하여 조선 국왕으로 하여금 우리에게 감사를 표하게 하고, 도읍을 붙여서 4개 도[경기, 황해, 평안, 함경]를 줄 것이며 왕자 한 사람 및 대신들이 일본으로 건너와야 할 것이다.
1. 앞서 생포한 왕자 두 명은 천한 자들이 아니므로, 안전을 위해 네 명을 붙여서 유격(遊擊)과 함께 조선국으로 돌려보낼 것.
1. 조선국의 대신들이 영원히 약속을 어기지 않겠다는 서약서를 써서 대명 칙사에게 건넬 것.
1. 진주성(牧司城)을 포위할 때에는 가산(假山, 築山) 등의 근접 방어시설(仕寄)을 만들어서 부상자가 없도록 주의하면서 신중하게 공격하여 한 사람도 남김없이 죽일 것. [이하, 진주성 공격 지침 및 각 부대의 주둔과 관련된 명령이 이어짐]. 「대명과 일본의 강화 조건」[15]

한편 진주성전투의 상황에 대해 『진사록』에는 일본군에 포로로 잡혀 있던 사람의 증언이 있다. 이 증언 가운데에는 가토 기요마사가 진주성을 무너뜨리기 위해 발명한 공성(攻城) 무기에 대한 설명이 보여서 흥미롭다. 동시에, 공성 무기 때문이 아니라 성을 지키던 병사들이 동요하면서 결국 방어에 실패했다는 대목에서는, 역시 전투의 궁극적인 승인(勝因)은 사람(의 마음)이라는 사실을 확인하게 된다.

잠시 후에 적병은, 큰 나무의 널빤지로써 관(棺)과 같이 생긴 궤를 만들고 겉에는 무두질하지 않은 쇠가죽으로써 서너 겹으로 싼 것을 동차(童車) 위에 싣고서는, 적병이 그 궤 속에 들어가서 바로 성 밑으로 밀고 와서, 쇠로 된 물건으로 성을 깨뜨렸는데, 성안에서는 볏짚과 땔나무를 마구 던지고 기름을 부어 불사르니, 드문드문 타서 없어졌으나, 성 밑 바닥에 박혀 있던 서너 개 돌을 적병은 벌써 빼내어 구멍을 뚫으니, 성벽이 곧 무너지려 하므로, 성 중에서는 어떻게 해야 할지 계책을 알지 못하고 있을 무렵에, 적병 한 사람이 철굴추(鐵掘錐)를 가지고 큰소리로 외치면서 곧장 나아가서 성벽에 생긴 구멍 위의 큰 돌을 빼내니, 성이 드디어 무너지는데, 성안에서는 틀어막는 나무와 가시나무로써 메워서 막으니, 왜적은 죽음을 무릅쓰고 성안으로 들어왔으나, 성안 사람들도 또한 결사적으로 싸우니 적병은 거의 들어오지 못하게 되었습니다.

때마침 창의사 김천일의 군사가 북쪽 성을 지키고 있다가, 성이 무너졌다는 말을 듣고 먼저 놀라 떠들면서 성을 버리고 달아나니, 적병은 이것을 바라보고 북쪽 성으로부터 곧바로 대나무 사닥다리로써 성에 올랐는데, 적병세 명이 성가퀴를 더위잡고 큰 소리로 외치니, 여러 적병들은 사면에서 일제히 들어왔으므로, 성을 능히 지탱할 수 없었습니다. (『진사록』)[16]

이 부분에 대응하는 일본 측의 기사가 가토 기요마사의 일대기인 『기요마사 고려진 비망록』에 보인다.

5월 중순에 양산에서 나온 가토 기요마사는 제1진으로 모쿠소 한간(木曾判官: 근세 일본에서 김시민을 가리키는 호칭)의 성에 도착하셨고, 다른 부대들도 차례로 도착하였다. 다이코의 대리 우키타 히데이에, 감시역(橫目) 아사노 나가마사(淺野長政)를 비롯한 전 부대가 진주성을 포위하고 대나무를 엮어 만든 방패를 앞세워 접근하여 50일 밤낮을 공격하였다.

그런 중에, 가토 기요마사와 구로다 나가마사가 함께 공격하여 주면 좋겠다는 구로다 요시타카(黑田孝高)의 부탁에 따라 두 장군의 부대를 합쳐서, 15일째에는 기요마사 측에서 세 명, 나가마사 님 측에서 세 명을 뽑아 지렛대 무기를 이용하여, 진주성 벽 모퉁이의 큰 돌을 뽑아 내어 무너뜨렸다. 그리하여 기요마사의 부하인 모리모토 기다유(森本儀太夫)와 이다 가쿠베(飯田覺兵衛)가 제일 먼저 성안으로 진입하고, 세 번째에는 가토 기요마사가 성안으로 쳐들어가셨다. 이어서 모든 가토 부대원이 입성한 뒤, 구로다 나가마사 부대도 함께 공격하여 들어갔다. 이를 본 일본군 전 부대도 저항을 받지 않고 입성하였다. (『기요마사 고려진 비망록』)[17]

한편 『진사록』에 보이는 이 증언 가운데에는, 첫날에는 남녀노소를 가리지 않고 진주성의 모든 사람을 죽였고, 이튿날부터는 여자는 살려서 포로로 잡아갔다는 대목이 보인다.

> 일곱째 날에는 성중 사람이 또 총통을 한 차례 쏘니, 적병은 또한 많이 죽었으며, 싸움을 자주 할수록 이기지 못하자 곧 퇴병(退兵)하고자 하다가, 다시 꾀를 내어 하루는 나무를 베어서 널빤지를 만들었으며, 동쪽에는 큰 홰나무가 있는데 한 명의 왜적이 그 나무에 올라가서 성중의 허실을 살핀 뒤에 널빤지를 성 밖에 깔아 놓고 그 밑을 파내어 점차 성 밑으로 파 나갔습니다. 여드레째 날 오시에는 성이 30여 파(把)나 뜻밖에 무너져 떨어지는지라. (중략)
> 성이 함락되던 날에는 남녀와 아동을 가리지 않고 모조리 베어 죽였으며, 그 이튿날에는 남자는 죽이고 여자는 사로잡아서 배에 실어 먼저 부산포로 보내었고, 여러 왜적들은 이내 진주에 남아서 그 이웃 고을인 고성, 하동, 곤양과 같은 곳에도 날마다 함부로 불사르고 노략질을 하였습니다. (『진사록』)[18]

『진사록』의 이 대목이 주목되는 점은 신유한이 『해유록』에서, 간사이(關西) 지역을 흐르는 요도가와(淀川) 강에 진주에서 잡아온 조선인 포로들을 살게 했다는 진주도(晉州島)가 있다고 증언한 것과 일말의 연관이 있는 것으로 보이기 때문이다. 앞서 도요토미 히데요시의 명령서에는 진주성의 주민을 한 사람도 남김없이 죽이라고 되어 있어서, 진주 출신 조선인 포로들의 집단 거주지가 존재한다는 사실과 일견 모순되게 보일 수 있기 때문이다.

왜인이 말하기를, "정강 언덕에 진주도라고 칭하는 곳이 있는데, 그것은 임진년 전쟁에 왜인들이 진주 사람을 포로로 잡아 와서 살게 한 곳으로 지금도 그 한 마을에는 다른 인종이 없다" 하였다. 당시를 생각하니 털끝이 쭈뼛하였다. (『해유록』)[19]

마지막으로, 안방준의 『은봉야사별록』 중 「진주서사(晉州敍事)」에는, 앞서 소개한 공성기(功城機) 공격에 조선군이 맹렬히 저항하자 일본군으로부터 "항복하면 몰살시키지는 않겠다"라는 제안이 있었음이 전해진다. 이러한 제안은 정유재란 당시 명나라 군대가 울산, 순천, 사천 등지에서 일본 장군을 유인해서 잡고 일본군을 몰살시키려고 한 유도 전략과 상통하는 것일 수도 있고, 한편으로는 심유경과 고니시 유키나가 간에 강화 교섭이 본격화하고 일본 장군들도 전쟁에 지쳐서 명나라 측의 강화 조건을 받아들였다는 『조선정벌기』·『도요토미 히데요시 보』 등의 증언을 뒷받침하는 것일 수도 있다.

왜적은 또 나무상자를 만들어서 짐승의 가죽을 씌운 뒤 그것을 이거나 지고서 성을 헐려고 만들었다. 이에 황진(黃進)이 큰 돌덩이를 아래로 굴리고, 포를 쏘아 대자 왜적이 물러갔다. (중략)

왜적들은 성안으로 투서(投書)하였는데, 그 대강의 내용은 "온 백성이 성안에 들어가 있는데, 일시에 모조리 죽음을 당하는 것은 처참한 일이다. 너희 장수 한 사람을 왜방에 보낸다면[항복한다면], 그 나머지는 성안에서 안전하게 있을 수 있을 것이다"라는 것이었다. 편지의 끝에 이르기를 "6월 27일 하시바

비젠 재상(羽柴備前宰相) 우키타 히데이에(豊臣秀家) 재배(再拜)"라고 하였다. 성안에서 답서하기를, "우리들은 변함없이 싸우다가 죽을 뿐이다. 그리고 더욱이 명나라 군사 30만이 이제 바야흐로 추격하여 너희들을 모조리 없애 버리고, 흔적도 남겨 놓지 않을 것이다"라고 하였다. 왜적은 팔뚝을 걷어붙이고 두드리면서 "명나라 군사는 이미 모두 물러갔다"라고 하였다. (『은봉야사별록』)[20]

55

10월에 어가가 한양으로 돌아오다

10월에 어가가 한양으로 돌아왔다. 12월에 명나라 사신인 [외교를 담당하는] 행인사 행인(行人司 行人) 사헌(司憲)이 우리나라에 왔다.[1]

이에 앞서 심유경은 왜장 나이토 조안(內藤如安: 小西飛)을 데리고 관백의 항복문서(關白降表)를 가지고 귀국하였다. 명나라 조정에서는 이 항복문서가 관백(關白: 도요토미 히데요시)이 쓴 것이 아니라 고니시 유키나가 등이 거짓으로 만든 것이라 의심하였고, 또 심유경이 귀국하자마자 진주성이 함락당한 것을 보고는 강화하고자 하는 적의 의지가 성실하지 않다고 하여 나이토 조안을 요동에 머물게 하고는 오랫동안 일본측에 답신하지 않았다.

제독과 여러 장군은 모두 명나라로 돌아가고 유정(劉綎)·오유충(吳

惟忠)·왕필적(王必迪) 등만이 1만 여 병사를 거느리고 팔거(八莒)에 주둔하여 있었다. 한양과 지방에 기근이 심한 데다가 이들에게 군량미를 운반하느라 지친 노약자들이 도랑에 굴러 다니고, 건강한 사람들은 도적이 되었으며, 역병까지 겹쳐서 거의가 다 죽었다. 부모 자식과 부부가 서로 잡아먹는 지경이었고 사람뼈가 들풀처럼 흩어져 있었다. 얼마 뒤에 유정의 군대가 팔거에서 남원으로 옮겼다가 다시 한양으로 돌아와서 십여 일 동안 우물쭈물하다가 명나라로 돌아갔다. 그러나 적은 아직 바닷가에 있었기 때문에 사람들은 더욱 무서워하였다.

이때 경략(經略) 송응창(宋應昌)이 탄핵당하여 귀국하고 대신에 새로운 경략으로 요동에 온 고양겸(顧養謙)이 참장(參將) 호택(胡澤)에게 공문을 들려 보내서 우리나라의 여러 신하들을 타일렀는데 그 대강은 이러하다.

"왜놈(倭奴)이 함부로 너희를 침범하여 파죽지세로 왕경(王京)과 개성 [그리고 평양] 등 3개 도읍을 점거하고 너희 토지와 인민의 십중팔구를 차지하였으며 너희 왕자와 신하들을 포로로 잡았다. 이에 황제께서 크게 화를 내셔서 군사를 일으키시어 우리 군대가 한 번 싸우자 평양을 격파하고 다시 진격하여 개성을 얻었으며, 왜놈은 마침내 왕경으로 달아나 왕자와 신하들을 되돌려 보냈기에 이에 2천여 리의 땅을 되찾았다. 이제까지 들어간 군자금은 헤아릴 수 없으며 병사와 말의 손상 또한 적지 않으니 조정이 속국을 대우하는 은혜가 이 정도이며 황제의 끝없는 은혜 또한 이미 과분하다 하겠다.

지금은 군량미도 다시 운반할 수 없고 병사도 다시 쓸 수 없는데, 마침 왜놈이 우리의 위력을 두려워하여 항복을 청하고 봉공(封貢)을 애걸하였다. 우리 조정이 진실로 저들의 봉공을 허락하여 외신(外臣)이 되는 것을 용납함으로써, 왜인들이 모두 바다 건너 돌아가 다시 너희를 침략하지 못하게 함으로써 난리를 끝내고 병사들을 쉬게 할 것이니, 이는 너희 나라를 위하여 멀리 내다보는 계책이다. 지금 너희 나라는 식량이 다하여 인민이 서로 잡아먹고 있는 지경인데 또다시 무얼 믿고 군대를 요청하는가? 이미 너희 나라에 군량미와 군대를 주지 못하는데 왜놈의 봉공을 거절한다면, 왜놈은 반드시 너희 나라에 대하여 분노를 발산하여 너희 나라는 반드시 망하게 될 것이다. 왜 빨리 스스로 계책을 세우지 않는가?

[옛날 춘추전국 시대에 월나라] 구천(句踐)이 회계(會稽: 회계산)에서 곤란에 처하였을 때 어찌 그가 원수인 [오나라] 부차(夫差)의 살을 씹어 먹고 싶어 하지 않았겠냐면서도, 그가 잠시 치욕을 참고 부끄러움을 견딘 것은 기다리는 바가 있어서였다. 그는 자기 자신이 부차의 신하가 되고 아내는 부차의 첩이 되었었다. 하물며 왜놈이 우리 명나라의 신하·첩이 되도록 너희들이 우리에게 요청함으로써 스스로 여유 있게 계획을 세울 수 있을 것이니, 이는 구천이 부차의 신하가 됨으로써 부차를 방심시키고 복수를 계획한 것보다 훨씬 낫다. 이 정도도 참지 못한다면 그것은 발끈하는 소인배의 견해이지 복수하여 치욕을 씻고자 하는 영웅의 태도가 아니다. 너희가 왜를 위하여 봉공을 청해서 만약 정말 이 요청이 받아들여진다면 왜는 틀림없이 중국에 더욱 감동할 것이고 조선을 고맙게 생각하여 철군할 것이다. 왜가 물러난 뒤에 너희 나라 임

금과 신하들이 노심초사(勞心焦思)하고 와신상담(臥薪嘗膽)하여 구천의 행동을 본받는다면, 하늘은 인과응보를 좋아하니(天道好還)² 어찌 너희가 왜에게 복수할 날이 오지 않겠는가?"

그 말은 자세하게 백 마디 천 마디나 되었지만 대강의 뜻은 이와 같았다. 호택이 석 달 동안 객관에 머무르는 동안에 우리 조정의 논의는 결정되지 않았다. 임금께서도 명나라 측의 이러한 제안을 어렵게 여기시는 뜻이셨다. 이때 나는 병 때문에 휴가를 얻은 중이었으나, "저들을 위하여 우리가 봉공을 요청하는 것은 의리로 보아도 절대로 우리가 할 수 없는 일입니다. 다만 최근의 상황을 상세히 갖추어 보고하여 명나라 조정의 처분에 따라야 하겠습니다"라고 누차 아뢰어 간신히 임금의 허락을 받았다. 이에 진주사(陳奏使) 허욱(許頊)이 명나라로 떠났다. 이때 경략 고양겸도 다른 사람의 말 때문에 그만두고 떠났고 손광(孫鑛)이 새로운 경략으로 대신 왔다.

명나라 병부(兵部)가 요청함에 따라 명나라 조정은 나이토 조안을 북경으로 불러들여 세 가지 일을 힐문하였다. "첫째, 책봉만 요구하고 조공은 요구하지 말 것. 둘째, 한 명의 왜인도 부산에 남기지 말 것. 셋째, 영원히 조선을 침략하지 말 것. 이 약속을 지키면 책봉할 것이고 지키지 않으면 책봉하지 않을 것이다." 나이토 조안은 하늘을 향하여 약속을 지키겠다고 맹세하였다. 이에 명나라에서는 심유경에게 다시 나이토 조안을 데리고 왜군의 진영으로 들어가 이러한 결정 사항을 알리게 하고, 또 이종성(李宗城)과 양방형(楊方亨)을 상사(上使)와 부사(副使)로 삼아 도요토미 히데요시를 일본 국왕으로 책봉하게 하였다. 이종성 일행은 우리나라 수도에 머물러 있으면서 왜군이 모두 철병한 것을 확인하고 나서 출발하게 하였다.

을미년(乙未: 1595) 4월[3]에 한양에 도착한 이종성 일행은 잇따라 사절을 보내 왜군이 바다를 건너갈 것을 재촉하였는데 그 사절이 오고가는 것이 매우 빈번하였다. 이에 왜군은 먼저 웅천(熊川)의 몇 개 진영과 거제(巨濟)·장문(場門)·소진포(蘇津浦) 등의 진영에서 철군하여 신의를 보이면서 "평양성전투 때처럼 속을까 염려되니, 명나라 사신이 빨리 우리 진영으로 오면 좋겠습니다. 그러면 모두 약속대로 하겠습니다"라고 하였다.

8월에 [부사] 양방형이 명나라 병부의 공문에 따라 먼저 부산에 도착하였지만 왜군은 시간을 끌면서 즉시 전원 철군 하지 않고 상사(上使) 이종성도 와 달라고 청하니 여러 사람들이 이를 의심하였다. 하지만 심유경의 말을 믿은 병부상서(兵部尙書) 석성(石星)은 왜군 측에 다른 뜻이 없다고 생각하였다. 그래서 다시 왜군 측에 철병을 촉구하는 한편으로 이종성에게 부산으로 나아가라고 여러 차례 재촉하였다. 명나라 조정에는 반대 의견이 많았지만 석성은 꿋꿋하게 전력으로 이 일을 처리하였다.

9월에 이종성이 잇따라 부산에 도착하였지만 고니시 유키나가는 곧바로 만나지 않고 "장차 이번 사안에 대하여 관백에게 보고하여, 그의 결정이 난 뒤에 명나라 사신을 맞이하겠다"라고 말하고는 일본으로 갔다가 병신년[1596] 1월에 비로소 돌아왔다. 하지만 여전히 철군하는 문제에 대하여 분명히 말하지 않았다. 심유경은 사신 둘을 부산에 남겨 두고 "장차 사신을 맞이하는 예절에 대하여 논의하고 정하려 한다"라고 하면서 자기만 고니시 유키나가와 함께 먼저 바다를 건너니 사람들은 그의 진의를 파악할 수 없었다. 심유경은 비단옷을 입고 배에 올라 크게 "두 나라의 관계를 조절하여 편안하게 한다(調戢兩國)"라는 네 글자를 쓴 깃발을 뱃전에 세우고 떠났다. 떠난 뒤에 오랫동안 보고가 없었다.

이종성은 명나라 개국공신 이문충(李文忠)의 후손으로, 그 선조의 공(功)으로 작위를 이어받은 명문가 자제였다. 매우 겁이 많은 성격이었는데, 어떤 사람이 이종성에게 "왜의 우두머리[도요토미 히데요시]에게는 실은 명나라의 책봉을 받을 뜻이 없고, 장차 이종성 등을 유인하여 잡아 두어 욕보이게 하려는 것이다"라고 말하니 그는 매우 두려워하여 한밤중에 수수한 옷으로 갈아입고 진영에서 나와 하인, 짐, 사신이 소지하는 도장과 징표(印節)까지 모두 버리고 달아났다. 다음 날 아침에 이 사실을 알아챈 왜인들은 길을 나누어 그를 뒤쫓아 양산(梁山)의 석교(石橋)까지 갔다가 빈손으로 돌아왔다.

양방형은 홀로 왜군의 진영에 남아 여러 왜인들을 달래는 한편, 우리나라에도 놀라고 동요하지 말라는 내용의 문서를 보냈다. 이종성은 감히 큰 길로 가지 못하고 산골짜기로 숨어들어 며칠 동안 아무것도 먹지 못하면서 경주를 거쳐 서쪽으로 갔다. 얼마 뒤에 비로소 심유경과 이종성이 돌아오니 서생포와 죽도(竹島) 등지의 진영에 주둔하던 왜군도 철수하여, 이제 철수하지 않은 것은 부산의 네 개 진영뿐이었다. 그는 부사 양방형을 데리고 바다를 건너려 하면서 우리나라의 사신도 동행할 것을 요구하여, 조카 심무시(沈懋時)를 남겨 두어 이를 재촉하였다. 우리 조정은 이를 내켜 하지 않았지만 심무시가 반드시 데리고 가겠다고 하였기 때문에 할 수 없이 무신(武臣) 이봉춘(李逢春) 등을 수행하는 배신(陪臣)이라는 명목으로 이 요청에 응하였다. 그러나 어떤 사람이 "무인이 그 땅에 들어가면 실수와 잘못이 많을 것입니다. 마땅히 사리를 잘 아는 문관(文官)을 보내야 합니다"라고 주장하였기에, 마침 심유경의 접반사(接伴使)로 왜군의 진영에 가 있던 황신(黃愼)에게 따라가게 하였다.

十月, 車駕還都. 十二月, 天使行人司行人司憲來. 先是, 沈惟敬挾倭將小西飛, 持關白降表而歸, 天朝疑降表非出於關酋, 行長等詐爲之. 又惟敬纔至, 而晉 (권2·18) 州見陷, 納款之意不誠, 留小西飛於遼東, 久不報. 提督[5]及諸將, 皆還去, 惟劉綎·吳惟忠·王必迪等萬餘兵, 駐箚八莒, 而中外飢甚, 且困於饋運, 老弱轉[6]溝壑, 壯者爲盜賊, 重以癘疫, 死亡殆盡, 至父子·夫婦相食, 暴骨如莽. 未幾, 劉軍自八莒移南原, 又自南原[7]還都城, 留十餘日, 遂巡西去, 而賊猶在海上, 人心益恐. 於是, 經略宋應昌, 被劾去, 新經略顧養謙, 代至遼東, 遣參將胡澤, 以箚付來, 諭我群臣, 其略曰:"倭奴無端侵爾, 勢如破竹, 據王京·開城三都會, 有爾土地人民十八九, 虜爾王子·陪臣. 皇上赫怒興師, 一戰而破平壤, 再進而得開城, 倭奴竟遁王京, 送還王子·陪臣, 復地二千餘里. 所費帑金不貲, 士馬物故亦不少, 朝廷之待屬國, 恩義止此, 皇上罔極之恩, 亦已過矣. 今餉已不可再運矣, 兵已不可再用矣, 而倭奴亦畏威, 請降, 且乞封貢矣, 天朝正宜許之封貢, 容之爲外臣, 驅倭盡數渡海, 不復侵爾, 解禁息兵, 所以爲爾國久遠計也. 今爾國糧盡, 人民相食, 又何恃而請兵耶? 旣不與兵餉於爾國, 又絶封貢於倭奴, 倭奴必發怒於爾國, 而爾國必亡, 安可不

早自爲計耶? 昔句踐之困於會稽也, 豈不欲食夫差之肉乎? 而姑忍恥含詬[8], 以有待也, 身且爲臣也, 妻且爲妾也, 況爲倭奴. 請爲臣妾於中國, 以自寬而徐爲之圖, 是愈於句踐君臣之謀也. 此而不能忍, 是悻悻小丈夫之見耳, 非復讎雪恥之英雄也. 爾爲倭請封貢, 若果得請, 則倭必益感中國, 而且德朝鮮, 必罷兵而去. 倭去, 而爾國君臣, 遂苦心焦思, 臥薪嘗膽, 以修句踐之業, 天道好還, 安知無報倭日也?" 其言縷縷千百, 大意如此. 胡澤在館三月餘, 朝議不決, 聖意愈難之. 臣時以病在告, 啓曰: "請封義固不可. 惟當詳具近日事情奏聞, 以聽中朝處置." 屢啓乃允. 於是, 陳奏使許頊去. 時顧經略又以人言辭去, 新經略孫鑛來代. 兵部奏請, 收小西飛入京, 詰以三事: "一, 但求封不求貢. 二, 一倭不留釜山. 三, 永不侵朝鮮. 如約卽封, 不如約不可." 小西飛指天爲誓, 請遵約束, 遂令沈惟敬, 更帶小西飛, 入倭營宣諭. 又差李宗[9]誠・楊方亨, 爲上・副使, 往封平秀吉 日本國王, 而使宗誠等, 留我都誠, 候倭盡撤方行. 乙未四月, 宗誠等至漢誠, 連遣使, 促倭渡海, 項背相望. 於是, 倭先撤熊川數陣及巨濟・場門・蘇津浦等諸屯, 以示信. 且曰: "恐如平壤見欺, 願天使速入倭營, 當悉如約." 八月, 楊方亨因兵部箚付, 先到釜山, 而倭遷延, 不卽盡撤, 更請上使, 人多疑之. 兵部尙書石星信沈惟敬言, 意倭無異情, 又急於退兵, 屢促宗誠前去. 雖朝議多異, 而星奮然以身當之. 九月, 宗誠繼至釜山, 平行長不卽來見, 又言: "將往復關白定奪, 然後迎天使." 行長入日本, 丙申正月, 始廻[10], 猶不明言撤兵事. 沈惟敬留二使, 又獨與行長, 先行渡海, 託言: "將講定迎使禮節." 人莫能測. 惟敬錦衣登舟, 旗上大書, "調戢兩國" 四字, 立船頭而去. 旣去, 久無回報. 李宗誠乃開國功臣文忠之後, 以功襲爵, 紈袴子弟, 性頗恇怯, 或言於宗誠曰: "倭酋實無受封意, 將誘致宗誠等, 拘囚而困辱之." 宗誠懼甚, 夜半, 以微服出營, 盡棄僕從·輜重·印[11]節, 而逃. 翌朝, 倭始覺, 分道追之, 至梁山石橋, 不得而回. 楊方亨獨留倭營, 撫戢群倭, 且移文我國, 令勿驚動. 宗誠不敢由大路, 竄入山谷中, 數日不食, 從慶州來, 西去. 旣而, 沈惟敬·行長始廻[12], 又撤西生浦·竹島等屯, 其未撤者, 只釜山四屯. 乃挾楊副使過海, 沈惟敬又要我使同行, 遣其姪沈懋[13]時催發, 朝廷不肯, 懋時必欲與俱[14], 不得已 以武臣李逢春等, 稱跟隨陪臣, 以應之. 或謂: "武人往彼中, 多失誤, 宜使文官識事理者往." 時黃愼以沈接伴使, 在倭營, 就令愼隨行.

여기까지 본 바와 같이 류성룡은, 자신이 이여송과 충돌해서 위험한 지경에 빠질 정도로 일본군을 공격할 것을 주장했다고 서술한다. 그가 일본과의 화의를 주장했다는 이유로 1598년에 탄핵받아 낙향했던 것을 고려하면, 그는 자신이 어디까지나 (관료로서 국가의 안정을 우선해야 했기 때문에 화의 교섭에 응했지만) 일본에 대한 응징을 주장했다는 점을 『징비록』을 통해 세상에 전하고 싶었던 것 같다. 그러나 결국 조선은 구천의 와신상담을 하지 못했다. 실력 이전에 명청 교체라는 시대적 변화에서 조선과 같은 중간 규모의 국가는 국제정치적으로 능동적 플레이어가 되기에는 불리한 점이 많았다. 명나라 임금의 글에 따르자면 "천도(天道)"가 유리하지 않았던 것이다.

나이토 조안의 명나라 방문 상황에 대해서는 명나라 황제 신종이 질문하고 나이토 조안이 대답한 항목들이 『양조평양록』에 실려 있다.[15] 참고로 일본과 명의 화의 교섭에 참가한 나이토 조안(內藤如安)은 고니시 유키나가의 부하로, 유키나가로부터 고니시라는 성씨를 허가받아 고니시 히다노카미(小西飛驒守)라 불렸기 때문에 조선과 명의 문헌에는 소서비(小西飛)라고 보인다. 조안이라는 이름은 가톨릭 세례명 조앙(Joan)에서 왔다. 그는 1600년에 일본에서 발생한 대규모 내란인 세키가하라전투에서 주군 고니시 유키나가가 패해서 처형되자 규슈로 피신하여 신앙 활동을 하다가, 막부가 발령한 가톨릭교도 추방령에 따라 1614년에 오늘날의 필리핀 마닐라로 추방되어 그곳의 일본인 마을에서 1626년에 죽었다. 임진왜란 때에는 단신으로 명나라에 들어갔고 노년에는 필리핀으로 추방당한 나이토 조안의 인생은, 임진왜란 당시의 조선인 포로로서 동아시아를 떠돌아다닌 노인(魯認)이나 조완벽(趙完璧)의 처지에 비할 바는 아니겠으나 나름 기구하다고 하겠다.

그런데 심유경과 고니시 유키나가 간에 이루어진 화의 교섭이 진행되어 명군의 이여송(李如松)이 귀국하는 것을 보고 조선인들이 불안해하였고, 김시랑(金侍朗)이라는 사람이 일본의 재침을 경고하는 한시를 그에게 주었다는 기사가 일본의 『조선정벌기』와 『도요토미 히데요시 보』에 보인다.[16]

일본군은 아직 부산포에 가득한데 대명군이 모두 귀국하자, 조선인들은 화의가 반드시 깨질 것이고 일본은 다시 거병하여 침입할 것이라 생각하였다. 이여송이 돌아갈 때 김시랑이라는 사람이 시를 보냈다. (『조선정벌기』)[17]

그때 일본군은 부산포에 가득하였는데 이여송은 철군하려 하였다. 그 때문에 조선인들은 모두 두려워하였다. 김시랑이라는 사람이 절구(絶句)를 이여송에게 보냈다. (『도요토미 히데요시 보』)[18]

김시랑이 이여송에게 보낸 시는 다음과 같다. 『조선정벌기』와 『도요토미 히데요시 보』 두 문헌에 보이는 시의 내용은 동일하다.

듣자 하니 장군께서 군사를 거두어 돌아가신다고 하는데,
장군께서도 강화와 정벌 가운데 어떤 것이 옳고 어떤 것이 그른지 아실 터.
만약에 명나라 조정에서 군대를 되돌리라고 명령한 것이라면,
입술은 홀로 없어지는 것이 아니라 이빨 또한 시리게 할 것이오. (『조선정벌기』, 『도요토미 히데요시 보』)[19]

역해자는 과문하여 『양조평양록』·『무비지』와 같이 『조선정벌기』·『도요토미 히데요시 보』가 집필된 17세기 전기까지 일본으로 전해진 명나라 문헌에서 김시랑과 그의 시에 대한 기사를 확인하지 못했고, 조선 문헌에서도 찾아내지 못했다.

『징비록』의 일본판인 『이칭일본전』과 『조선징비록』은 16권본이 아닌 2권본을 저본으로 삼고 있고, 2권본을 복각하는 과정에서 일부 오탈자가 발생하여 해석상에 약간의 차이가 발견되는 부분이 있는 한편으로, 의도적으로 2권본의 본문을 바꾼 경우도 확인된다. 16권본·2권본에서 도요토미 히데요시를 '관추(關酋)'라고 한 부분이 『이칭일본전』·『조선징

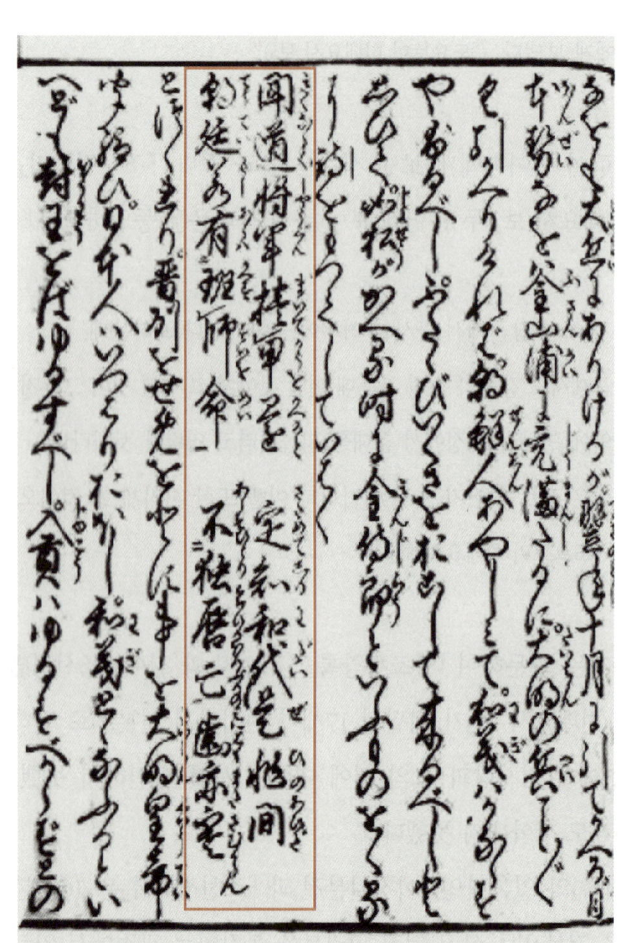

『조선정벌기』 권3에 수록된 김시랑의 한시.

비록』에서는 공통적으로 '관백(關白)'으로 바뀌어 있는 것이 그 대표적인 사례다. '관백'이 올바른 관직명이기도 하지만, '추(酋)'라는 한자의 뉘앙스를 꺼려 한 것도 이러한 변화의 이유일 것이다.

56

명나라 사신 양방형과 심유경이
일본에서 돌아오다

　명나라 사신 양방형과 심유경이 일본에서 돌아왔다.[1]

　이에 앞서 양방형 등이 일본에 도착하니 관백(關白: 도요토미 히데요시)은 건물을 화려하게 장식하고 일행을 영접하려 하였지만, 마침 어느 날 밤에 큰 지진이 있어서 건물들이 대부분 무너졌다. 그래서 히데요시는 다른 건물에서 두 사신을 영접하였는데, 두 사신과 한두 번 만나서 처음에는 책봉을 받을 것처럼 하더니 갑자기 "내가 조선의 왕자를 풀어 주었으니 조선은 마땅히 왕자를 보내서 감사 인사를 하여야 할 터인데 그렇게 하지 않았을뿐더러 지금 온 사신의 관직도 낮으니 이는 나를 깔보는 것이다"라며 크게 화냈다. 그리하여 황신(黃愼) 등은 임금의 명령을 전하지 못하였고, 히데요시는 양방형과 심유경 등 명나라 사신들도 재촉하여 함께 돌아가게 하였으며, 명나라의 은혜에 감사하는 예의도 차리지 않았다. 이에 적장 고니시 유키나가가 부산포로 되돌아왔으며, 가토 기요마사도 군대를 이끌고 돌아와서 이전과 마찬가지로 서생포에 진영을 두고 "왕자가 감사 인사를 와야 군대를 철수할 것이다"라는 말을 퍼뜨렸다.

관백 도요토미 히데요시가 요구하는 것은 매우 커서 봉공하는 데서 그치지 않았는데 명나라는 책봉만 허락하고 조공은 허락하지 않았다. 심유경과 고니시 유키나가는 서로 친하여, 일이 있을 때마다 미봉책을 썼다. 그렇게 구차하게 화의를 성사시키려 하다 보니 실정(實情)을 명나라와 우리나라에 들려주지 않았고, 마침내 일이 틀어진 것이다. 우리나라는 즉시 명나라에 사신을 보내어 이 일에 대하여 보고하니 석성과 심유경은 모두 죄를 얻었고 명나라는 다시 군대를 보내게 되었다.[2]

天使楊方亨·沈惟敬回自日本. 先時[3], 方亨等至日本, 關白盛飾館宇, 欲迎接, 會一夜, 地大震, 摧倒幾盡. 遂迎候於他舍, 與兩使一再會, 初若受封者然, 忽大怒曰: "我放還朝鮮王子, 朝鮮當使王子來謝, 而使臣秩卑, 是謾[4]我也." 黃愼等不得傳命, 并促楊方亨·沈惟敬等, 同回, 亦無謝恩天朝之禮. 賊將平行長回釜山浦, 淸正復率兵, 繼屯西生浦, 聲言: "要王子來謝, 始解兵." 蓋關酋所求甚大, 不止封貢, 中朝但許封, 不許貢, 沈[5]惟敬 (권2·21) 與平行長相熟, 欲臨事彌縫, 苟且成事, 而不以實情, 聞諸天朝與我國, 事竟不諧. 本國卽遣使, 馳奏其事, 於是, 石星·沈惟敬皆得罪, 而天兵再出矣.

여기 보이는 1596년의 대지진에 대해서는 일본 측 문헌에 상세한 이야기가 보인다. 명과 일본 간의 화의 교섭이 본격화되면서 주화파인 이시다 미쓰나리(石田三成) 등의 참언으로 인해 주전파인 가토는 본국으로 송환되어 칩거를 명령받은 상태였는데, 이 지진이 난 밤에 가토가 주군 히데요시를 걱정하여 제일 먼저 달려온 것이 히데요시를 감동시켜서 노여움이 풀렸다는 이야기가 유명하다. 가토 기요마사를 따라 임진왜란에 종군했던 부하가 쓴 『기요마사 고려진 비망록』에 실린 기사의 일부를 인용한다. 『징비록』을 초록하여 수록한 『이칭일본전』의 편자는 이때의 상황에 대하여 『세이쇼기(清正記)』를 보라고 적고 있는데, 『세이쇼기』의 원형에 해당하는 문헌이 이 『기요마사 고려진 비망록』이기도 하다.

1596년 7월 12일 밤에 대지진이 있었다. 2, 3백 년 사이에 이런 지진은 들어본 적이 없었다. 대지진은 교토뿐 아니라 일본 전체를 흔들었다. 그중에서도 교토 주변 지역은 크게 흔들려서, 교토·오사카·후시미의 집은 한 채도 남김없이 쓰러졌고 여기에 깔려 죽은 사람 역시 부지기수였다.

그날 밤, 지진이 발생하자 기요마사는 즉시 일어나 부하 300명에게 지렛대를 챙기게 하여서는 후시미 성의 다이코 님이 계신 곳으로 향하였다. 다이코 님도 이미 거처에서 나오셔서 정원 한쪽에 깔개를 깔고 병풍으로 둘러치고는 앉아 계셨다. 기요마사가 급히 성에 도착하니, 다이코 님, 기타노만도코로(北政所) 님, 마쓰노마루(松之丸) 님, 고조스(高藏主: 孝藏主) 님, 그 밖의 여관(女官)들의 목소리가 들렸다. 기요마사가 "벌써 나와 계셨구나" 하고 기뻐하며 "고조스, 고조스" 하고 부르시니, "누구인가"라는 답이 돌아왔다. "가토 기요마사가 왔습니다. 대지진이 일어나서 다이코 님을 비롯한 여러분이 무너진 벽에 깔리셨을까 봐, 부하 300명에게 지렛대를 들려서 왔으니 다이코 님께 말씀을 전하여 주십시오" 하는 기요마사의 목소리를 들으신 다이코 님과 기타노만도코로 님은 "거참 빨리도 와 주었구나. 생각이 빠른 자로다"라며 감탄하셨다.

　이에 기요마사는 다음과 같이 아뢰었다. "고조스 님, 잘 들어주소서. 저는 지난 5, 6년간 고려에 건너가서 여러 전투에서 큰 승리를 거두었습니다. 도성에 가장 먼저 들어갔고, 제왕의 형제 및 좌부(左府)·우부(右府) 신하에 세루토스까지 모두 생포하고, 임진강에서는 명의 남방군 10만 기의 대장을 직접 죽이고 적군을 강에 몰아넣어서 몰살시켰고, 진주성에 가장 먼저 들어가서 모쿠소 한간(木曾判官)을 강에 몰아넣어 그 목을 일본에 보내는 등 분골쇄신하였습니다. 그러나 다이코 님은 이를 조금도 몰라 주시고, 저와 사이가 좋지 않은 이시다 미쓰나리 놈의 참언을 진짜라고 믿으시고는 할복을 명하시려고 저를 고려에서 부르셨습니다. 제게 조금도 잘못이 없다면 하늘도 가호하여 주시리라 믿고 아무 생각 없이 귀국하였는데, 미쓰나리의 참언만 들은 다이코 님이 이 기요마사에게 할복하라 하신 것이 벌써 세 번째입니다. 하지만 다이코 님의 판단이 틀리셨기에 제가 이처럼 변명하는 것입니다. 지금 드린 말씀을 잘 생각하여 보시면 제게 잘못이 없음을 곧 아시게 될 것입니다"라고 매우 큰 목소리로 고조스에게 말씀하시니, 다이코 님도 이 말을 함께 들으셨다.

기요마사가 5, 6년 동안 고려에 주둔하면서 추운 날이나 더운 날이나 전투를 치르느라 햇빛에 그을려 마치 흑인(くろぼう)처럼 되고 녹초가 된 것을 보신 다이코 님은 눈물을 흘리시며 한없이 통곡하셨다. 그때 "밤이라 치안이 불안하니 중문(中門)에 제 부하들을 배치하여 두겠습니다"라는 기요마사의 말을 고조스가 다이코 님께 전하니, 다이코 님은 아무 말씀 없이 고개를 끄덕이셨다. 이에 기요마사는 부하들을 배치하여, 자신의 명령 없이는 아무도 안으로 들어가지 못하게 하였다. (『기요마사 고려진 비망록』)[6]

『양조평양록』에는, 도요토미 히데요시는 명나라가 자신을 일본 국왕으로 책봉하려는 시도는 참을 수 있지만 조선이 무례한 것은 용서할 수 없다며 조선의 세 가지 죄를 열거한 문서가 인용되어 있다. 그 내용은, 예전에 조선 사신이 왔기에 여러 상황을 상세히 알려주었는데 이를 명나라에 전하지 않은 것, 심유경과 함께 두 왕자 일행을 돌려보내 주었는데도 조선 사신들이 먼저 와서 감사의 뜻을 표하지 않고 심유경 일행을 따라 뒤늦게 온 것, 조선의 이간질 때문에 명나라와 일본의 강화 교섭이 몇 년이나 지연되었다는 것이다.[7] 그리고 『양조평양록』의 내용을 인용한 일본 문헌들에서는, 도요토미 히데요시는 자신이 강화 조건으로 제시한 여러 사항을 명나라 측이 받아들였다고 믿고 심유경 일행을 맞이했는데 뚜껑을 열어보니 자신을 일본 국왕에 봉한다는 전혀 엉뚱한 전개를 보였기 때문에 분노한 것이라는 내용을 추가한다.

명·일 양측은 이와 같은 강화 협상의 파탄을 석성, 심유경, 고니시 유키나가, 이시다 미쓰나리의 장난이라며 비판한다. 이것이 본문에서 보이는 '미봉(彌縫)'이라는 말의 뜻이다. 또한 19세기 초기의 일본 역사서인 『정한위략』에서는, 『양조평양록』 등에 보이는 논리에 더하여 『명사기사본말(明史紀事本末)』의 대목까지 끌어와서 강화 실패의 원인을 조선, 특히 이덕형에게 돌린다.

29일. 이에 앞서 두 명의 사신이 출발하였다. 이공(李昖: 선조)은 세자 진(珒)을 보내어 하례하기로 하였다가 간신 이덕형의 말을 듣고는 이를 취소하였다. 【『명사 기사본말』 ○ 생각건대 도요토미 히데요시는 다시 군대를 조선에 보내면서 "조선이 왕자를 보내지 않았다"라는 핑계를 댔다. 그러니 조선이 다시 침략당한 것은 이덕형 때문이다. 『징비록』이 이 사실을 적지 않은 것은 이덕형을 위해 꺼린 것인가?】(『정한위략』)[8]

이처럼 명나라 측에서는 류성룡과 함께 이덕형에 대해서도 불만과 불신을 품고 있었는데, 이덕형에 대한 명나라 측의 이러한 감정이 늦어도 1593년 초에는 이미 존재하고 있었음을 말해 주는 문서가 『진사록』에 보인다. 이여송 군이 평양, 개성에서 더 남진할지의 여부를 두고 명나라와 조선 측이 대립하던 시기인 1593년 4월 16일에 선조에게 올리는 문서에서, 류성룡은 송응창이 보낸 것이라면서 이여송이 보여 준 글을 소개한다.

지난날 왜장에게 사신을 보낼 때에 조선의 이 판서[이덕형]가 몰래 간사한 계략을 써서 왜적의 배를 기다리지 않음으로써 초 8일의 기한에 미치지 못하도록 하였으니 이것을 캐어 물어야 할 것이다. (『진사록』)[9]

특히 벽제관전투(1593. 1) 이후에 급속히 강화를 맺는 쪽으로 정책을 선회한 명나라 측에는 자신들과 직접 교섭하면서 진격을 주장하는 류성룡과 이덕형 등은 눈엣가시와 같은 존재였던 것 같다. 참전 명나라 무장들이 류성룡과 이덕형에 대해 느낀 이러한 불만은 그대로 명나라 측에 전해져, 그것이 『양조평양록』 등에 나타난 것일 터이다. 이는 류성룡과 이덕형이 그만큼 조선의 국익을 관철하기 위해 노력했다는 사실을 보여 주는 반증이기도 하다.

57

수군통제사 이순신을 체포하여 옥에 가두다

수군통제사(水軍統制使) 이순신(李舜臣)을 체포하여 옥에 가두었다.

처음에 원균은 이순신이 와서 자신을 구하여 준 것을 고맙게 여겨서 둘의 사이가 매우 좋았지만 점차 공을 다투어 서로 용납하지 못하게 되었다. 원균은 성격이 음험하고 비뚤어졌는데 경향 각지에 관계를 가진 사람이 많았으니, 이순신을 헐뜯는 데 온 힘을 기울여서 늘 "이순신은 처음에 내가 있는 곳으로 오려고 하지 않다가 내가 강하게 요청하니 그제서야 왔으니, 적을 물리친 첫째가는 공은 나에게 있다"라고 말하였다. 이때 조정의 논의는 둘로 나뉘어 있어서 서로 주장하는 바가 달랐다. 이순신을 추천한 것이 원래 나였기에, 나를 기꺼워하지 않는 자들은 원균과 협력하여 극력으로 이순신을 공격하였다. 오로지 우의정 이원익만이 당시 상황이 그렇지 않다는 것을 밝히고 "이순신과 원균은 각자 지키는 지역이 나뉘어 있었기 때문에, 처음에 이순신이 즉시 원균에게 가지 않은 일을 대단히 잘못된 것이라고 할 수는 없습니다"라고 말하였다.

이에 앞서 적장 고니시 유키나가가 왜군 졸병 요시라(要時羅)[1]를 경상우병사 김응서의 진영에 왕래시키며 정성스럽게 대하고 있었다. 이때 가토 기요마사가 재출병하려 하였는데, 요시라가 김응서에게 비밀히 "우리 장군인 고니시 유키나가가 말씀하시기로는, 지금 이 화의가 성사되지 못한 것은 가토 기요마사 때문으로 본인은 그를 매우 미워하고 있다고 합니다. 아무 날에 가토 기요마사가 바다를 건너올 것인데 조선은 바다에서 잘 싸우므로 만약 그때 바다 위에서 공격하면 그를 패배시키고 죽일 수 있을 것입니다. 삼가 이 기회를 놓치지 마십시오" 하였다. 김응서가 이 일을 보고하자 조정은 그 말을 믿었다. 해평군(海平君) 윤근수(尹根壽)는 가장 뛸 듯이 기뻐하여 이 기회를 놓칠 수 없다며 여러 차례 임금께 아뢰어 이순신에게 진군하라고 하였다. 그러나 이순신은 적이 속임수를 부리고 있을 것을 의심하여 며칠 동안 주저하고 있었다. 이에 요시라가 다시 와서 "가토 기요마사가 이미 상륙하였습니다. 조선은 왜 가토 군을 공격하여 차단하지 않았습니까?" 하며 거짓으로 매우 안타까워하였다. 이 소식이 들리자 조정의 논의는 모두 이순신을 책망하는 것이었고 대간(臺諫)에서는 이순신을 잡아서 심문할 것을 요청하였다. 경상도 현풍(玄風) 사람인 전(前) 현감 박성(朴惺)도 당시의 논의에 따라서 "이순신을 처형하여야 합니다"라는 극언(極言)을 상소(上疏)하였다.

마침내 의금부도사(義禁府都事)를 보내 이순신을 잡아 오게 하고 원균을 대신 통제사로 임명하셨다. 그러나 여전히 임금께서는 들리는 바가 모두 사실이 아닐지도 모른다고 의심하여, 특별히 성균사성(成均司成) 남이신(南以信)을 한산도에 내려보내 몰래 사정을 알아보게 하셨다. 남이신이 전라도에 들어가자 길을 막고 이순신의 억울함을 호소하는 백성과 군인들이 헤아릴 수 없었다. 그러나 남이신은 사실대로 보고하지 않고 "가토 기요마사가 바다 가운데 섬에 일주일 동안 머물러 있었다고 하니, 만약 우리 군대가 출동하였다면 그를 잡아올 수 있었을 터인데 이순신이 지체하는 바람에 때를 놓쳤습니다"라고 말하였다.

이순신이 옥에 갇히자 임금께서는 대신들에게 그의 죄를 논하라고 하였는데 판중추부사(判中樞府事) 정탁(鄭琢)만이 "이순신은 명장(名將)이니 죽이면 안 됩니다. 군사상의 이해득실은 먼 곳에서는 판단하기 어려우니, 그가 진격하지 않은 데에도 반드시 생각한 바가 있었을 것입니다. 청컨대 그를 일단 너그럽게 용서하시어 나중에 자신의 잘못을 바로잡게 하시옵소서"라고 말하였다. 그리하여 조정에서는 이순신을 한 차례 고문하여 처형을 면하여 주고 관직을 삭탈하여 충군(充軍)시켰다. 이순신의 노모가 아산(牙山)에 살고 있었는데 이순신이 감옥에 갇혔다는 소식을 듣고는 걱정하고 두려워하다가 죽었다. 이순신은 감옥에서 나와 아산을 지나면서 상복을 입고 곧장 권율의 부대로 가서는 종군(從軍)하니, 이 소식을 들은 사람들은 슬퍼하였다.

逮²水軍統制使李舜臣下獄. 初元均德舜臣來救, 相得甚歡, 旣而, 爭功, 漸不相能. 均性險詖, 且多連結於中外, 搆誣舜臣, 不遺餘力, 每言:"舜臣初不欲來, 因我固請, 乃至, 勝敵我爲首功."時朝議³分岐, 各有所主, 薦⁴舜臣初爲余, 不悅余者, 與元均合, 攻舜臣甚力. 惟右相李元翼明其不然. 且曰:"舜臣與元均, 各有分守之地, 初不卽進, 未足深非."先是, 賊將平行長, 使卒倭 要時羅, 往來慶尙右兵使金應瑞陣, 致慇懃. 方淸正欲再出也, 要時羅⁵密言於應瑞曰:"我將行長言, '今此和事不成, 由於淸正, 吾甚疾之. 某日, 淸正當渡海, 朝鮮善水戰, 若要諸海中, 可以敗殺, 愼毋失也.'"應瑞上其事, 朝議信之, 海平君 尹根壽尤踴躍, 以爲機會難失, 屢啓之, 連催舜臣前進. 舜臣疑賊有詐, 遲徊者累日. 至是, 要時羅又至曰:"淸正今已下陸, 朝鮮何不要截?"佯致恨惜之意. 事聞, 廷議皆咎舜臣, 臺諫請拿鞫, 慶尙道⁶玄風人, 前縣監朴惺者, 亦承望時論, 上疏極言:"舜臣可斬."遂遣義禁府都事, 拿來⁷, 元均代爲統制使. 上猶疑, 所聞不盡實, 特遣成均司成南以信, 下閑山廉察. 以信旣入全羅道, 軍民遮道, 訟舜臣寃者, 不可勝數. 以信不以實聞, 乃曰:"淸正 (권2·22) 留海島七日, 我軍若往, 可縛來, 而舜臣逗遛失機."舜臣至獄, 命大臣議罪, 獨判中樞府事鄭琢言:"舜臣名將, 不可殺. 軍機利害, 難可遙度, 其不進, 未必無意. 請寬恕, 以責後效."拷問一次, 減死削職充軍. 舜臣老母在牙山, 聞舜臣下獄, 憂悸而死. 舜臣出獄, 道過牙山成服, 卽往權慄帳下從軍, 人聞而悲之.

간행본은 특히 임진왜란 이전 상황과 함경도 상황에 대한 기사에서 초본 『징비록』과 큰 차이를 보였지만, 이순신의 첫 승전 기사부터는 초본의 문장을 거의 손대지 않고 그대로 싣는 경향을 보인다. 그러나 이순신의 비극을 전하는 이 부분에서는 초본과 간행본의 내용이 비교적 큰 불일치를 보인다. 이순신과 류성룡은 정치적으로 같은 배를 탔다고 할 수 있기 때문에, 그러한 이순신이 정치적 탄압을 받고 백의종군하게 되는 과정을 간행본에 실어 세상에 공개하기에 앞서서 그 내용을 확정하는 데 상당한 주의를 기울인 듯하다. 예를 들어 국왕 선조가 남이신을 한산도에 보내어 상황을 살피게 하였다는 대목의 경우, 초본에는 남이신의 보고 뒤에 "임금께서는 역시 그 말이 망령됨을 간파하시어 깊게 신뢰하시지 않았다"[8]라는 구절이 보이는데, 이 대목이 간행본에서는 생략되어 있다. 이는 선조에 대한 류성룡의 태도를 보여 주는 것 같다. 또한 초본에는 옥리가 뇌물을 요구하자 이순신이 이를 거절했다는 대목이 여기에 보이는데, 간행본에서는 이 대목이 이순신의 전사(戰死) 기사 이후로 옮겨져 있다.

　　임진왜란 당시 고니시 유키나가와 가토 기요마사가 대립했다는 것은 사실이며, 고니시 측에서는 본문에서 보듯이 이러한 사실을 적극적으로 조선과 명나라 측에 어필하고 있었다. 명나라와 일본 사이에 강화 교섭이 진행 중이던 때, 고니시 군에 소속된 쓰시마 섬의 지배자 소 요시토시(宗義智)가 경상감사 홍이상(洪履祥)에게 보낸 편지에 대한 홍이상 측의 답서가 『서애선생문집』 권9에 실려 있다. 류성룡은 일본 측이 이 편지를 보낸 목적을 "유격 심유경이 오랫동안 오지 않으니 왜놈들이 우리나라가 그 일을 방해하는가 의심"[9]했기 때문이라고 적고 있다. 이 편지 안에서 홍이상은 소 요시토시가 보낸 편지의 내용을 다음과 같이 요약해서 언급하고 있는데, 이에 따르면 고니시 유키나가는 자신이 가토 기요마사와 대립하고 있다는 사실을 강조하는 것 같다.

> 우리 왕자가 아무 탈이 없었던 것을 가토 기요마사는 자기의 공이라고 하는데, 지금 들으니 일이 족하에게서 나왔다고 합니다. 만일 과연 그렇다면 옛날의 정의가 그래도 다 끊기지 않았고 또한 하늘이 마음을 돌리게 하여 그 재앙을 늦추게 하였습니다. 오직 이 한 가지 일만으로도 사람의 마음을 감동케 하였으니, 감탄하고 가상할 만합니다. (『서애선생문집』 권9)[10]

류성룡은 소 요시토시가 보낸 편지의 내용을 명나라 총병(摠兵) 유정(劉綎)에게도 알리면서, 고니시 유키나가가 조선에 우호적인 태도를 취한다고 해서 방심하면 안 되겠지만, 고니시가 가토 기요마사와 대립하고 있다는 말은 어쩌면 진짜일지도 모르겠다고 말하고 있다.

> 요사이 변방의 보고를 접하여 보니 웅천에 있는 적의 괴수 소 요시토시가 경상도 순찰사에게 글을 보내 화친을 청하였는데 대의는 다음과 같습니다. "왕자를 돌려보낸 것은 가토 기요마사의 공이 아니고 내가 힘을 쓴 덕분이라고 주장했기 때문에, 가토 기요마사가 이때부터 나를 원수같이 생각하

며 서로의 대립이 날마다 심하여졌다. 그런데 지금 들으니, 조선이 가토 기요마사와는 사절을 왕래하면서 우리들에게는 한 번도 사신을 통하지 않으니 무슨 일인가?" 또한 "대명의 화친 허락을 꼭 믿을 수 없지만, 만일 조선이 허락한다면 마땅히 군사를 거느리고 바다를 건널 것이며 각 군진에 남은 식량을 보내어 굶주린 백성을 구원하여 줄 것이다" 말하니, 적의 심정을 측량하기 어렵습니다. 옛말에 "까닭도 없이 화친을 청한 것은 모략이다" 하니, 그 말은 믿기 부족합니다. 그러나 그중에 가토 기요마사와 서로 대립이 격심하다는 말은 혹 근사(近似)한 데가 있어, 반드시 첩자를 이용할 기회인데, 노야(老爺)의 고견은 어떠신지를 모르겠습니다. 삼가 바라옵건대 묘책을 지시하여 받들어 시행하게 하소서. (『서애선생문집』권9)[11]

고니시 유키나가와 가토 기요마사의 대립은 일본에서도 잘 알려진 사실이며, 이 대립을 이용하자는 류성룡의 주장에는 현실성이 있다. 다만, 이처럼 생각하게 되면 이순신의 삭탈관직으로 이어지게 되는 본문 속 고니시 유키나가의 정보 제공을 어떻게 생각해야 할 것인가에 대한 의문이 남는다.

한편, 『양조평양록』의 앞부분에는 한반도 남부에서 조선인과 일본인의 혼혈인이 다수 살고 있다는 언급이 보이고, 이 기사를 인용해서 일본의 『조선정벌기』 등에서는 이들 혼혈인의 안내를 받아 일본군이 쉽게 조선에서 진군했다는 주장이 보인다.

부산의 고려 백성들은 예전부터 왜인과 왕래하고 시장을 열며 구분이 없었다. 조선에 거주하며 조선인과 결혼한 자를 왜호(倭戶)라고도 하고 여왜(麗倭)라고도 한다. (『양조평양록』)[12]

이들을 안내자로 삼아 여러 부대가 모두 부산포에 닿았다. (『조선정벌기』)[13]

이러한 소문은 조선 전기의 삼포 왜관을 염두에 둔 것으로, 1598년의 정응태(丁應泰) 무변 사건에서는 왜관 문제가 정면으로 대두한다. 또한, 일본은 심유경과 고니시가 강화를 추진하던 시기에는 한반도 남부의 강제적인 분할 지배를 꾀하여 특히 남해안 지역에서는 장기 지배 체제를 구축하려 했다. 류성룡은 많은 조선 백성들이 먹고살기 위해 어쩔 수 없이 일본군의 점령 지역에 들어가고, 심지어는 일본군을 따라 바다를 건너가겠다고 하는 사람들까지 있다고 보고한다.

동래 등지를 드나들면서 정탐하는 의성 사람 장후완이라는 이가 와서 말하기를,

"왜적이 우리나라 유민(流民)으로 사로잡힌 사람 1,500여 명을 한데 모아서는 지난해에 농군(農軍)으로 만들어, 5명에 소 1마리씩을 주어서, 그들로 하여금 동래와 부산 사이에서 농사를 짓도록 하고서는, 추수한 것을 나누어 차지하고 있습니다"

하니 매우 놀랄 만한 일입니다. 또한 듣건대 섭 참장이 왜적의 진영으로부터 돌아와서 하는 말이,

"김해 지역의 섬 안에 우리나라 사람이 수없이 많이 모여 살고 있으며, 명

나라 장수를 보고서 봉공(封貢)의 일이 이루어졌는지, 또는 이루어지지 않았는지를 물었는데, 그 가운데에서는 왜적을 따라 바다를 건너가려고 하는 사람도 있었습니다"

라고 하니 더욱 놀랄 만한 일입니다. 대저 백성들이 정상적인 본성을 잃게 되면 편리한 곳만을 따르게 되는데, 왜적이 이들을 여러 가지 방법으로 유혹하고 어루꾀어서 자기들의 사용인으로 만들었습니다. (『근폭집』)[14]

류성룡은 일본군의 점령지에서 살고 있는 조선 백성들을 '굶주리다 보니 정상적인 본성'을 잃게 된 것이라고 하며 놀라워한다. 그러나 생각해 보면, 임진왜란 당시 굶어 죽어 가던 사람들에게 조선이라는 국가가 자신의 생명보다도 중요한 무언가의 의미를 주었는지에는 의문이 간다. 물론, 자기 한 몸 이외에는 돈도 권력도 갖지 못한 피지배민들 말고, 좀 더 적극적으로 일본군의 점령 정책에 동조하는 사람들도 있었다.

소 요시토시는 한산도로부터 이리로 나와 이곳에서 합진하고 본현의 인민을 유인하여 민패를 주어 편안히 살게 하였다. 그리고 서울 사람 손문욱(孫文彧)을 본현의 원으로 삼고, 하동 출신 김광례(金光禮)를 하동의 수령으로 삼아 본읍의 일을 관장하게 하고, 민패를 발급하여 쌀을 받게 하고, 또 왜놈을 시켜 여러 진에 나누어 보내어 본현의 사람을 찾아서 하나하나 데려오도록 하였다.

문욱은 임진년에 왜놈에게 사로잡혀 가 다년간 왜국에 있었는지라 왜말을 잘하였다. 남해에 있을 때에는 살생과 노략질을 엄금하게 하여 침해를 받은 사람을 많이 보전하여 살게 하였다. 그 뒤에 조선으로 살아 돌아오니 포상이 주어지고 만호(萬戶)의 직을 제수 받았다. (『난중잡록』 1597년 기사)[15]

아무튼, 류성룡은 이러한 사례에 매우 놀랐던 듯 비슷한 보고를 여러 차례 올렸다. 그 가운데 흥미로운 사례를 하나 소개한다.

지금 왜적이 변경에 장기간 머물러 있는 것이 세월이 벌써 오래되니, 사람을 함부로 죽이는 것도 조금은 그치고 또한 거짓으로 은혜를 베푸는 시늉을 하면서, 침해하지 않고 음식까지 주므로, 어리석은 백성들로서 타고난 정상적인 성품을 잃고 굶주림에 허덕이는 사람은, 벌써 부산하게 서로 거느리고 왜적에게 몸을 의탁하니, 능히 금지할 수도 없게 되었습니다. 왜적을 위해서 농사를 지어 조세를 바치고 그 신역(身役)을 제공하고서도 부끄러워하지 않고, 날이 가고 달이 가니 거의 그들과 더불어 동화되어 서로 원수라는 것을 잊게 되었습니다. 전해 듣건대,

"동래와 부산·김해 등지에는 농사짓는 사람들이 들에 가득한데, 그 3분의 2가 모두 우리나라의 백성들이고, 이따금 머리털을 박박 깎고 이빨을 물들여서, 그들의 풍속을 따르는 자가 있기도 하고, 또한 먼 곳까지 가서 물건을 사고파는 사람들은, 각기 그 물건을 가지고 적진을 왕래 교역 하는 일도 있어, 조금도 방비해야 할 한계가 없다"(중략)

희팔(喜八)이라는 자가 서신을 전한 것을 살펴본다면, 씨앗과 농사지을 동안의 양식까지 모두 소원대로 꾸어 주려고 하였으니, 저들이 바닷길 천리에서 운반한 양식으로써 까닭 없이 우리 백성에게 꾸어 주려고 하는 짓은

이것이 우리를 사랑한다는 것입니까? 또는 우리를 구제하겠다는 것입니까? 그 속사정은 알기가 어렵지 않습니다. 병란이 일어난 지 4년 만에 우리나라의 백성들은 징발과 부역에 시달리고, 가진 것이란 아무것도 없이 갈팡질팡하고 있어서, 다만 밥 먹을 수 있는 곳만 있다면 비록 물이나 불 속에 들어갈지라도 사피(辭避)하지 않을 것이니, 왜적의 이러한 말을 어찌 어리석은 백성들이 듣도록 해야 하겠습니까?

듣건대 전라도 등처의 백성들로서 요사이 밀양 같은 곳에 들어오는 자들은 어린아이를 등에 업고 서로가 잇따르고 있는데, 왜적의 사자 요시라란 자가 김응서의 진중에 와서 이 같은 형상을 보고 말하기를

"농사를 잘 지어라. 화약(和約)이 만약 이루어지지 않는다면 그때는 마땅히 우리의 양식이 될 것이다"

라고 하였다 하니, 이 말로써 그들의 꾀를 알아볼 수가 있는데 하물며 또다시 그들을 위해서 백성들을 몰아 그들 속으로 들여보내야 하겠습니까? (『근폭집』)[16]

김응서가 고니시 유키나가의 부하인 요시라와 교섭하고 있고, 요시라가 은연중에 속내를 드러냈다는 것이다. 이런 식의 말을 하는 요시라였으니, 정유재란 때 고니시 유키나가가 요시라를 이순신에게 보내서 가토 기요마사를 치라고 권유했을 때 이순신이 이를 거부한 것도 당연하다 하겠다. 아무튼, 위의 글에서는 김응서가 일본 측과 밀접하게 교섭하면서 전쟁의 종식에 노력하고 있었음을 알 수 있는데, 이러한 김응서의 움직임을 명군에서는 일종의 이적(利敵) 행위로 인식하고 있었던 것 같다. 그 내용을 담고 있는 『양조평양록』의 기록을 보자.

조선 수영(水營) 장관(將官)인 원균은 한산에 있었는데, 비밀히 거병할 것을 계획하고 명군과 합류하여 부산의 일본군 소굴을 치려 하였다. 김응서는 의령의 육로에 주둔하고 있었는데, 허장성세를 부리다가 원균이 중국과 약속하여 일본군의 소굴을 칠 날짜를 본의 아니게 고니시 유키나가에게 흘렸다. (『양조평양록』)[17]

이 대목을 전후한 『양조평양록』의 기사에 따르면, 원균이 명군과 논의하여 일본군을 협공하려 계획하고 있었는데, 김응서가 나름대로의 방식으로 전쟁을 끝내기 위해 일본군과 교섭을 갖는 과정에서 무심코 이 계획을 말해 버리는 바람에 일본군이 한산도를 기습했고 원균이 전사했다고 한다.[18] 칠천량해전의 패배를 명나라의 일각에서는 이와 같이 인식하고 있었음을 알 수 있으며, 『징비록』이 조선 측의 관점에서 원균의 패배를 비판하는 것과는 조금 결이 다르다는 사실이 주목된다. 『양조평양록』에서는 한산도가 무너져서 남원과 전주도 무너졌기 때문에, 명나라 측에서는 김응서를 질책했고 조선 조정에서는 김응서를 엄하게 처벌했다고 서술한다. 그러나 임진왜란 당시 조선 조정의 핵심 가운데 하나였던 류성룡은 김응서를 호의적으로 평가하고 있다.

들건대 방어사 김응서는 항왜를 이용하여, 다른 왜적을 우리 편으로 끌어낸 것이 자못 많다 하니, 이것은 병가(兵家)의 좋은 계책인 것입니다. (『근폭집』)[19]

김응서는 비록 백의종군하는 중에 있다고는 하나, 요즈음의 울산 싸움에서 조금 공로가 있었으며, 또 그가 거느리고 있는 항왜들은 모두가 힘껏 싸우는 병사들이니, 만약 김응서로 하여금 대구를 혼자서 담당하도록 해서, 권응수와 더불어 군대의 형세를 연결하도록 하고 (중략) 신이 올라올 때에 김응서가 신에게 서면으로 보고하여 말하기를

"이곳에 있어서도 특별히 할 일이 없으며 또한 제가 거느린 항왜도 먹을 것을 구하고, 생활을 돕는 길이 없으니, 원컨대 군관의 직책으로서 체찰사[류성룡]가 있는 곳으로 따라가겠습니다"

라고 하였는데, 대개 그의 생각은 자기가 객장(客將)으로서 도내에서 신세지고 지내기에는 일이 되어 가는 형세가 편하지 못한 까닭으로 이와 같이 말한 것입니다.

이 사람은 죄를 지었기에 그로 하여금 종군하여 공로를 세우도록 한 것이니, 비록 갑작스럽게 장수의 임무는 주지 못하더라도, 다만 중로별장(中路別將)이란 명칭으로서 그곳에 머물러 있도록 하고, 그 병사의 수효를 첨가해 주며, 또한 대구에 있는 군량을 덜어 내어 그들의 군량으로 삼도록 해서 항왜 등으로 하여금 희망을 잃지 않도록 하고, 싸움터에서 힘껏 싸우게 하는 것이 마땅할 듯합니다. 또 울산 싸움에서 항왜 등의 공을 세운 자가 많았으나 오래도록 상을 주지 못하였으므로, 이 무리들이 모두 원망이 없을 수 없으므로 죄다 군공청(軍功廳)으로 하여금 조사하고 밝혀 내어 논공행상해서, 위로하고 타이르며 상을 나누어 주고, 그들의 마음을 격려하는 것이 또한 이때의 사정에 적합할 듯합니다. 『근폭집』[20]

특히 조선군에 투항한 일본 병사들을 잘 거두어서 항왜들이 전심전력으로 옛 아군과의 전투에 임하고 있다는 류성룡의 보고를 통해, 김응서가 일본 측과의 외교에 능숙했고 외국 병사들까지도 진심으로 따르는 인격의 소유자였음을 짐작케 한다. 김응서는 1619년 사르후전투 때에도 유연한 전략인 광해군의 균형외교를 실현했으나, 훗날 정묘호란 때에 만주인 측에 동조하여 활동한 강홍립(姜弘立)에 의해 죽는다. 그러면서도, 전사한 동생 김응하(金應河)가 명에 충절한 데 반해 그는 항복했다는 비판까지 받았다. 어떤 의미에서 김응서는 교섭에 능하다 보니 역사에 이용당한 사람이라는 느낌이 든다. 그래도 일본과 청에 대한 정신적 복수를 하는 성격의 『임진록』 문헌군에서는 김응서와 강홍립이 일본을 치러 갔다가 강홍립은 일본 국왕의 사위가 되지만 김응서는 절개를 지켜 자살했다는 전개를 보이는 계통의 사본들이 보여서, 어느 정도 그에게 위로가 될지도 모르겠다.

류성룡은 '요시라(要時羅)'를 처음에는 '요시라'라고 부른 뒤에 두 번째부터는 '시라(時羅)'라고 부른다. '요시라'라는 이름은 '요지로(与次郞)'나 '야지로(弥二郞, 弥治郞 등)'에서 온 것으로 추정되며, 일본인의 풀네임에서 성을 뺀 이름에 해당한다. 그러나 류성룡은 이를 '요(要)씨 성 가진 시라(時羅)라는 이름의 사람'으로 생각한 듯하다. 그래서 앞서 '요시라'라고 풀네임을 적었기 때문에 여기서 두 번째로 그를 지칭할 때에는 성 '要'를 빼고 이름 '시라'라고만 적은 것 같다. 『조선징비록』도 이 대목을 수정하지 않고 있다. 이렇듯 전근대 동아시아의 문헌에서는 상대국의 인명이 어떻게 이루어지는지 알지 못해서 우연히 저지르는 실수가 간혹 발견된다.『에혼 다이코기』제7편 권7의 황석산성 기사에서는,『징비록』의 황석산성전투 기사에 보이는 '곽준과 아들 이상·이후(郭䞭與子履祥·履厚)'라는 대목을 잘못 이해해서 '곽준과 아들 곽상·곽후(郭䞭與子郭祥·郭厚)'라고 적고 있다.『에혼 다이코기』의 저자는, 아버지가 곽준이면 아들들도 당연히 곽씨일 텐데『징비록』에 이상·이후라고 적혀 있는 것은 무언가의 착오일 터이라고 생각해서 '이(履)'를 '곽(郭)'으로 바꾼 듯하다.

58

명나라가 병부상서 형개를 총독군문으로,
요동포정사 양호를 경리조선군무로, 마귀를 대장으로 삼다.
양원·유정·동일원 등이 잇따라 조선으로 오다

명나라가 병부상서(兵部尙書) 형개(邢玠)를 총독군문(總督軍門)으로, 요동포정사(遼東布政司) 양호(楊鎬)를 경리조선군무(經理朝鮮軍務)로, 마귀(麻貴)를 대장(大將)으로 삼았다. 양원(楊元)·유정(劉綎)·동일원(董一元) 등이 잇따라 조선으로 왔다.

정유년[1597] 5월에 양원이 먼저 3천 명의 병사를 이끌고 와서 며칠 동안 한양에 머문 뒤에 전라도로 내려가서 남원에 주둔하며 지켰다. 남원은 전라도와 경상도의 요충지로 성이 매우 견고하고 완전한 데다가 일찍이 낙상지(駱尙志)가 다시 증축하여 지킬만 하였기 때문이다. 성 밖에는 교룡산성(蛟龍山城)이 있었는데, 여러 사람들은 이 교룡산성을 지키고 싶어 하였다. 그러나 양원은 남원 본성을 지켜야 한다며 성벽 위의 작은 담(埤)을 증축하고 해자를 파고 또 해자 안에 양마장(羊馬墻)을 설치하였는데, 밤낮없이 공사를 독려하니 한 달 남짓 만에 대체로 완성되었다.[1]

> 天朝, 以兵部尙書邢玠, 爲總督軍門, 遼東布政司楊鎬, 爲經理朝鮮軍務, 麻貴, 爲大將. 楊元·劉綎·董一元等, 相繼而出. 丁酉五月, 楊元領三千兵, 先至, 留京城數日, 下全羅道, 駐守南原. 蓋南原據湖·嶺之衝, 城頗堅完, 往時, 駱尙志又增築, 可守故也. 城外有蛟龍山城, 衆議欲守山城, 楊元以爲本城可守, 增埤浚濠, 濠內又設羊馬墻, 晝夜董役, 月餘粗完.

명나라 측이 바라고 심유경이 주도한 화의가 결렬되어 재차 명나라의 원군이 도착했다. 이때 명나라 조정에서는 다시 군대를 파견하는 데 대한 불만이 컸다. 원군을 다시 조선으로 보낸 몇 달 뒤에 명나라 신종(神宗)은, 조선에 대한 원한으로 일본이 침략해서 명나라가 특별히 도와주는데 왜 조선이 자기 전쟁을 열심히 치르지 않느냐는 질책의 국서를 보낸다.『선조실록』1597년 10월 24일조에 전하는 국서를 아래에 인용한다.

짐이 생각하여 보니 너희 나라가 가까운 동쪽 주변에 있으면서 대대로 우리에게 공손함을 보여 왔는데, 몇 해 전에 왜적이 너희 강토를 잔파(殘破)하자 [너희는] 의주까지 옮겨 와서 애절하게 구원을 청하였다. 짐이 측은히 여겨 문무 중신(文武重臣)들을 특별히 보내서 군사를 거느리고 동정하게 하되, 불에 타는 자를 구원하고 물에 빠진 자를 건지듯이 하였다. 그때는 온 나라가 오히려 굳은 뜻이 있어서 함께 천조를 도와 토벌하였으므로 너희 강토를 다시 회복하고 너희 왕자와 배신(陪臣)을 도로 찾았다. 왜적도 두려워서 도망하고 머리를 숙여 봉공을 구걸하므로 짐은 너희 나라가 백성과 물자가 흩어지고 탕진됨을 생각하여 우선 그 소청을 따랐으니 너희 나라를 편안하게 하려 함이었다.

그런데 어찌하여 몇 해 동안 휴식하면서도 훈련도 더 하지 않고 스스로 와신상담(臥薪嘗膽)을 잊고 토붕와해(土崩瓦解)를 좌시(坐視)하는가. 교활한 왜적이 다시 들어오자 [너희는] 전과 같이 장황하게 아뢰어 천조(天朝)에 구원을 청하니 이 때문에 다시 [우리가] 동쪽으로 정벌하는 역사가 있게 되었다. 군사를 수고롭게 하고 매우 험악한 지역에 식량까지 운반하여 와서 너희 나라를 위해 구원하였으니, 짐의 작은 나라를 보살펴 줌과 어려움을 불쌍하게 여김은 또한 부지런하다 할 것이다.

들으니, 너희 군신(君臣)들이 왕사(王師) 보기를 진월(秦越)과 같이 하여 조금도 생각하는 정의가 없고 국도(國都) 버리기를 헌신짝처럼 여겨 전혀 고려하는 기색이 없으며 식량이 떨어져도 도와주지 않고 기계(器械)를 감추어 두고 내놓지 않으며 백성이 흩어져도 수합하지 않고 배신이 도망하여도 처벌하지 않는다고 하니,【"왕사 보기를(視王師)" 이하는, 바로 군문(軍門)이 제본(題本)한 뜻이다. 왕래하는 차관(差官)들이 조금만 자기의 뜻에 맞지 않으면 불칙한 말을 더 보태어 군문에게 보고하니, 군문은 사정을 살피지 않고 급

하게 조정에 아뢰어서 이러한 일이 있게 만들었다. 어찌 이와 같이 통분하고 놀랄 일이 또 있겠는가.】

짐은 구원병을 보내는 것을 어렵게 여기지 않고 만 리 먼 길을 달려가 도와주는데 너희들은 사직을 지키는 의리에 소홀하여 한 가지 계책도 세우지 않았으며, 이미 명령할 능력이 없으면서 또한 명령을 받지도 않았다. 우리 경리(經理)가 그곳에 있으니 나랏일에 대하여 그의 명을 받아야 하였는데 한 번도 신민(臣民)에게 경계하여 나의 교훈을 받들게 하였다는 말을 듣지 못하였다. 정의가 어긋나 서로 맞지 않고 법령도 행하여 지지 않으니, 어떻게 오래도록 흩어진 백성을 수합하여 하나가 되게 하고 쌓여 온 쇠약한 형세를 떨치고 일어나 굳세게 하겠는가. 너희 마음이 너무 어두워 가련할 뿐이다.

깊이 생각하여 자세를 고쳐야 할 것이니 천사(天使)에 의지하여 정돈하고 천병(天兵)의 도움을 받아 함께 지키도록 하라. 너희 저축(儲築)을 넓히고 너희 기계를 수리하며 너희 요새지를 지키고 너희 방패와 창을 높이 들며, 명령을 엄격히 선포하여 힘써 싸울 계략을 세우고 군법을 거듭 밝혀 도망하는 죄를 준엄하게 다스려 충성을 진기하고 의리를 고취하여 안전함을 보유케 하라. 이에 어사(御使) 한 사람을 보내서 군사를 감시하고 싸움도 독려케 하며, 보검(寶劍) 한 자루를 군문에게 주어 장사들 중에 따르지 않는 자가 있으면 먼저 처벌한 다음 아뢰도록 하였다. 너희 군신도 온 나라가 함께 노력하여 왕사를 도와주고 스스로 천명을 끊어 후회하는 일이 없도록 하라. 삼가 할지어다. 짐짓 이르노라. 『선조실록』²

앞에서 검토했듯이 도요토미 히데요시가 임진왜란을 일으킨 궁극적인 목적은 명나라 공격에 있었고, 조선은 중간에서 희생양이 된 측면이 있다. 이후 청일전쟁 당시의 상황과도 비슷한 면이 있다. 그럼에도 명나라 조정은 어디까지나 이 칙서의 내용과 같이 조선에 대한 시혜적 태도를 견지했다.

양마장(羊馬墻)은 우마장(牛馬墻)이라고도 하며, 성벽과 성벽 바깥의 해자(垓字) 사이에 설치하는 울타리를 가리킨다. 『통전(通典)』 「병오 수거법부(兵五 守拒法附)」에는

> 성 바깥 사면의 해자 안쪽, 성에서 10보(步) 떨어진 곳에 다시 작은 성을 세워 격리한다. 두께 6척(尺), 높이 5척으로 하고 여장(女墻)[3]을 세운다.【이를 양마성(羊馬城)이라고 한다】(『통전』)[4]

라고 되어 있다. 류성룡은 『서애선생문집』 권14 「전수기의 십조(戰守機宜 十條)」에서, 1592년에 구원군으로 명나라에서 온 척금의 삼촌 척계광이 집필한 병서 『기효신서』 등을 참고로 하여 다음과 같이 쓰고 있다.

> 양마장의 제도가 있다. 이는 성 밖의 참호 안에 높이가 1장(丈)쯤 되는 담을 쌓고 아랫면에 큰 구멍을 뚫어 대포를 쏘게 하고, 가운데에 작은 구멍을 뚫어 소포(小砲)를 쏘게 하며, 별도로 용맹하고 힘이 센 자로 하여금 지키게 하여 성 위의 사람들과 더불어 서로 보좌하는 형세가 되도록 한 것이다. 『기효신서』에 이른바, "저들 백만이 와서 침범하게 맡겨 둔다"라는 것이 이것이다. 그러나 이는 공을 많이 들이고도 반드시 사람으로 지키게 하여야 되니,

우리나라의 오늘날 힘으로는 쉽게 말할 바가 아니다. (『서애선생문집』 권14)[5]

한국에는 하동읍성에서 유일하게 양마장의 유적이 발굴되었다.

한편 류성룡은 명나라 장군 양원이 산 위의 교룡산성을 포기하고 평지의 남원 본성을 지키기로 한 것을 아쉬워하고 있는데, 그는 『서애선생문집』 권15의 「산성설(山城說)」에서도 산성의 중요성을 강조하고 있다.

옛날 당 태종(唐太宗)이 고구려를 정벌하고자 여러 신하에게 계책을 물으니, 모두 "고구려는 산에 의지하여 성을 만들어 끝내 함락하기 어렵다"라고 하였다. 그 뒤 거란(契丹)이 고려를 치려 할 때, 그 신하가 "고려는 산성에 까마귀가 깃들어 있는 듯하니 대군이 가서 정벌하여도 공이 없을 뿐만 아니라, 스스로 돌아오지도 못할까 두렵습니다"라고 간하였다. 이로 본다면, 우리나라가 예로부터 국경을 보존하여 적을 막은 것은 모두 산성을 이롭게 이용한 때문이며, 상대의 적이 꺼린 것도 오직 산성에 있었다. (『서애선생문집』 권15)[6]

59

8월 7일에 한산도의 수군이 무너지다

[1597년] 8월 7일에 한산도의 수군이 무너졌다. 통제사(統制使) 원균(元均)과 전라우수사(全羅右水使) 이억기(李億祺)가 전사하고 경상우수사(慶尙右水使) 배설(裵楔)은 달아나서 살아남았다.

처음에 원균은 한산도에 가서 이순신이 정한 법도를 모두 바꾸었고, 부하 장수나 병졸 가운데 조금이라도 이순신의 신임을 받아 일하던 사람은 모두 내쫓았다. 이영남(李英男)은 이전에 자신이 패하여 달아난 상황을 잘 알고 있다고 하여 가장 미워하였다. 이러한 처사에 대하여 부대 사람들은 모두 원망하고 분노하였다.

이순신은 한산도에 있을 때에 운주당(運籌堂)을 짓고는 밤낮으로 그곳에 있으면서 여러 장군들과 함께 군사를 논하였다. 하급 병졸이라도 군사에 대하여 말하고 싶어 하는 자가 있다면 와서 보고하도록 하여 부대 내의 사정을 훤히 파악하였다. 매번 싸우기 전에는 부하 장수들을 모두 불러 전략을 논의하여 정해진 뒤에 싸웠기 때문에 패하는 일이 없었다. 원균은 아끼는 첩을 운주당에 살게 하고는 여러 겹의 울타리로 안팎을 갈라 버려서 여러 장군들은 그를 거의 만나지 못하였다. [원균은] 또 술 마시는 것을 좋아하여 날마다 술주정하고 화내는 것을 일삼고 형벌에도 일관성이 없었기에, 부대 내의 사람들은 "만약 적을 만나면 달아날 수밖에 없다"라며 소근거렸다. 여러 장군들도 사적인 자리에서 그를 비웃으며 두려워하지 않는지라 명령이 시행되지 않았다.

이때 적의 장군들이 다시 우리나라를 침범하였는데, 고니시 유키나가는 다시 요시라(要時羅)를 김응서에게 보내서 "왜의 배가 며칠에 추가로 도착할 것이니 조선 수군이 공격하여야 합니다"라고 [거짓으로] 말하였다. 도원수(都元帥) 권율(權慄)은 요시라의 말을 매우 신뢰하기도 하였고 이순신이 전에 요시라의 말을 듣고도 주저하다가 죄를 얻은 일도 있었기 때문에 날마다 원균에게 진격하라고 재촉하였다. 원균도 예전에 늘 "이순신은 적을 보고도 진격하지 않았다"라고 말하여 이순신을 모함하고 그의 직위를 자기가 대신하게 되었기에, 이때 비록 아군의 세력이 이기기 어렵다는 것을 알면서도 부끄러워서 거절할 말이 없는 터라 모든 배를 이끌고 진격할 따름이었다.

언덕 위에 자리한 왜의 진영에서는 조선 수군의 배가 지나가는 것을 내려 보고는 자기들끼리 서로 연락을 통하였다. 원균이 절영도(絶影島)에 도착하였을 때에는 바람이 불고 파도가 일었으며 날은 이미 저녁이 되었는데 배를 댈 곳이 없었다. 멀리 왜적의 배가 바다에 출몰하는 것을 본 원균은 병사들에게 나가서 싸우라고 독려하였다. 그러나 배에 타고 있던 사람들은 한산도부터 하루 종일 쉼 없이 노를 저은 터라 피곤하고 목이 말라서 생각대로 배를 조종할 수 없었다. 배 여러 척이 종횡으로 나아갔다 물러섰다 앞으로 갔다 물러났다 하는 상황이었는데, 왜군은 아군을 피곤하게 하려고 우리 배에 접근하였다가는 갑자기 거짓으로 후퇴하여 달아나기만 할 뿐 전투를 시작하지 않았다. 밤이 깊어져 바람이 거세지니 우리 배는 사방으로 흩어져 떠돌며 어디로 향하는지 알지 못하였다. 원균은 간신히 남은 배를 모아서 가덕도(加德島)로 돌아왔다. 너무나도 목이 말라 있던 병사들은 앞다투어 배에서 내려 물을 마셨다. 그때 왜병이 섬들 사이에서 갑자기 나타나서는 아군을 기습하였으니 이때 죽은 장수와 병사가 4백여 명이었다. 원균은 후퇴하여 거제(巨濟) 칠천도(漆川島)에 도착하였다.

  고성(固城)에 있던 권율은 원균이 출진하였지만 아무 소득도 없었다고 하여 격서(檄書)를 보내 그를 소환하여 곤장을 치고 다시 진격하라고 [원균에게] 독촉하였다. 부대로 돌아온 원균은 더욱 화내며 술에 취하여 누웠다. 여러 장군들이 원균을 보고 의논하려 하여도 할 수 없었다. 한밤중에 왜군의 배가 아군의 진영을 기습하니 아군은 크게 패하였다. 원균은 바닷가로 달아나서 배를 버리고 언덕에 올라 도망치려 하였지만 몸이 살지고 둔하여 소나무 아래 앉았는데 좌우에 있던 사람들은 모두 흩어져 버렸다. 어떤 이는 그가 적에게 죽었다고 하고 또 어떤 이들은 그가 달아나서 살아남았다고 하였지만 어느 쪽이 사실인지 알 수 없었다.

이억기는 배 위에서 바다로 투신하였다. 배설은 이전부터, 이대로는 반드시 질 것이라고 원균에게 여러 차례 간언하였고, 이날도 "칠천도는 바다가 얕고 좁아서 배를 움직이기에 좋지 않으니 다른 곳으로 진영을 옮겨야 합니다"라고 말하였지만 원균은 이 제안을 하나도 듣지 않았다. 이에 배설은 자기가 지휘하는 배에 가만히 명령하여 엄중히 경계하며 변란에 대비하게 하였다. 배설은 적이 아군을 습격하는 것을 보자 항구를 벗어나 먼저 달아났기에 그의 부대만이 온전히 남았다. 배설은 한산도로 돌아와 막사와 군량미, 병기를 불태우고 섬 안에 남아 있던 사람들을 옮겨서 적의 공격을 피하게 한 뒤에 달아났다.

이리하여 한산도가 무너지자 적은 승리한 기세를 몰아 서쪽으로 나아가 남원과 순천(順天)을 차례로 함락시켰다. 적의 수군은 두치진(豆恥津)에서 상륙하여 진격해서는 남원을 포위하였으니 이에 전라도와 충청도가 크게 진동하였다.

적이 임진년[1592]에 우리 경계로 들어온 뒤로 오직 해전에서만 패하자 도요토미 히데요시는 이를 분하게 여겨서 고니시 유키나가에게 반드시 조선 수군을 격파하라며 꾸짖었다. 이에 고니시 유키나가는 거짓으로 김응서를 따르는 척하면서 이순신이 처벌받도록 하였고, 또 원균을 바다로 나오게 하여 그가 이끄는 수군의 허실(虛實)을 모두 파악한 뒤에 아군의 진영을 습격하였다. 고니시의 계략이 매우 교묘하여 우리 군대가 모두 그 계략에 빠지고 말았으니 슬프다.

八月初七日, 閑山舟師潰, 統制使元均, 全羅右水使李億祺死, 慶尙右水使裵楔走免. 初元均, 旣至閑山, 盡變舜臣約束, 凡福神士卒, 稍爲舜臣所任使者, 皆斥去, 以李英男, 詳知已前日奔敗狀, 尤惡之, 軍心怨憤. 舜臣在閑山時, 作堂名曰: "運籌." 日夜處其中, 與諸將共論兵事, 雖下卒, 欲言軍事者, 許來告, 以通軍情, 每將戰, 悉招福神問計, 謀定而後戰, 故無敗事. 均挈愛妾, 居其堂, 以重籬隔內外, 諸將罕見其面. 又嗜酒, 日事酗怒, 刑罰無度, 軍中竊語曰: "若遇賊, 惟有走耳." 諸將私相譏笑, 亦不復 (卷2·23) 稟畏, 故號令不行. 時賊將再入寇, 平行長又遣要時羅, 紿金應瑞曰: "倭船, 某日, 當添至, 朝鮮舟師, 猶可邀擊." 都元帥[1]權慄尤信其說, 且以李舜臣, 以[2]逗留已得罪, 日促元均進兵. 均亦以已前[3]常言: "舜臣見賊不進." 以此陷舜臣, 而已得代其任. 至是, 雖知其勢難, 而憨無以爲辭, 只得盡率舟艦進前. 倭營之在岸上者, 俯視船行, 互相傳報. 均至絶影島, 風作浪起, 日已昏, 船無止泊處, 望見倭船出沒海中, 均督諸軍進戰[4]. 舟中人, 自閑山終日搖櫓, 不得休息, 又因飢渴, 疲不能運船, 諸船縱橫進退, 乍前乍却. 倭欲疲之, 與我船相近, 輒佯引避而去, 不與交鋒. 夜深風盛, 我船四散分漂, 不知去向, 均艱收餘船, 還至加德島. 軍士渴甚, 爭下船取水, 倭兵從島中, 突出掩之, 失將士四百餘人, 均又引退, 至巨濟漆川島. 權慄在固城, 以均無所得, 檄召均杖之, 督令更進. 均還到軍中, 益忿懣, 飲酒醉臥, 諸將欲見均言事, 不得. 夜半, 倭船來襲之, 軍大潰, 均走至海邊, 棄舟登岸, 欲走, 而體肥鈍, 坐松樹下, 左右皆散, 或言爲賊所害, 或言走免, 終不得其實. 李億祺[5]從船上投水. 裵[6]楔, 先是, 屢諫均必敗, 是日, 又言: "漆川島淺窄, 不利行船, 宜移陣他處." 均皆不聽, 楔私約[7]所領船, 戒嚴待變. 見賊來犯, 奪港先走, 故其軍獨全. 楔還至閑山島, 縱火焚廬舍·糧穀·軍器, 徙餘民之留在島中者, 使避賊而去. 閑山旣敗, 賊乘

勝西向, 南海·順天次 (권2·24) 第陷沒. 賊船至豆恥津, 下陸, 進圍南原, 兩湖大震. 蓋賊自壬辰入我境, 惟見敗於舟師, 平秀吉憤之, 責行長, 必取舟師. 行長佯輸款於金應瑞, 使李舜臣得罪, 又誘元均出海中, 盡得其虛實, 因行掩襲, 其計至巧, 而我悉墮其計中, 哀哉.

임진왜란 당시 조선 수군이 대패한 거의 유일한 전투인 칠천량해전의 역사적 상황에 대해서는 이민웅(2011)[8]에 상세하다. 이순신은 『난중일기』 1597년 7월 16일과 18일 조에서 이 전투에 대한 여러 사람들의 전언(傳言)과 자신의 심정을 적고 있다.

[16일] 저녁에 영암군 송진면에 사는 사노(私奴) 세남(世男)이 서생포에서 알몸으로 왔기에 연유를 물으니, "7월 4일에 전 병사의 우후[虞侯]가 타고 있던 배의 격군이 되어 5일에 칠천량에 이르러 정박하고, 6일 옥포에 들어왔다가 7일에는 날이 밝기 전에 말곶을 거쳐 다대포에 이르니, 왜선 여덟 척이 머물러 정박하고 있었습니다. 우리의 여러 배들이 바로 돌격하려는데, 왜인들은 하나도 남김없이 뭍으로 올라가고 빈 배만 걸려 있어, 우리 수군이 그것을 끌어내어 불을 지르고, 그 길로 부산의 절영도 바깥바다로 향하였습니다. 때마침 무려 천여 척의 적선을 만나 대마도에서 건너와서 서로 싸울 것을 헤아려 보니, 왜선이 어지러이 흩어져 회피하므로 끝내 잡아 초멸할 수 없었습니다. 제가 탄 배와 다른 배 여섯 척은 배를 제어하지 못하고 서생포

앞바다까지 표류하여 뭍으로 오르려고 할 즈음에 모두 살육을 당하고, 저만 혼자 수풀 속으로 기어 들어가서 목숨을 건져 간신히 여기에 왔습니다"라고 했다. 듣고 보니 참으로 놀라운 일이다. 우리나라에서 믿는 바는 오직 수군에 있었는데, 수군이 이와 같으니 또다시 가망이 없을 것이다. 거듭 생각할수록 분하여 간담이 찢어지는 것만 같다.

[18일] 새벽에 이덕필, 변홍달이 와서 전하기를, "16일 새벽에 수군이 기습을 받아 통제사 원균과 전라우수사 이억기, 충청수사[최호] 및 여러 장수들이 다수의 피해를 입고 수군이 크게 패했다"라는 것이었다. (이순신, 『난중일기』)⁹

그런데 칠천량해전을 근세 일본의 임진왜란 문헌에서는 가라시마(唐島)해전이라고 부른다. 가라시마란 거제도를 가리키는 일본 측의 용어이다. 임진왜란 7년간 일본 수군은 거의 모든 전투에서 졌는데, 사실상 유일하게 승리한 것이 이 칠천량해전이다. 그래서 이 전투는 근세 일본의 여러 문헌에서 대서특필될 뿐 아니라, 벽제관전투처럼 서로 자기들이 가장 큰 공을 세웠다고 주장된다. 예를 들어 이 전투의 전황을 전하는 초기 문헌인 『와키사카기』에서는 와키사카 야스하루(脇坂安治)가 가장 활약했고 다른 장군들도 모두 이에 동의했다고 적고 있지만, 실제로는 여러 장군들이 서로 훈공을 다투었다고 하는 것이 더욱 사실에 가깝다.

1597년 4월 초에 도요토미 히데요시가 다시 조선국을 정벌하시게 되니, 와키사카 야스하루도 다시 바다를 건넜다. 이때 일본의 병선 수천 척이 쓰시마에서 부산포(釜山海)로 건너가려는데, 적선 수백 척이 거제 앞바다에서 부산포로 진격하여 일본 병선의 진로를 가로막으려 하였다. 그러나 때마침 갑자기 큰 바람이 불어 바다 위의 파도가 거칠어지니, 적선은 원래 있던 거제 항구로 되돌아가고 일본 배는 사방으로 흩어졌다가 잠시 후에 부산포로 쳐들어갔다. 와키사카 야스하루도 한밤중에 부산포에 배를 댔다. 이곳에서 잠시 머무르며 구키 요시타카(九鬼嘉隆), 가토 요시아키(加藤嘉明), 도도 다카토라(藤堂高虎)를 만나 "일본의 병선들이 건너올 때가 되었으니 우리 수군 세력은 함께 웅천 항구로 가서 큰 배를 만들어, 거제 앞바다로 쳐들어가 적선을 공격하자"라고 결정하였다. 장군들은 5월 중순에 웅천으로 건너가 각자 배를 만들었다.

웅천에서 거제 앞바다까지는 8, 9리(里: 일본의 1리는 한국의 10리) 떨어져 있고, 거제 항구는 적선이 움직이기에 좋은 구조로 되어 있어서 쉽게 공격할 수 없었다. 그래서 "일본의 큰 배들을 각각 한곳에 모으고 북, 종, 나각(螺貝)을 신호 삼아 철저하게 공격하여 배를 탈취하여야 한다. 상황을 살피다가 먼저 진격하는 자는 처벌한다"라고 정하고는 7월 7일 밤에 웅천항에서 각자 출항하여 거제 앞바다로 급히 달려갔다.

위와 같이 약속하였음에도 도도 다카토라와 가토 요시아키 두 장군은 작은 쾌속선을 타고 먼저 진격하였고, 도도는 내해(內海)에서 적선 한 척을 탈취하였다. 와키사카 야스하루의 감시선이 돌아와서 "적선 수백 척이 내해의 산 그늘로부터 먼 바다에 있는 섬까지 잇달아 확인됩니다. 도도 다카토라가 쾌속선을 타고 내해에서 적선 가운데 한 척을 탈취하였습니다"라고 보고하였다. 와키사카는 이 소식을 듣자마자 '큰 배는 속도가 느릴 것이다'라며 쾌속선에 올라타고 재빨리 노 저어 달려가서, 날이 밝아올 무렵에 가토 요시아키의 쾌속선과 나란히 섰다. 와키사카와 가토는 내해에 떠 있는 수많은 적선들 속으로 앞다투어 진격하여 두 사람의 부대가 모두 적선을 탈취하였다. 이를 시작으로 아군 각 부대의 크고 작은 배가 모두 진격하여 반 시각(半時: 현재의 1시간) 사이에 적선 수십 척을 탈취하였다. 남은 적선은 버티지 못하고 모두 패하여 먼 바다로 도망갔지만, 아군 여러 부대가 추격하여 이들을 공격하였다.

이날 전투에서 와키사카 야스하루 부대에서는 와키사카 가쿠베(脇坂覺兵衛), 후세 하야토(布施隼人), 오이 지다유(太井次太夫), 미야케 쇼스케(三宅勝助), 미즈노 가에몬(水野加右衛門) 등이 먼 바다나 내해에서 적선 16척을 탈취하였다. 그 밖에 도도 다카토라와 구키 요시타카 부대도 적선을 많이 물리쳤다. 이들이 모두 일본에 보고서를 보내니 히데요시는 매우 기뻐하셨다. 이때 육지의 대장인 고니시 유키나가와 감시역 후쿠하라 나가타카(福原長堯)도 "이번 거제도해전에서 와키사카 야스하루의 훈공이 다른 장군들보다 크다"라고 보고를 올렸으므로 (하략). 『와키사카기』)[10]

한 발 더 나아가 통속군담 『조선태평기』와 같은 일부 일본 문헌에서는 칠천량해전에 참전하지 않았던 이순신까지 등장시키면서, 일본 수군이 7년 내내 이순신이 이끄는 수군에 졌던 사실을 상쇄하려 시도하기도 한다. 이 문헌에서는 칠천량해전과 명량해전, 한산도해전이 마치 하나의 전투였던 것처럼 기술되고 있다. 칠천량해전을 다루는 일본 문헌들의 서술은 임진왜란 중에 일어난 그 어떤 전투보다도 혼란스럽다.[11]

60

왜병이 황석산성을 함락시켜, 안음현감 곽준과 전 함양군수 조종도가 전사하다

    왜병이 황석산성(黃石山城)을 함락시켜, 안음현감(安陰縣監) 곽준(郭䞭)과 전 함양군수(咸陽郡守) 조종도(趙宗道)가 전사하였다.

    처음에 체찰사 이원익과 도원수 권율은 경상도의 산성들을 수리해 적을 막는 것을 논의하여 공산(公山)·금오(金烏)·용기(龍紀)·부산(富山) 등의 산성을 쌓았는데, 공산산성과 금오산성을 쌓을 때 백성의 힘이 가장 많이 들었다. 주변 고을의 병기와 군량미를 모두 거두어 산성에 채워 넣고, 수령들에게 노약남녀를 모두 거느리고 성을 지키라고 독려하니 이에 가깝고 먼 지역이 모두 소란스러워졌다.

    적이 다시 움직이니, 가토 기요마사는 서생포에서 서쪽 전라도로 향하여 진격하면서 장차 수로로 오는 고니시 유키나가의 수군과 합류하여 남원을 공격하려 하였다. 이에 도원수 등은 모두 적이 온다는 소식을 듣기만 하여도 후퇴하면서, 각각의 산성에 들어가 지키는 사람들에게 모두 후퇴하여 적을 피하라고 연락하였다. 그러나 의병장 곽재우(郭再祐)는 창녕(昌寧)의 화왕산성(火王山城)에 들어가 죽기를 각오하고 지키니, 산 아래 도착한 적군은 화왕산의 형세가 험준하며 성안 사람들이 조용하고 차분하여 동요하지 않음을 보고는 공격하지 않고 떠났다.

안음현감 곽준은 황석산성에 들어왔고, 전 김해부사 백사림(白士霖)도 성에 들어왔다. 백사림은 무인이었기 때문에 사람들은 마음속 깊이 그를 의지하였는데 적병이 성을 공격한 지 하루 만에 백사림이 먼저 달아나 버리니 여러 부대가 모두 무너졌다. 적이 성에 들어오니 곽준과 아들 이상(履祥)·이후(履厚)가 모두 전사하였다.

곽준의 딸은 유문호(柳文虎)에게 시집갔었는데, 유문호도 적의 포로가 되었다. 곽준의 딸은 이미 성 밖으로 나가 있다가 이 소식을 듣고는 하녀에게 "아버지가 돌아가셨는데도 내가 죽지 않은 것은 오로지 남편이 있기 때문이었다. 지금 남편조차 적에게 잡혔으니 내가 살아서 무엇하리?"라고 말하고는 스스로 목매어 죽었다.

조종도는 전에 "나는 일찍이 대부(大夫)였던 자로서 도망쳐 숨는 무리하고 똑같이 풀섶에서 죽을 수는 없다. 죽는다면 당연히 분명하게 죽을 뿐이다"라고 하였는데, 이때를 맞이하여 아내와 자식을 데리고 성안에 들어와 "공동산(崆峒山) 밖에서라면 사는 것이 오히려 기쁘고, 순원성(巡遠城) 안이라면 죽는 것 또한 영광스럽다"라는 시를 짓고 마침내 곽준과 함께 적에게 살해당하였다.

倭兵陷黃石山城, 安陰縣監郭䞭, 前咸陽郡守趙宗道, 死之. 初體察使李元翼, 元帥權慄, 議修道內山城禦賊, 築公山·金烏·龍紀·富山等城, 而公山·金烏², 用民力尤多, 悉收旁郡器械·糧餉, 實其中, 督守令, 盡率老弱男婦入守, 遠近騷然. 及賊再動, 淸正, 自西生浦, 西向全羅, 將與行長水路兵會, 攻南原³. 元帥以下, 皆望風引去, 傳令各處山城入守者, 各散去避兵. 惟義兵將郭再佑⁴, 入昌寧 火王山城, 期死守, 賊到山下, 仰見形勢斗絶, 而城內人靜帖不動, 不攻而去. 安陰縣⁵監郭䞭, 入黃石山城, 前金海府使白士霖, 亦入城中. 士霖武人, 衆心倚以爲重, 賊兵攻城一日, 士霖先遁, 諸軍皆潰. 賊入城, 䞭與子履祥·履厚皆死. 䞭女嫁柳文虎, 文虎爲倭所攎, 郭氏已出城, 聞之, 謂其婢曰: "父死而不死, 爲有夫在耳. 今夫又執, 吾何生爲?"自經死. 趙宗道嘗曰: "吾嘗從大夫之後, 不可與奔竄之徒, 同死草間. 死則當明白死耳."率妻子入城中. 作詩曰: "崆峒山外生猶喜, 巡遠城中死亦榮."遂與䞭同被害.

초본 『징비록』과 간행본을 비교하면 조종도의 죽음을 묘사하는 부분이 더욱 상세해져 있음이 확인된다. 류성룡은 황석산성전투를 서술하면서 곽준 일가와 조종도 등의 장렬한 죽음이 세상 사람들에게 깊은 인상을 남길 수 있도록 고심한 것이다. 그리고 이러한 류성룡의 노력은 조선에 그치지 않고 일본에까지 영향을 미쳐서, 황석산성전투 기사는 근세 일본의 임진왜란 문헌에서 가장 극적인 장면의 하나로 고양되기에 이른다. 일본인들은 이들의 죽음에서 일종의 '무사도(武士道)'를 발견

했기 때문에 적극적으로 반응한 것 같다. 『징비록』의 일본판인 『조선징비록』의 영향을 받아 성립한 통속군담 『조선태평기』에서는 황석산성전투와 그 앞에 있었던 곽재우의 화왕산성 농성을 이렇게 전한다.

(전략) 의병장 곽재우는 "일본군이 아무리 강하다고 하여도 적의 깃발조차 보지 않고 적군을 피하여 도망쳤다가는 훗날의 곤란을 피하기 어려울 것이다. 더욱이 적군에게 아무리 계략이 있다고 하여도 전투 한 번 해보지 않는 것은 용사가 하지 않는 일이다. 남들은 후퇴한다고 하여도, 나는 실컷 싸우고 의로이 죽어서 충성을 드러내어 후세에 명예를 남길 것이다"라며 창녕의 화왕산성에 농성하여 죽음을 각오하고 [일본군을] 기다리고 있었다. (중략) 기요마사가 이를 보시고는 "이 성에는 의로운 마음이 금석(金石) 같은 용사들이 농성하고 있는 것으로 보입니다. 서둘러 이를 함락시키려 들면 우리 군병이 필시 많이 상할 것입니다. 그렇게 되면 이기고도 지게 되는 것이겠지요. 많지 않은 아군을 잃지 않음이 가장 중요한 일이니, 우선 이 곳은 내버려 두고 다른 성을 함락시키면 [적군들은] 용기가 무뎌져서 싸우지 않고 물러날 것이라 생각하는데 어떠할지요?"라고 말하니, 고니시 유키나가는 이 의견에 동의하여 모두 부대를 빼서, 그로부터 황석산성으로 진격하였다.

이 성에는 안음현감 곽준을 대장으로 하여 전 함양군수 조종도, 전 김해부사 백사림 등이 가담하여 농성하고 있었다. 이 가운데에도 백사림은 대대로 무인 집안 출신으로 용기와 위엄이 견줄 바가 없었으므로 모두들 이 사람을 중시하였다. 성의 병사들도 요충지로 나와 적을 기다리고 있었다. 가토 기요마사와 고니시 유키나가의 두 장군은 모두 여러 차례 무용(武勇)을

他處均不聽挈私約一所領船戒嚴待變見賊來
犯萊港先走故其軍獨全㩖遷至閑山島縱火焚廬
舍糧穀軍器從餘民之留在島中者避賊而去閑
山既敗賊乘勝西向南海順天次第陷沒賊至豆
恥津下陸進圍南原兩湖大震蓋賊自壬辰入我境
惟見敗欵於舟師平秀吉憤之責行長必取舟師行長
佯輸欵於金應瑞使李舜臣得罪元均出海中
盡得其虛實因行掩襲其討至巧而我悉隆其計中
哀哉○倭六陷黃石山城安陰縣監郭䞭前咸陽郡守
趙宗道死之初体察使李元翼元帥權慄議修道內

황석산성전투 기사가 시작되는 『조선징비록』 권4, 2뒤 9행째에 보이는 단락 구분 기호. 『조선징비록』은 2권본의 단락 구분에 충실히 따르는 편은 아니지만, 이렇게 굳이 표기를 해서 2권본의 단락 구분에 맞춘 경우도 있다.

드러낸 사람들이어서 "조선인들이 싸워 보았자 별일 있겠는가. 밟아 깨주겠다"라며 명령을 내리니, [기요마사의 부하들인] 사카카와 주베(坂川忠兵衛), 이즈타 구나이(出田宮内), 나미카와 긴에몬(並河金右衛門) 등 일당천의 병사들은 조선군이 창으로 찌르고 화살을 쏘아도 개의치 않고 "우와! 우와!" 함성을 지르며 공격하였다. 성 밖에서 지키던 병사들은 적의 용기에 맞서기 어려워서 모두 성안으로 도망쳐 들어왔다. 공격하는 쪽은 이 틈을 놓치지 않고 황석성을 포위하고 숨 돌릴 틈도 없이 공격하였다. 성안의 병사들도 이것이 마지막 전투라는 각오로 방어전을 벌였다. 성안에서 쏘는 화살은 비가 내리는 것 같았으니, 조선군은 성 아래를 향하여 쉼 없이 화살을 쏘았다. 공격하는 쪽은 이에 겁먹지 않고 조총을 쏘며 순식간에 [황석성을] 함락시키겠다는 각오로 공격하였다. 백사림은 예상보다 강한 적의 무용에 겁먹어 "안 되겠다"라고 생각하였는지, 몰래 성을 빠져나가 행방을 감추고 도망쳤다.

대장 곽준은 사졸을 격려하고, 맏아들 이상, 둘째 이후의 두 자식을 좌우에 거느리고 일직선으로 적진을 향하여 달려갔다. 이를 본 조선군 약간도 목숨을 바치겠다며 뒤를 따랐다. 고니시 유키나가는 이를 보고 "지금 달려 나온 자들은 훌륭한 적으로 보인다. 한 사람도 놓치지 말고 포위하여 죽여라" 하고 명령을 내리니, 일본의 군병은 뒤질세라 나아가서 이들을 포위하였다. 대장 곽준 부자는 이미 목숨을 버리기로 마음먹은지라, 달려 들어갔다가는 달려 나오고 달려 나왔다가는 달려 들어가 전후좌우로 천변만화(千變萬化)하게 싸웠으나 끝내 모두 전사한 것이야말로 슬픈 일이었다.

곽준에게는 딸이 셋 있었다. [그중 하나를] 유문호에게 시집보냈으니 부부 금슬이 좋았다. 그때 유문호도 부부가 함께 농성하고 있었는데, 장인 곽준을 비롯하여 이상·이후 형제가 모두 전사하였다는 소식을 듣고는 "이제 살아서 무엇하리. 함께 혈전(血戰)하여 의로이 죽음으로써 부자의 약속을 지키리라" 하며 당장에라도 달려 나가려 하다가 마음을 진정시키고 잠시 고개 숙여 '우선 아내를 속여서 성안에서 나가게 해야겠다'라고 생각하고는 아내 곽씨에게 다가가 "이미 아버님 곽준을 비롯해 이상·이후도 모두 의를 지켜 전사하셨습니다. 이제 이 성은 함락될 것입니다. 나도 함께 전사하여야 마땅하오나, 사는 것은 멀어서 어렵고 죽는 것은 가까워서 쉽다고 합니다. 나는 잠시 목숨을 이어서 이 성을 빠져나갔다가 [훗날] 다시 원수를 갚으려 합니다. 우선 이 성을 빠져나가야겠습니다"라고 말하니, 곽씨는 부모 형제의 죽음을 듣고는 크게 한탄하고 슬퍼하였다. 하지만 유문호가 크게 타일러 "용사가 전투에 임하여 죽음에 이르는 것은 일반적인 일입니다. 굳이 슬퍼할 일이 아닙니다. 나도 당신이 나간 뒤에 이 성을 빠져나가서 뒤따르겠습니다"라며 [곽씨를] 갖가지로 구슬러서 간신히 성 밖으로 나가게 하였다. 유문호는 "이제는 마음이 편하다"라며 성안에서 뛰쳐나가 적진으로 달려 들어가 동서남북으로 종횡무진하며 죽음을 각오하고 적군을 죽였으나, 조총에 허벅지를 맞아 진퇴가 자유롭지 못하게 되었다. 이를 본 공격군은 많은 수가 유문호를 포위하여 마침내 그를 포로로 삼았다. 대장을 비롯하여 명성 있는 자들이 혹은 전사하고 혹은 포로로 잡히고 혹은 도망치니, 성의 병사들은 사방으로 도망치는 것을 일본군은 뒤쫓아 죽였다.

전 함양군수 조종도는 목숨을 걸고 싸웠지만 사졸이 모두 도망쳐 흩어져 버리니, "내가 쥐새끼 같은 무리들과 똑같이 패주하다가 적에게 몰려서 길가의 풀숲에서 죽는다면 치욕이 영원히 남아 자손의 얼굴을 더럽힐 것이다. 마땅히 당당하게 죽어야 할 것이다"하며 처자를 이끌고 성의 본영(本營)으로 들어가 "이번 생의 흥취를 다하자"라며 몇 시간 동안 술을 마셨는데, 그때 조종도가 이런 시를 지었다.

"공동산 밖에서는 사는 것이 오히려 기쁘겠지만, 순원성(巡遠城) 안에서는 죽는 것 역시 영광스럽네."

이리하여 공격군이 성 외곽을 부수고 본영으로 쳐들어오니, 조종도는 처자를 모두 찔러 죽이고 달려 나가 마음껏 싸우다가 마침내 전사하니, 가토와 고니시 두 장군은 어려움 없이 성을 점령하였다.

이때 유문호의 처 곽씨는 남편에게 설득되어 성안을 나왔는데, 황석산성이 함락되고 남편 유문호가 적에게 사로잡혔다고 듣고는 크게 한탄하고 슬퍼하며, 자신을 가까이에서 모시던 하녀에게 "아버님 곽준이 적에게 살해되셨지만 남편이 살아 있었기 때문에 하릴없는 목숨을 지켜온 것이다. 지금 남편 유문호가 적에게 사로잡히셨으니 더는 살아서 무엇하리오. 함께 죽으리라"라고 말하니, 하녀는 여러 가지로 설득하고 말렸다. 이에 어쩔 수 없어서 "그렇다면 실행을 멈추리라" 하며 태연하게 있었다. 하녀도 "혹시나 그런 일이 있으면 안 된다"라고 생각하여 눈도 떼지 않고 지키고 있었지만 그 뒤로 별일이 없었기 때문에 마음을 놓았다. 곽씨는 그 틈을 타서 끝내 스스로 목을 매어 죽었다. (『조선태평기』)[6]

비록 임진왜란 당시 일본군과 맞섰던 조선의 군민이었지만 이들의 죽음이 너무나도 장렬했기에, 『조선태평기』의 저자는 곽준 부자의 죽음을 전하면서 "슬픈 일이었다(哀レナル)"라고 탄식한다. 전체적으로 보아

초본 『징비록』에서 간행본 『징비록』, 『조선태평기』로 가면서 황석산성전투는 점점 더 극적으로 그려지는데, 근세 일본 최대의 베스트셀러 『에혼 다이코기』는 이를 한층 더 극적으로 묘사하기 위해 일부 서술을 바꾼다. 곽준의 딸 곽씨가 투신하여 자결하는 것으로, 조종도는 아내와 자식을 자기가 직접 죽이고 자결하는 것으로 바꾼 것이다. 그리고 각각 「곽준 부자의 전사」와 「조종도가 처자와 함께 절개를 지켜 죽다」라는 삽화를 실어서 이들의 죽음을 더욱 깊게 인상 지우려 노력했다. 곽준의 딸이 투신하여 자결하는 대목을 보자.

성의 망루에서는 곽준의 딸 즉 유문호의 부인 곽씨가, 아버지와 남편과 형제가 생사를 건 싸움을 하고 있기에 눈도 떼지 못하고 보고 있었는데, 아버지 곽준이 최후를 맞이하는 모습에 눈앞이 깜깜하여져서 쓰러졌다. 남편 문호는 기무라 마타조(木村又藏)와 2, 3합 싸우다가 버티지 못하고 도망쳤는데, 마타조가 이를 추격하여 와 [유문호의] 갑옷의 위쪽 끈을 잡아 대롱대롱 매달고 생포하여 물러났다. 곽씨는 이를 보고 "이제는 뜬세상에 바랄 것이 없다" 하며 망루 위에서 수십 장의 절벽 아래로 몸을 던져 가루가 되어 죽었다. (『에혼 다이코기』)[7]

백사림은 황석산성전투로 인해 인생에 극적인 반전이 일어난 경우이다. 그는 일본군과 교섭하면서 협상을 시도한 것으로 보이며, 그가 1594년에 나베시마 나오시게(鍋島直茂)의 제2군 측에 보낸 편지들이 남아 있다.[8] 『선조실록』 1596년 9월 1일조에는 다음과 같이 백사림이 관리들의 모범이 될 만한 사람으로 칭송된다.

오늘날 국경을 수비하는 계책은 매우 중요하며, 반드시 적임자를 구하여 맡긴 다음에야 남아 있는 백성들을 안정시킬 수 있습니다. 김해부사 백사림 같은 사람은 김해 백성들이 보따리를 지고 따라다녀 고을의 인심을 얻었는데 동래 백성들은 이러한 일이 있다는 것을 듣지 못하였으니 각별히 신칙(申飭)하여 되도록 백성을 편하게 할 것을 관찰사에게 행이(行移)하여 알리고, 잠상(潛商)의 폐단이 날로 더욱 심해져 나중에는 막기가 어렵게 될 것이니 일체 엄하게 금하여 영구히 그 길을 끊어야 하겠습니다. (『선조실록』 1596년 9월 1일)[9]

그러나 황석산성전투 당시 살아남은 죄로 백사림의 삶은 전혀 다른 궤적을 겪게 된다. 『징비록』에서는 그가 전투 중에 탈출했다고 간단히 적고 있지만, 김응서가 보고한 내용을 보면 그의 탈출은 좀 더 극적이었다. 『선조실록』 1597년 9월 8일 기사를 보자.

경상우병사 김응서가 치계(馳啓)하기를,
"지금 항복한 왜인이 지성으로 왜적을 토벌하는 것을 보니 지극히 가상합니다. 금년 3월에 가토 기요마사의 부하로서 사백구(沙白鷗)라고 부르는 왜인 하나가 신의 진중으로 투항하였었는데, 신은 저축한 재물이 없어 접제(接濟)하기가 어렵기에 김해부사 백사림에게 보냈었습니다. 그런데 이번 황석산성에서 패전할 때에 그는[사백구는] 조총을 힘껏 쏘아 왜적 넷을 죽였는데, 뒤에 김해 사람들이 왜적과 내응하여 먼저 도주하였습니다. 그러자 쓸모없이 살만 찐 부사 백사림이 장차 흉악한 적의 칼날에 죽게 될 운명이었는데, 사백구가 사림을 인도하여 그를 바위굴에 숨겨 놓고 황석(黃石)으로 가리고 초목으로 덮어 왜적이 그가 있는 줄을 모르게 하였습니다.

날이 새자 성안으로 들어간 왜적이 사방 성문을 지켜 출입을 금하였습니다. 그러자 사백구는 또 꾀를 내어 사림을 결박하고 자신은 왜인의 모양으로 꾸며 사림을 여러 왜적들 가운데로 끌어내어서는 성문을 지키는 왜적들을 힐책하기를 '너희들은 성문을 어떻게 지켰느냐? 조선 도적이 성안에 들어와 있는데 수색하여 체포하지 못하였으니 너희들의 죄는 죽어 마땅하다' 하면서 칼등으로 그들의 등을 내려치니, 성문을 지키는 왜적들이 반죽음이 되어 애걸하기를 '우리들이 멀리서 오느라 노곤하여 깊이 잠든 사이에 조선 도적이 함부로 성안에 들어오게 되었으니 죄가 크기는 하다. 그러나 [우리] 상관(上官)이 이 사실을 알게 되면 절대 용서하여 주지 않을 터이니, 상관[사백구]은 우리들의 실수한 바를 보고하지 말아 [우리] 목숨을 구제하여 달라' 하고 성문을 열어 [백사림을] 내보내 주었습니다.

그러자 사백구는 사림을 성 밖으로 인도하여 나와 산속에 숨겨 둔 뒤에 까닭 없이 나가더니 끝내 돌아오지 않았습니다. 부사는 마음속으로 '이자가 도로 왜적에게 투항하여 사실대로 말하고는 무리들을 이끌고 내가 있는 곳으로 와 참살(斬殺)하여 그 공을 취하려 하는구나'라고 생각하여 극도로 두려움에 사로잡혔으나 손발이 부르터 몸을 움직일 수 없는지라 겨우 이십여 걸음 옮기어 수풀 밑에 몸을 숨기고 있었습니다. 삼경(三更)이 되자 사백구가 산에서 내려오면서 커다란 바가지에 쌀밥·간장·무를 담고 냉수가 든

호로병과 쌀 한 말까지 가지고 오더니, 부사가 제자리에 없는 것을 보고서는 발을 구르며 탄식하면서 가만히 부사를 부르는 것이었습니다. 부사는 그제서야 그가 딴 마음이 없는 것을 알고 '아니 사백구인가' 하고 응답하니, 그는 바로 달려 들어와 부사의 허리를 껴안고서 말하기를 '상관께서 제자리에 없기에 반드시 왜적에게 사로잡혀 간 것으로 여기었는데, 상관께서 무사히 여기에 계시니 달리 위로할 말이 없다. 상관께서 너무도 배고프고 목말라 하시기에 내가 도로 왜인의 모양으로 꾸며 왜진(倭陣)으로 들어가 "나는 바로 안음에 진을 치고 있는 왜장(倭將)의 부하인데, 양식이 벌써 떨어지고 날씨마저 추워 고향을 떠나온 사람이 장차 살 수 없게 되었다. 그대들이 성을 함락시킬 때에 노획한 물건을 내게 조금만 주어 쇠잔한 목숨 하나 구제하여 주는 것이 어떻겠는가?" 하니, 여러 왜적들이 불쌍하다고들 하면서 쌀 한 말과 밥과 간장, 유의(襦衣) 두 벌을 내어주기에 가지고 왔다' 하고서, 밥을 부사에게 주고 옷을 그 몸에 덮어 주면서 끊임없이 눈물을 흘렸습니다. 부사 역시 좋은 말로 위로하고 밥을 덜어 사백구에게 주니 [그는] 부사가 다 먹기를 기다리고 나서야 비로소 먹었는데, [백사림은] 이 때문에 살게 되었다고 합니다.

지금 우리나라의 유식한 무리들도 가장(家長)이나 처자식을 구제하지 않고 있는데 무식한 오랑캐의 무리로서 지성스러운 마음이 이와 같았으니 사람으로서 부끄럽게 여겨야 할 것입니다. 사백구에게 특별히 중상(重賞)을 내려 그의 마음을 위로하여 주소서. 항복한 왜인들이 몸을 보전하는 길을 알아 구원(久遠)한 계책을 위하여 성명(姓名)을 조선 사람과 똑같이 고쳐 부르고 싶다고 하니, 항복한 왜인에게 사성(賜姓)하는 일을 조정에서 속히 정탈

(定奪)하여 내려 보내소서"

하였는데, 비변사에 계하(啓下)하였다. (『선조실록』 1597년 9월 8일)[10]

앞서 본 것처럼 김응서는 항왜들을 다수 거느리고 전투를 수행했는데, 그의 부하 중 한 명이 백사림을 살려주었으니 이를 가상히 여겨 항왜들에게 조선식 이름을 내려주셨으면 한다는 건의서이다. 이 건의서를 통해, 백사림은 『징비록』의 서술처럼 적극적으로 도망쳤다기보다는 소극적으로 숨었을 뿐임을 짐작할 수 있다. 백사림은 간신히 사형을 면하기는 했지만 상당 기간 고초를 치러야 했고, 그의 처벌을 둘러싼 논쟁은 광해군 대까지 계속되었다. 『광해군일기』 1609년 11월 10일조 기사에 보이는 이항복의 "성을 잘 지키지 못한 죄는 진실로 있습니다만 성을 버렸다는 것으로 옥사를 이루기는 어렵겠습니다"라는 의견[11]이 황석산성전투와 백사림 사건의 핵심인 것 같다.

공동산은 중국 서쪽의 감숙성(甘肅省)에 있는 산 이름이며 『사기(史記)』 권1 「오제본기(五帝本紀)」에 "[황제는] 동쪽으로는 바다에 이르러 환산(丸山)과 대종(岱宗)에 오르고 서쪽으로는 공동(空棟)에 이르러 계두(雞頭)에 올랐다"[12]라는 대목이 있다. 순원성(巡遠城)은 중국 당나라 때 안녹산(安祿山)의 반란이 일어나자, 반란군에 맞서 장순(張巡)과 허원(許遠)이 싸우다 전사한 휴양성(睢陽城)을 가리킨다.

61

이순신을 다시 기용하여
삼도수군통제사에 임명하다

이순신을 다시 기용하여 삼도수군통제사(三道水軍統制使)에 임명하였다.
한산도의 패전 보고가 도착하자 조정과 민간이 모두 두려워하고 놀랐다. 임금께서는 비변사의 여러 신하를 만나 의견을 물어보셨으나 그들은 모두 두렵고 혼란스러워 어떻게 답해야 할지 몰랐다. 경림군(慶林君) 김명원(金命元)과 병조판서 이항복(李恒福)이 조용히 "이는 원균의 죄입니다. 마땅히 이순신을 기용하여 통제사에 임명할 수밖에 없습니다" 하고 아뢰자 이 의견에 따르셨다.
이때 권율은 원균의 패배 소식을 듣고는 이미 이순신에게 가서 남은 병사를 수습하라고 하였다. 바야흐로 적군이 조선 측의 상황을 엿보고 있던 상황인지라, 이순신과 군관 한 사람은 경상도에서 전라도로 들어

가서 밤낮으로 몰래 가며 이리저리 돌아 진도(珍島)에 이르러 병사를 모아 적을 막고자 하였다.

(권2·25) 復起李舜臣, 爲三道水軍統制使. 閑山敗報至, 朝野震駭, 上引見備邊諸臣問之, 群臣惶惑, 不知所對. 慶林君金命元, 兵曹判書李恒福, 從容啓曰: "此元均之罪, 惟當起李舜臣, 爲統制使耳." 從之. 時權慄聞元均敗, 已使李舜臣, 往收餘兵. 賊方衝斥, 舜臣與軍官一人, 自慶尙道, 入全羅道, 晝夜潛行, 間關達珍島, 欲收兵禦賊.

칠천량해전의 패배 소식을 들은 권율과 이순신의 대응에 대해『난중일기』1597년 7월 18일조에는 다음과 같이 적혀 있다.

새벽에 이덕필, 변홍달이 와서 전하기를, "16일 새벽에 수군이 기습을 받아 통제사 원균과 전라우수사 이억기, 충청수사(최호) 및 여러 장수들이 다수의 피해를 입고 수군이 크게 패했다"라는 것이었다. 듣자 하니 통곡함을 참지 못했다. 얼마 뒤 원수[권율]가 와서 말하되, "일이 이미 여기까지 이르렀으니 어쩔 수 없다"라고 하면서 사시까지 이야기를 나누었으나 마음을 정하지 못했다. 나는 "내가 직접 해안 지방으로 가서 듣고 본 뒤에 방책을 정하겠다"라고 말했더니, 원수가 기뻐하기를 마지않았다. (『난중일기』)[1]

이리하여 이순신은 본문에서 보는 바와 같이 잠행하며 남쪽으로 향했다. 이동 기간에 작성된 『난중일기』에는 수군이 무너진 뒤 혼란에 빠진 전라도 지역의 상황이 생생하게 그려져 있다.

62

왜병이 남원부를 함락시키다

　왜병이 남원부(南原府)를 함락시켰다. 명나라 장수 양원(楊元)은 달아나 돌아가고 전라병사(全羅兵使) 이복남(李福男), 남원부사(南原府使) 임현(任鉉), 조방장(助防將) 김경로(金敬老), 광양현감(光陽縣監) 이춘원(李春元), 명나라 장군들의 접반사(接伴使) 정기원(鄭期遠) 등은 모두 전사하였다. 양원을 따라 남원성에 들어왔던 군기시(軍器寺)의 파진군(破陣軍) 열두 명도 모두 적군에게 살해되고, 김효의(金孝義)만이 탈출에 성공하여 남원성 함락에 대해 나에게 아주 상세하게 말하여 주었다.
　남원에 도착한 총병(總兵) 양원은 성을 한 치가량 증축하고 성 밖의 양마장(羊馬墻)에는 총 쏠 구멍을 많이 뚫고 성문에는 대포 세 대 정도를 위치시키고 해자를 1, 2장 정도 파서 깊게 만들었다. 한산도가 무너지고 적군이 육지와 바다 양쪽으로 남원에 이르렀다는 보고가 매우 급하게 전해지니 성안의 민심이 흉흉해져서 인민들은 달아나 흩어져 양원이 데리고 온 요동(遼東) 지역의 기마병 3천 명만이 성안에 있었다. 양원은 전라병사 이복남에게 격문을 보내 함께 성을 지키러 오라고 하였지만 이복남은 시간을 끌면서 오지 않았다. 양원이 거듭하여 정탐병(夜不收)[1]을 보내 재촉하였기에 [이복남은] 할 수 없이 왔지만 이끌고 온 병사는 겨우 수백 명이었다. 광양현감 이춘원과 조방장 김경로 등도 잇따라 도착하였다.

8월 13일에 왜군의 선봉대 백여 명이 성 아래 와서 조총을 쏘다가 잠시 후에 그치고 모두 밭고랑 사이에 흩어져서 삼삼오오 무리 지어 왔다 갔다 하였다. 성 위의 사람들이 승자소포(勝字小砲)로 이에 대응하였다. 왜군의 대군은 멀리 있으면서 유격대를 보내 교전하였는데 그들은 흩어져서 움직이고 교대로 나오는지라 아군이 쏜 총은 그들에게 맞지 않은 반면, 성을 지키는 병사들은 때때로 적이 쏜 총알을 맞고 쓰러졌다. 얼마 뒤에 왜병이 성 아래 와서 성 위의 사람에게, 함께 이야기하자고 소리쳤다. 이에 양원은 가정(家丁) 한 사람에게 통역관 한 사람을 대동하고 왜군 진영에 가게 하였다. 그가 왜인의 편지를 가져왔으니 곧 선전포고문(約戰書)이었다.

14일에 왜군이 성의 3면을 포위하는 진을 치고 전날과 마찬가지로 번갈아 조총을 쏘았다. 이에 앞서 양원은 성 남문(南門) 밖에 빽빽하던 민가를 모두 태워 버렸다. 하지만 돌담과 흙벽은 여전히 남아 있었기에 적병은 담과 벽으로 자기 몸을 가리고 총으로 성 위의 사람을 많이 쏘아 맞혔다.

　15일에 바라보니 적의 무리가 성 밖의 잡초와 논의 벼를 베어 큰 더미를 수없이 만들어 담과 벽 사이에 쌓아 두었다. 성안에 있는 사람들은 영문을 알 수 없었다. 이때 유격장군(遊擊將軍) 진우충(陳愚衷)이 3천 명의 병사를 거느리고 전주(全州)에 있었는데, 남원성의 병사들은 진우충 군이 응원하러 올 것을 날마다 기다렸지만 오래도록 오지 않은 터라 병사들은 더욱더 두려워하였다. 이날 저녁에 성가퀴를 지키던 병사들이 때때로 머리를 맞대고 귓속말을 하고 말등에 안장을 얹는 등 달아나고 싶어 하는 낌새가 보였다. 밤 일경(夜一更: 저녁 7~9시)에 왜군 진영에서 소란스러운 소리가 들리고 이 소리에 호응하면서 물건을 나르는 모습이었다. 그리고 한쪽에서는 한 무리가 성을 향하여 조총을 난사하여 총알이 우박처럼 성 위를 날아다녔기 때문에 성 위에 있던 사람들은 목을 움츠리고 감히 바깥을 엿보지 못하였다. 한두 시간이 지난 뒤에 소란스러운 소리가 그쳤는데, 그때는 이미 풀더미가 해자를 평평하게 메우고 양마장 안팎에 쌓여서 얼마 되지 않아 성과 같은 높이까지 올라왔다. 왜군의 무리가 이 풀더미를 밟고 성으로 올라오니, 이 소식이 들리자 성안은 크게 혼란스러워져 "왜군이 성에 들어왔다" 하며 큰 난리가 났다.

　김효의는 처음에 남문 바깥의 양마장을 지키고 있다가 허둥지둥 성안으로 들어왔는데, 성 위에는 이미 아무도 없고 성안 곳곳에서 불길이 일어나는 것만 보였는지라 북문(北門)으로 달려갔다. 명나라 병사들은 모두 말을 타고 문 밖으로 나가려 하였지만 성문은 굳게 닫혀 있어서 쉽게 열리지 않았다. 그들이 탄 말의 다리는 마치 묶어 놓은 것처럼 한곳에 모여서 길을 메우고 있다가, 얼마 뒤에 문이 열리자 군마(軍馬)들은 앞다투어 문 밖으로 나갔다. 성 밖에 있던 왜병들이 여러 겹으로 성을 둘러싸고 각자 길목을 지키고 있으면서 긴 칼을 휘두르며 마구 베어대니 명나라 병사들은 머리를 숙여서 칼날을 받을 뿐이었다. 때마침 달이 밝았기에, 그 자리를 벗어난 자는 얼마 되지 않았다. 양원은 가정(家丁) 몇과 말을 타고 돌진하여 간신히 몸만 빠져나왔다. 어떤 자는 왜병들이 총병 양원임을 알아보고는 달아나게 하여 주었다고도 하였다. 김효의와 동료 한 사람은 문 밖으로 나왔는데, 그 사람은 적과 마주쳐 죽었고 김효의는 논에 뛰어들어 풀섶에 엎드려 있으면서 왜군이 병사들을 거두어 떠나는 것을 기다렸다고 한다.

양원은 요동의 장군이어서 여진인을 방어하는 법만 알고 왜를 방어하는 법은 몰라서 패한 것이다. 또한 평지에 있는 성은 방어하기가 매우 어렵다는 사실도 알게 되었으므로, 김효의의 말을 자세하게 적어서 뒷날에 성을 지키는 사람들에게 경계하여야 할 바를 알리려 하는 것이다.

이렇게 남원이 함락되어 버리니 전주 이북(以北)도 와해되어 어찌할 수가 없었다. 훗날에 마침내 양원은 이 패배로 인하여 죄를 얻어 처형되고 그의 머리는 여러 곳에 조리 돌림 당하였다.

倭兵陷南原府, 天將楊元走還, 全羅兵使李福男, 南原府使任鉉, 助防將金敬老, 光陽縣監李春元, 唐將接伴使鄭期遠等, 皆死. 有軍器寺破陣軍十二人, 隨楊元入南原, 皆被兵死, 獨有金孝義者得脫, 爲余道城陷事甚詳. 楊總兵旣

至南原, 增築城一丈許, 城外羊馬墻,[2] 多穿砲[3]穴, 城門安大砲[4]數三坐, 鑿深濠塹一二丈. 閑山旣敗, 賊從水陸而至, 報甚急, 城中洶洶, 人民逃散. 獨總兵所領遼東馬軍三千, 在城內, 總兵檄召全羅兵使李福男, 同守, 福男遷延不至, 連發夜不收催之, 不得已乃至, 而所率纔數百. 光陽縣監李春元, 助防將金敬老等, 繼至. 八月十三日, 倭先鋒百餘, 到城下, 放鳥銃, 頃刻而止, 皆散伏田畝間, 三三五五作隊, 旣去復來. 城上人, 以勝字小砲[5]應之, 倭大陣在遠, 出遊兵交戰, 疎[6]行迭出, 故砲[7]發不能中, 而守城卒, 往往中賊丸斃. 旣而, 倭到城下, 叫城上人, 求與語, 總兵使家丁一人, 挾通事往倭營, 以倭書來, 乃約戰書也. 十四日, 倭環城三面結陣, 以銃砲[8]迭攻 (권2·26) 如前日. 先是, 城南門外, 民家稠密, 賊臨至, 總兵使焚之, 而石墻[9]土壁猶在. 賊來依墻[10]壁間自蔽, 放丸多中城上人. 十五日, 望見倭衆, 刈城外雜草及水田中稻禾, 作大束無數, 積墻[11]壁間, 城中不測. 時遊擊將軍陳愚衷, 領三千兵在全州, 南原軍日望來援, 而久不至, 軍心益懼. 是日晚, 守堞軍, 往往交頭耳語, 準備馬鞍, 有欲遁色. 夜一更, 聞倭陣中, 囂聲大起, 略相應和, 有運物狀, 而一面衆砲[12], 向城亂放, 飛丸集城上如雨雹, 城上人縮頭[13], 不敢外窺, 經一二時, 囂聲止, 草束已平壕, 又堆積羊馬墻[14]內外, 頃刻與城齊. 衆倭跼躪登城, 已聞城中大亂, 云倭入城矣. 孝義初撥守南門外羊馬墻[15], 慌忙入城, 城上已無人, 但見城內, 處處火起. 走至北門, 唐軍悉騎馬, 欲出門, 門堅閉, 不可易開, 馬足如束, 街路塡塞. 旣而門開, 軍馬爭門而出, 倭兵在城外, 圍匝數三重, 各守要路, 奮長刀亂斫之, 唐軍俛首受刃. 適月明, 得脫者無幾. 總兵與家丁數人, 馳馬突出, 僅以身免. 或云, 倭知爲總兵, 故使逸去也. 孝義與[16]同伴一人出門, 一人遇賊死, 孝義跳入水田, 伏草中, 待倭收兵乃逸云. 蓋楊乃遼將, 徒知禦虜,

不知禦倭, 以至於敗. 亦知平地之城, 守之甚難. 詳記孝義之言, 使後之守禦者, 知所戒云. 南原旣陷, 而全[17]州以北, 瓦解不可爲矣. 後楊元竟以此伏罪, 傳首徇示.

　본문은 양원의 전략이 실패해서 남원성이 함락되었다는 내용과, 그에 대한 처벌로 양원이 처형되었다는 후일담을 담고 있다. 류성룡이 일본군이 일부러 양원을 놓아주었다는 소문까지 수록한 것은, 명나라 군대가 임진왜란의 종결에 중요한 역할을 했음에도 불구하고 명군과 일본군이 모종의 커넥션을 갖고 있었거나 최소한 교감을 하고 있었다는 조선 측의 의심을 반영한다. 그리고 이 본문의 다음부터『징비록』본편 끝까지는 거의 오로지 이순신의 승전과 죽음에 대한 기사가 이어진다. 이로부터『징비록』을 통해, '임진왜란을 끝낸 것은 명나라 군대가 아닌 이순신과 조선군'이라는 류성룡의 의식을 확인할 수 있다.
　오코치 히데모토(大河內秀元)의『조선이야기(朝鮮物語)』상권에는 남원 전투 당시 일본군의 남원성 포위 배치도와 이 전투에 대한 일본군 참전자의 증언이 실려 있다.『양조평양록』에는 체포되어 있던 심유경이 원한을 품고 부하 누국안(婁國安)을 고니시 유키나가에게 보내, 남원성의 방비가 허술하니 공격하라고 제안했다는 내용이 보인다.

　심유경은 양원을 매우 원망하였지만 보복할 방법이 없었기에, 체포되는 날에 가만히 누국안을 빼돌려 고니시 유키나가에게 남원의 허실을 알리고 군대를 일으켜 습격하게 하였다. (『양조평양록』)[18]

또한 『양조평양록』은 남원 함락 이후 전주성전투를 대비하는 명나라 장군을 비판하며, 조선을 구하러 간 명나라 군대가 침략한 쪽인 일본군 이상으로 조선인들에게 피해를 미쳤기 때문에 조선인들이 명나라 군대의 주둔을 원하지 않았다고 전한다.

이때 조선이 비록 중국군(中國兵)의 도움에 기대기는 하였지만, 중국군에게 입는 피해는 왜군의 피해와 비교하여 적지 않았다. 그래서 사람들은 중국군이 전주에 주둔하는 것을 원치 않았다. (『양조평양록』)[19]

이는 앞서 국왕 선조의 양위 문제를 논하러 온 명나라의 행인사 행인(行人司行人) 사헌(司憲)이 "내가 들으니 조선 사람들이 왜적은 얼레빗(梳子) 같고 명나라 군사는 참빗(篦子) 같다고 말한다니 사실입니까?"[20]라고 한 말과도 상통하며, 명나라 측에서도 자국 군대의 행동에 대해 신경을 쓰고 있었음을 알 수 있다.

임진왜란 당시 일본 수군을 이끌던 와키사카 야스하루도 이때 참전했는데, 『와키사카기』에는 일본 측이 바라본 남원성전투 전황이 생생하게 묘사되어 있다.

그 무렵 대명국(大明國)이 조선국의 급한 위기를 구하기 위하여 강남 군

(漢南ノ勢) 50만 기를 파견하였는데, 그들 가운데 2, 3만 기가 사천이라는 곳에 성을 쌓고 해자를 파고 담장을 둘러 농성하였다. 우키타 히데이에(宇喜多秀家)는 그 성을 공격하려고 수군 대장들을 이끌고 9월 15일에 사천 포구에 착륙하였다. 성 동쪽은 히데이에, 남쪽은 와키사카 야스하루와 도도 다카토라, 서쪽은 구키 요시타카와 구루시마(来島) 형제, 북쪽은 가토 요시아키와 간 미치나가(菅達長)가 포위하였다. 15일 밤에는 사방에서 조총과 대포로 원거리 공격을 가하고 날 밝을 즈음에 진격하여 성을 함락시키자고 하였었는데, 하필이면 그날 밤에는 보름달이 떠서 대낮 같았다. 이에 와키사카 야스

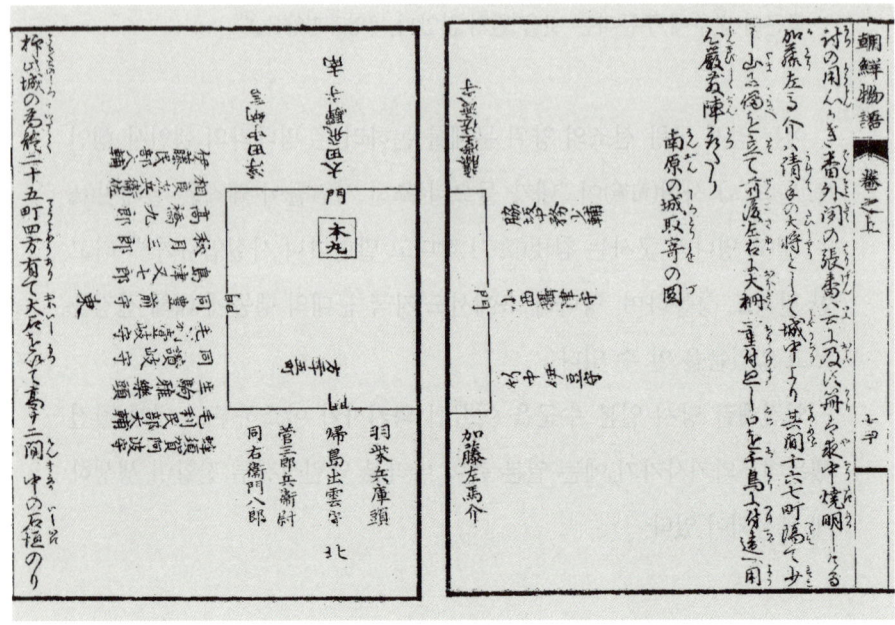

『조선이야기』 상권에 수록된 남원 전투 당시 일본군 편성도.

하루와 도도 다카토라는 "날이 밝으면 적의 방어가 견고해질 터이고 전 부대가 진격하면 수고로우니 오늘 밤에 성을 탈취하자"라고 상의하고는, 성의 망루를 향하여 대포를 두세 발 쏘고는 전투 개시의 함성을 올리며 담장을 넘어 성벽 아래에 닿았다. 성 안에서도 큰 돌을 비처럼 떨어뜨려서 아군의 사상자가 많이 발생하였다. 성벽은 견고할 뿐 아니라 아교와 옻을 맨들맨들하게 발라 놓아서 쉽게 타고 오를 수가 없었다. 와키사카 야스하루와 도도 다카토라가 간신히 사다리를 걸치고 서로 앞다투어 올라가니 아군 병사들도 이에 뒤질세라 성벽을 올라가, 마침내 두 번째 성벽(二ノ丸)까지 진격하였다. 적군도 여기서 전사하겠다는 각오로 방어하였지만 아군은 조금도 주저하지 않고 적의 대군 속으로 달려 들어가 적과 엉겨 붙고, 다른 곳에서는 적을 뒤쫓아 목을 베는 등 칼날에 불꽃을 튀기며 싸웠다.

이를 시작으로 세 방향의 아군이 총공격하여 성벽을 넘어, 그날 밤에 적병 2천 명 정도를 죽였다. 와키사카 야스하루는 이날 밤에 적의 목 5백여 개를 취하였다. 나머지 적군은 모두 패하여 그날 밤에 도망쳤다. 다음 날 이른 아침부터는 하루 갈 거리에 있는 산과 마을을 뒤져서, 그 구간 안에 도망쳐 있던 적군을 모두 베어 죽였다. 이리하여 열흘 사이에 아군은 적병을 수만 명 죽였지만 목을 취하는 대신 코를 잘라 목을 몇 개 잘랐는지 헤아렸고, 와키사카 야스하루는 목 2천여 개를 잘랐다. 그 뒤에 수군 장군들은 모두 남해(南海)로 돌아갔다. (『와키사카기』)[21]

『와키사카기』에서 남원성전투가 있었다고 전하는 9월 15일은 명량해전이 있던 날이다. 명량해전에서는 와키사카 야스하루 등의 일본 수군이 이순신의 조선 수군에 패했다. 『와키사카기』의 편찬자가 두 전투의 날짜를 혼동한 것이리라.

63

통제사 이순신이 진도 벽파정 아래에서
왜군을 무찌르고 적장 마다시를 죽이다

통제사(統制使) 이순신(李舜臣)이 진도(珍島) 벽파정(碧波亭) 아래에서 왜군을 무찌르고 적장 마다시(馬多時)[1]를 죽였다.

진도에 도착한 이순신은 병선(兵船)을 수습하여 십여 척을 얻었다. 이때 바닷가의 사람들 가운데 배에 타고 난리를 피한 사람들이 수없이 많았는데, 이순신이 도착하였다는 소식을 듣고 기뻐하지 않는 사람이 없었다. 이순신이 여러 방면으로 부르자 이들이 가깝고 먼 곳에서 구름처럼 모여들었기에, 이순신은 그들을 군대 후방에 두어 아군이 형세를 갖추는 데 도움을 주게 하였다.

적장 마다시는 해전을 잘 치른다는 평판이 있었는데, 그는 배 2백여 척을 이끌고 서해(西海)를 침범하고자 하여 아군과 벽파정 아래에서 만났다. 이순신은 열두 척의 배에 대포를 싣고는 밀물을 타고 이곳에 이르러, 바닷물의 흐름에 따라 적을 공격하니 적은 패하여 달아났고 아군은 크게 위세를 떨쳤다.

이때 이순신은 이미 8천여 병사를 거느리고 고금도(古今島)로 가서 주둔하고 있었는데, 군량미가 부족할 것을 우려하여 해로통행첩(海路通行帖)을 만들고 "전라·경상·충청 삼도 바닷가에 있는 배들 가운데 이 첩(帖)을 가지고 있지 않은 자들에 대하여는 공사(公私)를 막론하고 간첩으로 간주하고 통행을 막을 것이다"라고 명령하였다. 이에 난리를 피하여 배에 타고 있던 사람들이 모두 와서 첩을 받아갔다. 이순신은 배의 크기에 따라 차등을 두어 쌀을 바치고 첩을 받게 하였으니, 그 기준은 큰 배가 3석, 중간 배가 2석, 작은 배가 1석이었다. 난리를 피하여 있던 사람들은 재산과 곡식을 싣고 바다로 나가 있었기에 쌀을 바치는 것을 어렵게 여기지 않았고, 또한 통행이 금지되지 않은 것을 기뻐하였다. 그리하여 열흘 만에 군량미 1만여 석을 확보할 수 있었다. 또 사람을 모아 동과 철을 운반하게 하여 대포를 주조하고 나무를 베어 배를 만들었다. 이렇듯 여러 가지 일이 모두 순조로워지니 적군을 피하여 멀고 가까운 곳에 피난하여 있던 사람들은 이순신을 의지하여, 그의 군영으로 와서는 집 짓고 막 쳐서 장사를 시작하여 생계를 꾸리니 섬에서 이들을 다 수용할 수 없을 정도였다.

이윽고 명나라 수병도독(水兵都督) 진린(陣璘)이 우리나라로 와서 고금도로 남하하여 이순신과 군대를 합쳤다. 진린은 성격이 포악하여 사람들을 거스르게 하는 점이 많았기 때문에 모두들 그를 두려워하였다.[2] 임금께서는 남쪽으로 가는 그를 위하여 청파(靑坡) 들판에서 잔치를 열어 주셨다. 내가 진린의 병사들을 보니 수령(守令)들을 거리낌 없이 때리고 욕보였으며, 찰방(察訪) 이상규(李尙規)의 목에 밧줄을 매어서 끌고 다니니 피가 얼굴 가득 흘렀다. 통역관을 시켜서 이상규를 풀어 주라고 타일렀지만 듣지 않았다. 내가 함께 앉아 있던 대신들에게 "안타깝습니다. 이순신의 군대가 앞으로 또 패하겠습니다. 진린이 이순신과 같은 부대에 있게 되면 사사건건 그의 발목을 잡고 충돌하여 반드시 이순신의 장수 권한을 빼앗고 우리 병사들을 멋대로 괴롭힐 터인데, 이순신이 진린에게 거역하면 [진린은] 더욱 화를 낼 것이고 순종하면 더욱 거리끼는 바가 없어질 터이니 군대가 어찌 패하지 않을 수 있겠습니까?"라고 하자 모두들 내 말이 맞다고 하고는 서로 한탄할 뿐이었다.

　이순신은 진린이 올 것이라는 소식을 듣고는 병사들에게 대대적으로 사냥하고 고기잡이하게 하여 사슴, 돼지, 해산물을 매우 많이 확보하고, 또한 성대하게 술을 준비하고는 기다렸다. 이윽고 진린의 배가 바다에서 들어오니 이순신은 군대의 법식을 갖추고 멀리까지 나가 맞이하였고, 도착한 뒤에는 진린 부대에 크게 잔치를 베풀어 주니 명군은 장수부터 병사들에 이르기까지 모두 크게 취하였다. 명나라 장수와 병사들은 [이순신 장군에 대하여] "과연 좋은 장군이다"라고 서로들 이야기하였고 진린도 진심으로 기뻐하였다. 오래지 않아 적의 배가 부대 근처의 섬을 침범하자 이순신을 군대를 보내 이를 무찌르고 적의 머리 40개를 베어 와서는 이를 모두 진린에게 주어 그의 공(功)으로 삼도록 하니, 진린은 기대 이상의 대우에 점점 더 기뻐하였다. 이로부터 진린은 어떤 일이 있어도 반드시 이순신에게 묻고, 나갈 때에도 이순신과 가마를 나란히 하여 다니면서 감히 자신이 앞서 나가는 일이 없었다. 이리하여 마침내 이순신은 명나라 군대와 자신의 군대 사이에 구분을 없이 하자고 약속하고는, 백성의 작은 물건 하나라도 훔친 병사는 모두 잡아 와 곤장을 때리니, 감히 이순신의 명령을 어기는 자가 없어져서 섬의 분위기는 고요하고 엄숙해졌다. 진린이 임금께 "통제사에게는 천하를 운영할 만한 재주와 국난을 극복할 만한 공이 있습니다"라는 글을 올리니, 이는 [진린은] 이순신을 진심으로 따르는 것이었다.

統制使李舜臣, 破倭兵于珍島碧波亭下, 殺其將馬多 (권2·27) 時. 舜臣至珍島, 收拾兵船, 得十餘隻. 時沿海人, 乘船避亂者無數, 聞舜臣至, 莫不喜悅. 舜臣分道招呼, 遠近雲集, 使在軍後, 以助形勢. 賊將馬多時[3]號善水戰, 率其船二百餘艘, 欲犯西海, 相遇於碧波亭下. 舜臣以十二船, 載大砲[4], 乘潮至, 順流攻之, 賊敗走, 軍聲大振. 是時, 舜臣已有軍八千餘人, 進駐古今島, 患乏糧, 作海路通行帖, 令曰: "三道沿海公私船, 無帖者, 以奸細論, 毋得通行." 於是, 凡避亂乘船者, 皆來受帖, 舜臣以船大小差次, 使納米受帖, 大船三石, 中船二石, 小船一石, 避亂之人, 盡載財穀入海, 故不以納米爲難, 而以通行無禁爲喜, 旬日, 得軍糧萬餘石. 又募民輸銅鐵, 鑄大砲[5], 伐木造船, 事事皆辦, 遠近避兵者, 往依舜臣, 結廬造幕, 販賣爲生, 島中不能容. 旣而, 天朝水兵都督陳璘出來, 南下古今島, 與舜臣合兵. 璘性暴猛, 與人多忤, 人多畏之.[6] 上餞送于靑坡野, 余見璘軍人, 歐辱守令無忌, 以繩繫察訪李尙規, 頸曳之, 流血滿面, 令譯官勸解, 不得. 余謂同坐宰臣曰: "可惜. 李舜臣軍, 又

將敗矣.⁷ 與璘同在軍中, 掣肘矛盾, 必侵奪將權, 縱暴軍士, 逆之則增怒, 順之則無厭, 軍何由不敗?" 衆曰: "然." 相與嗟嘆而已. 舜臣聞璘將至, 令軍人大佃⁸漁, 得鹿豕海物甚多, 盛備酒醪而待之. 璘船入海, 舜臣備軍儀遠迎, 旣到, 大享其軍, 諸將以下無不沾醉, 士卒傳相告語曰: "果良將也." 璘亦心喜. 不久, 賊船犯 (권2·28) 近島, 舜臣遣兵敗之, 獲賊首四十級, 悉以與璘爲功, 璘益喜過望. 自是凡事, 一咨於舜臣, 出則與舜臣並轎, 不敢先行. 舜臣遂約束, 唐軍與己軍無間, 有奪民一縷者, 皆拿致捆打, 無敢違令者, 島中肅然. 璘上書於上言: "統制使有經天緯地之才, 補天浴日之功." 蓋心服也.

황석산성 함락 기사 뒤에 이순신의 재기용 기사, 바로 이어 남원 함락 기사와 이순신의 승전 기사를 배치함으로써 이순신이 전황을 조선 측에 유리하게 이끌어 결국 임진왜란을 종결시킨 주역임을 드러내고자 한 류성룡의 스토리텔링이 절묘하다고 하겠다. 간행본에서는 이 본문에 이어서 실려 있는「적병이 물러났다」라는 기사가, 초본에서는 이순신의 승전 및 해로통행첩 기사와 진린 기사 사이에 자리하고 있다.

한편, 초본의 "왜병을 크게 쳐부수었다(大破倭兵)", "적이 크게 패하여 달아났다(賊大敗走)"라는 대목이 간행본에서는 "왜병을 쳐부수었다(破倭兵)", "적이 패하여 달아났다(賊敗走)"라는 식으로 바뀌어 있어서 '크게(大)'라는 부사가 삭제되었음이 확인된다. 부사나 형용사에 의존하여 감정을 격렬하게 드러내는 대신에, 부사나 형용사를 극력으로 배제하여 사실을 무미건조하게 서술하는 데 그치는 것처럼 보이지만 극적인 서사구조를 통해 실제로는 더욱 강렬하게 이순신의 승리를 강조하고 있는 것이다.

한편, 『난중일기』 1597년 9월 16일조 기사에는 조선군이 마다시를 찾아내 죽이는 장면이 현장감 있게 그려져 있다.

> 항복한 왜인 준사(俊沙)는 안골에 있는 적진에서 투항하여 온 자인데, 내 배 위에 있다가 바다를 굽어보며 말하기를, "무늬 놓은 붉은 비단옷 입은 자가 바로 안골진에 있던 적장 마다시입니다"라고 말하였다. 내가 무상(無上) 김돌손(金乭孫)을 시켜 갈고리로 낚아 뱃머리에 올리게 하니, 준사가 날뛰면서 "이자가 마다시입니다"라고 하였다. 그래서 바로 시체를 토막 내라고 명령하니, 적의 기세가 크게 꺾였다.[9]

64

적병이 물러나다

　적병이 물러났다. 이때 적은 전라·경상·충청 삼도를 짓밟았으니, 지나가는 곳마다 집을 모두 불태우고 인민을 살육하고 우리나라 사람을 잡으면 그 코를 모두 베어서 자기 군대의 위력을 과시하였다.
　적이 직산(稷山)에 도착하니 한양 사람들이 모두 달아났다. 9월 9일에 왕비(內殿)께서 적군을 피하여 서쪽으로 내려가셨다. 경리(經理) 양호(楊鎬)와 제독(提督) 마귀(麻貴)는 한양에 있었는데 평안도 병사 5천여 명과 황해·경기 병사 수천 명이 징발되어 와서 한강 여울을 나누어 지키고 창고를 경비하게 하였다. 적은 경기도 경계까지 왔다가 퇴각하였다. 가토 기요마사는 울산에, 고니시 유키나가는 순천(順天)에, 시마즈 요시히로(島津義弘: 沈安頓吾)는 사천(泗川)에 주둔하니 적군의 선두에서 후미까지의 길이가 7, 8백 리였다.

이때 한양을 거의 지킬 수 없는 상황이었기 때문에 조정의 신하들은 앞다투어 피난 갈 계책을 아뢰었다. 그중에 지사(知事) 신잡(申磼)이 "어가는 당연히 영변으로 가셔야 합니다. 신은 일찍이 그곳의 병사(兵使)였기에 영변에 대하여 자세히 알고 있습니다. 다만 가장 걱정되는 것은 장(醬)이 없다는 사실입니다. 만약 장을 미리 준비하지 않으면 쓰기에 부족해질 것입니다"라고 건의하니, 이 말을 들은 사람들은 "신(辛)과 장은 어울리지 않는구나"[1]라고 서로 전하며 그를 비웃었다. 어떤 대신은 조당(朝堂)[2]에서 "이 적군을 두려워할 필요가 무어 있겠습니까? 시간이 흐르면 자연히 사라질 것입니다. 안전하고 편한 곳으로 어가를 모시고 가면 될 일입니다"라고 말하였다.

원수 권율이 한양으로 달려왔기에 임금께서 그를 불러 대책을 물으시자, 권율은 "애당초 어가가 서둘러 한양으로 돌아오시지 않았어야 하였습니다. 마땅히 서쪽에 계시면서 적의 세력이 어떻게 될지 관찰하여야 합니다" 하고 아뢰었는데, 얼마 뒤에 적이 물러났다는 소식이 들려오자 권율은 다시 경상도로 내려갔다. 대간(臺諫)은 "권율은 계략이 없고 겁이 많으니 도원수에 적합하지 않습니다"라고 건의하였지만 임금께서는 이 의견을 받아들이지 않으셨다.

賊兵退. 時賊蹂躪三道, 所過皆焚燒廬舍, 殺戮人民, 凡得我國人, 悉割其鼻, 以示威. 兵至稷山, 都城人皆奔散. 九月初九日, 內殿避兵西下, 經理楊鎬, 提督麻貴, 在京城, 而平安道軍五千餘人, 黃海·京畿軍數千, 徵至分守江灘, 警守倉庫. 賊從京畿界還退. 清正再屯蔚山, 行長屯順天, 沈安頓吾屯泗川, 首尾七八百里. 是時, 都城幾不守, 朝臣爭獻, 出避之策, 知事申磼進言曰: "車駕應幸寧邊. 臣曾爲兵使, 備諳寧邊事. 其最可憂者, 乃無醬也. 若不預辦, 何以繼用?" 聞者傳笑曰: "辛不合醬." 一大臣言於朝堂曰: "此賊何足憂? 久當自息. 惟當奉乘輿往安便處耳." 元帥權慄走至京, 上引見問之, 慄曰: "當初車駕不合遽還都城. 當留住³西方, 以觀賊勢如何." 旣而, 聞賊退, 慄又下慶尙道. 臺諫論: "慄無謀恇怯, 不可爲元帥." 不聽.⁴

❁

초본에서는 앞서 등장한 이순신의 승전 기사와 진린 기사 사이에 이 기사가 자리한다. 또한 본문에서 적을 두려워할 필요가 없다고 말한 "어떤 대신"의 이름이 "이산해(李山海)"로 적시되고, 이산해의 의견을 들은 한양 사람들이 혼란에 빠졌다고 적혀 있다.

이순신이 조선 수군을 성공적으로 부활시키고 적의 장수를 죽이는 전과를 올리며 명나라 군대까지 심복시켰다는 기사 바로 뒤에 "적병이 물러나다"라는 제목의 기사가 등장한다. 물론 이 뒤에도 조·명 연합군과 일본군이 승패를 주고받은 정유재란의 중요한 전투들에 대한 언급이 보이지만, 류성룡은 이들 전투보다 이순신의 활동에 초점을 맞춘다. 정유재란에 대한 류성룡의 해석은, 칠천량해전과 황석산성·남원성 전투 등에서 조선 수군, 조선 육군, 명나라 육군이 잇따라 패배한 뒤에 이순신이 이끄는 조선 수군이 승리를 거둠으로써 전쟁이 마무리로 향하고, 최후의 해전에서 이순신이 전사하면서 전쟁이 끝났다는 것이다.

명나라 문헌에서는 이 시기에 명나라 장군들이 주축이 되어 일어난 남원·전주·울산·사천·순천 등지의 전투를 상세히 언급하면서 가토 기요마사, 고니시 유키나가, 시마즈 요시히로 등을 유인해서 생포하거나 살해하려 한 여러 차례의 시도에 대해서도 구체적으로 싣고 있다. 일본 문헌에서는 본문에서 간단히 지나가는 직산전투를 정유재란 당시의 중요한 승리 중 하나로 강조한다. 특히 이 전투를 수행한 구로다 나가마사가 훗날 지배하게 되는 후쿠오카 번의 가이바라 엣켄은 자신의 저술 『구로다 가보』와 『구로다 기략』 등에서 이 전투를 강조하며 주군 가문의 선조를 현창하려 했다. 이처럼 명·일 문헌이 정유재란 시기를 상세히 기록하는 데 반해 류성룡이 1593년 4월의 한양 수복까지에 『징비록』의 거의 대부분을 할애하고 강화 교섭 추진과 결렬에 따른 정유재란에 대해서는 거의 서술하지 않는 것은, 류성룡이 7년 전쟁에서 어떤 시기를 중시했는지를 잘 보여 준다.

본문에 심안돈오(沈安頓吾)라고 되어 있는 것은 중세 이래로 규슈 남부의 사쓰마(薩摩) 지역을 지배한 시마즈 가문(島津家), 특히 임진왜란 당시 시마즈 군을 총지휘한 시마즈 요시히로(島津義弘)를 가리킨다. 심안돈오란 '시마즈 님'이라는 뜻의 일본어 '시마즈도노(島津殿)'를 한국식 한자음으로 옮긴 것이다. 『양조평양록』 등에는 '시마즈'라는 발음을 중국식 한자음으로 옮겨서 시마즈 요시히로를 '석만자 의홍(石蔓子義弘)' 즉 '시마즈 요시히로' 또는 '살마주 의홍(薩摩州義弘)' 즉 '사쓰마 주(州)의 요시히로'라고 적는다.

시마즈 요시히로는 성격이 교활하고 사나우며, 그가 주둔한 망진(望津)은 천혜의 요새였다. (『양조평양록』)[5]

자고로 이민족을 사납다고 하는 것은 그 이민족이 자국민에게 위협이 되는 무력을 소유하고 있음을 뜻한다. 중국 수나라나 당나라도 고구려를 그런 방식으로 비난한 바 있다. 시마즈 가문이 시마즈 요시히로 등의 공적을 칭송하기 위해 편찬한 『정한록(征韓錄)』의 서문에서, 에도의 학자인 하야시 가호(林鵞峰)는 『양조평양록』 등에 보이는 '석만자'라는 중국식 호칭을 끌어와, 임진왜란 당시 명나라군조차 시마즈 가문을 무서워했다며 칭송한다.

그 집안의 신하 시마즈 히사미치(島津久通)가 자신의 부하 다카야나기 유키부미(高柳行文)와 함께 임진왜란 두 차례 전쟁의 시말을 기록하여 6권으로 만들어 『정한록』이라 이름 붙이고는, 올 가을 에도에 체류하면서 내게 한번 보아 달라고 하였다. (중략) 가문에 전하는 바를 근본으로 삼고 중국의 기록을 참고하였음을 알겠다. 또한 히사미치의 조상 다다나가(忠長)가 요시히로를 따라 참전하였으니 그 기록이 정확함은 실록이라 하겠다. 어찌 항간에 떠도는 흔한 이야기와 감히 비교할 수 있으랴. 아아, 석만자(石曼子)의 이름이 이미 중국에 드러났도다! (하야시 가호 서문, 『정한록』)[6]

본문에 보이는 신잡과 장에 대한 일화와 비슷한 내용이 허균(許筠)의 『성소부부고(惺所覆瓿藁)』 권23 「설부(說部) 2 성옹지소록중(惺翁識小錄中)」

에 보인다. 이에 따르면, 신잡의 말을 듣고 농담한 사람은 한준겸(韓浚謙)이다. 또한 신일(辛日)에 장을 담그면 맛이 사납다는 내용은 19세기 초에 빙허각 이씨(憑虛閣李氏)가 엮은, 한글로 기록된 생활백과 『규합총서(閨閤叢書)』에도 보이는 등 조선시대에 널리 알려진 믿음이었다[7].

65

12월에 경리 양호와 제독 마귀가 기병과 보병 수만 명을 이끌고 경상도로 내려가 울산의 적 진영을 공격하다

[1597년] 12월에 경리 양호와 제독 마귀가 기병과 보병 수만 명을 이끌고 경상도로 내려가 울산의 적 진영을 공격하였다.

이때 적장 가토 기요마사는 울산군(郡) 동쪽 바닷가의 험준한 곳에 성을 쌓았다. 경리 양호와 제독 마귀는 적들이 성을 쌓느라 방심한 틈에 기습하려고 철갑을 입은 기병들에게 달려가 공격하게 하였다. 이 공격에 적은 속수무책으로 쓰러지며 버티지 못하여, 명나라 군대는 적의 외성(外城: 外柵)을 빼앗고 적은 내성(內城)으로 다투어 들어갔다. 명나라 병사들은 노획품에 눈이 멀어서 즉각 진격하지 않았다. 적은 성문을 닫고 굳게 지켰기 때문에 명나라 군이 공격하여도 이길 수 없었다. 명나라 군대는 여러 진영으로 나누어 성 아래에서 13일 동안 포위하였지만 적은 나오지 않았다.

　12월 29일에 나는 경주에서 경리 양호와 제독 마귀를 보러 갔다. 멀리서 적의 진영을 보니 매우 조용하여 사람 소리가 전혀 들리지 않았다. 성 위에는 성가퀴(女牆)를 설치하지 않았고, 성의 사면을 따라 긴 통로(長廊)를 만들어서 수비병이 모두 그 안에 있다가 성 바깥의 병사가 성 아래 오면 총알을 비처럼 마구 쏘았다. 날마다 교전(交戰)하니 명나라와 우리 군대가 죽어 성 아래에서 쌓여 갔다. 적의 배가 서생포에서 울산을 구원하러 와서 물오리나 기러기처럼 줄지어 물 위에 떠 있었다.

　도산성(島山城)에는 물이 없어서 적은 매일 밤 성 밖으로 나와 물을 퍼갔다. 이에 경리 양호는 김응서에게 병사들을 이끌고 성 밖 우물가에 매복하라고 명령하였다. 매일 밤 적병을 백여 명씩 생포하였는데, 그들은 모두 굶주리고 파리하여 간신히 음성과 낯빛이 남아 있었다. 이를 본 여러 장군들은 "성안에서는 군량미가 떨어졌으니 오랫동안 포위하고 있으면 적은 스스로 무너질 것이다"라고 하였다. 이때 날씨가 매우 춥고 날마다 비가 내려서 병사들은 손발에 동상을 입었다.

　얼마 뒤에 적이 또 육로로 성안의 군대를 구원하러 오자, 경리 양호는 적에게 공격당할 것을 두려워하여 급히 한양으로 돌아왔고, [1598년] 1월에 명나라 장군들은 모두 한양으로 돌아와서 다시 공격할 계획을 세웠다.

　　十二月, 楊經理·麻提督, 領騎·步兵數萬, 下慶尙道, 進攻蔚山賊營. 時賊將淸正築城於蔚山郡東海邊斗絶處, 經理·提督乘其不意掩之, 以鐵騎馳擊, 賊披

靡¹不能支. (권2·29) 天兵奪賊外柵, 賊奔入內城, 天兵貪擄獲之利, 不卽進攻. 賊閉門固守, 攻之不克, 諸營分屯城下, 圍守十三日, 賊不出. 二十九日, 余自慶州, 往見經理·提督, 望²賊疊甚靜暇, 寂無人聲. 城上不設女墻³, 環四面爲長廊, 守兵悉在其內, 外兵若至城下, 則銃丸亂發如雨. 每日交鋒, 天兵與我軍, 死城下成積. 賊船從西生浦來援, 列泊水中如鳧鴈. 島山無水, 賊每夜出汲城外, 經理令金應瑞, 率勇士, 伏城外泉傍, 連夜擒百餘人, 皆飢羸, 僅屬聲氣, 諸將言: "城內糧絶, 久圍將自潰." 時天甚寒陰雨, 士卒手足瘴瘃. 已而, 賊又從陸路來援, 經理恐爲賊⁴所乘, 遽旋師. 正月, 天將悉回京師, 謀再擧.

근세 일본의 문헌에서는 울산성전투를 벽제관전투, 칠천량해전, 사천전투 등과 함께 임진왜란 당시 일본이 거둔 중요한 승리로 간주한다. 울산성전투는 본문에서와 같이 『징비록』에는 간단히 정리되어 있지만 일본과 중국 문헌에는 그 과정이 대단히 상세히 기록되어 있다. 특히 일본 문헌에서는 불리한 상황에서 가토 기요마사가 보여 주는 식견과 담력이 강조되고, 마치 전쟁 초기에 이순신의 수군에 당한 일본 수군이 신의 도움으로 살아났다고 강조하는 것처럼(『고려해전기』), 장기간의 농성으로 곤란한 상황에서 일본의 신들이 도와주었다고 주장하고 있다. 울산 농성전이 임진왜란 7년간 일본군이 겪은 최고의 위기 상황이었음을 역설적으로 보여 준다. 『기요마사 고려진 비망록』의 기사를 인용한다.

1597년 12월 27일에 기요마사는 중간성과 외성 사이의 널따란 풀밭으로 나갔다. 성이 너무 좁은 터라 임시로 건물을 지어야겠다고 생각하면서 살펴보니, 산에서 북쪽 방향에 울산성보다 높은 산이 있었고 남방군이 그곳에 진을 치고 울산을 내려보고 있었다. 성과의 거리가 5, 6백 미터 정도 되어서 활과 조총이 닿지 않았다. 남방군은 그곳에서 울산성 쪽으로 대포를 쏘아 댔다.
   기요마사가 풀밭으로 나오시고 사람들이 많이 따라 나온 것을 본 중국인들이 쏜 대포에 기요마사의 부하가 맞아서 몸통 위쪽이 잘리고 아래쪽만 남았다. 그러자 기요마사는 "조금도 움직이지 말라" 말씀하셨다. 잠시 후에 다시 한 발이 날아왔는데, 이것은 사람에게 맞지 않고 풀밭에 박혔다. 너구리 굴만 한 크기로 박혔다. 이때도 기요마사는 "조금도 움직이지 말라. 나도 남들만큼이나 목숨이 아깝지만, 이 기요마사도 여기서 조금도 물러서지 않고 버티고 있으니 너희들도 조금도 움직이면 안 될 것이다" 하고 단단히 말씀하셨다. 세 번째 날아온 대포알은 본성보다 훨씬 위쪽 하늘을 지나갔다. 이를 본 기요마사가 "이제 후퇴하라" 말씀하시니 모두들 본진으로 돌아갔다. 중국인들은 "세 번째 쏜 대포가 명중하여 적들이 도망쳤다"라고 생각하고는, 그때부터 모두 하늘 높이 쏘아 대니 대포알은 조금도 성을 손상시키지 않았다. 난처해 하던 일본 병사들은 이를 보고 모두 "기요마사 님이 앞서 대포알이 두 번 날아와도 물러서지 않으시다가 세 번째 대포알이 허공을 가르는 것을 보고는 후퇴하신 것은 과연 지당하신 일이다. 명장(名將)의 사려분별은 역시 남다르구나" 하였다. (중략)
   기요마사가 농성을 시작한 얼마 뒤에 모리 가쓰노부(毛利勝信), 안코쿠지 에케이(安国寺恵瓊), 야마구치 무네나가(山口宗永) 등이 백여 명의 부하를 이끌고 울산 바로 옆까지 배를 타고 접근하셨다.

그때, 일본쪽 바다에서 기묘한 검은 구름이 일어나 점차 접근하여 와서 살펴보니 가마우지였다. 대체로 고려에서는 평소에 전혀 보지 못하던 터이라 "가마우지가 참으로 많구나"라며 보아 하니 그 수가 몇만 몇백만이나 되었다. 이 가마우지들은 춤추듯이 울산성 주위의 성들 위로 날아올랐다가는 내려갔다가를 반복하였다. 성안의 병사들은 "가마우지는 아마테라스 오카미(天照大神)와 하치만 대보살(八幡大菩薩)의 사신이라 들었으니, 일본의 신들이 일본군을 지키시려고 힘을 보태 주시는 것이리라" 하며 마음 든든하게 생각하였다.

그런데 히고(肥後) 지역에 후지사키 하치만(藤崎八幡)이라는 진자(神社)가 있었다. 기요마사가 늘 신앙하여 신전(神田) 등을 바치셨다. 그 진자의 신관의 아들이 갑자기 신들려서 말하기를 "나에게 후지사키 하치만 신이 내리셨습니다. 모두들 잘 들으십시오. '가토 기요마사가 울산에서 농성하는데, 이국 오랑캐인 대명인·조선인이 맹렬하게 그 성을 포위하여 곤란에 빠졌기에 우리들이 그곳으로 건너가 합심하여 이국 오랑캐들을 2, 3일 안에 모두 쓸어버릴 것이니 안심하거라' 하며 펄쩍펄쩍 뛰었다.

"불가사의한 일이로구나. 하지만 진짜는 아니겠지"라고들 생각하고 있던 차에, 정월 18일에 울산에서 배를 타고 온 사절이 "정월 3일에 일본군이 후위를 공격하여, 대명인·조선인이 패하고 많이 죽어서 농성군이 무사하였다"라고 들려준 이야기가 위에 언급한 신들린 자의 말과 조금도 다르지 않았다. 이에 신심(信心)이 더욱 깊어져서, 기요마사가 귀국하자 모두들 이 이야기를 들려 드렸다. 이에 기요마사는 더욱더 하치만 신을 신앙하게 되어 후지사키 하치만 진자에 거듭 신전을 바치셨다. (『기요마사 고려진 비망록』)

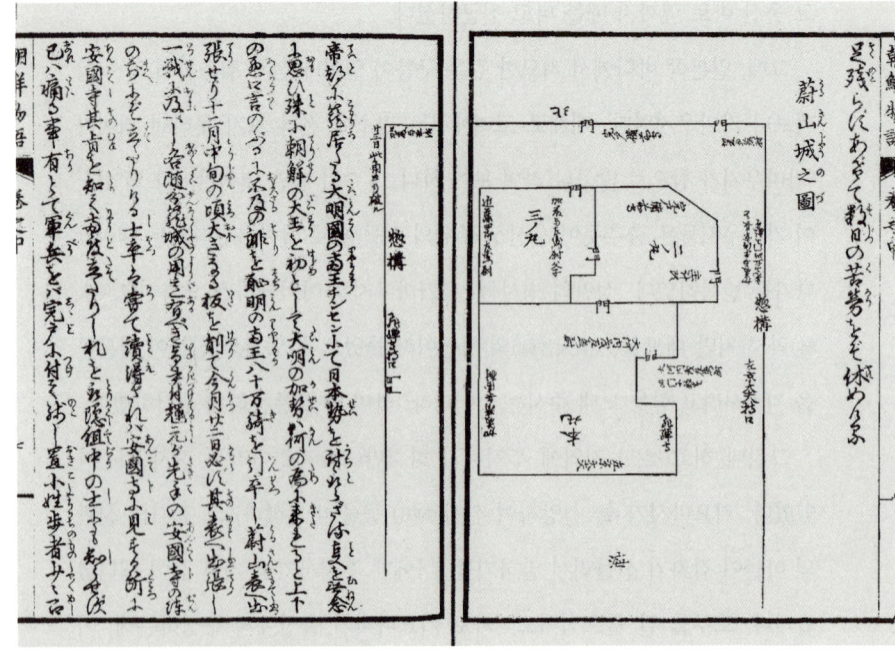

「조선이야기」 중권에 수록된 울산성전투 당시 일본군 편성도.

    울산성전투에서 일본군이 성에 갇혀 굶주리는 모습은 앞서 소개한 오코치 히데모토의 『조선이야기』에 울산성 배치도와 함께 생생하게 전하고 있고, 『기요마사 고려진 비망록』에도 다음과 같이 간략히 언급되어 있다.

    이 농성은 갑작스럽게 이루어진 터라 성안에는 군량미가 전혀 없어서 곤경에 처하였다. 가토 세이베이는 매일 두 차례씩 다섯 명분의 도시락을 기요마사와 아사노 유키나가에게 보내 드렸다. 그러나 두 분은 이를 눈꼽만큼도 안 드시고 굶주린 기색의 소년 측근(小姓)들에게 모두 주셨다. (『기요마사 고

려진 비망록』)⁵

또한 『양조평양록』에도 아래 인용문과 같이 기록되어 있는 등, 울산성전투에 참전한 조선·명·일 삼국의 기록이 모두 성안의 일본 병사들이 심한 굶주림에 시달렸음을 증언한다. 임진왜란에서 조선의 민군(民軍)이 굶주리는 모습은 당연시되었지만, 침략군인 일본군이 굶주리는 것은 드문 일이어서 삼국의 기록이 모두 그 모습을 특필한 것 같다.

명나라 군대의 포위가 열흘 밤낮에 이르자, 성안에는 음식물이 준비되어 있지 않았기 때문에 왜놈들은 종이를 씹어 굶주림을 달래고 오줌을 마셔 목을 축이는 지경에 이르렀다. 밥을 만들어서는 싸울 수 있는 자들에게 먼저 먹게 하였으니, 나머지는 그 소리를 들으며 굶어 죽어 갔다. 왜군 병사들은 아침저녁으로 성이 함락될 것을 두려워하였지만, 가토 기요마사는 전혀 무서워하지 않고 오로지 성을 사수하여 부산에서 올 구원병을 기다릴 뿐이었다. (『양조평양록』)⁶

임진왜란 7년 중 1593년 1월의 평양성전투, 1598년 11월의 노량해전 등과 함께 최대의 격전이었던 이 울산성전투 당시, 류성룡이 전투 현장에서 일본군을 바라보고 있었다. 한편 당시 울산성에서 농성하던 오코치 히데모토는 『조선이야기』에서 자신의 경험을 생생히 전하고 있다. 이 두 사람의 기록을 읽으면, 역사의 현장이 쌍방향에서 생중계되는 기묘한 느낌에 사로잡힌다.

66

무술년 7월에 경리 양호가 파면되고 새로 경리 만세덕이 이를 대신하다

　무술년[1598] 7월에 경리(經理) 양호(楊鎬)가 파면되고 새로 경리 만세덕(萬世德)이 이를 대신하였다.

　이때 군문(軍門) 형개의 참모관(參謀官)인 병부주사(兵部主事) 정응태(丁應泰)가, 양호가 황제를 기만하고 일을 망친 죄 이십여 가지를 들어 명나라 황제에게 탄핵하니 마침내 양호는 파면되어 명나라로 돌아갔다.

　임금께서는 양호가 여러 경리들 가운데 적을 토벌하는 일에 가장 열심이었다고 하여, 즉시 좌의정 이원익에게 양호의 행동을 변호하고 탄원하는 문서를 가지고 명나라 수도로 달려가게 하였다.

　8월에 양호가 서쪽으로 가게 되니 임금께서는 홍제원(弘濟院) 동쪽까지 나아가 눈물 흘리며 배웅하셨다. 만세덕은 우리나라로 출발하려 하고 있었지만 아직 도착하지 않았다.

9월에 형개가 다시 부대를 편성하여 마귀(麻貴)가 울산, 동일원(董一元)이 사천, 유정(劉綎)이 순천, 진린(陳璘)이 바다를 맡게 하였다. 그리고 그들이 동시에 진격하도록 하였지만 모두가 승리하지 못하였고, 동일원의 부대는 적에게 패하여 전사한 사람이 매우 많았다.

戊戌七月, 經理楊鎬罷, 新經理萬世德代之. 時邢軍門參謀官兵部主事丁應泰, 劾奏楊鎬, 欺罔債事二十餘罪, 鎬遂罷去. 上以鎬, 於諸經理中銳意討賊, 卽遣左議政李元翼, 賫伸救奏, 馳赴京師. 八月, 鎬西去, 上送至弘濟院東, 流涕而別. 萬世德將出未至. 九月², 邢玠又分調, 麻貴主蔚山, 董一元主泗川, 劉綎主順天, 陳璘主水路, 同時進攻, 皆不利, 董軍爲賊所敗, 死者尤多.

양호는 울산성의 패배를 승리라고 주장하고 피해 상황도 축소해서 명나라 조정에 보고하니, 그의 정적(政敵) 정응태가 양호를 탄핵했다. 또한, 조선 측이 양호를 옹호하는 데 앙심을 품은 정응태는 조선이 일본과 내통한다는 주장을 펼쳤다. 이에 대해 조선 측의 입장을 변호할 사람을 명나라 조정에 파견하기로 하고 류성룡과 이항복이 후보에 올랐으나, 류성룡이 이를 거부했다. 그러자 남인 류성룡의 정적이었던 북인 이이첨(李爾瞻) 등이 류성룡을 공격했고, 마침내 1598년 11월에 류성룡은 영의정을 파직당했다. 뒤이어 류성룡은 12월에 모든 관직을 삭탈당하고 이듬해 1599년에 하회마을로 낙향하여, 1604년에 『징비록』을 탈고하게 된다. 이러한 상황을 당쟁으로 해석하는 것은 물론 타당하지만, 결국은 토사구팽(兎死狗烹)이라는 중국의 옛말처럼 임진왜란 7년간 조선 조정을 대표해서 전쟁의 종식에 분투한 류성룡에게 자연히 집중된 권력을 꺼리는 사람이 너무나도 많았을 터라서 류성룡 본인으로서도 물러날 수밖에 없었을 것이다. 류성룡에게는, 살아남기 위해 철저히 은둔의 길을 택한 곽재우의 길과 7년 전쟁의 마지막 전투에서 전사한 이순신의 길이라는 두 가지 선택지만이 남아 있었을 터이다.

남인 류성룡의 정적이었던 북인들이 주도해서 만든 『선조실록』의 1598년 11월 16일조에는, 류성룡이 심유경과 결탁해서 일본과의 화의 성립에 열심이었다는 사간원의 탄핵 내용이 실려 있다. 그 내용을 인용한다.

> 왜적과 같은 하늘 아래에서 함께 살 수 없는 것은 어린아이들도 모두 아는 일인데 성룡은 대신으로서 맨 먼저 화친을 주장하고 호택(胡澤)이 나왔을 때에 기미책(羈縻策)을 힘써 주장하여 드디어 심유경과 서로 표리(表裏)가 되었습니다. 이에 중국에서 그것을 꼬투리 삼아 왜적을 봉(封)하는 칙서 내용에 '조선에서 일본을 봉하여 줄 것을 요청하였다'라는 말까지 나오게 되었으니, 이는 온 나라 백성들이 바다에 빠져 죽을지언정 듣지 않고자 하는 것입니다. 성룡은 조정의 의논이 허락하지 않을 것을 염려하여 그 일을 깊이 숨겨 대관(臺官)이 알지 못하도록 하고 황신(黃愼)이 떠나간 뒤에 대관이 비로소 듣고 논하였으니, 그가 조정을 멸시하고 기탄없는 짓을 함이 극심합니다. (중략)

양 경리(楊經理: 양호)가 왜적을 토벌하는 데 뜻을 두어 화친을 주장하는 성룡을 현저하게 비난하였으므로 성룡은 늘 유감을 품었는데 경리가 참소를 당한 것은 그의 욕구에 적중된 것이라, 조정에서 경리를 위하여 변무(辨誣)하려고 하면 '이 일은 내가 아는 바가 아니니 우의정에게 말하는 것이 옳다'라고 하였고, 과도(科道)에게 정문(呈文)하려고 하면 앞에 자기 이름 쓰는 것을 달갑게 여기지 않아 매번 원임 대신(原任大臣)을 먼저 쓰게 하였으니 그 마음은 정응태를 거스를까 염려하여 그런 것입니다. 오직 화친을 주장하는 한 가지 생각만이 마음속에 가득 차 있었기에 직무를 담당한 지 6~7년 동안 그가 경영하고 조처한 것이 대부분 유명무실하였고, 다만 문자나 짓는 것으로 그날그날의 책임을 때웠으며, 남의 말에 관심을 두지 않고 멋대로 고집을 부려 하는 일마다 정치를 해치는 짓만 하였습니다 (하략). (『선조실록』)[3]

한편, 정응태가 조선에 대해 음해한 문서의 내용은 조선으로 전해져 『선조실록』과 『선조수정실록』에 실려 있다. 그 내용은 상당 부분이 거짓이지만 흥미로운 내용도 일부 포함되어 있다. 조선이 일본을 끌어들여 고구려의 옛 땅을 회복하려 했다는 주장이나, 조선 전기에 신숙주가 일본과의 외교 관계 사항을 정리한 『해동제국기』에 대한 언급은, 조선과 일본의 교류를 명나라가 악의적으로 보면 어떻게 해석할 수 있는지를 생생하게 증명한다는 차원에서 흥미롭다. 『징비록』 첫머리에는, 임진왜란 발발 전에 일본 측에서 조선 측에 도요토미 히데요시의 국서를 전달하고 통신사 파견을 집요하게 요청한 등의 내용을 명나라에 보고해야 할 것인가의 여부를 두고 조정에서 논란이 있었다는 대목이 있다. 류성룡은 정응태 사건을 염두에 두고 『징비록』에 이러한 내용을 기록해 둔 것일지도 모른다. 또한, 정응태의 주장 가운데 국왕 선조가 음란하고 포악하다는 주장은 『양조평양록』 등에도 보이며, 명나라의 반(反)조선적 입장을 가진 사람들은 실제로 이와 같은 생각을 하고 있었던 것 같다. 그리고 이러한 주장을 담은 『양조평양록』이 일본으로 건너가면서, 일본에서도 자신들의 침략을 조선의 부덕의 소치로서 정당화하는 주장이 등장하게 된다. 『선조수정실록』 1598년 9월 1일조 기사에 보이는 정응태의 음해 내용 가운데 일부를 인용한다.

신(臣)이 협강(夾江)의 섬에 가서 콩과 기장이 무성하게 잘 자란 것을 보고는 길 가던 요동 사람에게 물었더니, 말하기를 '이곳은 땅이 기름져 수확이 서토(西土)보다 몇 배나 된다. 지난해에 조선과 요동 사람이 다투어 송사하였는데 도사(都事)가 여러 차례 단안(斷案)하여 조선 사람들이 불평하였다. 그래서 만력(萬曆) 20년에 마침내 그들 나라에 세거(世居)하고 있던 왜호(倭戶)로 하여금 여러 섬의 왜노(倭奴)를 불러들여 군사를 일으켜 함께 중국을 침범하여 요하(遼河) 이동(以東) 지방을 탈취하여 고구려 옛 강토를 회복하려 하였다' 하여, 신은 놀라고 괴이한 생각을 금할 수 없었습니다.

신이 정주(定州)에 머물렀는데 신의 부하가 몇 자의 베로 조선 사람이 음식물을 싸서 파는 구서(舊書)를 바꾸었는데 책 이름이 『해동기략(海東紀略)』이었으며, 바로 조선과 왜가 우호적으로 교류한 사실을 적은 책이었습니다. 병술년부터 수린(壽藺)에게 서신과 예단을 갖추어 일본과 사쓰마 제주(諸州) 및 쓰시마 제군(諸郡)·제포(諸浦)에 보냈고 혹 도서(圖書)를 받기도 하였으며, 해마다 왜선(倭船)과 통하여 무역할 것을 약속하기도 하였고, 혹은 조선의 미두(米豆)를 받기도 하였으며 명주베 1천 필과 쌀 1백 석(石)을 이세수(伊勢守)에게 바쳐 일본에 전달(轉達)한 것 등이 모두 헌납(獻納)하고 무역한 실적(實迹)이었습니다. 또 국왕과 제추(諸酋) 간의 왕래한 사신 선박에 일정한 숫자가 있고, 여러 사신을 접대하는 데 일정한 예(例)가 있으며 왜관(倭館)과 사신선(使臣船)의 대소와 선부(船夫)의 일정한 정원이 있고, 도서를 주는 데 직장(職掌)이 있으며, 맞아들이고 연회를 베푸는 데 정하여진 의식이 있습니다. 또 그들의 천황세계(天皇世系)와 국왕세계(國王世系), 정령(政令)과 풍속이 손바닥을 보듯 자세하고, 일본의 사신을 빌려 유구(琉球)와도 통하였습니다. 또 그 도설(圖說)을 상고하여 보면 웅천·동래·울산에는 항상 왜호 2천 남짓이 살고 있으며, 전산전(畠山殿) 부관(副官)의 서계(書契)에는 국왕과 화친하는 것을 명백히 말하고 있습니다. 이로써 보건대 명주와 쌀을 바쳤다는 설이 근거가 있고, 왜인을 불러들여 땅을 회복하려 한다는 말이 헛말이 아닙니다. 관백이 걸출한 우두머리인 줄을 모르고서 조선이 불러들이자 피폐한 것을 틈타 [관백이] 마침내 단번에 조선을 습격하여 격파하였으니, 이는 조선의 군신이 자초한 화입니다.

　조선에서 과거에 응시한 사람은 『삼경(三經)』을 배워 이미 『춘추(春秋)』의 대의(大義)를 알 것이니 삼가 천조(天朝)의 정삭(正朔)을 받들어야 하는데, 어찌하여 또 일본의 강정(康正)·관정(寬正)·문명(文明) 등의 연호를 따라 크게 쓰고, 또 작은 글씨로 영락(永樂)·선덕(宣德)·경태(景泰)·성화(成化)의 기년(紀年)을 일본 기년 아래에 나누어 썼겠습니까. 이는 일본을 높이 받드는 것이 천조보다 월등히 더한 것입니다. (중략) 지금 조선 국왕은【성 휘(姓諱)】 백성들에게 포학하고 주색에 빠져 감히 왜를 유인하여 침범하여 오게 함으로써 천조를 우롱하고 (하략). (『선조수정실록』)[4]

이렇듯 울산성전투는 조선과 명의 상층부를 분열시키는 결과를 가져온 한편, 일본 측의 정세에도 중대한 변화를 일으킨다. 앞에서도 설명했듯이, 도요토미 히데요시의 정권에서는 이시다 미쓰나리, 고니시 유키나가 등의 실무를 담당하는 그룹과 가토 기요마사, 후쿠시마 마사노리 등 무단파 그룹 간의 대립이 심했다. 이 갈등이 결정적이 되는 것이 울산성전투였다.

한편, 동일원(董一元) 군이 대패한 것은 1598년 9월 말에서 10월 초 사이에 걸쳐 전개된 사천전투였다. 이 전투에서 승리한 일본 측은 그 승리의 규모를 과장하는 경향을 보인다. 여기에는 이 전투를 주도한 시마즈 가문의 사정이 있었다. 즉, 오랜 역사를 자랑하는 시마즈 가문은 미천한 출신의 고니시 유키나가나 가토 기요마사에 비해 임진왜란에서 거의 승리를 거두지 못한 것을 안타깝게 여기던 차에 전쟁 막판에 사천에서 이겼기 때문에, 이 전투의 의미를 최대한으로 강조할 필요가 있었던 것이다. 그래서 귀국해서는 고야산에 '고려진 적·아군 전사자 공양비(高麗陣敵味方戰死者供養碑)'라는 비석을 세워, 겉으로는 자비심을 내세우면서 실제로는 일본 내에 자기 가문의 승전을 강조한다. 또『정한록』과 같은 문헌을 제작해서는 도쿠가와 막부의 신임을 받는 학자 집안 출신의 하야시 가호(林鵞峰)에게 서문을 받는 등 대외 선전에 열심이었다. 아래에 비석 내용을 소개한다.

고려국에 주둔하던 동안에 전투에서 죽은 적과 아군을 모두 불도(佛道)에 귀의시키려 비석을 세운다. 1597년 8월 15일, 전라도 남원에서 대명국 군병 수천 기가 아군에 살해당하고 생포된 가운데 시마즈 부대는 420명을 죽였다. 같은 해 10월 1일, 경상도 사천에서 대명군 8만여 명을 죽였다. 이들 전장(戰場)에서 적의 활과 칼, 몽둥이에 맞아 살해당한 사람은 3천여 명이었고 바다와 육지에서 횡사(橫死)하거나 병으로 죽은 사람의 수는 다 적을 수가 없을 정도였다. (고려진 적·아군 전사자 공양비)[5]

참고로, 시마즈 가문이 다스린 사쓰마(오늘날의 가고시마 현)는 훗날 1868년의 메이지 유신을 주도한 지역으로, 그 핵심 세력이었던 사이고 다카모리는 '정한론'을 주장했으나 받아들여지지 않고 정계에서 고립되자 불만 사무라이 세력을 규합해서는 자기가 세운 것이나 다름없는 메이지 정부에 맞서 1877년에 반란을 일으켰다가 진압된다. 이를 서남전쟁(西南戰爭)이라고 한다. 서남전쟁 당시 반란군은 정부군이 지키고 있던 규슈 중부의 구마모토 성(熊本城)을 공격했고, 이때 의문의 화재가 발생했다. 구마모토는 가토 기요마사의 본거지였고, 그곳에는 가토 기요마사를 모시는 혼묘지(本妙寺) 절이 있었다. 이 절에는 가토 기요마사가 함경도에서 생포한 조선의 두 왕자 임해군과 순화군에게 강요해서 쓰게 한 감사 편지, 사명대사 유정이 가토 기요마사 측의 종군 승려에게 보낸 편지를 비롯해서 임진왜란과 관련된 중요한 유물이 다수히 소장되어 있었는데, 만약 이 절이 그대로 구마모토 성 안에 남아 있었다면 이들 유물도 모두 불타 버렸을 것이다.

이러한 사태를 막은 것이, 임진왜란 당시 가토 기요마사의 포로가 되어 일본으로 끌려갔다가 훗날 불교에 귀의한 니치요 쇼닌(日遙上人, 일요 상인)이었다. 혼묘지 절의 3대 주지였던 니치요 쇼닌이 혼묘지 절을 구마모토 성 밖의 가토 기요마사 무덤이 있는 산으로 옮긴 것이다. 니치요 쇼닌의 조선 이름은 여대남(余大男)으로, 그에게 가토 기요마사는 자신을 납치한 원수이자 자신을 길러 준 은인이라는 모순적 존재였다. 특히 어릴 때 포로가 되어 일본에 간 사람들은 자신의 고향이나 부모의 이름, 조선말 등을 잊어버리고 일본 생활에 적응해 갔기 때문에 훗날 통신사가 일본으로 파견되어 포로를 조선으로 송환하려고 할 때에도 응하지 않는 경우가 상당히 있었다. 오늘날의 한국인들에게는 이러한 사람들의 삶의 방식이 받아들여지기 어려울 수 있지만, 조선과의 인연이 모두 끊어진 그들에게는 현재 거주하는 일본 땅에서 살아남는 것이 최우선이었다. 니치요 쇼닌의 경우에는 나중에 아들이 일본에서 스님이 되어 있다는 소문을 들은 고향의 아버지가 편지를 보내왔고, 니치요 쇼닌은 자신은 이미 불교에 귀의한지라 같은 하늘 아래에서 아버지의 복을 기원하겠다는 답신을 보내기도 했다. 아버지가 보낸 편지의 원본과 아버지에게 보낸 답신의 부본(副本)도 혼묘지 절에 현존한다. 니치요 쇼닌은 비록 여러 이유에서 일본에 남기는 했지만, 일본 사회에 완전히 동화되지도 못했다. 아버지에게 보낸 답신의 부본 말미에는, 니치요 쇼닌이 주위의 일본인 사회로부터 고립되어 있으며 구마모토의 북쪽에 자리한 사가(佐賀)에 포로로 잡혀와 유학자가 된 홍호연(洪浩然) 등과만 관계하고 있다는 글이 덧붙여져 있다. 사가는 임진왜란 당시 가토

가토 기요마사의 묘소가 있는 구마모토 현 구마모토시 혼묘지 절.

혼묘지 절 근처의 울산마치 버스정류장. 임진왜란 당시 울산에서 연행한 포로를 이곳에 둔 데에서 비롯한 지명이라는 전승이 있다.

기요마사와 행동을 함께 한 나베시마 나오시게가 지배한 지역이다. 그런 관계로 홍호연의 글씨 등도 혼묘지 절에 전한다.

67

10월에 제독 유정이 다시 순천의 적진을 공격하다. 통제사 이순신은 수군을 이끌고 적의 구원군을 바다에서 크게 무찌르지만 이순신은 이 전투에서 전사하다

[1598년] 10월에 제독(提督) 유정(劉綎)이 다시 순천(順天)의 적진을 공격하였다. 통제사 이순신은 수군을 이끌고 적의 구원군을 바다에서 크게 무찌르지만 이순신은 이 전투에서 전사하였다. 적장 고니시 유키나가는 성을 버리고 달아났고 부산·울산·하동(河東) 등 연해 지역의 적군도 모두 물러났다.

이때 고니시 유키나가는 순천 예교(芮橋)에 성을 쌓고 굳게 지키고 있었는데, 유정이 대군을 이끌고 공격하였지만 이기지 못하고 순천으로 돌아왔다. 얼마 뒤에 다시 이를 공격하였고, 이순신과 명나라 장군 진린은 바다와 이어지는 어귀를 장악하고 접근하였다. 고니시 유키나가 사천에 주둔하던 적장 시마즈 요시히로(沈安頓吾)에게 구원을 요청하

니, 시마즈는 뱃길로 구원 왔다. 이순신은 진격하여 시마즈 군을 크게 이기고 적의 배 2백여 척을 불태웠으며 죽인 적병의 수를 헤아릴 수 없었다.

달아나는 적의 수군을 뒤쫓아 남해(南海)의 경계[인 노량]에 이르러 이순신은 날아오는 화살과 돌을 무릅쓰고 친히 열심히 싸웠다. 적진에서 날아온 총알이 그의 가슴을 뚫고 등 뒤로 나가니 좌우에 있던 사람들이 그를 부축하여 장막 안으로 옮겼다. 이순신은 "지금 싸움이 급하니 삼가 내가 죽었다는 말을 하지 말라" 하고는 전사하였다. 이순신의 형의 아들인 완(莞)은 원래 담력과 도량이 있는 사람이어서, 이순신의 죽음을 비밀로 하고 이순신의 명령이라고 하여 전투를 더욱 급하게 독려하였으므로 군중의 병사들은 그 사실을 알지 못하였다.

진린이 탄 배가 적에게 포위된 것을 본 이완은 부대를 지휘하여 이를 구하러 갔다. 적이 흩어져 달아난 뒤에 진린은 이순신에게 자신을 구하여 준 데 감사를 표하려고 사람을 보냈다가 비로소 이순신이 전사한 사실을 알고는 의자 위에서 땅으로 몸을 던져 "나는 장군이 살아 계시면서 나를 구하러 오신 줄 알았는데 어찌 돌아가셨습니까!" 하며 가슴을 치면서 크게 통곡하였다. 온 군대가 통곡하니 그 소리가 바다를 흔들었다. 고니시 유키나가는 우리 수군이 시마즈 군을 뒤쫓아 자기 진영을 통과한 뒤에 빠져나갔다. 이에 앞서 7월에 왜의 우두머리인 도요토미 히데요시가 이미 죽었기 때문에 연해(沿海)의 적군이 모두 물러난 것이다.

이순신이 죽었다는 소식이 들리자 아군과 명나라 군대가 모두 통곡하였으니, 마치 자기 부모의 죽음을 애통해 하는 것 같았다. 이순신의 널(柩)이 지나는 곳곳의 인민들은 제단을 차렸고, 상여를 막으면서 "참으로 공(公)께서 우리를 살렸는데 지금 우리를 버리고 어디로 가십니까!"라며 통곡하니 길이 막혀서 상여가 나아가지 못하였다. 길가는 사람들도 모두 통곡하였다.

조정에서는 이순신에게 의정부 우의정(議政府右議政)으로 추증하였다. 군문 형개는 "마땅히 바다에 사당을 세워 그의 충혼(忠魂)을 기려야 합니다"라고 말하였지만 끝내 이루어지지 못하였다. 이에 바닷가의 사람들은 힘을 합쳐 사당을 만들고 민충사(愍忠祠)라 이름 붙여, 때마다 제사를 올렸다. 사당 아래를 오고가는 상선과 어선에 탄 사람들도 그를 제사 지냈다 한다.

十月, 劉提督再攻順天賊營, 統制使李舜臣, 以舟師大破¹, 其救兵於海中, 舜臣死之. 賊將平行長棄城而遁, 釜山·蔚山·河東沿海賊屯悉退. 時行長築城于²順天芮橋堅守, 劉綎以大兵進攻, 不利, 還順天. 旣而, 復進攻之, 李 (권2·30) 舜臣與唐將陳璘, 扼海口以逼之. 行長求援於泗川賊沈安頓吾, 頓吾從水路來援. 舜臣進擊大破之, 焚賊船二百餘艘, 殺獲無算. 追至南海界, 舜臣親犯矢石力戰, 有飛丸中其胸, 出背後, 左右扶, 入帳中. 舜臣曰: "戰方急, 愼勿言我死." 言訖而絶. 舜臣兄子莞, 素有膽量, 秘其死, 以舜臣令, 督戰益急, 軍中不知也. 陳璘所乘舟, 爲賊所圍, 莞望見, 揮其兵救之. 賊散去, 璘使人于舜臣, 謝救己, 始聞其死, 從椅上自投於地曰: "吾意老爺, 生來救我, 何故亡耶!" 拊膺大慟, 一軍皆哭, 聲震海中. 行長乘舟師追賊過其營, 自後逸

去. 先是, 七月, 倭酋平秀吉已死, 故沿海賊屯悉退.³ 我軍與唐軍, 聞舜臣死, 連營痛哭, 如哭私親. 柩行所至, 人民處處設祭, 挽車而哭曰: "公實生我, 今公棄我何之!" 道路壅⁴塞, 車不得進, 行路之人, 無不揮⁵涕. 贈議政府右議政. 邢軍門謂: "當立祠海上, 以奬忠魂." 事竟不行. 於是, 海邊之人, 相率爲祠, 號曰: "愍忠", 以時致祭, 商賈·漁船往來過其下者, 人人祭之云.

❁

노량해전의 역사적 상황은 이민웅(2008)에 상세하다.⁶

한편, 『양조평양록』 등에서는 진린이 이끄는 명나라 수군의 동향이 강조되고 이순신은 '조선의 이 통제(李統制)'로만 등장한다.

진린은 조선의 이 통제와 협력하도록 등자룡(鄧子龍)에게 명하고, 천여 명의 수군을 이끌고 거대한 군함 세 척을 앞세워 곧장 남해를 공격하였다. (중략)

등자룡은 앞서서 공적을 세우고자 강서(江西) 출신 가정(家丁) 2백여 명을 이끌고 일제히 고려 배에 타고 선두에서 분투하며 적을 무수히 죽였다. 그러나 뒤따라오는 아군의 배에 주의하지 못하고 잘못하여 화기(火器)로 아군의 배를 공격하는 바람에 돛을 세우는 기둥에 불이 붙어 버렸다. 우리 병사들이 이 불을 피하려고 한곳에 모이자 왜적이 등자룡의 배에 올라타니, 등자룡 장군과 사병은 모두 살해되었다.

이 통제는 등자룡 장군이 공격받는 것을 보고 구출하려고 분전하면서 전진하였지만 그 역시 전사하였다. (『양조평양록』)[7]

위에서 보듯이 『양조평양록』에서는 이순신이 명군을 구하러 온 것으로 그려지지만, 이순신이라는 이름은 보이지 않는다. 『양조평양록』의 다른 곳에는 "수군통제사 이순신(李順臣)"[8]이라는 잘못된 이름이 적혀 있다. 그래서 『조선정벌기』나 『도요토미 히데요시 보』와 같은 17세기 전기 일본의 임진왜란 문헌에서는 노량해전에서 이순신이 활약하고 전사한 것이 강조되지 않는다. 17세기 후기에 『징비록』이 일본으로 유출되고 본격적으로 영향을 미치기 시작하는 18세기부터 『조선군기대전』, 『조선태평기』, 『에혼 조선군기』, 『에혼 다이코기』와 같은 여러 문헌에서 노량해전과 이순신의 존재가 강조되고 그의 죽음이 장렬하게 그려진다.

한편, 임진왜란 당시 도요토미 히데요시 정권 내에서 이시다 미쓰나리 및 고니시 유키나가 등과 가토 기요마사 등의 대립이 극심했다는 사실을 이제까지 여러 차례 언급했는데, 고니시 유키나가가 순천에서 탈출하지 못하고 있자 가토 기요마사가 사적인 감정을 억누르고 아군을 돕기 위해 왔다는 기사가 『기요마사 고려진 비망록』에 보인다.

장군들은 모두 부산포에 모이셨지만 고니시 유키나가는 먼 곳에 있어서 아직 부산포에 도착하지 않으셨다. 이에 기요마사는 "그 이유는 듣지 않아도 뻔합니다. 필시 강력한 적군에 포위되어 여기로 오시지 못한 게지요. 고니시와 저는 사이가 좋지 않지만, 그것은 사적인 일입니다. 일본의 대장을 버려두고 귀국하면 외국에 대하여 일본의 체면이 서지 않게 되니, 서둘러 고니시의 거성으로 가서 고니시와 함께 돌아오겠습니다" 하시고는 배를 타고 12킬로미터를 항해하여 고니시가 계신 곳으로 가셨다.

고니시도 이 소식을 전하여 듣고는 부산포를 향하여 돌아오시는 길에 기요마사와 조우하였다. 기요마사가 "그대를 맞이하러 여기까지 왔습니다" 하고 말씀하시자 유키나가는 "참으로 황송합니다"라고 답하고 기요마사의 배에 옮겨 타, 기요마사와 함께 식사를 하셨다. 유키나가가 "그동안 그대와 나는 사이가 나빴지만, 이번에 나를 구하러 오신 그 뜻이 깊어 황송합니다. 옛일은 잊고 지금부터는 각별히 지내면 좋겠습니다" 하고 말씀하시자, 기요마사는 "물론 그렇기는 하지만, 그대는 어쨌든 이시다 미쓰나리와 한배를 타야 하지 않습니까? 나는 어쨌든 도쿠가와 이에야스에게 의지하여야 하니 그대와 나의 관계는 좋아질 수 없습니다"라고 하셨다. 그런 후에 유키나가와 기요마사는 서로 헤어져, 이후 재회하시지 않았다. (『기요마사 고려진 비망록』)[9]

여기서는 가토 기요마사가 대의를 위해 사적인 감정을 억누를 만큼 훌륭한 장군이라는 점과, 임진왜란 당시 증폭된 일본군 내부의 갈등은 이미 해결이 불가능한 지경에 이르렀다는 점이 강조된다. 이리하여 일본이 중세에서 근세로 넘어가는 계기가 되는 1600년의 세키가하라전투의 씨앗이 뿌려진다.

68

이순신의 자는 여해이고 본관은 덕수이다

　이순신(李舜臣)의 자(字)는 여해(汝諧)이고 본관(本貫)은 덕수(德水)이다. 선조 가운데 변(邊)이라는 사람은 관직이 판중추부사(判中樞府事)였으며 강직하다는 평판이 있었다. 증조부는 거(琚)로 성종(成宗)을 섬겼다. 연산군(燕山君)이 동궁(東宮)이었을 때 강관(講官)[1]이 되었는데 엄격하다고 해서 꺼림을 당하였다. 일찍이 장령(掌令)이 되었을 때에는 탄핵(彈劾)함에 거리낌이 없었으므로 관료들이 모두 그를 꺼려 하여 '호랑이 장령(虎掌令)'이라 불렀다. 할아버지 백복(伯福)은 집안의 음덕으로 벼슬하였고 아버지 정(貞)은 벼슬하지 않았다.

　이순신은 어렸을 때 영리하고 호쾌하여 남의 구속을 받지 않았다. 여러 아이들과 놀이할 때에는 나무를 깎아서 활과 화살을 만들어 마을에서 놀면서, 뜻에 맞지 않는 사람을 만나면 화살로 그의 눈을 쏘려 하였다. 노인 가운데에는 이를 꺼려서 감히 그의 집 문 앞을 지나가지 못하는 이도 있었다. 커서는 활을 잘 쏘아서 무과(武科)로 출세하였다. 이씨 집안은 대대로 유학을 하여 왔는데 이순신 때 처음으로 무과에 합격하여 권지훈련원봉사(權知訓鍊院奉事)로 임명되었다.

병조판서 김귀영(金貴榮)은 첩의 딸을 이순신에게 주어 첩으로 삼게 하고 싶어 하였지만 이순신은 이를 받아들이지 않았다. 다른 사람이 그 이유를 묻자 이순신은 "내가 처음으로 관직에 나섰는데 어찌 감히 권력 있는 집안에 의탁하여 승진을 도모하겠는가?"라고 답하였다.

병조정랑(兵曹正郎) 서익(徐益)이 자기와 친한 훈련원(訓鍊院) 사람을 순서를 뛰어넘어 승진시키려고 천거하였는데 이순신은 훈련원의 장무관(掌務官)으로서 그럴 수 없다고 하였다. 서익이 공문을 보내 이순신을 소환하여 뜰 앞에 불러서는 따졌지만, 이순신은 말과 낯빛을 바꾸지 않고 있는 그대로 아뢰면서 주장을 꺾지 않았다. 서익은 크게 화를 내면서 그를 몰아붙였지만 이순신은 조용히 답하면서 끝끝내 조금도 꺾이지 않았다. 서익은 원래 건방지고 사람을 업신여기는 성격이라서 동료라도 그와 논쟁하는 것을 꺼려 하였다. 이날 계단 아래 있던 하급 관리들이 서로 쳐다보면서 "이분이 감히 본조정랑과 맞서다니, 앞길을 생각하시지 않는 건가?"라며 혀를 내둘렀다. 해가 지자 서익은 부끄러움을 느끼고 한풀 꺾여서 이순신에게 가 보라고 하였다. 식자들은 이 건으로 인하여 때때로 이순신의 인품을 알게 되었다.

[이순신이] 바야흐로 감옥에 있었을 때, 장차 어떻게 될지 예측할 수

없었다. 옥리(獄吏)가 이순신의 형님의 아들인 분(芬)에게 비밀히 "뇌물이 있으면 처벌을 면할 수 있다" 하였다. 이 말을 전하여 들은 이순신은 "죽으면 죽는 것이지 어찌 잘못된 방식으로 살아남으려 할 수 있겠느냐?"라며 분을 혼냈다. 그가 지조를 지키는 것이 이와 같았다.

이순신은 사람됨이 말과 웃음이 적고 용모는 단아하고 조심스러워서 근엄한 선비 같았다. 그러나 마음속에는 담력과 용기가 있어서 자기 몸을 잊고 나라를 위하여 죽었으니, 이는 그가 평소부터 자기 자신을 수양한 결과이다. 그의 형 희신(羲臣)과 요신(堯臣)이 모두 먼저 죽자, 순신은 두 형님의 자녀를 자기 자식처럼 길렀다. 시집 장가 보낼 때에도 두 형님의 자녀를 우선하고 자기 자식은 그 다음이었다. 재능이 있었지만 불운하여 재능의 백분의 일도 펼치지 못하고 죽었으니 애석하도다!

李舜臣, 字汝諧, 德水人. 其先曰: "邊", 官至判府事, 有直名. 曾祖曰: "琚", 事成宗. 燕山在東宮, 琚爲講官, 以嚴見憚, 嘗爲掌令, 彈劾不避, 百僚憚之, 有虎掌令之稱. 祖伯福以門蔭仕, 父貞不仕. 舜臣少時, 英爽不羈, 與群兒戲, 削木爲弓矢, 遊里閭中, 遇不如意者, 欲射其目, 長老或憚之, 不敢過門. 及長, 善射, 從武擧發身. 李氏世業儒, 至舜 (권2·31) 臣始得武科, 補權知訓鍊院奉事. 兵曹判書金貴榮有孼女, 欲與舜臣爲妾, 舜臣不肯, 人問之, 舜臣曰: "吾初出仕路, 豈敢托跡[2]權門媒進耶?" 兵曹正郞徐益, 有所親在訓鍊院, 欲越次薦報, 舜臣以院中掌務官, 執不可. 益牌招舜臣, 詣庭下詰之, 舜臣辭色不變, 直辨無撓. 益大怒, 盛氣臨之, 舜臣從容酬答, 終不少沮. 益本多氣傲人, 雖同僚亦憚之, 難與爭辨. 是日, 下吏在階下, 皆相顧吐舌曰: "此

官敢與本曹抗, 獨不顧前路耶?" 日暮, 盆愧屈令去, 識者以此往往知舜臣焉. 方在獄時, 事不可測, 有獄吏, 密語舜臣兄子芬: "有賄則可免." 舜臣聞之, 怒芬曰: "死則死耳. 安可違道求生?" 其有[3] 操執如此, 舜臣爲人寡言笑, 容貌雅飭, 如修謹之士, 而中有膽氣, 忘身徇國, 乃其素所蓄積也. 兄義[4]臣·堯臣皆先死, 舜臣撫其遺孤如己子, 凡嫁娶, 必先兄子, 而後及己子. 有才無命, 百不一施而死, 嗚呼惜哉!

이순신의 일화를 전하는 이 기사와 다음 기사로써 『징비록』 본편이 끝난다. 16권본에서는 여기서 권1·2가 완전히 끝나고 권3부터는 『근폭집』이라는 전혀 다른 내용이 시작되는 만큼 이순신에 대한 이야기는 독자들에게 더욱 강렬한 인상을 남겼을 터이다. 16권본에서는 「녹후잡기」가 권16에 『군문등록』과 함께 실려 있어서 본편과 「녹후잡기」의 구분이 명확했다. 2권본에서는 본편이 끝난 바로 뒤에서 「녹후잡기」가 시작되어서 그러한 선명함이 조금 약화되었다. 16권본에서 『근폭집』, 『진사록』, 『군문등록』과 같은 문서집을 없애고 임진왜란 통사만을 간결하게 2권으로 묶어내기 위해서는 피할 수 없는 조치였을 것이다.

이순신의 일생에 대해서는 이민웅(2012)[5]에 상세하므로 여기서는 길게 논하지 않는다.

현존 초본에 따르면, 이순신이 옥에 갇혔을 때 뇌물을 요구받았으나 거절했다는 일화는, 앞서 이순신의 체포와 백의종군을 전하는 부분에

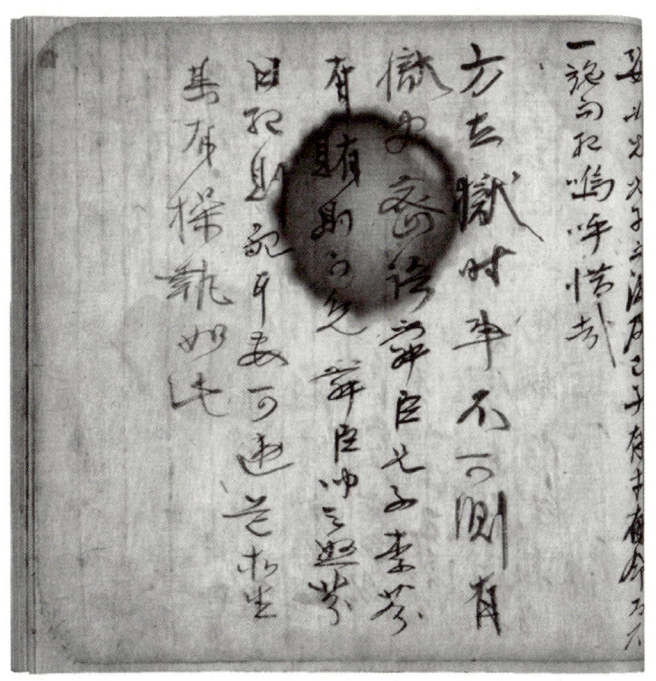

초본 『징비록』 이순신 기사의 이동(移動) 부분.

포함되어 있었다. 초본의 이 대목에는 투옥 관련 기사가 본문 말미의 여백에 본문의 필적보다 큰 글씨로 적혀 있음이 확인된다. 초본에서 16권본으로 이동(移動)하는 추이를 보여 주는 흔적이다.

69

전쟁터에 있을 때에 통제사 이순신은 밤낮으로 엄중히 경계하여, 갑주를 푼 적이 없다

　　전쟁터에 있을 때에 통제사 이순신은 밤낮으로 엄중히 경계하여, 갑주를 푼 적이 없었다.

　　견내량(見乃梁)에서 적과 대치하고 있던 때. 여러 배들은 이미 닻을 내렸고 밤에 달빛이 매우 밝았다. 이순신은 갑주를 걸친 채로 북을 베개 삼아 누워 있다가 갑자기 일어나 앉아서는 좌우에 있던 사람들에게 소주를 가져오라 하였다. 한 잔을 마신 뒤에 장군들을 모두 불러서 앞으로 오게 하여 "오늘 밤은 달이 매우 밝다. 적은 사람을 속이는 계략에 능하니, 달이 없을 때에는 당연히 우리를 습격하겠지만 달이 있어도 당연히 기습할 것이다. 그러니 경비를 엄히 해야 할 것이다" 말하였다. 그리하여 명령을 알리는 나팔을 불어서 여러 배가 모두 닻을 올리게 하고, 척후선(斥候船)에 명령을 전하여 숙면을 취하던 척후병들을 깨워서 변고에 대비하게 하였다.

한참 뒤에 척후병이 달려와서 적이 온다고 보고하였다. 이때는 달이 서산(西山)에 기울어 산 그림자가 바다에 드리워서 바다의 반쪽이 어렴풋이 어두워졌다. 수많은 적의 배가 이 그림자를 타고 와서는 아군의 배에 접근하려 하였던 것이다. 이에 중군(中軍)이 대포를 쏘고 함성을 지르자 여러 배가 모두 이 신호에 호응하였다. 아군이 기습에 대비하였음을 알아챈 적이 일제히 조총을 쏘니, 그 소리가 바다를 흔들고 바다 위로 총알이 떨어지는 것이 마치 비가 내리는 것 같았다. 적은 마침내 아군을 침범하지 못하고 달아나니 여러 장수들은 이순신을 신으로 여겼다.

統制在軍, 晝夜戒嚴, 未嘗解甲. 在見乃梁, 與賊相持, 諸船已下碇, 夜月色明甚. 統制帶甲枕鼓而臥, 忽起坐, 呼左右, 取燒酒來, 飮一杯, 悉呼諸將至前, 語之曰:"今夜月甚明. 賊多詐謀, 無月時, 固當襲我, 月明亦應來襲, 警備不可不嚴." 遂吹令角, 令諸船皆擧碇. 又傳令斥候船, 候卒方熟睡, 喚起待變. 久之, 斥候奔告賊來. 時月掛西山, 山影倒海, 半邊微陰, 賊船無數, 從陰黑中來, 將近我船. (권2·32) 於是, 中軍放大砲吶喊, 諸船皆應之. 賊知有備, 一時放鳥銃, 聲震海中, 飛丸落於水中者如雨. 遂不敢犯, 退走, 諸將以爲神.

현존 초본 『징비록』에는 이 대목이 보이지 않는다.

7년간의 전쟁을 거치면서 수많은 영웅이 탄생했다. 오늘날 이순신이 임진왜란에서 조선군을 상징하는 영웅인 것은 분명하지만, 7년간의 전쟁을 치르면서 조선에는 이순신 이외에도 수많은 영웅이 있었다. 『징비록』을 포함해서 임진왜란에 대한 문헌을 집필하는 사람들은 각자 자신이 지지하는 인물과 사건을 강조하고자 했다. 예를 들어, 안방준의 『은봉야사별록』에서는 저자의 스승인 조헌과, 조헌이 스스로를 "율곡의 뒤를 잇는다"라고 하여 후율(後栗)이라 칭할 정도로 존경했던, 스승 율곡 이이가 류성룡과 대립하는 대목이 상세히 적혀 있으며(『임진록』), 노량해전에 대한 기사에서는 이순신의 장렬한 최후만큼이나 송희립(宋希立)이 분전하는 모습을 강조한다(『노량기사』). 이들 기사는 『징비록』에는 보이지 않는다. 동일한 사항과 전투를 기록하더라도 『징비록』과 『은봉야사별록』은 서로 다른 지점에 주목하고 있으며, 이는 다른 문헌들의 경우도 마찬가지이다.

이렇듯 서로 경쟁하는 임진왜란 문헌들 가운데 『징비록』은 가장 널리 읽힌 저서가 되었으며, 오늘날까지도 임진왜란을 바라보는 한국의 관점은 기본적으로 『징비록』의 임진왜란관을 계승하고 있다고 해도 과언이 아니다. 더욱이 『징비록』이 일본과 중국에서도 읽힌 결과, 임진왜란을 국제전쟁으로서 보고자 하는 사람들에게는 『징비록』이 한국 측의 임진왜란관을 대표하는 존재가 되었다. 『은봉야사별록』도 『징비록』과 마찬가지로 17세기 후기에 일본으로 건너갔으며, 가와구치 조주와 같이 『정한위략』에서 『은봉야사별록』을 이용하여 『징비록』의 기사를 비판하는 사례가 없지는 않다.² 그러나 『징비록』이 근세 일본에서 지닌 영향력에 비하면 『은봉야사별록』의 영향력은 제한적이었다. 이러한 상황에서 "여러 장수들은 이순신을 신으로 여겼다"라는 찬탄으로 본편이 끝나는 『징비록』의 구성으로, 이순신은 임진왜란을 상징하는 존재로서 동아시아의 독자들에게 깊은 인상을 남기게 된 것이다.

녹후잡기
錄後雜記

70

조짐(兆朕)

갑인년[1578] 가을에 혜성이 하늘에 드리워졌다. 그 모습은 흰 명주와 같았는데 서쪽에서 동쪽으로 향하였고 몇 달 뒤에 사라졌다.

무자년[1588]경에는 한강이 사흘 동안 붉은빛을 띠었다.

신묘년[1591]에는 죽산(竹山) 대평원(大平院) 뒤에 있던 돌이 저절로 일어났고, 통진현(通津縣)에서는 넘어졌던 버드나무가 다시 일어났다. 민간에는 장차 수도를 옮기리라는 소문이 돌았다. 또 원래 동해(東海)에서 잡히던 물고기가 서해에서 잡히고 점차 한강에까지 다가왔다. 한편 해주(海州)에서는 원래 청어(靑魚)가 잡혔는데 최근 십여 년간 전혀 잡히지 않고 대신 요해(遼海: 요동만 또는 발해만)로 옮겨 가서 잡히니, 요동 사람들은 이를 신어(新魚)라 불렀다.

요동 8참(遼東八站)에 살던 명나라 사람들이 하루는 이유 없이 놀라서 "도적이 조선에서 오고 조선 왕자(王子)의 십정교자(十亭轎子)[1]가 압록강에 이르렀다"라고 서로 말을 전하니 노약자들이 산으로 피신하였다. 이 소동은 며칠 만에 진정되었다고 한다.

우리나라 사신이 북경에서 귀국하는 길에 금석산(金石山)의 하(河)씨 성 가진 사람의 집에 묵었는데, 그 집 주인이 "조선 통역관이 나에게 '만약 삼 년 묵은 술이나 오 년 묵은 술이 있거든 아끼지 말고 즐겁게 마시오. 머지않아 군대가 쳐들어오게 되면 당신들에게 술이 있다고 하여도 누가 그 술을 마시겠소?'라고 하더군요. 이 때문에 요동 사람들은 조선이 명나라에 변심하였는지 의심하여 다들 놀라고 당혹스러워 하고 있습니다"라고 말하였다.

사신이 귀국하여 이 이야기를 보고하자, 조정에서는 통역관 가운데 없는 말을 만들어서 일을 꾸며 우리나라를 모함하려는 자가 있다고 하여 통역관 몇을 체포해 인정전(仁政殿) 뜰에서 압슬(壓膝)·화형(火刑)[2]을 가하면서 국문하였지만, 그들은 모두 혐의를 부인하고 죽었다. 이는 신묘년께의 일이었는데 이듬해에 과연 왜란이 있었으니, 장차 큰 난리가 일어나려 할 때에는 비록 사람이 깨닫지 못하여도 조짐(兆朕)으로 나타나는 것은 한두 가지가 아님을 알 수 있다.

흰 무지개가 해를 꿰뚫고 금성이 하늘을 지나가는 것[3]은 늘상 있는 일이었지만 사람들은 이런 조짐을 보면서도 예사로 지나쳤다. 또 연기도 아니고 안개도 아닌 검은 기운이 늘 도성 안에 있으면서 땅에 서리고 하늘까지 가서 닿은 것이 거의 십여 년간 이어졌다. 그 밖의 희한한 일들도 다 기록하기 어렵다. 하늘은 사람에게 깊고 절실하게 알려 주지만 사람들이 이를 깨닫지 못할 뿐이다.[4]

『錄後雜記』

戊寅秋, 長星竟天, 狀如白練, 自西向東, 數月而滅. 戊子間, 漢江三日赤. 辛卯, 竹山大[5]平院後, 有石自起立, 通津縣僵柳復起, 民間訛言: "將遷都." 又東海魚産於西海, 漸至漢江, 海州素産靑魚, 近十餘年絶不産, 移産於遼海, 遼東人謂之新魚. 又遼東八站居民, 一日無故相驚曰: "有寇從朝鮮至, 朝鮮王子十亭轎子, 到鴨綠江." 傳相告語, 老弱登山, 數日乃定. 又我國使臣, 自北京還, 宿金石山河姓人家, 其主人言: "有朝鮮驛官, 語我云[6]: '爾有三年酒·五年酒, 毋惜爲樂. 不久兵至, 爾輩雖有酒, 誰其飮之?' 以此遼人疑朝鮮有異志, 多驚惑"云. 使臣歸, 啓其事, 朝廷以譯官, 必有造言生事, 誣陷本國者, 逮捕數人, 鞠於仁政殿庭, 用壓膝·火刑, 皆不服而死. 此辛卯年間事. 明年遂有倭變, 是知大亂將生, 人雖未覺, 而形於兆朕, 不一其端. 至於白虹貫日, 太白經天, 無歲無之, 人視爲常事. 又都城內, 常有黑氣, 非烟非霧, 盤地接天, 如此幾十餘年, 其他變怪, 難以彈記. 天之告人, 可謂深切, 而特人不能察耳.[7]

전쟁 직전에 명나라의 민관(民官)에서 조선 측을 의심하는 상황에 대해 『서애선생문집』 권16에는, 전(前) 파주 목사 허징(許澂)이 하회에 낙향해 있던 류성룡을 찾아와 전해 주었다는 이야기가 실려 있다.

신묘년에 허징이 이문학관(以文學官)으로 성절사(聖節使) 김응남(金應南)을 따라 연경에 갔다. 그때는 통신사가 돌아와 왜에 대한 정보를 얻어 조정에서는 예부에 자문을 내어 변란을 보고하였던 무렵이었다. 중국 국경에 들어간 뒤에 지나는 길에 사람을 만나면 이따금 손가락질을 하며 귀엣말을 하고, 친절하거나 믿으려는 뜻이 없어서 경색(景色)이 전과 달랐다. 산해관(山海關)에 도착하니, 관 아래의 사람들이 큰 소리로 욕하며, "너희 나라가 왜놈들과 함께 배반을 하고 무엇 때문에 왔느냐?" 하는 것이었다. 동행한 당릉군(唐陵君) 홍순언(洪純彦)의 노련한 통역으로 사건을 해결하였다.

가정(嘉靖) 정묘년[1567, 명종 22] 각로(閣老) 허국(許國)이 우리나라에 왔을 때에 홍순언은 수행 통사(隨行通事)가 되어 각로 사인(閣老舍人) 유심(兪深)과 가장 친숙하게 되었다. 이때에 이르러서 사신들이 걱정하고 두려워하여 홍순언과 더불어 의논하고 홍순언을 시켜 비밀히 글을 써서 유심에게 가 본국의 사정을 진술하여 그로 하여금 각로에게 통하도록 하기로 하고는 비밀히 사람을 사서 먼저 보냈다. 그리고 난 후 얼마 만에 사신 행차가 통주(通州)에 도착하여 길 위에서 바라보니 한 사람이 높은 언덕에 앉아서 손짓으로 부르기에 당릉군이 허징과 달려가 보니, 그가 바로 유심이었다. 유심이 말하였다. "근자에 복건성 등에서 다들 당신 나라가 왜놈들을 유인하여 중국을 침범하려 한다는 보고가 올라와 논의가 자자합니다. 그러나 각로께서는 단독으로 당신네 나라를 비호하여 '전혀 그럴 리가 없다' 하고, 또한 '조선 절사

(節使)가 장차 이르면 반드시 변을 보고하는 서류가 있을 것이다. 만약 없다면 과연 의심할 만하다' 하였습니다. 그리고 과도관(科道官)이 황제에게 글을 올리어 당신 나라의 사신이 오기를 기다려 국문(鞠問)하라고 요청을 하려 하자, 각로께서 말씀하기를, '사실을 알지도 못하고서 먼저 사신을 국문하는 일은 먼 나라를 회유하는 도리가 아니다' 하였습니다. 이 때문에 논의가 조금 수그러졌습니다만, 당신 나라의 변란 보고 여부를 기다린 다음 처리하기로 하였습니다. 그런데 때마침 편지를 받으니, 각로께서도 매우 기뻐하면서 나를 시켜 먼저 길에 나가 알리라고 하기에 왔습니다." 말을 마치자 옆 사람이 엿볼까 무섭다면서 빨리 달려 돌아보지도 않고 가 버렸다. (『서애선생문집』 권16)[8]

71

하늘의 뜻

　두보의 시에 "장안성(長安城) 위에 흰 머리 새, 밤에 연추문(延秋門) 위에 날아와 운다. 또 인가(人家)로 날아가 큰 집을 쪼니, 집안의 고관들은 오랑캐를 피하여 달아난다"라는 구절이 있으니, 이는 괴이한 일을 적은 것이다.

　임진년[1592] 4월 17일에 적이 침략하였다는 보고가 전해지자 조정과 민간은 어쩔 줄 몰라 하고 있었는데, 홀연히 괴이한 새가 후원(後苑)에서 울다가 하늘로 날아올라 가까워졌다가는 멀어졌다 하였다. 이 한 마리의 울음소리가 성안을 가득 채웠으니 사람들이 모두 그 울음소리를 들었고, 울음소리는 하루 종일 밤새 잠시도 그치지 않았다. 그로부터 십여 일 뒤에 어가가 피난하고, 적이 도성에 들어와 궁궐과 종묘사직,

관청 건물과 민가가 텅 비었다. 아아, 이 또한 괴이함이 심한 것이었다!

또 5월에 내가 어가를 따라 평양에 이르러 김내진(金乃進)의 집에 묵었는데, 김내진이 내게 "예전에 승냥이가 여러 번 평양성에 들어왔고, 대동강(大同江) 물이 붉어졌는데 동쪽은 매우 탁하고 서쪽은 맑더니만 지금 과연 이런 변고가 발생하였습니다" 하였다. 그때는 적이 아직 평양에 도착하지 않은 때였으므로, 나는 이 말을 듣고 묵묵히 아무런 답을 하지 않았지만 내심 기쁘지 않아 하였는데 얼마 지나지 않아 평양도 함락되었다. 대개 승냥이는 야수(野獸)인 터라 성에 들어오면 안 되는 존재이다. 『춘추(春秋)』에 보이는 "찌르레기가 날아와 둥지를 틀었다",[1] "물수리 여섯 마리가 바람에 밀려 뒤로 날아갔다",[2] "큰 사슴이 많다",[3] "물여우가 있었다"[4]라는 말처럼, 그 응험이 없는 경우가 드물다. 하늘이 사람에게 보여 주는 것은 뚜렷하고 성인(聖人)이 후세에 전하는 경계는 심오하니, 어찌 두려워하고 삼가지 않을 수 있겠는가?

또 임진년 봄 여름 사이에 목성이 미기(尾箕)에 자리하였다. 미기는 연(燕)나라의 분야(分野)이고 예로부터 우리나라의 분야는 연나라와 같다고 하였다.[5] 이때 적병이 나날이 접근하여 오니 인심이 혼란스럽고 두려워하여 어찌 할 바를 몰랐다. 하루는 임금께서 "바야흐로 복성(福星)이 우리나라에 있으니 적은 두려워할 바가 못 된다"라는 말씀을 내리셨다. 임금께서는 이 현상을 빌려서 사람들의 마음을 진정시키고자 하신 것이다. 그 뒤에 도성을 잃기는 하였지만 마침내 옛것을 회복하고 어가를 옛 도읍으로 되돌려올 수 있었고, 적의 우두머리인 도요토미 히데요시도 자신의 나쁜 뜻을 관철하지 못하고 스스로 쓰러졌으니 이 어찌 우연한 일이겠는가? 모든 것이 하늘의 뜻이다.

杜詩:"長安城頭頭白烏, 夜飛延秋門上呼, 又向人家啄 (권2·33) 大屋, 屋底達官走避胡." 蓋記異也. 壬辰四月十七日, 賊報至, 朝野遑遑, 忽有怪鳥, 鳴於後苑, 飛在空中, 或近或遠, 只一鳥而聲滿城中, 人無不聞, 終日達夜, 其鳴不暫停, 如此十餘日, 車駕出狩, 賊入城, 宮闕·廟社·公私廬舍一空. 嗚呼, 其亦怪甚矣. 又五月, 余隨駕, 至平壤, 寓於金乃進家, 乃進語余曰:"年前, 有豺屢入城中, 大同江水赤, 東邊濁甚, 西邊淸, 今果有此變." 時賊猶未至平壤, 余聞此語, 默然不答, 而心不喜, 未幾, 平壤又陷. 蓋豺乃野獸, 不合入城市, 如『春秋』記: "鸜鵒來巢" "六鷁退飛" "多麋" "有蜮" 之類, 鮮有無其應者. 天之示人, 顯矣. 聖人之垂戒, 深矣. 可不懼哉? 可不愼哉? 又壬辰春夏間, 歲星守尾·箕. 尾·箕乃燕分, 而自古言:"我國與燕同分." 時賊兵日逼, 人心洶懼, 不知所出. 一日, 下敎曰:"福星方在我國, 賊不足畏." 蓋聖意欲假此, 以鎭人心故也. 然是後, 都城雖失, 而卒能恢復舊物, 旋軫舊京, 賊酋秀吉, 又不能終逞兇逆而自斃, 斯豈偶然哉? 蓋莫非天也.

❋

초본에는 본문 말미에 모용씨(慕容氏)의 연나라가 진(秦)나라에 멸망당했으나 10년 뒤에 진나라는 망하고 연나라는 부흥했다는 구절이 보인다. 목성이 연나라의 분야인 미기에 위치하였다는 데에서 이러한 연상 작용이 일어난 듯하지만, 간행본에서는 생략되었다.

본문의 첫머리에 인용된 시귀는 두보의 「왕손을 슬퍼하다(哀王孫)」라는 시의 첫부분이다. 이 시는 소그드인(粟特人)과 투르크인(突厥人)의 혼혈인 안녹산(安祿山)이 반란을 일으키자 당나라의 현종(玄宗)이 수도 장안(長安)을 탈출한 755년과, 현종의 아들 숙종(肅宗)이 위구르 한국(汗國)의 바얀추르 칸(Bayanchur Khan, 葛勒可汗)의 도움을 얻어 반란을 진압한 756년 사이에 지어진 것으로 생각된다. 이민족의 침략으로 임금이 도성을 떠나는 상황이 임진왜란 초기 상황과 서로 통한다.

사람들이 두려워하자 선조가 "바야흐로 복성(福星)이 우리나라에 있으니 적은 두려워할 바가 못된다"라고 말했다는 대목은, 『선조실록』 1592년 4월 28일조의

> 인심이 위구(危懼)해 하자 상이 대신들에게 이르기를 "세성(歲星)이 있는 나라를 치는 자는 반드시 그 재앙을 받는다고 하였는데 이제 세성이 연분(燕分)에 있으니 적은 반드시 자멸할 것이다" 하고, 또 전교를 내려 안심시켰다. (『선조실록』)[7]

라는 기사와 상통하는 것일지.

72

용병(用兵)

　왜는 매우 간교(奸巧)하여 전쟁을 수행할 때 한 가지라도 남을 속이는 꾀에서 나오지 않은 것이 없었다. 그러나 임진년의 일을 살펴보면 한양까지는 교묘하였고 평양에서는 졸렬하였다고 하겠다.
　우리나라는 평화가 백 년을 이어져 백성들이 전쟁을 모르고 있다가 갑자기 적병이 이르렀다는 소식이 들려오자 허둥지둥하였고, 멀고 가까운 지역이 모두 바람에 나부끼듯 무너지니 모두 넋을 잃었다. 왜는 파죽지세로 열흘 사이에 곧장 한양에 도착하였기 때문에, 지혜 있는 자가 전략을 짜지 못하고 용기 있는 자가 결단을 내리지 못하며 인심이 무너져 수습하지 못하는 상황에 이르렀다. 이는 병가(兵家)의 훌륭한 계획이며 적의 교묘한 전략이었다. 그래서 교묘하다고 하는 것이다.

그러나 이에 이르러 적은 자기가 늘 이겨 왔다는 사실만 믿고, 후방을 돌아보지 않고 여러 도로 흩어져 미쳐 날뛰었다. 부대를 분산시키면 그 세력은 자연히 약해지는 법인데, 적군은 각 진영을 천 리(千里)까지 느슨하게 하여 놓고 시간만 허비하였다. "강한 활로 쏜 화살도 끝에 가서는 노(魯)나라의 얇은 천을 뚫지 못한다"[1]라는 말이나, "여진(女眞)인은 전쟁할 줄 모른다. 어찌 고립된 채로 깊이 들어가 무사히 돌아갈 수 있겠는가?"[2]라는 장숙야(張叔夜)의 말이 이 상황과 거의 일치한다. 이에 명나라 군대 4만 명이 평양을 공격하여 적을 물리칠 수 있었다. 평양이 무너지자 여러 도에 주둔하여 있던 적군은 모두 놀라서 기운이 빠졌으니, 비록 여전히 한양을 점거하고 있었지만 대세(大勢)는 이미 위축되었다. 이때 사방에 있던 우리 백성들이 곳곳에서 적을 공격하자 적군은 전방과 후방이 서로 도울 수 없게 되어 끝내 퇴각할 수밖에 없었다. 그래서 "평양에서는 졸렬하였다"라고 하는 것이다.

아아! 적의 실책은 우리의 행운이었다. 진실로 우리나라에 한 명의 장군이 있어서 수만 명의 병사를 이끌고 때를 보아 앞뒤로 길게 늘어져 있던 적군의 가운데를 공격하여 끊는 기이한 계책을, 평양성전투에서 적군이 패하였을 때 실행에 옮겼으면 적의 대군을 쉽게 물리칠 수 있었을 터이고 한양 이남(以南)에서 썼더라면 적의 수레 한 대도 돌려보내지 않을 수 있었을 터이다. 이렇게 할 수 있었다면, 적은 놀라고 겁먹어 수십 수백 년 동안 감히 우리를 똑바로 쳐다보지 못하였을 것이니 훗날의 걱정거리가 없어졌을 터이다.

당시 우리나라는 매우 쇠약해져 있어서 힘으로 이 전략을 실행하지 못하였고, 명나라 장수들도 이 전략을 모르고 적들로 하여금 조용히 오고가게 하였고, 적들을 징계하여 두려움을 품게 하지 못하였기에 그들은 온갖 것을 요구하게 되었다. 이에 이쪽에서는 봉공(封貢)으로 다스리는 하책(下策)을 쓸 수밖에 없었다. 어찌 한탄하지 않을 수 있으랴! 어찌 애석해 하지 않을 수 있는가! 지금 생각하여도 분하다.

　倭最奸巧, 其用兵, 殆無一事, 不出於詐術. 然以壬辰之事觀之, 可謂工於都城, 而拙於平壤也. 我國昇平百年, 民不知兵, 猝聞兵至, 蒼黃[3]顚倒, 遠近靡然, 皆失魂魄. 倭乘破竹之勢, 旬日之間, 徑造都城. 使智不及謀, 勇不及斷, 人心崩潰, 莫可收拾. 此兵家善謀, 而賊之巧計, 故曰: "工也." 於是, 乃自恃常勝之威, 而不顧其後, 散出諸道, 任 (권2·34) 其狂肆. 兵分, 則勢不得不弱, 千里連營, 曠日持久, 所謂: "强弩之末, 不能穿魯縞." 而張叔夜所謂: "女眞不知兵, 豈有孤軍深入, 而能善其歸者?" 殆近之矣. 是以天兵, 以四萬, 攻破平壤, 平壤旣破, 則其在諸道者, 亦皆奪[4]氣, 雖京城猶據, 而大勢已縮. 我民之在四方者, 處處要擊, 賊首尾不能相救, 終不得不遁, 故曰: "拙於平壤也." 嗚呼! 賊之失計, 我之幸也. 誠使我國有一將, 將數萬兵, 相時用奇, 擊斷長蛇, 分其要脊. 行之於平壤之敗, 則其大帥, 可坐致也. 發之於京城以南, 則將使隻輪不返矣. 如此然後, 賊心驚膽破, 數十百年間, 不敢正視於我, 而無復後慮矣. 當時我方積衰, 力不能辦此, 天朝諸將, 又不知出此, 使賊從容去來, 略無懲畏, 要索萬端. 於是, 出於下策, 欲以封貢羈縻之. 可勝歎哉! 可勝惜哉! 至今思之, 令人扼腕.

초본에서는 이 기사와 다음에 이어지는 「지형」 기사가 바뀌어 배치되어 있다.

류성룡의 냉철한 현실 인식이 잘 드러난 논평. 적이라 하더라도 장단점을 명확히 파악하여 칭찬할 부분은 칭찬해야 하고 약점은 우리 측에 유리하도록 이용해야 한다는 것이다. 심유경에 대한 견해와 아울러 류성룡의 임진왜란론으로서 주목되는 기사이다. 적의 허리를 끊었어야 한다는 류성룡의 한탄은 자신이 명나라 군대에 대해 끝까지 일본군과 싸우자고 주장했음에도 불구하고 '강화'를 주도했다는 북인들의 주장으로 인해 파직당한 데 대한 자기변호이자, 적에게 조선의 무서움을 보여 주지 못했기 때문에 결국 다시 일본이 쳐들어오리라는 예언이기도 했다. 그 예언은 결국 수백 년 뒤인 19세기 말 이후 현실이 되었다.

앞에서 소개한 대로 조선 측에는 일본에 보복해야 한다는 주장이 있었고 일본에서도 조선이 당연히 보복해 올 것이라는 예상을 했다. 그러나 조선은 누르하치의 후금이 대두함에 따라 북방의 정세가 혼란스러워져서 남방에 대해 유화 전략을 펼 수밖에 없었다. 그리하여 일본에 대한 조선의 보복은 조일 양국에서 문학으로서만 이루어졌다. 또한 조선이 평화에 젖어서 전쟁을 준비하지 않았다는 류성룡의 자기반성은 『징비록』이라는 책을 탄생시킨 계기임과 동시에, 국왕 선조는 음란하고 간신들이 설쳤다는 명나라 문헌의 주장과 아울러 근세 일본의 학자들에게 일본군의 조선 침략을 정당화하는 논리로 작용했다는 것은 앞에서 여러 차례 설명한 바 있다.

한편, 류성룡은 누르하치 세력이 미래의 위협이 되리라는 예감을 이미 임진왜란 후기에 기록으로 남기고 있다.[5]

누르하치의 형세는 점점 날로 강성하니 장래의 재화(災禍)를 미리 헤아릴 수 있는데, 모든 일을 더 심하기 전에 처리한다면 그 형세가 쉽게 되겠지만, 이미 심하게 된 후에 처리한다면 그 형세가 어렵게 될 것이다. (『군문등록』)[6]

서방(西方: 평안도)과 북방(北方: 함경도)의 요즈음 형세가 모두 걱정스럽습니다. 그러나 북방의 근심은 서방보다 더욱 심하니, 대개 서방은 지역이 상국(上國, 중국)과 연접되어 있기 때문에 노호(老胡, 누르하치)가 비록 군사를 일으키더라도 반드시 그 소혈(巢穴)을 비워 두고서 깊이 우리나라에 쳐들어올 이치는 없을 것입니다. 함경남도의 경우는 삼수·갑산으로부터 바로 함흥에 이르게 되니, 그 중간의 도리(道里)가 매우 가까우므로 오랑캐가 만약 우리나라의 허실을 엿보고서, 몰래 일어나 우리의 허술한 틈을 타서 쳐들어온다면, 남도와 북도[함경남북도]의 두 도가 장차 서로 막혀 끊어져서, 머리와 꼬리가 서로 구원할 수 없는 지경에 이르게 될 것이므로, 이것은 곧 제거하기 어려운 걱정입니다.

근일에 누르하치가 반드시 혜산의 건너편 쪽에서 진을 치고 요해지를 설치하려고 하며, 또한 정승오달파에서 정제(整齊)해 있으면서 농사를 지으려고 하니, 만약 그의 세력이 이미 이루어진 후에는 북방 일대의 번호(藩胡)들 모두가 장차 서로 거느리고서 복종하게 될 것이니, 반드시 후일에 도모하기 어려운 걱정이 될 것이므로 매우 염려스러운 일입니다. 지금에 와서 이것을 대처하려면 서둘러도 될 수가 없고, 늦추어도 또한 될 수가 없으니, 마땅히, 먼저 우리의 세력을 튼튼히 만들고서 저들의 틈이 얕은가, 깊은가를 자세히 살펴서 기회를 보아 잘 대응하여, 그들의 세력이 무성하게 퍼져 나가지 못하도록 할 따름입니다. (『군문등록』)[7]

특히 두 번째 문서에서 류성룡은, 함경도에 인접한 지역의 오랑캐인 즉 야인 여진(野人女眞)은 지금 당장 실제적인 위협으로 존재하고, 누르하치의 통일 전쟁을 진행 중이던 평안도 인접 지역의 건주 여진(建州女眞)은 현재로서는 일단 어떻게든 제어가 가능할 수도 있겠지만 미래의 위협이 될 수 있다고 해서 두 여진인 집단에 대해 서로 다른 접근 방식을 취해야 한다고 제안한다. 임진왜란 당시, 조선에 실제로 위협을 가하고 있던 것은 오랑캐인들이었다. 가토 기요마사의 일본군 제2군에 맞서 의병 활동을 한 정문부와 관련된 기록에서는 오랑캐인들이 임진왜란 시기에도 변함없이 조선 측에 보인 위협적인 활동들이 확인된다.[8] 1592년 여름에 함경도에 진입한 가토 기요마사가 두만강을 넘어 오랑캐인들과 한 달에 걸쳐 전투를 벌인 이유에는 이들의 기를 어느 정도 꺾어야 함경도 지배가 원활하리라는 계산도 있었을 것이다. 가토 기요마사의 함경도 점령 시기를 전하는 초기 문헌인 『기요마사 고려진 비망록』에 보이는 오랑캐인들과의 전투 장면을 인용한다.

[가토 기요마사는] 통역관을 사이에 두고 회령의 마부에게 오랑캐의 상황

을 물어보셨다.

"오랑캐라는 곳은 무사가 많고 매우 강한 나라입니다."

"그렇다면 오랑캐인들과 싸워서 일본인 무사의 용맹함을 그들에게 보여 주어야겠다. 여기서 얼마나 들어가면 되고, 그 수는 얼마나 되는가?"

"여기서 4리 반 정도 가면 마을이 나옵니다. 거기서 1리 정도 가면 성 13개가 있습니다. 거기서 다시 하루를 가면 오랑캐의 도성이 나옵니다."

"그렇다면 회령인들을 앞세워 그곳을 공격하여 일본인의 실력을 보여 주어야겠다"라고 하여, 아군끼리 오인 공격 하는 일이 없도록 나무묘법연화경(南無妙法蓮華經)이라는 경문을 회령인 3천 명의 갑옷과 투구에 적어서 선봉에 서게 하고, 일본인 8천여 명을 더하여 도합 1만 1천여 기를 이끌고 그곳으로 진격하셨다.

다음 날 이른 아침에 성 13개가 있는 곳에 도착하셨는데, 이국에서는 늘 그렇듯이 앞쪽은 견고히 방어를 하여 두었지만 뒤쪽은 깊은 산과 키 높은 석벽에 의지하여 그다지 방어하는 모습은 보이지 않는지라, 회령인을 앞쪽으로 보내고 일본인은 뒷산으로 올라가서 30명, 50명으로도 뽑기 어려운 돌을 철봉으로 뽑아서 산 아래로 굴리니 산기슭에 있는 집들은 모두 부서졌다. 그러고는 조총을 쏘자 오랑캐인들은 도리 없이 후퇴하였다.

그 13개의 성 가운데 강 상류에 있는 유명한 성 하나는 기요마사가 직접 공격하여 함락시키셨다. 그때 기요마사 부대의 기다 마고베라는 자는 적과 맞붙어 용맹히 싸우다가 상처를 입었다. 기요마사는 그를 무릎 위에 눕히고 간병하셨다.

기요마사는 거기서 5, 6리 정도 고려 쪽으로 퇴각하여 산에 진을 치고 다음 날 고려로 귀환하려 하셨는데, 오랑캐인 수천 수만 명이 기요마사의 진영으로 밀어닥쳤다. 기요마사는 친히 나무 표식을 들고 싸우셨고, 일본인들은 8천 4, 5백 명이 죽을 힘을 다해 싸웠다. 기요마사는 "목은 필요 없으니 버려라!"라고 명령하셨고, 일본인 한 사람이 오랑캐인 2, 30명씩 죽였기 때문에 적은 조금 물러섰다. 그러나 오랑캐인들은 기세등등하여 전혀 개의치 않는지라 일본군은 위험에 빠졌다.

오랑캐인들이 다시 공격하여 오려고 할 때, 일본은 신국(神國)이어서 그러했는지, 그날 갑자기 큰비가 내려서 오랑캐인들의 얼굴을 세차게 때렸기에 그들은 다시 공격하여 오지 못하고 물러났다. 기요마사 군은 이튿날에 조선국 온성이라는 곳으로 귀환하셨다. (『기요마사 고려진 비망록』)[9]

반면, 건주 여진의 우두머리인 누르하치는 임진왜란이 일어난 직후에 자신들이 조선을 돕겠다고 제안한 바 있다. 그 상황에 대해 명나라와 조선 사이에 오고간 문서가 『선조실록』 1592년 9월 17일조 기사에 보인다. 이를 읽어 보면 조선과 명나라 양국은 누르하치의 갑작스러운 우호적 제안에 당황한 기색이 역력하다. 결국 그들의 속마음을 알 수 없었던 양국은 제안을 거절하게 되고, 조선 측은 이민족들이 이런 제안을 하지 않도록 명나라가 적극적으로 도와 달라고 부탁한다.

병부(兵部)가 요동도사(遼東都事)를 시켜 자문을 보내왔는데, 자문에 "이번에 여진의 건주(建州)에 사는 공이(貢夷)와 마삼비(馬三非) 등이 하는 말에 의거하건대 '우리들의 땅은 조선과 경계가 서로 연접하여 있는데 지금 조선이 왜노(倭奴)에게 벌써 침탈되었으니, 며칠 후면 반드시 건주를 침범할 것이다. 누르하치 휘하에 원래 마병(馬兵) 3~4만과 보병(步兵) 4~5만이 있는데 모두 용맹스러운 정병(精兵)으로 싸움에는 이골이 났다. 이번 조공에서 돌아가 우리의 도독(都督)에게 말씀 드려 알리면, 그는 충성스럽고 용맹스러운 좋은 사람이니 반드시 위엄찬 화를 내어 정병을 뽑아 한겨울 강(江)에 얼음이 얼기를 기다렸다 곧바로 건너가 왜노를 정벌 살륙 함으로써 황조(皇朝)에 공을 바칠 것이다' 하였습니다. 이 고마운 말과 충의가 가상하여 그들 말대로 행하도록 윤허함으로써 왜적의 환란을 물리치고자 하나, 단지 오랑캐들의 속사정은 헤아릴 수가 없고 속마음과 말은 믿기가 어렵습니다. 더구나 저들이 마음대로 할 수 있는 일들이니 선뜻 준신하기 어렵습니다" 하였고, 우리나라의 자문에는,

"본인은 자문의 내용을 알았습니다. 우리나라는, 명조(明朝)에서 우리가 왜구에게 함락된 것을 불쌍히 여겨 구제하여 줄 것을 생각하여 힘을 다하고 있습니다. 그리하여 교활한 오랑캐들의 흉악한 속임수로 하는 말이라도 구환(救患)하여 준다고 언급하면 또한 모두 즐겁게 듣고 허락하였습니다. 그러면서도 오랑캐의 속셈을 헤아리기 어려운 염려가 있어 선뜻 믿기 어렵다고 하였습니다. 따라서 요동의 무진아문(撫鎭衙門)에서 은밀히 의논하여 시행하게 하되 아울러 걱정하여야 할 별도의 흔단(釁端: 서로 사이가 벌어져서 틈이 생기게 되는 실마리)이 없는가를 살피게 하였습니다. 그리하여 첫째로는 엄격하게 약속을 맺어 소요를 일으키지 못하게 하였고, 둘째로는 조금이라도 방해되는 바가 있으면 바로 군사의 출동을 정지하게 하였으니, 이는 아버지가 자식을 위하여 계책을 세우더라도 이보다 더할 수 없을 것입니다. 본인

이 전후로 받은 은혜는 죽더라도 머리를 서쪽으로 둘 것이며 결초보은(結草報恩)할 것입니다.

그러나 생각하건대, 본국의 서북쪽 일대는 건주 삼위(三衛)와 국경이 연접하여 있어 조상 때부터 누차 그들로 인한 환란을 받았습니다. 명조 열성(列聖)께서 만 리를 훤히 내다보는 명견(明見)에 힘입어 성화(成化) 15년에 헌종 순황제(憲宗純皇帝)께서 크게 화를 내시어 군사를 출병시키면서 본국에 칙유(勅諭), 힘을 합쳐 정벌하여 그들의 두목인 이만주(李滿住)를 잡아 목 베었습니다. 그로부터 저 적도의 여얼(餘孽)들은 늘 분한 생각을 품고서 매번 저희 나라 압록강 연안에 이르러 노략질을 자행하였습니다. 본국이 항상 국경의 수비에 애쓴 보람으로 겨우 막았습니다만, 이들 오랑캐가 본국에 원한을 품은 것은 한 시대에 그치는 것이 아니어서 사나운 마음으로 틈을 엿보아 온 지 오래되었습니다.

그들 무리인 마삼비(馬三非) 등이 왜적을 토벌한다는 이름을 빌려 병부에 아뢰면서 겉으로는 양순하게 돕는 체하고 있으나 속으로는 물어뜯으려는 계책을 품고 있습니다. 만일 그들의 소원을 들어준다면 예측할 수 없는 화가 발생할 것입니다. 본인은 종묘와 사직이 폐허가 되었고 선조의 능묘를 보전하지 못하여 근심과 울분이 병이 되었으나 더욱 어떻게 해볼 도리가 없는 채 구차한 목숨을 보존하고 있습니다. 지금 적세가 사방에서 핍박하고 있으므로 중국에서 [조선을] 끝까지 불쌍하게 여기어 구원하여 주기만을 믿고 있습니다. 바라건대 즉시 흉도(凶徒)에게 분명한 칙서를 내려 간계를 시원하게 깨뜨려 바깥 오랑캐가 넘보려는 조짐을 막고 급히 왕사(王師)를 진발시켜 천토(天討)를 보여 줌으로써 중국 정토(征討)의 위엄을 베푸신다면 더없이 다행이겠습니다" 하였다. (『선조실록』)[10]

이에 대해 류성룡은 어쨌든 잘 말해서 후환이 없도록 하고, 만약의 경우에는 당나라가 위구르의 힘을 빌려 안녹산을 물리친 것과 같은 일도 있을 수 있겠지만 그 후환은 감당하기 어려울 것이라고 걱정한다.

가만히 듣건대 건주위(建州衛)의 달자(㺚子)가 우리나라를 구원하여 주겠다는 말이 있다 하니 한심한 노릇입니다. 당나라 때에 안녹산과 사사명의 난리를 평정하지 못해서 회흘[위구르]과 토번[티베트]에게 구원병을 청하였다가 대대로 그 화를 입었던 것인데, 달자는 또한 이것과는 비교가 안 됩니다. 그러나 북쪽 오랑캐는 평소부터, 근년에 인삼 캐는 놈들을 우리나라에서 잡아 죽인 까닭으로 우리를 대단히 원망하고 있으니, 이제 저들이 오히려 좋은 말로 와서 대한다면 우리도 또한 마땅히 좋은 말로 대접할 것이며, 엄격한 말로 물리쳐서 그들이 노여움을 더 내게 하여서는 안 될 것입니다. 다만 변장(邊將)을 시켜 말하기를,

"우리나라가 너희들과 더불어 대대로 인국(隣國)이 되었는데, 이제 왜놈이 난리를 일으킨 것을 듣고 와서 우리를 구원하고자 한다 하니, 그 뜻이 대단히 좋으므로, 조정에서 듣게 된다면 마땅히 칭찬하고 상을 줄 것이다. 다만 왜적의 환란이 이제는 이미 평정되어 가니, 너희들에게 멀리 오는 수고를 끼치기까지는 않을 것이다"

라고 하여 중지하기를 청해야 할 것입니다. (『근폭집』)[11]

그러나 실은, 명나라의 일각에서는 여진인까지 포함하는 연합군을 구성하려는 움직임을 보였다. 절강 지휘(浙江指揮) 모명시(茅明時)가 총사령관 형개(邢玠)에게 올린 평왜십의(平倭十議)라는 제안서 가운데에는, 유구와 여진 등에 격문을 돌려 일본을 협공케 하는 이이공이(以夷攻夷) 전략을 쓰자는 대목이 보인다.[12] 또한 『만력야획편(萬曆野獲編)』 등에 따르면 동남아시아의 섬라(暹羅) 즉 오늘날의 타이(Thailand)에서도 여진인과 비슷한 제안을 하고 있다. 즉, 자국 수군이 일본을 공격해서 명과 타이가 일본을 양쪽에서 압박하자는 것이었다.

임진왜란이 일어났을 때 정붕기(程鵬起)라는 무뢰한이, 섬라군을 불러 왜의 소굴을 쳐서 조선의 위난을 구하자는 궤변을 펼쳤다. 이 설은 한때만을 넘기려는 허망한 주장이었다. 또한, 사람들은 섬라가 명의 경계 내로 들어와 명의 허실을 살피고 중화를 짓밟을 것을 두려워하였다. (『만력야획편』)[13]

수도에 와 있던 섬라 사절이 자국군을 거병하여 왜를 소탕하기를 원하였다. 조정이 모두 이에 동의하였으나 순무(巡撫) 소언류(蕭彦流)가 말하기를, "섬라는 서쪽 끝에 있으며 진남과 마주하고 있습니다. 일본은 동쪽 끝에 있으며 오월과 마주하고 있습니다. 두 나라는 1만 1리나 떨어져 있으며, 그 사이에는 안남·참파·말라카·루손·유구 등의 나라가 있습니다. 수많은 다른 나라를 넘어서 중국을 위하여 조력한다는 일은 있을 수 없습니다. 게다가, 중국 남쪽 길로 많은 배가 지나간다면 포구 근처의 지역들은 모두 지쳐서 괴로워할 것입니다. 또한, 만약 섬라가 기회를 보아 우리나라를 침입하면 누가 이를 막을 수 있겠습니까"라고 논리정연하게 말하였기 때문에 섬라 거병 건은 마침내 중단되었다. 『조선정벌기』14

명나라는 타이의 이러한 제안 역시 의도를 파악할 수 없다는 이유로 거절한다.

한편, 임진왜란 당시 조선과 명의 군사력이 한반도에 집중된 틈을 타서 급속히 성장한 누르하치의 여진인(훗날의 만주인)을 한갓 오랑캐라고 무시한 조선과 명나라의 운명은 우리가 모두 아는 바다. 그런 의미에서, 일본군이 전략을 모른다는 설명을 하기 위해, 여진인은 전략을 모른다는 생각을 하고 있다가 바로 그 여진인에게 나라를 빼앗긴 장숙야를 예로 든 류성룡의 예측이 갖는 한계 역시 분명하다. 북송 휘종(徽宗) 대의 장군인 장숙야는 여진인이 세운 금나라가 송나라를 공격하는 것을 막은 뒤에 "여진인은 전쟁할 줄 모른다. 어찌 고립된 채로 남의 나라에 깊이 들어가 무사히 돌아갈 수 있겠는가?"라고 했다. 그러나 결국 북송이 1126년에 금나라에 멸망당하고 휘종과 그의 맏아들 흠종(欽宗)은 금나라로 끌려갔다. 이를 정강의 변(靖康之變)이라고 하며, 장숙야는 이때 두 사람을 따라가다가 자결했다. 물론 임진왜란 시점에서는, 누르하치 본인조차 자신이 여진인을 통일하고 몽골, 조선, 명을 모두 장악하는 강국을 건설하리라는 예상을 하지 못했을 터이기에 류성룡의 예측이 틀렸다고 할 수는 없다. 다만, 역사의 흐름은 그렇게 기묘하게 흘러가기도 한다는 사실을 류성룡의 발언에서 새삼 느끼게 된다.

여담이지만, 장숙야는 소설 『수호전(水滸傳)』과도 관련이 있다. 실제

역사에서 북송 휘종 때 활동한 송강 등 36인의 도적(宋江三十六人)을 토벌한 것이 장숙야라는 기록이 『송사(宋史)』 권353 「장숙야전」에 전한다.

73

지형(地形)

 옛날에 조조가 다음과 같이 임금께 아뢰었다. "군대를 이끌고 전쟁터로 가서 적과 싸우기 위해서는 세 가지가 급선무입니다. 첫째는 지형을 파악하여 그로부터 이익을 얻는 것이고, 둘째는 병사들이 복종하고 훈련되어 있는 것이며, 셋째는 좋은 무기입니다."[1] 이 세 가지는 용병(用兵)의 핵심이자 승부가 결정되는 것이니 장수 된 사람은 반드시 알아야 한다.
 왜놈(倭奴)은 전쟁에 익숙하고 그들의 무기는 매우 좋다. 예전에는 그들에게 조총이 없었지만 지금은 있는데, 그 총알의 사거리(射距離)와 높은 명중률은 화살보다 몇 배나 된다. 그러니 만약 탁 트인 들판에서 아군과 적군이 마주쳐서 전투를 벌인다면 우리가 적군을 이기는 것은 매우 어렵다. 화살의 사정거리는 백 보(步)에 불과하지만 조총은 수백 보까지 바람이나 우박이 몰아치는 것처럼 날아가니 상대할 수 없는 것이 당연하다. 하지만 아군이 먼저 지형을 선택하게 되어 산이 험한 곳이나 나무가 빽빽한 곳에 사수(射手)를 매복시켜서 적이 복병의 모습을 보지 못하는 상태에서 좌우에서 동시에 화살을 쏜다면, 조총과 창, 칼이 있어도 그들은 이를 쓸 수 없게 되니 아군은 큰 승리를 거둘 수 있다.

한 가지 사례를 그 증거로 들어 보겠다. 임진년에 적이 한양을 점령한 뒤에 날마다 성 밖에 흩어져 약탈하였으니 왕릉들도 보전되지 못하였다. 고양(高陽) 사람인 진사(進士) 이로(李櫓)는 활을 조금 쏠 줄 알고 담력이 있었다. 그는 어느 날 동료 둘과 함께 창릉(昌陵)·경릉(敬陵)에 갔는데, 뜻밖에 많은 적군이 나타나 골짜기를 가득 채웠다. 이로 일행은 어찌할지 모르다가 덩굴이 무성한 풀숲으로 뛰어들어 가니, 적군이 그들을 찾는다고 와서는 주변을 돌아다니며 여기저기 살펴보았다. 이로 등이 풀숲에서 문득 화살을 쏘자 적병이 모두 맞아 쓰러졌다. 또 그 자리에서 여기저기로 재빨리 옮겨 다니면서 공격하니, 적군은 어디에서 화살이 날아올지 예측하지 못하였다. 이때부터 적군은 풀숲을 보기만 하면 멀리 돌아서 달아날 뿐 감히 다가가지 못하였기 때문에 창릉·경릉은 온전할 수 있었다. 이 사례를 통하여, 지형을 얻느냐 얻지 못하느냐는 성패를 좌우한다는 사실을 알 수 있다.

만일 적군이 상주(尙州)에 있었을 적에 신립(申砬)·이일(李鎰) 등이 이러한 계책을 낼 줄 알았더라면, 먼저 토천(兎遷)과 조령(鳥嶺) 사이 삼십여 리 사이에 사수 수천 명을 매복시켜서 적이 아군의 병사 수가 많은지 적은지 판단하지 못하게 하였더라면 적군을 제압할 수 있었을 것이다.

彼雖有鳥銃持刃皆無所施而可大勝也今擧一事為
證壬辰賊入京城逐日分掠扵城外至 園陵亦予保
有高陽人進士李櫓捎觧操弓有膽氣一日與同伴一
人各持弓矢入 昌敬陵不意賊衆大出谷中櫓等
無以為計奔入挌藤蘿蒙宻叢中賊來索之徘徊窺覘
櫓等從其内輙射之皆應弦而倒又還其處徃來倏忽
賊尤莫能測自是一兩至見叢薄則遠遠走避不敢近
二陵得全以此見之地形得失成敗隨之方賊在尚州
申砬李鎰等若知此出先扵鳥嶺三十里間伏
射手數千人使賊莫測多少則可以制敵乃以烏合之
卒子鎰之兵棄其險阻角扵平地宜其敗也余扵兵

2권본 『징비록』 권2, 35앞.
7행 가장 아래의 공격(空格) 부분에 글자가 있는 듯한 흔적이 보인다.

훈련이 되지 않은 오합지졸을 데리고는 험한 지형을 버리고 평지에서 일대일로 맞붙었으니 진 것이 당연하다. 내가 앞에서 용병에 대하여 상세히 말하고 다시 특별히 지형에 대하여 적은 것은 후세에 교훈으로 삼기 위함이다.

昔鼌錯上言兵事曰: "用兵臨戰, 合刃之急有三, 一曰: "得地形", 二曰: "卒服習", 三曰: "器用利"." 三者, 兵之大要, 而勝負之所決, 爲將者, 不可不知也. 倭奴習於攻戰, 而器械精利, 古無鳥銃, 而今有之, 其致遠之力, 命中之巧, 倍蓰於弓矢. 我若相遇於平原廣野, 兩陣相對, 以法交戰, 則敵之極難. 蓋弓矢之技, 不過百步, 而鳥銃能及於數百步, 來如風雹, 其不能當, 必矣. 然先擇地形, 得其山阨險阻, 林木茂密處, 散伏射手, 使賊不見其形, 而左右俱發, 則 (권2·35) 彼雖有鳥銃·槍·刀, 皆無所施, 而可大勝也. 今擧一事爲證. 壬辰, 賊入京城, 逐日分掠於城外, 至園陵亦不保. 有高陽人進士李櫓, 稍解操弓, 有膽氣. 一日, 與同伴二人, 各持弓矢, 入昌敬陵, 不意賊衆大出, 滿谷中. 櫓等無以爲計, 奔入於藤蘿蒙密叢中, 賊來索之, 徘徊窺覘. 櫓等從其內, 輒射之, 皆應絃而倒, 又遷其處, 往來倏忽, 賊尤莫能測. 自是, 所至見叢薄, 則遠遠走避, 不敢近² 二陵得全. 以此見之, 地形得失, 成敗隨之. 方賊在尙州, 申砬·李鎰等, 若知出此, 先於兎遷·鳥嶺三數十里間, 伏射手數千人, 使賊莫測多少, 則可以制敵. 乃以烏合之卒, 不鍊之兵, 棄其險塞, 相角於平地, 宜其敗也. 余於兵機備言之, 今又特記之, 以爲後戒.

'왜놈(倭奴)'과 같은 단어는 초본『징비록』단계에서 많이 보인다. 초본 『진사록』,『군문등록』의 경우도 마찬가지인지라, 류성룡은 전쟁 중에는 '왜' 또는 '왜놈' 같은 말을 썼을 것이다. 그러나 앞서 본 대로 초본『징비록』에 보이는 '왜'라는 글자의 일부는 간행본에서는 '적(敵)'이라는 좀 더 중립적이고 추상적인 단어로 바뀌어 있다.

74

성(城)

성은 폭도를 막아 백성을 지키는 곳이므로 마땅히 견고함을 제일로 한다. 성 쌓는 방식을 논한 옛사람들은 모두 치(雉)에 대하여 말하였는데, 천 치(雉)니 백 치(雉)니 하는 것이다. 나는 평소에 책을 대강대강 읽다 보니 '치'라는 글자가 무슨 물건을 가리키는지 알지 못하고, 책을 보다가 이 글자가 나올 때마다 살받이(堞)를 가리키는 것이겠거니 하고 생각하였다. 그러고는 살받이가 겨우 천 개 백 개라면 그 성은 매우 작아서 많은 사람을 수용할 수 없을 터이니 장차 어디에 쓰겠는가 하고 의심하였다.

난리가 일어난 뒤에 처음으로 척계광의 『기효신서』를 얻어 읽고 나서야, 치가 살받이가 아니라 요즘 말하는 곡성(曲城)·옹성(甕城)을 가리킨다는 사실을 알게 되었다.[1] 성에 곡성·옹성이 없다면, 한 사람이 살받이 하나를 지키고 살받이 사이에 방패를 세워서 바깥에서 날아오는 화살과 돌을 막는다고 하여도 성 아래 와서 달라붙는 적병은 보고 막을 수 없다. 『기효신서』에서는 살받이 50개마다 한 개의 치(雉)를 두고 밖으로 2, 3장(丈) 나오게 하였으며, 두 개의 치가 살받이 50개의 간격을 두고 한 개의 치가 살받이 25개를 관할하게 된다.[2] 이렇게 하면 화살이 가장 세게 나가고 좌우를 돌아보면서 쏘기에도 편하니 적군이 접근하여 성 아래 달라붙을 수 없게 된다.

임진년[1592] 가을에 안주(安州)에 있었을 때, 바야흐로 평양에 있는 적군이 갑자기 서북쪽으로 공격하여 오면 임금 계신 곳(行在)의 앞에 그들을 막을 만한 것이 하나도 없음을 걱정하여, 비록 역량은 부족하였지만 안주성을 수리하여 지키려 하였다. 중양일(重陽日: 음력 9월 9일)에 우연히 청천강(晴川江)에 나가 안주성을 돌아보면서 묵묵히 앉아 생각에 잠긴 지 한참 만에 갑자기 한 가지 계책을 떠올렸다. 성 바깥에 지형을 따라 밖으로 튀어나온 모양의 성을 별도로 쌓고, 치를 운영하는 방식과 마찬가지로 그 속을 비워서 사람을 수용케 하며, 앞과 좌우에 구멍을 많이 뚫어서 대포를 쏠 수 있게 하는 것이었다. 그 위에는 1천 보(步)의 간격을 두어 누각을 짓고 대포 속에는 새알과 같은 포환(砲丸)을 몇 말(斗) 장전하여 두었다가 적의 대군이 성 바깥에 모였을 때 양쪽에서 엇갈려 쏘면, 사람이나 말은 물론 쇠나 돌도 모두 가루가 될 터였다. 만약 이렇게 만들어 두면 다른 성가퀴에 지키는 병사가 없더라도 겨우 몇십 명만 포루를 지키게 하면 적병은 감히 가까이 올 수 없을 것이었다.

이는 진실로 성을 지키는 묘책으로 치(雉)와 비슷하지만 치와는 비교할 수 없을 정도로 효율적이다. 두 개의 누각 사이 1천 보 안에 적이 감히 다가올 수 없을 터이니, 이른바 운제(雲梯)·충차(衝車)³도 쓸 수 없게 될 것이다. 나는 우연히 이 방법을 생각하여 내서 임금 계신 곳에서 즉시 보고하고 나중에 경전을 강의하는 자리(經筵)에서도 여러 차례 주장하였다. 또 사람들에게 이 방식이 틀림없이 쓸 만하다는 사실을 보여 주기 위하여 병신년[1596] 봄에 한양 동쪽 수구문(水口門) 바깥에 땅을 고르고 돌을 모아 이를 만들기 시작하였는데, 완성되기 전에 반대하는 의견이 여기저기서 일어나는 바람에 이를 폐기하고 수축하지 못하였다. 후일에 미래의 일을 걱정하는 사람이 있어서, 나 같은 사람의 생각이라고 해서 무시하지 말고 그 방법을 개선하여 실행에 옮긴다면 성을 방어하는 데에 이익이 적지 않을 터이다.

城者, 禦暴保民之所, 當以堅固爲主. 古人言城制, 皆曰: "雉", 所謂: "千雉·百雉"者是也. 余平時讀書鹵莽, 不知雉爲何物, 每以垜當之, 嘗疑垜但千百, 則其城至小, 不能容衆, 將何以哉⁴. 及變後, 始得戚繼光『紀效新書』, 讀之, 乃知雉非垜, 卽今之所謂曲城·甕城者也. 蓋城無曲城·甕城, 則雖人守一垜, 而垜間立盾, 以遮外面矢石, 賊之來傅城下者, 不可見而禦之也.『紀效新書』, 每五十垜置一雉, 外出二三丈, 二雉間相去五十垜, 一雉各占地二十五垜. 矢力方盛, 左右顧眄, 便於發射, 敵無緣來附城下矣. 壬辰秋, 余久留安州, 念賊方在平壤, 若一朝西下, 則 (권2·36) 行在前面, 無一遮障處, 不量其力, 欲修安州城而守之. 重陽日, 偶出晴川江上, 顧視州城, 默坐深念者久之,

忽思得一策. 城外當從形勢, 別築凸城如雉制, 而空其中, 使容人, 前面及左右, 鑿出砲穴, 可從中放砲. 上建敵樓, 樓相距千步以上, 大砲中藏鐵丸, 如鳥卵者數斗, 賊多集城外, 砲丸從兩處交發, 無論人馬, 雖金石無不糜[5]碎. 若是則他堞, 雖無守兵, 只使數十人, 守砲樓, 而敵無[6]敢近矣. 此實守城妙法, 其制雖倣於雉, 而功勝於雉萬萬矣. 蓋千步之內, 敵旣不敢近, 則所謂雲梯·衝車者, 皆不得用. 此事, 余偶思得之, 其時卽啓聞行在, 後於經席屢發之. 又欲使人見其必可用, 丙申春, 京城東水口門外, 擇地聚石, 作之未成, 而異論紛起, 廢而不修. 後日如有遠慮者, 勿以人廢言, 修擧此制, 則其於備禦之道, 所益不小矣.

　현존하는 성곽 가운데에는 수원 화성 사대문과 한양 성곽 중 동대문의 옹성이 유명하다. 한양 성곽은 조선 태조 때부터 동대문에만 옹성이 있었고, 남대문 등 다른 대문에 옹성이 없는 이유가 『성종실록』 1479년 1월 17일조에 보인다.

　동부승지(同副承旨) 채수(蔡壽)가 아뢰기를, "숭례문을 요즈음 중수(重修)하려고 하는데, 아울러 옹성(甕城)도 쌓는 것이 좋겠습니다" 하니, 좌승지(左承旨) 김승경(金升卿)은 말하기를, "중국은 비록 역참(驛站)이라도 모두 옹성을 쌓았습니다. 숭례문은 중국 사신이 출입하는 곳이니, 옹성을 쌓지 않는 것이 옳겠습니까?" 하고, 우부승지(右副承旨) 유순(柳洵)은 말하기를, "숭례문은 조종조(祖宗朝)로부터 옹성이 없었으니, 모름지기 쌓지 않아도 될 것입니다" 하였다. 임금이 말하기를, "우리나라의 민력(民力)이 넉넉하지 못하니, 어찌 한결같이 중국과 같을 수 있겠는가? 만약 옹성을 쌓게 되면 마땅히 민가(民家)를 헐어야 하니, 빈궁한 자가 어떻게 견디겠는가? 도적이 이 문에 이른다면 이 나라가 나라의 구실을 못할 것이니, 무슨 이익이 있겠는가? 그러니 쌓지 말게 하라" 하셨다. (『성종실록』)[7]

이에 따르면 당시의 국왕인 성종은 조선은 중국에 비하면 국가의 힘이 부족하기 때문에 새로 옹성을 쌓으려면 백성을 괴롭히게 된다는 점과, 도적이 사대문에 이를 정도면 나라가 이미 나라 구실을 못하는 상태이리라는 이유로 동대문 이외의 3개 성문에 대한 옹성 축성에 반대한다. 1592년에 임진왜란이 일어났을 때 조선군이 한양 성곽을 이용해서 일본군을 저지하지 못했다는 사실은 『징비록』에 나와 있는 대로이니, 성종의 말은 예언적이라 하겠다. 그리고 전쟁이 없던 성종 때에도 이런 상황이었으니, 임진왜란 직후의 피폐한 상황에서 옹성을 신축하자는 주장은 받아들여지기 어려웠을 터이다. 조선의 경우에는 서울성곽, 일본의 경우에는 에도 성(江戶城) 등이 모두 방어용으로 대규모의 민력을 동원하여 만들어졌으나 결국 원래 목적대로 사용되지 못하였다. 역해자는 이들 성을 볼 때마다 묘한 허무감을 느낀다.

류성룡은 1595년 10월에 경기·황해·평안·함경 겸사도 도체찰사(兼四道都體察使)로 임명되어, 남쪽의 일본군뿐 아니라 북쪽의 여진인에 대한 대비책도 고민해야 하는 상황이 되었다. 이 시기에 류성룡이 작성한

옛 에도 성. 현재는 고쿄(皇居). 에도 막부를 개창한 도쿠가와 이에야스는
적의 공격을 막고자 전국에서 인력과 물자를 동원하여 이처럼 거대한 에도 성을 건축하였다.
그러나 1868년의 메이지 유신 때 정부군은 에도 성에 무혈 입성 하였다.

각종 공문서를 묶은 『군문등록(軍門謄錄)』(16권본 『징비록』의 권15·16)에는 이 문제에 대한 문서가 다수 실려 있으며, 『선조실록』 1595년 10월 22일 조에도 본문의 내용이 보인다. 그런데 『선조실록』에는 본문에 보이는 건의사항의 앞에, 여진인을 막기 위해 얼음 위에 성을 쌓자는 류성룡의 주장이 실려 있다.

강변은 형세가 가장 험요(陝要)합니다. 우리나라의 땅은 오랑캐의 땅과 서로 엇물려 있고 가운데 큰 강을 끼고 있는데 얼음이 언 뒤에 오랑캐의 기병이 얼음을 타고 돌진하여 올 수 있습니다. 그러나 산벼랑이 험조(險阻)하고 계곡이 깊은 곳에 요새를 설치할 수 있습니다. 이를테면 만포(滿浦)와 고산리(高山里) 사이에 물길이 험한 곳이 있는데 적이 황성(黃城)을 경유하여 나오자면 반드시 이 길을 따라 벌등포(伐登浦)로 나오게 됩니다. 고산리 아래 독로강(禿魯江) 어귀, 위원(渭原)·임리(林里) 및 군(郡)의 뒤쪽 압록강 어귀, 산양회(山羊會) 동건강(童巾江) 어귀, 벽동(碧潼)·벽단(碧團)과 대소 길호리(吉號里) 등처가 모두 긴요한 곳이라 합니다. 이 밖에도 반드시 지킬 만하고 웅거할 만한 곳이 있을 것이니, 주장(主將)이 임시하여 어떻게 조처하느냐에 달려 있습니다.

얼음 위에 요새를 설치하는 일은 앞서 비변사의 아룀에서 대강 진달하였습니다. 대개 장강(長江)이 얼면 평탄한 길이 되어 버리니 오랑캐가 말을 타고 들어오는 것을 막을 수 없으므로 중원에서는 요하(遼河)에 빙장(氷墻)을 만듭니다. 그러나 여기에는 인력이 많이 들고 또 그 넓은 장강에 또한 곳곳마다 설치하기가 어려우니, 강 어귀 산협이 모인 곳에 두 언덕이 우뚝이 솟아 있고 그 가운데 한 가닥의 길이 통하는 곳이면 얼음 위를 가로 뚫어서 방책(防柵)을 만들 수 있습니다. 그리고 얼음 구멍에 가지 많은 나무를 벌여 세워(列植) 굳게 얼어붙게 하여 온 강 위에 6~7겹을 설치하면 오랑캐의 기병이 감히 함부로 진격하지 못할 것이며, 우리 군사가 두 언덕으로부터 화기를 많이 발사하면 오랑캐를 물리칠 수 있을 것입니다. 이것이 곧 행할 수 있는 계책입니다. 대저 오랑캐 군사는 활 쏘기와 말 달리기에 능한 장기가 있고 화기에는 힘쓰지 않습니다. 만일 우리 군사가 조총·화전(火箭)·잡포(雜砲)를 많이 준비하여 미리 정밀히 연습하고 기회에 임하여 잘 사용하면 오랑캐의 군사가 아무리 많더라도 제어할 수 있을 듯합니다. (『선조실록』)[8]

얼어붙은 물 위에 얼음으로 성을 쌓자는 건의는 자칫 황당한 이야기로 들릴 수도 있지만, 실제로 명군은 1626년 2월 26일의 각화도(覺華島) 전투에서 누르하치 군에 맞서 얼어붙은 바다 위에 얼음 성을 쌓고 저항한 바 있다.

   우너거(unege)가 각화도(覺華島)의 군사를 물리쳤다.
   2월 26일에 영원성(寧遠城)의 남쪽 16리 끝 바다 안의 각화도라는 섬에 산해관 밖의 군사가 먹을 식량과 풀을 모두 배로 옮겨 놓았다고 듣고는, 태조 겅기연 한(taidzu genggiyen han: 누르하치를 말함)이 팔기 몽고군의 어전(ejen) 우너거에게 만주군 8백을 더하여 각화도를 취하라고 보내어 만주국 군대의 대신들이 도착하여 보니, 대명의 식량과 풀을 지키던 4만 군대의 수장 참장관 요무민(姚撫民)·호일녕(胡一寧)·김관(金冠), 유격관 계선(季善)·오옥(吳玉)·장국청(張國靑)이 바다 얼음 위에 영(營)을 세우고 얼음을 잘라서 15리에 이르기까지 해자와 같이 얼음 구멍을 만들고 방패차로 가리고는 군사를 배치하여 놓았다. 만주군이 그 해자의 끝에서부터 베면서 들어가 즉시 격퇴하고 추격하며 죽이기를 마치고 보니, 섬의 산에 대명의 군사가 다시 두 영(營)을 세워 놓았다. 만주군은 즉시 공격하여 들어가 그 두 영의 군사를 격퇴하고 죽이기를 마치고, 2천 남짓의 배, 집처럼 쌓인 1천 남짓의 쌓인 식량과 풀을 모두 불을 놓고 대군에 합류하여 왔다. (『만주실록』)[9]

한편 『선조실록』에 실린 류성룡의 건의문에는, 얼음 성 쌓는 방법에 이어서 여진·몽골 등 북아시아의 이민족이 남쪽 국가들이 지키는 성벽을 무너뜨리는 무기(攻城機)를 쓸 경우의 대비책과 역사상의 사례들이 실려 있다. 1593년의 제2차 진주성전투 때에도 결국 가토 기요마사가 고안한 공성기 때문에 성의 한쪽이 무너진 것이 결정적인 패인이 되었던 만큼, 류성룡은 이 문제에 대해서도 고민을 한 것이다.

성을 지키는 방법에서도 요령이 있습니다. 우리나라의 성은 장벽(墻壁)과 성가퀴가 낮아서 적의 화살과 돌이 성 위에 비오듯이 쏟아지면 성을 지키는 사람이 머리를 내밀지 못하므로, 적이 반드시 성 아래에 바로 진격하여 와서 성에 사다리를 놓고 올라오기도 하고 장추(長楸)로 성을 허물어뜨리기도 하여 잠깐 사이에 우리 군사가 제방(隄防)을 잃어 성을 지키지 못합니다. 중국인은 이 때문에 성벽에다가 반드시 현안(懸眼)을 만들어 성 아래의 적을 보는데 우리나라의 성은 이러한 제도가 없습니다. 또 곡성(曲城)이 많지 아니하여 이를 방어하기가 극히 어렵습니다.

오직 큰 나무를 성 위에 가로로 가설하되, 2~3타첩(垜堞)의 거리로 떨어지게 하여 양쪽 머리를 밖으로 1척씩 나오게 하고 그 끝에 가로로 가설한 나무를 서로 연결하되 그 위에 방패(防牌)를 설치하고 지도리를 만들어 여닫게 하면 적의 화살과 돌을 막을 수 있고, 또한 성 아래의 적을 내려다보고 치고 찌를 수 있습니다. 또 성의 제도가 굴곡이 진 곳에는 또한 방패를 설치하고 좌우와 전면에 구멍을 많이 뚫되, 마치 왜진(倭陣)의 토장법(土墻法)처럼 하여 대소(大小)의 포를 쏘는 것이 또한 묘법입니다.

고려 때에 박서(朴犀)가 귀성(龜城)을 지킬 적에 적병이 생쇠 가죽(生牛革)으로 나무를 싸서 앞을 가리고 아래로 바로 진격하여 오니 화살과 돌로는 어찌할 수 없었습니다. 이에 박서가 쇳물을 녹여 쏟아부으니 잠깐 사이에 불탔습니다. 금(金)나라의 변성(汴城)이 몽고군에게 포위가 되었는데 몽고군이 바로 성 아래에 구덩이를 파므로 변성 성 위의 사람들이 쇠사슬로 진천뢰(震天宙)를 매달아 내리굴리자 성 아래에 불이 일어나 곧 무너졌으니, 이것이 모두 성에 붙어 오르는 적을 막는 방법입니다. (『선조실록』)[10]

75

포루(砲樓)

　내가 안주(安州)에 있을 때 벗인 사순(士純) 김성일이 경상우감사(慶尙右監司)가 되었는데, 내게 "진주성을 어떻게 정비하면 죽음을 각오하고 지킬 수 있겠습니까?"라는 편지를 보내왔다. 이에 앞서 적군은 진주를 침범하였다가 이기지 못하고 돌아갔다. 나는 김성일에게 "적은 늦든 빠르든 반드시 대군을 이끌고 복수하러 올 터이니 지난번보다 좀 더 수비하기 어려울 것입니다. 오로지 포루를 설치하고 대비하여야만 걱정이 없을 것입니다" 하고 편지에 그 방법을 자세히 써서 보냈다.

　계사년[1593] 6월에 나는 적이 다시 진주를 공격하였다는 소식을 듣고는 종사관 신경진(辛慶晋)에게 "진주의 일은 매우 위급하다. 다행히 포루가 있다면 그래도 버틸 수 있겠지만 만약 없다면 지키기 어려울 터인데……"라고 말하였다. 얼마 뒤에 합천(陜川)에 내려갔는데 진주가 이미 함락되었다는 소식을 들었다. 단성현감(丹城縣監) 조종도(趙宗道)도 김성일의 벗이었는데, 내게 "지난해에 김성일과 함께 진주에 있었는데, 김성일이 그대의 편지를 보고 기발한 계책이라며 뛸 듯이 기뻐하였습니다. 그 즉시 부하 장군 몇을 데리고 성을 돌아보고는 지형에 따라 여덟 곳에 포루를 설치하여야 한다며, 사람들에게 나무를 베서 강물로 띄워 보내라고 독려하였습니다. 노역하는 것을 싫어한 진주 백성들이 '지난해에는 포루가 없었어도 적을 물리치고 성을 지킬 수 있었는데, 지금 왜 사람들을 괴롭힙니까?'라고 하여도 김성일은 받아들이지 않았습니다. 그런데 포루를 만들 목재가 갖추어져 공사를 시작한 지 며칠 만에 김성일은 병으로 쓰러져서 다시는 일어나지 못하였으니, 마침내 포루 공사도 중단되었습니다"라고 말하여 주었다. 우리 둘은 한 차례 통곡하고 헤어졌다. 아아! 김성일의 불행은 곧 하나의 성(城), 천 명 만 명의 불행이었다. 진실로 이는 운명이니 사람의 힘이 개입할 여지가 없는 것이다.

余在安州時, 友人金士純爲慶尙右監司, 有書云: "欲修治晉州, 爲死守計." 先是, 賊嘗一犯晉州, 不勝而退. 余答士純云: "賊早晚必來報, 來則必用大勢, 守比舊差難. 惟當建砲樓以待之, 可無患." 遂於書中詳言其制. 癸巳六月, 余聞賊復攻晉州, 謂辛從事慶晉曰: "晉事甚危, 幸而有砲樓, 則猶可支, 不然, 難守矣." 旣而, 下陜川, 聞晉已陷. 丹城縣監, 趙君宗道, 亦士純友也, 爲余言, 前年與士純同在晉州, 士純見余書, 踴躍稱奇, 卽與幕下士友數人

(권2·37) 巡城, 因其地形, 以爲當設於八處, 督令伐木, 浮江而下. 州民憚其役, 乃曰: "前無砲樓, 猶守却賊. 今何用勞人?" 士純不聽. 材已具, 始役有日, 適士純病不起, 其事遂寢云, 相與一慟而罷. 嗚呼! 士純之不幸, 卽一城千萬人之不幸也. 斯固數也, 非人力之所能容.

❁

초본에는 진주성의 최후를 조종도가 전해 주었다는 대목과 저자의 한탄이 보이지 않는다.

임진왜란 이후 조선의 군사 전략에서 포루가 갖는 의미에 대해서는 정연식(2001)[2]에 상세하다.

76

장수(將帥)

　임진년[1592] 4월에 적이 우리나라의 여러 고을을 함락시키니 아군은 적이 온다는 소식만 듣고도 무너져 달아났으며 감히 적과 맞서서 싸우는 자가 없었다. 비변사(備邊司)의 여러 신하들이 날마다 대궐에 모여서 방어책을 강구하였지만 뾰족한 수가 없었다.

　어떤 사람이 "적은 창과 칼을 잘 쓰니, 우리에게 단단한 갑옷이 없으면 적에게 맞설 수 없습니다. 두꺼운 철로 긴 갑옷을 만들어서 온 몸이 보이지 않게 하고 적진에 투입하면, 적은 찌를 곳을 찾지 못할 터이니 우리가 이길 수 있습니다"라고 건의하자 다들 그렇게 하자고 하고는 장인(匠人)들을 많이 모아 밤낮없이 [갑옷을] 만들게 하였다. 그러나 나만은 이 방법이 옳지 않다고 생각하여 "적과 싸울 때에는 구름처럼 모였다가 새 떼처럼 흩어져야 하기 때문에 빠른 것이 가장 중요합니다. 만약 온 몸을 덮는 두꺼운 갑옷을 입으면 그 무게를 이기지도 못할 터이고 이동도 부자유스러울 것이니 어찌 적을 죽이는 것을 기대할 수 있겠습니까?"라고 말하였다. 며칠 뒤에 조정에서는 전투에서 이 방식을 운영하기 어렵다는 것을 알게 되어 그만두었다.

또 대간(臺諫)이 대신을 보고 계책을 말하게 하여 달라고 청하였는데, 그들 가운데 한 명이 대신들에게 전략이 없다고 화를 내기에 자리에 있던 사람이 "그러는 그대에게는 무슨 계책이 있습니까?" 하고 물었다. 그가 "왜 한강 가에 높은 누각을 많이 설치하여, 적은 위로 올라오지 못하고 우리는 아래를 보면서 공격할 수 있게 하지 않습니까?"라고 말하기에, 어떤 사람이 "적의 총알도 위로 올라오지 못합니까?" 하자 그 사람은 아무 말 없이 물러났다. 이 소식을 들은 사람들은 비웃으면서 다른 사람들에게 이 이야기를 전하였다.

아아! 용병은 늘 같은 형세를 취하지 않고 전쟁할 때에는 늘 같은 전법을 취하지 않는 것이다. 상황에 따라 용병과 전략을 택하면서 나아가고 물러나고 모이고 흩어질 때에는 끝없이 기이한 계책을 내야 하는 법이니, 이는 오로지 장수에게 달려 있다. 그러니 천 마디 말이나 만 가지 계책도 다 소용없고, 오로지 한 명의 재능 있는 장수에게 성패가 달려 있다. 그리고 조조가 말한 세 가지 계책(三策: 지형 파악, 잘 훈련되고 복종하는 병사, 좋은 무기)은 가장 중요하니 한 가지라도 없으면 안 된다. 나머지 번잡한 것들은 무슨 쓸모가 있겠는가?

국가는 일이 없을 때 장수를 뽑아 일이 있을 때 장수를 임명하는 법인데, 뽑을 때에는 재능을 중시하고 임명할 때에는 전문성을 중시하여야 한다. 당시 경상도 수군의 장수는 박홍(朴泓)과 원균(元均)이었고 육군의 장수는 이각(李珏)과 조대곤(曺大坤)이었는데, 이들은 각자의 재능으로 뽑힌 것이 아니었다. 변란이 일어나자 순변사(巡邊使)·방어사(防禦使)·조방장(助防將) 등이 모두 조정에서 명령을 받아 각자 전권을 갖고 명령하며 나아가고 물러나는 것을 자기들 마음대로 하면서 서로 통제되지도 않고 속하지도 않았다. 그야말로 "시체를 수레에 싣는다"[1]라는 『주역』괘의 경고대로이니 어찌 일이 제대로 되겠는가? 또 자기가 기른 병사들을 자기가 쓰지 못하고, 자기가 쓰는 병사들은 자기가 기른 병사들이 아니어서 장수와 병사들이 서로 알지 못하니, 이 모든 게 병가(兵家)에서 크게 꺼리는 사안들이다.

어째서 앞의 수레가 이미 넘어졌는데도 뒤의 수레가 방법을 고치지 않고 앞 수레의 바퀴 자국을 뒤따르는가? 이렇게 행하고도 무사하기를 바란다면 믿을 것은 요행뿐이다. 이에 대하여 말하기 시작하면 너무 길어져서 한두 마디로 다할 수 없을 것이니, 아아, 위태롭도다!

壬辰四月, 賊連陷內郡, 我軍望風潰散, 無敢交鋒者. 備邊司諸臣日聚闕下, 講備禦之策, 而無以爲計. 或建議曰: "賊善用槍刀, 我無堅甲可禦, 故不能敵. 當以厚鐵爲滿身甲, 長不見物, 被入賊陣, 則賊無隙可刺, 而我可勝矣." 衆曰: "然." 於是, 大聚工匠, 晝夜打造. 余獨以爲不可曰: "與賊鬪, 雲合鳥散, 貴於捷疾. 旣被滿身厚甲, 其重不可勝, 身且不能運, 何望殺賊?" 數日, 知其難用, 遂罷. 又臺諫請見大臣言計, 其中一人, 盛氣斥大臣無謀, 座上問:

"有何策?" 對曰: "何不於漢江邊, 多設高棚, 使賊不得上, 而俯射之耶?" 或曰: "賊之鐵丸, 亦不得上耶?" 其人無語而退, 聞者傳以爲笑. 嗚呼! 兵無常勢, 戰無常法, 臨機制變, 進退合散, 出奇無窮, 只在於將而已. 然則千言萬計, 皆無用, 惟在於得一將才. 而鼂錯所陳三策, 尤係切要, 闕一不可. 其餘紛紛者, 何補焉[2]? 大抵國家, 擇將於無事之日, 任將於有事之際, 擇之貴精, 任之貴專. 當時, 慶尙道水將則朴泓·元均, 陸將則李珏·曺大坤, 已非才選. 及其變生, 巡邊使·防禦使·助防將等, 皆自朝廷受命而來, 各 (권2·38) 持專斷之權, 自行號令, 進退由意, 而不相統屬, 正犯輿尸之戒, 事何由得濟? 且所養非所用, 所用非所養, 將卒不相知, 皆兵家大忌. 奈何前車旣覆, 後不知改, 至今尙循此塗轍? 如此而望其無事者, 特幸耳. 言之其說甚長, 非可一二盡, 嗚呼, 危哉!

초본과 간행본을 비교하면, 박홍·원균·이각·조대곤 등을 비판하고 제승방략의 문제를 지적하는 대목이 간행본에 추가되어 있다. 이로써 류성룡은 진관법을 시행하지 않은 것이 전쟁 초기의 패인이었음을 거듭 강조하려 한 것이다.

유럽에서는 14세기 무렵에 갑옷을 뚫는 쇠뇌(crossbow) 및 장궁(長弓, longbow), 그리고 화기(火器)의 등장으로 보병의 중요성이 커지고 무거운 갑옷의 비중이 줄어드는 경향을 보인다. 이를 '보병 혁명(The infantry revolution)'이라고 한다. 일본도 16세기에 유럽에서 전래된 화승총(조총)이 양산되는 한편 보병 전략이 급속도로 확산되었다.[3] 『징비록』의 첫머

서울대 규장각본의 "焉"과 국립중앙도서관 소장본의 "為", 『조선징비록』의 "焉."

리에서 소 요시토시가 조선의 통신사 파견을 간청하면서 조총을 선물한 것은, 한편으로는 이러한 무기가 있으니 일본을 조심하라는 협박이었고 또 한편으로는 일본의 국가 기밀 유출에 해당하는 행위였다. 그러나 조선 측에서는 조총의 의미를 깨닫지 못하고 일본군을 중세의 왜구처럼 칼과 창으로만 싸우는 집단이라고 판단하고 기존의 전술 전략으로 대응할 수 있으리라 보았다. 이전처럼 왜인들이 칼과 창만으로 싸운다면 갑옷을 두껍게 하는 것이 훌륭한 방어 전략이었겠지만, 이미 세계의 군사적 패러다임은 근본적으로 바뀌고 있었다는 것이 맹점이었다. 조선이 임진왜란 초기에 일본군의 공격에 효과적으로 대응하지 못한 이유에는 그 밖에도 여러 가지가 있지만, 여기서 류성룡이 전하는 갑옷에 대한 조선 조정의 논의는 전 세계의 군사적 흐름에서 비껴나 있던 조선의 상황을 상징한다.

참고로, 『선조실록』 1593년 11월 12일조에는 선조가 일종의 기관총을 만들어서 류성룡에게 보여 주었다는 기사가 실려 있다.

상(上)이 류성룡에게 전교하였다. "조총은 천하에 신기한 무기인데 다만 화약을 재기가 쉽지 않아서 혹시라도 선(線)이 끊어지면 적의 화살에 맞아 죽게 될 것이다. 내가 이를 염려하다가 우연히 이런 총을 만들었는데, 한 사람은 조종하여 쏘고 한 사람은 화약을 재어 돌려가면서 다시 넣는다면 탄환이 한없이 나가게 될 것이다. 다만 처음 만든 것이라 제작이 정교하지는 못하다. 지금 경(卿)에게 보내니 비치하여 놓고 한번 웃기 바란다." (『선조실록』)[4]

이 총은 결국 실용화되지 못한 것 같고, 더욱이 이 기사에는 사관(史官)의 다음과 같은 비판까지 실려 있다.

"옛부터 중흥(中興)한 임금들은 영웅을 맞아들이는 것과 민심을 기쁘게 하는 것을 급선무로 여겼고 무기를 정교하게 갖추기에는 구구히 마음 쓰지 않았다. 조총이 적을 막는 데 관계가 있는 것이기는 하지만 임금 자신이 무기의 공졸(工拙)을 논하게 된다면 도리의 본말(本末)에 어두운 일이 아니겠는가? 더구나 천하에 위엄을 보이는 것은 병혁(兵革)으로 하는 것이 아니다. 오늘의 급무는 진실로 여기에 있지 않은데도 대신이 임금의 뜻에 아첨하여 그대로 순응하느라 묵묵히 한마디 말도 없었으니 통탄스럽구나."(『선조실록』)[5]

임금이 일일이 무기를 만드는 것은 어울리지 않고, 이에 대해 간언하지 않은 류성룡은 간신이라는 것이다. 류성룡의 정적이었던 북인(北人)이 편찬한 『선조실록』이니만큼, 이는 류성룡에 대한 인신공격이라는 혐의가 짙다.

77

부교(浮橋)

계사년[1593] 1월에 명군이 평양에서 출발하였고 나는 그 군대에 앞서 가고 있었다. 이때 임진강의 얼음이 녹아서 걸어 건널 수 없었는데, 제독 이여송은 잇따라 사람을 보내서 부교를 만들라고 독촉하였다.

내가 금교역(金郊驛)에 가서 보니, 명나라 군대를 맞이하여 그들이 먹을 군량미를 제공하기 위하여 황해도(黃海道)의 수령이 데리고 온 아전과 백성들이 들판에 가득하였다. 내가 우봉현령(牛峯縣令) 이희원(李希愿)에게 "데리고 온 고을 사람이 얼마나 되는가?" 하고 묻자 그는 "거의 수백 명입니다"라고 답하였다. 이에 나는 "그대는 얼른 고을 사람들을 거느리고 산에 올라서 칡을 캐 와서 내일 나와 임진강 어귀에서 만나세. 약속 시간을 어기면 안 되네"라고 부탁하였고, 이희원은 갔다. 다음 날에 나는 개성부에 머물고, 그 다음 날 새벽에 덕진당(德津堂)으로 가 보니 반쯤 녹은 얼음이 강을 흘러 내려가서 하류의 배가 강물을 거슬러 올라오지 못하는 상태였다. 경기순찰사 권징(權徵), 수사(水使) 이빈(李薲), 장단부사(長湍府使) 한덕원(韓德遠), 창의추의군(倡義秋義軍) 천여 명이 강가에 모여 있었지만 다들 속수무책이었다.

나는 우봉 사람들을 불러 칡을 꼬아서 큰 밧줄을 만들게 하였다. 그 굵기는 몇 아름이 되고 길이는 강에 걸칠 만큼 길었으니, 강의 남북 기슭에 각각 두 개씩 기둥을 세워 서로 마주 보게 하고 그 안에 긴 나무 하나를 가로로 두었다. 그러고는 굵은 밧줄 열 다섯 가닥을 당겨서 강물 위에 걸치고 밧줄의 양쪽 끝을 양쪽의 가로지른 나무에 묶게 하였는데, 강이 너무 넓고 길어서 밧줄이 절반쯤 물에 잠길 뿐 팽팽해지지 않았다. 모두들 "헛되이 인력(人力)을 낭비하였다"라고들 하였다.

나는 천여 명에게 각자 2, 3자(尺) 길이의 막대기를 칡 밧줄에 꽂고는 힘껏 몇 바퀴 꼬게 하니, 밧줄들은 서로 당겨지며 팽팽해져서 빗살처럼 나란히 늘어서게 되었다. 이에 밧줄들이 모두 팽팽하게 다발이 되어 궁륭(穹窿: 아치형) 형태로 높이 솟아났으니 훌륭한 다리 모양이 되었다. 여기에 가는 버드나무를 베어 깔고 그 위에 풀을 두껍게 덮고 흙으로 다지자, 명나라 군대는 이를 보고 크게 기뻐하며 모두들 말에 채찍질하여 달려 건넜고 포차(砲車)와 병기들도 모두 이 다리를 통하여 건넜다. 얼마 뒤에 건너는 사람이 점점 늘어나자 처음에는 팽팽하였던 밧줄들이 매우 느슨해져서 강물에 가까워졌지만, 대군은 여울 위로 건너간 것이었기 때문에 지장이 없었다. 그때 나는 갑자기 이 생각을 떠올렸는지라 칡을 부족하게 준비하였지만, 다시 두 배로 준비해서 서른 가닥의 밧줄을 만든다면 [밧줄은] 더욱 팽팽해져서 느슨해지지 않았을 것이다.

나중에 『남북사(南北史)』를 보니 제(齊)나라 병사가 양(梁)나라 임금 소규(蕭巋)를 공격하였을 때, 소규는 주(周)나라 총관(摠管) 육등(陸騰)과 함께 이에 맞섰다. 주나라 사람들은 협구(陜口) 남쪽 기슭에 안촉성(安蜀城)을 쌓고는, 강 위에 큰 밧줄을 걸쳐 놓고 갈대를 엮어서 다리를 만들어 군량미를 날랐다고 한다.¹ 바로 이 방식이다. 나는 "우연히 이 방식을 떠올렸는데, 옛사람이 이미 이 방식을 썼음을 알지 못하였다"라고 혼잣말하며 한번 웃었다. 이 일을 기록하여 두어 훗날 급한 상황에 대처할 때 참고가 되었으면 한다.

癸巳正月, 天兵發平壤, 余在軍前先行. 時臨津氷泮, 不可渡, 提督連遣人, 督造浮橋. 余至金郊驛, 見黃海道守令率吏民, 候餉大軍者滿野. 余召牛峯縣令李希愿, 問: "所率邑人幾何?" 曰: "近數百." 余分付曰: "爾速領邑人, 登山採葛, 明日會余於臨津江口, 不可失期." 希愿去. 翌日, 余宿開城府, 又明日曉, 馳至德津堂, 見江氷猶未盡解, 氷上流澌半身許, 下流舟艦不得上. 京畿巡察使權徵, 水使李薲, 長湍府使韓德遠及倡義秋義軍千餘人, 集江面, 皆束手無計. 余令呼牛峯人, 納葛綯, 爲巨索, 大數圍, 長可橫江, 江南北岸, 各立兩柱相對, 其內偃置一橫木, 引巨索十五條, 鋪過江面, 兩頭結橫木, 江面旣濶遠, 索半沈水, 不能起. 衆曰: "徒費人力." 余令千餘人, 各持短杠二三尺, 穿葛索, 極力回轉數周, 互相撐起, 排比如櫛. 於是, 衆索緊束, 高起穹窿, 儼然成橋樣, 刈細柳鋪其上, 厚覆以草, 而加之土. 唐軍見之大喜, 皆揚鞭馳馬

而過, 砲²車·軍器皆從此渡. 旣而, 渡者益多, 絞索頗緩近水, 大軍由淺灘以渡, 而無責焉. 余念其時, 倉卒備葛不多, 更 (권2·39) 倍之得三十條, 則加緊無緩矣. 後見『南北史』, 齊兵攻梁主巋, 巋與周摠管陸騰拒之, 周人於峽口南岸, 築安蜀城, 橫引大索於江上, 編葦爲橋, 以渡軍糧, 正是此法. 余自謂: "偶思得之, 不知古人已行." 爲之一笑. 因記其事, 以爲他日應猝之助云.

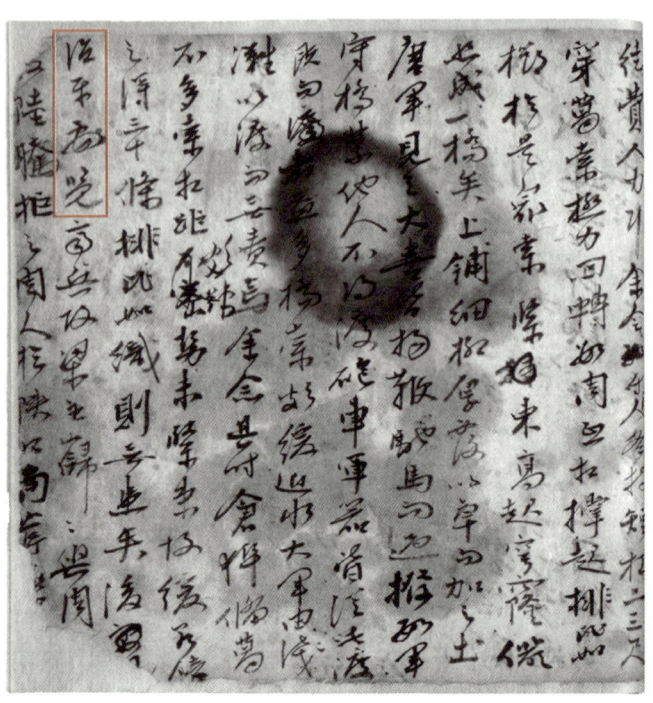

초본 『징비록』. 왼쪽에서 둘째 줄 윗부분에 '치평요람(治平要覽)'이라는 책 이름이 보인다.

초본에는 중국 역사에서 부교를 이용한 사례를 세종 대에 편찬되어 중종 대에 간행된 『치평요람(治平要覽)』에서 보았다고 되어 있으나, 간행본에서는 책의 제목이 『남북사(南北史)』로 바뀌어 있다. 초본 집필 후에 이 중국 고사의 원래 출전을 새로이 확인하였기 때문인지.

78

군사훈련

　계사년[1593] 여름에 나는 한양 묵사동(墨寺洞)에서 병을 앓고 있었다. 하루는 명나라의 낙상지(駱尙志) 장군이 그곳으로 와서 매우 정중하게 문병한 뒤에 "지금 조선의 힘은 미약하고 적은 국경 안에 있으니 병사를 훈련하여 적을 막는 일이 급선무입니다. 아직 명나라 군대가 철수하지 않았으니 이 틈에 군사훈련 하는 방법을 배워서 한 사람이 열 사람을 가르치고 열 사람이 백 사람을 가르친다면, 몇 년 사이에 모두 정예병이 되어 나라를 지킬 수 있을 것입니다" 하였다. 나는 그 말에 감동하여 즉시 임금 계신 곳(行在)에 보고하고, 대동하던 금군(禁軍) 한사립(韓士立)에게 한양 안에서 모병(募兵)하여 칠십여 명을 얻어 낙상지 공(公)이 있는 곳에 가서 가르침을 청하도록 하였다. 낙상지는 자기 부하 가운데 진법(陣法)을 잘 아는 장륙삼(張六三) 등 열 명을 뽑아서 교사로 삼아 [우리 병사들에게] 밤낮없이 창·검·낭선(筤筅)¹ 등의 무예를 배우게 하였다.

얼마 뒤에 나는 남쪽으로 가게 되어서 그 일이 도로 폐지되었지만, 임금께서는 비변사에게 별도로 도감(都監)을 설치하여 훈련하게 하고 좌의정 윤두수(尹斗壽)에게 그 일을 담당하게 하셨다. 그해 9월에 나는 남쪽에서 임금 계신 곳으로 호출되어 가다가 해주(海州)에서 어가를 맞이하여 한양까지 호종(扈從)하였다. 연안(延安)에 이르렀을 때 임금께서는 내가 훈련도감의 일을 담당하게 하셨다.

이때 한양에는 기근이 심하였기에, 나는 명나라에서 보낸 용산창(龍山倉)에 보관되어 있던 좁쌀 1천 석을 반출하게 하여 날마다 한 사람당 2되(升)씩 주게 하니, 훈련도감에 응모하려는 사람이 사방에서 모여들었다. 도감당상(都監堂上) 조경(趙儆)은 곡식이 적어서 모두에게 줄 수 없는지라 규칙을 만들어서 배급량을 조절하려 하였다. 큰 돌 하나를 놓고는 응모자들에게 먼저 그 돌을 들게 하여 힘을 파악하고, 한 장(丈) 정도 되는 담을 뛰어넘게 하여, 이를 할 수 있는 사람들에게만 [훈련도감에] 들어오게 하고 그렇지 못한 사람은 거부하였다. 사람들은 굶주리고 지쳐서 기력이 쇠하여 있던지라 합격자는 열 명 중 한두 명이었고, 어떤 사람은 훈련도감 문 밖에서 시험을 치게 하여 달라고 하다가 거절당하여서는 그 앞에서 넘어져 죽기도 하였다. 이리하여 수백 명의 병사를 얻어 파총(把摠)²과 초관(哨官)³을 임명하여 부대를 나누어 지휘하게 하였다.

또 조총을 가르치려고 하였지만 화약이 없었다. 그때 군기시(軍器寺) 장인(匠人)인 대풍손(大豊孫)이 적의 진영에 들어가 화약을 많이 만들어서 적에게 주었다는 죄목으로 강화(江華)에 가두어 두고 장차 [그를] 죽이려 하였는데, 나는 특별히 그 죄를 용서하고 그 대신 [대풍손에게] 염초를 제조하라고 하였다. 그 사람은 감사하고 두려워하여 온 힘을 다해 하루에 [염초를] 수십 근씩 만들었다. 그 염초를 날마다 각 부대에 나누어 주어 밤낮없이 훈련하게 하고는 잘하고 못하는 자들에게 상벌을 주었다. 한 달이 지나자 날아가는 새를 맞출 수 있게 되었고, 몇 달 뒤에는 항복하여 온 왜인(降倭)이나 명나라 남부의 병사들 가운데 조총을 잘 쏘는 자들과 비교하여도 못함이 없거나 더 나은 자들도 나타났다. 내가 "군량미를 더 조달하여 모병 규모를 1만 명까지 늘리고, 그들을 5영(五營)에 각각 2천 명씩 소속시키며, 매해 그 절반은 성안에 남겨 두어 훈련시키고 절반은 성 밖으로 내보내 넓고 비옥한 땅을 골라 둔전(屯田)으로 삼게 하면 몇 년 뒤에는 군량미가 나오는 원천이 풍부하여질 터이니 나라의 근본이 튼튼해지는 것입니다"라고 건의하니, 임금께서는 그 뜻을 병조(兵曹)에 하달(下達)하셨지만 즉시 실행되지는 않은 터라 끝내 효과를 보지 못하였다.

癸巳夏, 余病臥漢城墨寺洞. 一日, 天將駱尙志訪余于臥次, 問病甚勤, 因言: "朝鮮方微弱, 而賊猶在境上, 鍊兵禦敵, 最爲急務. 宜乘此天兵未廻, 學習鍊兵法, 以一敎十, 以十敎百, 則數年間, 皆成精鍊之卒, 可以守國." 余感其言, 卽馳啓于行在, 因使所帶禁軍韓士立, 招募京中, 得七十餘人, 往駱公處, 請敎. 駱撥帳下曉陣法張六三等十人, 爲敎師, 日夜鍊習槍·劍·筤筅等技. 旣而, 余下南方, 其事旋廢. 上見狀啓, 下備邊司, 令別設都監訓鍊, 以尹相斗壽領其事. 其年九月, 余自南召赴行在, 迎駕於海州, 扈從還都, 至延安,

更命余, 代領都監事. 時都城饑甚, 余請發龍山倉 唐粟米一千石, 日給人二升, 應募者四集. 都監堂上趙儆, 以穀少不能給, 欲設法限節, 置一巨石, 令願募者, 先擧石試力, 又令超越土墻丈許, 能者許入, 不能者拒之. 人飢困無氣, 中格者十一二, 或在都監門外, 求試不得, 顚仆而死. 未久, 得數百千人, 立把摠哨官, 分部領之. 又欲敎鳥銃, 而無火藥, 有軍器寺匠人大豊孫者, 以入賊陣, 多煮火藥, (권2·40) 與賊, 囚江華. 將殺之, 余特貸其死, 令煮焰焇贖罪. 其人感懼, 爲之盡力, 一日所煮幾十斤. 逐日分諸各部, 晝夜習放, 第其能否, 而賞罰之. 月餘, 能中飛鳥, 數月後, 與降倭及, 南兵之善鳥銃者相較, 無不及, 而或過之. 余上箚請: "措置軍糧, 益募兵, 滿一萬, 置五營, 營各隷二千, 每年, 半留城中敎鍊, 半出城外, 擇閑曠肥饒地, 屯田積粟, 輪還遞代, 則數年之後, 兵食之源厚, 而根本固矣." 上下其議兵曹, 不卽擧行, 卒無見效.

현존하는 초본 『징비록』은 여기서 끝난다. 한편, 이 대목의 원형으로 보이는 대목이 『진사록』에도 보인다. 여기서는 낙상지의 정성스러운 제안에 감격하고 전적으로 신뢰하는 류성룡의 감정이 본문에서보다 더욱 절절하게 느껴진다.

요즈음에 낙 참장이 신(臣)이 병을 앓고 있다는 말을 듣고는 매양 역관을 보내어 병세를 묻고, 또 오늘날 우리나라에서 마땅히 행하여야 할 일을 상세히 말하여 그치지 않았으며 뜻이 매우 정성스러웠는데, (중략) 그의 말은 매우 많았는데, 모두가 우리나라를 위하여 깊이 근심하고, 먼 장래를 생각하여 뒷날의 근심에 대비하려고 하였으니, 신은 이 말을 듣고서 감동하여 눈물이 흐르는 것을 참을 수가 없었습니다. 오늘날 남방의 형세를 헤아려 본다면 대단한 위험이 눈앞에 닥쳤으니, 왜적을 막고 나라를 지키는 계책은 마땅히 불에 타는 것을 구하고 물에 빠진 것을 건지는 것과 같이, 국가에서는 모든 일을 젖혀 두고서 적병을 방어하는 일에만 오로지 마음을 다하여, 낙 참장이 말하는 것과 같이 한 뒤에야 어쩌면 만분의 일이라도 기대할 수가 있을 것으로 여겨집니다. 『진사록』[6]

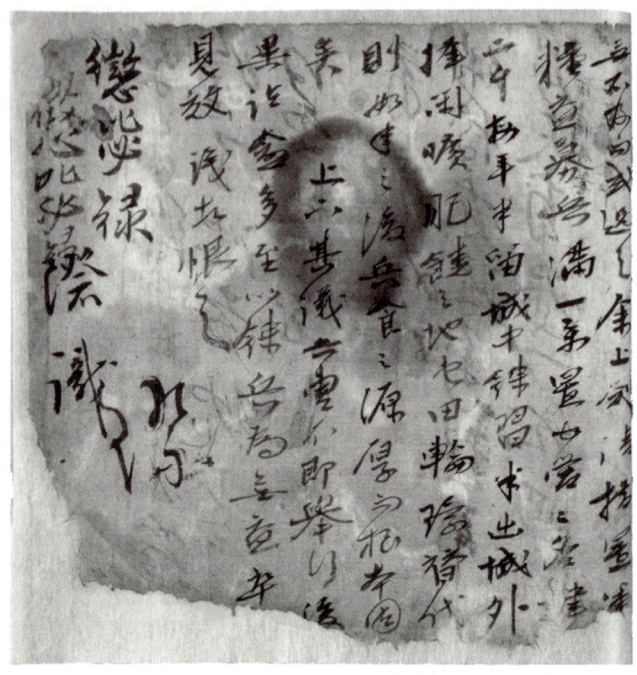

초본 『징비록』 마지막 부분.

한편, 본문에는 일본군 진영에서 화약을 만들었다는 죄명으로 처형될 뻔한 대풍손이라는 사람의 이야기가 실려 있다. 임진왜란 당시 조선 조정이 적에게 투항했거나 포로가 되었던 사람들을 적대시한 것은 잘 알려져 있는데, 그런 가운데 류성룡은 적의 포로가 되었다가 탈출한 소년들을 병사로 쓰자는 제안을 한다. 이른바 소년병이다. 소년병 제도는 현대 사회에서는 금기시되지만 전근대 사회에서는 물론 그러한 의식이 없었다. 하지만 "이 무리들은 적중에 오랫동안 있으면서, 전투를 할 때 서로 베어 죽이던 장소를 따라다녔기 때문에, 듣고 본 것이나 마음이나 생각이 여염집 아이들과는 아주 다를 것"이라는 담담한 문장에서 섬뜩함이 느껴지는 것은 사실이다. 이렇게 어릴 적에 전쟁이 머릿속에 각인되어 버린 조선과 일본의 어린이들은 그 후 어떤 삶을 살았을지.

신이 살펴보건대 적중(賊中)으로 사로잡혀 갔다가 도망쳐 돌아온 사람은 어린아이들이 많고, 나이가 14, 15세 이상이 되는 자들도 또한 많은데, 이 무리들은 적중에 오랫동안 있으면서, 전투를 할 때 서로 베어 죽이던 장소를 따라다녔기 때문에, 듣고 본 것이나 마음이나 생각이 여염집 아이들과는 아주 다를 것이니, 이들도 또한 100여 명을 불러 모아서, 그들에게 조총 사용하는 법을 가르치기를 마치 어린아이들이 장난하는 짓처럼 해서, 그들로 하여금 마음과 눈에 익히도록 하며, 차례차례로 전하여 익히도록 하여서, 이내 습속을 이루게 된다면, 서너 해 뒤에는 또한 군대를 만들 수 있게 될 것이니 장차 나라에 이익됨이 반드시 갑절이나 될 것입니다. (『진사록』)[7]

『기효신서』의 조선 유입 과정과 훈련도감의 설치에 대해서는 『선조수정실록』 1594년 2월 1일조에 다음과 같은 기사가 보인다. 또한 훈련도감 설치에 대한 역사학적 고찰에 대해서는 김종수(2003)[8]를 참조할 만하다.

훈련도감을 설치하고 류성룡을 도제조로 삼았다. 전에 평양이 수복되었을 때 상이 도독(都督) 이여송에게 가서 사례하고 명나라 군사의 전후 승패가 다른 점을 물으니, 도독이 말하기를, "전에 온 북방의 장수는 항상 여진족을 방어하는 전법을 익혔기 때문에 싸움이 불리하였고, 지금 와서 사용하는 것은 바로 척 장군(戚將軍)의 『기효신서』인데, 곧 왜적을 방어하는 법이라서 전승하게 된 것입니다"라고 하였다. 상이 『기효신서』를 보여 달라고 하니, 도독은 깊이 보관하고 내놓지 않았다. 상이 비밀히 역관(譯官)으로 하여금 도독 휘하의 사람에게 구하여 오게 하였다.

상이 해주(海州)에 있을 때 『기효신서』를 류성룡에게 보이면서 이르기를, "내가 천하의 서책을 많이 보았지만 이 책은 실로 이해하기 어렵다. 경은 나를 위하여 강해(講解)하여 그 법을 본받게 하라" 하니, 류성룡이 종사관 이시발(李時發) 등과 토론하고, 또 유생(儒生) 한교(韓嶠)를 얻어 낭속(郞屬)으로 삼아 명나라 장수의 아문(衙門)에 질문하는 일을 전담케 하였다. 상이 환도하여 훈련도감의 설치를 명하고, 류성룡을 도제조로, 무재신(武宰臣) 조경(趙儆)을 대장(大將)으로, 병조판서 이덕형을 유사 당상(有司堂上)으로, 문신(文臣) 신경진(辛慶晉)·이홍주(李弘冑)를 낭속으로 삼았다. (『선조수정실록』)[9]

이 뒤에는 『징비록』「녹후잡기」의 바로 이 대목을 인용한 내용 등이 실려 있다. 한편, 『기효신서』의 판본과 조선으로의 유입에 대해서는 노영구(1997, 1998)[10]에 상세하다.

한편, 정유재란이 시작되자 명나라 조정에서는 여러 경로를 통해 조선의 군신(君臣)이 전쟁에 열성을 보이지 않는다고 책망하고 명나라의 도움을 강조하는 메시지를 전달한다. 또한, 절강 지휘(浙江指揮) 모명시(茅明時)는 총사령관 형개에게 평왜십의(平倭十議)라는 열 가지 제안을 담은 문서를 제출한다. 이 문서에는, 조선은 옛날의 용맹한 고려이니 설사 지금은 잘 못 싸우지만 그 본능이 사라지지는 않았을 것이라고 하면서, 본문에 보이는 것처럼 명나라 남부의 병사 한 사람이 조선의 병사 열 사람을 가르치고 다시 그 열 사람이 백 사람을 가르치면 조선군이 강력해질 것이라고 제안하는 대목이 보인다.[11] 모명시는 고려와 고구려를 혼동하고 있지만, 고구려의 무력에 대한 기억이 명나라 때까지 잊히지 않고 있었다는 흥미로운 방증이라고 하겠다.

마지막으로, 본문에서 류성룡이 건의한 대로 훈련도감은 둔전을 경작하여 운영비를 마련하려 했으나, 이것만으로는 필요 경비를 충족시킬 수 없었다. 그리하여 훈련도감에서는 임진왜란으로 인하여 출판 업무를 중단한 정부의 교서관(校書館)을 대신하여 출판 업무를 수행함으로써 운영비의 일부를 충당하려 하였다. 이를 위하여 훈련도감자(訓練都監字)라는 목활자를 만들어 17세기 전기까지 다수의 서적을 출판하였다. 훈련도감자는 출판 비전문가가 만들었기 때문에 조잡하였지만, 문화의 단절을 막았다는 데 그 의의가 있다고 평가받는다.[12]

79

심유경의 편지

    심유경(沈惟敬)은 평양에서 적진으로 들어가 노고가 없지 않았지만, 강화(講和)를 명분으로 내세웠기 때문에 우리나라에서는 그를 좋아하지 않았다. 마지막에 적군이 부산에 머무르면서 오랫동안 바다를 건너가지 않았고 책사(册使) 이종성(李宗城)은 달아났기 때문에 중국 조정은 심유경을 대신 부사(副使)로 임명하여 양방형(楊方亨)과 함께 왜국에 들어가게 하였지만, [심유경은] 결국 빈손으로 돌아왔고 고니시 유키나가와 가토 기요마사 등은 우리나라로 되돌아와 바닷가에 진영을 마련했다. 이에 중국과 우리나라에서는 논의가 분분하였는데 모두들 심유경에게 책임을 돌렸다. 심한 사람은 "심유경이 적과 공모하여 반역을 일으킬 기미가 있다"라는 말까지 하였다. 우리나라의 승려 송운(松雲: 사명당 유정)이 서생포(西生浦)에 가서 가토 기요마사와 만난 뒤에 "적이 명나라를 침범하려 하며, 말하는 바가 흉악하다"라고 말함에 따라 조정에서 즉시 [이를] 명나라에 보고하였기에 듣는 사람들은 더욱더 심유경에 대하여 화를 냈다. 자신에게 화(禍)가 미칠 것을 안 심유경은 걱정하고 두려워하여 어찌할 바를 모르다가 김명원(金命元)에게 편지를 보내어 자초지종을 설명하고 자신의 행동을 변호하였다. 편지의 내용은 이러하다.

"세월의 흐름이 빨라 지난 일이 어제 같습니다. 생각하여 보면, 예전에 왜군이 귀국의 국경을 침범하여 곧장 평양까지 왔으니 그들의 안중(眼中)에는 이미 조선 팔도가 없었습니다. 저(老朽)는 어명을 받고 왜군의 정세를 살피고 기회를 보아 저들을 무마하였습니다. 그대와 체찰사 이원익(李元翼)을 만난 것도 그 난리 중이었습니다. 그때 저는 평양 이서(以西) 일대의 주민들이 떠돌고 바늘방석에 앉은 것처럼 괴로워하며, 아침에 저녁 일을 꾀하지 못하는 상황에 빠진 것을 보고는 매우 마음 아파하였습니다. 귀하도 몸소 그 일을 겪으셨을 터이니 제가 구구하게 말씀 드릴 필요가 없을 것입니다.

저는 격문을 보내 고니시 유키나가를 불러내서는 건복산(乾伏山)에서 만나, 평양에서 서쪽을 침범하지 말라는 약속을 시켰으니, 그들은 제 명령을 받고 몇 달이나 감히 움직이지 못한 사이에 명나라의 대군이 도착하여 평양성전투에 이겼습니다. 그때 만약 제가 오지 않았더라면 왜군은 조승훈(祖承訓) 군을 이긴 기세를 몰아 의주(義州)까지 달려갔을지도 모릅니다. 평양 지역의 주민들이 적의 피해를 입지 않은 것은 귀국의 큰 행운입니다.

얼마 뒤에 왜군 장수 고니시 유키나가가 도성으로 물러나고, 총병 우키타 히데이에(宇喜多秀家)와 부장(付將) 이시다 미쓰나리(石田三成), 마시타 나가모리(增田長盛) 등 삼십여 명의 장군이 부대를 합치고 진영을 연결하여 험한 지형의 요지(要地)를 지켰기 때문에 그 단단한 수비를 깨뜨리기 어려웠습니다. 벽제관(碧蹄館)전투 뒤에는 아군이 진격하기가 더욱 어려워졌습니다.

그때 판서 이덕형(李德馨)이라는 자가 저를 개성에서 만나 "적군의 세력이 이미 왕성하고 대군은 후퇴하니 한양을 되찾을 가망은 없겠습니다"라며 눈물 흘리고 또 "도성은 근본이 되는 땅이니 이를 얻으면 여러 도(道)에 명령하여 병사를 모을 수 있을 터인데 사태가 이 지경에 이르렀으니 장차 어떻게 하면 좋겠습니까?" 하였습니다. 이에 제가 "그저 한양만 회복한다고 하여도 한강 이남의 여러 도가 없으면 상황이 나아지기 어려울 것입니다" 하자, 이덕형은 "만약 한양만 회복하여도 저희의 기대보다 훨씬 큰 것이니, 만약 그렇게 된다면 한강 이남 지역은 저희 나라의 군신(君臣)이 자력으로 조금씩 회복하고 지키는 것이 어렵지는 않을 것입니다"라고 하였습니다. 제가 "제가 그대 나라와 함께 일을 도모하여 한양을 되찾는 데 힘쓰고 한강 이남 여러 도를 수복하며 왕자와 신하들을 되돌려서 나라를 온전히 하는 일을 한번 해보겠습니다"라고 하자, 이덕형은 눈물 흘리고 머리 숙이며 감격하여 "과연 그렇게 된다면 당신(老爺)께서 저희 나라를 다시 만들어 주신 공덕이 결코 적지 않을 것입니다"라고 말하였습니다.

얼마 뒤에 제가 배를 타고 한강에 도착하니, 왕자 임해군(臨海君) 등이 가토 기요마사의 진영에서 사람을 시켜 제게 "우리를 돌아가게 하여 준다면 한강 이남의 땅은 어디라도 가리지 않고 저들 마음대로 줄 것입니다"라는 말을 전하여 왔습니다. 하지만 저는 그 말에 따르지 않고 왜군 장수와 "왕자들을 돌려보내려면 돌려보내고, 돌려보내지 않을 것이라면 네 맘대로 죽여라. 다른 말은 필요없다"라고 서약하였습니다. 왕자는 귀국의 왕세자이니 제가 어찌 감히 그 중요성을 모르겠습니까. 하지만 이때는 왜군들에게 왕자를 죽이라고 말하면서 다른 일은 허락하지 않았습니다. 왜군이 부산에 가서는 재물과 예의를 다하여 왕자들을 극진히 대하였으니, 처음에는 거만하다가 나중에는 공경해진 것입니다. 일에는 완급(緩急)과 경중(輕重)이 있기에 그때 저는 어쩔 수 없이 그렇게 하였던 것입니다.

저의 몇 마디로 왜군이 한양에서 퇴각하니, 저들이 길가의 진영에 남겨 둔 군량미가 헤아릴 수 없이 많았고 한강 이남의 여러 도 역시 모두 되찾았으며 왕자와 신하들도 귀국하였습니다. 도요토미 히데요시를 일본 국왕에 책봉(册封)한다는 한 가지로 저들을 길들이니, 왜군의 우두머리들은 바닷가 구석진 부산에서 삼 년 동안 공손히 명령만 기다리면서 감히 경거망동하지 않았습니다.

뒤이어 히데요시를 책봉하는 데 대한 논의가 끝났기에 저는 명을 받아 두 나라 사이의 전쟁을 끝내고, 한양에서 다시 그대와 이덕형 무리를 만나 "지금 히데요시를 일본 국왕에 책봉하러 갈 것이니 어쩌면 왜군은 물러날지도 모릅니다. 귀국은 어떻게 뒷일을 잘 처리할 생각이십니까?"라고 말하니, 이에 대하여 이덕형은 "이제부터는 저희 나라의 군신이 책임지고 잘 처리하겠사오니 당신께서는 걱정하실 필요가 없습니다"라고 답하였습니다. 저는 처음에 이 말을 듣고 [이덕형을] 과연 큰 역량과 식견을 지닌 위대한 국가의 주춧돌로 보아 기특하게 여겼는데, 지금 그 사실을 조사하여 보니 그는 문장과 실제 업적이 서로 맞지 않는 듯하여, 저는 이 판서를 위하여 안타까운 마음을 금할 수 없습니다.

또 부산과 죽도(竹島) 등의 여러 진영이 철군하였다는 소식이 들리지 않는 것은 저의 책임이라고 하여도, 기장·서생포 등의 왜병이 모두 바다 건너가고 그들의 진영은 모두 불탔으며 그 땅을 지방관들에게 나누어 주어 다스리도록 하는 명령이 내려갔습니다. 그런데도 가토 기요마사가 돌아오니 지방관들이 그와 싸워 화살 한 발 날리지 않고 몸을 피하여 땅을 그에게 넘겨준 것은 어찌 된 입니까? "한강 이남 지역은 저희 나라의 군신이 자력으로 조금씩 회복하고 지킬 수 있습니다"라고 하여 놓고는 이미 얻은 땅조차 이처럼 잃어버렸습니까? 또 "이제부터는 저희 나라의 군신이 책임지고 잘 처리하겠다"라고 하였는데, 큰 계책은 어디 가고 다들 궁궐에 모여 우는 계책만 취할 뿐입니까? 병법에서도 "강한 자와 약한 자는 대등하게 맞설 수 없고 많은 수와 적은 수는 상대가 되지 않는다" 하였으니 저는 귀국의 여러 담당자들을 무어라 하는 것은 아닙니다. 다만 "여유 있을 때에는 근본을 다스리고 급할 때에는 말단을 다스린다"라고 하였으니 귀국의 현명한 담당자들께서 병사들을 훈련시켜 수비를 강화하고 때를 기다려 적을 견제하는 일을 방치하면 안 된다는 것은 말할 필요도 없을 터입니다.

바다를 건너온 뒤로 저는 귀국의 임금을 네 차례 만났는데, 우리 둘이 만나서 나눈 말은 서로의 마음에서 나왔고 시의적절하였으며 조금도 둘러대거나 거짓말을 한 것이 없습니다. 임금의 마음과 저의 마음은 서로 거울을 비추어 보듯이 분명하였습니다. 그래서 저는 진실로 "동쪽 나라의 일이 이렇게 되었으니 다른 걱정 할 필요가 없겠습니다"라고 말하였던 것인데, 뜻하지 않게 귀국의 모신(謀臣)과 책사(策士)들이 머리를 굴려서 온갖 일로 이간질을 하는 바람에, 안으로는 거짓말로 우리 조정을 분노하게 하고 밖으로는 약한 군대를 가지고 일본을 도발하게 하였습니다. 송운의 한 차례 발언은 예법에도 어긋나는 것입니다. 그는 가토 기요마사가 "조선이 앞장서서 명나라를 쳐라"라느니 "팔도를 분할하고 국왕이 직접 바다를 건너와 우리나라에 복속하라"라고 하였다니, 그 짧은 사이에도 말이 두 번 세 번 바뀌었습니다. 단지 그의 말이 귀국 임금의 마음을 움직일 수 있으리라는 것과 명나라 조정을 격노하게 하여서 원병을 보내게 할 수 있으리라는 것은 알겠습니다.

　귀국이 팔도를 지키는 데 유념하지 않고 이를 모두 일본에 내주고 또 임금이 직접 바다를 건너 일본에 복속한다면, 곧 귀국의 종묘사직과 신민(臣民)은 모두 일본 것이 될 터입니다. 그렇다면 가토 기요마사가 왜 두 왕자를 돌려주었겠습니까? 저는 삼척동자라고 해도 이와 같은 실언(失言)은 하지 않았을 터이고 아무리 가토 기요마사가 제멋대로라고 해도 그와 같이 방자한 말은 하지 않았을 것이라 생각합니다. 또 우리 당당한 명나라가 나라 밖의 제후국들을 통솔하는 데에는 저절로 대원칙이 있으며 은혜와 위엄을 보이는 데에도 자연히 시기가 있습니다. 수백 년간 이어져 온 속국이 고통 받고, 봉공을 받아들이지 않는 역적이 우리 속국을 노략질하는 것을 우리가 내버려 두지 않는 것은 당연한 이치입니다.

저는 참으로 일을 잘 살피지 못하는 사람이기는 합니다만, 누가 우리와 멀고 가까운지, 누가 우리를 따르고 거역하는지는 누구라도 쉽게 아는 법입니다. 하물며 삼가 칙명을 받아 이 일을 조정하는 임무를 맡았으니, 제가 이번 사태의 성공과 실패, 여러 나라의 편안함과 근심함을 좌우한다는 사실을 잘 알고 있습니다. 그러니 제가 어찌 감히 귀국의 일을 가벼이 여겨서 염두에 두지 않았을 것이며, 또 어찌 감히 일본의 횡포를 숨기고 보고하지 않았겠습니까? 그대는 이러한 대원칙을 깊이 이해하고 나랏일을 잘 알기 때문에 이렇게 편지를 보내는 것입니다. 다행히 그대가 나의 평소의 본심을 이해하여 주신다면, 그 뜻을 국왕에게 아뢰고 일을 맡은 여러 관료들에게 대강의 일을 알려주십시오. 그대들이 이미, 우리 명나라 조정을 받들어서 모든 일이 안전하게 되기를 꾀하고, 그 명령에 따라 일을 처리하여 끝없는 복을 바란다고 말하였으니, 부디 쓸데없이 잘못된 계책을 써서 날마다 고생만 하는 결과가 졸렬해지는 일이 없어야 하겠습니다. 간절히 부탁 드리오며, 드릴 말씀이 많사오나 다 적지 못합니다."

이 편지를 보면, 한양을 되찾을 때까지의 일은 명백하여 증명할 수 있지만, 적이 부산으로 후퇴한 뒤의 일은 말만 그럴듯할 뿐 숨기는 것이 많다. 그러나 공(功)과 죄는 저절로 드러나는 법이니, 훗날 심유경을 논하는 사람은 이 편지를 근거로 하여 판단하여야 할 것이다. 그것이 이 편지를 여기에 적은 이유이다.

沈惟敬, 自平壤出入賊中, 不無勞苦, 然以講和爲名, 故不爲我國所喜. 最後賊留釜山, 久不渡海, 李册使逃還, 中朝就差惟敬, 充副使, 與楊使入倭國, 終不得要領而回, 行長·淸正等還屯海上. 於是, 中國與我國論議藉藉, 皆歸咎沈惟敬, 甚者或言: "惟敬與賊同謀, 有叛形." 我國僧人松雲入西生浦, 見淸正, 還言: "賊欲犯大明, 所言絶悖." 卽具奏天朝, 聞者益怒. 惟敬知禍至, 憂懼不知所出, 乃貽書金命元, 敍其終始, 以自辯. 其書曰: "日月倏馳, 往事如昨. 憶昔倭寇貴境, 直抵平壤, 目中已無八道矣. 老朽御¹命, 哨探倭情, 相機撫馭, 得與足下曁李體察, 相會于擾攘之中. 目擊平壤迤西一帶, 居民流離愁苦, 如坐針氈, 朝不謀夕之狀, 殊可痛心. 足下身歷其事, 不待老朽之喋喋者. 老朽檄召行長, 相會乾伏山, 約束不令西侵, 聽命罔敢踰越者數月, 延及大兵之至, (권2·41) 而致平壤之克. 設或彼時老朽不來, 倭乘祖公之敗, 而走義州, 未可知也. 平壤一道, 居民不被其荼毒者, 貴國之幸莫大矣. 旣而, 倭將行長退守王京, 總兵秀家, 付將三成·長盛等三十餘將, 合兵連營, 控險扼²要, 牢不可破, 碧蹄戰後, 尤難進取. 彼時, 判書李德馨者, 謁見老朽於開城, 將謂: "賊勢旣張, 大兵且退, 王京必無可望矣." 涕泣語老朽云: "王京根本之地, 得之, 可以號召諸道, 乃今事勢至此, 將奈之何?" 老朽云: "徒復王京, 若無漢江以南諸道, 事勢亦難展布." 德馨云: "苟得一³京, 實出望外, 漢江以南, 小邦君臣, 自能尺寸支撑不難也." 老朽云: "我試與爾國圖之, 務得王京, 並復漢江以南諸道, 及⁴還王子·陪臣, 方爲全國." 德馨涕泣, 叩頭感激云: "果得如此, 老爺再造小邦, 功德不淺鮮矣." 俄而, 老朽舟次漢江, 王子臨海君等, 自淸正營遣人奔語老朽云: "倘得歸國, 漢江以南, 不拘何地, 任意與之." 老朽不從, 且與倭將誓云: "肯還, 還之, 不肯還, 隨爾殺之, 其他不必

言也."王子係貴國儲君, 老朽敢不知重? 當此之時, 寧言殺之, 而不肯許他事, 及至釜山, 損資盡禮, 多方曲意于王子, 前倨慢, 而後恭敬. 時有緩急, 事有輕重, 不得已也. 數言之下, 王京倭退矣. 沿途, 營栅遺糧, 不可勝計矣. 漢江以南諸道盡得矣. 王子[5]·陪臣歸國矣. 終以一封, 羈縻諸酋, 斂手於釜山窮海之地, 候命三年, 不敢妄(권2·42)動. 續以封事議成, 老朽奉命調戢, 王京復會足下暨李德馨輩云: "今往封矣, 倭或退矣, 貴邦善後之計何如?" 德馨應聲云: "善後之事, 小邦君臣責任也. 老爺不須掛意." 老朽初聽其言, 未嘗不奇其大有力量, 大有識見, 偉然一柱石也. 及今覈其事實, 似覺文章功業不相符合, 老朽不能不爲李判書惜. 且如釜山·竹島諸營, 未聞卽撤, 老朽責也. 而機張·西生諸處, 倭兵盡渡, 營栅盡焚, 交割地方官, 俱有甘結矣. 何乃清正一來, 不聞一戰, 不折一矢, 地方官抽身讓之何也? 旣言, "漢江以南, 自能尺寸支撑." 何[6]至已得復失若此乎? 又言: "善後之事, 小邦責任." 何不聞大計, 止有號泣闕下之一策乎? 法云: "强弱不當, 衆寡不敵." 老朽亦非責難于貴國諸當事, 但云: "緩則治其本, 急則治其標." 鍊兵修守, 相時撫馭, 貴國當事諸賢, 亦不可置之不問耳. 渡海以來, 老朽四會貴國王, 彼此問對之言, 出于胸臆, 合于時宜, 毫無假借, 毫無虛謬, 國王之心, 老朽之心, 彼此洞鑑明矣. 老朽誠謂: "東事至此, 可無他慮." 不期貴國謀臣·策士, 機智百端, 間事迭出, 內以危言激怒于天朝, 外以弱卒挑釁于日本. 至于松雲一番說話, 則又出禮法之外. 其曰: "前駈伐[7]大明." 曰: "割八道, 國王親自渡海歸服." 頃刻之間, 二三其說. 但知此言, 可使國王動念矣, 可激天朝發兵矣. 獨不念貴國止有八道, 若盡許之, 又許國王親(권2·43)自渡海歸服, 則貴國之宗社臣民, 皆爲日本矣. 又何取于二王子耶? 老朽以爲, 三尺之童, 決不失言至此, 清正雖橫,

亦不放肆至此. 又不念我堂堂天朝, 統馭外藩, 自有大體, 一恩一威, 亦自有時. 必不肯以數百載相傳之屬國, 置之度外, 亦不肯縱不奉約束之逆賊, 擣我藩籬, 理勢然也. 老朽極不省事, 至于內外親疎之別, 順逆向背之情, 亦人人之所易曉者. 矧玆欽承勅命, 調戢此事, 成敗休戚, 關係非輕, 敢以貴國之事, 蔑焉不加意耶? 又敢以日本之橫, 隱然而不報耶? 足下深于大體, 詳于國事, 用是走書, 幸足下亮我素衷, 卽爲上達國王, 倂使當事群僚, 槪知所以, 旣云仰我天朝, 以爲萬全之圖, 還當聽命處分, 以冀無疆之福, 毋徒過計, 日勞而日拙也. 至囑不盡." 觀此書, 王京以前, 則鑿鑿可徵矣. 釜山以後, 未免支辭隱語. 然功罪自不相掩, 後之論惟敬者, 當以此爲斷案, 故著之云.

　　초본 『징비록』은 이 기사의 앞에서 끝나고, 간행본에서는 여기부터 심유경에 대한 류성룡의 평가가 실려 있다. 이 부분도 원래 초본에 있었지만 현존본에서 결락된 것인지 또는 초본 성립 이후에 추가된 것인지는 잘 알 수 없다. 일본과의 협상에 적극적이고 강경책을 피하려 한 명나라 외교관 심유경을 비천한 출신의 악인이자 매국노로 치부하는 조선 후기, 청, 근세 일본의 평가와는 달리, 류성룡은 이 부분에서 그의 공과 과를 객관적으로 보려 하고 있다. 류성룡은 그러한 판단의 근거로 심유경에게서 받은 편지를 제시해서 심유경으로 하여금 스스로 자신을 변호하게 하고 있다. 그 편지를 보면 심유경은 일본 측의 정세 판단에 실패한 측면도 있지만, 류성룡의 논평처럼 심유경에게는 수긍할 만한

측면 역시 존재한다고 평가할 수 있을 것이다. 외교와 협상을 우선시하는 비둘기파를 악인으로 치부하고 강경책을 선인(善人)으로 높게 사는 동아시아의 정서가 심유경에 대한 공평한 판단을 막고 있는 것이 현실이라고 할 때, 냉철한 현실주의적 관료였던 류성룡의 심유경론이 임진왜란을 국제정치적으로 이해하는 데서 갖는 의미는 크다고 하겠다. 명나라 군대의 소극적인 자세와 협상 위주 전략을 정면에서 반박하여 명나라 기록에서 '간신'이라는 말까지 들은 류성룡이 그 협상을 주도한 심유경에 대해 이 정도로 균형 있는 평가를 하고 있다는 점에서, 냉철한 현실 정치인으로서 류성룡의 면모를 볼 수 있다.

초본 『진사록』에는, 류성룡이 처음에 심유경이 강화를 주도할 때 의심하고 불안해 하면서 임금에게 보고를 올렸다가 나중에 그 진의를 알게 되어 미안함을 느낀다고 기록한 부분이 보인다. 임진왜란 7년 중 조선에 가장 위급한 상황이었던 1592년 12월의 일이었기는 해도 심유경을 오해한 일이 유감스러웠다는 이 부분이 간행본 『진사록』에서 생략된 것은, 잘못하면 류성룡이 심유경과 짜고 일본과의 강화를 추진했다는 비판을 받을 여지를 제공할 수 있기 때문이었을 것이다.

> 7월에 조승훈이 패전하여 돌아가니, 왜적들이 말을 퍼뜨리기를
> "압록강에 가서 말에 물을 먹일 것이다"
> 하니 인심이 몹시 어지럽고 어수선하게 되었다. 9월에 심 유격이 먼저 나와 왕래하면서 강화하는 일을 추진하고 있었는데, 12월에 명나라 대군이 잇달아 나오게 되었으니, 이것이 전쟁을 늦추게 하는 계책으로서 실책이 되지

는 않았던 것이다. 남의 의도를 알지 못하고서 함부로 말을 하였으니, 지금에 와서는 유감으로 생각되는 바이다. (초본『진사록』)[9]

한편, 심유경은 본문의 편지에서 사명대사의 말을 허황되다고 주장했지만, 일본 측의 상황을 보면 사명대사(송운)가 가토의 말을 제대로 전한 것이었다. 심유경은 주로 고니시 유키나가와 접촉하다 보니 가토 기요마사에 대한 정보가 부족했거나 조선 측에 거짓말을 하고 있는 것이다. 당시 대담 내용을 전하는 사명대사의『분충서난록(奮忠紓難錄)』1594년 갑오 4월 14일 기사를 인용한다.

희팔(熹八)이 묻기를
"그대들은 어디에서 왔으며 또 어떠한 중이냐?"
하기에 대답하기를
"도독부의 영에서 왔으며 겸하여 조선 도원수의 명령을 받고 왔노라"
하고는 거짓으로 속여 말하기를,
"나이 겨우 16, 17세 되어 조정에 벼슬하다가 18세 때부터 세상을 피하여 금강산으로 들어가 자취를 감추고 정신을 수양하였으며 중년에는 명나라에 들어가 독부(督府)로 더불어 서로 알게 되었는데, 지금 너희 병란을 만나 독부가 군사를 거느리고 와서 나를 부르므로 내가 나가 독부의 영중에 머물렀는데 다른 사람 중에는 믿을 만한 사람이 없는지라 나를 너희 진중에 보내어 더불어 장래에 화해할 뜻을 의논케 함이라"
하니 왜인이 기뻐하는 빛이 있어 말하기를,

"우리나라에서도 큰일을 의논하려면 고승을 불러 의논하는데 귀국도 또한 고승을 보내온 것은 이 일을 중하게 생각함이라"

하고 깊이 즐겁게 생각하며 돈독하게 믿었다.

희팔은 대개 청정의 사랑하는 장수로 함께 일을 꾀하는 자이라 (중략)

위에서 희팔이라는 일본 장군이 말하는 고승이란, 전국시대에 외교승으로 활약하고 임진왜란 때는 군대를 지휘하기까지 한 안코쿠지 에케이(安国寺恵瓊) 같은 사람을 가리키는 것이다. 단, 안코쿠지는 조선에서는 물론 근세 일본에서도 평판이 좋지 않았기 때문에 사명대사와 비교하기에는 주저함을 느낀다.

"심 유격의 강화 조건을 알고 있는가?"

하므로 우리들은 일부러

"모른다"

라고 대답하였더니 묻기를

"그대는 독부에서 왔다는데 어찌하여 심 유격의 일을 모른다고 하느냐?"

하고는 인하여 "천자와 결혼한다", "조선 4도를 떼어 준다"라는 두 조문을 써서 보이면서 말하기를,

"이것이 심 유격과 행장(行長)의 강화하는 조건인데 어찌하여 모른다고 말하느냐?"

하므로 답하기를

"이것이 심 유격과 행장의 강화하는 조건이라면 절대로 일이 이루어질

리가 없다. 상관(上官: 가토 기요마사)의 바라는 바도 또한 이에 있는가?"

하니 왜인이 답하기를,

"상관의 바라는 바는 이와는 다르다"

라고 하여 이같이 묻고 답하기를 수삼 차 하였는데 그 뜻을 살펴보니 모두가 행장의 하는 일에 즐거워하지 않았다. (중략)

이상의 대화에서 사명대사는 고니시 유키나가와 가토 기요마사가 불화하고 있으며, 심유경이 조선 측에 거짓말을 하고 있음을 확인한다. 그리고 아래에서는 가토 기요마사가 도요토미 히데요시의 강화 조건(중국 황제의 딸과 일본 덴노가 결혼한다, 조선 4도를 할양한다는 등)을 제시하자 사명대사가 일일이 이를 반박하고, 이에 대해 가토 기요마사가 만약 이대로 되지 않으면 명나라를 침공할 것이라고 선언하는 대목이 나온다. 심유경이 사명대사의 거짓말이라고 비난한 바로 그 구절이다.

희팔이 청정(淸正)의 뜻을 글로 써 보이기를,

"심 공과 행장의 약정이 이루어지지 않는다면 일본 군사는 다시 바다를 건너 바로 명나라에 향할 것이다. 이때를 당하여 조선의 백성들은 한꺼번에 굶주려 죽고 남음이 없을 것이니 어떻게 할 것인가?" (중략)

"내가 영안(永安: 함경도)에 있을 때에 왕자군(王子君)의 장인 황호군(黃護軍: 황정욱)이 매양 말하기를 강원도 금강산에 존귀한 고승이 있다고 하더니 지금 대사는 반드시 그 사람일 것이라 이렇게 와서 나를 맞아 주니 다행한 일이다." (『분충서난록』)[10]

『분충서난록』의 내용을 보면, 사명대사는 가토 측과 접촉을 계속하면서 가토 기요마사의 의도와 심유경의 속임수에 대해 잘 파악하게 된다. 그리하여 심유경과 고니시 유키나가 사이의 속임수가 드러나게 되자, 심유경은 본문에서와 같이 장문의 편지를 조선 측에 보내어 사명대사를 공격한 것이다. 한편, 가토 기요마사를 모시는 구마모토의 혼묘지(本妙寺) 절에는 사명대사가 보낸 편지가 몇 점 현존하고 있다. 『분충서난록』에는 사명대사가 혼묘지 절의 승려 닛신(日眞)과 대화를 나누었다는 기록이 보인다. 닛신은 가토 기요마사의 귀의를 받아 오사카에 혼묘지 절을 창건한 사람으로, 가토 기요마사의 포로가 되어 구마모토에 갔다가 혼묘지 절의 3대 주지가 되는 니치요 쇼닌(日遙上人) 즉 여대남(余大男)의 스승이기도 하다.[11]

여담이지만, 혼묘지 절에는 조선 국왕이 도요토미 히데요시에게 보냈다고 하는 위조 문서 한 점이 전한다. 이 편지에서 "조선 국왕은 가토 기요마사를 일러 '진실로 군자 중의 군자'라고 칭송한다. 그리고 조선 승려(가토와 교섭을 가졌던 사명당 유정을 모델로 한 듯하다)를 일본 진영에 보내 몰래 기요마사의 모습을 그림으로 그려 오게 해서 남대문 밖에 사당을 세워 그 그림을 모시고 제사를 지내고 있으니 의심스러우면 직접 와서 확인하라고 주장한다(『가토가전 기요마사공 행장(加藤家傳淸正公行狀)』, 『에혼 다이코기』 6편 권1 등). 『에혼 다이코기』의 저자는 자신이 직접 히고(肥後) 지역의 절 혼묘지에서 이 편지를 보았다고 주장한다. 근세 일본 임진왜란 문헌의 저자들은 이러한 진위 불명의 고문서까지 동원함으로써 가토 기요마사가 조선에서까지 신으로 숭앙받는 영웅이라는 이미지를 일본 내에서 확산시킨 것이다."[12] 여기서 가토의 사당이라고 주장되는 것은 남대문 근처의 관왕묘였을 것이다. 이 관왕묘에 대해서는 『서애선생문집』 권16 「관왕묘(關王廟)에 대하여 적음」에 다음과 같이 유래와 영험담이 전한다. 이때 조선에 전래된 관우 신앙은 토착화되어 20세기까지도 면면히 이어졌으며, 이에 대해서는 김탁(2004)에 상세하다.[13]

> 내가 왕년에 연도(燕都)에 갈 때, 요동에서 연경까지 수천 리에 이르는 사이에 유명한 성이나 큰 읍과 여염이 번성한 곳에는 모두 묘우(廟宇)를 세워 한(漢)의 장군 수정후(壽亭侯) 관공(關公)을 제사하고 인가에도 사사로 화상을 설치하여 벽에 걸어 두고 향을 피우며 음식이 있으면 반드시 제사하는 것이었다. 무릇 일이 있을 때는 반드시 기도하고, 새로 부임하는 관리는 목욕재계하고 관왕묘에 나가 알현하는데 심히 엄숙하고 경건하였다. 내가 이상히 여겨 어떤 이에게 물었더니, 북방뿐 아니라 곳곳마다 이 같이 하니 천하가 다 똑같다고 하였다.
>
> 만력 임진년에 우리나라가 왜적의 침범을 받아 거의 망하려는 차에 중국이 군병을 발동하여 연 6, 7년을 도왔으나 끝나지 않았다. 정유년 겨울에 명장(明將)이 모든 군영을 합하여 울산에 웅거한 적을 공격하였으나, 불리하여 무술년 1월 4일에 물러났다.
>
> 그중에 유격장군 진인(陳寅)이 있었는데 힘써 싸우는 도중에 적의 탄환을 맞고 실려 서울에 돌아와 병을 조리하였다. 그는 우거하고 있던 숭례문 밖 산기슭에 묘당 한 채를 창건하고 가운데에 관왕과 제장(諸將)의 신

상(神像)을 봉안하였다.

경리(經理) 양호(楊鎬) 이하가 각기 은냥을 갹출하여 그 비용을 돕고, 우리나라도 은냥으로 도와서 묘를 완성시켰다. 주상께서도 몸소 그곳에 가 보실 때에 내가 비변사 여러 막료들과 더불어 수행하여 묘정에 나가 그 상에 두 번 절하였다. 상은 흙으로 빚어 만들었는데 얼굴의 붉기가 잘 익은 대추와 같고 봉(鳳)의 눈에다 수염을 길게 드리웠는데 배 밑까지 닿았다. 좌우의 소상(塑像) 2인은 큰 칼을 짚고 서서 모시고 있는데 관평(關平)과 주창(周倉)이라고 한다. 엄연히 마치 살아 있는 것 같았다. 이로부터 모든 장수들이 출입할 때마다 참배하며 우리 동국(東國)을 위하여 신의 도움으로 적을 물리쳐 달라고 빌었다.

5월 13일, 묘에 크게 제사를 드렸는데 이날이 관왕의 생신이라고 하였다. 만약 뇌풍(雷風)의 이변이 있으면 신이 이른 징조라고 하였다. 이날 날씨가 청명하였는데, 오후에는 검은 구름이 사방으로 일어나 큰 바람이 서북쪽에서 불어오고 뇌우가 함께 오다가 잠시 후에 그쳤다. 사람들이 모두 기뻐하면서 "왕신(王神)이 강림하였다"라고 하였다. 얼마 뒤 또 영남의 안동·성주 두 읍에 묘를 건립하였는데 안동의 것은 돌을 깎아 상을 새겼고, 성주의 것은 흙으로 빚었다. 그런데 성주의 상이 심히 영이(靈異)한 자취를 나타냈다고 한다. 얼마 지나지 않아 왜추(倭酋) 관백(關白) 평수길(平秀吉: 도요토미 히데요시)이 죽자 모든 왜군이 다 귀환하였으니, 이 역시 이치로써는 측량하기 어려운 일이나 어찌 우연한 일이라고만 하겠는가.

옛날 부견(苻堅)이 쳐들어와 도적질할 때 진(晉)나라 사안(謝安)이 정절기고(旌節旗鼓)로 장자문(蔣子文)의 묘에 기도하였다. 그런 후에 사현(謝玄)

이 8만의 군사로 강한 진(秦)나라 60만 대군을 이겼다. 진나라 군사들은 팔공산(八公山) 초목의 바람 소리와 학의 울음에도 적의 복병이 아닌가 하여 놀랄 정도였다. 말하는 자가 모두 신조(神助)라 하였다. 하물며 관왕은 영웅으로 강대(剛大)한 기개가 있고 올바른 편에 서서 적을 토벌한 뜻이 만고를 관철하기가 한결같은지라 죽어서도 멸하지 아니하니 신응(神鷹)이 없음을 어찌 알겠는가. 아, 장렬하도다.

명나라 서울에 있는 묘 앞에는 긴 장대를 둘 세우고 깃발을 두 개 달았는데, 한 곳에는 '협천대제(協天大帝)'라 씌어 있고 한 곳에는 '위진화이(威振華夷)'라고 씌어 있었다. 그 글자의 크기가 서까래만 하여 바람이 불면 반공(半空)에 휘날려 멀리서나 가까이에서나 모두 우러러보게 된다. 또 그 대제의 호는 명나라 조정에서 추숭(追崇)한 것이라고 하니, 가히 그 존숭(尊崇)이 지극함을 알 수 있겠다. (『서애선생문집』 권16)[14]

80

심유경의 변설(辯舌)

심유경은 유세(遊說)하는 사람이다. [1593년 1월의] 평양성전투 뒤에 다시 적들 사이에 들어가는 것을 모두들 어렵게 여기는 바였는데, [심유경이] 마침내 변설(辯舌)로 여러 적을 몰아내고 수천 리의 땅을 회복하였지만, 마지막 한 가지 일이 잘못되어서 [그는] 큰 화를 피하지 못하였으니 슬프도다.

고니시 유키나가는 심유경을 매우 신뢰하였다. 그가 한양에 있을 때, 심유경이 고니시 유키나가에게 "너희들이 오랫동안 여기 머물며 물러나지 않아서 명나라가 또다시 대군을 보냈으니, 서해(西海)를 통하여 충청도로 나와 너희의 퇴각로를 끊을 것이다. 그때 가서 후퇴하려 하여도 이미 늦었다. 나는 평양에서부터 너와 친숙해졌기에 차마 말하여 주지 않을 수 없을 따름이다"라고 비밀히 말하였다. 이 말을 들은 고니시 유키나가는 두려워하며 마침내 한양성 밖으로 나갔다. 이 일은 심유경 스스로가 우의정 김명원(金命元)에게 말하였고 정승[김명원]이 내게 그와 같이 말하였다.

　　沈惟敬遊說士也. 平壤戰後, 再入賊中, 此人之所難. 卒能以口舌代甲兵, 驅出衆賊, 復地數千里. 末梢一事參差, 不免大禍, 哀哉. 槪平行長最信惟敬, 其在京城時, 惟敬密言於行長曰: "汝輩久留此不退, 天朝更發大兵已從西海來, 出忠淸道, 斷汝歸路, 此時雖欲去, 不可得. 我自平壤與汝情熟, 故不忍不言耳." 於是, 行長懼, 遂出城. 此事, 沈惟敬自言於金右相命元, 而金相爲余言之如此.

| 연표 (1542~1945) |

연표 작성은 『선조실록』과 『선조수정실록』을 기본으로 삼았다. 류성룡 관련 사항은 『서애선생연보』를, 『징비록』 관련 사항은 『異國征伐戰記の世界 — 韓半島·琉球列島·蝦夷地』(김시덕, 笠間書院, 2010) 수록 연표를, 임진왜란 관련 사항은 『豊臣政權の對外認識と朝鮮侵略』(校倉書房, 1990), 『민족전쟁사—4 임진왜란사』(국방부 전사편찬위원회, 1987), 『임진왜란 해전사』(이민웅, 청어람미디어, 2008년 1판 6쇄) 수록 연표를 함께 참고하였다. 조선에서 발생한 사항은 조선식 일자를 따랐고, 일본에서 발생한 사항은 일본식 일자를 따랐다. 연도는 서력을 쓰고 월일은 음력을 썼다.

	류성룡과 『징비록』	임진왜란 및 일본·명·청의 임진왜란 문헌, 기타 관련 사항
1542년	류성룡 출생	
1557년(16세)	향시에 합격하다	
1558년(17세)	전주 이씨와 혼인하다	
1560년(19세)	관악산 암자에서 『맹자(孟子)』를 공부하다	
1562년(21세)	9월에 퇴계 이황에게서 『근사록(近思錄)』 등을 배우다	
1566년(25세)	문과에 급제하다	
1569년(28세)	성절사(聖節使)의 서장관(書狀官)으로 명나라에 다녀오다	
1573년(32세)	7월, 부친 관찰공의 상을 당하다	
1577년(36세)	여강서원(廬江書院)의 퇴계 선생 봉안문(奉安文)을 짓다	
1580년(39세)	4월, 상주목사가 되다	
1581년(40세)	1월, 홍문관 부제학이 되다	
1582년(41세)	사헌부 대사헌이 되다	
1583년 (42세)	2월, 여진인 이탕개가 조선 국경을 침범한 사건을 맞이하여, 「북방 변란에 대한 방책을 드리는 의논(北變獻策議)」을 제출하다 10월, 경상도 관찰사가 되다	
1584년(43세)	9월, 예조판서에 임명되다	
1585년(44세)		7월, 도요토미 히데요시가 관백(關白)에 취임하다
1586년(45세)		도요토미 히데요시가 다조다이진(太政大臣)이 되고 도요토미(豊臣) 성씨를 하사받다 도요토미 정권이 수립되다
1587년(46세)		5월, 규슈 남부의 시마즈 가문이 항복하면서 도요토미 히데요시가 규슈 정복을 완료하다 6월, 도요토미 히데요시가 쓰시마의 소 요시토시 부자에게 조선 국왕의 항복과 입조를 실현시키라고 명령하다 9월, 통신사의 파견을 요청하기 위해 다치바나 야스히로가 조선에 건너오다
	12월, 대제학이 되다 이해에 퇴계 이황의 문집을 편차(編次)하다	
1588년(47세)	10월, 형조판서가 되다	이해, 도요토미 히데요시의 명령에 따라 시마즈 가문이 유구 왕국의 항복을 받고자 사절을 파견하다

	류성룡과 『징비록』	임진왜란 및 일본·명·청의 임진왜란 문헌, 기타 관련 사항
1589년(48세)	봄에 병조판서가 되다 7월, 부인 이씨의 상을 당하였으나 일본 측의 사신이 요구하는 통신사 파견에 대한 논의로 인해 휴가를 얻지 못하고 신천(新川)까지 상여를 전송하고 돌아오다 9월, 예조판서가 되다. 일본에 통신사를 파견하는 일로 선조가 류성룡을 인견하다 12월, 이조판서가 되다	3월, 도요토미 히데요시가 소 요시토시에게 조선 국왕의 입조를 재촉하다 6월, 소 요시토시가 겐소·야나가와 시게노부 등과 함께 조선으로 건너오다 9월, 조선 조정이 통신사 파견을 결정하다 11월, 황윤길·김성일·허성이 통신사에 임명되다
1590년(49세)	5월, 의정부 우의정이 되다 6월, 풍원부원군에 봉해지다	2월, 일본 측이 왜구에 편입되어 있던 진도의 사을배동을 조선에 보내다 3월, 황윤길·김성일·허성이 일본으로 출발하다 7월, 호조씨(北條氏) 멸망 11월, 통신사 일행이 도요토미 히데요시를 만나다
1591년(50세)	2월, 좌의정에 승진되고 홍문관 대제학을 겸하다	1월, 황윤길·김성일·허성이 부산에 도착하다 4월, 도요토미 히데요시가 조선 침략을 위한 배의 건조를 명령하다. 사쓰마에 있던 명나라 사람들이 도요토미 히데요시의 대륙 침략 의도를 본국에 알리다 7월, 도요토미 히데요시가 포르투갈령 인도 고아에 국서를 보내다 8월, 도요토미 히데요시의 첫아들 쓰루마쓰(鶴松)가 죽다 9월, 도요토미 히데요시가 에스파니아령 필리핀에 국서를 보내다 10월, 침략의 전진기지인 나고야(名護屋)의 공사가 시작되다

	류성룡과 『징비록』	임진왜란 및 일본·명·청의 임진왜란 문헌, 기타 관련 사항
1591년(50세)	10월, 제승방략(制勝方略)을 폐기하고 진관법(鎭管法)을 복구하자고 건의했으나 받아들여지지 않다. 또한 이일을 조대곤 대신 경상병사에 임명하자고 건의했으나 받아들여지지 않다	12월, 도요토미 히데요시가 관백직을 조카 히데쓰구(秀次)에게 물려주고 다이코(太閤)가 되다
1592년(51세)	4월, 병조판서를 겸하고 도체찰사가 되다 5월 1일, 영의정에 임명되었다가 하루 만에 파직당하다	1월 5일, 도요토미 히데요시가 침략에 따른 제반 명령을 내리다 3월 26일, 도요토미 히데요시가 교토에서 나고야로 출발하다 4월 13일, 고니시 유키나가의 일본군 제1군이 부산에 상륙하다 4월 14일, 부산성이 고니시 유키나가의 제1군에 함락되고 정발이 전사하다 4월 15일, 동래성이 고니시 유키나가의 제1군에 함락되고 송상현이 전사하다 4월 17일, 양산성이 고니시 유키나가의 제1군에 함락되다 4월 18일, 밀양성이 고니시 유키나가의 제1군에 함락되다. 가토 기요마사의 제2군이 부산포에 상륙하다. 구로다 나가마사의 제3군, 모리 요시나리의 제4군이 김해에 상륙하다 4월 20일, 고바야카와 다카카게의 제6군, 모리 데루모토의 제7군 등이 부산포에 상륙하다 4월 21일, 경주성이 가토 기요마사의 제2군에 함락되다 4월 23일, 영천이 가토 기요마사의 제2군에 함락되다 4월 25일, 이일 군이 상주에서 고니시 유키나가의 제1군에 지다 4월 28일, 신립 군이 충주 탄금대에서 고니시 유키나가의 제1군에 지다. 신립의 패배가 조정에 전해지자 국왕 선조가 평양으로 피신하기로 정해지다 4월 29일, 광해군이 세자에 책봉되다

	류성룡과 「징비록」	임진왜란 및 일본·명·청의 임진왜란 문헌, 기타 관련 사항
1592년(51세)		5월 3일, 고니시 유키나가의 제1군이 동대문을 통해, 가토 기요마사의 제2군이 남대문을 통해 한양을 점령하다 5월 7일, 이순신 군이 옥포·합포에서 도도 다카토라의 일본 수군에 이기다. 선조가 평양에 도착하다. 이 무렵에 구로다 나가마사, 모리 요시나리 등이 이끄는 부대가 한양에 진입하다 5월 8일, 이순신 군이 적진포에서 이기다. 일본군의 조선 침략이 명나라 조정에 보고되다 5월 15일, 고니시 유키나가의 제1군이 조선 측에 강화 제안서를 전달하다 5월 18일, 한응인·김명원의 조선군이 임진강 방어에 실패하다. 도요토미 히데요시가 관백 히데쓰구에게 대륙 정복 계획 25항목을 전달하다 5월 29일, 이순신 군이 사천에서 승리하다. 이순신이 부상 입다. 개성이 일본군 제1·2·3군에 함락되다
	6월 1일, 복직되고 풍원부원군에 봉해지다. 이 즈음부터 명나라의 원군 파병과 관계된 임무를 맡다	6월 2일, 이순신 군이 당포에서 가메이 고레노리 (亀井茲矩)의 일본 수군에 이기다. 도요토미 히데요시가 조선으로 건너오려 하다가 도쿠가와 이에야스, 마에다 도시이에 등의 저지로 계획을 연기하다 6월 3일, 조선에 있는 일본군을 감독하기 위해 도요토미 히데요시의 측근인 이시다 미쓰나리, 오타니 요시쓰구, 마시타 나가모리가 조선으로 건너오다 6월 5일, 조선 수군이 당항포에서 이기다 6월 6일, 전라·충청·경상 삼도 연합군이 용인에서 와키사카 야스하루 군에 지다 6월 7일, 조선 수군이 구루시마 미치유키 (來島通之)·미치후사(通総)의 일본 수군을 이기다. 일본군 제1군과 제2군이 개성에서 갈라지다 6월 9일, 이덕형이 대동강에서 일본군 제1군의 겐소, 야나가와 시게노부 등과 회견하다 6월 11일, 선조가 평양을 떠나 의주로 향하다

	류성룡과 「징비록」	임진왜란 및 일본·명·청의 임진왜란 문헌, 기타 관련 사항
1592년(51세)		6월 13일, 대동강을 지키던 조선군의 일본군 기습작전이 실패하다 6월 14일, 영변에 있던 선조가 명나라에 망명할 의사를 보이고, 분조(分朝) 결정이 내려지다 6월 15일, 이 즈음에 사유 등이 이끄는 명나라 군대가 압록강을 건너다. 일본군 제1·3군이 평양에 진입하다 6월 17일, 가토 기요마사의 제2군이 함경도 안변에 도착하다 6월 19일, 조승훈이 이끄는 명나라 군대가 압록강을 건너다 7월 8일, 이순신 군이 한산도에서 와키사카 야스하루 등의 일본 수군을 이기다. 이복남·황복·정담 군이 웅치전투에서 안코쿠지 에케이 군에 지고, 황진 군이 이치전투에서 고바야카와 다카카게 군에 이기다. 7월 10일, 조선 수군이 안골포에서 구키 요시타카 등의 일본 수군을 이기다 7월 17일, 1차 평양성전투에서 김명원·조승훈 등이 이끄는 조·명 연합군이 고니시 유키나가의 제1군에 지다 7월 18~19일, 한극함 군이 함경도 해정창에서 가토 기요마사의 제2군에 지다 7월 24일, 국경인이 회령에서 임해군·순화군을 가토 기요마사에게 넘기다 7월 28일~8월 22일, 이 사이에 가토 기요마사 군이 두만강을 넘어 '오랑카이(兀良哈)'와 싸우고 함경도 서수라(西水羅)를 거쳐 경성(鏡城)으로 돌아오다 8월 17일, 심유경이 의주에 도착하다 8월 18일, 영규·조헌 군이 금산에서 고바야카와 다카카게 군에 지다 9월 1일, 조선 수군이 부산포에서 이기다. 심유경이 고니시 유키나가와 회담하고 휴전에 합의하다 9월 2일, 이정암 군이 구로다 나가마사의 제2군의 공격에서 연안성을 지키다 9월 8~9일, 박진 군이 경주를 탈환하다. 비격진천뢰를 사용하다 9월 16일, 정문부 의병군이 경성을 탈환하다

	류성룡과 『징비록』	임진왜란 및 일본·명·청의 임진왜란 문헌, 기타 관련 사항
1592년(51세)	12월, 평안도 도체찰사가 되다	10월 6~10일, 제1차 진주성전투에서 김시민 등의 조선군이 일본군의 공격에서 진주성을 지키다 11월 15일, 명나라 경략 송응창이 조선 조정에 격문을 보내다 11월~1593년 1월, 정문부 의병군이 길주의 가토 기요마사 군을 포위하다 12월 25일, 이여송 등이 이끄는 명나라 군이 압록강을 건너다
1593년(52세)	1월, 조·명 연합군이 평양성을 탈환하니 명군의 진로를 예비하고 군량미를 조달하는 데 진력하였으며, 강화를 주장하는 명나라 측에 대해 전쟁을 주장하여 대립하다. 같은 달에 호서·호남·영남 삼도 도체찰사가 되다	1월 6~8일, 제2차 평양성전투. 이여송·김명원 등의 조·명 연합군이 고니시 유키나가 군에 승리하고, 일본군은 퇴각하다. 이에 앞서, 황해도 봉산에 주둔하고 있던 오토모 요시무네(大友義統)가 평양성의 상황을 전해 듣고 달아나다 1월 17일, 평양에서 패한 고니시 유키나가 군이 한양으로 후퇴하다 1월 24일, 한양에 있던 조선 인민이 일본군에 학살되다. 이시다 미쓰나리 등의 감독관이 도요토미 히데요시에게 전황이 악화되었음을 보고하다 1월 27일, 이여송 군이 벽제관전투에서 지다 1월 29일, 정문부 의병군이 포위하고 있던 길주성의 일본군을 가토 기요마사가 구출하다 2월 12일, 권율 군이 행주산성에서 우키타 히데이에 등이 이끄는 일본군을 이기다 2월 15일, 명나라 참장 풍중영(馮仲纓)이 안변에서 가토 기요마사와 만나다 2월 29일, 가토 기요마사 등의 제2군이 한양에 돌아오다 3월 8일, 심유경과 고니시 유키나가 한양에서 만나서 강화조건을 논의하다

	류성룡과 『징비록』	임진왜란 및 일본·명·청의 임진왜란 문헌, 기타 관련 사항
1593년(52세)	4월, 한양으로 돌아와 병을 앓다 6월부터 지방 각지로 파견되었다가 9월에 행재소(行在所)로 돌아오다. 10월, 훈련도감의 설치를 청하다 11월, 영의정이 되다	3월 10일, 도요토미 히데요시가 한양 철군, 왜성 구축, 진주성 공격 등을 명령하다 3월 15일, 심유경이 한양 용산에서 고니시 유키나가에게 3개 강화조건을 제시하다 4월 18일, 송응창이 사용재·서일관을 정식 사절로 속여서 일본군에 보내고, 일본군은 두 사람과 함께 한양에서 퇴각하다 5월 1일, 도요토미 히데요시가 비겁한 행동을 한 오토모 무네요시 등 일본 장군 세 명의 처벌 내용과 명나라와의 강화 실패 시 장군들이 주둔할 지역을 전하다 5월 23일, 사용재·서일관이 나고야에서 도요토미 히데요시와 만나다 6월 29일, 제2차 진주성전투에서 조선군이 지다 7월 22일, 임해군·순화군이 사용재·서일관 일행을 따라 부산에서 돌아오다 8월, 이순신이 삼도수군통제사에 임명되다 11월 5일, 도요토미 히데요시가 타이완에 복속을 요구하는 서한을 보내다
1594년(53세)	2월, 훈련도감이 설치되고 류성룡이 도제조에 임명되다 3월, 제승방략을 진관제로 복구할 것을 청하다 6월, 전수기의(戰守機宜) 10조를 올리다	1월 20일, 심유경이 「관백항표(關白降表)」를 위조해서 웅천의 고니시 유키나가 진영에서 요동으로 출발하다 4월 14일, 명 부총병 유정의 명을 받은 송운대사 유정이 서생포에서 가토 기요마사와 만나, 심유경과 고니시 유키나가가 말하는 강화 조건과 실제로 도요토미 히데요시가 요구하는 내용이 다르다는 사실을 확인하다 7월 12일, 송운대사 유정과 가토 기요마사의 두 번째 회담

	류성룡과 『징비록』	임진왜란 및 일본·명·청의 임진왜란 문헌, 기타 관련 사항
1594년(53세)	겨울, 군국기무(軍國機務) 10조를 올리다	12월 14일, 나이토 조안이 명나라의 신종과 만나서 강화를 위한 세 가지 조건을 받아들이다
1595년(54세)	10월, 경기·황해·평안·함경 도체찰사가 되다	4월 7일, 명나라 사신 이종성·양방형이 압록강을 건너 조선으로 오다. 심유경은 황신에게 함께 일본으로 갈 것을 요구하다 11월 22일, 이종성·양방형이 부산의 일본군 진영에 들어가다
1596년(55세)	7월, 이몽학의 옥사를 다스리다. 이때부터 거듭 사직소를 올렸으나 윤허받지 않다	4월 3일, 이종성이 달아나다 5월 4일, 이종성 대신 양방형이 정사가 되고 심유경이 부사가 되다 9월 3일, 양방형·심유경이 도요토미 히데요시와 만나다. 이 자리에서 심유경과 고니시 유키나가가 추진한 강화의 실체가 드러나서 협상이 파탄 나고 일본군의 조선 재침략이 결정되다
1597년(56세)		1월 27일, 원균이 이순신 대신 삼도수군통제사로 임명되다 2월 11일, 명나라 조정이 다시 조선에 원군을 보내기로 결정하다 2월 21일, 도요토미 히데요시가 재침략을 위한 부대 편성을 결정하다 2월, 협상 실패에 대한 책임으로 병부상서 석성이 투옥되고 삭탈관직되다 3월 21일, 송운대사 유정이 세 번째로 가토 기요마사와 만나다 5월, 양원의 명나라 군이 한양에 도착하다 6월, 양원이 남원에 도착하다 7월, 15일 원균 군이 칠천량에서 일본 수군에 지고 원균은 전사하다 7월, 경리 양호의 명을 받아 부총병 양원이 조선에 있던 심유경을 체포하다 8월 4일, 고바야카와 히데아키(小早川秀秋)를 대장으로 하는 일본군이 부산에 도착하다

	류성룡과 『징비록』	임진왜란 및 일본·명·청의 임진왜란 문헌, 기타 관련 사항
1597년(56세)		8월 16일, 조선군이 남원성에서 지다 8월 17일, 조선군이 황석산성에서 지다 8월 19일, 전주성이 함락되다 8월경, 일본군의 코 사냥이 시작되다 9월 7일, 해생이 이끄는 명나라 군이 직산에서 구로다 나가마사, 모리 히데모토 등의 일본군과 싸우다 9월 16일, 이순신이 이끄는 조선 수군이 명량에서 일본군에 이기고, 구루시마 미치후사가 전사하다 9월 17일경, 도요토미 히데요시가 교토에 코무덤(나중에는 귀무덤이라 불림)을 만들다 9월 23일, 강항이 도도 다카토라가 이끄는 일본 수군의 포로가 되다 11월 10일, 가토 기요마사 등이 울산 도산성 공사를 시작하다 12월 23~1월 4일, 제1차 울산성전투에서 조·명 연합군이 가토 기요마사 등의 일본군에 지다
1598년(57세)	6월, 경리 양원을 공격하는 정응태의 무고문에, 조선이 일본과 짜고 명나라를 공격하려 한다는 등의 내용이 담기다 9월, 정응태의 무고문 내용에 대한 조선 측의 입장을 전하기 위해 류성룡을 명나라에 보내려 했으나 고사하자 탄핵받다 11월 19일, 파직되다	6월 28일경부터 도요토미 히데요시가 중병을 앓다 8월 18일, 도요토미 히데요시가 사망하다 9월 21일, 제2차 울산성전투에서 마귀 등이 이끄는 조·명 연합군이 가토 기요마사 등의 일본군에 지다 10월 1일, 조선에 있는 일본군에 도요토미 히데요시의 사망과 사후 처리 방식을 전하는 사신이 일본에서 부산포에 도착하다. 동일원이 이끄는 조·명 연합군이 사천의 시마즈 군을 공격해서 지다 10월 2일, 유정이 이끄는 명나라 군이 순천의 고니시 유키나가 군을 공격해서 지다

	류성룡과 『징비록』	임진왜란 및 일본·명·청의 임진왜란 문헌, 기타 관련 사항
1598년(57세)	12월, 삭탈관직되다	11월 19일, 순천의 고니시 유키나가 군이 철군 중에 노량에서 이순신의 조선 수군에 가로막히고 시마즈 군이 이를 공격하다. 이순신이 전사하다 11월 중순, 일본군이 모두 퇴각하다 12월 21일, 황신이 쓰시마를 공격할 것을 건의하다
1599년(58세)	2월, 하회로 돌아오다 3월, 옥연서당(玉淵書堂)에 나가 있으면서 손님들을 사절하다	4월 17일, 김응서가 쓰시마를 공격할 것을 건의하다 4월, 명나라 장군이 대부분 귀국하고 일부만 남다
1600년(59세)	3월, 「퇴계선생연보(退溪先生年譜)」를 찬하다	9월 15일, 세키가하라전투에서 이시다 미쓰나리, 고니시 유키나가 등의 서군(西軍)이 지고, 도쿠가와 이에야스, 가토 기요마사 등의 동군(東軍)이 이기다
1601년(60세)	3월, 형님 겸암공 류운룡(柳雲龍)이 별세하다 5월, 윤두수의 부음을 듣다 8월, 21일 모친 김씨의 상을 당하다	
1602년(61세)	4월, 조정에서 그를 청백리로 선정하다	
1604년(63세)	3월, 관직이 복구되고 풍원부원군에 제수되자, 상소하여 사직하고 이어 치사(致仕)하다 7월, 호종훈(扈從勳) 2등에 등록되고 충근정량효절협책호성 공신 (忠勤貞亮效節協策扈聖功臣)의 호를 하사받다 9월, 재차 소명이 있었으나 사퇴하고, 충훈부(忠勳府)에서 보낸 화가(畫家)도 사절하다. 이 무렵에 초본 『징비록』을 집필하다	6월, 송운대사 유정이 조선과 일본 양국 간 국교 회복을 논의하기 위해 일본에 파견되다

	류성룡과 『징비록』	임진왜란 및 일본·명·청의 임진왜란 문헌, 기타 관련 사항
1604년(63세)		이해에 임진왜란 7년을 일본에서 최초로 통시적으로 정리한 오타 규이치의 『도요토미 대명신 임시어제례기록』이 성립하다
1605년(64세)	4월, 큰아들이 죽다	4월, 송운대사 유정이 귀국하다
1606년(65세)		이해에 제갈원성의 『양조평양록』(서문)이 성립하다
1607년(66세)	3월, 국왕이 내의(內醫)를 보내어 그의 병을 간호하게 하다 5월 6일, 고종(考終)하다 6월, 국왕이 그의 유소(遺疏)를 비변사에 내리라고 명하다 7월, 안동부 수동리(壽洞里)에 장사 지내다	제1차 통신사를 파견하다
1608년		2월, 광해군이 즉위하다
1614년	4월 5일, 병산서원(屛山書院)에 위판(位版)을 봉안하고 석채례(釋菜禮)를 행하다	11~12월, 오사카 겨울 전투(大坂冬の陣)에서 도요토미 히데요시의 아들 히데요리 세력이 도쿠가와 이에야스의 막부군에 져서 강화하다
1615년		4~5월, 오사카 여름 전투(大坂夏の陣)에서 오사카 성이 함락되고 도요토미 히데요리 세력이 소멸하다
1617년		제2차 통신사를 파견하다
1619년		명·조 연합군과 후금 사이에 사르후전투가 일어나다
1620년	9월, 여강서원(廬江書院)의 퇴계선생 사당에 부향(祔享)하다	
1621년		『무비지』가 성립하다
1624년		제3차 통신사를 파견하다
1626년		명과 후금 사이에 영원성(寧遠城)전투가 일어나 명 측이 승리하다. 이때 입은 상처로 누르하치가 같은 해에 사망하다

	류성룡과 『징비록』	임진왜란 및 일본·명·청의 임진왜란 문헌, 기타 관련 사항
1627년	10월, 위판을 남계서원(南溪書院)에 봉안하다	1월~3월, 정묘호란이 일어나다
1629년	2월, 문충(文忠)이라는 시호를 받다 3월, 위판을 다시 병산서원에 봉안하다	
1631년	9월, 위판을 도남서원(道南書院)에 봉안하다	
1632년		명나라에서 『황명실기(皇明實紀)』가 간행되다. 『양조평양록』이 나고야의 도쿠가와 요시나오(德川義直) 문고에 수장되다
1633년	합천에서 『서애집』 본집이 간행되고, 그 후에 별집과 연보가 간행되다(합천본)	이 무렵 호리 교안의 『조선정벌기』가 성립되어 1659년, 간행되다
1636년		제4차 통신사를 파견하다 12월~1637년 1월, 병자호란이 일어나다
1637년		10월~1638년 2월, 규슈 지역의 기독교도와 불만 세력이 시마바라 지역에서 봉기를 일으켰으나 실패하다(島原の亂) 이해 이전에 오제 호안의 『다이코기』가 간행되다 이해 이후에 가토 기요마사의 행적을 다룬 첫 문헌인 『기요마사 고려진 비망록 (淸正高麗陣覺書)』 등이 성립되다
1643년	10월, 위판을 삼강서원(三江書院)에 봉안하다	제5차 통신사를 파견하다
1644년		명나라가 멸망하다
1647년	『서애선생별집』이 간행되다 또한 이 즈음 『징비록』(16권본)이 간행되다	
1650년		승려 겐소의 문집인 『선소고(仙巢稿)』가 성립되다
1655년		제6차 통신사를 파견하다
1658년		하야시 라잔 부자(父子)의 『도요토미 히데요시 보(豊臣秀吉譜)』가 성립되다
1659년		타이완에서 명나라 부흥을 꾀하던 주순수(朱舜水)가 일본으로 망명하다
1662년		정유재란의 상황을 전하는 오코치 히데모토의 『조선이야기』가 성립되다 명 부흥을 꾀하던 정성공(鄭成功)이 타이완에서 왕국을 세우다(~1683)

	류성룡과 『징비록』	임진왜란 및 일본·명·청의 임진왜란 문헌, 기타 관련 사항
1671년		임진왜란 당시 시마즈 가문의 행적을 강조하는 『정한록』(서문)이 성립되다
1682년		제7차 통신사를 파견하다
1683년	쓰시마 소케(宗家) 문고의 장서목록인 『덴나 삼년 목록』에 『징비록』(1책, 2책)과 『서애(선생)(문)집』(10책 2종, 24책)이 보인다	
1685년	후쿠오카 번의 학자 가이바라 엣켄의 독서비망록 『완고목록(玩古目錄)』 1685년조에 『징비록』 2책을 보았다는 기록이 보인다	
1687년	가이바라 엣켄 『구로다 가보』 권6~8 「조선역 상~하(朝鮮役上~下)」에 『징비록』이 이용되다. 『징비록』이 일본에서 문헌 집필에 이용된 초기 사례이다	
1689년	10월, 위판을 빙산서원(氷山書院)에 봉안하다	
1693년	1688년에 서문이 성립하고 이해 간행된 마쓰시타 겐린의 『이칭일본전』 권하4에 2권본 『징비록』의 초록이 실리다	
1695년	교토의 야마토야 이베에(大和屋伊兵衛)가 『조선징비록』을 간행하다. 2권본 『징비록』을 4권으로 나눈 것으로, 가이바라 엣켄이 서문을 쓰고 일본식 훈점(訓點)을 붙이다	
1702년	『서애선생연보』가 간행되다	
1705년	『조선징비록』의 영향을 받은 통속군담 『조선군기대전』(40권)과 『조선태평기』 (30권)가 8월에 동시 출간 되어, 그 후의 일본 문화에 큰 영향을 미치다	
1711년		제8차 통신사를 파견하다
1712년	제8차 통신사의 보고를 통해 『징비록』이 일본에 유출되었다는 사실이 알려지자 조선 조정이 대책을 논하다	
1719년		제9차 통신사를 파견하다
	이해에 통신사로 일본에 다녀온 신유한이 『해유록』에서 일본판 『징비록』을 보았다고 증언하다	

	류성룡과 『징비록』	임진왜란 및 일본·명·청의 임진왜란 문헌, 기타 관련 사항
1725년	아메노모리 호슈의 후배인 쓰시마 번의 마쓰우라 마사타다가 『조선통교대기』 권3에서 임진왜란 부분을 편찬하면서 『징비록』의 기사를 이용하다. 이 책의 권9~10에는 김성일의 『해사록』이 발췌되어 있다	
1748년		제10차 통신사를 파견하다
1764년		제11차 통신사를 파견하다
1768년	에도(江戶) 지역의 유곽에서 발생한 화재를 다룬 풍속소설 『북리징비록(北里懲毖錄)』이 간행되다. 여기서는 "발생한 화재를 살펴서 미래의 화재를 대비하자"라는 맥락에서 『징비록』이라는 책 이름이 이용되었다	
1783년	가네코 다다토미(金子忠福)의 『통속징비록(通俗懲毖錄)』이 필사되다. 구 히로시마시립도서관 아사노문고(浅野文庫)에 소장되어 있었으며 『징비록』의 일본어 번역본이었던 것 같지만, 구 소장처가 1945년의 원자폭탄 투하로 소실되면서 사라진 듯하다	
1787년	가메오카 소잔의 『메이레키 징비록』이 나오다 1657년의 메이레키 대화재를 다룬 문헌으로, 스기타 겐파쿠가 편찬한 『노치미구사』에 실려 있다	
1796년	야마자키 히사나가 『양국임진실기』의 편찬에 『징비록』을 빈번하게 인용하다. 저자는 왜관에 있으면서 조선판 『징비록』을 보았다고 증언한다. 이 책은 『조선정토시말기』라는 제목으로 1854년에 에도·교토·오사카에서 동시 간행 된다	
1796년	사사키 게이키치(佐々木恵吉)의 『징비록 국자해(懲毖錄國字解)』가 이해에 간행되었다고 한다	

	류성룡과 『징비록』	임진왜란 및 일본·명·청의 임진왜란 문헌, 기타 관련 사항
1800년	에도시대의 역사소설 『에혼 조선군기(絵本朝鮮軍記)』에 『징비록』이 빈번하게 이용되다	
1801~2년	에도시대 최대의 베스트셀러 가운데 하나인 대하 역사소설 『에혼 다이코기』 제6~7편의 임진왜란 기사에 『징비록』 『서애집』이 빈번하게 이용되다	
1811년		제12차 통신사를 파견하다
1831년	가와구치 조주의 임진왜란 통사 『정한위략』에 『징비록』, 『서애집』, 『은봉야사별록』 등이 빈번하게 인용되다	
1871년		유구가 독립을 잃고 완전히 일본령이 되다 1871~79년 일본이 타이완을 침략하다
1876년	2월, 『조선류씨 징비록 대역 권1(朝鮮柳氏懲毖錄對訳巻之一)』(長内良太郎·鈴木実 역, 含英舍, 東京)이 나오다	
1894년	7월, 『조선징비록(朝鮮懲毖錄)』(山口剛 역, 蒼竜窟, 東京, 1894)이 나오다 가을, 하회의 옥연정사에서 『징비록』과 『서애집』이 재간행되다	1894~95년, 청일전쟁이 일어나다 당시에 일본에서는 '일청한 전쟁'으로도 불렸다
1897년	1867~94년 사이에 일본에 체류한 청나라의 양수경이 편찬한 『일본방서지(楊氏鄰蘇園)』 권6에, 1695년에 교토에서 간행된 『조선징비록』의 해설이 실리다	
1904년		1904~05년, 러일전쟁이 일어나다
1910년		조선이 일본의 식민지가 되다
1911년	『일한고적(日韓古蹟)』(奧田鯨洋 편저, 京城, 日韓書房)의 부록에 『징비록』이 실려 있다	
1913년	『조선군서대계 속속(朝鮮群書大系續々)』(朝鮮古書刊行會 편, 1913, 京城) 제1에 『징비록』이 실려 있다	

	류성룡과 『징비록』	임진왜란 및 일본·명·청의 임진왜란 문헌, 기타 관련 사항
1914년		참모본부 편 『일본전사 조선역(日本戰史朝鮮役)』(偕行社, 1914)이 나오다 이케우치 히로시(池內宏)의 『분로쿠 게이초의 역 정편 제일(文祿慶長の役 正編第一)』(南滿州鐵道)가 나오다
1921년	『통속조선문고(通俗朝鮮文庫)』제5(長野直彦 역, 自由討究社, 1921, 東京)에 『징비록』이 실리다	도쿠토미 소호(德富蘇峰)의 『근세 일본 국민사 도요토미씨 시대 조선역 상중하(近世日本国民史 豊臣氏時代 朝鮮役 上中下)』(民友社, 1921-22)가 나오다
1936년		이케우치 히로시(池內宏)의 『분로쿠 게이초의 역 별편 제일(文祿慶長の役 別編第一)』(東洋文庫)가 나오다
1936년	『조선사료총간(朝鮮史料叢刊)』제11(朝鮮總督府, 1936, 京城)에 초본 『징비록』의 영인과 해제가 실리다	
1936년	『조선총서(朝鮮叢書)』(細井肇 편저, 朝鮮問題硏究会, 1936, 東京) 권2에 『징비록』(長野直彦 역)이 실리다	

| 주석 |

해제: 『징비록』과 동아시아

1 『海遊錄』 중권, 1718년 11월 4일. "而自與我邦關市以來, 厚結館譯, 博求諸書, 又因信使往來, 文學之途漸廣, 而得之於酬唱答問之間者, 漸廣故也. 最可痛者, 金鶴峰『海槎』. 柳西厓『懲毖錄』. 姜睡隱『看羊錄』等書, 多載兩國隱情, 而今皆梓行于大坂, 是何異於覘賊而告賊者乎! 國綱不嚴, 館譯之私貨如此, 使人寒心."
2 국립중앙도서관 古朝19-110. 사본.
3 스기타 겐파쿠(杉田玄白)가 편찬한 『노치미구사(後見草)』에 실려 전해진다.
4 목활자본 『징비록』에 대하여는 고려대학교 한적실의 구자훈 선생님과 성균관대학교 김영진 선생님의 가르침을 받았다. 이 자리를 빌려 감사 드린다.
5 藤本幸夫, 「宗家文庫藏朝鮮本に就いて―『天和三年目錄』と現存本を對照しつつ」, 『朝鮮學報』 99・100(朝鮮學會, 1981・7) 참조.
6 "砬曰: "鎰以孤軍在前, 而無後繼. 體察使雖下去, 非戰將. 何不使猛將星馳先下, 爲鎰策應耶?""
7 "砬曰: "體察使雖下去, 非戰將. 鎰以孤軍在前, 而無後繼. 何不使一猛將星馳下去, 爲鎰策應耶?""

685

8 『肅宗實錄』, 1712년(숙종 38) 4월 22일. "校理吳命恒因文義達曰: "聞信使所傳, 故相臣 柳成龍所撰『懲毖錄』, 流入倭國云, 事極驚駭. 今宜嚴立科條, 別樣禁斷." 上令廟堂, 酌定 科條, 嚴加禁斷."

9 역해자는 1801~1802년에 일본에서 간행된 대하소설 『에혼 다이코기』의 삽화를 분석하면서, 『에혼 다이코기』의 삽화가 조선의 풍물과 인물을 조선답게 그리기 위해 조선의 시각자료를 구하려 했으나 조선 측이 정보 유출을 엄격하게 제한한 데서 벌어진 일련의 과정을 2012년 11월 15일 자 네이버 캐스트 "옛 일본 소설 속의 조선 풍속화"에서 추적한 바 있다.

10 "此書, 記事簡要, 爲辭質直, 非世之著書者誇多鬪靡之比, 談朝鮮戰伐之事者, 可以是爲的 據. 其他, 如『朝鮮征伐記』, 雖書以國字, 亦足以爲佐證. 二書壹可稱實錄也."

11 『太閤記』권14. "是を分目の合戰とは云めれ.", 『新日本古典文學大系 60 太閤記』(岩波書店, 1996), 428쪽.

12 근세 일본에서 제작된 임진왜란 문헌의 성격에 대해서는, 김시덕, 「근세 일본의 대외전쟁 문헌군에 대하여」, 최관·김시덕 편, 『임진왜란 관련 일본문헌 해제―근세편』(도서출판 문, 2010)을 참조.

13 "『懲毖錄』者何? 記亂後事也. 其在亂前者, 往往亦記, 所以本其始也. 『詩』曰: "予其懲, 而毖後患." 此『懲毖錄』, 所以作也."

14 현존 초본에서는 16권본 권2가 시작되는 1592년 12월 명군 출병 기사 앞의 몇 장에 해당하는 부분이 존재하지 않음이 확인된다. 만약 16권본의 간행 단계에서 이미 초본의 이 부분에 손상이 있었을 경우에는, 초본을 바탕으로 16권본을 만든 사람들이 초본의 이러한 상태를 참고로 권1과 권2를 구분했을 가능성도 배제할 수는 없다.

15 山崎尙長, 『朝鮮征討始末記』(1854년 간행)의 아사카와 도사이 서문. "世人謂, 柳成龍 『懲毖錄』, 蓋其實記也. 余獨恠焉. (중략) 知成龍有詐僞." (국립중앙도서관 소장본).

16 일본인이 『징비록』을 비판하거나 『은봉야사별록』과 비교함으로써 『징비록』의 기술을 역사적으로 비평하려 한 움직임에 대해서는, 김시덕, 「임진왜란의 기억―19세기 전기에 일본에서 번각된 조일 양국 문헌을 중심으로」, 인하대학교 한국학연구소 편, 『동아시아의 전쟁기억』(민속원, 2013)을 참조.

17 『征韓偉略』 권1, 28앞뒤. "本書曰, '邪臣柳承寵·李德馨.'『秉燭談』曰, "或云, 『武備志』亦載柳承寵·李德馨惑李昖. 柳承寵即柳成龍也. 承·成, 音相近. 龍·寵, 字相似. 故轉訛耳." 今按, 據成龍所著『西厓文集』, 其人當崩壞艱難之日, 罄心國事. 其所作歌詩, 歎時悲亂, 有杜甫之風. 而據『野史別錄』, 抑李珥養兵之論, 以太平無事軍旅非急務. 蓋無事之日 阿附時世. 至有事而始慷慨奮發者乎? 目之以邪臣不可謂無其謂. 然無他書可徵其行狀者, 故存注文, 以備他日考焉. 李德馨爲阿諛迎合小人. 『懲毖錄』『野史別錄』往往散見. 無復可疑也."(국립중앙도서관 소장본).

18 아사카와 도사이 서문, 일본판『隱峰野史別錄』. "朝鮮自昭敬而上, 國家閒暇. 到是君臣上下, 居安忘危, 漸以解弛淫奢. (중략) 孟子曰: "國必自伐, 而後人伐之.""(국립중앙도서관 소장본).

19 『兩朝平攘錄』권4상, 10뒤. "朝鮮國王李昖, 在位日久, 政務廢弛, 邪臣柳承寵·李德馨等, 諛佞逢合, 忠直見疎, 且國中久不被兵, 民不習戰.", 『明代史籍彙刊 國立中央圖書館藏本 5 兩朝平攘錄』(臺灣學生書局, 1969), 238쪽.

20 『日本訪書志』권6. "朝鮮宰臣柳成龍撰. 明萬歷壬辰, 日本平秀吉發兵擾朝鮮, 浹旬之間, 八道幾盡. 成龍當其間, 至戊戌亂後, 乃追爲此錄. 按『武備誌』, 稱柳成龍·李德馨惑李昖. 『平壤錄』亦直斥爲佞臣. 而此書自序則稱, 報國無狀, 深自悔責, 似非小人之口所有. 按『朝野別錄』[見『征韓偉略』]稱, 經筵官李珥啓李昖, 養兵以備緩急, 柳成龍非之. 其後 日本兵至, 遂至瓦解. 及平壤破後, 又自任前迎明師, 亦未免避難就易, 則謂之爲佞, 似非無因. 又以沈惟敬有膽略, 於其死也深致惋惜, 尤少知人之明. 但成龍本以文臣當此艱鉅, 雖未能荷戈以衛社稷, 而忍辱含垢, 委曲求全, 如跪李如松之類, 其情可諒, 其心可原. 故日本人所爲『征韓偉略』大半, 以此書爲藍本. 知其實錄爲多, 不盡出事後掩飾者矣. 書首有日本人貝原篤信序, 亦論事有識, 不爲誇張語, 並錄之于原序之後."(오타루상과대학 [小樽商科大學] 소장본).

21 『壬辰之役史料匯輯』, 北京: 全國圖書館文獻縮微復製中心, 1990.

시대를 품은 경세가, 류성룡

1 「年譜」, 『西厓先生年譜』 권1.
2 「유조인의 상소에 대한 회계 을미년」, 이재호 역, 『국역 서애전서 I-2 국역 근폭집』(서애선생 기념사업회, 2001), 272~274쪽.
3 『西厓先生文集』 권14 「北變獻策議」.
4 「시무를 진주하는 차자 임진년 9월」, 이재호 역, 『국역 서애전서 I-2 국역 근폭집』(서애선생 기념사업회, 2001), 7쪽.
5 『난중일기』 1592년 3월 5일. 노승석 역, 『난중일기』(민음사, 2011년 1판 5쇄), 58쪽.
6 「평안도 순찰사와 병사에게 지시하는 공문」, 이재호 역, 『국역 서애전서 I-5 국역 군문등록』(서애선생 기념사업회, 2001), 191쪽.
7 「내려보내신 방문을 도성 안으로 들여보냈음을 아뢰는 서장 계사년 3월 초7일, 동파에 있었다」, 이재호 역, 『국역 서애전서 I-3 국역 진사록 1』(서애선생 기념사업회, 2001), 408쪽.
8 김시덕, 「일본의 임진왜란 문헌 6·7—『서정일기』」, 『문헌과 해석』 58·59(문헌과해석사, 2012·3-6)에 이효인의 활동이 상세하게 그려져 있다.
9 『기효신서』의 판본 관계 및 조선으로의 유입에 대하여는, 노영구, 「조선 증간본 기효신서의 체제와 내용—현종 5년 재간행 기효신서의 병학사적 의미를 중심으로」, 『군사사연구자료집 제6집 기효신서 상』(국방군사연구소, 1998) 참조.
10 한명기, 「제1부 선조대 후반 임진왜란과 대명관계 제2장 명군 참전과 경제적 영향」, 『임진왜란과 한중관계』(역사비평사, 1999) 참조.
11 「전지를 삼가 받은 후에, 자기의 허물을 진술하여 스스로를 탄핵하고 처벌을 기다리는 서장 계사년 3월 28일, 동파에 있었다」, 이재호 역, 『국역 서애전서 I-4 국역 진사록 2』(서애선생 기념사업회, 2001), 89~90쪽.
12 노승석 역, 『난중일기』(민음사, 2011년 1판 5쇄), 188쪽.
13 한명기, 「제7장 병자호란 시기 조선인 피로인 문제 재론」, 『정묘·병자호란과 동아시아』(푸른역사, 2010년 초판 3쇄).

류성룡 서문

1 보고서와 상주문(上奏文).
2 상소와 차자(箚子: 조선시대에, 일정한 격식을 갖추지 않고 사실만을 간략히 적어 올리던 상소문).
3 하달문.
4 ⑯ "洴洴."
5 ⑯ "至" 뒤에 "于" 있음.
6 조선 "劑" 없음.
7 ⑯ "蹟."
8 『宣祖修正實錄』1599년(선조 32), 1월 1일. "成龍輔政十年, 無一裨益, 以此罪之, 彼亦何辭? 今乃以廣植私黨, 潛移威福, 賄賂盈門, 奸貪濁亂等語攻之, 罪惡狼藉, 不一而足. 雖古之巨奸大猾, 愚弄君父, 顚覆邦家者, 無以加之. 吁, 此豈爲的論哉? 其以主和一事非之者, 其論固正矣, 而其間曲折, 亦頗有不相符者矣. 臣嘗見, 成龍常以廉介自許, 而其一段憂國之誠, 實有所可務."

가이바라 엣켄 서문

1 『문자(文子)』「구수・도덕(九守・道德)」에 보인다. "文子曰: "古有以道王者, 有以兵王者, 何其一也?" 曰: "以道王者德也, 以兵王者亦德也, 用兵者五: 有義兵, 有應兵, 有忿兵, 有貪兵, 有驕兵. 誅暴救弱謂之義, 敵來加己不得已而用之謂之應, 爭小故不勝其心謂之忿, 利人土地, 欲人財貨謂之貪, 恃其國家之大, 矜其人民之衆, 欲見賢於敵國者謂之驕. 義兵王, 應兵勝, 忿兵敗, 貪兵死, 驕兵滅, 此天道也.""(『사고전서회요』 수록본).
2 『사마법(司馬法)』「인본(仁本)」에 비슷한 구절이 보인다. "國雖大, 好戰必亡. 天下雖安, 忘戰必危."(『사부총간 초편』 수록본).
3 역해자는 『격조선론』에 대해 한국어 논문 「조선후기 문집에 보이는 일본문헌『격조선론』에 대하여」,『국문학 연구』 23(국문학회, 2011・6)을 발표했는데, 그 후에 이 문헌의 저자와 일본 내 현존본 등이 확인되었다. 새로이 확인된 내용이 추가된 논

주석 689

문을 『秀吉の對外戰爭: 變容する語りとイメージ--前近代日朝の言說空間』(笠間書院, 2011)의 제5장에 「諜報活動から朝鮮にもたらされた『擊朝鮮論』—情報收集徑路の謎」라는 제목으로 넣었다.

4 『新日本古典文學大系 60 太閤記』(岩波書店, 1996), 498쪽.

5 『繪本太閤記』7편 「附言」. "豊太閤卑賤より起て戰國の中を橫行し, 西を征し, 東を靡, 北を伐, 南を略し, 神速成功僅に九年にして海內に主たり. 前代も後代も豈かく如き英傑を生じ得んや. 小人の心を以て是を見れば, 其行ひ頗怪しきに似たる事多し. 晚年兵を異國に出し給ひしも, いかなる謀略のおわしけん. 外人の窺ひ知るべき所にあらず. 然を況や, 今の世の俗小人, みだりに公の行狀を誹謗し, 大明御陣をさしても, 或は貪兵と云, 或は驕兵といふ. 是筆下に章を積腐儒燕雀の心を以, いかでか傑出英雄鵠鴻の大志を計知らんや. 其余, 信孝を殺し, 信雄を逐, 秀次一家を亡すなど, 不仁の甚きなりと誹言すれど, 是又豪傑の心を知らざる者也. 古語にも "仁を以て人を見れば天下人なし" と云り. 周公孔子の聖人を以て公を見れば, 誠に公なし. 其聖人ならざるより公を見る時は, 和漢いまだ如是俊傑ある事を聞ず."(개인 소장본).

6 「六雄論 豊臣太閤」, 『六雄八將論』. "世儒論豊臣氏, 皆從其家成敗上起見, 故以西征爲窮兵黷武. 伯卿通觀古今大勢, 故從當時西蕃不得不征上起見, 如此立論. 方可謂能說出大英雄心事者矣." 이바라키대학 간문고(茨城大學菅文庫) 소장본에 의함.

7 김시덕, 『그들이 본 임진왜란—근세 일본의 베스트셀러와 전쟁의 기억』(학고재, 2012), 32쪽에서 재인용.

| 권1 |

01
일본국 사신 다치바나 야스히로가 그 나라 국왕 도요토미 히데요시의 국서를 가지고 오다

1　조선의 두주(頭註): "생각건대 일본의 덴쇼 14년이다(按, 日本天正十四年)."
2　다치바나 야스히로는 오늘날에는 '다치바나 야스히로'로 읽지만, 『조선징비록』에는 '다치바나노 야스히로(橘ノ康廣)'로 읽도록 되어 있다. 현재 게이오대학에는 그 후손인 유타니(柚谷) 가문의 문서가 남아 있다. 『慶應義塾大學所藏古文書目錄 武家文書 宗家・柚谷家』(慶應義塾大學文學部 慶應義塾大學古文書室, 2008)을 참조.
3　이칭・조선 "洞."
4　이칭・조선 "洞."
5　16 "妓."
6　예를 들어 鄭潔西,「秀吉の中國人說について」,『或問 WAKUMON』14(近代東西言語文化接觸研究會의 會誌, 2008)를 참조.

02
일본국 사신 소 요시토시가 오다

1　"平行長"에 대한 조선의 두주: "유키나가는 고니시 셋쓰노카미를 가리킨다(行長, 小西攝津守)."
2　"平調信・僧玄蘇"에 대한 조선의 두주: "시게노부는 야나가와 부젠노카미를 가리킨다. 겐소의 호는 센소이다(調信, 柳川豊前守. 玄蘇, 號仙巢)."
3　이 기사에 대한 이칭의 금안문(今按文): "지금 생각건대 병술년은 만력 14년, 일본의 덴쇼 14년이다. '히데요시는 원래 중국인인데 왜국에 흘러들어 갔다고도 한다(秀吉者, 或云華人流入倭國)'라는 말은 틀리다. 히데요시는 오와리 지역 아이쿠 군

주석　691

사람이다. 아버지의 이름은 지쿠아미로 미천한 백성이었다. 자세한 내용은 도키 거사의 기록『다이코기』을 보라. 승려 겐소에게는 문집이 있으니『센소코』라고 한다 (今按, 丙戌, 萬曆十四年, 日本天正十四年也. "秀吉者, 或云: 華人流入倭國", 非也. 秀吉, 尾張國阿育郡人, 父名筑兒彌, 小民也. 詳見『道喜居士記』. 僧玄蘇有集, 名『仙巢稿』)." 히데요시의 고향은 아이쿠 군이 아닌 아이치 군(愛知郡)이다. 일본어 가타카나의 쿠(ク)와 치(チ)가 비슷하게 생겨서 편찬자가 혼동한 것 같다. [이칭]의 금안문에서는 이렇게 미묘한 실수가 때때로 발견된다.

4 [16] "又" 없음.
5 [조선] "大."
6 [16] "者" 없음.
7 [16] "爵."
8 김시덕, 「일본의 임진왜란 문헌 4—『기요마사 고려진 비망록』의 해제 및 번역 하」, 『문헌과 해석』 55(문헌과해석사, 2011·7), 106쪽.

03
신묘년 봄에 통신사 황윤길·김성일 등이 일본에서 돌아오다

1 "辛卯春"에 대한 [조선]의 두주: "일본 덴쇼 19년이다(日本天正十九年)."
2 여기서는 오늘날의 도쿄 및 그 일대를 포함하는 간토(關東)를 가리킨다.
3 곽광의 작위명.
4 [조선] "馬" 없음.
5 [16] "浪", [이칭]·[조선] "那."
6 [이칭] 이어지는 "使臣已在座"~"館於大利"가 생략되어 있다.
7 [이칭] "處."
8 [16] "搖動."
9 덴노와 쇼군의 정치적 관계와 관련한 조선 학자들의 우려에 대해서는, 하우봉, 『조선후기 실학자의 일본관 연구』(일지사, 1989)에 수록된 각 학자들의 일본관에 대한 항목에서 상세히 논의되어 있다.

04

왜의 국서에 "군대를 이끌고 대명국으로 뛰어들어 가겠다"라는 말이 있었다

1 이 대목에 대한 이칭 의 금안문: "지금 생각건대 신묘년은 만력 19년 일본 덴쇼 19년 이다. '군대를 이끌고 대명국으로 뛰어들겠다는 말(率兵超入大明之語)'이란, 히데요시가 보낸 답서에 이르기를[이하, 히데요시가 조선에 보낸 국서가 수록되어 있다. 하략] (今按, 辛卯, 萬曆十九年, 日本天正十九年. "率兵超入大明"之語, 秀吉答書曰 [하략])."

2 이칭 · 조선 "俊."

3 이칭 "小."

4 김시덕, 『그들이 본 임진왜란—근세 일본의 베스트셀러와 전쟁의 기억』(학고재, 2012), 17~21쪽에서 재인용.

5 안대회, 「근대 미디어로서의 극장과 식민지시대 문학 장의 동학: 18, 19세기 조선의 백과전서파(百科全書派)와 『화한삼재도회(和漢三才圖會)』」, 『대동문화연구』 69(성균관대학교 대동문화연구원, 2010); 김시덕, 「제주에 표착한 일본인 세류두우스는 누구인가—윤행임 『석재고』를 통해 보는, 조선시대의 일본 임진왜란 담론 수용양상」, 『일본학보』 86(한국일본학회, 2011·2) 등 참조.

6 『西厓先生文集』 권3 「陳倭情奏文」. "近該福建巡撫題爲貢夷附報倭釁預陳防備機宜等事內. 稱琉球國世子遣使入貢. 伊國長吏鄭週附報印信公文內. 稱倭王關白兼幷日本六十六州. 戰勝朝鮮. 遣使迫降琉球. 又令各州造船聚衆. 聲言明年九月入寇大明. 已經本部覆付福建, 浙直隄備去後. 今又據浙江巡撫御史題爲馳報倭夷緊急軍情. 乞勅督撫衙門. 嚴加偵探. 早爲禦防. 以杜後患事內. 稱據琉球國回福建人陳申揭報. 日本倭奴關白. 弑主稱王. 陰謀席卷琉球朝鮮. 幷呑中國. 十七年三月內. 差和尙來琉球. 迫令獻地輸金. 入朝奉朔. 世子堅持不屈. 且言十八年四月起兵. 戰勝朝鮮. 得三百人來降. 日本尙有萬島. 大國長子弑父來降. 關白自謂天授. 親督六十六州之主. 擬今年三月入寇大明. 入北京. 令朝鮮爲之向導. 入福, 廣, 浙, 直. 令唐人爲之向導. 今取勝朝鮮國. 以造船向導助戰云. 京師差人. 由路往朝鮮哨探. 朝鮮西南之地. 與日本對馬州地相接壤等情爲照. 朝鮮日本. 雖幷居海島. 而一南一北. 相距甚遙. 若使日本戰勝朝鮮. 則舳艫之經涉者. 何止千里. 犬檄之告急者. 豈無片詞. 況朝鮮歲奉正朔. 世受國恩. 素稱禮義之邦. 各懷忠順之性. 豈得因其戰勝. 甘心從賊. 而遽爲

向導哉. 或者日本有脅降琉球之意. 故妄稱朝鮮之敗. 以恐喝琉球. 而琉球有求援中國之心. 故輕信日本之言. 以播告閩越. 未可知也. 第風聞海外. 雖難懸斷有無. 而事係軍情. 必須遠行偵探. 案呈到部. 擬合就行. 爲此合咨前去. 煩照來文事理. 卽差的當通事. 星夜前往朝鮮國內. 偵探日本關白有無入寇. 戰勝朝鮮. 朝鮮國王果否聽信. 造船向導. 逐一細加體探. 務得的確情形. 或徑自移檄彼國陪臣. 令其卽爲啓知. 從實奏報等因."

7 米谷均, 「『전절병제고』「근보왜경」에서 본 일본정보」, 『한일관계사연구』 20(한일관계사학회, 2004); 차혜원, 「명조와 유구 간 책봉조공외교의 실체—만력년간(1573~1620) 명조의 유구정책을 중심으로」, 『중국사연구』 54(중국사학회, 2004·6); 鄭潔西, 「萬曆時期に日本の朝鮮侵略軍に編入された明朝人」, 『東アジア文化交涉研究』 2(2009·3) 등.

8 김시덕, 「琉球征伐の言說と朝鮮軍記物」, 『異國征伐戰記の世界: 韓半島·琉球列島·蝦夷地』(笠間書院, 2010).

9 『西厓先生文集』권15 「記許魏天使事」. "丁卯. 天使翰林檢討許國, 兵科給事中魏時亮以隆慶皇帝登極頒詔而來. 六月. 到嘉山. 夕得禮曹傳關. 知有國喪. (중략) 盖許詳悉從容而魏嚴正. 擧止有法. 及入京宣詔之後. 吊孤祭亡. 禮意俱備. 事畢乃還. 橐中蕭然. 淸操益厲. 東人想望愛慕. 久而不置. 至今稱之曰. 許. 魏天使. 前後詔使之來東者. 無出其右云."

05
왜의 침략을 우려한 조정이, 변경 방비에 대하여 잘 아는 신하를 뽑아 충청·전라·경상 삼도를 순찰하고 방비하게 하다

1 [이칭] 이어지는 "弘文館"부터 이순신 발탁 기사, 신립·이일 파견 기사, 조대곤과 김성일의 교체 기사까지 생략되어 있다.

2 [조선] "西."

3 아메노모리 호슈 지음, 김시덕 옮김, 『한 경계인의 고독과 중얼거림』(태학사, 2012), 150쪽.

06
정읍현감 이순신을 전라좌도 수군절도사로 발탁하다

1 살촉이 버들잎처럼 생긴 화살.
2 1510년(중종 5)의 삼포왜란(三浦倭亂), 1544년(중종 39)의 사량진왜변(蛇梁鎭倭變)에 이은 일본인들의 대규모 반란. 앞서 사건들이 있을 때마다 조선이 무역량을 줄인 데 반감을 품고 일으킨 것이다.
3 조선 "師."
4 16 "賊."
5 16 "一."
6 조선 "雖."

07
임진년 봄에 신립과 이일을 나누어 보내어
변경 지역의 대비 상황을 돌아보게 하다

1 "資憲"에 대한 조선 의 두주: "자헌대부는 조선의 산관(散官)이다. 정이품이다(資憲大夫, 朝鮮散官, 正二品)." 산관은 품계(品階)만 있고 실직(實職)이 없는 벼슬을 가리킨다.
2 조선 "枝."
3 국립중앙도서관 소장 2권본에는 "談"으로 되어 있다.

08
경상우병사 조대권을 교체하고 특지를 내려
승지 김성일이 이를 대신하게 하다

1 조선 "備" 없음.

09
4월 13일에 왜군이 국경을 넘어 부산포를 함락시키다

1 "김해부사 서예원"에 대한 조선 의 두주: "이때 김해성을 공격하여 함락시킨 것은 구로다 가이노카미 나가마사이다(此時, 攻陷金海城者, 黑田甲斐守長政也)."

2 『조선왕조실록』및『징비록』의 이 대목을 인용한 것으로 보이는『진사기략(震史記略)』등에는 "李某(이모)"가 "李惟儉(이유검)"으로 적시되어 있다.

3 이 대목에 대한 이칭 의 금안문: "지금 생각건대 신묘년은 만력 19년 일본의 덴분 19년이다(今按, 辛卯, 萬曆十九年, 日本天文十九年)." 원래 이 시기의 일본 연호는 덴쇼(天正)이고 앞의 금안문에서는 덴쇼라고 옳게 적었는데, 여기서는 알 수 없는 이유로 덴분(天文: 1532~55)이라고 적고 있다.

4 이칭 "四月" 앞에 "壬辰"이 추가되어 있다.

5 조선 "班."

6 이칭 이어지는 용궁현감 우복룡 기사부터 가토 기요마사의 함경도 침입 기사 앞부분까지가 생략되어 있다.

7 김시덕,「일본의 임진왜란 문헌 7—『서정일기』하」,『문헌과 해석』59(문헌과해석사, 2012·6), 51쪽.

8 『朝鮮征討始末記』권1「對馬守義智重到朝鮮之事」. "今勇猛の日本勢攻渡るに至りては, 日あらずして漢城は元より平壤・鴨綠江まで攻入らむ. 左あらは朝鮮亡國とならむ事面り也. 累年の隣好に對しても忍び難き事なり. 又日本に於ても爲で叶はざる軍と云にもあらず. 其上, 平壤・鴨綠迄攻入らむは容易なるべけれども, 其末太閤の志念去ずして大明との取合にならん時, 其鬪ひ幾年掛らむも知りがたし. 然る時は日本の死傷も亦幾若干とも測り難からむ. 和平をなすは兩國の爲なり. 吾聊も渡海の勞をは厭ふ可からず. (중략) [義智また自ら渡海して邊將に大事を告げ,「今此事許容無くむば, 後の悔とも更に益有まじ. 我積年隣好のよしみを以てわざ／＼來り告く」と云る事を, 朝鮮後に深く感じ,「日本は不共戴天之讐なり」と云なるほどの事なれども, 亂後 台命に依て和好又調ひしも, 義智再應と海して此大事を告たる深切を感服せし故と也.]" 일본 국립공문서관 소장본에 의함.

9 『宣祖實錄』1600년(선조 33), 2월 25일. "洪州牧使禹伏龍, 役民恤民, 各有條理, 凡有作爲, 民樂趨事, 至誠奉公, 不避艱險, (중략) 伏龍, 則力於奉公, 優於恤民, 此其所以爲難也. 如此守令, 各別褒獎, 以勸他人."

10 『光海君日記』1612년(광해군 4), 2월 12일. "司諫院啓曰: '成川府使禹伏龍, 前爲龍宮縣監時, 因壬辰變亂, 多殺無辜, 罪盈怨積. 而非但得免刑章, 尙保官爵, 南方之人莫不痛惋, 至有作傳記以彰其罪惡. 如此之人, 不可復爲臨民之官, 請命罷職.' 答曰: '遞差.'"

11 『繪本太閤記』5편 권8, 23뒤. "政所は篤實の明, 淀殿は虛慧の智也. 若政所を廢して淀殿一人を心の盡に威を行はせば, 唐の則天皇后, 我朝の尼將軍政子の方にも遙に勝るべき佞才也."

12 『繪本太閤記』7편 권12, 13뒤~14뒤. "此程太閤異例見へさせ給ふに付, 淀の御方いよ／＼御嫉つよく, 時としては怪しき御ふるまひもおわすのよし, ほのかに聞せ給ひ, 牝鷄之晨惟家之索なりといへる書經の語も思召合させられ, 我と淀の君とかく威權を爭はんには, 天下の諸侯其虛に乘じ, 逆意を發し仇を結び, 終には大亂と成て太閤の功業も空しく, 再び生民土炭に苦しみなん. (중략) かの牝鷄晨の惡名をまぬがれたまふぞ有がたき才女なりき."

13 『繪本太閤記』6편 권5, 23앞~24뒤. "爰に一說有. 日本先鋒の大將小西行長と加藤清正と, 其間常に睦じからず. 此依て起る謂を尋れば, 前にも記せし北の政所は加藤清正が後に立給へば, 淀君は小西行長に荷担し給ひ, 朝鮮渡海の後も內々別の使を遣はされ, 淀君よりは, 此度の戰功加藤が下に出なば, 自迄も太閤の御前面目を失ふ所なれば, 衆に越たる高名こそあらまほしけれと行長方へ告げ給へば, 清正も政所より, 小西に功を奪れなば, 今迄に武功勇名いたづらに成て, 御身の立べき時なかるべし. 就ては彼國の人民をもめぐみ憐み, 仁義正しく全き高名を顯わしたまへなど申給ふにより, 兩將互に其功を妬み, 軍中和を得ずして, 全き勝利を失ひしは, 其根闇の中より出て, 災を海外他邦に及ぼしけるは, 是非なかりける次第也."

10

4월 17일 이른 아침에 처음으로 변경의 보고가 조정에 도착하다

1 대신 등이 국정을 논하는 곳.
2 ⑯은 이 대목이 "鎰以孤軍在前, 而無後繼. 體察使雖下去, 非戰將"로 되어 있다.
3 ⑯ "一" 없음.
4 ⑯ "馳" 뒤에 "先" 있음.
5 ⑯ "去" 없음.
6 ⑯ "監."
7 『조선징비록』에는 "令公"이 "수云"으로 되어 있어서, 이 부분의 해석이 곤란하게 되었다. 그래서 『조선징비록』의 기사를 계승하여 임진왜란 기사를 실은 『조선군기대전』과 『조선태평기』 등에서는 이 부분이 생략되어 있다.
8 ⑯ "砬曰: "鎰以孤軍在前, 而無後繼. 體察使雖下去, 非戰將. 何不使猛將星馳先下, 爲鎰策應耶?"
9 ② "砬曰: "體察使雖下去, 非戰將. 鎰以孤軍在前, 而無後繼. 何不使一猛將星馳下去, 爲鎰策應耶?"

11

경상우병사 김성일을 체포하여 하옥시키려 하였지만, 그가 체포되어 오는 도중에 그의 죄를 용서하고 도리어 그를 초유사로 임명하다

1 "逮慶尙右兵使金誠一下獄"에 대한 조선 의 두주: "'체'란 현지에서 보낼 때 방어를 게을리하지 않는 것이다. 오늘날 죄수를 보내는 것과 같다(逮, 在道將送防禦不絶. 若今傳送囚)." 이 두주는 『전한서(前漢書)』권23 「형법지 제3(刑法志 第三)」에 실린 안사고의 주석("顏師古曰: "逮及也. 辭之所及, 則追捕之, 故謂之逮. 一曰逮者, 在道將送, 防禦不絶, 若今之傳送囚也")에서 비롯된 것 같다. (『사고전서』 수록본).
2 조정에서 지방관에게 주는 인장(印章)과 병부(兵符). 병부는 군대를 동원하기 위한 나무패를 가리킨다.

3 관료들이 길에서 앉을 수 있도록 들고 다닌 접이의자.
4 『조선징비록』에는 "可"가 빠져 있다. 그 결과, 16·2권본 『징비록』의 "적을 보고 먼저 물러서면 안 된다"라는 문장이 『조선징비록』에서는 "적을 보지 않고 먼저 도망가는구나"라는 뜻으로 바뀌었다. 이렇게 바뀐 내용이 『조선군기대전』, 『조선태평기』에 계승된다.
5 조선 "馬" 없음.
6 "出別於路上, 誠一辭氣慷慨, 無一語及己事, 惟勉崒, 以盡力討賊, 老吏河自溶歎曰: '己死之不恤, 而惟國事是憂, 眞忠臣也!'"

13
적이 상주를 함락시키고 순변사 이일의 부대가 패하다

1 사신이나 감사(監司)를 맞이할 준비를 하기 위해 그들이 묵는 숙소 근처에 마련한 장소.
2 16 · 조선 "距."
3 16 "謂."
4 『난중일기』 1597년 8월 25일. "아침 식사를 할 때 당포의 포작(鮑作)이 방목하던 소를 훔쳐 끌고 가면서 헛소문을 퍼뜨리되 '왜적이 왔다. 왜적이 왔다'고 하였다. 나는 이미 그것이 거짓임을 알고 헛소문을 낸 두 사람을 잡아다가 곧 목을 베어 효시하게 하니, 군중의 인심이 크게 안정되었다." 노승석 역, 『난중일기』(민음사, 2011년 1판 5쇄), 397쪽.
5 暮有開寧縣人, 來報賊近, 鎰以爲惑衆, 將斬之. 其人呼曰: "願姑囚我, 明早賊未至, 死未晚也." 是夜賊兵屯長川, 拒尙州二十里, 而鎰軍無斥候, 故賊來不知. 翌朝, 鎰猶爲 無賊, 出開寧人於獄, 斬以徇衆.
6 鎰不聽, 遂斬以徇.
7 以無賊, 出開寧人於獄, 斬之.
8 有開寧縣人, 來報賊近, 鎰以爲惑衆斬之, 其人呼寃曰, 願姑囚我, 明早賊未至, 死未晚也. 是夜賊兵屯守于長川, 距尙州二十里. 翌日朝, 鎰以無賊, 出開寧人於獄, 斬之.

9 有人遇於路中, 問賊勢. 不答, 但曰, 天兵不可敵, 蓋氣奪也.

14
우의정 이양원을 수성대장에, 이진과 변언수를 각각 경성좌위장과 경성우위장에, 상산군 박충간을 경성순검사에 임명하여 도성을 수축하게 하고, 상중이던 김명원을 도원수에 임명하여 한강을 지키게 하다

1 궁중의 승여(乘輿), 마필(馬匹), 목장 등을 관리하는 사복시(司僕寺)의 6품 이하 관리.
2 원래 사복시의 담당 장(長)이 아닌 정1품이나 정2품의 관리가 임시로 사복시 업무를 보기 위해 임명된 직책.
3 성 위에 낮게 쌓은 담.
4 [조선] "計堞" 없음.

15
대신들이 세자를 세워서 인심을 모으자고 청하니 임금께서 이에 따르시다

1 이러한 관점에서 현재 광해군과 그의 시대를 가장 적극적으로 평가하고 있는 저작이 한명기의 『임진왜란과 한중관계』(역사비평사, 1999), 『광해군—탁월한 외교정책을 펼친 군주』(역사비평사, 2000), 『정묘·병자호란과 동아시아』(푸른역사, 2009) 3부작이라고 역해자는 판단한다.

16
동지중추부사 이덕형을 왜군에 사신으로 보내다

1 [조선] "誠."
2 [16] "道."
3 『看羊錄』 발문. "是書始名『巾車錄』. 乃先生手所題. 夫巾車固罪人之乘. 而先生遂取以爲名者何居. 蓋先生執謙卑罪人然也. 在先生所自處雖如此. 在他人則不可. 況子弟門生可因是

損貶之稱. 而不思其變耶. 嗚呼. 我先生所遭罹. 誠千古罕有之逆境. 而先生所以處之. 較然不失於正觀. 其再墮海. 九日不食. 三疏供九重. 四年持一節. 慷慨從容. 至誠大義. 始終烈烈. 凌霜雪而貫日月. 質諸天地鬼神而無疑矣. 漆齒殊俗. 亦知慕義. 嘖嘖稱美之蘇卿. 而及其歸國也. 不有建請褒嘉之典. 乃反擠陷下石焉者. 曾蠻貊之不如. 噫. 亦不仁之甚矣. 當其自倭京移海窖也. 感慨作一絶曰. 平日讀書名義重. 後來看史是非長. 浮生不是遼東鶴. 等死須看海上羊. 旣至海窖. 有答人詩. 末句亦曰. 一壺椒醑慰看羊云爾. 則先生旣已自見其志矣. 權石洲詩所謂節爲看羊落. 書纔賴雁傳者. 蓋取諸蘇中郎不死之興誦而匹美之言也. 由是. 乃今得與諸益消詳之. 改定名曰『看羊錄』. 以標先生操執而已. 至於尙節闡幽而發揮之. 則秪俟有道能言之君子云. 崇禎紀元後龍集甲午夏門人坡平尹舜擧識."(국립중앙도서관).

18
적병이 충주에 들어오니 신립이 맞서 싸웠지만 패하여 전사하고 아군은 크게 무너지다

1. 16 "擾."
2. 조선 "還" 없음.
3. 16 "入."
4. 『資治通鑑』권15 「太宗孝文皇帝下」. "兵法曰. 器械不利. 以其卒予敵也. 卒不可用. 以其將予敵也. 將不知兵. 以其主予敵也. 君不擇將. 以其國予敵也. [予讀曰與] 四者. 兵之至要也."(『사고전서』수록본).

19
4월 30일 새벽에 어가가 서쪽으로 피난을 떠나다

1. 박종명은, 이것이 "숭례문(崇禮門)"을 잘못 쓴 것이라면 남대문을 가리키겠지만 흥인문(興仁門) 즉 동대문 동쪽에 숭인동(崇仁洞)이 있기 때문에 동대문을 가리킬 가능성도 있다고 추정한다(박종명 역, 『징비록』, 헤이본샤, 1979, 78쪽).

2 임금이 거처하며 정사를 보는 궁전의 앞문.
3 정3품 이상 당상관(堂上官)으로 조정의 주요 관직을 지닌 자들을 가리키는 말.
4 나루터를 관리하는 관청 건물.
5 "俺"에 대한 조선 의 두주: ""俺"은 "女"와 "敢"의 반절(反切)이다. "나"라는 뜻이다 (俺女敢切, 我也)."
6 16 "議定"이 "定議"로 되어 있다.
7 16 "饒."
8 조선 "室."
9 조선 "師."
10 조선 "超."
11 16 "炮."
12 조선 "師."
13 조선 "固止" 없음.
14 조선 "與."
15 『西厓先生文集』 권16 『記亂後事』. "車駕出城. 亂民先焚掌隷院, 刑曹. 盖以二局. 公私奴婢文籍所在也. 又入內帑庫. 搶掠金帛. 焚景福宮・昌德宮・昌慶宮. 無一遺者. 歷代寶玩及文武樓. 弘文館所藏書籍. 春秋館各朝實錄. 他庫所藏前朝史草. 承政院日記. 皆灰燼. 又焚王子臨海君宅. 兵曹判書洪汝諄家. 皆不待賊至. 而爲我民所焚."
16 『宣祖修正實錄』1592년(선조 25) 4월 14일. "都城宮省火. 車駕將出. 都中有姦民. 先入內帑庫. 爭取寶物者. 已而駕出. 亂民大起. 先焚掌隷院, 刑曹. 以二局公. 私奴婢文籍所在也. 遂大掠宮省. 倉庫. 仍放火滅迹. 景福. 昌德. 昌慶三宮. 一時俱燼."
17 김시덕, 「일본의 임진왜란 문헌 6―『서정일기』 상」, 『문헌과 해석』 58(문헌과해석사, 2012·3), 91쪽.
18 최관・김시덕, 『임진왜란 관련 일본문헌해제―근세편』(도서출판문, 2010).
19 馬場勇道 외 편, 『佐賀縣史料集成 5』(佐賀縣立圖書館, 1960).
20 『宣祖修正實錄』1592년(선조 25) 5월 1일. "上發東坡館. 是朝. 上召見大臣李山海, 柳成龍. 引手叩膺呼苦曰: "李某, 柳某. 事乃至此, 予何往乎? 毋憚忌諱, 悉心以言." 又招尹斗壽進前問之. 諸臣俯伏流涕. 不能遽對. 上顧問李恒福曰: "承旨意如何?" 對曰: "可且駐駕

義州. 若勢窮力屈, 八路俱陷, 則便可赴訴天朝." 斗壽曰: "北道士馬精强, 咸興, 鏡城皆天險足恃, 可踰嶺北行." 上曰: "承旨言如何?" 成龍曰: "不可. 大駕離東土一步, 則朝鮮非我有也." 上曰: "內附本予意也." 成龍曰: "不可." 恒福曰: "臣之所言, 非直欲渡江也, 從十分窮極地說來也." 與成龍反覆爭辨. 成龍曰: "今東北諸道如故, 湖南忠義之士不日蜂起, 何可遽論此事?" 李山海終不對. 成龍退而責恒福曰: "何爲輕發棄國之論乎? 君雖從死於道路, 不過爲婦寺之忠. 此言一出, 人心瓦解, 誰能收拾?" 恒福謝之."

21 김시덕, 『그들이 본 임진왜란―근세 일본의 베스트셀러와 전쟁의 기억』(학고재, 2012), 73~78쪽에서 재인용.
22 김시덕, 「일본의 임진왜란 문헌 8―『와키사카기』 상」, 『문헌과 해석』 61(문헌과해석사, 2012·12), 111쪽.

20
삼도 순찰사의 부대가 용인에서 패하다

1 ⑯ "道" 없음.
2 ⑯ "去."
3 ⑯ "解."
4 ⑯ "還." 네 글자 앞뒤에 각각 "還"이 나오기 때문에 ②에서는 세 개의 "還" 가운데 이 부분을 "走"로 바꾼 것일지.
5 김시덕, 「일본의 임진왜란 문헌 8―『와키사카기』 상」, 『문헌과 해석』 61(문헌과해석사, 2012·12), 111~112쪽.
6 『宋史』 권454 「列傳第二百十三 忠義九 趙時賞」. "軍行如春遊, 其能濟乎?"(『사고전서』 수록본).

21
부원수 신각이 양주에서 적과 싸워 적을 패퇴시키고 적병 육십여 명의 목을 베었지만, 조정은 선전관을 보내 군중에서 신각을 참수하다

1 조선 "師."
2 16 "之."
3 16 에는 "啓"가 "狀啓"로 되어 있다.
4 『宣祖實錄』1592년(선조 25) 5월 16일조에 보이는 비변사 보고. "都元帥金命元, 近日處事, 大不滿人意. 京城失守已久, 無意進行, 唯以退保津渡爲上策, 事機之失, 不知其幾. 且使副元帥申恪, 任意走避, 不能制禦, 則其他可知."
5 『宣祖修正實錄』1592년(선조 25) 5월 1일. "遣使斬副元帥申恪. 恪初以副帥, 從金命元, 防漢江. 命元軍潰, 恪從李陽元于楊州, 收拾散兵. (중략) 陽元時在山谷間, 狀報阻絶. 金命元以恪託從陽元而跳去, 狀啓請罪."

22
지사 한응인에게 평안도 강변의 정예병 3천 명을 거느리고 임진강으로 가서 적을 무찌르게 하다

1 "兩司弘文館交章劾李某. 罪重責輕. 竄平海郡."

23
한응인과 김명원의 군대가 임진에서 무너지고 적은 강을 건너다

1 조선 "未" 없음.
2 16 "復可"가 "可復"으로 되어 있음.

24
적병이 함경도에 들어오니 두 왕자가 적중에 억류되다

1 임진왜란 당시 고니시 유키나가의 제1군에 참전했던 요시노 진고자에몬(吉野甚五左衛門)도 이와 상통하는 기록을 남겼다. "아군은 여기서 2, 3일간 군사회의를 하면서 여기부터 각자 갈 곳을 정하기 위하여 추첨을 하였다. 가토 기요마사 님은 함경도(惠安道), 고니시 유키나가 님은 평안도, 구로다 나가마사 님은 황해도(光海道)를 뽑으셨다."(김시덕, 「일본의 임진왜란 문헌 10 — 『요시노 진고자에몬 비망록』」, 『문헌과 해석』 63, 문헌과해석사, 2013. 6, 99쪽).

2 세종 때 함경도 북부의 종성, 온성, 회령, 부령, 경원, 경흥 등 6개 지역에 설치한 진영. 류성룡은 『서애선생문집』 권18 「좌상 김종서의 건치육진소 뒤에 씀(書金左相建置六鎭疏後)」에서 육진을 조선의 영토에 편입시킨 김종서(金宗瑞)를 조선 전기의 가장 중요한 재상이라고 찬탄하고, 그가 말년에 그 명성을 잃었음을 아쉬워한다. "조선의 이름난 재상으로서 공적이 두드러진 인물은 김종서뿐이다. 공의 공적은 육진을 설치한 일보다 더한 것이 없다. 지금 이 상소를 보니 배치가 굉장하고 논의가 광범위하여, 세상의 범부나 어린아이의 적은 지혜와 얕은 꾀로 입만 가지고 때워 국가의 일을 망친 자들이 기가 막혀 주둥이를 감히 벌리지 못하게 하였으니, 또한 일대의 뛰어난 인재라 할 수 있다. 그런데 사실은 세종이 사람을 잘 선임하여 이룩하도록 함이 있었기 때문이다. 말년이 되어서는 재상의 공적이 위태로움에 도움 없고 헛되이 죽었으니 어찌된 일인가? 옛말에 이르기를, "자(尺)도 짧은 데가 있고 치(寸)도 긴 데가 있다" 하더니 정말 그러한 것이다. 그러나 가령 공의 재주가 오늘날에 있었다면 볼만한 것이 있으리라. 남긴 글을 세 번쯤 되풀이하여 보면 구원(九原)에서 살아나기 어려운 탄식이 있다. 아, 슬프도다(「國朝名卿. 以功業顯者. 惟金公宗瑞. 公之功業之盛. 莫過於建置六鎭. 今觀此疏. 布置宏遠. 論議恢張. 使世之庸夫孺子小智淺慮. 取辦口頭. 沮敗人家國事者. 氣索而不敢容其喙. 亦可謂一代之奇才. 而實世廟之善任. 有以致之也. 至於末年相業. 無補顚危. 徒然一死. 何歟. 語云尺有所短. 寸有所長. 信矣. 然使公之才在今日. 必有可觀. 三復遺編. 有九原難起之歎. 嗚呼悲夫」)."

3 이 대목에 대한 이칭의 금안문: "지금 생각건대 고니시 유키나가와 가토 기요마사

가 제비를 뽑았다는 대목은 『세이쇼기(清正記)』의 기술과 합치한다. "회령의 아전인 국경인이 두 왕자를 묶은 뒤에 적을 맞이하였다(會寧吏鞠景仁縛王子迎淸正)"라는 것은 『기요마사 만사(淸正挽詞)』의 기술과 다르다. 『기요마사 만사』의 설은 이 책의 앞에 보인다(今按, 行長・淸正拮鬮事, 與 『淸記』 合. "會寧吏鞠景仁縛兩王子迎淸正", 與 『淸正挽詞』 異. 『挽詞』 說見前).

4 [2]에는 "因"의 이체자인 "囙"이 보인다. [이칭]・[조선]의 편자들은 이 글자를 잘못 읽어서 "同"으로 표기하였다.
5 [16]에는 "居民" 뒤에 "二人" 두 글자가 있다. 그 세 글자 뒤에 다시 "二人"이 보이기 때문에 [2]를 만드는 과정에서 중복을 피해 앞의 "二人"을 지운 것 같다.
6 [이칭] "誠".
7 [이칭] "誠".
8 [이칭] "誠".
9 [16] "炮".
10 [이칭] "誠".
11 [조선] "月".
12 [이칭] 이어지는 이일의 평양 도착 기사와 임세록 관련 기사가 생략되어 있다.
13 "有倭學通使咸廷虎者, 在京城, 爲賊將淸正所得, 因隨淸正入北道, 賊退後逃還京城, 見余言北道事頗詳."
14 임진왜란 당시 함경도 지역의 문제에 대해서는, 김시덕, 「제국주의 이전 시기 일본의 여행 담론—가토 기요마사의 오랑카이, 미나모토노 요시쓰네의 북고려」, 『한일군사문화연구』 10(한일군사문화학회, 2010・10); 「제주에 표착한 일본인 세류두우스는 누구인가—윤행임 『석재고』를 통해 보는, 조선시대의 일본 임진왜란 담론 수용양상」, 『일본학보』 86(한국일본학회, 2011・2); 「근세 일본 임진왜란 문헌군에 보이는 함경도 지역의 의병 활동에 대하여—『기요마사 고려진 비망록』의 분석을 중심으로」, 『한일군사문화연구』 12(한일군사문화학회, 2011・10); 『그들이 본 임진왜란—근세 일본의 베스트셀러와 전쟁의 기억』(학고재, 2012), 81~90쪽 등에서 상세히 다루었다.
15 김선민, 「명말 요동 변경지역을 둘러싼 명-후금-조선의 삼각관계」, 『중국사연구』

55(중국사학회, 2008) 참조.
16 김시덕, 「일본의 임진왜란 문헌 2―『기요마사 고려진 비망록』의 해제 및 번역 上」, 『문헌과 해석』53(문헌과해석사, 2011・1), 100쪽.
17 류주희, 「『관북일기』와 윤탁연의 임란 중의 활동」, 『중호선생 문헌집 연구・번역편』 (칠원윤씨 칠계군 종친회, 2005), 96~97쪽.
18 "使鏡城判官李弘業, 以書到行在求和, 朝廷囚弘業不報. 淸正怒, 盡殺弘業妻子. 蓋倭詐降乞和, 乃其兵術也."
19 『宣祖實錄』1592년(선조 25), 10월 23일. "義禁府啓曰: '以傳敎之意, 更問于李弘業, 則云: 「臣於七月二十四日, 被虜於鏡城, 聞王子七月二十四日, 亦爲被虜於會寧府. 九月初日, 不記賊將淸正還軍時, 王子一時出來. 作有屋轎, 上下四方, 以席包裏. 兩王子兩夫人, 皆使人擔持, 兩王子, 則時或騎馬. 下處則或云公衙, 或郡司, 或私家, 接宿房舍, 則閉戶以繩結之, 多定倭人, 四面守直, 明火達夜. 到安邊, 則兩王子館於公衙, 倭賊等饋送生鮮及牛一隻以供. 但聞此等事而已, 別無困辱之事. 金貴榮, 黃廷彧, 拘留於公衙各房, 黃赫則非但夫妻分囚各房, 以其連婚國家, 頻頻因辱, 或拔劍欲斬, 韓克諴則城外龍堂, 倭賊所築土室之中, 別處守直, 文夢軒, 李信忠, 則與臣同囚一房. 如有智謀之人, 內外相應, 則勢或可以圖脫王子. 陪臣, 則遠處各囚, 計無所出.」云.'"

25
이일이 평양에 도착하다

1 무관(武官) 공복(公服)의 일종.
2 전립(戰笠) 꼭지에 다는 은장식 증자(鏳子).
3 16권본에 따르면 김내윤(金乃胤).
4 16에는 "或死或走"가 "或走或死"로 되어 있다.
5 16 "導."
6 16 "原" 뒤에 "道" 있음.
7 16 "金" 뒤에 "乃" 있음.

27
조정이 좌의정 윤두수에게 도원수 김명원, 순찰사 이원익 등을 이끌고 평양을 방어하게 하다

1 조정(朝廷)의 다른 이름.
2 [조선]·[이칭] "閤."
3 [조선]·[이칭] "未."
4 [이칭] "近中"이 "從此"로 되어 있다. [이칭] 원문 왼쪽 행 같은 위치에 "從此"가 있는 것으로 보아, 판목을 새기는 과정에서 이러한 오류가 발생한 것 같다.
5 [이칭] 이어지는 "夕召監司宋言愼"~"中殿逐向咸鏡道"가 생략되어 있다.
6 [16] "咸鏡" 뒤에 "道" 있음.
7 [16] "炮."
8 [이칭] "倭" 없음.
9 [16] "開" 뒤에 "見" 있음. [이칭] "開"가 "聞"으로 되어 있음.
10 [조선] "閤."
11 [조선] "陳."
12 [이칭] 국왕 선조 일행이 의주에 도착하기까지의 상황과 평양 함락 기사 등이 생략되어 있다.
13 김시덕, 「일본의 임진왜란 문헌 6—『서정일기』 상」, 『문헌과 해석』 58(문헌과해석사, 2012·3), 92~95쪽.

28
6월 11일에 어가가 평양을 떠나 영변으로 향하다

1 [조선] "輿."
2 [16] "火."
3 『조선징비록』에는 "可"가 "不"로 되어 있어서, 『징비록』의 '윤덕 같은 사람이 어찌 의지가 되겠는가?'라는 부정적인 뉘앙스가 '윤덕 같은 사람은 어찌 의지가 되지 않겠

는가?"라는 긍정적인 뉘앙스로 바뀌어 있다. 『조선군기대전』도 긍정적 뉘앙스를 계승하고 있다.

4 ⟦16⟧ "事" 뒤에 "官" 있음.
5 ⟦조선⟧ "雖." ⟦2⟧에는 "離"의 이체자가 새겨 있는데, 이 글자가 "雖"의 이체자와 비슷한 데서 착오가 생긴 듯하다.
6 ⟦16⟧ "其" 뒤에 "處" 있음.
7 ⟦조선⟧ "使."
8 ⟦조선⟧ "澄"이 "證"으로 되어 있다.
9 ⟦16⟧ "聞" 없음.
10 "或云, 非眞劍, 以木爲之, 沃以白鑞, 以眩人眼者. 然遠不可辨."
11 『繪本太閤記』 6편 권3. "『懲毖錄』에, "明의 援兵朝鮮에 來り, 平壤에 有て 練光亭より 日本の兵を望み見しに, 江上に 往來する者 大劍を荷ふ. 日光下り射て電のごとし. これは眞の劍にあらず, 白鑞を沃たる者也"と見へたるは 此二士の木劍の事にや." (개인소장본).
12 「이현을 황해도로 돌려보내어 그로 하여금 왜적놈을 막아 끊어 죽이도록 하고, 이내 마름쇠의 모양과 구조를 분부하시기를 청하는 서장 임진년 9월」, 이재호 역, 『국역 서애전서 I-3 국역 진사록 1』(서애선생 기념사업회, 2001), 127~128쪽.

29
평양이 함락되다

1 이 기습 전투 기사에 대한 ⟦조선⟧의 두주: "이때 적에 맞서 싸운 것은 구로다 나가마사와 고니시 유키나가 (군)이다(此時, 與敵防戰者, 黑田長政與小西行長也)."
2 ⟦16⟧·⟦조선⟧ "回."
3 ⟦16⟧ "炮."

30
어가가 정주로 향하다. 어가가 평양을 떠난 뒤로 인심이 무너져서, 지나는 곳마다 난민들이 창고로 쳐들어가 곡식을 약탈하다

1 [초본] "住", [16] "駐", [2] "住", [조선] "住([이칭]에는 해당 대목 없음)." [초본]에서는 필기하는 수고를 줄이기 위해 "駐"를 "住"로 쓰는 등의 사례가 자주 보인다. [초본]을 처음으로 간행한 [16]에서는 이러한 목적으로 [초본]에 적혀 있던 "住"가 "駐"로 환원되어 있다. [2]는 이를 다시 [초본]대로 "住"로 되돌린 듯하지만 그 이유는 잘 알 수 없고, 이곳 이외의 곳에서는 [16]의 "駐"를 그대로 두고 있다.

31
어가가 의주에 도착하다

1 『선조실록』 1592년(선조 25) 6월 17일조에 따르면 대조변(戴朝弁)이다.
2 "蓋賊已陷平壤"에 대한 [조선]의 두주: "이때 평양성에 들어가 지킨 것은 고니시 유키나가이다(此時, 入平壤城而守者, 小西行長)."
3 [16] "及."
4 "蓋賊已陷平壤, 則勢如建瓴, 意謂朝夕當至鴨綠江. 事之危急如此, 故至欲內府. 幸賊旣入平壤, 斂跡城中, 延至數月, 雖順安·永柔, 去平壤咫尺, 而猶不來犯, 以此人心稍定. 收拾餘燼, 導迎天兵, 終致恢復之功, 此實天也, 非人力之所至也."
5 『繪本太閤記』6편 권9, 21앞. "此沈惟敬ㅅ名素性無賴の姦人なるに, 行長又正直の武士にあらず. 石田三成は恐るべき佞の甚しき者也."
6 『西厓先生文集』 권16 「雜記」. "時皇朝論議不同. 大槩有三. 其一. 請堅守鴨綠. 以觀其變. 其一. 云夷狄相攻. 中國不必救. 當守鴨綠. 而出勁兵渡江耀武. 惟兵部尙書石公星力言朝鮮不可不救. 且請先賜軍器火藥禦敵之具. 科道官上本. 以爲軍器火藥. 禁賜外國. 乃高皇帝法. 不可違也. 尙書力爭曰. 所謂外國. 羈縻荒遠. 其成敗不關於中國者也. 朝鮮事同內服. 如使倭整居朝鮮. 侵犯遼東. 以及山海. 則京師震動. 此迫腹心之憂. 豈可以常例論. 假使高皇帝在今日. 必賜無疑. 於是議遂定. 先發二支兵護國王. 又賜犒軍銀三萬兩. 皆石公

力也. 澄又曰. 石尙書身長八九尺. 容貌絶人. 望之有德氣. 眼光炯然. 對使臣言本國事. 往往流涕. 其誠懇如此. 使此時主兵之地無此人. 而異論乘之. 則我國之事. 危亦甚矣. 功成而身不保. 惜哉. 因相與歎息.」

7 「심유격이 [정주를] 지나간 사연과, 여러 진영에 분부하여 장차 나아가서 적병을 무찌르고자 함에, 명나라 대군이 나오는지 나오지 않는지를 시급히 탐문하여 지시하도록 청하는 서장 임진년 11월」, 이재호 역, 『국역 서애전서 I-3 국역 진사록 1』(서애선생 기념사업회, 2001), 221쪽.

8 「요동의 자문을 논하고 겸하여 사의를 진주하는 차자 임진년 6월, 의주에 있었다」, 이재호 역, 『국역 서애전서 I-2 국역 근폭집』(서애선생 기념사업회, 2001), 1쪽.

9 「명나라 장수와 더불어 왜적과 강화하는 것이 잘못된 계책이라 하여, [그들과] 논쟁한 일을 시급히 아뢰는 서장 계사년 4월 19일, 동파에 있었다」, 이재호 역, 『국역 서애전서 I-4 국역 진사록 2』(서애선생 기념사업회, 2001), 151쪽.

10 『兩朝平攘錄』권4하, 1앞. "北直隸·天津衛係畿輔門庭. 陸至山海關. 凡八百餘里海面, 與旅順相對. 止三百里. 風順頃刻可達也. 登萊逼近海上. 爲中原襟帶. 南至淮安. 運河口三千里. 又山以東. 江以北之藩籬也. 朝鮮空虛. 中國所極慮者. 不在遼東. 反在此二處." 諸葛元聲, 『明代史籍彙刊 國立中央圖書館藏本5 兩朝平攘錄』(臺灣學生書局, 1969), 297쪽.

11 『朝鮮征伐記』권6「大明軍評定の事」(32·88의 뒤). "日本人これよりさき數年朝鮮にあれば, 舟手よりすぐに登萊や旅順かに來るべきか." (국문학연구자료관 소장본).

12 「법 수정과 전승의 말한바 명나라 군대의 나온다는 형상이 의심할 만한 것이 있음을 아뢰는 서장 임진년 11월」, 이재호 역, 『국역 서애전서 I-3 국역 진사록 1』(서애선생 기념사업회, 2001), 211쪽.

13 「전지를 삼가 받은 후에, 자기의 허물을 진술하여 스스로를 탄핵하고 처벌을 기다리는 서장 계사년 3월 28일, 동파에 있었다」, 이재호 역, 『국역 서애전서 I-4 국역 진사록 2』(서애선생 기념사업회, 2001), 89쪽.

14 『宣祖實錄』1607년(선조 40) 5월 13일. "壬辰·丁酉之間, 君臣拔舍, 赤子殷盄, 兩陵遭辱, 宗社燒夷, 通天之釁, 九世必報, 而謀猷不竟, 國是靡定, 力主和議, 通信求媚, 使忘讐忍恥之罪, 貽羞恨於千古. 由是, 義士憤惋, 言者藉口. 副提學金宇顒申救疏中有曰: '成龍

亦難得之人. 但乏宰輔器局, 無大臣風力.' 斯爲的論也."
15 『宣祖修正實錄』1607년(선조 40) 5월 1일. "嘗追記壬辰事, 名曰『懲毖錄』, 行于世, 識者以其伐己而掩人譏之. 李山海與其子慶全, 久在廢斥, 銜成龍, 謀欲去之. 戊戌以主和誤國, 厭避辨誣之行, 被劾而去, 在野十年而卒, 年六十六. 成龍於壬辰亂後建議, 始置訓鍊都監, 倣戚繼光『紀效新書』, 抄選砲, 射, 殺三手, 以爲軍容, 修繕外方山城, 修鍊管法, 以爲備禦之策, 成龍去位, 皆廢不行, 獨訓鍊都監仍存, 至今賴之."

32
7월에 요동부총병 조승훈이 원군 5천 명을 이끌고 오다

1 동짓날로부터 세 번째 사일(巳日)에 임금이 신하들에게 하사하는 청심환(淸心丸)·안신환(安神丸)·소신환(蘇神丸) 등의 환약. 내의원(內醫院)에서 조제했다.
2 [이칭] 이어지는 "時余病痔苦甚"~"余在安州"가 생략되고, 조승훈 군의 평양 공격기사가 이어진다. 류성룡의 개인적인 일을 생략하고 임진왜란의 전황에 집중한 [이칭] 편찬자의 의도를 엿볼 수 있다.
3 [16] "道."
4 [16] "官" 없음.
5 [16] "儲."
6 [조선] "賊" 뒤에 "又" 있음.
7 죄인을 심문할 때 치는 곤장.
8 「경기 이남에 있어서의 양료를 변통하여 갖추어 내기 어려운 연유와, 이 제독이 우리나라의 굶주린 백성들을 자진하여 구제하려고 하는 일을 시급히 아뢰는 서장 계사년 정월 25일, 개성부에 있었다」, 이재호 역, 『국역 서애전서 I-3 국역 진사록 1』 (서애선생 기념사업회, 2001), 299쪽.
9 『난중일기』 1597년 10월 12일. "아침에 우수사가 와서 하인의 무릎을 때린 잘못에 대해 사과하였다." 노승석 역, 『난중일기』(민음사, 2011년 1판 5쇄), 423쪽.

33
7월 19일에 총병 조승훈의 군대가 평양을 공격하였지만 이기지 못하고 후퇴하였으며 유격 사유는 전사하다

1 [이칭] "日"이 "月"로 되어 있음.
2 [16] "拔." [초본]에는 이 구절 없음.

34
전라수군절도사 이순신이 경상우수사 원균, 전라우수사 이억기 등과 함께 거제도 앞바다에서 적병을 크게 물리치다

1 [16] "炮."
2 [16] "炮."
3 [16] "炮."
4 [16] "炮."
5 [이칭] · [조선] "到."
6 [이칭] 이어지는 조호익 기사, 전라도 및 평양성 전투 기사가 생략되어 있다.
7 「사방 여러 곳의 상황과, 그에 대한 처치가 적당하지 못하였음을 조목별로 진달하는 서장 임진년 10월」, 이재호 역, 『국역 서애전서 I-3 국역 진사록 1』(서애선생 기념사업회, 2001), 148쪽.
8 『兩朝平攘錄』 권4상, 又1앞. "長於步戰, 怯於水鬪." 『明代史籍彙刊 國立中央圖書館藏本 5 兩朝平攘錄』(臺灣學生書局, 1969), 200쪽.
9 김시덕, 「일본의 임진왜란 문헌 5―『고려 해전기』」, 『문헌과 해석』 57(문헌과해석사, 2011·10), 72~73쪽.
10 노승석 역, 『난중일기』(민음사, 2011년 1판 5쇄), 99쪽.

35
전 의금부도사 조호익이 강동에서 병사를 모아 적을 치다

1 본문에는 "勵操"(여조, 절조를 장려함), "激勵"(격려) 등 "勵"(힘쓸 려)가 들어가야 할 자리에 "厲"(갈 려, 나병 라)가 들어가 있다. 초본·2·16 모두 "厲"로 되어 있으나, 이는 초본 집필 과정에서 "勵"를 "厲"로 간략하게 쓴 것이라 판단하여 이 책에서는 "勵"로 표기하였다.

37
8월 1일에 순찰사 이원익과 순변사 이빈 등이 군대를 이끌고 평양을 공격하였지만 이기지 못하고 후퇴하다

1 16 "往." 초본의 해당 글자는 "住"로 보이지만, 그 위에 붓으로 글자를 덧썼기 때문에 다소 알아보기 어려운 상태이다.

38
9월에 명나라의 유격장군 심유경이 오다

1 "石尙書"에 대한 조선의 두주: "석 상서는 사마 석성이다(石尙書, 司馬石星也)."
2 16 "馳." 초본에는 이에 해당하는 글자가 없고, 이 부분이 "問訊"으로 되어 있다.
3 16 "無."
4 『만력야획편』에 보이는 임진왜란 관련 기술에 대해서는, 김시덕, 「근세 초기 일본의 임진왜란 담론 형성과정」, 『일본학연구』 32(단국대학교 일본연구소, 2011·1)에서 검토하였다.
5 평호(平湖)는 절강성(浙江省) 자흥(嘉興)에 있는 시이다.
6 『萬曆野獲編』 권17 「沈惟敬」, "沈惟敬, 浙之平湖人, 本名家支屬. 少年曾從軍, 及見甲寅倭事. 後貧落, 入京師, 好燒煉, 與方士及無賴輩游. 石司馬妾父袁姓者, 亦嗜爐火, 因與沈善會. 有溫州人沈嘉旺, 從倭逃歸, 自鬻於沈. 或云漳洲人, 實降日本, 入寇被擒, 脫獄. 沈得

714

之爲更姓名, 然莫能明也. 嘉旺旣習倭事, 且云關白無他意, 始求貢中國, 爲朝鮮所遏, 以故擧兵, 不過折束可致. 袁信其說, 以聞之司馬. 惟敬時年已望七, 長髥偉幹, 顧盻〔原本欠〕然. 司馬大喜, 立題授神機三營游擊將軍."(베이징대학 소장본).

7 마호영 편저, 『동정제독 이천 마귀 조선구원실기』(태양, 2012), 308~312쪽.

39
경기감사 심대가 적에게 습격당하여 삭녕에서 죽다

1 [이칭] 이어지는 "從行朝"~"至縣監"이 생략되어 있다.
2 「전지를 삼가 받았음을 아뢰는 서장」, 이재호 역, 『국역 서애전서 I-3 국역 진사록 1』(서애선생 기념사업회, 2001), 335쪽.
3 「내려 보내신 방문을 도성 안으로 들여보냈음을 아뢰는 서장 계사년 3월 초7일, 동파에 있었다」, 이재호 역, 『국역 서애전서 I-3 국역 진사록 1』(서애선생 기념사업회, 2001), 408~409쪽.
4 류성룡의 기록으로는 「사방 여러 곳의 상황과, 그에 대한 처치가 적당하지 못하였음을 조목별로 진달하는 서장 임진년 10월」, 이재호 역, 『국역 서애전서 I-3 국역 진사록 1』(서애선생 기념사업회, 2001), 148쪽에도 같은 취지의 보고가 실려 있다.
5 김시덕, 『그들이 본 임진왜란—근세 일본의 베스트셀러와 전쟁의 기억』(학고재, 2012), 67쪽.
6 김시덕, 「일본의 임진왜란 문헌 7—『서정일기』 하」, 『문헌과 해석』 59(문헌과해석사, 2012·6), 52~59쪽.
7 『西厓先生文集』 권16 「記亂後事」. "賊旣入城. 京師之民. 皆奔避. 未久稍稍還入. 坊里市肆皆滿. 與賊相雜販賣. 賊守城門. 令我民帶賊帖者. 不禁出入. 於是民盡受賊帖. 服役於賊. 無敢違拒. 亦有媚賊相眤. 嚮導作惡者. 如有謀議殺賊者. 輒爲其民所告. 燒殺於鐘樓前及崇禮門外. 極其慘酷. 以示威. 髑髏白骨. 堆積其下."
8 『宋書』 권77 「沈慶之傳」. "治國譬如治家. 耕當問奴. 織當訪婢. 陛下今欲伐國. 而與白面書生輩謀之. 事何由濟."(『사고전서회요』 수록본).

40
강원도 조방장 원호가 구미포에서 적을 공격하여 섬멸시키다

1 이칭 "州" 뒤에 "龜州" 있음.

42
좌병사 박진이 경주를 수복하다

1 16 "炮."
2 "敵最畏此物云."
3 "敵最畏此物."
4 『三國遺事』 권3 「塔像第四 洛山二大聖 觀音 正趣 調信」. "我若不免死於兵, 則二寶珠終不現於人間, 人無知者. 我若不死當, 奉二寶, 獻於邦家矣." 국사편찬위원회 한국사데이터베이스.

| 권2 |

43
이때 각 도에서 의병을 일으켜 적을 토벌한 사람들이 매우 많았다

1 불상(佛像)을 봉안(奉安)한 상(床).
2 조선 "夷."
3 16 "祐."
4 16 "祐."
5 16 "祐."

6 조선 "厚."

7 「명나라 군대가 물러나서 평양에 주둔한 후에, 군중에서 마땅히 해야 할 일을 조목별로 열거해서 아뢰는 서장 계사년 3월 초3일」, 이재호 역, 『국역 서애전서 I-4 국역 진사록 2』(서애선생 기념사업회, 2001), 48쪽.

8 『西厓先生別集』권4 「松雲」. "乙巳五月. 僧將松雲還自日本. 刷還被擄人口一千餘名. 分載四五十船. 與倭人橘智正同還. 松雲一名惟政. 任姓. 密陽人. 先世士族. 至松雲. 出家爲僧. 頗能詩. 善眞草. 有名叢林中. 壬辰. 住金剛山. 一日. 倭兵亂入. 寺僧奔竄. 松雲獨凝坐不動. 倭異之. 環立合掌致敬而去. 其秋. 余在安州. 通文各道. 無論僧俗. 令起兵勤王. 文到. 松雲展文佛榻上. 率其類涕泣. 遂收僧兵千餘入平壤. 結陣於林原坪. 連與倭戰. 自是長在軍中. 又嘗再入淸正營中. 論說意氣激烈. 無畏懾. 前年朝廷命往日本. 託以遊山. 探賊中消息. 人皆危之. 松雲恬然無難色. 至是乃還."

9 「함경도의 소식을 시급히 아뢰고 또한 남방의 화살대를 가져와서 전쟁의 용처에 대비하기를 청하는 서장 임진년 8월」, 이재호 역, 『국역 서애전서 I-3 국역 진사록 1』(서애선생 기념사업회, 2001), 85쪽.

10 "其在北道者, 鄭文孚·高敬民功最多."

11 "其在北道者, 評事鄭文孚, 訓戎僉使高敬民, 功最多云."

12 ブルース・バートン, 『日本の「境界」』(青木書店, 2000), 23쪽.

13 김시덕, 「근세 일본 임진왜란 문헌군에 보이는 함경도 지역의 의병 활동에 대하여—『기요마사 고려진 비망록』의 분석을 중심으로」, 『한일군사문화연구』12(한일군사문화학회, 2011·10), 75~76쪽에서 재인용.

14 『農圃集』권1, 56뒤. 『영인표점 한국문집총간 71― 취흘집·농포집·금계집·상촌고 I』(민족문화추진회, 1991)에 의함.

15 김시덕, 「근세 일본 임진왜란 문헌군에 보이는 함경도 지역의 의병 활동에 대하여—『기요마사 고려진 비망록』의 분석을 중심으로」, 『한일군사문화연구』12(한일군사문화학회, 2011·10), 79~81쪽에서 재인용.

44
이일을 순변사로 임명하고 이빈을 임금 계신 곳으로 불러 돌아오게 하다

1 1593~94년 사이에 존재한 세자 광해군의 임시 조정.
2 "結陣(于林原坪)."

45
적의 간첩 김순량을 잡다

1 16 "養" 뒤에 "於" 있음.
2 16 "疋."
3 「왜적의 간첩 김순량을 잡아서 숙천에 가두었음을 아뢰는 서장 임진년 12월」, 이재호 역, 『국역 서애전서 I-3 국역 진사록 1』(서애선생 기념사업회, 2001), 248~249쪽.

46
12월에 명나라가 대군을 보내다

1 이칭 "傳."
2 이칭 "旗" 없음.
3 이칭 이어지는 "余請見提督白事"~"不告而去"의 류성룡 관련 대목이 생략되어 있다.
4 조선 "傾."
5 조선 "特."
6 16 "炮."
7 16·이칭 "太."
8 이칭 "馳" 없음.
9 16 "炮."
10 16 "炮."
11 16 "里" 뒤에 "間" 있음.

12 16 "道."
13 16 에는 "至" 뒤에 "中和"가 있다. 바로 뒤에 김경로도 중화(中和)로 갔다는 대목이 나오기 때문에 2 에서는 중복을 피하기 위해 삭제한 것 같다.
14 김시덕, 「일본의 임진왜란 문헌 10―『요시노 진고자에몬 비망록』」, 『문헌과 해석』 63 (문헌과해석사, 2013. 6), 102~103쪽.

47
이일을 순변사에서 해임하고 이빈이 다시 대신하게 하다

1 이 대목에 대한 이칭 의 금안문: "지금 생각건대 계사는 만력 21년 우리 분로쿠 2년이다(今按, 癸巳, 萬曆二十一年, 我文祿二年)."
2 이칭 "適."
3 16 "右." 초본 에는 "左"로 되어 있다.
4 이칭 "久" 뒤에 "疑" 있음.

48
제독 이여송이 파주로 진군하여 벽제관 남쪽에서 적과 싸웠으나 이기지 못하고 개성으로 돌아와 주둔하다

1 조선 "追."
2 2 에는 "准"으로 되어 있다. 이는 "準"이 들어가야 할 것이며 16 에도 "準"으로 되어 있어서 이 책에서는 "準"으로 표기했다. 이 책의 다른 부분에서도 마찬가지이다.
3 이칭 "于" 없음.
4 이칭 "列"이 "州"로 되어 있음.
5 16 "回."
6 이칭 · 조선 "示."
7 16 "都."
8 이칭 이어지는 "是日"~"且論軍事"가 생략되어 있다.

9 초본·16 "住." 초본에서는 필기하는 수고를 줄이기 위해 "駐"를 "住"로 쓰는 등의 사례가 자주 보인다. 대부분의 경우에는 16에서 "駐"로 고쳐져 있지만, 일부는 여기처럼 16에서는 초본의 "住"를 그대로 옮겼다가 2에서 "駐"로 수정되기도 한다.

10 16 "更請."

11 『太閤記』 권15. "評して曰く, 是を分目の合戰とは云めれ. (중략) 朝鮮陣中これに比すべきなし.", 『新日本古典文學大系 60 太閤記』(岩波書店, 1996), 428쪽.

12 『立花朝鮮記』. "日本高麗分目の軍. (중략) 朝鮮一の働は加藤主計頭淸正, 一の戰功は立花左近將監宗茂, 一の婦侫人は小西攝津守行長也. (중략) 此比, 朝鮮軍の事とも區々に沙汰すといへとも, 虛多く實在すくなし. 皆賄賂によるかゆへなり. 其時は某宗茂の手に付渡海して, 諸家の事とも粗聞見しに, 此比の沙汰と大に相違せり. 然るに, 今寺澤志摩守廣高所望に依て, 他家の事をは知す, 立花か軍の仕やうを書記, 後世いか成沙汰もあれ, 八幡薩埵私の增減無之者也.", 『史籍集覽 第28冊』(臨川書店, 1967), 403쪽.

13 『立花朝鮮記』 마키조노 보잔 서문. "征韓之役, 藩祖勳績最偉拔, 而諸書不具載甚寥々泯々, 每語及此, 未曾不噫嗚喟嗟也." (쓰쿠바대학 소장본). 『다치바나 조선기』를 둘러싼 문제에 대해서는, 김시덕, 「임진왜란의 기억—19세기 전기에 일본에서 번각된 조일 양국 문헌을 중심으로」, 인하대학교 한국학연구소 편, 『동아시아의 전쟁기억』(민속원, 2013), 39~43쪽을 참조.

14 『격조선론』 및 위에서 인용한 본문은, 김시덕, 「조선후기 문집에 보이는 일본문헌 『격조선론』에 대하여」, 『국문학 연구』 23(국문학회, 2011·6)을 참조. 또한 역해자가 이 논문을 발표한 뒤에, 이익과 한치윤이 본 『격조선론』의 원본이 일본에서 발견되었다. 이에 대해서는, 井上泰至·金時德, 『秀吉の對外戰爭: 變容する語りとイメージ‒‒前近代日朝の言說空間』(笠間書院, 2011)의 제5장 「諜報活動から朝鮮にもたらされた『擊朝鮮論』」을 참조.

15 『宣祖修正實錄』 1593년(선조 26), 1월 1일. "倭賊大殺京城人, 行長等忿平壤之敗, 且疑我人外應天兵, 盡殺都中民庶, 惟女人免死. 男子或有扮着女服而免者, 焚公私家舍殆盡. 時, 京西屯賊皆聚京城, 盡燒近京山野, 天兵不得抹馬, 馬又疲死, 連日倒損者幾萬匹. 提督以此, 憚於進取, 密奏: '漢城賊兵二十萬, 衆寡不敵.' 且引疾辭職, 張世爵等皆勸退, 還平壤, 我人不得容喙矣."

16 『後漢書』 권54 「馬援傳」. "男兒要當死於邊野, 以馬革裹屍還葬耳. 何能臥床上在兒女子手中邪?"(『사고전서』 수록본).

49
제독 이여송이 평양으로 돌아가다

1 이칭 "救"가 "赦"로 되어 있음.
2 소재영·장경남 역주, 『한국고전문학전집 4 임진록』(고대민족문화연구소, 1993), 467쪽.
3 한명기, 「제2부 광해군대의 대명관계 제1장 광해군 초·중반 조명 사이의 쟁점 1. 광해군 책봉문제와 정치적 갈등 2) 이성량(李成梁)의 조선 병탄 기도와 조선의 대응」, 『임진왜란과 한중관계』(역사비평사, 1999) 참조.
4 「경기 이남에 있어서의 양료를 변통하여 갖추어 내기 어려운 연유와, 이 제독이 우리나라의 굶주린 백성들을 자진해서 구제하려고 하는 일을 시급히 아뢰는 서장 계사년 정월 25일, 개성부에 있었다」, 이재호 역, 『국역 서애전서 I-3 국역 진사록 1』(서애선생 기념사업회, 2001), 299~300쪽.

50
전라도 순찰사 권율이 행주에서 적을 물리치고 파주로 이동하다

1 조선 "賊" 없음.
2 이칭·조선 "乃."
3 이칭 이어지는 "慄令軍士取賊屍"~"不許"가 생략되어 있다.
4 16 "敬昌"이 "昌敬"으로 되어 있음.
5 저본 및 국립중앙도서관본에는 "兵出沒抄擊賊多出則避而不" 부분이 주변 글자와 현저하게 다른 형태로 조밀하게 새겨져 있다. 초본·16과 비교하여 이동(異同)이 없는 것으로 보아 2의 목판을 제작하던 중에 오자가 생겼거나 글자 배치를 잘못하여 수정한 듯하다.

6 「적병이 전라감사 권율의 진영을 침범하였으나 패전하여 물러갔음을 시급히 아뢰는 서장」, 이재호 역, 『국역 서애전서 I-3 국역 진사록 1』(서애선생 기념사업회, 2001), 337~338쪽.
7 「서울에 있는 왜적의 형세를 아뢰고, 서둘러 제독에게 진군하여 적병을 무찌르도록 청하기를 시급히 아뢰는 서장 계사년 2월 21일, 동파에 있었다」, 이재호 역, 『국역 서애전서 I-3 국역 진사록 1』(서애선생 기념사업회, 2001), 353~354쪽.
8 『新日本古典文學大系 60 太閤記』(岩波書店, 1996), 406~407쪽.

51
군량미의 남은 곡식으로 굶주린 백성을 구제할 것을 청하니 임금께서 허락하시다

1 초본·16은 "日" 앞에 "一"이 있고, 2는 공백으로 되어 있다. 2에서 "日"의 마모 정도가 상당한 것으로 보아, "一"이 새겨 있다가 마모된 것 같다. 이칭·조선에는 "日" 앞에 "又"가 있는 것으로 보아, 일본에 건너간 2에는 "日" 앞에 "一"이 "又"와 혼동될 만큼 마모된 상태로 잔존해 있었을 것으로 추측된다. 역해자가 조사한 2의 판본 가운데에는 이에 해당하는 것이 없었으나, 해당 판본이 현존할 가능성은 배제할 수 없다. 국립중앙도서관 소장 2에는 이 공백에 "是"가 육필로 적혀 있다.
2 16 "嚄."
3 한편, 솔잎과 곡식가루로 구황식품을 만드는 방법은 이미 조선조 세종 대부터 확립되어 있었다. 김호, 「사람 살리는 맛―굶주린 백성에게 솔잎을」(네이버캐스트 2013년 4월 23일 자) 참조.
4 「군수 물자를 조달하는 중신을 시급히 파견하여 군량을 맡아 관리하도록 하고, 장흥부사 유희선을 목 베어 군율을 엄숙하게 하기를 청하는 서장 계사년 8월 23일」, 이재호 역, 『국역 서애전서 I-3 국역 진사록 2』(서애선생 기념사업회, 2001), 298~300쪽.
5 「군량을 헤아려서 처리하기를 청하는 서장 임진년 8월 초9일」, 이재호 역, 『국역 서애전서 I-3 국역 진사록 1』(서애선생 기념사업회, 2001), 70쪽.

6 「명나라 장수 장 총병이 굶주린 백성들을 구휼하였으며, 명나라 군사가 폐해를 끼치고 있음을 아뢰는 서장 계사년 3월 초1일」, 이재호 역, 『국역 서애전서 I-3 국역 진사록 1』(서애선생 기념사업회, 2001), 371쪽.

7 『繪本太閤記』 제7편 권11, 14앞~15뒤. "朝鮮八道にして, 其七八分は蕭然たる荒野と變じ, 一人も農業をつとむる者なく, 百姓は山林に逃まどひ, 飢死する者幾億萬といふ數をしらず. さらぬ野山古りたる林の中ともいかず, 敵の斬捨たる死骸, 又は飢て死たる屍どもの橫たわり臥たるさまの, 目もあてられずあさまし々. 其中にも殊に哀れ也けるは, 二三歲のおさな子の, 匍匐して飢死たる母の乳ぶさを含みて啼たるなど, 誰か是を憐まざらん, 何者か之を歎かざらんや. 朝鮮の相丞柳成龍人名あまりの詮かたなさに, 松の葉樹の皮を粉になして, 米の粉を少しまじへ, 湯にかきまぜて飢たる民に與へぬれど, 其物はかぎりありて飢人はかぎりなし. 終に救ひ得べき事にもあらず."

8 『慶長中外傳』 초편 권21. "朝鮮陣は太閤の怨敵たるものなり. げにも文祿の異國陣, 太閤不意の甚しきなり. 朝鮮渡海の諸將苛酷にして, 無罪の生民途路に死し, 孩子のもの這る死す婦の乳をさかすこくする聲八道にみち, 無名の軍して, (중략) 大に陰德を害するなるべし. 異方の軍役に妻子恨みかなしむ聲里々に滿."

9 『慶長中外傳』 초편 권20. "小西かついに和議に主たるは元より淀どのゝ內意なり. 石田三成是に荷擔するものは, 太閤をして事を誤らしめんとにはあらす. 實に太閤への眞忠なり. 其時の行ひ, 實に太閤への和議, 其所を得たり. 此朝鮮陣, 終に得かたし. 若和議なつて太閤の威異域に佞し心ざし化するに至ては, まさに人間十年の命壽をのべたまうへし. さあらは石田三成こゝろましに大名となりて威權は日本に震うへし. (중략) 朝鮮の役發攻より功なし. 退て候ときそ英名を失給ふ鶏肋の情, 終に凶なる事を兼てよりこゝろに知て顯明なり. ゆへに心をいたましむる事, 余人よりは猶深し. されば石田三成はその才, 太閤に似たり. ゆへにやゝ實を知る. よつて他よりかつて間違なりとも和議をとゝのへ, されは太閤身死して止むなり. 外別に術計なし. 三成自ら惡なるがごとく佞なるか如く, 彼南京の中使石星·沈惟敬等か利をむさほるの徒を入て文書をくらまし, 和議をなさんと欲す."

10 이 문제에 대해서는, 김시덕, 『게이초 중외전』과 『에혼 다이코기』의 비교분석」, 『일본연구』46(한국외국어대학교 일본연구소, 2010·12) 및 井上泰至·金時德, 「제6

장 成熟していく歴史讀み物−石田三成は英傑か, 惡人か』, 『秀吉の對外戰爭：變容する語りとイメージ--前近代日朝の言說空間』(笠間書院, 2011)을 참조.

11 『繪本太閤記』6편 권7, 4앞. "今度の朝鮮征伐により, 太閤いたく心を勞し世を早ふ去り給はゞ, 諸侯の上に立事かたく, 年來の大望畵餠とならん事を恐れ, 拟こそ和睦の計を行ひけるは, 皆三成が方寸より出たる事なり."

52
유격 심유경이 다시 한양에 들어가 적이 철군하도록 권유하다. 4월 7일에 제독이 병사들을 이끌고 평양에서 개성부로 돌아가다

1 "영(令)" 자가 들어간 깃발과 명령을 적은 패찰.
2 북아시아에 살던 타타르(tartar) 족을 한자로 옮긴 것으로 "달단(韃靼)", "달단(獺靼)" 등으로 쓴다. 근세 일본에서는 특히 청나라를 세운 만주인을 이렇게 불렀다.
3 [이칭] 이어지는 "千鎰送其書於余"~"亦來問耶"가 "云云"으로 처리되어 있다.
4 [16] "然" 없음.
5 [16] "我."
6 [조선] "此."
7 "體察使安在?"가 [초본]에는 "那箇是體察使?"라고 되어 있다. 뜻은 같으나 [초본]에 적힌 말이 구어 중국어이다.
8 [조선] "得" 없음.
9 [조선] "獨" 뒤에 "得" 있음.
10 초본에는 전세정이 류성룡에게 구어 중국어로 말했을 때 썼을 "你(너)"라는 글자가 적혀 있으나, 간행본에는 "你"에 해당하는 문어 중국어 "爾"로 바뀌어 있다.
11 [16] "候問."
12 김시덕, 「일본의 임진왜란 문헌 10─『요시노 진고자에몬 비망록』」, 『문헌과 해석』 63 (문헌과해석사, 2013. 6), 103쪽.
13 「김천일의 서장을 부록하다」, 이재호 역, 『국역 서애전서 I-4 국역 진사록 2』(서애선생 기념사업회, 2001), 21~25쪽.

14 『宣祖修正實錄』1593년(선조 26) 6월 1일. "황정욱과 황혁 등을 하옥시켰다. 당초에 김귀영 및 황정욱 부자와 순변사(巡邊使) 이영(李瑛) 등이 왕자를 수행하였다가 포로가 되었고, 병사(兵使) 한극함 등은 토적(土賊)에게 잡혀 항복하였는데, 청정(淸正)이 군중에 가두었다. 그 뒤 김귀영은 먼저 나왔다. 청정이 또 왕자를 협박하여 강화에 관한 글을 우리나라에 통보하게 하였다. 황정욱 등이 처음에는 거절하였으나 적이 황혁의 어린 아들을 베면서 위협하자 황혁은 이에 난초(亂草)로 한 장을 썼다. 겉면에는 '행재소개탁(行在所開拆)'이라 쓰고, 끝에는 '장계군(長溪君)·황호군(黃護軍: 황혁이 호군이었음)·남병사(南兵使: 이영을 남병사라 칭함)'라고 썼으며, 안에는 '관백전하(關白殿下)가 장차 바다를 건너올 것이다'라는 말을 기재하면서 일부러 난잡하게 하여 장식(狀式)을 이루지 않았는데 이렇게 해서 적을 속여 화를 지연시켰다. 그리고 실제의 장계를 세서(細書)로 써서 종이끈을 꼬아 가지고 싸보내면서 차인(差人)에게 몰래 부탁하기를, "허위의 글은 버리고 종이끈으로 꼬아진 장계를 바치라" 하였는데, 차인 역시 포로로 잡혀간 상인(常人)이었다. 그런데 체찰사(體察使)의 군문에 이르러서는 그만 혼겁(昏㥘)하여 어찌할 줄을 모르고 허위의 장계만을 바치고 말았다. 상은 그것을 보고 크게 놀랐으며, 조정에서는, "신(臣) 자를 쓰지 않고 관백을 전하(殿下)라고 칭하였으니, 이는 곧 신하 노릇을 하지 않겠다는 뜻이다" 하였다. 이때에 이르러 하옥시키고 국문(鞫問)하였는데, 황혁은 형추(刑推)를 받고, 황정욱은 길주(吉州)로 정배되었다. 그 뒤에 재차 국문하였는데, 황혁은 거의 죽게 된 상태에서 곧 해서(海西)에 유배되었다. 한극함은 먼저 이미 도망하여 나왔는데 적중에 있을 때 적의 비위를 맞춘 죄목으로 주참(誅斬)되었고, 이영도 이때에 아울러 주참되었으니, 이는 실률(失律)의 죄를 겸하여 논함이었다. (下黃廷彧, 黃赫等獄. 初, 金貴榮及廷彧父子, 巡邊使李瑛等, 從王子被擄, 兵使韓克諴等, 爲土賊執縛以降, 淸正囚之軍中, 貴榮先出來. 淸正又脅王子, 通和書于我國, 廷彧等初拒之, 賊斬赫幼子以威之, 赫乃亂草一紙. 面書行在所開拆, 末書長溪君, 黃護軍【赫爲護軍】南兵使【李瑛稱南兵使】內有關白殿下, 將渡海以來之語, 蓋故爲雜亂, 不成狀式, 以欺賊緩禍. 又細書實狀, 作紙索裹送, 陰囑差人去僞書, 以索狀投進, 差人亦被俘常人. 到體察使軍門, 昏怯失措, 只以僞狀投呈. 上見之大駭, 朝廷以爲: "不書臣字, 稱關白爲殿下, 乃不臣之志也." 至是, 下獄鞫問, 赫被刑推, 竄廷彧于吉州. 其後再鞫, 赫幾死, 乃長流海

西. 韓克誠先已逃出, 以在賊有媚事狀誅之, 瑛至是竝被誅, 蓋兼論失律之罪也)."

15 「전지를 삼가 받은 후에 명나라 장수가 강화를 하려는 것이 그릇된 계책임을 논하는 서장 계사년 3월 27일, 동파에 있었다」, 이재호 역, 『국역 서애전서 I-4 국역 진사록 2』(서애선생 기념사업회, 2001), 82쪽.

16 「주 참장이 왜적의 진중으로 들어간 연유와 경상도의 왜적이 그 병력을 증가해서 나오는 것을 급히 아뢰는 서장 계사년 4월 11일, 동파에 있었다」, 이재호 역, 『국역 서애전서 I-4 국역 진사록 2』(서애선생 기념사업회, 2001), 126~127쪽.

17 윤지양, 「『동상기(東廂記)』에 나타난 문체실험의 양상고찰」, 『한문학회』 48(한국한문학회, 2011) 참조.

18 "『초본 진사록』(3책)은 다행히 선생의 종가인 충효당에 완전한 상태로 보존되었기 때문에 『간본 진사록』과의 비교 대조가 가능하다. 즉 『초본』에는 그 당시 공문 작성의 관례에 따라 서장(書狀)에 이두(吏讀)가 많이 혼용되어 있는데, 『간본』에는 후인들이 모두 관용한자로 고쳐 썼으며." 이재호 역, 『국역 서애전서 I-3 국역 진사록』(서애선생 기념사업회, 2001), 5쪽. 이 문제에 대해 가르침을 주신 서강대학교 김대중 선생님께 감사 드린다.

19 『朝鮮征伐記』 상권 「遊擊沈惟敬調和儀事」. "四ニハ封王. 大明ヨリ太閤ヲ日本國王ニ封スヘキトノ儀ナリ. 小西・三奉行ヲ始メトシテ, 朝鮮ノ在陣辛苦ナレハ, 如何樣ニモ和議ヲ調テ, 本朝ヘ歸ン爲ニ, 此一事ヲ聞ソコナイ, 太閤ヲ大明ノ王ニ封スヘキト, 日本ヘ申シ達セシ." (창고관(彰考館) 소장본).

20 『豊臣秀吉譜』 하권, 8뒤. "其四曰, 明帝封秀吉可爲日本國王也. (중략) 增田・石田・大谷・小西等皆苦辛于朝鮮在陣之久, 而歸國之思勃然. 故從惟敬之言." (이바라키대학 소장본).

53
4월 20일에 한양이 수복되다

1 [이칭] 이어지는 "余先詣宗廟痛哭"~"余遂病臥"가 생략되어 있다.
2 「명나라 장수를 따라 서울에 들어온 후에, 도성 안의 형상과 그리고 여러 장수들에게

분부하여 적병을 맞아 끊도록 한 일을 급히 아뢰는 서장 계사년 4월 21일」, 이재호 역, 『국역 서애전서 I-4 국역 진사록 2』(서애선생 기념사업회, 2001), 161~162쪽.
3 「서울의 굶주린 백성들을 구원하여 도와준 일을 아뢰는 서장 계사년 5월 16일」, 이재호 역, 『국역 서애전서 I-4 국역 진사록 2』(서애선생 기념사업회, 2001), 179쪽.

54
5월에 제독 이여송이 적을 추격하여 문경까지 갔다가 되돌아오다

1 이칭 "爲."
2 이칭 · 조선 "那."
3 이칭 · 조선 "邪."
4 조선 "賊."
5 16 "始."
6 이칭 "絃."
7 16 "炮."
8 조선 "人" 없음.
9 16 "敢" 없음.
10 조선 "有" 없음.
11 "賊嘗圍晉不克."
12 "蓋賊於壬辰, 圍晉州, 牧使金始敏禦之, 不克而退."
13 『西厓先生文集』 권16 「記癸巳冬司天使事」. "癸巳四月. 賊離都城南去. 其年十月. 車駕自海州還都. 公私赤立. 滿城惟牆壁耳. 十一月間. 皇朝使行人司行人司憲來. 先是. 中朝憂我不振. 恐遂爲賊所乘. 論議甚多. 有給事中魏學曾者上本. 處置我國. 至有分割易置等語. 事下兵部. 尙書石星持不可. 於是. 遣司憲奉勑宣諭. 且察我國事. 時經略宋應昌在遼東. 海平君尹根壽以伺候陪臣. 在經略門下. 一日. 應昌出魏給事題本示根壽曰. 朝議如此. 汝國將何以自謀耶. 此事則吾已力保之. 然汝歸告汝國王. 善爲謀. 根壽回自遼東. 先狀啓其事. 且持宋經略諭本國陪臣箚付而來. (중략) 余見其本. 多醜詆我國之語. 大槪以爲朝鮮旣不能禦倭. 貽中國之憂. 當分其國爲二三. 視其能禦倭賊者而付之. 使之錯置. 爲中國

藩蔽 (중략) 夜. 上還宮. 卽召臣入. 對論之日. 予之見卿只今日. 雖夜深. 欲與卿面訣. 故召之耳. (중략) 因顧內侍日. 取酒來. 內官以香醞一沙鉢來. 賜臣飮之日. 以此相訣. 明日. 予將於天使前辭位耳. (중략) 司亦設卓子. 獨呼余使坐卓子東. 去左右. (중략) 天朝諸將官. 多擾害地方. 信乎. 孰爲甚. 毋諱直言. 余日. 小邦蒙天朝拯濟之力. 得有今日. 諸將各邊約束. 禁戢軍士. 豈有擾害事乎. 司又書日. 吾聞朝鮮人言倭賊梳子. 天兵篦子. 信乎. 余對日. 古云師之所處. 荊棘生焉. 小小擾害. 豈能盡無. 亦理勢之不可無者. 至於篦子之說. 千萬無是理. 必中間造言者爲之. 願老爺毋信. 又問答數段而罷. 旣出."

14 「경상도의 적병의 형세가 위급하므로, 신속하게 사유를 갖추어 명나라 조정에 주문하기를 청하는 서장 계사년 7월」, 이재호 역, 『국역 서애전서 I-4 국역 진사록 2』(서애선생 기념사업회, 2001), 248~249쪽.

15 「大明與日本和平相定條々」. "一. 天地不替間者. 不可有相違と於契約者. 大明帝王之姬宮. 日本帝王之爲后. 可被相渡之由可申候事. 一. 勘合之儀可申談事. 一. 大明‧日本武官衆. 誓紙可取替事. 一. 朝鮮國之儀. 先勢罷越. 悉申付候條. 此上ハ經年月. 民百性以下靜謐之樣. 彌人數を遣. 可被仰下候. 今度大明國へ被仰出候條數. 於相究ハ. 朝鮮國王之儀. 雖不相屆候. 大明にめんしさせられ. 又は最前一禮をも申上候條. 朝鮮都に付て. 四ケ道可被遣候事. 右王子一人幷家老衆可相渡候事. 一. 最前生捕王子貳人之儀. 下々の者にあらす候條. 無事に相構四人として請取. 唯今遊擊相添朝鮮國へ可返事. 一. 朝鮮國家老之者. 永代相違有間敷との誓紙之事. 右之趣. 大明之勅使ニ可申渡事. 一. 牧司城取卷. 仕寄‧築山申付. 手負無之樣ニ令覺悟. いかにも丈夫に仕. 一人も不殘可討果事." 參謀本部, 『日本戰史朝鮮役 文書‧補傳』(1924), 133~135쪽.

16 「진주성이 함락된 곡절을 급히 아뢰는 서장 계사년 7월 15일」, 이재호 역, 『국역 서애전서 I-4 국역 진사록 2』(서애선생 기념사업회, 2001), 262쪽.

17 김시덕, 「일본의 임진왜란 문헌 3—『기요마사 고려진 비망록』의 해제 및 번역 中」, 『문헌과 해석』 54(문헌과해석사, 2011‧4), 100쪽.

18 「진주성이 함락된 곡절을 급히 아뢰는 서장 계사년 7월 15일」, 이재호 역, 『국역 서애전서 I-4 국역 진사록 2』(서애선생 기념사업회, 2001), 258~259쪽.

19 『海游錄』 중권 1718년 9월 11일조. "倭言淀江之岸. 有名晉州島者. 乃壬辰倭獲晉州人而處之. 今其一村無他種. 令人想得當時. 毛髮竦然."

20 이상익·최영성 역, 『은봉야사별록』(아세아문화사, 1996), 63~64쪽.

55
10월에 어가가 한양으로 돌아오다

1 16은 여기서 단락이 바뀌어 있어서 형식상으로는 다음 단락과 분리되어 있지만 내용적으로는 이어진다. 2에서는 단락이 이어진 것으로 처리되어 있다. 2에는 내용상 서로 분리되어 있는 단락이, 단락 구분을 위한 여백을 남기지 않고 붙어 있는 경우가 있지만, 여기서는 내용이 이어지기 때문에 16의 단락 구분을 2에서 없앤 것으로 해석했다.
2 『노자 도덕경(老子道德經)』 제30장에 보이는 "도를 가지고 인간을 도우려는 사람은 군사력으로 세상에 군림하며 안 된다. 일은 반드시 되돌아오는 법이다(以道佐人主者, 不以兵強天下, 其事好還)"라는 말에서 나왔다. (『사고전서』 수록본).
3 "乙未"에 대한 조선의 두주: "을미년은 일본의 분로쿠 4년이다(乙未, 日本文祿四年)."
4 이칭·조선 "白."
5 16 "提督" 앞에 "時" 있음.
6 16 "顚."
7 조선 "原"이 "京"으로 되어 있다.
8 16 "垢."
9 이칭에는 이종성(李宗城)의 이름이 모두 이숭성(李崇城)으로 되어 있다. 명백한 오류이므로 일일이 미주에 표기하지 않았다.
10 16 "回."
11 조선 "卯."
12 16 "回."
13 이칭 "恕."
14 16 "俱"가 "偕"로 되어 있다.
15 『兩朝平攘錄』 권4상, 23뒤~26앞. 『明代史籍彙刊 國立中央圖書館藏本 5 兩朝平攘錄』(臺灣學生書局, 1969), 261~267쪽.

16 김시덕, 「근세 초기 일본의 임진왜란 담론 형성과정」, 『일본학연구』 32(단국대학교 일본연구소, 2011·1) 참조.

17 『朝鮮征伐記』 상권 「依和儀兩國軍勢引退事」. "日本勢未ダ釜山浦ニ充滿タルニ, 大明ノ兵悉ク引還リケレハ, 朝鮮人危テ和儀ハ必破ルヘシ, 再ヒ軍ヲ起シテ, 來ルヘシト思ヒ, 如松カ歸ル時ニ, 金侍郎ト云贈以詩."(쇼코칸(彰考館) 소장본).

18 『豊臣秀吉譜』 하권, 19뒤. "時日本兵充滿于釜山浦, 而李如松引兵而還. 故朝鮮人皆恐. 有金侍郎者贈絶句于如松."(이바라키대학 소장본).

19 "聞道將軍捲甲還, 定知和伐是非間, 朝廷若有班師命, 不獨脣亡亦齒寒."

56
명나라 사신 양방형과 심유경이 일본에서 돌아오다

1 조선의 두주: "생각건대 일본의 게이초 원년 윤 7월 12일에 지진이 있었다(按, 日本慶長元年閏七月十二日地震)."

2 이 대목에 대한 이칭의 금안문: "지금 생각건대 을미는 만력 23년 일본 분로쿠 4년이다. 병신은 만력 24년 일본 게이초 원년이다. '會一夜地大震'에 대해서는, 이해의 윤7월 12일에 지진이 일어나 후시미 성이 무너졌다. 상세히는 『세이쇼기』를 보라(今按, 乙未, 萬曆二十三年, 日本文祿四年. 丙申, 萬曆二十四年, 日本慶長元年. '會一夜地大震', 此年閏七月十二日地震, 伏見城摧倒. 詳見『淸正記』)."

3 16 "時"가 "是"로 되어 있다.

4 16 "慢."

5 16 "沈" 없음.

6 김시덕, 「일본의 임진왜란 문헌 4—『기요마사 고려진 비망록』의 해제 및 번역 下」, 『문헌과 해석』 55(문헌과해석사, 2011·7), 87~88쪽.

7 『兩朝平攘錄』 권4상, 33뒤~34앞. 『明代史籍彙刊 國立中央圖書館藏本 5 兩朝平攘錄』(臺灣學生書局, 1969), 282~283쪽.

8 『征韓偉略』 권4, 14뒤. "二十九日, 先是二使之發也, 李昖議遣世子琿致賀. 已而聽嬖臣李德馨言, 罷之. 『明紀事本末』○按, 秀吉再發兵, 藉口: '朝鮮不遣王子.'然則, 朝鮮再被兵

者, 德馨之爲也.『懲毖錄』不記者, 蓋爲德馨諱乎?"(국립중앙도서관 소장본)
9 「이 제독의 한 일을 급히 아뢰는 서장 계사년 4월 16일, 동파에 있었다」, 이재호 역, 『국역 서애전서 I-4 국역 진사록 2』(서애선생 기념사업회, 2001), 138~139쪽.

57
수군통제사 이순신을 체포하여 옥에 가두다

1 쓰시마 사람 가케하시 시치타유(梯七大夫)로 추정된다. 그는 전후 처리 과정에서 인질로 명나라에 갔다. 中村榮孝,『日鮮關係史の硏究 上』(吉川弘文館, 1965), 595~604쪽; 久芳崇,『東アジアの兵器革命』(吉川弘文館, 2010), 82~85쪽 등을 참조.
2 이칭 "建."
3 16 "論."
4 이칭 이어지는 "舜臣初爲余"~"未足深非"가 생략되어 있다.
5 초본 에는 "要時羅"라 되어 있으나, 간행본에서는 "時羅"로 되어 있다.
6 16 "慶尙道" 없음.
7 이칭 "來"가 "承"으로 되어 있다.
8 "上亦察其妄, 不甚信."
9 "沈遊擊久不來. 倭疑我國阻撓其事."
10 『西厓先生文集』권9 "擬慶尙監司洪履祥答平義智書." "王子無恙. 淸正自以爲功. 今聞事出足下. 若果然則舊義猶未盡絶. 而亦天實誘衷. 以緩其禍. 惟此一事. 足感人心. 歎尙歎尙."
11 『西厓先生文集』권9 "與劉總兵綎書." "近得邊報. 有熊川賊酋平義智. 投書慶尙道巡察使乞和. 大意以爲出還王子. 非淸正之功. 乃自己所致力. 淸正自此視如仇讎. 相激日甚. 今聞朝鮮與淸正. 信使絡繹. 一不通使於我輩. 何也. 又言大明許和. 不可必. 若朝鮮許之. 則當悉衆渡海. 願獻各陣遺糧. 以賑飢民云云. 賊情難測. 古云無故而請和者. 謀也. 其言固不可憑信. 然其所言與淸正相激. 此則或有近似者. 未必非行間可乘之機. 第未知於老爺高見如何也. 伏乞指示妙筭."
12 『兩朝平攘錄』권4상, 10뒤. "釜山麗民, 向與倭往來互市無間. 有住家通婚姻者, 謂之倭戶, 又曰麗倭." "明代史籍彙刊 國立中央圖書館藏本 5 兩朝平攘錄』(臺灣學生書局,

1969), 238쪽.

13 『朝鮮征伐記』권1,「日本勢着津取釜山浦城事」, "これらをあんなひ者として諸勢こと／＼くふさんかいにつく."(국립중앙도서관 소장본).

14 「왜적을 막고 국토를 지킴에 관하여 마땅히 해야 할 일을 조치하기를 청하는 계사 을미년 정월」, 이재호 역, 『국역 서애전서 I-2 국역 근폭집』(서애선생 기념사업회, 2001), 289쪽.

15 『亂中雜錄』 1597년(선조 30). "平義智自閑山島出此. 合陣于此. 誘聚本縣之人. 給牌安居. 以京中人孫文彧. 爲本縣倅. 河東出身金光禮爲河東倅. 句管本邑事. 給牌受米. 又差倭分送諸鎭. 搜括本縣人. 一一刷還. 文彧, 壬辰被虜, 在倭多年, 善爲倭計及. 在南海, 切禁殺掠侵害. 人多全活. 其後生還朝鮮, 褒賞除萬戶職." 한편, 손문욱은 나중에 이순신의 수군에 소속되었고, 임진왜란 후에는 조·일 국교 정상화를 위해 막후에서 움직였다. 손문욱의 전중·전후 행적에 대해서는 2010년 7월 3일에 방영된 KBS 역사스페셜 《이순신 대장선의 미스터리―손문욱》을 참조.

16 「여러 장수들로 하여금 인민을 효유하여 적진에 들어가 농사짓지 못하게 하기를 청하는 계사」, 이재호 역, 『국역 서애전서 I-2 국역 근폭집』(서애선생 기념사업회, 2001), 279~281쪽.

17 『兩朝平攘錄』권4하, 9쪽 앞뒤,「朝鮮水營將官元均在閑山, 密謀擧兵, 約會中國, 搗釜山巢穴. 不意金應瑞在宜寧陸路, 虛張聲勢, 將元均約中國搗巢日期, 洩于行長.」, 『明代史籍彙刊 國立中央圖書館藏本 5 兩朝平攘錄』(臺灣學生書局, 1969), 313~314쪽.

18 김응서와 관련된 이 문제에 대해서는, 김시덕, 「근세 초기 일본의 임진왜란 담론 형성과정」, 『일본학연구』32(단국대학교 일본연구소, 2011·1)에서 좀 더 상세히 다루었다.

19 「변방 고을의, 전투에 익숙한 군사를 모집하여서 내지의 민병을 줄이고, 싸우는 일과 농사짓는 일을 함께 마련하도록 하며 또한 항왜를 처치할 것을 청하는 계사 갑오년 3월 29일」, 이재호 역, 『국역 서애전서 I-2 국역 근폭집』(서애선생 기념사업회, 2001), 180쪽.

20 「경상도의 적세를 진달하여, 김응서를 별장으로 임명해서 대구에 주둔하도록 하기를 청하고 또한 충청 병사 이시언을 재촉하여 경상도로 가서 여러 장수들과 더

불어 힘을 같이 해서 적병을 사로잡기를 청하는 계사", 이재호 역,『국역 서애전서 I-2 국역 근폭집』(서애선생 기념사업회, 2001), 330~331쪽.

58
명나라가 병부상서 형개를 총독군문으로, 요동포정사 양호를 경리조선군무로, 마귀를 대장으로 삼다

1 이 대목에 대한 [이칭]의 금안문: "지금 생각건대 정유는 만력 25년 일본 게이초 2년이다(今按, 丁酉, 萬曆二十五年, 日本慶長二年)."

2 『宣祖實錄』1597년(선조 30), 10월 24일. "朕念爾國, 近在東藩, 世效恭順. 曩年倭奴, 殘破爾疆土, 奔播義州, 哀籲請援. 朕爲惻然, 特遣文武重臣, 帥師東征, 不啻救焚拯溺. 爾時擧國, 猶有固志, 共助天討, 復爾土地, 還爾王子, 陪臣已. 倭奴畏遁, 俛首乞封, 朕念爾生聚未復, 姑從其請, 無非爲寧爾也. 胡休息數年, 不加訓鍊, 自忘嘗膽臥薪, 坐視土崩瓦解? 狡倭再入, 玩愒仍前, 張皇奏牘誘救, 天朝于是, 復有東征之役. 勞兵轉餉, 深歷險阻, 爲爾防援, 朕字小之仁, 恤難之義, 亦勤矣. 聞爾君臣, 視王師如秦, 越, 略不關情, 棄國都如敝屣, 全無顧戀, 糧餉匱而不助, 器械藏而不出, 人民散而不收, 陪臣逃而不誅.【視王師以下, 乃軍門題本之意也. 往來差官, 小不如意, 輒加不測之言, 以報軍門, 軍門不察事情, 遽奏朝廷, 致有此, 寧有如此痛愕之事哉?】朕不難移救援之師, 萬里相助, 爾乃忽守社稷之義, 一籌不展, 旣不能令, 又不受命. 我經理在彼, 宜奉國以從, 而未聞一告戒臣民, 恭承吾敎訓. 情柄鑿而不入, 法齟齬而不行, 則何以合久散之民, 而使之一振積衰之勢, 使之強? 爾心大愚, 亦可憐已. 其靜思之, 幡然改圖, 仗天使而整齊, 乘天兵而協守, 儲爾築積, 修爾器〔械〕, 據爾險阻, 揚爾干戈, 明布號令, 爲力戰之圖, 申嚴軍法, 峻逃亡之戮, 振忠敨義, 冀保安全. 玆遣御使一員, 監軍督戰, 仍賜寶劍一口于軍門, 將士有不用命者, 先斬後奏. 爾君臣, 宜擧國努力, 以翼王師, 無得自絶于天, 致貽後悔. 欽哉! 故諭."

3 성 위에 사람들이 몸을 감출 수 있게 세운 작은 담.

4 『通典』「兵五 守拒法附」"城外四面壕內, 去城十步, 更立小隔城, 厚六尺, 高五尺, 仍立女牆〔謂之羊馬城〕."(『사고전서회요』 수록본).

5 『西厓先生文集』 권14 「戰守機宜十條」"羊馬牆之制, 於城外壕子內, 築牆高一丈許, 下面鑿

주석 733

大穴, 使放大砲, 中穿小穴, 使放小砲, 別使勇力之人守之, 與城上之人, 互爲輔車之勢, 『紀効新書』所謂任他百萬來犯者是也. 然此則用功旣多, 亦必須用人而守之, 非我國今日之力所易言者."

6 『西厓先生文集』권15「山城說」. "昔唐太宗欲征高句麗. 問計於羣臣. 皆曰. 高麗依山爲城. 難卒拔. 其後契丹欲擊高麗. 其臣諫之曰. 高麗烏棲山城. 大軍往征. 非惟無功. 恐不得自還. 以此見之. 則我國自古. 保境禦敵. 皆以山城爲利. 敵人之所憚者. 亦惟在於山城也."

59
8월 7일에 한산도의 수군이 무너지다

1 조선 "師."
2 이칭 "以" 없음.
3 16 "以已前" 없음.
4 16 "戰"이 "前"으로 되어 있음.
5 이칭 "祺" 없음.
6 이칭 "裵"가 '祺'로 되어 있음.
7 이칭 · 조선 "約" 뒤에 "一" 있음. 2의 해당 대목에 있는 "所"자의 윗부분이 "一"자로 보인 것인 듯하다.
8 이민웅,「제4장 치욕의 참패, 칠천량해전: 정유재란의 시작과 원균 함대의 대패」,『임진왜란 해전사』(청어람미디어, 2008년 1판 6쇄).
9 노승석 역,『난중일기』(민음사, 2011년 1판 5쇄), 388~389쪽.
10 김시덕,「일본의 임진왜란 문헌 9—『와키사카기』하」,『문헌과 해석』62(문헌과해석사, 2013 · 3), 67~69쪽.
11 칠천량해전에 대한 일본 측 문헌의 서술 방식에 대해서는, 김시덕,「임진왜란 해전에 대한 일본의 기억」,『임진란 연구총서』(사단법인 임진란정신문화선양회, 2013)에서 상세히 논했다.

60
왜병이 황석산성을 함락시켜,
안음현감 곽준과 전 함양군수 조종도가 전사하다

1 조선 "鳥."
2 조선 "鳥."
3 조선 "京."
4 16 "祐."
5 이칭·조선 "縣" 없음
6 『朝鮮太平記』 권20 「加藤·小西攻黃石山城 附落城事」.
7 이상, 김시덕, 「임진왜란 강우지역 의병활동 재조명—근세 일본 영웅담의 주인공이 된 사람들」, 『남명학연구총서』 14(남명학연구원, 2013·5) 참조.
8 馬場勇道 외 편, 『佐賀縣史料集成 5』(佐賀縣立圖書館, 1960).
9 『宣祖實錄』 1596년(선조 29) 9월 1일. "大槪今日, 沿邊(防)守之策甚重, 必須得人任之, 然後可以安集遺民. 如金海府使白士霖, 則金海之民, 襁負隨之, 一境歸心, 而東萊之民, 則不聞此事. 各別申勅, 務令便民事, 觀察使處, 立爲行移知委, 而潛商之弊, 日以益甚, 末流難防, 一切痛禁, 永絶其路, 所不可已."
10 『宣祖實錄』 1597년(선조 30) 9월 8일. "慶尙右兵使金應瑞馳啓曰:'今觀降倭之至誠討賊, 極爲嘉歎. 今年三月, 淸正管下倭人沙白鴎稱名倭一名, 投降臣陣, 臣無所儲之物, 接濟爲難, 金海府使(白士霖)處移送矣. 今此黃石之敗, 力放鳥銃, 殺四倭後, 金海之人, 與賊內應, 先爲逃走. 府使白士霖, 則肥頓無用, 將未免兇鋒之至, 沙白鴎引士霖, 藏身岩穴, 遮以黃石, 茂以草木, 使賊不知其存. 日又將明, 入城之倭, 守四門禁斷, 故沙白鴎又爲出謀, 結縛士霖, 身作倭人之體, 引出衆賊中, 詰守門倭賊曰:「汝等守門何所事?朝鮮盜賊, 入在城中, 而不得搜捕, 汝罪當斬.」劍背打其背, 則守門之倭, 半死哀乞曰:「我等遠來勞苦, 沈眠不覺, 遂爲朝鮮盜賊, 濫入城中, 罪則極矣. 上官若知此奇, 必不饒貸, 上官勿告我等之所失, 以救人命.」開門出送. 沙白鴎引出城外, 山中潛置之後, 無緣出歸, 終不還來. 府使意以爲還投賊中, 實言事狀, 以其類, 引來我處斬殺, 欲取其功, 悚懼方極, 手足胼胝, 不得運身, 纔移二十餘步, 林下隱身, 則三更, 沙白鴎自山下來, 巨瓢盛稻食, 鹽醬, 菁根, 陶瓶

盛冷水, 又持米斗, 見府使無有本處, 頓足歎息, 潛呼府使. 府使方知其無異心, 答曰: '無乃沙白鷗乎?' 卽爲走入, 抱府使腰曰: '上官無本處, 必以爲賊據去, 上官無事在此, 他無慰言. 上官飢渴已逼, 故我還作倭形, 入倭陣曰:「我是安陰結陣將倭卒下, 糧食旣乏, 日且寒冷, 離鄕之人, 將不得生. 君等陷城之時, 覓得之物, 小惠於我, 以救一殘命如何云」, 則衆賊曰:「矜憐矜憐」米斗及飯, 醬, 襦衣兩件, 出給持來' 云, 以飯進於府使, 以衣加其身, 垂泣不絶. 府使亦以厚意慰言, 除飯而給之, 則待府使畢食後, 始乃食之, 以此得生云. 此時我國有識之輩, 不救其家長, 妻子. 以無識胡越之輩, 誠心如此, 人所可愧. 沙白鷗, 特加重賞, 以慰其心. 降倭等已知保身之路, 欲爲久遠之計, 而姓名朝鮮一樣改號云. 降倭賜姓事, 朝廷斯速定奪下送事." 啓下備邊司."

11 『光海君日記』 1609년(광해군 1), 11월 10일. "己酉十一月初十日丁亥禁府啓曰: "白士霖事, 議于大臣, 則領議政李德馨以爲: '白士霖以守城武將, 城陷而與母妻獨全, 乃令郭䞭, 趙宗道騈死凶鋒, 其跡可疑, 而南中士子之至今憤惋者, 亦以此也. 但以獄體言之, 士霖再囚牢獄, 受刑累年, 公證可當人如朴明搏等及郭䞭所率居昌官奴春福等, 備盡推閱, 屢蒙先朝參酌處置之恩. 故中間因臺諫論啓, 囚訊累月, 而終乃有減死之命. 以一罪而論訊七八年, 蒙恩赦亦累次, 更將議獄, 恐妨事例.' 左議政李恒福以爲: '前日白士霖在獄時, 臣聞朴明搏所供詳言其時事. 後見明搏偶問之, 則云:「城將陷, 欲從大將進退, 使婢探視, 則母妻妾等明燈鼎坐. 我則明知其不先出. 對獄不敢不以實供.」 云云. 臣只聞此言, 故曾於先王朝獻議, 云:「不能守城罪, 固有矣, 謂之棄城, 難以成獄.」 今不敢別有所獻.' 領府事尹承勳以爲: '臣曾爲慶尙監司, 粗聞白士霖事狀, 心常痛憤. 其後朴明搏供辭, 似爲明白, 臣始疑信, 至今不得實狀矣. 大抵在先朝, 累年囚訊, 終乃減死, 今難更議. 伏惟上裁.' (大臣之意如此, 上裁施行.") 啓判付內, "罪在必誅, 已經先王恩宥, 依大臣議施行." 先是, 丁酉之亂, 黃石山城被陷, 義兵將郭䞭, 趙宗道等皆死之. 而守城將白士霖與妻子獨全, 故南中人疑其先棄城走. 至是鄭仁弘使其門徒進章, 請殊之. 王下禁府議."

12 『史記』 권1 「五帝本紀」. "東至于海, 登丸山及岱宗. 西至于空桐, 登雞頭."(『사고전서』 수록본).

61
이순신을 다시 기용하여 삼도수군통제사에 임명하다

1 노승석 역, 『난중일기』(민음사, 2011년 1판 5쇄), 389쪽.

62
왜병이 남원부를 함락시키다

1 "정탐병"으로 번역한 "야불수(夜不收)"에 대한 조선 의 두주: "야불수는 변경을 지키는 군대의 이름이다(夜不收, 守邊軍名)."
2 16 "牆."
3 16 "炮."
4 16 "炮."
5 16 "炮."
6 이칭 "疎"가 "陳"으로 되어 있다.
7 16 "炮."
8 16 "炮."
9 16 "牆."
10 16 "牆."
11 16 "牆."
12 16 "炮."
13 이칭 · 조선 "頸"이 "頭"로 되어 있다.
14 16 "牆."
15 16 "牆."
16 조선 "與" 없음.
17 조선 "金."
18 『兩朝平攘錄』권4하, 8뒤, "惟敬痛恨楊元, 無由報復. 被擒之日, 暗令婁國安脫身, 報與行長南原虛實, 令其起兵掩襲."『明代史籍彙刊 國立中央圖書館藏本 5 兩朝平攘錄』(臺灣學

生書局, 1969), 312쪽.
19 『兩朝平攘錄』권4하, 11뒤 "蓋此時, 朝鮮雖賴中國兵援, 然被兵殘害處, 亦不減於倭. 所以不欲官兵在州.", 『明代史籍彙刊 國立中央圖書館藏本 5 兩朝平攘錄』(臺灣學生書局, 1969), 320쪽.
20 『西厓先生文集』권16 「記癸巳冬司天使事」 "吾聞朝鮮人言倭賊梳子. 天兵篦子. 信乎?"
21 김시덕, 「일본의 임진왜란 문헌 9—『와키사카기』하」, 『문헌과 해석』 62(문헌과해석사, 2013·3), 70~71쪽.

63
통제사 이순신이 진도 벽파정 아래에서 왜군을 무찌르고 적장 마다시를 죽이다

1 "馬多時"에 대한 [이칭]의 금안문: "지금 생각건데 '마다(馬多)'는 '마타(又)'의 훈인가. 우리나라의 일반적인 관리 가운데 '마타 모씨'라고 하는 사람이 많다. 이 마타 모씨가 누구인지는 알지 못한다(今按, 馬多又訓乎? 我俗吏稱又某者多. 此又不知誰)." 이처럼 [이칭]의 편찬자는 마다시(馬多時)가 누구를 가리키는지 모르겠다고 적고 있다. 현재 학계에서는 마다시가 임진왜란 당시의 일본 수군장 가운데 누군지에 대해 여러 설이 제기되어 있는데, 이 역해본에서는 전국시대 시코쿠(四國) 지역에서 활동한 수군 세력인 간 미치나가(菅達長)의 아들 간 마타시로 마사카게(菅又四郎正陰)로 보았다.
2 [16]에서는 이 부분에서 단락이 끝나고 새로운 단락으로 넘어가지만, [2]에서는 단락 구분 없이 연속되어 있다. 여기서는 [2]의 구성에 따랐다.
3 [조선] "時" 없음.
4 [16]·[조선] "炮."
5 [16] "炮."
6 16권본은 여기에서 한 단락을 끝내고, 이어지는 "上"부터 새로운 단락으로 처리한다. 이 부분은 내용상 앞부분과 이어지는 것으로 보이고 16권본 및 2권본은 보통 "上"의 앞에 한 글자 공격(空格)을 두기 때문에, 16권본이 여기에서만 "上"에서 새로

운 단락을 설정한 이유는 잘 알 수 없다.
7 [이칭] 이하 진린이 이순신에게 감화되었다는 내용의 "與璘同在軍中" ~ "蓋心服也" 부분이 생략되어 있다.
8 [16] "敗."
9 『난중일기』 1597년 9월 16일. 노승석 역, 『난중일기』(민음사, 2011년 1판 5쇄), 418쪽.

64
적병이 물러나다

1 원래는 "신일(辛日)에는 장(醬)을 담그는 것이 좋지 않다(辛不合醬)"라는 뜻인데, 여기에 신잡(申磼)을 엇걸어서 "대신 지위에 있는 신(申)잡이 장(醬)과 같이 하찮은 문제를 거론하는 것은 어울리지 않는다(申不合醬)"라고 말장난하는 것이다.
2 의정을 보는 공간.
3 [초본] · [16] "駐."
4 [이칭] 이하 울산성전투 기사 및 1598년 7~8월의 동향까지 생략되고, 9월에 명나라 군대가 부대를 재편성했다는 기사가 이어진다. 근세 일본의 거의 모든 임진왜란 문헌에서 대서특필되는 울산성전투와 가토 기요마사의 동향이 발췌 대상에서 제외되어 있다는 점에서 [이칭]의 발췌 방식은 특징적이다.
5 『兩朝平攘錄』 권4하, 34뒤, "薩摩州義弘素號狡悍, 而望津之塞尤爲天險.", 『明代史籍彙刊 國立中央圖書館藏本 5 兩朝平攘錄』(臺灣學生書局, 1969), 364쪽.
6 "彼の家の族臣島津久通, 其の屬士高柳行文と文祿慶長再役の始末を錄して, 以て六卷と爲し, 『征韓錄』と號す. 今秋, 江城留滯の間, 余が一覽を請ふ. (중략) 乃ち知りぬ, 家傳の聞く所を以て, 本と爲して, 諸を中華の記に參考することを. 且, 久通が顯祖忠長, 義弘に軍中に從ひしは則ち, 其の事の正しき, 錄の實なる, 豈 尋常の街談 · 巷說の比ならんや. 嗚呼, 石曼子の名, 旣に中華に顯る.", 『第二期戰國史料叢書六 島津史料集』(人物往來社, 1966), 138~139쪽.
7 『규합총서』에 관하여 가르침을 주신 전주대학교 차경희 선생님께 감사 드린다.

65

12월에 경리 양호와 제독 마귀가 기병과 보병 수만 명을 이끌고 경상도로 내려가 울산의 적 진영을 공격하다

1 조선 "摩."
2 16 "望" 뒤에 "見" 있음. 이보다 다섯 글자 앞에도 "見"이 있는 것으로 보아 2 에서는 중복을 피해서 생략한 것 같다.
3 16 "牆."
4 16 "賊" 없음.
5 이상, 김시덕, 「일본의 임진왜란 문헌 4—『기요마사 고려진 비망록』의 해제 및 번역하」, 『문헌과 해석』 55(문헌과해석사, 2011·7), 100~104쪽.
6 『兩朝平攘錄』 권4하, 28앞뒤, "圍困十日十夜, 汲餉不繼, 倭奴至嚙紙充饑, 飮溺解渴. 每造飯, 先食能用礟者, 而餘聽其餒死. 衆心皇皇, 朝暮不保, 淸正全然不憚, 惟死守以俟釜營之救.", 『明代史籍彙刊 國立中央圖書館藏本 5 兩朝平攘錄』(臺灣學生書局, 1969), 353~354쪽.

66

무술년 7월에 경리 양호가 파면되고 새로 경리 만세덕이 이를 대신하다

1 조선 "罷" 없음.
2 이칭 "九月" 앞에 "戊戌" 있음.
3 『宣祖實錄』1598년(선조 31), 11월 16일, "倭賊之不可共一天, 嬰孩之所同知, 而成龍身爲大臣, 首倡和議, 當(胡澤)〔胡澤〕出來之時, 力主羈縻之說, 遂與沈惟敬, 相爲表裏, 以致皇朝執言, 封倭勅中, 有朝鮮請封之語. 此一國臣民, 欲爲蹈海, 而不願聞者也. 成龍恐其朝論不許, 則深諱其事, 使臺官不得知, 黃愼旣發之後, 臺官始聞而論之, 其蔑朝廷無忌憚極矣. (중략) 楊經理意在討賊, 顯斥成龍主和, 故成龍常銜之, 經理之被參, 適中其欲. 朝廷欲爲經理(變)〔辨〕誣則曰:'此事非我所知, 告諸右相可也.'欲爲呈文於科道, 則不肯首書己名, 每以原任大臣書之, 蓋其心恐忤丁應泰而然也. 惟其主和一念, 撐柱於中, 故擔當六七年來,

其所營爲布置, 率皆有名而無實, 只以揮毫弄墨, 爲課日塞責之地, 而不有人言, 剛愎自用, 作事害政, 無所不至."

4 『宣祖修正實錄』1598년(선조 31) 9월 1일. ""臣行次夾江中洲, 見豆黍豐茂, 詢之遼人在途者, 曰: '此膏腴地, 收穫數倍西土. 先年, 朝鮮與遼民爭訟之, 都司屢經斷案, 鮮人不平. 萬曆二十年, 遂令彼國世居倭戶, 往招諸島倭奴, 起兵同犯天朝, 奪取遼河以東, 恢復高麗舊土.' 等語, 臣不勝駭異. 臣行次定州, 而臣從役, 以布數尺, 換鮮民舊書包裹食物, 書名『海東紀略』, 乃朝鮮與倭交好事實也. 自丙戌年遣壽藺, 齎書禮, 達日本薩摩諸州及對馬島諸郡諸浦, 或受圖書, 約歲通倭船互市, 或受朝鮮米豆, 至納細布千匹, 米五百石于伊勢守, 轉達日本, 皆獻納互市之實跡也. 且國王諸酋使舡有定數, 接待諸使有定例, 倭館使舡大小船夫有定額, 給圖書有職掌, 迎候供宴, 有定儀. 復詳其天皇世系, 國王世系, 與夫政令, 風俗歷歷指掌, 且假日本之使, 而通給琉球. 又按其圖說, 而熊川, 東萊, 蔚山其恒居倭戶二千有奇, 畠山殿副官書契中, 明言國王和親. 由是觀之, 紬米之說有據, 而招倭復地之說非虛語也. 不謂關白雄酋, 乃因其招, 而乘其敝, 遂一擧而襲破其國, 則鮮君臣之自貽戚也. 朝鮮應科人習三經, 則旣知『春秋』大義, 當謹奉天朝正朔, 何爲又從日本康正, 寬正, 文明等年號, 而大書之, 且小字分書永樂, 宣德, 景泰, 成化紀年于日本紀年之下則是尊奉日本, 加于天朝, 甚遠, 而書又僭稱太祖, 世祖, 列祖, 聖上, 敢與天朝之稱祖, 尊上等, 彼二百年恭順之義謂何, 而皇上試以此責問朝鮮, 彼君臣將何說之辭? 況其舞文, 譽辱中國先代帝王, 卽其一序, 已自概見, 朝鮮君臣輕蔑中國, 已非一日. 招倭搆釁, 自啓禍戎, 而剛愎求援, 動稱死節. 我皇上恩勤字小, 發怒遣師, 已復還全土界矣. 乃又固爭禮文, 再勤皇上東顧之憂, 且自儇安逸, 移禍天朝, 不知何所底極. 夫邦君無道, 六師移之, 三代不易之大法也. 今朝鮮國王【姓諱】暴虐臣民, 沈湎酒色, 乃敢誘倭入犯, 愚弄天朝.'""

5 "[梵字] 爲高麗國在陣之間, 敵味方開死軍兵, 皆令入佛道也" 慶長二年八月十五日, 於全羅南原表, 大明國軍兵數千騎被討捕之內, 至當手前四百卄人伐果畢. 同十月朔日, 於慶尙泗川表, 大明八萬餘兵擊亡畢. 右於度々戰場, 味方士卒當弓箭刀仗被討者三千餘人, 海陸之間, 橫死病死之輩, 具難記矣." (고야산 영보관(高野山靈寶館) 홈페이지에 소개된 비석 사진을 이용).

67
10월에 제독 유정이 다시 순천의 적진을 공격하다.
통제사 이순신은 수군을 이끌고 적의 구원군을 바다에서
크게 무찔렀지만 이순신은 이 전투에서 전사하다

1 [16] "破"가 "敗"로 되어 있다.
2 [조선] "於."
3 이 대목에 대한 [이칭]의 금안문: "지금 생각건대 무술은 우리 게이초 3년, 명나라의 만력 26년이다(今按, 戊戌, 我慶長三年, 明萬曆二十六年也)." 또한, 이하 [이칭]에서는 「녹후잡기」까지의 기사가 모두 생략되어 있다.
4 [16] "擁."
5 [16] "揮"가 "流"로 되어 있다.
6 이민웅, 「제5장 바다 위에서 이루어낸 대역전: 노량해전, 영웅과 맞바꾼 최후의 승리」, 『임진왜란 해전사』(청어람미디어, 2008년 1판 6쇄)에 상세하다.
7 『兩朝平攘錄』권4하, 40뒤~41앞. "陳璘, (중략) 令鄧子龍, 協同朝鮮李統制, 引千余水兵, 駕三巨艦, 爲前鋒, 破浪直攻南海, (중략) 子龍欲奪頭功, 親率家丁[皆江西人]二百余, 齊上高麗船, 衝鋒奮擊殺賊無數. 不期後船, 用火器失手反打鄧船. 蓬檣俱着, 我兵竄伏在一邊, 被倭乘勢登舟. 將鄧副將及家丁皆砍死. 李統制見鄧將有失, 奮勇前救, 亦及於難.", 『明代史籍彙刊 國立中央圖書館藏本 5 兩朝平攘錄』(臺灣學生書局, 1969), 378~379쪽.
8 『兩朝平攘錄』권4하, 20앞. 『明代史籍彙刊 國立中央圖書館藏本 5 兩朝平攘錄』(臺灣學生書局, 1969), 337쪽.
9 김시덕, 「일본의 임진왜란 문헌 4―『기요마사 고려진 비망록』의 해제 및 번역 하」, 『문헌과 해석』55(문헌과해석사, 2011·7), 107쪽.

68
이순신의 자는 여해이고 본관은 덕수이다

1 경서 등을 강독하는 문관.

2 16 "迹."
3 조선 "有" 없음.
4 조선 "義."
5 이민웅,『이순신 평전』(책문, 2012).

69
전쟁터에 있을 때에 통제사 이순신은 밤낮으로 엄중히 경계하여, 갑주를 푼 적이 없다

1 16 "炮."
2 김시덕,「임진왜란의 기억―19세기 전기에 일본에서 번각된 조일 양국 문헌을 중심으로」, 인하대학교 한국학연구소 편,『동아시아의 전쟁기억』(민속원, 2013), 35쪽. 및 2012년 7월 9일 자《서울신문》칼럼「선택! 역사를 갈랐다 (19) 류성룡과 조헌」을 참조.

| 녹후잡기(錄後雜記) |

70
조짐(兆朕)

1 교자(轎子)는 가마를 가리키며, 십정(十亭)은 무엇을 가리키는지 알 수 없다.
2 압슬은 죄인을 무릎 꿇게 한 뒤에 무거운 돌이나 널판지 같은 것으로 무릎을 누르는 형벌이고, 화형은 불로 지지는 형벌이다.
3 두 가지 현상 모두 전쟁과 같은 불길한 일이 일어날 징조로 여겨졌다.
4 이 대목에 대한 이칭 의 금안문: "지금 생각건대 무인은 만력 6년 일본 덴분 6년, 무

자는 만력 16년 일본 덴분 16년, 신묘는 만력 19년 일본 덴분 19년이다(今按, 戊寅, 萬曆六年, 日本天文六年, 戊子, 萬曆十六年, 日本天文十六年, 辛卯, 萬曆十九年, 日本天文十九年)." 여기서 『이칭일본전』의 편자는 또다시 덴쇼(天正) 연호를 덴분(天文)으로 잘못 적고 있다.

5 이칭·조선 "太". 일본 규슈 후쿠오카 시 남부 다자이후(太宰府)에는 고대 일본의 대외 교류 거점인 다자이후(大宰府)라는 행정기관이 설치되어 있었다. 기관으로서의 다자이후를 표기할 때는 원래 "大"를 썼지만, 8세기 이후에는 "太"라는 글자도 이용되었다(『太宰府市史 通史編』, 太宰府市, 2005, 11쪽). 이외에도 중세 이후 일본에서는 "太"와 "大"를 혼용하는 사례가 자주 확인된다. 동시에 일본에서는 "태평(太平)"이라는 단어가 중세의 군담소설 『태평기(太平記)』를 비롯한 여러 경로를 통해 사람들에게 친숙해져 있었기 때문에, 『징비록』의 일본판인 이칭과 조선에서도 이러한 심리에 의해 "大平"이 "太平"으로 바뀐 것 같다. 이 부분의 집필에 도움을 주신 교토대학 대학원의 김현경 선생님께 감사의 뜻을 표한다.

6 이칭 "日."

7 이칭 이하 「녹후잡기」 전체가 생략되어 있다.

8 『西厓先生文集』 권16 「雜記」. "辛卯, 許以吏文學官, 隨聖節使金應南赴京. 時通信使始回, 得倭聲息, 朝廷移咨禮部報變. 旣入上國界, 所經一路見人, 往往指點耳語, 無親信意. 景色異前. 到山海關. 關下人皆大罵, 汝國與倭同叛, 何故來耶. 同行唐陵君洪純彥, 老譯解事. 嘉靖丁卯, 許閣老國來我國, 純彥爲隨行通事. 與閣老舍人愈深最熟. 至是使臣憂懼. 與洪議, 使洪裁密書抵深. 陳本國事情, 俾達於閣老, 密購人先送. 旣而行到通州, 路上望見, 一人坐高阜. 以手招之. 唐陵與邀馳赴之. 乃愈深也. 深言近福建等處. 皆奏汝國導倭欲犯順. 論議藉藉. 閣老獨力保之. 以爲必無此理. 且言朝鮮節使今且至. 必有報變文字. 如無則果可疑也. 科道官或欲上本. 待汝國使臣至. 請鞫問者. 閣老云. 事不可知. 而先鞫使臣. 非柔遠之道. 以此論議少寢. 特待汝國報變與否而處之矣. 今得書. 閣老亦甚喜. 使我先報路中. 故來. 言訖. 恐傍人看覷. 疾馳不顧而去."

71
하늘의 뜻

1 『춘추』 소공(昭公), 25년조에, 원래 노(魯)나라에 살지 않는 "찌르레기가 날아와 둥지를 틀었다(有鸜鵒來巢)"라는 구절이 보인다.

2 『춘추』 희공(僖公), 16년조에, "16년 봄 정월 초하루에 송(宋)나라에 다섯 개의 돌이 떨어졌다. 이 달에 물수리 여섯 마리가 바람에 불려 뒤로 날아가 송나라 수도를 지나갔다(十有六年春王正月戊申朔, 隕石于宋五. 是月, 六鷁退飛, 過宋都)"라는 구절이 보인다. 좋지 않은 징조로 이해된 것 같다.

3 "큰 사슴이 많다(多麇)"라는 구절은 『춘추』에 보이지 않는 것 같다. "균(麇)"은 뿔없는 큰 사슴을 가리킨다.

4 『춘추』 장공(莊公), 18년조에, "가을에 물여우가 있었다(秋, 有蜮)"라는 구절이 보인다.

5 하늘을 28개로 구획한 이십팔수(二十八宿)에서 미(尾)는 전갈자리, 기(箕)는 궁수자리를 가리키며 동북쪽에 자리한다. 『한서(漢書)』 권28하 「지리지 하(地理志下)」에 "연나라 땅은 미와 기의 분야이다 (중략) 오른쪽으로 북평(北平), 요서(遼西), 요동(遼東) (중략) 마땅히 낙랑(樂浪), 현토(玄菟)도 이에 속한다(燕地, 尾·箕分野也. (중략) 右北平·遼西·遼東. (중략) 樂浪·玄菟, 亦宜屬焉)"라는 대목이 보인다. (『사고전서』 수록본).

6 ⑯ "舊京"이 "古都"로 되어 있다. 초본에는 이 부분이 없다.

7 『宣祖實錄』 1592년(선조 25) 4월 28일. "上以人心危懼, 謂大臣曰: "歲星所在之國, 伐之者必有其殃. 今歲星在於燕分, 賊當自滅." 旣又下敎, 安慰之."

72
용병(用兵)

1 『사기(史記)』 권108 「한장유 열전 제48(韓長孺列傳第四十八)」의 "강한 활로 쏜 화살도 끝에 가서는 노(魯)나라의 얇은 천을 뚫지 못한다(彊弩之極, 矢不能穿魯縞)"라는 구

주석 745

절에서 왔다.
2 『주자어류(朱子語類)』 권130 「본조4(本朝四)」의 "여진인은 전쟁할 줄 모른다. 어찌 고립된 채로 남의 나라에 깊이 들어가 무사히 돌아갈 수 있겠는가?(女眞不知兵. 豈有孤軍深入人境, 而能善其歸乎?)"(『사고전서』 수록본).
3 16 "蒼黃"이 "倉皇"으로 되어 있다.
4 조선 "奮."
5 이에 대한 역사학적 고찰은, 한명기, 「임진왜란 시기 류성룡의 외교활동」, 이성무 외 편 『류성룡의 학술과 경륜』(태학사, 2008)에 상세하다.
6 「병신년 4월 11일 평안도 순찰사와 병사에게 지시하는 공문」, 이재호 역, 『국역 서애전서 I-5 국역 군문등록』(서애선생 기념사업회, 2001), 191쪽.
7 「병신년 7월 11일 체찰사의 뜻으로 종사관이 올린 계사」, 이재호 역, 『국역 서애전서 I-5 국역 군문등록』(서애선생 기념사업회, 2001), 262쪽.
8 김시덕, 「근세 일본 임진왜란 문헌군에 보이는 함경도 지역의 의병 활동에 대하여―『기요마사 고려진 비망록』의 분석을 중심으로」, 『한일군사문화연구』 12(한일군사문화학회, 2011·10)에서 이 문제를 검토했다.
9 김시덕, 「일본의 임진왜란 문헌 2―『기요마사 고려진 비망록』의 해제 및 번역 上」, 『문헌과 해석』 53(문헌과해석사, 2011·1), 101~102쪽.
10 『宣祖實錄』 1592년(선조 25) 9월 17일. "〔○〕兵部令遼東都司移咨, 有曰: "今據女眞建州貢夷馬三非等, 告稱: "本地與朝鮮, 界限相連, 今朝鮮旣被倭奴侵奪, 日後必犯建州. 奴兒哈赤部下, 原有馬兵三四萬, 步兵四五萬, 皆精勇慣戰. 如今朝貢回還, 對我都督說知, 他是忠勇好漢, 必然威怒, 情願揀選精兵, 待嚴冬氷合, 卽便渡江, 征殺倭奴, 報效皇朝." 據此情詞, 忠義可嘉, 委當允行, 以攘外患, 但夷情回測, 心口難憑, 況事在彼中, 遠難准信." 本國有曰: "當職, 爲照天朝矜恤小邦, 陷於倭寇, 思所拯濟, 靡有餘力. 雖點虜兇詐之說, 而有及於救患, 則亦皆樂聞而許之. 猶慮夷情叵測, 謂難遽信. 令遼東撫鎭衙門, 密議施行. 兼察有無別患釁端. 一則曰嚴加約束, 不許攪擾, 二則曰稍有窒礙, 卽行寢絶, 雖父爲子謀, 無以加此. 當職前後受恩, 死且西首, 結草圖效. 仍念小邦, 西北一帶, 與建州三衛, 境界相連, 自祖先以來, 屢被其患. 欽蒙列聖明見萬里, 乃於成化十五年, 憲宗純皇帝, 赫怒發兵, 勅諭本國, 協行征討, 捕斬渠魁滿住. 自後彼賊餘孼, 常懷憤恨, 每到本國沿江地面, 竊發爲

寇. 小邦常勤防戍, 僅得遮遏, 此虜蓄怨小邦, 非止一世, 悍昧伺隙, 積有年紀. 卽有其黨馬三非等, 假名征倭, 禀告兵部, 陽示助順之形, 陰懷猖噬之計. 若遂其願, 禍在不測, 當職廟社爲墟, 先墓不保, 憂憤成疾, 益無以自效, 而性命苟存. 賊勢環逼, 只恃天朝終始哀憐救活. 乞卽明飭兇徒, 痛破姦計, 杜外胡窺覘之漸, 急進王師, 快施天討, 宣中國征討之威, 不勝幸甚."

11 「시무를 진주하는 차자 임진년 9월」, 이재호 역, 『국역 서애전서 I-2 국역 근폭집』(서애선생 기념사업회, 2001), 7쪽.
12 『兩朝平攘錄』 권4하, 16뒤, 『明代史籍彙刊 國立中央圖書館藏本 5 兩朝平攘錄』(臺灣學生書局, 1969), 330쪽.
13 『萬曆野獲編』 권17 「暹羅」. "倭事起時, 有無賴程鵬起者, 詭欲招致暹羅, 擧兵搗其巢, 以紓朝鮮之急, 其說甚誕. 一時過計者, 又恐暹羅入境, 窺我虛實, 且蹂踐中華."(베이징대학 소장본).
14 『朝鮮征伐記』 상권 「軍勢又渡海事 付小西攝書事」. "暹羅ノ使都ニ在ケルカ, 申ケルハ, 願ハ兵ヲ出シテ, 倭ヲ剿ト望ム. 朝廷皆儀ニ同シケル處ニ, 巡撫蕭彦流力曰, 暹羅ハ極テ西方ナリ. 滇南ト相對ス. 日本ハ極テ東方ナリ. 吳越ト相對ス. 相去ル事一萬千余里. 其間ニ安南・占城・漏喇咖・呂宋・琉球等ノ國アリ. 多ノ人ノ國ヲ越テ中國ノ爲ニカシ致サントスル事, 甚ダ成リ難シ. 其上, 中國ノ南方ノ一道ヲ多クノ船師通リナハ浦近キ國々悉ク疲レ苦ムヘシ. 若又暹羅折ヲ得テ還テ我國ヲ侵サハ, 誰カ是ヲ禁センヤト, 理ヲ盡シテ申シケルニ依テ, 暹羅ノ儀ハ, 終ニ止ミケリ."(쇼코칸(彰考館) 소장본).

73
지형

1 서한(西漢) 때 흉노(匈奴)가 북방을 침략하자 조조가 한 말로, 『전한서』 권49 「원앙조조전 제19(爰盎晁錯傳第十九)」에 보인다. (『사고전서회요』 수록본).
2 조선에는 "近" 뒤에 "故"가 있다. 16·2에는 "二陵" 앞에 존경의 뜻으로 한 글자가 비워져 있다(空格). 그런데 2를 보면 그 비어 있는 부분에 글자가 있었던 듯한 흔적이 보인다. 그래서 조선에서는 문맥에 알맞게 "故"를 집어넣은 것 같다.

74
성(城)

1 『기효신서』는 저본에 따라 편(篇) 구성에 차이가 있는데, 만력(萬曆) 연간에 간행된 14권본『기효신서』그리고 명대에 간행된 이승훈본(李承勛本)『기효신서』를 저본으로 해서 조선에서 1664년(현종 5)에 간행된 조선본『기효신서』의 경우에는 권13에 「수초편(守哨篇)」이 수록되어 있고, 그 안에 치(雉), 타(垛), 옹성(甕城) 등의 그림이 실려 있다. 14권본은『中國兵書集成18 紀效新書二種』(解放軍出版社, 1995) 1117쪽에, 조선본은『군사사연구자료집 제7집 기효신서 하』(국방군사연구소, 1998) 191쪽에 치(雉)의 삽화가 영인되어 있다. 노영구, 「조선후기 城制 변화와 華城의 城郭史的 의미」,『진단학보』88(진단학회, 1999)도 참조.

2 이 대목이 포함된『기효신서』의 치(雉) 관련 원문은 다음과 같다. "雉解. 凡雉出城身外, 大者三丈, 次者二丈, 次者一丈五尺. 直出三丈者, 橫長五丈, 直出二丈者, 橫長三丈, 直出一丈者, 橫長一丈五尺. 比城原身, 高三丈者, 加高三尺, 二丈者, 加高二尺. 每五十垛一雉, 城闊, 加之. 不拘幾雉, 左右遇角遇門, 或多幾數丈, 或小幾數丈, 從便均勻排. 每面除樓角所占不等. 約一里者, 樓角之中各二雉, 二里者, 樓角之中各四雉, 以此加之. 不足丈尺者, 五十垛以外, 亦可以五十垛計, 五十垛以內, 亦可以五十垛計, 通變在人. 此大槩耳."『中國兵書集成 18 紀效新書二種』(解放軍出版社, 1995), 1118~1119쪽.

3 공성(攻城)용 사다리차와 성을 들이받기 위한 수레.

4 조선 "哉"가 "乎"로 되어 있다.

5 조선 "摩."

6 16 "不."

7 『成宗實錄』1479년(성종 10), 1월 17일. "同副承旨蔡壽啓曰: '崇禮門近將重修, 幷築甕城爲便.' 左承旨金升卿曰: '中國, 雖驛站皆築甕城. 崇禮門天使出入之處, 不築甕城可乎?' 右副承旨柳洵曰: '崇禮門, 自祖宗朝無甕城, 不須築也.' 上曰: '我國民力不裕, 安能一如中國乎? 若築甕城, 當毁民家, 貧窮者何以堪之? 賊至此門, 國非其國矣, 何益之有? 其勿築之.'"

8 『宣祖實錄』1595년(선조 28), 10월 22일. "江邊形勢, 最爲險要. 我國之地, 與虜地, (大)

[犬]牙相錯, 中挾大江, 合氷之後, 虜騎雖乘氷馳突, 而山崖險阻, 洞壑成磎之處, 可以設險. 如滿浦高山里之間, 有所灘, 賊由黃城以出, 則必從此路, 出於伐登浦. 高山里下禿魯江口, 渭原林里及郡後鴨綠江口, 山羊會, 童巾江口, 碧潼·碧團大小吉號里等處, 皆係緊要云. 此外, 亦必有可守可據之處, 在於主將, 臨時處置如何? 氷上設險之事, 前於備邊司之啓略陳矣. 大槪長江若合, 則化爲坦途, 虜之馬足, 不可遮遏, 故中原於遼河, 爲氷墻, 此則人力多入. 且長江一望之地, 亦難處處設之. 惟於江口峽束之處, 兩岸斗絶, 而中通一條路, 則可以橫鑿, 品防於氷上, 而於氷穴, 列植多枝之木, 與氷水堅結, 滿江設爲六七里, 則虜騎不敢輕進, 而我軍從兩岸, 多發火器, 可以却虜. 此乃可行之策. 大抵虜兵, 長於弓馬, 而不事火器. 若我軍多備鳥銃, 火箭, 雜砲, 預爲精習, 而臨機善用, 則虜兵雖多, 似當制之."

9 『만주실록』 권8 1626년(天命 11, 天啓 6). "unege giyoo hūwa doo i cooha be gidaha, orin ninggun de, ning yuwan i hecen i julergi juwan ninggun bai dubede mederi dorgi giyoo hūwa doo gebungge tun de šan hai guwan i tulergi coohai niyalma jetere jeku orho be gemu cuwan i juwefi sindahabi seme donjifi, taidzu gengiyen han jakūn gūsai monggoi cooha i ejen unege de manju i cooha jakūn tanggū nonggifi, giyoo hūwa doo be gaisu seme unggifi, manju gurun i coohai ambasa isinafi tuwaci, daiming ni bele orho be tuwakiyaha duin tumen coohai ejen ts'anjiyang hergen i yoo fu min, hū i ning, gin guwan, iogi hergen i gi šan, u ioi, jang guwe cing, mederi juhei dele ing ilifi, juhe be sacime tofohon bade isitala ulan i adali šuyen arafi, sejen kalka dalifi cooha faidahabi, manjui cooha tere ulan i dubederi sacime dosifi uthai gidafi bošome wame wacihiyafi, tuwaci tun i alin de daiming ni cooha jai juwe ing ilihabi, manjui cooha uthai afame dosifi, tere juwe ing ni cooha be gidafi wame wacihiyafi, juwe minggan funceme cuwan, booi gese muhaliyaha minggan funceme buktan i bele orho be gemu tuwa sindafi, amba cooha de acanjiha."(만주어). "武訥格敗覺華島兵. 二十六日, 聞明國關外之兵, 所需糧草俱屯於覺華島【離寧遠南十六里】, 遂命武訥格, 率八固山蒙古, 又益兵八百, 往取之. 見, 明國守糧叅將姚撫民·胡一寧·金冠, 遊擊季善·張國靑·吳玉, 於冰上安營, 鑿冰十五里, 以戰車爲衛. 我兵從未鑿處進擊, 遂敗其兵, 盡殺之. 又有二營兵立於島山之上, 遂衝入, 亦盡殺之, 焚其船二千餘, 及糧草千餘

堆, 乃還大營."(중국어). 『淸實錄 第1冊 滿洲實錄』(中華書局, 1986), 395~397쪽. 만주어 본문은 고려대학교 민족문화연구원 만주학센터 역사연구실의 윤독문에 의거해서 일부 수정 하였다.

10 『宣祖實錄』 1595(선조 28), 10월 22일. "兼四道都體使柳成龍啓曰:"平安道軍兵, 右議政李元翼爲監司時, 已曾分部定將, 有哨官, 旗總, 隊總, 以相統屬, 敎之以砲殺之技, 其數已多, 比諸他道不經訓鍊之軍, 相去遠矣. 元翼遞來之後, 未知練習成就, 能不廢舊規與否; 且不知當初分定哨官, 旗總, 隊總, 皆未移易, 而所屬之軍, 亦果保無離散與否. 治兵條理, 只在於此. 令本道巡察使, 急速修正軍案一冊, 依訓鍊都監下送規模, 劃卽上送, 以憑後考. 且 雖事變調發之際, 當依平日部伍, 次次調用, 毋得換易隊伍, 離其統屬, 移此屬彼, 使軍心不定, 將卒不相知, 更蹈前日紊亂之弊, 以誤軍機爲當. 江邊形勢, 最爲險要. 我國之地, 與虜地, (大)〔犬〕牙相錯, 中挾大江, 合氷之後, 虜騎雖乘氷馳突, 而山崖險阻, 洞壑成磧之處, 可以設險. 如滿浦高山里之間, 有所灘, 賊由黃城以出, 則必從此路, 出於伐登浦. 高山里下禿魯江口, 渭原林里及郡後鴨綠江口, 山羊會, 童巾江口, 碧潼·碧團大小吉號里等處, 皆係緊要云. 此外, 亦必有可守可據之處, 在於主將, 臨時處置如何? 氷上設險之事, 前於備邊司之啓略陳矣. 大槪長江若合, 則化爲坦途, 虜之馬足, 不可遮遏, 故中原於遼河, 爲氷墻, 此則人力多入. 且長江一望之地, 亦難處處設之. 惟於江口峽束之處, 兩岸斗絶, 而中通一條路, 則可以橫鑿, 品防於氷上, 而於氷穴, 列植多枝之木, 與氷水堅結, 滿江設爲六七重, 則虜騎不敢輕進, 而我軍從兩岸, 多發火器, 可以却魔. 此乃可行之策. 大抵虜兵, 長於弓馬, 而不事火器. 若我軍多備鳥銃, 火箭, 雜砲, 預爲精習, 而臨機善用, 則虜兵雖多, 似當制之. 至於守城之法, 亦有其要. 我國城子, 垛堞低淺, 賊之矢石, 雨集於城上, 則守城之人, 不得出頭. 賊必直進於城下, 或梯城以上, 或以長楸毁城, 頃刻之間, 我軍失於隄防, 而城不可守. 中國之人, 爲此於城垛, 必爲懸眼, 以見城下之賊. 我國城則無此制. 且曲城不多, 禦此極難. 惟當以大木, 橫設於城上, 相去二三垛, 使兩頭出外一尺, 其末, 橫木相連, 而上施防牌爲樞, 使之開閉, 則旣可以防賊矢石, 又可下瞰城下之賊, 以施擊刺也. 且城制屈曲處, 亦當設防牌, 而左右前面, 多鑿孔穴, 如倭陣土墻之法, 以放大, 小砲, 亦妙也. 高麗時, 朴犀開守龜城也, 賊兵以生牛革, 裹木自蔽, 而直前城下, 矢石無可如何. 朴犀開鎔鐵液以灌之, 頃刻灰燼. 金汴城, 爲蒙古所圍, 蒙古兵直坎城下, 城上人, 以鐵索, 懸震天雷以下, 火發於城下, 而卽爲糜爛. 此皆禦附城之賊之法也.""

75
포루(砲樓)

1 원문은 간접인용 형식이어서 이 부분이 "나의 편지를 보고"라고 되어 있으나, 이 번역에서는 조종도의 말을 직접인용으로 바꾸었기 때문에 "그대의 편지를 보고……"라고 하였다.
2 정연식, 「화성의 방어시설과 총포」, 『진단학보』 91(진단학회, 2001).

76
장수(將帥)

1 『주역』 지수사(地水師) 괘. "육삼, 전쟁에서 패하여서 병사들의 시체를 수레에 싣는다. 흉하다(六三, 師或輿尸, 凶)." 『무영전 십삼경주소(武英殿十三經注疏)』본 『주역정의(周易正義)』.
2 국립중앙도서관 소장 2권본에는 이 글자가 "爲"의 이체자인 "爲"와 비슷한 글자로 되어 있다. 일부 2권본에서 "焉"의 윗부분이 심하게 마모되어 있기 때문에, 국립중앙도서관본을 제작할 때 이를 "爲"로 오독한 것 같다.
3 노영구, 「16-17세기 조총의 도입과 조선의 군사적 변화」, 『한국문화』 58(규장각, 2012·6); 「16-17세기 근세 일본의 전술과 조선과의 비교」, 『군사』 84(국방부 군사편찬연구소, 2012·9) 참조.
4 『宣祖實錄』 1593년(선조 26), 11월 12일. "上教柳成龍曰: "鳥銃者, 天下之神器也, 第其藏藥不易, 而若或絶線, 則已爲敵矢所斃矣. 予爲此慮, 偶作此銃. 一人手放, 一人藏藥, 更出迭入, 其丸無窮. 但草創, 制度不巧. 今送于卿, 幸備一哂.""
5 『宣祖實錄』 1593년(선조 26), 11월 12일. "自古中興之主, 必以延攬英雄, 務悅民心爲急, 不徒區區於器械之精備也. 鳥銃之禦敵雖關, 而若人君自論其工拙, 則不幾於昧本末之道者乎? 況威天下, 不以兵革. 今日之務, 豈不在此, 而爲大臣者, 阿意承順, 默無一言, 可勝痛哉?"

주석 751

77
부교(浮橋)

1 이 대목은 『진서(陳書)』 권11 「열전 제5 황법변 곽우량 장소달(列傳第五 黃法抃 淳于量 章昭達)」에 보인다. "太建二年, 率師征蕭巋于江陵. 時蕭巋與周軍大蓄舟艦於青泥中, 昭達分遣偏將錢道戢·程文季等, 乘輕舟襲之, 焚其舟艦. 周兵又於峽下南岸築壘, 名曰安蜀城, 於江上橫引大索, 編葦爲橋, 以度軍糧. 昭達乃命軍士爲長戟, 施於樓船之上, 仰割其索, 索斷糧絶, 因縱兵以攻其城, 降之."
2 [16] "炮", [조선] "抱."

78
군사훈련

1 대나무 가지를 무기로 삼은 것으로서, 가지 하나하나마다 창날을 설치했다.
2 사(司)의 지휘관.
3 100명으로 구성되는 1초(哨)의 지휘관.
4 군대의 군량미나 관청 경비를 마련할 용도의 토지.
5 [16] "回."
6 「병졸을 훈련하고 또 절강의 무기를 본떠서 화포 등의 여러 가지 기구를 많이 만들어서, 훗날의 쓰임에 대비하기를 다시 청하는 서장 계사년 5월 25일」, 이재호 역, 『국역 서애전서 I-4 국역 진사록 2』(서애선생 기념사업회, 2001), 196~197쪽.
7 「정병을 뽑고 가려서 뒷날의 계획을 세우기를 원하는 서장 계사년 5월 25일」, 이재호 역, 『국역 서애전서 I-4 국역 진사록 2』(서애선생 기념사업회, 2001), 193~194쪽.
8 김종수, 『조선후기 중앙군제 연구』(혜안, 2003).
9 『宣祖修正實錄』 1594(선조 27), 2월 1일. "設訓鍊都監, 以柳成龍爲都提調. 初, 平壤之復也, 上詣謝都督李如松, 問天兵前後勝敗之異, 都督曰: "前來北方之將, 恒習防胡戰法, 故戰不利. 今來所用, 乃戚將軍『紀效新書』, 乃禦倭之法, 所以全勝也." 上請見戚書, 都督秘之不出. 上密令譯官, 購得於都督麾下人. 上在海州, 以示柳成龍曰: "予觀天下書多矣, 此

書實難曉. 卿爲我講解, 使可效法." 成龍與從事官李時發等討論, 又得儒生韓嶠爲郎, 專掌質問于天將衙門. 及上還都, 命設訓鍊都監, 成龍爲都提調, 武宰臣趙儆爲大將, 兵曹判書李德馨爲有司堂上, 文臣辛慶晋, 李弘胄爲郎屬."

10 노영구, 「선조대 기효신서의 보급과 진법 논의」, 『군사』 34(국방군사연구소, 1997) 및 「조선 중간본 기효신서의 체제와 내용—현종 5년 재간행 기효신서의 병학사적 의미를 중심으로」, 『군사사연구자료집 제6집 기효신서 상』(국방군사연구소, 1998).
11 『兩朝平攘錄』 권4하, 17앞뒤, 『明代史籍彙刊 國立中央圖書館藏本 5 兩朝平攘錄』(臺灣學生書局, 1969), 331~332쪽.
12 천혜봉, 『한국 서지학』(민음사, 2010), 443~455쪽.

79
심유경의 편지

1 [16] "御"가 "喩"으로 되어 있음.
2 [16] "阤."
3 [16] "王."
4 [16] "乃."
5 [조선] "子"가 "臣"으로 되어 있다.
6 [16] "何" 앞에 "而" 있음.
7 [조선] "代."
8 [16] "順逆"이 "逆順"으로 되어 있다.
9 「심 유격이 왜적과 더불어 강화한 일을 논하는 서장 임진년 12월」, 이재호 역, 『국역서애전서 I-3 국역 진사록 1』(서애선생 기념사업회, 2001), 230~231쪽.
10 동국역경원 편, 『사명대사집』(동국대학교, 1970), 361~372쪽. 원문은 한국학중앙연구원 소장본(K2-229)에 의함. "喜八問曰: "君等從何處來? 又何如僧也?" 答曰: "自督府營下, 兼承朝鮮都元帥命令而來矣." 佯僞語曰: "年纔十六七仕於朝, 自十八歲避世去隱于金剛山, 晦跡養神, 中年入大明, 與督府有素. 今遭汝兵, 督府領兵出來召我, 故我出住于督府營下. 他無可信之人, 故令送于汝陣, 與論將來和諧之意耳." 倭有喜色曰: "我國

議大事, 則以高僧召議矣. 貴國亦以高僧送來者, 以重此事也." 悅之深信之篤. 喜八盖清正寵將, 同謀者也. (중략) 問曰: "沈游擊講和條條事知耶否?" 我等故故以不知答也. 問曰: "君等自督府而來, 則何不知沈事云耶?" 因書示與 "天子結婚" "割朝鮮四道" 兩條, 曰: "此沈游擊行長講和事也. 何以云不知耶?" 答曰: "此沈行講和事, 則萬無成事之理. 上官之所欲, 亦在此耶?" 倭答曰: "上官之所欲, 與此異乎." 如此而問如此而答者數三遍, 原其情則, 皆不肯行長之爲也. (중략) 喜八以淸正之意書示曰: "沈公行長之約不成, 則日本之兵更爲渡海, 直向大明之國也. 當此時, 朝鮮之民一時餓死無餘矣. 當如之何也?" (중략) 曰: "我在永安時, 王子君夫人黃護軍每稱曰: '江原金剛山有貴僧云,' 而今大師必其人也. 委來見我幸甚.""

11 구마모토 일대의 가토 기요마사 관련 유적·유물 조사에 큰 도움을 주신 도리즈 료지(鳥津亮二) 선생님께 이 자리를 빌려 감사의 뜻을 표한다.

12 김시덕, 『그들이 본 임진왜란―근세 일본의 베스트셀러와 전쟁의 기억』(학고재, 2012), 89쪽에서 재인용.

13 김탁, 『한국의 관제 신앙』(선학사, 2004).

14 『西厓先生文集』권16 「記關王廟」 "余往年赴燕都. 自遼東至帝京數千里. 名城大邑及閭閻衆盛處. 無不立廟宇. 以祀漢將壽亭侯關公. 至於人家. 亦私設畫像掛壁. 置香火其前. 飲食必祭. 凡有事必祈禱. 官員新赴任者. 齊宿謁廟甚虔度. 余怪之. 問於人. 不獨北方爲然. 在在如此. 遍於天下云. 萬曆壬辰. 我國爲倭賊所侵. 國幾亡. 天朝發兵救之. 連六七載未已. 丁酉冬. 天將合諸營兵. 進攻蔚山賊壘. 不利. 戊戌正月初四日退師. 有遊擊將軍陳寅力戰中賊丸. 載還漢都調病. 迺於所寓崇禮門外山麓. 創起廟堂一坐. 中設神像. 以奉關王. 諸將楊經理以下各出銀兩助其費. 我國亦以銀兩助之. 廟成. 上亦往觀之. 余與備邊司諸僚. 隨駕詣廟庭. 再拜. 其像塑土爲之. 面赤如重棗. 鳳目. 髥垂過腹. 左右塑二人. 持大劍侍立. 謂之關平. 周倉. 儼然如生. 自是諸將. 每出入參拜. 皆曰. 爲東國求神助卻賊. 五月十三日. 大祭廟中. 云是關王生日. 若有雷風之異則神至矣. 是日. 天氣淸明. 午後黑雲四起. 大風自西北來. 雷雨並作. 有頃而止. 衆人皆喜曰. 王神下臨矣. 旣而又於嶺南安東. 星州二邑建廟. 安東則斲石爲像. 星州土塑. 而星州甚著靈異之跡云. 未幾倭酋關白平秀吉死. 倭諸屯悉皆撤去. 此亦理之難測者也. 豈偶然耶. 昔符堅入寇晉. 謝安以旌節旗鼓. 禱於蔣子文廟. 謝玄以八萬偏師. 勝强秦六十萬. 如八公山草木風聲鶴唳. 說者皆以爲神助.

況關王以英雄剛大之氣. 其扶正討賊之志. 貫萬古如一日. 死而不滅. 安知無神應耶. 嗚呼烈哉. 京師廟前. 立二長竿懸兩旗. 一書協天大帝. 一書威震華夷. 字大如椽. 因風飄拂半空. 遠近皆仰而見之. 其帝號亦皇朝所追崇云. 可見其尊崇之至也."

| 참고문헌 |

참고문헌은 [1차 문헌], [단행본], [논문]으로 나누고, 다시 [1차 문헌]은 저자순, [단행본]과 [논문]은 출간연도순으로 배열하였다. 『선조실록』, 『선조수정실록』과 『사기』, 『주역』 등의 일반적인 문헌은 목록에서 제외하였다.

[1차 문헌]

姜沆, 『睡隱集』(원본: 목판본), 국립중앙도서관.
景徹玄蘇, 『仙巢稿』(원본: 목판본), 일본 국회도서관.
堀杏庵, 『朝鮮征伐記』(원본: 사본), 彰考館(원본: 목판본), 국립중앙도서관, 일본 國文學硏究資料館.
龜岡宗山, 『明曆懲毖錄』(번각), 『燕石十種』(中央公論社, 1979).
吉野甚五左衛門, 『吉野甚五左衛門覺書』(번각), 『續群書類從』20下(續群書類從完成會, 1958년 정정 3판); (번역) 김시덕, 「일본의 임진왜란 문헌 10—『요시노 진고자에

757

몬 비망록」,『문헌과 해석』63(문헌과해석사, 2013·6).

大堤道凹居士·臭穢道人,『北里懲毖錄』(영인),『洒落本大成』4(中央公論社, 1979).

大河內秀元,『朝鮮物語』(원본: 목판본), 개인.

島津久通,『征韓錄』(번각),『第二期戰國史料叢書 6 島津史料集』(人物往來社, 1966),

柳成龍, 초본『懲毖錄』(원본: 사본), 서애 종택; (영인·활자) 국가기록유산DB, 한국국학진흥원.

柳成龍, 16권본『懲毖錄』(원본: 목판본), 국립중앙도서관(古2153-8); (영인)『서애전서 권1』(서애선생 기념사업회, 1991); (번각·번역) 박종명 역,『懲毖錄』(平凡社, 1979); 이재호 역,『국역 서애전서 1-1 징비록』(서애선생 기념사업회, 2001).

柳成龍, 2권본『懲毖錄』(원본: 목판본), 서울대(규장각 想白古951.0521 Y93j v.1/2, 奎3902); 고려대(고려대학교대학원 B3 A15B1); 국립중앙도서관(한고朝56-44).

柳成龍, 목활자본『懲毖錄』(원본: 목활자본), 고려대(만송 B3 A15A).

柳成龍,『朝鮮懲毖錄』(원본: 목판본), 개인.

柳成龍,『西厓先生文集』(원본: 목판본), 국립중앙도서관; (영인·번각·번역) 한국고전종합DB.

柳成龍,『芹曝集』(번각·번역), 이재호 역,『국역 서애전서 I-2 국역 근폭집』(서애선생 기념사업회, 2001).

柳成龍,『辰巳錄』(번각·번역), 이재호 역,『국역 서애전서 I-3·4 국역 진사록 1』(서애선생 기념사업회, 2001).

林羅山,『豊臣秀吉譜』(원본: 목판본), 茨城大學.

馬場信意,『朝鮮太平記』(원본: 목판본), 개인.

麥水,『慶長中外傳』(원본: 사본), 鹿兒島大學.

茅元儀,『武備志』(영인),『續修四庫全書 964 子部 兵家類』(上海古籍出版會, 1995).

武內確齋·岡田玉山,『繪本太閤記』(원본: 목판본), 개인.

山崎尙長,『朝鮮征討始末記』(원본: 목판본), 국립중앙도서관.

姓貴,『朝鮮軍記大全』(원본: 목판본), 개인.

小瀨甫庵,『太閤記』(번각),『新日本古典文學大系 60 太閤記』(岩波書店, 1996).

松浦允任,『朝鮮通交大紀』(번각·번역), 田中健夫·田代和生 교정,『朝鮮通交大紀』(名著出版, 1978).

松下見林, 『異稱日本傳』(원본: 목판본), 국립중앙도서관.
是琢, 『朝鮮陣中是琢和尙筆記他』(번각), 馬場勇道 외 편, 『佐賀県史料集成』 5(佐賀縣立圖書館, 1960).
申維翰, 『海遊錄』(영인·번각·번역), 한국고전종합DB.
沈德符, 『萬曆野獲編』(원본: 목판본), 北京大學.
安邦俊, 『隱峰野史別錄』(원본: 목판본), 국립중앙도서관; (영인·번각·번역) 이상익·최영성 역, 『은봉야사별록』(아세아문화사, 1996).
楊守敬, 『日本訪書志』(원본: 목판본), 小樽商科大學.
雨森芳州, 『たはれくさ』(원본: 목판본), 국립중앙도서관; (번각) 『新日本古典文學大系 99 仁齋日札·たはれ草·不盡言·無可有鄕』(岩波書店, 2000); (번역) 김시덕, 『한 경계인의 고독과 중얼거림』(태학사, 2012).
惟政, 『泗溟堂大師集』(원본: 목판본), 한국학중앙연구원; (번각·번역) 동국역경원 편, 『사명대사집』(동국대학교, 1970).
李舜臣, 『亂中日記』(번각·번역), 노승석 역, 『난중일기』(민음사, 2011년 1판 5쇄).
諸葛元聲, 『兩朝平攘錄』(영인), 『明代史籍彙刊 國立中央圖書館藏本 5 兩朝平攘錄』(臺灣學生書局, 1969).
鄭文孚, 『農圃集』(영인), 『영인표점 한국문집총간 71 취흘집·농포집·금계집·상촌고 I』(민족문화추진회, 1991).
趙慶男, 『亂中雜錄』(영인·번각·번역), 한국고전종합DB.
竹田定直, 『擊朝鮮論』, (번역) 김시덕, 「조선후기 문집에 보이는 일본문헌, 『격조선론』에 대하여」, 『국문학 연구』 23(국어국문학회, 2011. 6).
戚繼光, 『紀效新書』(영인), 『中國兵書集成 18 紀效新書二種』(解放軍出版社, 1995), 『군사사연구자료집 제7집 기효신서 하』(국방군사연구소, 1998).
川口長孺, 『征韓偉略』(원본: 목판본), 국립중앙도서관.
天野源右衛門, 『立花朝鮮記』(번각), 『史籍集覽』 28(臨川書店, 1967); (원본: 목판본) 筑波大學.
天荊, 『西征日記』(번각), 『續々群書類從』 3 (國書刊行會, 1907); (번역) 김시덕, 「일본의 임진왜란 문헌 6·7—『서정일기』」, 『문헌과 해석』 58·59(문헌과해석사, 2012·3-6).

靑山延光, 『六雄八將論』(원본: 목판본), 茨城大學.
秋里籬島, 『繪本朝鮮軍記』(원본: 목판본), 개인.
太田牛一, 『豊國大明神臨時御祭禮記錄』(번각), 『日本庶民文化史料集成』 2(三一書房, 1974).
貝原益軒, 『黑田家譜』(번각), 川添昭二 교정, 『黑田家譜』 1(文獻出版, 1983).
『高麗船戰記』(원본: 사본), 北海學園大學北駕文庫; (번역) 김시덕, 「일본의 임진왜란 문헌 5―고려 해전기」, 『문헌과 해석』 57(문헌과해석사, 2011·10).
『滿洲實錄』(영인), 『淸實錄 第1冊 滿洲實錄』(中華書局, 1986).
『徵毖錄』(원본: 사본), 국립중앙도서관 (古朝19-110).
『淸正高麗陣覺書』(번각), 『續々群書類從』 4 (國書刊行會, 1907); (번역) 김시덕, 「일본의 임진왜란 문헌 2~4―『기요마사 고려진 비망록』」, 『문헌과 해석』 53~55(문헌과해석사, 2010. 12/ 2011. 3/ 2011. 6).
『脇坂記』(번각), 『續群書類從』 20下(續群書類從完成會, 1958); (번역) 김시덕, 「일본의 임진왜란 문헌 8·9―『와키사카기』 상」, 『문헌과 해석』 61 (문헌과해석사, 2012·12/2013·3).

[단행본]

長內良太郎·鈴木實 역, 『朝鮮柳氏懲毖錄對譯卷之一』(東京, 含英舍 1876·2).
山口劓 역, 『朝鮮懲毖錄』(蒼龍窟, 1894·7).
奧田鯨洋 편저, 『日韓古蹟』(日韓書房, 1911).
朝鮮古書刊行会 편, 『朝鮮群書大系續々』(1913).
池內宏 저, 『文祿慶長の役 正編第一』(南滿州鐵道, 1914).
長野直彥 역, 『通俗朝鮮文庫 5―懲毖錄』(自由討究社, 1921).
德富蘇峰 저, 『近世日本國民史 豊臣氏時代 朝鮮役 上中下』(民友社, 1921-22).
參謀本部 편, 『日本戰史朝鮮役 文書·補傳』(參謀本部, 1924).
池內宏 저, 『文祿慶長の役 別編第一』(東洋文庫, 1936).
朝鮮總督府 편, 『朝鮮史料叢刊』 11(朝鮮總督府, 1936).

細井肇 편저, 長野直彦 역, 『朝鮮叢書』 2(朝鮮問題硏究會, 1936).
中村秀孝 저, 『日鮮関係史の硏究 上』(吉川弘文館, 1965).
하우봉 저, 『조선후기 실학자의 일본관 연구』(일지사, 1989).
北京大學朝鮮文化硏究所·中國社會科學院中國邊疆史地硏究中心 편, 『壬辰之役史料匯輯』(全國圖書館文獻縮微復製中心, 1990).
소재영·장경남 역주, 『한국고전문학전집 4―임진록』(고대민족문화연구소, 1993).
한명기 저, 『임진왜란과 한중관계』(역사비평사, 1999).
한명기 저, 『광해군―탁월한 외교정책을 펼친 군주』(역사비평사, 2000).
ブルース·バートン 저 『日本の「境界」』(靑木書店, 2000).
김종수 저, 『조선후기 중앙군제 연구』(혜안, 2003).
김탁 저, 『한국의 관제 신앙』(선학사, 2004).
太宰府市史編さん委員會, 『太宰府市史 通史編』(太宰府市, 2005).
『중호선생 문헌집 연구·번역편』(칠원윤씨 칠계군 종친회, 2005).
『慶應義塾大學所藏古文書目錄 武家文書 宗家·柚谷家』(慶應義塾大學文學部 慶應義塾大學古文書室, 2008).
이민웅 저, 『임진왜란 해전사―7년 전쟁, 바다에서 거둔 승리의 기록』(청어람미디어, 2008년 1판 6쇄).
이성무 외 편, 『류성룡의 학술과 경륜』(태학사, 2008).
한명기 저, 『정묘·병자호란과 동아시아』(푸른역사, 2010년 초판 3쇄).
천혜봉 저, 『한국 서지학』(민음사, 2010).
久芳崇 저, 『東アジアの兵器革命』(吉川弘文館, 2010).
최관·김시덕 편, 『임진왜란 관련 일본문헌 해제―근세편』(도서출판 문, 2010).
金時德 저, 『異國征伐戰記の世界―韓半島·琉球列島·蝦夷地』(笠間書院, 2010).
井上泰至·金時德 공저, 『秀吉の對外戰爭: 變容する語りとイメージ―前近代日朝の言說空間』(笠間書院, 2011).
이민웅 저, 『이순신 평전―420년 만에 다시 본 이순신과 임진왜란』(책문, 2012).
마호영 편저, 『동정제독 이천 마귀 조선구원실기(東征提督 而泉 麻貴 朝鮮救援實記)』(태양, 2012).

김시덕 저, 『그들이 본 임진왜란—근세 일본의 베스트셀러와 전쟁의 기억』(학고재, 2012).
인하대학교 한국학연구소 편, 『동아시아의 전쟁기억—트라우마를 넘어서』(민속원, 2013).

[논문]

藤本幸夫, 「宗家文庫藏朝鮮本に就いて—『天和三年目錄』と現存本を對照しつつ-」, 『朝鮮學報』 99·100(朝鮮學會, 1981. 7).
노영구, 「선조대 기효신서의 보급과 진법 논의」, 『군사』 34(국방군사연구소, 1997).
노영구, 「조선 중간본 기효신서의 체제와 내용—현종 5년 재간행 기효신서의 병학사적 의미를 중심으로」, 『군사사연구자료집 제6집 기효신서 상』(국방군사연구소, 1998).
노영구, 「조선후기 城制 변화와 華城의 城郭史的 의미」, 『진단학보』 88(진단학회, 1999).
정연식, 「화성의 방어시설과 총포」, 『진단학보』 91(진단학회, 2001).
米谷均, 「『전절병제고』「근보왜경」에서 본 일본정보」, 『한일관계사연구』 20(한일관계사학회, 2004).
차혜원, 「명조와 유구간 책봉조공외교의 실체—만력연간(1573-1620) 명조의 유구정책을 중심으로」, 『중국사연구』 54(중국사학회, 2004. 6).
鄭潔西, 「秀吉の中國人說について」, 『或問 WAKUMON』 14(近代東西言語文化接觸研究究會の會誌, 2008).
鄭潔西, 「萬曆時期に日本の朝鮮侵略軍に編入された明朝人」, 『東アジア文化交渉研究』 2(2009. 3).
안대회, 「근대 미디어로서의 극장과 식민지시대 문학 장의 동학—18, 19세기 조선의 백과전서파와 『화한삼재도회』」, 『대동문화연구』 6(성균관대학교 대동문화연구원, 2010).
김시덕, 「제국주의 이전 시기 일본의 여행 담론—가토 기요마사의 오랑카이, 미나모토노 요시쓰네의 북고려」, 『한일군사문화연구』 10(한일군사문화학회, 2010. 10).
윤지양, 「『동상기(東廂記)』에 나타난 문체실험의 양상고찰」, 『한문학회』 48(한국한문학회, 2011).
김시덕, 「근세 초기 일본의 임진왜란 담론 형성과정」, 『일본학연구』 32(단국대학교 일본연구소, 2011. 1).
김시덕, 「제주에 표착한 일본인 세류두우스는 누구인가—윤행임『석재고』를 통해 보는, 조선시대의 일본 임진왜란 담론 수용양상」, 『일본학보』 86(한국일본학회, 2011. 2).
김시덕, 「근세 일본 임진왜란 문헌군에 보이는 함경도 지역의 의병 활동에 대하여—『기요마사 고려진 비망록』의 분석을 중심으로」, 『한일군사문화연구』 12(한일군사문화학회, 2011. 10).
노영구, 「16-17세기 조총의 도입과 조선의 군사적 변화」, 『한국문화』 58(규장각한국학연구소, 2012. 6).
노영구, 「16-17세기 근세 일본의 전술과 조선과의 비교」, 『군사』 84(국방부 군사편찬연구소, 2012. 9).
김시덕, 「옛 일본 소설 속의 조선 풍속화」(네이버 캐스트 2012년 11월 15일 자).
김호, 「사람 살리는 맛—굶주린 백성에게 솔잎을」(네이버캐스트 2013년 4월 23일 자)
김시덕, 「임진왜란 해전에 대한 일본의 기억」, 『임진란 연구총서』(사단법인 임진란정신문화선양회, 2013).
김시덕, 「임진왜란 강우지역 의병활동 재조명—근세 일본 영웅담의 주인공이 된 사람들」, 『남명학연구총서』 14(남명학연구원, 2013·5).

참고문헌 763

| 도판목록 |

23쪽
16권본 『징비록』 권1. 국립중앙도서관 소장(古2153-8).
2권본 『징비록』 권1. 서울대학교 규장각 소장본(想白古951.0521 Y93j v.1/2).

25쪽
『조선징비록』에 수록된 가이바라 엣켄의 서문. 개인 소장.

28쪽
마키 긴노스케(牧金之助) 편, 『메이지 위공 일청한 전쟁기(明治偉功日淸韓戰爭記)』(金壽堂, 1894년 7월). 개인 소장.

37쪽
일본판 『은봉야사별록』의 아사카와 도사이 서문. 국립중앙도서관 소장(한古朝54-5).

56쪽
류성룡이 안정관(安定館)에서 명나라 장군들을 접대하다. 『에혼 다이코기(絵本太閤記)』

6편 권7. 개인 소장.

81쪽
초본『징비록』의 류성룡 서문. 한국국학진흥원/풍산 류씨 하회 충효당 기탁.

92~93쪽
『조선징비록』에 수록된 조선 지도. 개인 소장.

94~95쪽
『조선징비록』에 수록된 조선 지리 설명. 개인 소장.

126쪽
『이칭일본전』에 수록된 도요토미 히데요시의 답서. 국립중앙도서관 소장(古古6-14-26).

168쪽
16권본『징비록』(왼쪽)과 2권본『징비록』(오른쪽) 간에 차이가 나는 부분.

187쪽
초본『징비록』의 광해군 세자 책봉 기사. 한국국학진흥원/풍산 류씨 하회 충효당 기탁.

193쪽
『간양록』 발문과 일본 지도. 국립중앙도서관 소장(古3648-00-30).

246쪽
초본『징비록』의 이홍업 관련 기사. 한국국학진흥원/풍산 류씨 하회 충효당 기탁.

275쪽
『징비록』의 본문을 언급한『에혼 다이코기』6편 권3. 개인 소장.

306쪽
초본『징비록』의 이면에 기록된 원균 관련 기록. 한국국학진흥원/풍산 류씨 하회 충효당 기탁.

368쪽
초본『징비록』의 손상 부분. 한국국학진흥원/풍산 류씨 하회 충효당 기탁.

419쪽
류성룡이 굶주리는 백성들을 보고 슬퍼하여 구휼하는 모습.『에혼 다이코기』7편 권11. 개인 소장.

437쪽
초본『징비록』에서 류성룡이 들은 중국어가 그대로 기록된 대목. 한국국학진흥원/풍산 류씨 하회 충효당 기탁.

452쪽
초본『징비록』에 보이는 행인사 행인 사헌 파견과 국왕 교체 관련 논의 대목. 한국국학진흥원/풍산 류씨 하회 충효당 기탁.

472쪽
『조선정벌기』권3에 수록된 김시랑의 한시. 국립중앙도서관 소장(古古5-43-8-2).

515쪽
황석산성전투 기사가 시작되는『조선징비록』권4, 2뒤 9행째에 보이는 단락 구분 기호. 개인 소장.

534쪽
『조선이야기』상권에 수록된 남원 전투 당시 일본군 편성도. 개인 소장.

554쪽
『조선이야기』중권에 수록된 울산성전투 당시 일본군 편성도. 개인 소장.

565쪽
가토 기요마사의 묘소가 있는 구마모토 현 구마모토시 혼묘지 절. 역해자 촬영.
혼묘지 절 근처의 울산마치 버스정류장. 역해자 촬영.

577쪽
초본 『징비록』 이순신 기사의 이동(移動) 부분. 한국국학진흥원/풍산 류씨 하회 충효당 기탁.

610쪽
2권본 『징비록』 권2, 35앞. 서울대학교 규장각 소장

618쪽
옛 에도 성. 역해자 촬영.

630쪽
서울대 규장각본의 "焉"과 국립중앙도서관 소장본의 "爲", 『조선징비록』의 "焉."

636쪽
초본 『징비록』. 한국국학진흥원/풍산 류씨 하회 충효당 기탁.

642쪽
초본 『징비록』 마지막 부분. 한국국학진흥원/풍산 류씨 하회 충효당 기탁.

| 찾아보기 |

* 이 책의 번역과 해설에서 두 페이지 이상 등장하는 인명·지명·사항·서명(書名)을 수록하였다. 조선·고려·일본·명(明)·청(淸) 등의 국명, 강원도 등 팔도의 이름, 관직·관청명, 임진왜란·징비록·류성룡 등 이 책의 특성상 매우 자주 등장하는 단어는 제외하였다. 복합명사는 독립시키지 않고 표제어에 포함시켰다 (예: 평양성전투 → 평양)

ㅡㄱㅡ

가덕도(加德島) 317, 504
가등청정(加藤淸正) → 가토 기요마사
가마쿠라(鎌倉) 105, 118

가산(嘉山) 130, 272, 278, 280, 283, 284, 286, 302, 303, 304, 308
가와구치 조주(川口長孺) 35, 36, 38, 39, 44, 382, 581
가이바라 엣켄(貝原益軒) 20, 24, 25, 26, 32, 83, 85, 86, 87, 90, 91, 105, 282, 546
가짜 병사(疑兵) 220, 268, 324
가토 기요마사(加藤淸正) 63, 111, 112, 124, 125, 158, 160, 190, 209, 216, 217, 218, 219, 220, 237, 238, 240, 241, 242, 243, 244, 245, 246, 247, 282, 337, 338, 361, 363, 364, 365, 377, 394, 401, 411, 431, 432, 434, 456, 457, 475, 476, 477, 478, 482, 483, 485, 486, 487, 491, 511, 518,

520, 534, 546, 549, 551, 553, 554, 555, 562, 563, 564, 565, 571, 572, 599, 621, 646, 647, 649, 650, 651, 657, 658, 659, 660, 661

가토 요시아키(加藤嘉明) 317, 318, 509, 510, 534

간 미치나가(菅平右衛門達長) 319, 534

『간양록(看羊錄)』 15, 16, 192, 193, 194

갑산(甲山) 236, 598

강계(江界) 162, 209, 286

강동(江東) 321, 322

강변(江邊) 58, 230, 233, 326, 618

강서(江西) 271, 279, 302, 326, 369, 370

강항(姜沆) 15, 192, 195

강화(江華) 336, 355, 389, 390, 408, 640

개녕(開寧) 176, 177, 179, 180, 181

개성(開城) 56, 61, 77, 207, 208, 211, 378, 385, 386, 389, 390, 396, 401, 407, 417, 423, 424, 425, 426, 430, 431, 462, 479, 634, 648

거북선(龜船) 312, 371

거제(巨濟) 311, 312, 445, 465, 504, 508, 509, 510

거창(居昌) 356, 445

건주(建州) 50, 599, 601, 602, 603, 604

걸승(乞升) 351, 352

『게이초 중외전(慶長中外傳)』 419, 420, 421, 422

겐소(玄蘇) 108, 113, 148, 149, 154, 254, 260, 329, 375, 377

격조선론(擊朝鮮論) 87, 395, 396, 397

견내량(見乃梁) 312, 578

경릉(敬陵) 406, 609

경복궁(景福宮) 206, 214, 215, 216, 217, 439

경성(鏡城) 238, 241, 243, 245, 246

경응순(景應舜) 189, 190

경주(慶州) 34, 137, 162, 209, 217, 218, 346, 348, 349, 351, 359, 445, 466, 550

고경민(高敬民) 358, 362

고공책(考功冊) 303, 305

고구려(高句麗) 50, 501, 559, 560, 645

고니시 유키나가(小西行長) 55, 57, 58, 61, 62, 63, 65, 105, 107, 111, 154, 157, 158, 160, 189, 191, 209, 217, 218, 219, 220, 237, 243, 244, 263, 266, 281, 282, 293, 313, 316, 329, 365, 377, 382, 394, 398, 430, 431, 437, 438, 453, 459, 461, 465, 466, 470, 475, 478, 482, 485, 486, 487, 491, 492, 503, 505, 510, 511, 514, 516, 532, 533, 543, 546, 554, 562, 567, 568, 571, 572, 646, 647, 648, 657, 659, 660, 664, 665

고려진 적·아군 전사자 공양비(高麗陣敵味方戰死者供養碑) 562, 563

『고려해전기(高麗船戰記)』 317, 319, 551

고바야카와 다카카게(小早川隆景) 216, 395, 396, 397, 398

고성(固城) 458, 504

고양겸(顧養謙) 64, 462, 464

고언백(高彦伯) 278, 334, 335, 338, 387, 402, 442, 446

고종후(高從厚) 355, 445
곤양(昆陽) 311, 458
공동산(崆峒山) 512, 518, 523
공자(孔子) 88, 154
곽령공·곽자의(郭令公·郭子儀) 329, 332
곽이상(郭履祥) 495, 512, 516, 517
곽이후(郭履厚) 495, 512, 516, 517
곽재우(郭再祐) 33, 57, 203, 356, 446, 512, 514, 558
곽준(郭䞭) 33, 203, 495, 511, 512, 513, 514, 516, 517, 518, 519
관우·관제·관왕(關羽·關帝·關王) 661, 662, 663
광동(廣東) 128, 129
광양(光陽) 527, 528
광통원(廣通院) 272, 274
광해군(光海君) 55, 187, 188, 299, 494, 523
『광해군일기(光海君日記)』 158, 523
교룡산성(蛟龍山城) 33, 496, 501
교토(京都) 20, 35, 39, 41, 69, 84, 125, 476
『구로다 가보(黑田家譜)』 20, 86, 157, 546
『구로다 기략(黑田記略)』 86, 157, 546
구로다 나가마사(黑田長政) 20, 111, 156, 157, 209, 281, 282, 396, 457
구로다 요시타카(黑田孝高) 20, 457
구루메 히데카네·모리 히데카네(久留米秀包·毛利秀包) 396, 397
구마모토(熊本) 563, 564, 565, 660
구키 요시타카(九鬼嘉隆) 317, 318, 319, 509, 510, 534

국경인(鞠景仁) 238, 240, 241, 244, 363
『군문등록(軍門謄錄)』 18, 41, 60, 305, 416, 436, 576, 598, 599, 612, 618
권길(權吉) 176, 177
권율(權慄) 33, 54, 401, 405, 406, 407, 408, 410, 411, 424, 442, 446, 447, 448, 483, 503, 504, 511, 524, 525, 544
권응수(權應銖) 346, 349, 493
권징(權徵) 206, 232, 234, 334, 634
귀성(龜城) 286, 287, 303, 621
『근폭집(芹曝集)』 17, 41, 51, 296, 489, 491, 493, 576, 604
금강산(金剛山) 357, 361, 657, 659
금교(金郊) 211, 633
『기요마사 고려진 비망록(淸正高麗陣覺書)』 112, 218, 241, 242, 243, 364, 365, 380, 457, 476, 478, 551, 553, 554, 555, 571, 599, 601
기타노 만도코로(北政所) 158, 159, 160, 476, 477
기패(旗牌) 424, 425, 427, 435
『기효신서(紀效新書)』 54, 62, 300, 412, 500, 613, 614, 644, 645
길주(吉州) 363, 364, 365
김경로(金敬老) 376, 377, 378, 381, 527, 528
김귀영(金貴榮) 184, 205, 236, 247, 574
김명원(金命元) 58, 183, 209, 210, 226, 228, 229, 230, 232, 233, 234, 255, 267, 269, 278, 285, 286, 304, 338, 367, 388, 402, 406, 424, 425, 426, 427, 447, 448, 524, 647, 665

찾아보기 771

김성일(金誠一) 15, 24, 47, 48, 53, 109, 113, 114, 115, 116, 118, 146, 147, 148, 149, 154, 158, 169, 170, 171, 172, 414, 623, 624
김수(金睟) 131, 138, 151, 170, 171, 173, 175, 222, 223
김순량(金順良) 33, 60, 369, 370, 371, 372
김시랑(金侍朗) 470, 471
김시민(金時敏) 21, 33, 445, 450
김억추(金億秋) 326, 369
김여물(金汝岉) 163, 165, 199, 203
김응남(金應南) 121, 163, 164
김응서(金應瑞) 326, 383, 386, 482, 491, 492, 493, 494, 503, 505, 520, 523, 550
김천일(金千鎰) 246, 355, 406, 423, 431, 435, 445, 447, 448, 456
김해(金海) 55, 137, 151, 156, 169, 209, 445, 446, 488, 490, 512, 514, 520, 521
김효의(金孝義) 527, 529, 530

— ㄴ —

나고야(名護屋) 54, 113, 319, 445
나베시마 나오시게(鍋島直茂) 216, 241, 364, 519, 566
나이토 조안(內藤如安) 461, 464, 469, 470
낙상지(駱尙志) 62, 140, 373, 376, 412, 445, 496, 638, 641, 642
『난중일기(亂中日記)』 63, 307, 320, 507, 508, 525, 526, 542
남대문(南大門) → 숭례문

남원(南原) 33, 133, 414, 462, 492, 496, 501, 505, 512, 527, 528, 529, 530, 532, 533, 534, 535, 541, 545, 546, 563
남이신(南以信) 483, 485
노량(露梁) 66, 319, 555, 568, 570, 571, 580
『녹후잡기(錄後雜記)』 18, 21, 59, 69, 295, 310, 332, 412, 576, 644
누국안(婁國安) 532, 533
(아이신 기오로) 누르하치(Aisin Gioro Nurhaci) 50, 51, 59, 60, 68, 90, 140, 145, 597, 598, 599, 601, 602, 606, 620
니치요 쇼닌(日遙上人) → 여대남

— ㄷ —

다대포(多大浦) 150, 507
『다이코기(太閤記)』 27, 41, 87, 218, 220, 393, 411, 412
다치바나 무네시게(立花宗茂) 393, 394, 395, 396, 397
다치바나 야스히로(橘康廣) 52, 99, 100, 101, 102, 107, 118
다카하시 나오쓰구(高橋直次) 396, 397
대구(大丘) 131, 137, 164, 175, 209, 493
대동강(大同江) 253, 256, 259, 260, 269, 272, 278, 366, 376, 385, 591
대동관(大同館) 252, 255, 268
대마(對馬) → 쓰시마
대정강(大定江) 271, 304, 309
대탄·한탄강(大灘·漢灘江) 336, 407

대풍손(大豊孫) 639, 643
덕천가강(德川家康) → 도쿠가와 이에야스
『덴나 삼년 목록(天和三年目錄)』 20, 24, 86
덴케이(天荆) 154, 155, 215, 263, 266, 340, 342
도도 다카토라(藤堂高虎) 319, 509, 510, 534, 535
도요토미 히데쓰구(豊臣秀次) 88, 122, 123
도요토미 히데요리(豊臣秀賴) 68, 159, 420
도요토미 히데요시(豊臣秀吉) 22, 29, 47, 52, 53, 54, 57, 59, 62, 63, 68, 83, 87, 88, 89, 90, 99, 100, 102, 105, 107, 110, 111, 114, 115, 118, 122, 123, 124, 126, 145, 148, 154, 158, 159, 160, 189, 191, 225, 296, 319, 377, 382, 419, 420, 421, 422, 437, 438, 445, 453, 454, 455, 458, 461, 464, 466, 471, 474, 475, 476, 478, 479, 499, 505, 508, 510, 559, 562, 568, 571, 591, 649, 659, 660, 662
『도요토미 히데요시 보(豊臣秀吉譜)』 35, 36, 123, 332, 381, 436, 437, 438, 459, 470, 471, 571
도쿠가와 이에야스(德川家康) 105, 133, 156, 572, 618
돌궐(突厥) → 투르크
동대문(東大門) 217, 220, 407, 442, 616, 617
동래(東萊) 131, 150, 151, 156, 189, 203, 209, 445, 488, 490, 520, 561
동일원(董一元) 496, 557, 562
동탁(董卓) 43, 44, 67

동파(東坡) 207, 338, 388, 389, 402, 408, 413, 417, 425, 426, 427, 428
두보(杜甫) 43, 69, 590, 593

-ㄹ-

러일전쟁(露日戰爭) 35, 90

-ㅁ-

마귀(麻貴) 332, 496, 543, 549, 550, 557
마다시(馬多時) 537, 542
마름쇠(菱鐵) 271, 276, 277
마산(馬山) 207, 413
마삼비(馬三非) 601, 603
마시타 나가모리(增田長盛) 111, 341, 382, 437, 438, 648
마쓰시타 겐린(松下見林) 20, 124
『만력야획편(萬曆野獲編)』 331, 332, 605
맹자(孟子)·『맹자』 36, 45, 154
메이지 유신(明治維新) 119, 133, 563, 618
명청 교체(明淸交替) 51, 188, 332, 469
모리 히데카네(毛利秀包) → 구루메 히데카네
모명시(茅明時) 605, 645
모쿠소 한간(木曽判官) 457, 477
몽골(Mongol) 59, 60, 145, 351, 399, 606, 620
무로마치(室町) 89, 104, 118
『무비지(武備志)』 29, 39, 69, 471
문경(聞慶) 175, 176, 178, 200, 209, 444

문천상(文天祥) 225, 258, 263
미나모토씨(源氏) 99, 100, 102, 105, 106, 119
미토(水戶) 35, 89
밀양(密陽) 150, 151, 164, 209, 348, 361, 491

―ㅂ―

바바 노부노리(馬場信意) 218, 219
박명현(朴名賢) 367, 406
박진(朴晉) 150, 151, 348, 349, 351
박천(博川) 270, 272, 278, 280, 283
박홍(朴泓) 150, 162, 163, 628, 629
발해(渤海) 50, 454, 585
배설(裵楔) 502, 505
백사림(白士霖) 512, 514, 516, 519, 520, 521, 523
백상루(百祥樓) 334, 375
백의종군(白衣從軍) 33, 378, 485, 493, 576
백촌강(白村江) 27, 392
베트남(Vietnam) → 안남
벽동(碧潼) 249, 619
벽제(碧蹄) 27, 61, 86, 125, 140, 206, 382, 385, 387, 392, 393, 396, 399, 404, 438, 480, 508, 551, 648
변기(邊璣) 162, 198
변응성(邊應星) 162, 344
별해보(別害堡) 238, 245
병자호란(丙子胡亂) 68, 69, 140

보통문(普通門) 279, 329, 375, 383
복건(福建) 54, 121, 127, 128, 129, 445, 588
봉계(鳳溪) 445, 448
봉산(鳳山) 211, 249
부교(浮橋) 304, 309, 310, 633, 637
부벽루(浮碧樓) 267, 278
부산(釜山) 55, 113, 116, 131, 148, 149, 150, 155, 163, 221, 225, 313, 317, 318, 319, 378, 398, 424, 448, 458, 464, 465, 466, 470, 471, 475, 487, 488, 490, 492, 507, 509, 555, 567, 571, 572, 646, 649, 650, 652
북경(北京) 127, 230, 291, 586
북인(北人) 44, 79, 80, 188, 298, 299, 300, 361, 558, 597, 632
『분충서난록(奮忠紓難錄)』 382, 657, 659, 660
비격진천뢰(飛擊震天雷) 34, 125, 349, 351, 359

―ㅅ―

사대수(査大受) 372, 375, 387, 389, 407, 412, 413, 424, 426, 427, 428
사르후(薩爾滸, Sarhu)전투 68, 140, 494
사명(四溟) → 유정
사백구(沙白鷗) 520, 521, 522
사사명(史思明) 50, 604
사쓰마(薩摩) 118, 546, 560, 563
사유(史儒) 32, 290, 308, 309

사을배동·사을화동·사화동(沙乙背同·沙乙
　火同·沙火同) 108, 432, 434
사천(泗川) 392, 459, 534, 543, 546, 551,
　557, 562, 563, 567
사헌(司憲) 450, 451, 452, 453, 461, 533
삭녕(朔寧) 334, 336
산해관(山海關) 294, 296, 588
삼가(三嘉) 131, 132
삼포(三浦) 53, 488
상녕(尙寧) 53, 121, 128
상주(尙州) 49, 55, 101, 131, 137, 139,
　169, 175, 176, 177, 180, 181, 182,
　189, 199, 200, 209, 264, 447, 609
서생포(西生浦) 63, 349, 445, 466, 475,
　507, 511, 550, 647, 650
『서애(선생문)집(西厓(先生文)集)』 24, 36,
　49, 69, 86, 126, 128, 129, 130, 179,
　214, 293, 295, 342, 361, 362, 451,
　453, 486, 487, 500, 501, 588, 589,
　661, 663
『서애선생연보(西厓先生年譜)』 45, 47, 48,
　66, 67, 69
서예원(徐禮元) 151, 156, 445, 447
『서정일기(西征日記)』 154, 155, 215, 263,
　266, 340, 342
서하(西夏) 390, 399
석만자(石蔓子) → 시마즈 요시히로
석성(石星) 191, 290, 293, 294, 295, 328,
　331, 420, 421, 437, 438, 451, 465,
　475, 478
선산(善山) 176, 209, 445
선조(宣祖) 36, 37, 55, 56, 57, 63, 67,
187, 197, 217, 245, 262, 289, 298,
435, 451, 479, 485, 533, 560, 593,
597, 631
『선조수정실록(宣祖修正實錄)』 26, 80, 140,
215, 217, 228, 229, 299, 300, 398,
434, 559, 560, 562, 644
『선조실록(宣祖實錄)』 44, 157, 228, 244,
245, 247, 298, 299, 300, 497, 499,
519, 520, 523, 558, 559, 593, 601,
604, 618, 619, 620, 622, 631, 632
선천(宣川) 284, 285
섬라(暹羅) 331, 605, 606
성리학(性理學) 17, 191, 195
성수경(成守璟) 445, 447
성영(成泳) 440, 442
성종(成宗) 30, 99, 100, 573, 617
『성종실록(成宗實錄)』 616, 617
성주(星州) 131, 209, 445, 662
『성호사설(星湖僿說)』 87, 395
『세이쇼기·신판 세이쇼기(淸正記·新版淸正
記)』 125, 218, 244, 365, 476
세키가하라전투(關ヶ原戰鬪) 111, 158,
382, 470, 572
소네 마고로쿠(曾根孫六) 218, 219
소무(蘇武) 192, 193, 194
소서행장(小西行長) → 고니시 유키나가
소 요시토시(宗義智) 52, 105, 107, 108,
109, 110, 113, 114, 118, 149, 155,
156, 266, 329, 377, 485, 486, 489,
631
소공주댁(小公主宅) 439, 440
소그드(Sogd, 粟特) 60, 593

송사(宋史) 225, 607
송상현(宋象賢) 150, 203
송언신(宋言愼) 258, 267
송운(松雲) → 유정
송응창(宋應昌) 64, 373, 424, 425, 435, 444, 451, 452, 462, 479
수원(水原) 357, 405, 616
숙천(肅川) 270, 283, 302, 304, 309, 370, 375
순안(順安) 270, 279, 283, 291, 302, 304, 309, 326, 327, 328, 358, 366, 367, 370, 375, 383
순원성(巡遠城) 512, 518, 523
순천(順天) 459, 505, 543, 546, 557, 567, 571
순화군(順和君) 187, 205, 238, 240, 242, 363, 431, 445, 563
숭례문·남대문(崇禮門·南大門) 206, 217, 342, 439, 616, 660, 661
『시경(詩經)』 16, 31, 77
시마즈(島津) 118, 126, 546, 547, 562, 563
시마즈 요시히로(島津義弘, 심안돈오 沈安頓吾, 석만자 石蔓子) 543, 546, 547, 567
신각(申恪) 203, 226, 227, 228, 229, 231, 235
신경진(辛慶晉) 270, 301, 309, 402, 426, 623, 644
신녕(新寧) 209, 347
신립(申砬) 21, 49, 54, 55, 136, 139, 140, 142, 143, 144, 164, 165, 166, 178, 198, 199, 200, 202, 203, 204, 221, 609

신숙주(申叔舟) 30, 48, 99, 103, 104, 145, 559
신유한(申維翰) 15, 16, 458
신잡(申磼) 209, 544, 547, 548
신종(神宗) 65, 244, 399, 469, 497
신할(申硈) 208, 211, 232, 233
심경지(沈慶之) 342, 343
심대(沈岱) 334, 335, 336
심무시(沈懋時) 466, 467
심신겸(沈信謙) 283, 284, 289
심안돈오(沈安頓吾) → 시마즈 요시히로
심유경(沈惟敬) 57, 58, 59, 62, 63, 65, 90, 191, 240, 293, 295, 300, 328, 329, 331, 332, 337, 372, 373, 374, 375, 420, 421, 423, 424, 430, 437, 438, 445, 453, 454, 459, 461, 464, 465, 466, 467, 470, 474, 475, 478, 486, 488, 497, 532, 558, 597, 646, 647, 652, 655, 656, 657, 658, 659, 660, 664, 665
쓰시마(대마도, 對馬) 16, 20, 52, 69, 86, 100, 105, 107, 113, 114, 118, 119, 128, 133, 150, 154, 155, 485, 507, 508, 560
쓰쿠시 히로카도(筑紫広門) 396, 397

―ㅇ―

아메노모리 호슈(雨森芳洲) 119, 133, 134
아사카와 도사이(朝川同斎) 31, 35, 36, 37, 91

아시카가 요시미쓰(足利義滿) 89, 104, 118
아산(牙山) 303, 483
아이신 기오로 누르하치(Aisin Gioro Nurhaci) → 누르하치
안남(安南) 333, 605
안녹산(安祿山) 50, 60, 523, 593
안동(安東) 68, 131, 137, 152, 347, 662
안방준(安邦俊) 24, 35, 91, 381, 459, 580
안변(安邊) 247, 363
안성(安城, 황해도) 211, 237, 240
안음(安陰) 511, 512, 514, 522
안주(安州) 196, 270, 283, 302, 303, 304, 309, 310, 34, 335, 357, 361, 369, 370, 372, 374, 375, 376, 614, 623
안코쿠지 에케이(安国寺恵瓊) 397, 552, 658
압록강(鴨綠江) 156, 286, 292, 294, 372, 373, 586, 603, 619, 656
야나가와 시게노부(柳川調信) 108, 113, 148, 149, 155, 254, 260, 377
야마자키 히사나가(山崎尙長) 155, 156
양근(陽根) 209, 344, 407
양마장(羊馬墻) 497, 500, 501, 527, 529
양방형(楊方亨) 464, 465, 466, 474, 646
양산(梁山) 55, 150, 209, 457, 466
양수경(楊守敬, 양서우징) 20, 38, 39, 44, 69
양원(楊元) 373, 397, 496, 501, 527, 528, 530, 532
『양조평양록(兩朝平攘錄)』 29, 30, 37, 38, 39, 41, 44, 61, 68, 69, 90, 91, 129, 296, 297, 316, 381, 399, 470, 471,

478, 479, 480, 487, 488, 491, 492, 532, 533, 546, 547, 555, 560, 570, 571
양주(楊州) 226, 228, 334, 344, 407
양호(楊鎬) 65, 124, 140, 496, 543, 549, 550, 556, 557, 559, 662
에도(江戶) 16, 119, 123, 133, 382, 547, 617, 618
『에혼 다이코기(絵本太閤記)』 41, 56, 88, 89, 159, 160, 161, 275, 276, 293, 418, 419, 422, 495, 519, 571, 660
여대남(余大男, 니치요 쇼닌, 일요상인 日遙上人) 564, 660
여순(旅順) 296, 297
여주(驪州) 209, 344
여진(女眞) 47, 49, 50, 51, 59, 60, 68, 104, 135, 136, 140, 143, 144, 145, 233, 241, 259, 308, 363, 530, 595, 599, 601, 605, 606, 617, 618, 620, 644
연광정(練光亭) 253, 256, 259, 267, 268, 276
연안(延安) 227, 639
영규(靈奎) 46, 356, 357, 361
영변(寧邊) 267, 270, 283, 544
영유(永柔) 291, 292
영천(永川) 131, 151, 209, 346, 347, 349
오다 노부나가(織田信長) 87, 88, 104, 105, 118
오랑캐 49, 50, 51, 64, 89, 140, 241, 276, 363, 364, 365, 404, 411, 425, 522, 553, 590, 598, 599, 600, 601, 602, 603, 604, 606, 618, 619
오사카(大坂) 15, 68, 89, 476, 660

찾아보기 777

오유충(吳惟忠) 373, 376, 445, 448
오제 호안(小瀨甫庵) 27, 87, 88, 105, 393
오코치 히데모토(大河內秀元) 532, 554, 555
오타니 요시쓰구(大谷吉繼) 111, 382, 437, 438
옥포(玉浦) 315, 507
온성(穩城) 143, 601
와키사카 야스하루(脇坂安治) 220, 221, 224, 225, 508, 509, 510, 533, 534, 535
『와키사카기(脇坂記)』 220, 221, 224, 225, 508, 510, 533, 535, 536
왕성탄(王城灘) 272, 279
왕필적(王必迪) 373, 401, 408, 445, 462
왜관(倭館) 53, 149, 154, 155, 488, 561
왜구(倭寇) 29, 47, 53, 62, 126, 141, 144, 164, 317, 331, 412, 434, 602, 631
왜학통사(倭學通事) 189, 236, 240, 362
요도기미(淀君) 68, 158, 159, 160, 420
요동(遼東) 194, 252, 270, 290, 291, 294, 297, 301, 308, 309, 314, 373, 404, 451, 452, 461, 462, 496, 528, 530, 560, 585, 586, 601, 602, 661
『요시노 진고자에몬 비망록(吉野甚五左衛門 覺書)』 380, 430
요시라(要時羅) 482, 491, 494, 503
용강(龍岡) 271, 302, 326
용궁(龍宮) 151, 157, 209
용산(龍山) 406, 423, 639
용인(龍仁) 165, 209, 218, 222
용진(龍津) 209, 407, 408
우복룡(禹伏龍) 151, 152, 157, 158, 350, 351

우봉(牛峯) 633, 634
우키타 히데이에(宇喜多秀家) 341, 377, 382, 396, 397, 431, 440, 457, 460, 534, 648
운주당(運籌堂) 502, 503
울산(蔚山) 65, 111, 124, 189, 191, 209, 281, 392, 444, 459, 493, 543, 546, 549, 550, 551, 552, 553, 554, 555, 557, 561, 562, 565, 567, 661
웅령(熊嶺) 323, 324
웅천(熊川) 111, 445, 465, 486, 509, 561
원균(元均) 32, 65, 158, 199, 203, 305, 306, 311, 312, 313, 316, 481, 482, 492, 502, 503, 504, 505, 508, 524, 525, 628, 629
원호(元豪) 210, 344, 345
위구르(Uyghur, 回紇) 50, 60, 145, 329, 332, 593, 604
유구(琉球) 29, 53, 104, 118, 121, 126, 127, 128, 129, 254, 561, 605
유극량(劉克良) 162, 203, 233, 235
유문호(柳文虎) 512, 516, 517, 518, 519
유숭인(崇仁爲) 169, 170
유영경(柳永慶) 377, 386
유정(劉綎) 140, 445, 448, 454, 461, 462, 486, 496, 557, 567
유정·사명·송운(惟政·四溟·松雲) 46, 63, 68, 140, 244, 357, 361, 362, 382, 563, 646, 651, 657, 658, 659, 660
유홍(俞泓) 209, 227, 267, 280, 388
육웅팔장론(六雄八將論) 89, 90
윤국형(尹國馨) 222, 223

윤근수(尹根壽) 451, 452, 482
윤두수(尹斗壽) 67, 208, 209, 230, 249, 251, 255, 257, 258, 260, 267, 269, 270, 279, 280, 285, 286, 301, 383, 639
윤탁연(尹卓然) 158, 205, 238, 245
『은봉야사별록(隱峰野史別錄)』 16, 24, 35, 36, 37, 91, 381, 459, 460, 580, 581
을밀대(乙密臺) 220, 268
의령(宜寧) 356, 446, 492
의병·의병장(義兵·義兵將) 33, 34, 35, 46, 57, 83, 158, 173, 245, 317, 340, 342, 355, 357, 359, 360, 361, 362, 363, 364, 365, 366, 406, 407, 408, 410, 411, 445, 446, 454, 512, 514, 599
의성(義城) 69, 347, 488
의주(義州) 187, 245, 257, 272, 290, 302, 308, 322, 328, 335, 370, 498, 647
의흥(義興) 209, 347
이각(李珏) 150, 151, 200, 348, 628, 629
이경(李慶) 424, 426, 427
이광(李洸) 131, 222, 223, 324, 405
이덕형(李德馨) 37, 57, 69, 91, 189, 190, 254, 260, 263, 401, 425, 426, 479, 480, 644, 648, 649
이빈(李薲) 285, 286, 304, 325, 326, 366, 367, 383, 384, 388, 402, 406, 410, 440, 442, 446, 447, 634
이산겸(李山謙) 357, 408
이산해(李山海) 120, 163, 183, 208, 217, 231, 299, 545
이산휘(李山輝) 357, 406, 442
이순신(李舜臣) 27, 30, 32, 33, 34, 35, 40, 54, 57, 63, 64, 65, 66, 67, 125, 135, 136, 140, 158, 179, 203, 293, 306, 307, 311, 312, 313, 316, 317, 319, 320, 324, 350, 351, 359, 399, 481, 482, 483, 485, 487, 491, 502, 503, 505, 507, 508, 510, 524, 525, 526, 532, 536, 537, 538, 539, 540, 541, 542, 545, 546, 551, 558, 567, 568, 569, 570, 571, 573, 574, 575, 576, 577, 578, 579, 580, 581
이시다 미쓰나리(石田三成) 111, 112, 154, 191, 293, 382, 420, 421, 422, 437, 438, 476, 477, 478, 562, 572, 648
이시언(李時言) 376, 377, 402, 406
이신충(李藎忠) 423, 431, 432, 433, 434, 435
이양원(李陽元) 183, 205, 209, 210, 226, 228, 229, 270
이억기(李億祺) 311, 312, 313, 502, 505, 508, 525
이언함(李彦誠) 189, 191
이여백(李如柏) 140, 373, 397, 440
이여송(李如松) 61, 62, 125, 140, 200, 202, 359, 373, 375, 376, 378, 383, 385, 386, 387, 393, 395, 396, 397, 399, 400, 401, 403, 404, 408, 418, 437, 438, 439, 442, 444, 469, 470, 471, 479, 633, 644
이영남(李英男) 311, 312, 502
이원익(李元翼) 79, 80, 196, 255, 267, 269, 280, 304, 325, 326, 386, 481, 511, 556, 647

이윤덕(李潤德) 267, 269, 272
이익(李瀷) 87, 395
이일(李鎰) 21, 54, 55, 136, 139, 140, 142, 163, 164, 165, 167, 175, 176, 177, 178, 179, 180, 181, 182, 183, 189, 198, 199, 200, 202, 203, 206, 209, 248, 249, 250, 251, 366, 367, 383, 384, 609
이장손(李長孫) 349, 351, 352
이정형(李廷馨) 389, 427, 442
이종성(李宗城) 464, 465, 466, 646
『이칭일본전(異稱日本傳)』 20, 22, 124, 125, 126, 167, 244, 471, 476
이탕개(尼湯介) 49, 51, 144
이항복(李恒福) 67, 217, 523, 524, 557
이홍업(李弘業) 245, 246
이황(李滉) 17, 43, 47
이혼(李渾) 226, 236
이효인(李孝仁) 61, 340, 341, 342
인동(仁同) 101, 209
인정전(仁政殿) 108, 586
인조(仁祖) 68, 188, 299
인현왕후(仁顯王后) 158, 159
『일본방서지(日本訪書志)』 38, 39, 44, 69
일요상인(日遙上人) → 여대남
임세록(林世祿) 32, 57, 251, 252, 253, 254
임욱경(任旭景) 249, 279
임원평(林原坪) 361, 366, 367
임진(臨津) 203, 207, 210, 211, 217, 226, 230, 232, 233, 237, 338, 389, 401, 402, 406, 410, 427, 477, 633
『임진록(壬辰錄)』 403, 494

임해군(臨海君) 187, 205, 214, 238, 240, 242, 363, 431, 433, 445, 563, 648
입암(立巖) 303, 304

— ㅈ —

장단(長湍) 207, 417, 634
장세작(張世爵) 373, 388, 390, 398
장숙야(張叔夜) 595, 606, 607
장안(長安) 134, 590
장천(長川) 176, 180, 181
장희빈(張禧嬪) 158, 159
전국시대(일본, 戰國時代) 88, 89, 103, 104, 658
전국시대(중국, 戰國時代) 143, 463
전세정(錢世禎) 427, 428, 436
전주(全州) 222, 323, 492, 529, 530, 533, 546
절강(浙江) 127, 128, 328, 331, 605, 645
절영도(絶影島) 150, 503, 507
정대임(鄭大任) 346, 349
정묘호란(丁卯胡亂) 68, 69, 140, 494
정문부(鄭文孚) 158, 245, 358, 362, 363, 364, 365, 411, 599
정발(鄭撥) 148, 150
정붕기(程鵬起) 331, 605
정암진(鼎巖津) 132, 356, 446, 447
정여립(鄭汝立) 52, 287
정읍(井邑) 135, 136
정응태(丁應泰) 65, 66, 124, 488, 556, 557, 559, 560

정인홍(鄭仁弘) 187, 356, 361, 454
정주(定州) 283, 284, 285, 286, 302, 303, 304, 560
정철(鄭澈) 208, 209, 257, 258, 267, 280
『정한위략(征韓偉略)』 36, 38, 39, 44, 382, 479, 581
제갈원성(諸葛元聲) 37, 68, 316
제승방략(制勝方略) 54, 138, 139, 175, 180, 182, 202, 629
조경(趙儆) 162, 639, 644
조대곤(曺大坤) 136, 146, 169, 200, 628, 629
조령(鳥嶺) 162, 164, 178, 198, 200, 209, 231, 609
『조선군기대전(朝鮮軍記大全)』 35, 220, 571
『조선이야기(朝鮮物語)』 532, 554, 555
『조선정벌기(朝鮮征伐記)』 24, 36, 41, 297, 381, 398, 411, 436, 437, 438, 459, 470, 471, 472, 487, 488, 571, 606
『조선정토시말기(朝鮮征討始末記)』 155, 156
『조선징비록(朝鮮懲毖錄)』 16, 18, 19, 20, 22, 24, 25, 35, 38, 41, 86, 87, 93, 147, 156, 157, 167, 168, 203, 221, 228, 235, 281, 282, 382, 471, 494, 515, 630
『조선태평기(朝鮮太平記)』 35, 218, 219, 220, 510, 514, 518, 519, 571
조승훈(祖承訓) 32, 58, 124, 240, 293, 301, 308, 309, 315, 328, 396, 445, 647, 656
조조(鼂錯) 608, 627

조종도(趙宗道) 203, 511, 512, 513, 514, 517, 518, 519, 624, 625
조헌(趙憲) 35, 356, 357, 580
조호익(曹好益) 321, 322
종루(鐘樓) 336, 342, 439
종묘 사직(宗社·廟社) 184, 211, 256, 278, 280, 590, 651
종묘(宗廟) 439, 440, 603
죽산(竹山) 209, 218, 344, 585
중화(中和) 211, 377, 386
중화(中華) 122, 375, 605
증산(甑山) 271, 326
지쿠젠(筑前) 84, 319
직산(稷山) 170, 231, 543, 546
직예(直隸) 127, 128, 296
진관법(鎭管法) 54, 137, 138, 139, 300, 629
진린(陣璘) 538, 539, 540, 541, 545, 557, 568, 570
『진사록(辰巳錄)』 18, 41, 246, 276, 277, 295, 296, 298, 305, 307, 316, 338, 339, 360, 362, 372, 404, 410, 411, 416, 417, 418, 431, 434, 435, 436, 441, 443, 453, 454, 456, 457, 458, 479, 480, 612, 641, 642, 643, 656, 657
진신(陳申) 54, 121, 126, 127
진주(晉州) 21, 62, 131, 132, 137, 151, 356, 399, 445, 447, 448, 450, 454, 455, 456, 457, 458, 459, 461, 477, 621, 623, 624, 625
진주도(晉州島) 458, 459

―ㅊ―

창경궁(昌慶宮) 214, 215, 439
창녕(昌寧) 512, 514
창덕궁(昌德宮) 214, 215, 439
창릉(昌陵) 406, 609
척계광(戚繼光) 54, 62, 300, 412, 500, 613, 644
척금(戚金) 62, 140, 412, 427, 428, 500
천도·천명(天道·天命) 68, 83, 87, 264, 464, 469, 499
천진(天津) 296, 314
철령(鐵嶺) 237, 270
청도(淸道) 131, 209
청일전쟁(淸日戰爭) 27, 28, 29, 90, 500
청주(淸州) 210, 356, 357
청천강(晴川江) 304, 309, 614
청파(靑坡) 432, 539
초계(草溪) 151, 356, 448
초본『징비록』 17, 19, 21, 26, 31, 39, 41, 48, 67, 79, 81, 103, 139, 153, 171, 180, 181, 186, 187, 202, 217, 231, 240, 241, 245, 246, 251, 254, 274, 292, 305, 306, 324, 331, 337, 350, 362, 367, 368, 371, 416, 436, 437, 450, 452, 485, 513, 519, 541, 545, 576, 577, 580, 592, 597, 612, 625, 629, 636, 637, 641, 642, 655
초현(招賢) 208, 426
최경회(崔慶會) 355, 445, 447, 448
최흥원(崔興源) 196, 208, 209, 267
충주(忠州) 55, 175, 178, 190, 198, 200, 204, 209, 217, 221, 248, 344, 357
칠성문(七星門) 309, 376
칠천량·칠천도(漆川梁·漆川島) 65, 317, 492, 504, 505, 507, 508, 510, 525, 545, 551

―ㅌ―

탄금대(彈琴臺) 49, 55, 140, 199
토병(土兵) 249, 279
토번(土蕃) → 투르크
통신사(通信使) 15, 22, 31, 47, 52, 53, 68, 86, 113, 118, 119, 148, 154, 172, 264, 395, 559, 564, 588, 631
투르크(Turk, 突厥) 60, 332, 593
티베트(Tibet, 土蕃) 50, 145, 332, 604

―ㅍ―

파주(坡州) 61, 207, 293, 385, 387, 388, 402, 405, 406, 407, 408, 411, 413, 424, 588
팔거(八莒) 445, 448, 462
패문(牌文) 424, 425, 435, 444
평양(平壤) 27, 32, 33, 34, 57, 59, 61, 64, 77, 124, 125, 156, 157, 190, 205, 211, 240, 248, 249, 250, 251, 252, 255, 256, 258, 263, 267, 270, 271, 272, 274, 276, 278, 279, 280, 283, 285, 286, 287, 288, 289, 290, 291, 292,

293, 302, 304, 308, 309, 313, 315,
316, 321, 322, 325, 326, 329, 330,
357, 361, 365, 366, 370, 371, 372,
374, 375, 380, 381, 382, 383, 385,
386, 396, 398, 399, 401, 423, 424,
462, 465, 479, 555, 591, 594, 595,
614, 633, 644, 646, 647, 664
평호관(平好官) 372, 375, 382
풍신수길(豊臣秀吉) → 도요토미 히데요시
필리핀·루손(Philippines·Luzon) 470,
605

─ㅎ─

하동(河東) 458, 489, 501, 567
하야시 가호(林鵞峰) 547, 562
하야시 라잔(林羅山) 122, 123, 124
하양(河陽) 151, 152, 158
하여장(何如璋, 허루장) 38, 39
하치만(八幡) 394, 553
하회(河回) 558, 588
한강(漢江) 183, 209, 210, 218, 224, 226,
228, 248, 378, 405, 408, 433, 440,
454, 543, 585, 627, 648, 649, 650
『한 경계인의 고독과 중얼거림(たはれくさ)』
133, 134
한극함(韓克諴) 236, 237, 238, 247
한산도(閑山島) 32, 314, 315, 483, 485,
489, 492, 502, 504, 505, 510, 524, 527
한응인(韓應寅) 227, 230, 232, 233, 234,
338

한치윤(韓致奫) 87, 125, 395
한탄강(漢灘江) → 대탄
함구문(含毬門) 249, 251, 383
함안(咸安) 169, 446
함양(咸陽) 511, 514, 517
함정호(咸廷虎) 236, 240, 243, 362
함종(咸從) 271, 302
함흥(咸興) 238, 598
합천(陜川) 69, 132, 356, 416, 448, 454,
624
항왜(降倭) 492, 493, 494, 523
『해동역사(海東繹史)』 87, 125, 396
『해동제국기(海東諸國紀)』 30, 104, 559
『해사록(海槎錄)』 15, 16, 24
해유령(蟹踰嶺) 402, 406
『해유록(海遊錄)』 15, 458, 459
해주(海州) 366, 377, 451, 585, 639, 644
행주(幸州) 125, 399, 401, 405, 410, 411,
430
향병(鄕兵) 346, 355
허국(許國) 121, 129, 130, 588
허성(許筬) 53, 109, 114, 118
허욱(許頊) 406, 464
허의후(許儀後) 54, 121, 126
허징(許澂) 293, 294, 588
현풍(玄風) 356, 482
형개(邢玠) 496, 556, 557, 569, 605, 645
호조(北條) 53, 114, 118
호택(胡澤) 462, 464, 558
혼묘지(本妙寺) 563, 564, 565, 566, 660
홍여순(洪汝諄) 136, 163, 214
홍이상(洪履祥) 485, 486

홍종록(洪宗祿) 270, 286, 287, 303
홍호연(洪浩然) 564, 566
화왕산성(火王山城) 203, 512, 514
화포장(火砲匠) 259, 349, 351
황석산성(黃石山城) 33, 203, 495, 511, 512, 513, 514, 515, 518, 519, 520, 523, 541, 545
황신(黃愼) 467, 474, 558
황윤길(黃允吉) 53, 109, 113, 115, 116, 118, 148, 158
황정욱(黃廷彧) 205, 236, 247, 423, 433, 434, 435, 445, 659
황주(黃州) 211, 386
황준헌(黃遵憲, 황쭌셴) 39
황진(黃進) 445, 447, 459
황혁(黃赫) 205, 236, 247, 445
회령(會寧) 238, 240, 241, 242, 244, 246, 599, 600
『회회마씨세보(回回麻氏世譜)』 332, 333
회흘(回紇) → 위구르
후쿠시마 마사노리(福島正則) 111, 562
후쿠오카(福岡) 85, 86, 87, 157, 282, 546
훈련도감(訓鍊都監) 54, 62, 299, 300, 639, 644, 645
희팔(熹八) 657, 658, 659

지은이
류성룡(柳成龍)

조선시대 중기의 정치가·학자. 1542~1607. 자는 이현(而見), 호는 서애(西厓). 1557년 향시 합격. 1562년에 퇴계 이황으로부터 『근사록(近思錄)』 등을 배웠다. 1566년 문과 급제 후 중앙과 지방의 여러 관직을 역임하였다. 1592년에 임진왜란이 발발하자 병조판서·도체찰사·영의정 등으로 임명되어 전쟁 수행을 진두지휘하였다. 임진왜란 마지막 해인 1598년에 정응태(丁應泰) 무고 사건을 빌미 삼은 정적(政敵) 북인(北人)의 공격으로 삭탈관직되어 낙향하였으나, 1602년에 청백리로 선정되면서 명예를 회복하였다. 사후에 위패가 병산서원(屛山書院) 등 여러 서원에 모셔졌다. 임진왜란 이전의 저술은 산일되었고, 전쟁 후에 집필한 『징비록』 『서애집(西厓集)』 『신종록(愼終錄)』 『영모록(永慕錄)』 『운암잡기(雲巖雜記)』 등의 저서가 전한다.

역해자
김시덕(金時德)

1975년 서울 출생. 고려대학교 일어일문학과 학부와 석사를 거쳐, 일본의 국립 문헌학 연구소인 국문학 연구 자료관(총합 연구 대학원 대학)에서 박사학위를 받았다. 현재 서울대학교 규장각한국학연구원 HK교수로 있으면서 인간 정신과 행동의 근본에 자리한 '전쟁'이란 무엇인가를, 전쟁의 기억이 담긴 문헌을 통해 추적하고 있다.
일본에서 출간한 첫 저서 『이국 정벌 전기의 세계(異国征伐戦記の世界 - 韓半島, 琉球列島, 蝦夷地)』(笠間書院, 2010)로 30년 넘는 전통과 권위를 자랑하는 '일본 고전문학 학술상'을 외국인으로는 최초로 수상해 한일 양국 학계를 놀라게 했다. 2015년 제5회 '석헌학술상' 수상작이기도 한 이 책을 우리말로 번역한 것이 『일본의 대외 전쟁』(열린책들, 2016)이다. 이 책의 후속편 『전쟁의 문헌학』(열린책들, 2017) 이외에 주요 저서로는 『임진왜란 관련 일본 문헌 해제-근세편』(도서출판 문, 2010), 『한 경계인의 고독과 중얼거림』(태학사, 2012), 『그들이 본 임진왜란』(학고재, 2012), 『동아시아, 해양과 대륙이 맞서다』(메디치미디어, 2015), 『고문서 반납 여행』(글항아리, 2018, 번역서) 등이 있다.

징비록

1판 1쇄 펴냄 | 2013년 10월 23일
1판 6쇄 펴냄 | 2024년 2월 29일

지은이 | 류성룡
역해자 | 김시덕
펴낸이 | 김정호
펴낸곳 | 아카넷

출판등록 2000년 1월 24일(제2-3009호)
413-120 경기도 파주시 회동길 445-3
전화 | 031-955-9511(편집) · 031-955-9514(주문)
팩시밀리 | 031-955-9519
www.acanet.co.kr

ⓒ 김시덕, 2013

Printed in Paju, Korea.

ISBN 978-89-5733-320-4 94910
ISBN 978-89-5733-230-6 (세트)